Klaus Hinkelmann   Gewerblicher Rechtsschutz in Japan

Gewerblicher Rechtsschutz in Japan

Patente, Marken, Gebrauchsmuster,
Geschmacksmuster, Know-how

Von

Dr. Klaus Hinkelmann
Patentanwalt in München

Carl Heymanns Verlag KG · Köln · Berlin · Bonn · München

Zitiervorschlag:
Hinkelmann, Gewerblicher Rechtsschutz in Japan, Teil 1 Rdn. 1

Bibliografische Information Der Deutschen Bibliothek:

Die Deutsche Bibliothek verzeichnet diese Publikation in der Deutschen Nationalbibliografie; detaillierte bibliografische Daten sind im Internet über http://dnb.ddb.de abrufbar.

© Carl Heymanns Verlag KG · Köln · Berlin · Bonn · München 2004
50926 Köln

E-Mail: service@heymanns.com
http://www.heymanns.com

ISBN 3-452-24622-1

Gesamtherstellung: Grafik + Druck GmbH, München

Gedruckt auf säurefreiem und alterungsbeständigem Papier

Für Véronique und Muriel

Vorwort

Das vorliegende Buch ist eine in erster Linie für den Patentanwalt oder Patentingenieur in der freien Praxis oder einer Industriepatentabteilung bestimmte praxisnahe Darstellung des japanischen Patent-, Marken-, Gebrauchsmuster- und Geschmacksmusterrechts auf dem Stand vom Juli 2003. Die Änderungen im japanischen Patentgesetz, die 2004 in Kraft treten sollen, sind bereits berücksichtigt.

Der gewerbliche Rechtsschutz in Japan wurde in den letzten Jahren völlig umgestaltet. Das Werk ist höchstwahrscheinlich die einzige aktuelle, umfassende und praxisnahe Darstellung von Gesetzeslage und Rechtsprechung auf dem Gebiet des gewerblichen Rechtsschutzes in Japan in einer westlichen Sprache. Einbezogen ist der ergänzende Schutz vor unlauterem Wettbewerb (Know-how-Schutz, Schutz von Aufmachungen etc.).

Als praktischer Ratgeber ermöglicht das Buch einen raschen Einblick in den gewerblichen Rechtsschutz in Japan und zeigt bei vielen Problemstellungen erste Lösungsansätze auf. Das Buch ersetzt nicht den detaillierten Rat durch japanische Patent- und Rechtsanwälte. Es zeigt aber, welchen hohen Standard der gewerbliche Rechtsschutz in Japan erreicht hat und dass es sich lohnt, in Japan anzumelden und Schutzrechte gerichtlich durchzusetzen. Vertreter von Unternehmen, die auf den japanischen Markt streben, werden in die Lage versetzt, mit japanischen Anwälten effizient über Fragen des gewerblichen Rechtsschutzes zu kommunizieren. Umgekehrt lernt der deutsche Anwalt den gedanklichen Ansatz seiner japanischen Mandanten kennen.

Die Verfahrensdauer von Verletzungsprozessen vor japanischen Gerichten hat sich in den letzten Jahren dramatisch verkürzt. Japanische Gerichte gewähren, begleitet von entsprechenden Gesetzesänderungen, mittlerweile hohe Schadensersatzbeträge. Japanische Unternehmen entdecken zunehmend den Reiz von Verletzungsprozessen. Für Erfindungen auf den Gebieten Biotechnologie, Software und Geschäftsmethoden ist in Japan leichter Schutz zu erlangen als in Europa.

In Japan gibt es zahlreiche Besonderheiten, die den hiesigen Praktiker überraschen: Japan kennt Gebrauchsmusterschutz, der aber keine vergleichbare Bedeutung wie in Deutschland hat. So gibt es in Japan keinen Doppelschutz durch Patente und Gebrauchsmuster; die Laufzeit der ungeprüften Gebrauchsmuster beträgt lediglich 6 Jahre, und für ihre Durchsetzung ist ein patentamtliches Gutachten zur Rechtsbeständigkeit erforderlich. Im amtlichen Markenerteilungsverfahren werden von Amts wegen sowohl absolute als auch relative Schutzhindernisse berücksichtigt.

Die Idee zu diesem Buch hatte ich während meines dreijährigen Japanaufenthaltes als Ostasienrepräsentant der Abteilung Patente, Marken und Lizenzen der BASF Aktiengesellschaft, der mit mehreren Trainingsaufenthalten in japanischen Patent- und Rechtsanwaltskanzleien verbunden war. Meine Mitarbeit in der AIPPI Case Reporter Study Group und meine zahlreichen Publikationen zu dem Thema haben mir geholfen, das ehrgeizige Projekt einer Gesamtdarstellung des gewerblichen Rechtsschutzes in Japan zu verwirklichen.

Das Buch wäre ohne die Hilfsbereitschaft vieler japanischer Patent- und Rechtsanwaltskanzleien und der japanischen Behörden nicht möglich gewesen. Ich danke allen für die zahlreichen fruchtbaren Diskussionen, die Überlassung von Unterlagen und die umgehende Benachrichtigung über Gesetzes- und Praxisänderungen, insbesondere den vielen japanischen Patent- und Rechtsanwälten, mit denen ich in den letzten Jahren zusammenarbeiten konnte. Dem Max-Planck-Institut für ausländisches und internationales Patent-, Urheber- und Wettbewerbsrecht danke ich für die Überlassung von Unterlagen.

Bedanken möchte ich mich vor allem bei meiner Frau Véronique und unserer Tochter Muriel für das Verständnis, das sie meiner zeitraubenden Arbeit am Buch entgegengebracht haben.

Für Hinweise und Anregungen bin ich dankbar.

Dr. Klaus Hinkelmann
Patentanwalt

München, 2003

Inhalt

Hinweise für den Benutzer

Dem Verwendungszweck als praktischer Ratgeber entsprechend, sind im vorliegenden Buch sämtliche für die Praxis wesentlichen gesetzlichen Bestimmungen aufgenommen. Um den gebotenen Umfang des Buches nicht zu sprengen, wurde auf eine vollständige Wiedergabe der einschlägigen Gesetzestexte verzichtet.

Vollständige englische Übersetzungen der japanischen Gesetze zum gewerblichen Rechtsschutz (Patent-, Marken-, Geschmacksmuster- und Gebrauchsmustergesetz) werden von AIPPI Japan (www.aippi.or.jp) unter der Bezeichnung »Japanese Laws relating to Intellectual Property« veröffentlicht. Allerdings sind in der bislang neuesten Ausgabe von 2001 nicht die Gesetzesänderungen zum 1.9.2002 sowie 1.1.2003 berücksichtigt. Das japanische Patentamt hat vor kurzem aufgehört, auf seiner ansonsten sehr informativen Homepage (www.jpo.go.jp) englische Übersetzungen der Gesetzestexte zur Verfügung zu stellen.

Zu den einzelnen Gesetzen gibt es Ausführungsbestimmungen. Hiervon sind keine deutschen Übersetzungen erhältlich und – soweit erhältlich – nur veraltete englische Versionen. Der Inhalt dieser Bestimmungen wurde soweit erforderlich berücksichtigt, ohne dass jedoch im Einzelnen die Bestimmungen wörtlich zitiert wurden.

Für die deutsche Übersetzung der zitierten japanischen Gesetzesbestimmungen wurde möglichst auf bereits existierende deutsche Übersetzungen zurückgegriffen. Die im Blatt für Patente, Muster und Zeichen (BlPMZ) veröffentlichten deutschen Übersetzungen des japanischen Patent-, Marken-, Gebrauchsmuster- und Geschmacksmustergesetzes wurden hierzu überprüft, aktualisiert und ggf. übernommen. Die gesetzlichen Bestimmungen sind in der Regel in den Fußnoten wiedergegeben, nur ausnahmsweise im Text.

Bei der Angabe von Paragraphen der einschlägigen Gesetze weist die Endung »aF« auf ältere Fassungen des Paragraphen hin.

Zur Erleichterung der Kommunikation mit japanischen Anwälten sind bei wichtigen Begriffen in Klammern die entsprechenden japanischen Begriffe in Kursivschrift wiedergegeben.

Bei der Übersetzung japanischer Begriffe ins Deutsche wurde auf eine vor-schnelle Verwendung anscheinend entsprechender deutscher Begriffe verzich-tet.

So wurde der Begriff »Widerspruch(sverfahren)« in Markenverfahren zugun-sten von »Einspruch(sverfahren)« vermieden, weil im japanischen Marken-bzw. Patentgesetz für diese der Erteilung/Registrierung nachgeschaltete An-griffsmöglichkeit jeweils die Bezeichnung *»Igimôshitate«* (Einspruch) verwen-det wird.

Darüber hinaus wurde dem Umstand Rechnung getragen, dass es in Japan kein Patentgericht gibt (leider findet sich in deutschen Übersetzungen der japani-schen Gesetzestexte dennoch häufig ein Hinweis auf »patentgerichtliche« Entscheidungen). Stattdessen ist die *Shimpan-bu* (in englischsprachigen Texten als »Trial Board« oder »Appeal Board« bezeichnet) im japanischen Patentamt für Beschwerden gegen Zurückweisungsentscheidungen des Prüfers, Ein-spruchsverfahren und Nichtigkeitsverfahren usw. zuständig. Die nächsthöhere Instanz in diesen Verfahren ist bereits das Obergericht Tokyo.

Aufgrund der zahlreichen Gesetzesänderungen der letzten Jahre sind viele ältere Besonderheiten der japanischen Gesetze zum gewerblichen Rechts-schutz nur noch von historischer Bedeutung. Wegen der gebotenen Kürze wurde auf deren Darstellung verzichtet. Hierzu gehören z. B. das zum 1.4.1997 abgeschaffte System der assoziierten Marken, die Besonderheiten des zum 1.1.1996 abgeschafften Einspruchssystems vor der Patenterteilung sowie die zum 1.1.1994 abgeschaffte Sachprüfung bei Gebrauchsmusteran-meldungen.

XII

Teil 1 – Patentrecht

Rechtsquellen

1

Die vorliegende Darstellung beruht auf dem japanischen Patentgesetz (JPatG) 2 in der Fassung nach der Änderung durch Gesetz Nr. 24 aus 2002[1], den Durchführungsbestimmungen zum japanischen Patentgesetz (JAusfPatG) sowie den Prüfungsrichtlinien des japanischen Patentamtes (JPA) für die Prüfung von Patentanmeldungen (im Folgenden als »Prüfungsrichtlinien« bzw. »Richtlinien« bezeichnet). Die Prüfungsrichtlinien sind in japanischer und englischer Sprache über die Website des JPA (www.jpo.go.jp) zugänglich. Die Prüfungsrichtlinien betreffen die Anwendung der Bestimmungen des JPatG, wobei es für bestimmte technologische Gebiete eigene Richtlinien gibt. In Abhängigkeit vom Anmeldezeitpunkt der Patentanmeldungen können unterschiedliche Fassungen des Patentgesetzes und der Prüfungsrichtlinien anwendbar sein. Hierauf wird jeweils ausdrücklich hingewiesen.

---

1 Das JPatG wurde in den letzten 10 Jahren geändert durch Gesetz Nr. 26 und 89 aus 1993, Gesetz Nr. 116 aus 1994, Nr. 68 aus 1996, Nr. 51 aus 1998, Nr. 41, 43, 151, 160 und 220 aus 1999 und Gesetz Nr. 24 aus 2002. Eine deutsche Übersetzung des JPatG in der Fassung nach der Änderung durch Gesetz Nr. 116 aus 1994 ist in *BlfPMZ* 1997, 128–144 und 179–193 veröffentlicht. Eine deutsche Übersetzung der Änderungen durch Gesetz Nr. 68 von 1996 findet sich in *BlfPMZ* 1998, Seiten 76–77, und der sich daran anschließenden Änderungen bis einschließlich Gesetz Nr. 220 aus 1999 in *BlfPMZ* 2002, Seiten 238–242.

1 Patentierbarkeit und Patentfähigkeit von Erfindungen

Inhaltsübersicht

3 **1.1 Patentierbare und vom Patentschutz ausgeschlossene Erfindungen**

4 Im japanischen Patentgesetz (JPatG) finden sich nur wenige Vorschriften, die ausdrücklich vom Patentschutz ausgeschlossene Erfindungen bezeichnen[2]. Hierzu gehören gegen § 32 JPatG verstoßende Erfindungen. Vom Patentschutz ausgeschlossene Erfindungen ergeben sich vielmehr durch Auslegung der Vorschriften § 2(1) und § 29(1) JPatG.

5 Nach § 1 JPatG ist der Zweck des JPatG die Anregung von Erfindungen durch Förderung ihrer Schutzgewährung und ihrer Nutzung, um hierdurch zur Entwicklung der Industrie beizutragen. Eine Erfindung ist gemäß § 2(1) JPatG eine hoch entwickelte Schöpfung eines technischen Gedankens unter Ausnutzung der Naturgesetze. Erfindungen gehören nach der Definition von § 2(3) JPatG zu einer der drei Kategorien: Erzeugnis, Verfahren oder Verfahren zur Herstellung eines Erzeugnisses.

---

2 Stoffe, die im Wege der Atomumwandlung hergestellt werden, waren nach dem zum 1.7.1995 gestrichenen § 32 Nr. 1 JPatGaF ausdrücklich vom Patentschutz ausgenommen.

Die Prüfungsrichtlinien zur Prüfung von Erfindungen auf industrielle An-   6
wendbarkeit (englische Fassung: »Implementing Guidelines for Examination
of Industrially Applicable Inventions«; siehe www.jpo.go.jp/infoe/txt/indstry-
e.txt) zählen erschöpfend vom Patentschutz ausgenommene Erfindungen auf.
Diese Prüfungsrichtlinien gelten mit der Ausnahme der Teile zu Erfindungen,
die von Naturgesetzen verschiedene Gesetze verwenden bzw. sich auf die
Darstellung von Informationen beziehen, für alle anhängigen Patentanmeldungen. Diese beiden Teile gelten für ab dem 1.4.1997 eingereichte Patentanmeldungen.

Nach den Prüfungsrichtlinien ist der erste Satz in § 29(1) JPatG maßgeblich:
»Jede Person, die eine industriell anwendbare Erfindung gemacht hat, kann
hierfür ein Patent erlangen ...«. Eine Erfindung muss »gesetzlich vorgesehen«
(statutory) und »industriell anwendbar« sein.

1.1.1   Vom Patentschutz ausgeschlossene Erfindungen   7

Zu den gesetzlich nicht vorgesehenen, d.h. vom Patentschutz ausgeschlosse-   8
nen, Erfindungen gehören Naturgesetze als solche, gegen Naturgesetze verstoßende Erfindungen, reine Entdeckungen wie die Entdeckung von in der
Natur vorhandenen Produkten, z.B. einem Erz oder einem Pilz. Hierbei
handelt es sich nicht um bewusste Schöpfungen eines technischen Gedankens.
Jedoch ist die künstliche Isolierung von in der Natur vorhandenen Dingen,
wie einer chemischen Substanz oder einem Mikroorganismus, eine bewusste
Schöpfung und patentierbar.

Nicht patentierbar sind Erfindungen, die keine Naturgesetze ausnutzen, son-   9
dern sonstige Gesetze oder Regeln. Eine Erfindung, die z.B. wirtschaftliche
Gesetze, zufällige Anordnungen, mathematische Methoden oder geistige Aktivitäten benutzt, ist nicht patentierbar. Nicht patentierbar sind daher reine
Algorithmen, eine Methode für die Zeichnung eines regelmäßigen n-Polygons
in einem gegebenen Kreis, eine Lehrmethode für Kurse in Naturwissenschaften und Mathematik[3], Spiele und Programmiersprachen. Wenn die Erfindung
als Ganzes Naturgesetze benutzt, ist unschädlich, dass einzelne Merkmale der
Erfindung lediglich sonstigen Gesetzen und Regeln folgen.

Die Darstellung von Informationen ist dann nicht patentierbar, wenn sie   10
ausschließlich durch ihren Inhalt charakterisiert ist und keine technischen

---

3 »Eine Lehrmethode für Kurse in Naturwissenschaften und Mathematik, die dadurch charakterisiert ist, dass das zeitliche Verhältnis für die Einführung, Entwicklung und Zusammenfassung
bei der Unterrichtung von Grundschülern 3:2:1 beträgt«. Unterrichten ist eine geistige Tätigkeit. Da diese Erfindung nur von Naturgesetzen verschiedene Gesetze anwendet, ist sie gesetzlich nicht zugelassen.

Merkmale aufweist. Beispiele hierfür sind eine Bedienungsanleitung für eine Maschine, eine Benutzungsanleitung für eine chemische Substanz, eine Musik-CD oder die Auflistung eines Computerprogramms (Ausdruck, Bildschirmdarstellung etc.).

Weist die Darstellung von Informationen (Darstellung an sich, Mittel für die Darstellung, Verfahren zur Darstellung) jedoch technische Merkmale auf, die bei der Darstellung der Informationen nützlich (nutzbar) sind, kann es ein patentierbarer Gegenstand sein. Z.B. ist ein Testbild für die Funktionsprüfung eines Fernsehempfängers, das technische Merkmale aufweist, patentierbar. Als weiteres Beispiel ist in den Richtlinien eine Plastikkarte angegeben, auf der Informationen in Form von Schriftzeichen, Buchstaben und Figuren eingeprägt sind. Die Karte ermöglicht über die Befestigung der Karte auf Papier das Kopieren der eingeprägten Information und ist wegen dieses technischen Merkmals patentierbar.

11   Persönliche Fertigkeiten, die durch persönliche Erfahrung erworben werden und nicht mit anderen Personen als Wissen geteilt werden können, weil es an Objektivität fehlt, sind ebenfalls nicht patentierbar. Hierzu gehört beispielsweise eine Methode zum Werfen eines Baseballs mit gespreizten Fingern. Das Gleiche gilt für ästhetische Schöpfungen wie Gemälde, Schnitzereien etc.

12   Nicht patentierbar sind Erfindungen, die offensichtlich nicht das der Erfindung zugrunde liegende Problem mit den im Anspruch angegebenen Merkmalen lösen. Die Prüfungsrichtlinien geben als Beispiel eine Methode zur Verhinderung der Explosionen in einem Vulkan an, bei der Bälle aus neutronenabsorbierendem Material, das von einer hochschmelzenden Substanz bedeckt ist, verwendet werden. Diese soll unter der Annahme funktionieren, dass vulkanische Explosionen durch Kernverschmelzung von Substanzen wie Uran am Fuß des vulkanischen Schlotes verursacht werden. Solche Erfindungen werden allerdings in der patentamtlichen Praxis unter dem Gesichtspunkt der für den Fachmann ungenügenden Offenbarung der Erfindung gemäß § 36 JPatG zurückgewiesen.

13   ## 1.1.2 Industriell nicht anwendbare Erfindungen

14   Der Begriff »industriell« wird breit interpretiert. Hierzu gehören etwa Bergbau, Landwirtschaft, Fischerei, Transport, Telekommunikation, das produzierende Gewerbe und seit wenigen Jahren das Finanz- und Versicherungswesen.

Industriell nicht anwendbare Erfindungen sind Methoden für die Behandlung des menschlichen Körpers durch Chirurgie oder Therapie und am menschlichen Körper praktizierte Diagnosemethoden[4]. Industriell nicht anwendbar sind außerdem kommerziell nicht verwertbare Erfindungen, z. B. nur im persönlichen Bereich anwendbare Erfindungen, wie eine Methode des Rauchens, sowie Erfindungen, die nur für akademische oder experimentelle Zwecke anwendbar sind. Patentierbar ist allerdings »eine Methode zur Erzeugung von Dauerwellen im Haar«, da sie nicht nur persönlich, sondern auch geschäftlich angewendet werden kann. Entsprechend kann ein »Experimentierkasten«, der für Experimente in Schulen benutzt werden soll, vermarktet werden und ist daher keine »Erfindung, die nur für akademische oder experimentelle Zwecke anwendbar ist«. Schließlich wird eine praktisch nicht anwendbare Erfindung als »industriell nicht anwendbar« angesehen, selbst wenn sie theoretisch funktionieren sollte. Ein Beispiel hierfür ist eine Methode zur Verhinderung der Zunahme an ultravioletter Strahlung durch Bedeckung der gesamten Erdoberfläche mit einem UV-Strahlen absorbierenden Plastikfilm.

Der Anmelder trägt die Beweislast hinsichtlich der industriellen Anwendbarkeit. Der Prüfer am JPA ist allerdings bei einem Einwand der fehlenden industriellen Anwendbarkeit verpflichtet, die Gründe hierfür im Prüfungsbescheid möglichst genau darzulegen.

1.1.3 Gegen die öffentliche Ordnung, guten Sitten oder die öffentliche Gesundheit verstoßende Erfindungen 15

Von der Patenterteilung sind Erfindungen ausgeschlossen, die gegen die öffentliche Ordnung, guten Sitten oder die öffentliche Gesundheit verstoßen (§ 32 JPatG). Die Bestimmung wird sehr selten angewandt. Einige Entscheidungen des Obergerichtes Tokyo als Beschwerdeinstanz für das JPA betreffen Patentanmeldungen, die die öffentliche Ordnung und guten Sitten beeinträchtigen, z. B. ein Banknoten fälschender Apparat, eine Weste zum Schmuggeln von Goldbarren, ein Gerät zum Rauchen von Opium, eine Vorrichtung zur Potenzsteigerung beim Mann. Eine Bingomaschine wurde dagegen als patentierbar angesehen, auch wenn sie zum Glückspiel verwendet werden kann[5]. Eine spezielle Medizin gegen Krebs bzw. Streptomycin wurden jeweils als der öffentlichen Gesundheit nicht abträglich angesehen, unabhängig davon, dass sie schädliche, aber behebbare Nebenwirkungen haben, wenn sie in großen Mengen verabreicht werden. 16

---

4 Gegenwärtig sind in Japan Bestrebungen im Gange, die Patentierbarkeit von fortgeschrittenen medizinischen Behandlungsverfahren anzuerkennen. Nach *SHIGA IP NEWS* Volume 08 (March 2003) wird eine entsprechende Änderung des JPatG für 2003 oder 2004 erwartet. Insbesondere sollen regenerative Medizin und Gentherapie patentierbar sein.
5 Obergericht Tokyo, 15. 12. 1956, Fall Nr. 1954 Gyo-Na 30: Das Gericht befand, dass Zweck der erfundenen Vorrichtung das Vergnügen der Gäste im Allgemeinen und nicht das Glückspiel sei. Der OGH bestätigte das Urteil am 11. 7. 1958.

17 In einem Gebrauchsmusterlöschungsverfahren vor dem Obergericht Tokyo ging es um die Anwendbarkeit von § 4 JGebrMG, der § 32 JPatG entspricht[6]. Das zugrunde liegende Gebrauchsmuster betraf eine Vorrichtung zur Perforierung bestimmter Teile von Geldscheinen, um Sehbehinderten bei der Erkennung von Papiergeld zu helfen. Das Gericht entschied, dass eine Vorrichtung (*Kôan*), die dazu neigt, eine Gefahr für die Öffentlichkeit gemäß § 4 JGebrMG zu sein, eine Vorrichtung ist, deren primäres Ziel die Schädigung der öffentlichen Ordnung ist. Daher beeinträchtigt die Benutzung der Vorrichtung zu diesem Zweck notwendigerweise die öffentliche Ordnung. Dies war vorliegend nicht gegeben.

18 ## 1.1.4 Erfindungen auf bestimmten Gebieten

19 ### 1.1.4.1 Medizin

20 Die Patentierbarkeit von medizinischen Verfahren wird häufig unter dem Gesichtspunkt der industriellen Anwendbarkeit geprüft. Industriell nicht anwendbar sind medizinische Behandlungs- und Diagnoseverfahren, die von einem Arzt oder einer unter seiner Aufsicht und Anleitung tätigen Person am menschlichen Körper praktiziert werden. Medizinische Behandlungs- und Diagnoseverfahren an Tieren sind patentierbar, wenn in den Patentansprüchen Menschen ausdrücklich ausgeschlossen sind.

Die Behandlung von Dingen, die dem menschlichen Körper entnommen wurden (z.B. Blut, Urin, Gewebe, Haare), ist patentierbar. Methoden zur Sammlung von Daten durch Analyse der dem menschlichen Körper entnommenen Dinge sind patentierbar. Wenn bei dieser Behandlung die entfernten Dinge wieder in denselben Körper zurückkehren, sind solche Methoden allerdings nicht patentierbare Methoden zur Behandlung des menschlichen Körpers. Nicht patentierbar sind Methoden zur Schwangerschaftsverhütung und -unterbrechung an einem menschlichen Körper. Methoden zur Betäubung in Vorbereitung eines chirurgischen Eingriffs sind untrennbar mit diesem verbunden und daher nicht patentierbar.

Zu den nicht patentierbaren medizinischen Behandlungsmethoden gehören

– Ausschreiben eines Medikamentes;
– eine Injektion oder physikalische Therapie zur Linderung oder Unterdrückung einer Krankheit;
– Methoden zur Anpassung von Ersatzmitteln wie einem künstlichen inneren Organ oder künstlichen Arm;

---

6 Obergericht Tokyo, 25.12.1986, Fall Nr. 1984 Gyo-Ke 251.

- prophylaktische Methoden zur Vorbeugung gegen Krankheiten wie Karies[7] oder Erkältung;
- vorbereitende Maßnahmen für die Behandlung, unterstützende Behandlung oder die Krankenpflege;
- chirurgische Verfahren sowie Methoden zur Erkennung und Beurteilung der physischen Verfassung des menschlichen Körpers für die Chirurgie;
- Behandlung oder Diagnose auf der Basis von Daten, die durch Messung oder Prüfung von Struktur oder Funktion jedes Organs des menschlichen Körpers gesammelt werden; hierzu gehört eine Zustandsuntersuchung des Körpers mittels Röntgenstrahlung oder eine Methode zur Ermittlung des Entzündungszustandes der Haut;
- Methoden zur Vorbereitung einer Diagnose, z. B. die Anordnung von Elektroden zur Aufnahme eines EKG, oder zur Vorbereitung auf einen chirurgischen Eingriff wie z. B. Desinfektion, sowie Rehabilitierungsmaßnahmen;
- Behandlungsmethoden für den Erhalt der Gesundheit wie Massage oder Akupunktur;
- Methoden der kosmetischen Chirurgie, selbst wenn der Zweck weder therapeutisch noch diagnostisch, sondern kosmetisch ist;
- Methoden, die als Teilschritte Diagnose- oder Behandlungsverfahren umfassen;
- Verfahren zur reproduzierbaren optischen Darstellung eines chirurgischen Eingriffs, der mit Hilfe eines chirurgischen Instrumentes durchgeführt wird.[8]

Methoden zur Vermessung von Struktur und Funktion eines menschlichen   21
Organs für andere Zwecke als Diagnose, Chirurgie und Behandlung sind
jedoch patentierbar. Hierzu gehört beispielsweise eine Methode zur Vermessung der menschlichen Haut für eine kosmetische Behandlung, die keine
Chirurgie umfasst. Ebenfalls patentierbar ist eine Methode zur automatischen
Diagnose durch einen Computer, wobei die gemessenen Daten zu Struktur
und Funktion von Körperorganen anhand eines festgelegten Programmes
durch einen Computer bearbeitet und die Diagnoseergebnisse automatisch
ausgegeben werden.

---

7 Obergericht Tokyo, 22.12.1970, Fall Nr. 1968 Gyo-Ke 158.
8 »Surgical Navigation Technologies Inc. vs. Präsident des JPA«, Obergericht Tokyo, 11.4.2002, Fall Nr. 2000 Gyo-Ke 65; vgl. *YUASA AND HARA IP NEWS*, September 2002, Vol. 9, Seiten 12–14; 16 *Law & Technology* 86. Das entsprechende Europäische Patent Nr. 0 359 773 befindet sich im Beschwerdeverfahren (T34/99).

22 **1.1.4.2 Biotechnologie[9]**

23 Zur Patentierung von biologischen Erfindungen enthalten die Prüfungsrichtlinien des JPA zahlreiche Details. Die englischen Versionen »Biological Inventions«, »Guidelines for describing taxonomic characters« sowie »Examples
of examination on the inventions related to genes (DNA fragments, full-length
cDNAs, and Single Nucleotide Polymorphisms)« sind über die Homepage des
JPA zugänglich (www.jpo.go.jp).

24 Um zu belegen, dass eine auf ein Gen gerichtete Erfindung industrielle Anwendbarkeit aufweist, muss in der detaillierten Beschreibung der Erfindung
dargelegt werden, dass das Gen oder das durch dieses Gen kodierte Protein
eine spezifische Funktion hat. Bei gentechnologischen Erfindungen liegt keine
industrielle Anwendbarkeit (Nützlichkeit) vor, wenn eine DNA ausschließlich
als Sonde für den Erhalt eines vollständigen Gens für ein Protein verwendet
wird, dessen Funktion vollkommen unbekannt ist.

25 Ein neuer Mikroorganismus, eine neue Pflanzen- oder Tierart (ausgenommen
menschliche Wesen) sind patentierbar. Die Erfindung von Tieren an sich oder
Verfahren zur Erzeugung von Tieren werden im Wesentlichen gleich behandelt wie bei Pflanzen. Beispielsweise sind transgene Tiere patentierbar[10]. Die
erteilten Ansprüche im »Harvard-Maus-Patent« beziehen sich auf ein »nichtmenschliches Tier« und sind damit breiter als die im entsprechenden US- bzw.
EP-Patent, welche sich auf ein »nichtmenschliches Säugetier« beziehen.

26 Eine Pflanzenzüchtung und die Verbesserung der Züchtung eines Tieres sind
patentierbar, soweit sie die üblichen Patentfähigkeitskriterien und Offenbarungserfordernisse erfüllen. Verbesserte Verfahren zur Züchtung von
Schweinen und Ratten wurden patentiert.

27 Eine nicht auf Gentechnologie beruhende Kreuzzüchtungsmethode für eine
Pflanzensorte wurde für patentierbar gehalten. Am 29.2.2000 bestätigte der
OGH die Entscheidung des Obergerichtes Tokyo zur Patentierbarkeit einer
Methode zur Züchtung einer neuen Pflanzenvarietät unter Verwendung einer
konventionellen sexuellen Hybridisierungsmethode. Zwei Agrarvereinigungen
hatten vor dem JPA (und danach dem Obergericht Tokyo) erfolglos die
Nichtigerklärung des auf diese Methode gerichteten Patentes begehrt. Der
OGH stellte in seiner Entscheidung fest: »Eine Erfindung ist eine kreative
Idee in Hinblick auf eine Technologie, die durch die Verwendung eines
Naturgesetzes gestützt wird. Die geschaffene Technologie muss konkret sein

---

9 Siehe auch »Rechtliche Fragen zum Schutz gentechnologischer Erfindungen in Japan« von
   Koji Kiyofuji, Robert Sommer, Tomoko Takii; in *GRUR Int.* 1997, Seiten 210–228.

10 »Patentability of Biotech Inventions in Japan«, von Yusuke Hiraki in *Patents&Licensing*, Vol.
   26, No. 3 (June 1996), Seiten 7–15.

und objektiv in einem Ausmaß beschrieben sein, dass sie jedem Fachmann die Wiederholung und den Erhalt objektiver technischer Ergebnisse erlaubt. Wenn die technische Lehre diese Voraussetzung nicht erfüllt, ist die Erfindung unvollständig und keine Erfindung unter § 2(1) JPatG … Die Erfindung muss somit reproduzierbar sein. Es wäre angemessen zu folgern, dass diese Reproduzierbarkeit in Hinblick auf die Natur der Erfindung erfüllt ist, die sich auf ein »Verfahren zur Züchtung und Fortpflanzung einer neuen Pflanzenvarietät« bezieht, wenn ein Fachmann im Labormaßstab die Pflanze in einem Züchtungsverfahren neu erzeugen kann. Die Wahrscheinlichkeit dafür, dass die gleichen Ergebnisse erhalten werden, muss nicht hoch sein. Denn wenn einmal eine neue Pflanzenvarietät gezüchtet werden kann, kann sie durch konventionelle Reproduktionstechniken reproduziert werden. Selbst wenn diese Wahrscheinlichkeit gering ist, können die objektiven technischen Ergebnisse der Erfindung erzielt werden.«

Der vom Kläger behauptete Verstoß gegen Artikel 2(1) der UPOV-Convention (International Convention for the Protection of New Varieties of Plants) wurde vom Gericht verworfen. Die UPOV-Konvention sei ein internationales Abkommen zum Schutz von Pflanzenvarietäten. Um diesem Abkommen zu entsprechen, wurde das Saat- und Sämlingsgesetz (*Shubyôhô*: JSaatbeetG, Seed and Seedlings Law; Gesetz Nr. 115 vom 2.10.1947) beschlossen. Abkommen und Gesetz dienen dem Schutz von Pflanzenvarietäten, während die vorliegende Erfindung sich nicht im Wesentlichen auf die Pflanzenvarietät bezieht, sondern auf die Züchtung und Fortpflanzung einer Pflanzensorte.

1.1.4.3 Software

In Japan patentierbare Erfindungen müssen gemäß der Definition von § 2(1) JPatG ein Naturgesetz benutzen. Dies ist von großer Bedeutung für Computersoftware-Erfindungen, weil Software bisweilen lediglich als ein Satz von künstlichen Regeln angesehen wird. Ein Satz von künstlichen Regeln, wie Spiele, arithmetische Formeln und Kodiermethoden, ist aber nicht patentierbar. Nach den Computersoftware-Prüfungsrichtlinien des JPA (englische Version: »Implementing Guidelines for Inventions in Specific Fields. Chapter 1. Computer Software Related Inventions«; www.jpo.go.jp/infoe/txt/soft-e.text; »Implementing Guidelines for Industrially Applicable Inventions«; www.jpo.go.jp/infoe/txt/indstry-e.text) kann eine Erfindung patentierbar sein, wenn ein Naturgesetz zumindest in einem Teil der Erfindung benutzt wird. Dies ist bei folgenden Erfindungen der Fall:

(1) Kontrolle von Hardwarequellen oder diese Kontrolle begleitende Informationsverarbeitung;
(2) Informationsverarbeitung basierend auf den physikalischen oder technischen Eigenschaften eines Objektes;

(3) Verwendung[11] von Hardware zur Informationsverarbeitung.

Der Begriff »Objekt« bedeutet Signal, Zeichen, Bild, Daten, Layout, Muster, Gestalt, Hardware oder Ähnliches. Der Umfang patentierbarer Gegenstände ist durch das Konzept der physikalischen oder technischen Natur erweitert, das beispielsweise Charaktererkennung, Kommunikationsformat oder -protokoll, Struktur einer Pulsfolge, Signalformat usw. impliziert. Wenn die Informationsverarbeitung auf mathematischen Methoden, Schemen, Regeln oder Geschäftsmethoden, Durchführung von geistigen Akten usw. basiert und Anspruchsbeschränkungen durch Hardware auf Grund der Verwendung eines Computers unvermeidbar sind (bloße Verwendung von Hardware), wird dies nicht als Benutzung von Naturgesetzen bei der Verarbeitung von Software oder als Benutzung von Hardware angesehen.

30   Eine Programmiersprache und die Auflistung eines Computerprogramms sind daher keine patentierbaren Erfindungen. Desgleichen ist eine »computerisierte Kartenspielmaschine«, in der Karten verschiedene Werte zugeordnet werden, nicht patentierbar. Da die Erfindung keine Dinge enthält, die direkt oder indirekt vorschlagen, wie die Ressourcen des Computers bei der Informationsverarbeitung genutzt werden sollen, handelt es sich um nichtpatentierbares »bloßes Verarbeiten von Information unter Verwendung eines Computers«. Ein reiner Algorithmus ist ebenfalls nicht patentierbar, z. B. eine Methode zur Berechnung der Summe der natürlichen Zahlen von n bis n+k.

31   Beispiel für eine patentierbare Erfindung:

32   »Ein Apparat für die Kontrolle der Benzineinspritzung bei einem Automobilmotor durch einen programmierten Computer, umfassend:
ein erstes Detektormittel für die Bestimmung der Umdrehungszahl des Motors,
ein zweites Detektormittel zur Bestimmung des Übergangs in der Umdrehungszahl des Motors; und
Entscheidungsmittel zur Bestimmung der Geschwindigkeit der Benzineinspritzung durch ein Kontrollprogramm gemäß den Werten, die im ersten und zweiten Detektormittel bestimmt wurden«.

Da die Informationsverarbeitung in Hinblick auf die Kontrolle von Hardware erfolgt und auf den physikalischen oder technischen Eigenschaften eines Objektes basiert, benutzt diese Erfindung Naturgesetze. Dies ist nicht der Fall, wenn ein Anspruch weder direkt noch indirekt darlegt, wie die Hardware eines Computers für die Informationsverarbeitung benutzt wird.

---

11   Für ab 1.4.1997 eingereichte Patentanmeldungen gilt ein umfassenderer japanischer Begriff für »Verwendung«.

Bei Patentanmeldungen, die ab dem 1.4.1997 eingereicht wurden, ist ein 33
»Computer-lesbares Speichermedium, das ein darauf aufgezeichnetes Programm hat«, patentierbar.

Bei Patentanmeldungen, die ab 10.1.2001 eingereicht wurden, sind nach den 34
Prüfungsrichtlinien für Erfindungen auf dem Gebiet der Computersoftware
Computerprogramme als solche patentierbar[12]. Diese Prüfungspraxis wurde
im JPatG verankert. Seit der Änderung von § 2(3) JPatG zum 1.9.2002 wird
die Bereitstellung/Übermittlung von Computerprogrammen über elektronische Kommunikationslinien als Benutzung in Bezug auf eine Erfindung
angesehen[13]. Auch ohne Änderung der Definition von Erfindungen in § 2(1)
JPatG ist hiermit klargestellt, dass Computerprogramme zu Produkterfindungen gehören.

1.1.4.4 Geschäftsmethoden[14]   35

Es gibt keine allgemein akzeptierte Definition von Geschäftsmethoden. Nach 36
der Mitteilung »Examination of business-related inventions« des Büros für
Prüfungsrichtlinien im JPA vom Dezember 1999 sind dies Erfindungen, die
sich auf neue Geschäftsmethoden unter Verwendung von üblichen Computern
oder existierenden Netzwerken beziehen.

In Japan gibt es einen Boom von Patenten für Geschäftsmethoden. Diese sind
Thema zahlreicher Artikel in Zeitungen und Magazinen und von Fernsehshows. Mittlerweile gibt es auch zahlreiche Bücher über Geschäftsmethoden-Patente. Zu Geschäftsmethoden finden sich auf der JPA-Website in japanischer Sprache Beiträge zu »Finanzgeschäften unter dem Gesichtspunkt von
Patenten« und »Intermediäre Geschäfte im Internet«.

---

12 Motohiko Fujimura, *AIPPI Journal*, Vol. 26, No. 4, 2001, Seiten 210–212.
13 § 2(3) JPatG: [Neuerungen zum 1.9.2002 fett gedruckt]
    Die »Verwertung« einer Erfindung im Sinne dieses Gesetzes umfasst die folgenden Handlungen:
    (i) hinsichtlich der Erfindung von Gegenständen (**eingeschlossen ein Programm, etc., im
    Folgenden dasselbe**) die Herstellung, Benutzung, Übertragung (wobei Übertragung die
    Übertragung im eigentlichen Sinn und Leasing bedeutet **sowie die Bereitstellung der Transmission über elektrische Kommunikationslinien einschließt, wenn der Gegenstand ein
    Programm ist, usw; im Folgenden dasselbe**), Einfuhr oder das Anbieten zum Zwecke der
    Übertragung oder des Leasings (einschließlich das Zurschaustellen zum Zwecke der Übertragung oder des Leasings – was hiernach identisch ist) der Gegenstände; ...
    § 2(4) JPatG: »Programm, etc.« in diesem Gesetz bedeutet »ein Programm (Instruktionen, die
    einem Computer gegeben wurden, die so kombiniert wurden, um ein Resultat zu erhalten; im
    Folgenden dasselbe) oder andere Information, die von einem Computer für die Verarbeitung
    benutzt wird, die einem Programm äquivalent ist«.
14 Vgl. »Business-related Inventions in Japan«, *YUASA AND HARA, INTELLECTUAL
    PROPERTY NEWS*, August 2000, Vol. 7, Seiten 8–12.

Hinsichtlich der Patentierbarkeit und Patentfähigkeit werden Geschäftsmethoden in Japan als eine Art von Software-Erfindungen angesehen. Das
JPA fordert einen technischen Aspekt für prinzipiell dem Patentschutz zugängliche Gegenstände von Patenten auf Geschäftsmethoden. Eine Erfindung,
die sich von der bloßen Automatisierung von bekannten Geschäftsmethoden
auf einem Computer ableitet, weist keine erfinderische Tätigkeit auf[15]. Das
JPA veröffentlichte Beispiele für nicht patentierbare Geschäftsmethoden (vom
Patentschutz ausgeschlossene Gegenstände, fehlerhafte Patentbeschreibungen
und fehlende erfinderische Tätigkeit)[16].

37 **1.2   Patentfähigkeit**

38 **1.2.1   Gesetzliche Grundlagen**

39 Zur Patentfähigkeit einer Erfindung ist es notwendig, dass diese in der Patentbeschreibung ausreichend offenbart ist, um dem Fachmann die Nacharbeitbarkeit zu ermöglichen[17] (§ 36(4) JPatG[18]). Details zum Erfordernis der ausreichenden Erfindungsoffenbarung finden sich in Kapitel 2 (»Abfassung von
Patentanmeldungen«).

Außerdem müssen gewerbliche Anwendbarkeit, Neuheit und erfinderische
Tätigkeit der angemeldeten Erfindung gegeben sein. Die Neuheit von Erfindungen ist in § 29(1) JPatG und die erfinderische Tätigkeit in § 29(2) JPatG
geregelt (die fett gedruckten Passagen gelten für ab dem 1.1.2000 eingereichte
Patentanmeldungen). § 29 JPatG lautet wie folgt:

»(1) Wer eine Erfindung gemacht hat, die gewerblich anwendbar ist, kann hierfür ein Patent
erhalten; ausgenommen sind die nachstehend genannten Erfindungen:
(i) Erfindungen, die in Japan **oder im Ausland** vor Einreichung der Patentanmeldung
allgemein bekannt waren;
(ii) Erfindungen, die in Japan **oder im Ausland** vor Einreichung der Patentanmeldung
offenkundig vorbenutzt worden sind;

---

15 Japanisches Patentamt, »Report on Comparative Study carried out – Business Method-related
Inventions«, in *Patents&Licensing*, Vol. 30, No. 3 (Juni 2000), Seiten 25–32.
16 Vgl. *Suzuye Report, Japan Patents&Trademarks*, No. 110, Nov. 2001, Seiten 3–9.
17 »Mr. Mochizuki vs. Präsident des JPA«; Obergericht Tokyo, 3.6.1992, Fall Nr. 1991 Gyo-Ke
310; vgl. Megumu Kurokawa, in *AIPPI Journal*, Mai 1994, Seiten 121–123. Eine Patentanmeldung für ein Befestigungswerkzeug, das einen rotierenden Körper (B) als Zahnrad mit
einer Achse (A) verbindet. Die Anmeldung wurde zurückgewiesen, weil der Gegenstand
nicht genau beschrieben war.
18 § 36(4) JPatG: »In der ausführlichen Erläuterung der Erfindung nach dem vorstehenden
Absatz (iii) ist die Erfindung gemäß der Verordnung des Ministeriums für Wirtschaft, Handel
und Industrie so deutlich und vollständig zu beschreiben, dass ein Durchschnittsfachmann auf
dem technischen Gebiet, zu dem die Erfindung gehört, die Erfindung ausführen kann.«

(iii) Erfindungen, die vor der Einreichung der Patentanmeldung in einer öffentlichen Druckschrift, die in Japan oder im Ausland verbreitet wurde, beschrieben worden sind **oder
der Öffentlichkeit in Japan oder sonstwo mittels elektrischer Kommunikationslinien
zugänglich gemacht wurden.**

(2) Unbeschadet der Vorschrift des Abs. 1 kann ein Patent für eine Erfindung nicht erteilt
werden, wenn ein Durchschnittsfachmann auf dem technischen Gebiet der Erfindung in
der Lage gewesen wäre, diese Erfindung auf Grund der in jeder der Ziffern des vorstehenden
Absatzes genannten Erfindungen vor der Einreichung der Patentanmeldung ohne weiteres zu
machen.«

1.2.2 Zur Abgrenzung von Neuheit und erfinderischer Tätigkeit – Begriff   40
der im Wesentlichen identischen Erfindungen

Während Neuheit und erfinderische Tätigkeit nach deutschem Patentrecht   41
oder dem Europäischem Patentübereinkommen im Wesentlichen unabhängige
Begriffe sind, die deutlich auseinander gehalten werden, gibt es in Japan keine
derart ausgeprägte Trennungslinie zwischen diesen Begriffen. Zum Verständnis der Beziehung zwischen diesen Patentfähigkeitskriterien ist ein geschicht-
licher Rückblick hilfreich[19]. § 29(2) JPatG wurde im Jahre 1959 hinzugefügt.
Nach diesem Patentfähigkeitserfordernis sollen die Unterschiede zwischen
einer betrachteten Erfindung und bekannten Erfindungen nicht untersucht
werden, um zu bestimmen, ob die betrachtete Erfindung einen Vorteil gegenüber dem Stand der Technik hat, sondern um zu entscheiden, ob sich am
Anmeldetag ein Fachmann die Verbesserung leicht vorgestellt hätte. Allerdings bedeutet der für die Nichtoffensichtlichkeit verwendete japanische Begriff »*Shimposei*« auf deutsch »Fortschrittlichkeit«.

In Japan wurde zur Bestimmung der Neuheit immer schon das Konzept, d. h.   42
die technische Idee, einer in den Ansprüchen beschriebenen Erfindung mit
dem Konzept des Standes der Technik verglichen, statt die Sprache der beanspruchten Erfindung mit der des Standes der Technik zu vergleichen[20]. Die
Gerichte haben das Kriterium »im Wesentlichen identisch« eingeführt, wonach eine Erfindung dann wegen fehlender Neuheit zurückgewiesen wird,
wenn das erfinderische Konzept, nicht der Anspruchswortlaut, dem von Erfindungen aus dem Stand der Technik entspricht. Eine einfache Modifikation
gegenüber dem Stand der Technik führte häufig zur Zurückweisung einer
Anmeldung aufgrund fehlender Neuheit. Dabei neigten japanische Gerichte
nach Auffindung eines strukturellen Unterschieds zwischen beanspruchter

---

19 Vgl. »The Substantial Identity Rule under the Japanese Novelty Standard« von Toshiko
Takenaka, in *Pacific Basin Law Journal*, Vol. 9:220 (1991), Seiten 220–253.
20 Vgl. Nakayama, *Chukai Tokkyo Hô* (Detaillierte Erklärung des Patentgesetzes), S. 313
(1983): weil die Identität der Erfindung aufgrund der Identität der technischen Gedanken
entschieden werden muss, sind zwei Erfindungen nicht notwendigerweise verschieden, wenn
der Anspruchswortlaut oder in den Ansprüchen beschriebene Elemente unterschiedlich sind.

und bekannter Erfindung dazu, diesen in Hinblick auf den damit erzielten Vorteil zu bewerten. War der Vorteil geringfügig, wurde häufig darauf geschlossen, dass es sich um dieselbe Erfindung handelt.

43 In »Atomeru Corporation vs. Präsident des JPA«[21] wurde die Zurückweisung einer Patentanmeldung für eine thermische Zersetzungsvorrichtung zur Herstellung eines Halbleiter-Wafer durch das JPA vom Obergericht Tokyo bestätigt. Das Gericht sah den strukturellen Unterschied zwischen beanspruchter und bekannter Erfindung darin, dass bei der beanspruchten Erfindung der Druck in der Reaktorkammer niedriger als in der Hochdruckkammer gehalten wurde, während bei der bekannten Erfindung der Druck in der Reaktionskammer geringfügig höher als in der Hochdruckkammer war. Dieser Unterschied sei unbedeutend, da es in Hinblick auf den Zweck der Erfindung, das Ausblasen der Kammern aufgrund des hohen Druckunterschieds zwischen den Kammern zu verhindern, keinen Unterschied in der erzielten Wirkung gab. Der Unterschied sei eine einfache Modifikation, die der Fachmann sehr leicht vorgenommen hätte, um das gewünschte Ziel zu erreichen.

44 Hinsichtlich der Erfindung einer Methode für die Konstruktion eines Fundaments für einen Pfeiler, bei der ein Loch für den kugelförmigen Teil des Pfeilers mit einem gezogenen Bohrer statt mit einem Hohlbohrer gebohrt wird, erkannte das Gericht einen strukturellen Unterschied, sah ihn jedoch als einfache Modifikation ohne signifikanten Vorteil[22].

45 Dass in Japan die Regel der wesentlichen Identität nach Einführung des Erfordernisses der erfinderischen Tätigkeit beibehalten wurde, illustriert, dass für die Bestimmung der Neuheit der mit der Erfindung erzielte Fortschritt berücksichtigt wird, für das Vorliegen einer erfinderischen Tätigkeit dagegen das Nichtnaheliegen der Erfindung. So hebt das Obergericht Tokyo häufig die Zurückweisung von Patentansprüchen durch das JPA auf, indem es feststellt, dass die zurückgewiesene Modifikation kein einfacher Ersatz eines Elementes der Erfindung mit einem üblichen Mittel ist, solange die Modifikation zu einem signifikanten Vorteil führt[23].

46 In »F. Hoffmann La Roche Aktiengesellschaft vs. JPA«[24] hatte das JPA eine Patentanmeldung in Hinblick auf ein Dokument aus dem Stand der Technik als nicht neu zurückgewiesen, obwohl ein Merkmal fehlte. Für das JPA war das fehlende Merkmal seit langem gut bekannt und konnte daher leicht hinzugefügt werden. Der Unterschied sei derart unbedeutend, dass beide Erfin-

---

21 Obergericht Tokyo, 23.2.1989; vgl. 244 *Tokkyo to Kigyo* 33.
22 Obergericht Tokyo, 25.2.1986; *Hanketsu Torikeshishû* (1986) 248.
23 Obergericht Tokyo, 30.6.1986, Fall Nr. 1960 Gyo-Ke 162.
24 Obergericht Tokyo, 20.9.1986; 215 *Tokkyo to Kigyo* 72.

dungen als »im Wesentlichen identisch« angesehen werden könnten. Damit sei die Erfindung in einem einzigen Dokument des Standes der Technik offenbart. Das Gericht bestätigte die auf diese Weise angewandte »im Wesentlichen identisch«-Regel, indem es feststellte, dass eine in einem Dokument des Standes der Technik offenbarte Erfindung mit dem technischen Allgemeinwissen des Fachmannes gelesen werden sollte.

Das JPA und die japanischen Gerichte lösen sich allmählich vom Konzept der   47
»im Wesentlichen identischen Erfindung«. Dies wurde insbesondere durch die Reform des JPatG zum 1.1.1994 bewirkt, mit der die zulässigen Änderungen in einer japanischen Patentanmeldung drastisch beschränkt wurden. Bislang als »unbedeutend« erachtete Änderungen werden nun als unzulässige Erweiterungen angesehen.

1.2.3   Neuheit   48

Umfang des relevanten Standes der Technik   49

Mit Wirkung ab 1.1.2000 gilt eine umfassende Definition des Standes der   50
Technik, der bei der Prüfung einer Erfindung auf Patentfähigkeit zu berücksichtigen ist. Für bis zum 31.12.1999 eingereichte Patentanmeldungen gilt eine eingeschränkte Definition des Standes der Technik, nach der öffentliche Bekanntheit und offenkundige Vorbenutzung nur in Hinblick auf Japan zum Stand der Technik gehören. Für ab dem 1.1.2000 eingereichte Patentanmeldungen gilt diese Beschränkung auf Japan nicht.

Die Person, die eine industriell anwendbare Erfindung gemacht hat, kann   51
hierfür ein Patent erhalten, sofern sie nicht vor Einreichung der Patentanmeldung in Japan oder sonstwo öffentlich bekannt oder öffentlich benutzt war oder in einer in Japan oder im Ausland verteilten Publikation beschrieben oder durch elektrische Kommunikationslinien zugänglich war (§ 29(1) JPatG).

Beispielsweise ist ein 1914 in Frankreich veröffentlichter Text schriftlicher   52
Stand der Technik[25]. Das JPA hatte dem Beklagten für einen Futonhalter ein Patent erteilt. Das Patent wurde mit dem Hinweis angegriffen, dass ein solcher Futonhalter bereits in einer französischen Patentanmeldung von 1914 veröffentlicht wurde. Das JPA sah diese Publikation als nicht allgemein zugänglich an und ließ die darin enthaltene Information unberücksichtigt. Das Obergericht Tokyo hob die Entscheidung des JPA mit der Begründung auf, dass nichts darauf hindeute, dass die Anmeldung von 1914 in Frankreich nicht allgemein erhältlich war. Das Erfordernis der weltweiten Neuheit war somit nicht erfüllt und das Patent zu widerrufen.

---

25   Obergericht Tokyo, 14.3.2002; 16 *Law & Technology* 82.

53 »Vor Einreichung der Patentanmeldung« bedeutet, dass für die Bestimmung des relevanten Standes der Technik der tatsächliche Zeitpunkt der Anmeldung maßgebend ist. Bei gleichem Anmeldedatum ist die genaue Uhrzeit zu berücksichtigen. Unterschiedliche Zeitzonen bleiben außer Betracht. Beispielsweise ist eine Veröffentlichung einer Erfindung um 13 Uhr in London neuheitsschädlich für eine Patentanmeldung, die um 12 Uhr in San Francisco eingereicht wurde. Eine um 13 Uhr in Europa verbreitete Publikation ist nicht neuheitsschädlich für eine um 18 Uhr in Japan eingereichte Patentanmeldung. Wenn eine Patentanmeldung ohne Registrierung der Uhrzeit angenommen wurde und am selben Tag eine Publikation dieser Erfindung erschienen ist, geht das JPA davon aus, dass die Publikation nach Einreichung der Patentanmeldung erschienen ist, sofern keine gegenteiligen Beweise vorliegen.

54 Verteilte Publikation

55 Die Interpretation des in § 29(1)(iii) JPatG verwendeten Begriffes »verteilte Publikation« war Gegenstand mehrerer Entscheidungen von *Shimpan*-Abteilungen und Gerichten, wobei zwischen »Verteilung« und »öffentlicher Zugänglichkeit« unterschieden wurde. Nach dem japanischen Patentrecht genügt danach für die Qualifizierung als »verteilte Publikation« der Zeitpunkt der öffentlichen Zugänglichkeit nicht. Dies führt zur unterschiedlichen Wertung von Mikrofilmen, Dissertationen und Patentspezifikationen.

56 Eine »Publikation« (*Kankôbutsu*) im Sinne von § 29(1)(iii) JPatG ist ein Dokument, eine Zeichnung oder ein anderes ähnliches Medium für die Übermittlung von Informationen, das für den Zweck der Offenbarung seines Inhaltes an die Öffentlichkeit durch Verteilung vervielfältigt wurde. »Publikation« umfasst schriftliche Informationen wie Dokumente, Zeichnungen und Ähnliches, Disketten, Mikrofilme, sowie visuelle Vorführungen von Informationen wie Poster, Dias, Overhead-Projektionen, Videobänder, Photographien und Ähnliches.

57 »Verteilung« bedeutet das Platzieren der Publikation auf eine Weise, dass beliebige Personen ohne Pflicht zur Geheimhaltung sie lesen oder sehen können. Der tatsächliche Zugang einer bestimmten Person zu einer solchen Publikation oder die tatsächliche Anfertigung einer Kopie ist nicht notwendig[26].

58 Das Obergericht Tokyo entschied, dass die Originalkopie einer belgischen Patentschrift, die zur öffentlichen Einsichtnahme ausgelegt war, keine »verteilte Publikation« im Sinne von § 29(1)(iii) JPatG sei[27]. Eine »verteilte Publikation« im Sinne von § 29(1)(iii) JPatG sei ein Dokument, eine Zeichnung,

---

26 OGH, 29.1.1963, Fall Nr. Sho 36 (O) 1180; s.a. Prüfungsrichtlinien des JPA.
27 Obergericht Tokyo, 30.10.1978, Fall Nr. 1975 Gyo-Ke 97.

Photographie etc., das ausgehend von einem Original durch Drucken, Photographieren, Kopieren oder andere ähnliche Mittel zu dem Zweck der Offenbarung seines Inhaltes an die Öffentlichkeit durch Verteilung in einer großen Menge vervielfältigt werden kann, sodass eine bestimmte technische Idee an eine unbestimmte Anzahl von Personen (Öffentliche Zugänglichkeit) verteilt wird (Verteilung). »Öffentliche Zugänglichkeit« bedeutet die Beendigung der Geheimhaltung, wohingegen »Verteilung« die breite Verteilung von Kopien bedeutet. Beispielsweise sind Akten von Gerichtsverfahren öffentlich zugänglich, weil die Öffentlichkeit Einsicht nehmen und Kopien davon erhalten kann. Dies sei aber keine »Verteilung«, weil diese Akten nicht dazu bestimmt sind, als Kopien verteilt zu werden.

Der OGH entschied am 4.7.1980, ob eine deutsche Gebrauchsmusterregistrierung als verteilte Publikation angesehen werden kann. Der OGH bestätigte die Interpretation des Obergerichts Tokyo vom 9.3.1978, dass eine verteilte Publikation ein Dokument ist, das durch Mittel wie Drucken oder Fotografie dupliziert wurde, um Informationen an die Öffentlichkeit zu bringen. Die Anmeldeunterlagen zu einem deutschen Gebrauchsmuster können im DPMA ab dem Registrierungsdatum des Gebrauchsmusters von jedem eingesehen werden. Jeder kann Kopien dieser Unterlagen erhalten. Daher entspricht der vervielfältigte Gegenstand einer »verteilten Publikation«. Durch die Offenlegung wurde die Inspektion des Anmeldedokumentes erlaubt, aber das Dokument wurde vom Amt nicht für die Zirkulation gedruckt. Was als Kopien zum Zweck der Offenlegung für die öffentliche Einsichtnahme durch Verteilung bezeichnet werden kann, ist nicht auf die zur Befriedigung der öffentlichen Nachfrage in ausreichender Anzahl hergestellten Kopien des Originals beschränkt. Wenn das Original zur ungehinderten Einsichtnahme durch die Öffentlichkeit offen gelegt ist und Kopien davon ohne Verzögerung geliefert werden, um der Nachfrage der Öffentlichkeit zu begegnen, dann kann das, was vom Original kopiert und auf Anfrage an die Öffentlichkeit gegeben werden kann, als verteilte Publikation angesehen werden. Selbst wenn ein Dokument noch nicht kopiert war, aber auf Anfrage hätte kopiert werden können, sei es als Publikation anzusehen[28].

In einer OGH-Entscheidung vom 17.7.1986 war die Publikation der ausgehend von einer australischen Patentschrift vervielfältigte Mikrofilm. Der OGH bestätigte die Entscheidung des Obergerichtes Tokyo vom 23.10.1985, wonach ein Mikrofilm eine verteilte Publikation ist. Von der australischen Patentbeschreibung waren Mikrofilme für das Australische Patentamt und fünf Zweigstellen für die öffentliche Einsichtnahme während drei Wochen

59

60

---

28 OGH, 4.7.1980, *Torikeshishû*, 1980, Seite 83.

ab dem Tag der öffentlichen Ankündigung vervielfältigt worden. Die Öffentlichkeit konnte die Mikrofilme betrachten oder hiervon Papierkopien erhalten.

61 Die *Shimpan*-Abteilung des JPA entschied am 5.11.1985 in der Beschwerdesache Nr. 19802 aus 1981, dass eine an die Bibliothek zur Offenbarung ihres Inhaltes an die Öffentlichkeit abgegebene Dissertation, die von jedem ausgeliehen werden konnte, nicht als »verteilte Publikation« anzusehen sei. Das Original der Dissertation war nicht an andere verteilt worden. Nach Auffassung der *Shimpan*-Abteilung konnte daher auch nicht gefolgert werden, dass eine Dissertation zur Erlangung eines akademischen Grades eine »Publikation« im Sinne von § 29(1)(iii) JPatG ist. Die Dissertation sei nicht in der Form verteilt worden wie sie im Urteil des Obergerichts Tokyo vom 30.10.1978 definiert worden, war. Sie war zwar der Öffentlichkeit zugänglich, aber nicht verteilt. Nur eine sehr begrenzte Anzahl von Personen konnte in Hinblick auf die Natur dieser Dissertation zur Erlangung eines Grades oder in Hinblick auf den Ort der Offenlegung Einsicht in deren Inhalt nehmen. Diese Dissertation war weder unter dem Gesichtspunkt der öffentlichen Zugänglichkeit noch der Verteilung eine verteilte Publikation im Sinne der [vorgenannten] Entscheidungen des OGH.

62 Anders dagegen eine Entscheidung des Obergerichtes Tokyo vom 29.7.1993, das entschied, dass Kopien einer Dissertation, die in einer Universitätsbibliothek in England deponiert waren, »verteilte Publikationen« im Sinne von § 29(1)(iii) JPatG seien[29].

---

29 »Fujitec K.K. vs. Hitachi Corp.«; Obergericht Tokyo, 29.7.1993; Fall Nr. 1992 Gyo-Ke 16: »Wenn eine Kopie einer Dissertation, welche für die Erlangung des Doktortitels einer ausländischen Universität angefertigt wurde, von der Bibliothek dieser Universität akzeptiert und so platziert wurde, dass jede Person auf Anfrage eine Kopie der Dissertation erhält, kann eine solche Kopie der Dissertation als im Ausland verteilte Publikation angesehen werden.« Das Obergericht Tokyo hob hier eine Nichtigkeitsentscheidung des JPA betreffend das Patent »Method for Assigning Elevators upon Hall Calls under Group Control« auf. Der Kläger konnte nachweisen, dass in einer englischen Universitätsbibliothek vor dem Anmeldedatum des strittigen Patentes der Zugang zu der Dissertation beantragt war. Für das JPA war die Dissertation keine »verteilte Publikation« gemäß § 29(1)(iii) JPatG, weil sie nicht an die allgemeine Öffentlichkeit verteilt werden sollte. Das JPA hatte akzeptiert, dass die Öffentlichkeit freien Zugang zur Originaldissertation hatte und dass Kopien auf Anfrage erhältlich waren. Für das JPA war jedoch entscheidend, dass der Kläger nicht bewiesen hatte, dass die Antragsteller die nachgefragten Kopien tatsächlich vor dem Anmeldedatum des Patentes erhalten hatten. Das Obergericht war anderer Meinung und zitierte die Entscheidung des OGH vom 4.7.1980. Hiernach muss ein Original, das für die Allgemeinheit frei zugänglich war und unter Bedingungen vorgehalten wurde, die eine sofortige Bereitstellung von Kopien ermöglichten, als Publikation im Sinne von § 29(1)(iii) JPatG angesehen werden, selbst wenn ein Original eines Dokumentes nicht für den Zweck der Verteilung hergestellt worden war.

Die Einreichung eines Manuskriptes zum Zwecke der Veröffentlichung in 63
einer Zeitschrift ist keine »Veröffentlichung am Tage der Einreichung«. Die
Verteilung an Fachleute, die das Manuskript zu beurteilen haben, dabei aber
einer Geheimhaltungspflicht unterliegen, ist ebenfalls nicht neuheitsschädlich.

Der Ausdruck »gedruckte Publikation« bedeutet eine Publikation, die auf eine 64
Weise hergestellt wurde, die innerhalb kurzer Zeit eine Anzahl von Kopien
liefern kann. Jede Publikation, die durch irgendeine Druck- oder Kopier-
methode hergestellt wurde, ist eine »gedruckte Publikation«. Außerdem wird
jede Patentbeschreibung, die lediglich in ungedruckter Form der Öffentlichkeit offen gelegt wurde, als identisch mit einer gedruckten Publikation angesehen, vorausgesetzt, dass seine Kopie an jede Person verteilt werden kann.

Der »Zeitpunkt der Verteilung« einer Publikation wird immer auf den zuletzt 65
möglichen Zeitpunkt festgesetzt, beispielsweise bei der Angabe eines Monats
auf den letzten Tag des Monats. Für den Fall, dass eine Patentanmeldung am
Erscheinungstag einer Publikation eingereicht wurde, wird bis zum Beweis des
Gegenteils davon ausgegangen, dass die Verteilung nach der Einreichung der
Patentanmeldung stattgefunden hat.

«Eine in einer Publikation beschriebene Erfindung« ist eine Erfindung, die 66
vom durchschnittlichen Fachmann ausgehend von der Offenbarung in der
Publikation und unter Berücksichtigung des Standes der Technik zum Zeitpunkt der Verteilung der Publikation verstanden werden kann. Maßgeblich ist
das allgemeine technische Wissen, das alles umfasst, was ausgehend von der
dem Fachmann im Allgemeinen bekannten Technologie offensichtlich ist.
Entweder gibt es hierzu umfassende Literatur oder es ist so bekannt, dass es
keiner Beschreibung bedarf.

Die Erwähnung einer chemischen Verbindung in einem entgegengehaltenen 67
Dokument ist nur dann neuheitsschädlich, wenn die Offenbarung ausreichend
deutlich ist, um dem Fachmann die Synthese der chemischen Verbindung zu
ermöglichen.

In »Fall Sankyo Co. vs. Präsident des JPA« widerrief das Obergericht Tokyo 68
mit Urteil vom 20.10.1993 eine Entscheidung der *Shimpan*-Abteilung des
JPA[30]. Die Firma Sankyo Co. hatte am 31.3.1980 eine japanische Patentanmeldung (offen gelegt als JP-A-56-138,181) für die Erfindung » Derivat
des MB-530A« eingereicht. Diese wurde vom JPA wegen fehlender Neuheit
gegenüber einer am 4.2.1981 eingereichten japanischen Patentanmeldung (offengelegt als JP-A-56-122,375), für die Prioritäten von vier US-Patentanmel-

---

30 Shoichi Okuyama, *AIPPI Journal*, Vol. 19, No. 3 (Mai 1994), Seiten 126–129; Shoji Matsui,
    AIPPI Journal, Vol. 19, No. 4 (Juli 1994), Seiten 155–171.

dungen in Anspruch genommen waren, zurückgewiesen. Zwar war in der JP-A-56-122,375 die beanspruchte chemische Verbindung beschrieben. Der Weg zu einem für die Herstellung notwendigen Ausgangsprodukt ist jedoch erst in einer der beiden nach dem japanischen Anmeldedatum der strittigen Patentanmeldung eingereichten prioritätsbegründenden US-Patentanmeldungen beschrieben. Damit war die chemische Verbindung in der JP-A-56-122,375 nicht ausreichend offenbart, um neuheitsschädlich zu sein.

69 Wenn die Patentansprüche klar sind, soll die Erfindung anhand dieser identifiziert werden. Nach einem Urteil des Obergerichts Tokyo vom 26.11.1981 soll das Wesen einer Erfindung anhand der Ansprüche erkannt oder interpretiert werden. Sofern nicht besondere Umstände vorliegen, kann der Inhalt der Patentansprüche nicht missachtet und um neue Dinge erweitert werden. Jedoch sollten zur Interpretation von unklaren und schwer verständlichen Ansprüchen die Patentbeschreibung, Zeichnungen und der Stand der Technik zum Zeitpunkt der Einreichung der Anmeldung berücksichtigt werden, wenn in der detaillierten Erklärung der Erfindung die Bedeutung eines Ausdrucks in den Ansprüchen geklärt wird.

70 Die Patentansprüche sollten die Erfindung definieren und deren notwendige Merkmale benennen; es sei natürlich, dass das Wesen der Erfindung auf der Grundlage der Ansprüche erfasst und die Prüfung in Hinblick auf die Ansprüche durchgeführt werden kann[31]:

> »Sollte die spezifische Substanz der anhand der Ansprüche verstandenen Erfindung nicht Aufgabe und Effekt der Erfindung entsprechen, wie sie in der detaillierten Erklärung der Erfindung dargelegt sind, darf das Wesen der Erfindung nicht nur ausgehend von Aufgabe und Effekt der Erfindung ohne Berücksichtigung der Patentansprüche verstanden werden. Hier bleibt die Frage unberücksichtigt, ob dies nicht der Fall einer ungenügenden Patentbeschreibung ist.«

71 Nach dem Urteil des OGH vom 8.3.1991 im Ra-Lipase-Fall muss bei der Berücksichtigung der Patentfähigkeitserfordernisse von § 29 JPatG, nämlich Neuheit und erfinderische Tätigkeit einer Erfindung, beim Vergleich der Erfindung mit einer Erfindung nach einem der Punkte von § 29(1) JPatG in einem ersten Schritt das Wesen der Erfindung erfasst werden. Das Auffinden des Wesens der Erfindung muss auf den Patentansprüchen basieren, die der Patentanmeldung beigefügt sind. Nur unter besonderen Umständen, wenn z.B. die technische Bedeutung eines Begriffes im Anspruch nicht unzweideutig verstanden werden kann oder ausgehend von der detaillierten Erfindungsbeschreibung offensichtlich ein Fehler in den Ansprüchen ist, kann die Bezugnahme auf die Beschreibung zugelassen werden.

---

31 Obergericht Tokyo,16.8.1983, Fall Nr. 1980 Gyo-Ke 292.

Selbst wenn die sich aus den Ansprüchen ergebende Erfindung nicht der in der   72
detaillierten Erklärung der Erfindung angegebenen Aufgabe und Wirkung
entspricht, kann die beanspruchte Erfindung nicht ausschließlich auf der Basis
der Beschreibung von Aufgabe und Wirkung der Erfindung unter Vernach-
lässigung der Ansprüche erkannt und eine solche Beschreibung zum Gegenstand der Erfindung gemacht werden.

Die Prüfungsrichtlinien des JPA enthalten Beispiele zur Feststellung der (ent-   73
gegengehaltenen) Erfindung:

Ein Urteil des Obergerichts Tokyo vom 25.7.1985 betraf die Frage, ob der   74
unterirdische Tank in den Ansprüchen eines Gebrauchsmusters auf einen
Aufbewahrungstank für gefährliche Dinge beschränkt ist. Der Ausdruck »un-
terirdischer Tank« wird allgemein benutzt und ist leicht zu verstehen. Die
technische Lösung (*Kôan*) der Anmeldung kann klar erkannt und identifiziert
werden, sodass der unterirdische Tank, der Gegenstand der vorliegenden
Anmeldung ist, nicht auf einen unterirdischen Tank zur Aufbewahrung ge-
fährlicher Dinge beschränkt werden kann.

Ein Urteil des Obergerichts Tokyo vom 26.4.1984 befasste sich mit der   75
Interpretation des Begriffes »Zerstückeln« im Patentanspruch. Der Ausdruck
»Schneiden« wurde ausschließlich als Aktion eines Cutters verstanden. Da in
den Ansprüchen und in der Beschreibung von Aufgabe, Zusammenfassung
und Effekt der Erfindung in der detaillierten Erfindungsbeschreibung die
Begriffe »Schneidgerät«, »schneidende Klinge« oder »Schneiden« nicht verwendet werden, kann die Erfindung nicht dahingehend ausgelegt werden, dass
sie Schneiden umfasst. Es gibt keinen Grund, »Zerstückeln« mit einer von
seiner allgemeinen Verwendung unterschiedlichen besonderen Bedeutung zu
interpretieren. »Zerstückeln« in den Ansprüchen muss daher im Einklang mit
der allgemeinen Verwendung interpretiert werden und ist nicht auf das begrenzt, was mit einer Klinge erreicht wird.

Mit der Auswahl eines geeigneten Vergleichsobjektes beschäftigte sich ein   76
Urteil des Obergerichts Tokyo vom 5.4.1990: »Die in der Entgegenhaltung
offenbarte Erfindung betrifft nicht einen zelligen Filter des Typs, bei dem das
Versiegeln durch Einbringen des Versiegelungsmaterials in einen vorbestimmten Endteil einer Höhlung in einer Honigwabenstruktur bewirkt wird. Daher
kann in der Entgegenhaltung das technische Problem der vorliegenden Erfindung, keine Reaktionsschicht zwischen Honigwabenstruktur und Versiege-
lungsmaterial zu legen, nicht als technisches Problem entstehen. Es gab keine
Notwendigkeit für die Offenbarung einer technischen Idee zur Lösung des
besagten Problems. Somit unterscheidet sich das Wesen der beiden Erfindungen, und es erübrigt sich die Notwendigkeit zu diskutieren, ob die Strukturen

von vorliegender und entgegengehaltener Erfindung identisch (oder im Wesentlichen identisch) sind oder nicht.«

77 Ein Urteil des Obergerichts Tokyo vom 29.11.1982 illustriert, was in einem entgegengehaltenen Dokument als mitbeschrieben angesehen werden kann: »Es ist allgemein bekannt, einen elektrischen Leiter, der als Abschirmung zur Verhinderung elektrischer Interferenzen verwendet wird, zu erden. Der Fachmann würde daher selbstverständlich davon ausgehen, dass eine Abschirmplatte eines in einem Dokument beschriebenen Schalters geerdet ist, selbst wenn auf diesen Effekt nicht gesondert hingewiesen ist. Die technische Bedeutung des Ausdrucks »Abschirmplatte« umfasst im Zusammenhang mit dem allgemeinen technischen Wissen, dass die Abschirmplatte bei Benutzung geerdet ist.«

78 Aus einem Urteil des Obergerichts Tokyo vom 27.1.1982: »Zunächst wird ausgehend von der Beschreibung der Verwendung eines Mehrschneckenextruders in der Entgegenhaltung untersucht, ob bei dieser jede der drei Zonen der vorliegenden Erfindung verwendet wird. Der Extruder kann als in der Technik, auf die sich die vorliegende Erfindung bezieht, gut bekannt angesehen werden. In diesen Maschinen existiert zwischen der Rohmaterialnachlieferungszone und der eigentlichen Extrusionszone eine mittlere Zone, in der bei gleichzeitiger Anwendung von Scherkräften das Mixen und Kneten ausgeführt wird. Daher kann der Mehrwellenextruder der Entgegenhaltung als mit einer mittleren Zone, in der Scherkräfte angewandt werden, ausgestatteter Mehrwellenextruder verstanden werden.«

79 Ein Urteil des Obergerichts Tokyo vom 27.4.1973 befasste sich mit der Behauptung des Klägers, dass die Entgegenhaltung die technische Idee der Erfindung, auf einer Titanplatte eine rauhe Oberfläche zu bilden, nicht offenbare. In der Entgegenhaltung ist jedoch beschrieben, dass der auf einer Titananode durch Kurzzeit-Elektrolyse gebildete passive Film durch Schleifen der Anodenoberfläche mit Schmirgelpapier entfernt werden kann. Damit ist offenbart, dass die oxidierte Anodenoberfläche mit physikalischen Mitteln entfernt werden kann, nämlich Schleifen mit Schmirgelpapier. Als Folge des Schleifens wird eine Titanoberfläche mit einer mehr oder weniger rauen Oberfläche erhalten.

80 Ein Urteil des Obergerichts Tokyo vom 20.2.1964 betraf eine Abdeckfolie für die Landwirtschaft, die sich bei Beaufschlagung mit Dampf nicht trübt. Eine Methode zur Herstellung eines transparenten Filmes, der nicht trüb wird, war in einer älteren Publikation offenbart. Auf die Anmelderbeschwerde gegen die Zurückweisung der Patentanmeldung entschied die *Shimpan*-Abteilung, dass die Erfindung nicht neu sei und die Verwendung des Films für agrochemische Zwecke nahe liegend war. Die hiergegen gerichtete Klage des Anmelders

wurde vom Obergericht Tokyo zurückgewiesen: »In der Entgegenhaltung ist beschrieben, dass aufgrund des in den Film eingemischten oberflächenaktiven Mittels das Wasser in winzige Partikel überführt wird, die sich über den gesamten Film verteilen, ohne auf der Filmoberfläche haften zu bleiben. Außerdem ist darin offenbart, dass ein Plastikfilm, in dem ein oberflächenaktives Mittel verteilt ist, Gase wie Dampf, Kohlendioxid oder Sauerstoff hindurchgehen lässt. Der vom Anmelder behauptete landwirtschaftliche Effekt wird durch das oberflächenaktive Mittel erzeugt, sodass es basierend auf der Entgegenhaltung keiner erfinderischen Anstrengungen bedurfte, um den landwirtschaftlichen Effekt zu erreichen.« Das Gericht wies auch die Behauptung zurück, dass die Erfindung aufgrund der neuen Verwendung patentfähig sei. Vor dem Einreichdatum der Anmeldung sei bekannt gewesen, einen Vinylpolymerfilm für landwirtschaftliche Zwecke zu verwenden.

Die Erfindung eines Uhrengehäuses war Gegenstand eines Urteils des Obergerichts Tokyo vom 29.9.1971. Die *Shimpan*-Abteilung im JPA hatte entschieden, dass es vor Einreichung der Erfindung einen Bedarf für kratzresistente Uhrengehäuse gab. Das vom Anmelder angewandte Metallcarbid und das Verfahren zu seiner Herstellung seien öffentlich bekannt gewesen. Stärke, Glanz usw. des Uhrengehäuses, die der Anmelder als Effekt der Erfindung ansah, seien lediglich Merkmale des Materials und nicht Effekte der Erfindung. Daher konnte die Erfindung ausgehend von gut bekannter Technologie leicht erdacht werden. Die Klage des Anmelders führte zur Aufhebung der Entscheidung: »Um das vorgenannte technische Problem auf dem Gebiet der Herstellung von Uhrengehäusen zu lösen, suchte die vorliegende Erfindung positiv das Metallcarbid aus, von dem angenommen wurde, dass seine Verarbeitung schwierig sei. Einige sichtbare Teile des Uhrengehäuses wurden aus Metallcarbid mit einem hohen Härtegrad durch Formen mittels pulvermetallurgischer Verfahren hergestellt. Das auf diese Weise produzierte Uhrengehäuse hat einen tiefen Farbton und Glanz, der über einen langen Zeitraum bestehen bleibt, weil es nur durch einen Diamanten zerkratzt wird.« 81

Dieses Urteil illustriert den Standard für die Bestimmung von erfinderischer Tätigkeit, wonach erfinderische Tätigkeit vorliegt, wenn (i) technische Schwierigkeiten bei der Anwendung der bekannten Technologie für eine neue Verwendung bestehen und (ii) eine bemerkenswerte Aktion und Wirkung durch die Anwendung der Technologie für eine neue Verwendung erzielt wird. 82

In mehreren Entscheidungen ging es um die implizite Offenbarung in Publikationen. Diese Fälle sind insbesondere auf dem Gebiet der Chemie von Bedeutung. Da das JPA nicht auf experimentellem Weg ermitteln kann, was evtl. implizit in einem Dokument offenbart ist, liegt es an Dritten, beispielsweise in einem Einspruchs- oder Nichtigkeitsverfahren, durch Vorlage von 83

Versuchsberichten nachzuweisen, dass sich der beanspruchte Gegenstand bei Nacharbeitung des vorveröffentlichten Standes der Technik zwangsläufig ergibt.

84 In »Mitsui Sekiyu Kagaku Kogyo K.K. vs. Präsident des JPA« hatte ein Einsprechender einen Versuchsbericht vorgelegt, um nachzuweisen, dass das beanspruchte Polymer implizit in einer vorveröffentlichten Publikation beschrieben und damit in Hinblick auf § 29(1)(iii) JPatG nicht neu war[32]. In »Mitsui Chemicals, Inc. vs. Präsident des JPA« hob das Obergericht Tokyo

---

[32] »Mitsui Sekiyu Kagaku Kogyo K.K. vs. Präsident des JPA«, Obergericht Tokyo, 25.3.1997; Fall Nr. 1995 Gyo-ke 205 (vgl. Akiko Kurawaki, Klaus Hinkelmann, in *AIPPI Journal*, Vol. 22, No. 6 (1997), Seiten 301–313): Das Obergericht Tokyo hielt die Zurückweisung der Patentanmeldung »Copolymere von Ethylen und α-Olefinen« durch das JPA aufgrund eines Einspruches wegen fehlender Neuheit gegenüber einer älteren Patentanmeldung aufrecht. Der Einsprechende hatte einen Versuchsbericht vorgelegt, wonach das nach dem Verfahren in einem Beispiel der älteren Patentanmeldung erhaltene Copolymer sämtliche Merkmale des beanspruchten Copolymeren erfüllt. Der Patentanspruch lautete wie folgt:
»Copolymer von Ethylen und α-Olefinen, charakterisiert durch:
(A) einen Schmelzflussindex von 0.01 bis 200 g/10 min,
(B) eine Dichte von 0.900 bis 0.945 g/cm^3,
(C) einen Kompositionsverteilungsparameter (U), ausgedrückt durch Formel (1), von 100 oder weniger:
$U = 100 \times (C_w/C_n-1)$ (1),
worin C_w den gewichtsmittleren Verzweigungsgrad und C_n den zahlenmittleren Verzweigungsgrad bedeutet,
(D) ein Verhältnis (M_{wh}/M_{wl}) des gewichtsmittleren Molekulargewichts einer Komponente mit einem hohen Ethylengehalt (M_{wh}) und einer Komponente mit einem niedrigen Ethylengehalt (M_{wl}) von 1.05 oder mehr, und einem Verhältnis (M_{wh}/M_{nh})/(M_{wl}/M_{nl}) der Molekulargewichtsverteilung der Komponente mit einem hohen Ethylengehalt (M_{wh}/M_{nh}) und der Komponente mit einem niedrigen Ethylengehalt (M_{wl}/M_{nl}) von 1 oder weniger,
(E) mehreren Schmelzpunkten, die durch Differential Scanning Calorimetry (DSC) gemessen wurden, wobei der höchste Schmelzpunkt (T_1) unter den mehreren Schmelzpunkten 130°C oder weniger beträgt und die Beziehung $T_1 \geq 175\,d - 43$ erfüllt, worin d die Dichte (in g/cm^3) des Copolymeren ist,
(F) ein Verhältnis H_1/H_2 der thermischen Energie H_1 für das Schmelzen der Kristalle bei besagtem höchsten Schmelzpunkt und der thermischen Energie H_2 für das Schmelzen sämtlicher Kristalle von 0.6 oder weniger, und
(G) die Zahl der Kohlenstoffatome im α-Olefin, welches mit Ethylen copolymerisiert wird, beträgt 4 bis 20.«
Unstrittig war, dass in der vorveröffentlichten Patentanmeldung explizit Copolymere aus Ethylen und 1-Buten mit den Merkmalen A), B) und G) beschrieben waren. JPA und Obergericht Tokyo waren außerdem der Auffassung, dass der Einsprechende das Copolymer seines Versuchsberichts entsprechend Beispiel 1 der Vorveröffentlichung in Hinblick auf die Herstellung des Katalysators, die Polymerisation und die Messung der physikalischen Eigenschaften hergestellt und untersucht hatte. Dieses Copolymer erfüllte zusätzlich die Merkmale C) bis F) und war daher mit dem beanspruchten Copolymer identisch. Mitsui hatte erfolglos behauptet, dass das beanspruchte Copolymer nach Beispiel 1 nicht erhalten werden kann, weil Copolymer aus Beispiel 1 eine enge Molekulargewichtsverteilung aufweise und somit nicht Merkmal (D) erfülle.

eine Einspruchsentscheidung des JPA auf, das ein Patent widerrufen hatte[33]. Hier wurde das Vorliegen einer implizierten Offenbarung abgelehnt, weil die Nacharbeitung der Ausführungsbeispiele nicht »korrekt« erfolgte.

Offenbarung über elektrische Kommunikationslinien (Internet)[34]   85

Für ab dem 1.1.2000 eingereichte Patentanmeldungen gilt, dass Erfindungen 86 nicht neu sind, die der Öffentlichkeit durch elektrische Kommunikationslinien zugänglich waren. Nach den »Operational Guidelines on Treatment of technical Information disclosed on the Internet« des JPA bedeutet »Linie« eine Transmissionslinie für beide Richtungen, die im Allgemeinen aus Sende- und Empfangskanälen aufgebaut ist. Hierzu gehört nicht Rundfunk, der nur Transmission in eine Richtung ermöglicht. Umfasst sind somit jegliche Information aus Internet, kommerziellen Datenbanken und Mailing-Listen.

Zugänglichkeit für die Öffentlichkeit   87

»Der Öffentlichkeit zugänglich« bedeutet, »dass die Information in einem 88 Zustand ist, in dem sie von beliebigen Personen wahrgenommen werden kann. Der tatsächliche Zugang ist nicht notwendig. Im Allgemeinen ist eine Information zugänglich, wenn sie im Internet veröffentlicht ist, Anwesenheit und Ort der Information von der Öffentlichkeit ermittelt werden kann und beliebigen Personen zugänglich ist. Insbesondere ist eine Information der Öffentlichkeit zugänglich, wenn sie mit einer anderen Internet-Site verbunden ist, die bei einer Suchmaschine registriert ist, oder die URL der Site in einem Medium veröffentlicht ist, das der Öffentlichkeit Informationen liefert (z.B. eine weithin bekannte Zeitung oder Zeitschrift), und wenn gleichzeitig der öffentliche Zugang zur Site nicht beschränkt ist.

---

33 Vgl. »Mitsui Chemicals, Inc. vs. Präsident des JPA«, Obergericht Tokyo, 26.6.2000, Fall Nr. Hei-11 Gyo-Ke 19; vgl. Klaus Hinkelmann, in *AIPPI Journal*, Vol. 25, No. 6 (November 2000), Seiten 350–354: Das japanische Patent Nr. 2,571,280 (»Ethylencopolymere und deren Herstellung«) war im Einspruchsverfahren wegen fehlender Neuheit widerrufen worden. Entscheidend war ein von der Einsprechenden Idemitsu vorgelegter Versuchsbericht, wonach ein gemäß einem vorveröffentlichten Dokument hergestelltes Copolymer neuheitsschädlich war. Das vorbeschriebene Copolymer hatte sowohl die explizit in diesem Dokument angegebenen Merkmale als auch laut Versuchsbericht die implizit offenbarten Merkmale und somit alle Merkmale des beanspruchten Copolymers. Mitsui konnte jedoch das Obergericht Tokyo davon überzeugen, dass bei der Nacharbeitung des Ausführungsbeispiels nicht der Stand der Technik zum Anmeldezeitpunkt berücksichtigt wurde. Das Copolymer war durch Polymerisation von 4-Methylpenten-1 und Ethylen in Gegenwart eines Metallocenkatalysators und eines Aluminoxancokatalysators hergestellt worden. Der von der Einsprechenden Idemitsu verwendete Cokatalysator Aluminoxan wies jedoch eine wesentlich höhere Polymerisationsaktivität auf als der im Dokument verwendete. Die hierdurch begründeten Zweifel an der Aussagekraft der Experimente im Versuchsbericht führten zur Aufhebung der Entscheidung durch das Obergericht Tokyo.

34 »Prior Art and the Internet – Here Today, Gone Tomorrow«, Kazuaki Takami, *AIPPI Journal*, Vol. 27, No. 2 (March 2002), Seiten 112–121.

Zugänglichkeit für beliebige Personen liegt auch vor, wenn zwar der Zugang zur Website ein Passwort erfordert, aber jedermann Zugang zur Website dadurch hat, dass er nach einigen nicht diskriminierenden Schritten ein Passwort erwirbt. Dies gilt unabhängig davon, ob für die Erlangung des Passworts eine Gebühr zu entrichten ist. Eine Website, die nach Zahlung einer Gebühr zugänglich ist, wird als eine beliebigen Personen zugängliche Website angesehen. Nach den Richtlinien werden folgende Arten von Websites als der Öffentlichkeit nicht zugänglich angesehen:

(i) Websites usw., die zwar im Internet sind, aber wegen fehlender Publikation der URL nur zufällig zugänglich sind;

(ii) Websites usw., die nur den Mitgliedern einer bestimmten Gruppe oder Firma zugänglich sind und deren Informationen als Geheimnis behandelt werden (z.B. ein In-House-System, das nur von Mitarbeitern nutzbar ist);

(iii) Websites usw., auf denen Informationen derart kodiert ist, dass sie nicht allgemein gelesen werden können (hiervon sind Fälle ausgenommen, in denen ein Dechiffrier-Werkzeug über einige Maßnahmen öffentlich erhältlich ist, mit oder ohne Gebühr);

(iv) Informationen, die nicht über einen genügend langen Zeitraum im Internet veröffentlicht sind, um der Öffentlichkeit den Zugang zu ermöglichen.

89 Zeitpunkt und Inhalt der Veröffentlichung

90 Maßgeblich ist der Zeitpunkt der Veröffentlichung, der in der zitierten elektronischen technischen Information angegeben ist. Dieser Zeitpunkt wird durch Konvertierung der Zeit im Land oder der Region der Publikation der Informationen auf der Website in die japanische Standardzeit bestimmt. Prinzipiell werden Prüfer keine Informationen zitieren, die den Zeitpunkt der Veröffentlichung nicht enthalten.

Da Informationen im Internet rasch geändert werden können, ergibt sich das Problem, ob die zitierte elektronische Information mit diesem Inhalt zu der angegebenen Publikationszeit veröffentlicht wurde. Wenn es nur einen extrem geringen Zweifel hieran gibt, soll der Prüfer die Informationen unter der Annahme zitieren, dass die zum Zeitpunkt des Zugangs des Prüfers veröffentlichten Informationen identisch sind mit den zum auf der Website angegebenen Zeitpunkt veröffentlichten Informationen. Websites von bekannten Publizisten, z.B. elektronische Zeitungen und Zeitschriften, akademische Institutionen, internationale Organisationen und öffentliche Organisationen, geben üblicherweise Kontaktstellen an und werden als sehr vertrauenswürdig in Hinblick auf die Integrität des Inhalts angesehen. Nach den Richtlinien dürfen die Prüfer Informationen auf diesen Websites auch dann zitieren, wenn kein Veröffentlichungszeitpunkt genannt ist, vorausgesetzt, dass sie eine Bescheinigung über Zeitpunkt und Inhalt der Veröffentlichung von einer Person erhalten, die Autorität oder Verantwortung für die Veröffentlichung und Aktualisierung der veröffentlichten Informationen hat. In zweifelhaften Fällen soll der Prüfer die Informationen nur nach einer Beseitigung der Zweifel zitieren.

Öffentlich bekannte (Kôchi) Erfindungen   91

Eine »öffentlich bekannte Erfindung« ist eine Erfindung, die einer beliebigen 92 Person ohne Pflicht zur Geheimhaltung bekannt war. Es spielt hierbei keine Rolle, ob der Erfinder oder Anmelder die Geheimhaltung beabsichtigte oder nicht. Eine Erfindung, die unter der Annahme einer existierenden Geheimhaltungpflicht einer dritten Person offenbart wurde, die sich der geheimen Natur nicht bewusst war, ist eine »öffentlich bekannte Erfindung«. Beispielsweise wird ein Manuskript für eine Zeitschrift einer wissenschaftlichen Gesellschaft im Allgemeinen gegenüber Dritten geheim gehalten. Die in diesem Manuskript beschriebene Erfindung wird erst nach Freigabe ihres Inhaltes eine öffentlich bekannte Erfindung. Für die »öffentliche Bekanntheit« genügt die Möglichkeit der Kenntnisnahme der Erfindung.

Der Begriff der »öffentlich benutzten Erfindungen« ist umfassender als der 93 Begriff der »öffentlich bekannten Erfindungen«.

Ein Urteil des Obergerichts Tokyo vom 18.8.1959 (Fall Nr. 1957 Gyo-Na 57) 94 betraf die Frage, ob Zeichnungen, die in einer beim Konstruktionsbüro der Stadtregierung von Tokyo (Tokyo Metropolitan Government) eingereichten Beschreibung enthalten waren, vor der Einreichung einer Gebrauchsmusteranmeldung mit den gleichen Zeichnungen öffentlich bekannt waren. Aufgrund der Fakten wurde entschieden, dass die Beschreibung so aufbewahrt wurde, dass eine dritte Person, die keiner Geheimhaltungspflicht vor der Einreichung unterliegt, oder von der dies nicht erwartet werden konnte, von ihr Kenntnis erlangen konnte. Daher war der Gegenstand der Anmeldung vor der Gebrauchsmusteranmeldung öffentlich bekannt.

Die Akten zu einer Patentanmeldung sind nach der Offenlegung der Öffent- 95 lichkeit zugänglich. Wenn also beispielsweise den Akten neue (chemische) Ausführungsbeispiele zugefügt werden, stellt sich die Frage, ob diese dann relevanter Stand der Technik sind, selbst wenn evtl. niemand Akteneinsicht genommen hatte. Dies scheint für eine neuheitsschädliche Offenbarung nicht ausreichend zu sein[35].

---

35 Die *Shimpan*-Abteilung des JPA entschied am 9.7.1987 bezüglich der Patentanmeldung »Vorgeschäumte Partikel vom Polypropylentyp« (Shô Nr. 55–164,786), dass der Akteninhalt nicht zu berücksichtigen ist.

96 In den meisten Fällen erfolgt das öffentliche Bekanntwerden durch Redner bei Vorlesungen und Präsentationen. Hier kann das Allgemeinwissen zur Interpretation herangezogen werden. Die mündliche Präsentation vor einer Konferenz von Spezialisten, die nicht zur Geheimhaltung verpflichtet sind, wird als in Japan »öffentlich benutzt« oder »bekannt« angesehen, sofern diese Konferenz in Japan stattfindet. Eine Konferenz außerhalb Japans – auch wenn japanische Staatsangehörige anwesend sind – fällt jedoch nicht hierunter.

97 In einer Entscheidung zu § 104 JPatG ging das Bezirksgericht Tokyo auf die Bedeutung von »öffentlich bekannt« im Sinne von § 104 JPatG ein[36]. Im Falle eines chemischen Stoffes sei hierzu das tatsächliche Vorhandensein dieses Stoffes nicht erforderlich, wenn ein Fachmann die Mittel zur Herstellung des Stoffes zur Verfügung hat. Dagegen reiche die Veröffentlichung der Strukturformel eines solches Stoffes und eines dafür verwandten Namens nicht aus, soweit es sich lediglich um eine theoretische Konzeption ohne Mittel zur Herstellung handele. Dies gilt auch dann, wenn der betroffene Stoff (Tetracyclin) tatsächlich bei der Herstellung eines anderen Stoffes (Chlortetracylin) mit produziert wurde, dieser Umstand jedoch nicht bewusst zur Kenntnis genommen wurde. Ein solcher nebenbei produzierter Stoff sei nichts weiteres als ein Naturstoff, dessen bloße Existenz ihn nicht allgemein bekannt mache.

98 **Offenkundige Vorbenutzung – Öffentlich benutzte (*Kôzen Jisshi*) Erfindungen**

99 Eine »öffentlich benutzte Erfindung« ist eine Erfindung, die unter Umständen benutzt wurde, unter denen der Inhalt der Erfindung »öffentlich bekannt« wurde oder werden konnte. Unter den Begriff der »öffentlich benutzten Erfindung« im Sinne von § 29(1)(ii) JPatG fällt somit der Fall, dass die Erfindung öffentlich benutzt wurde, ohne das jedoch ermittelt wurde, ob die Erfindung als Ergebnis dieser Benutzung öffentlich bekannt im Sinne von § 29(1)(i) JPatG wurde.

100 Der Inhalt einer Erfindung kann »öffentlich bekannt« werden, wenn der Produktionsbereich in einer Fabrik beliebigen Personen offen steht. Hierzu gehört es, wenn ein Fachmann eine Erfindung leicht verstehen kann, indem er den Produktionsbereich in einer Fabrik beobachtet. Die in einer Maschine, Ausrüstungsgegenstand usw. verkörperten Fakten können unter Zuhilfenahme des Allgemeinwissens interpretiert werden. Wenn zwar ein Teil des Herstellungsprozesses durch eine bloße Betrachtung des Äußeren der Anlagen nicht bekannt werden kann und die Erfindung in ihrer Gesamtheit nicht ohne das Wissen um diesen Teil des Prozesses erkannt werden kann, beliebige Personen

---

36 »Tetracyclin«, »American Cyanamid Co. vs. Mitsui Toatsu Kagaku K.K.«, Bezirksgericht Tokyo, 21.7.1972; vgl. *GRUR Int.* 1974, Seiten 35–38.

aber das Innere der Anlagen beobachten oder Fabrikangestellte um eine Erklärung des Anlageninneren bitten können (oder die Firma dies nicht verbieten würde), liegt ebenfalls eine öffentlich benutzte Erfindung vor.

Der Verkauf eines Produktes ohne Produktbeschreibung außerhalb Japans 101 steht der Patentierung des Produktes in Japan nicht neuheitsschädlich entgegen, wenn die japanische Patentanmeldung vor dem 1.1.2000 eingereicht wurde.

Ein Urteil des Obergerichts Tokyo vom 18.6.1974 (Fall Nr. 1968 Gyo-Ke 67) 102 betraf die Erfindung eines Gebäudes mit einer Kombination aus Formbrettern (Boden- und Wandbretter) besonderer Struktur und Bolzen für deren Verbindung, wobei die Bolzen so gebildet sind, dass sie den Formbrettern entsprechen. Nach Fertigstellung des Gebäudes werden Bretter und Bolzen mit Zement bedeckt und die Merkmale der Erfindung verborgen. Für die Erfindung reichte der Kläger eine Patentanmeldung ein, nachdem das Gebäude geliefert und von Angehörigen des Auftraggebers belegt wurde. Die Anmeldung wurde vom JPA zurückgewiesen, weil die Benutzung des Gebäudes eine Benutzung gemäß § 29(1)(ii) JPatG war. Die Klage vor dem Obergericht Tokyo blieb erfolglos. Der die Erfindung kennende Auftraggeber erwarb das Eigentum am Gebäude und begann dessen Nutzung, ohne zur Geheimhaltung verpflichtet zu sein, sodass die Erfindung von beliebigen Dritten gekannt werden konnte. Der Auftraggeber kann die Struktur des Gebäudes erklären, wenn ein Außenstehender nachfragt, wogegen der Kläger keine Einwände erheben kann. Es genügt, dass ein Außenstehender von der Erfindung hört, um diese zu verstehen; es ist zur Kenntnis des Aufbaus nicht notwendig, das Gebäude zu zerstören. Daher wurde die Erfindung »öffentlich benutzt«, als das Gebäude geliefert und wie beschrieben belegt wurde.

Umfang der Offenbarung im Stand der Technik – Auswahlerfindungen   103

Naturstoffe können dann neuheitsschädlich sein, wenn der Durchschnitts- 104 fachmann Kenntnis von ihrer Existenz hat und der Naturstoff öffentlich zugänglich ist.

Der Umfang der Offenbarung im Stand der Technik bestimmt, inwieweit 105 hinsichtlich einer Bereichs- oder Stoffauswahl Auswahlerfindungen möglich sind. Eine Gattungserfindung nimmt eine spätere Spezieserfindung neuheitsschädlich vorweg, wenn die Gattungserfindung ausgehend vom Stand der Technik zum Zeitpunkt der Spezieserfindung als Spezies der früheren Gattung angesehen wird. Hierbei bezieht sich eine Gattungserfindung auf ein allgemeines Konzept, z.B. eine Klasse chemischer Verbindungen, und eine Speziesverbindung auf ein spezielles Konzept, z.B. einige chemische Verbindungen.

106 Im Ciba-Geigy-Fall entschied das Obergericht Tokyo: »Damit eine Erfindung als Auswahlerfindung patentfähig ist, muss sie entweder einen bemerkenswerten Effekt zeigen, der seiner Art nach verschieden ist von der Erfindung in der Entgegenhaltung des Standes der Technik, oder die Erfindung sollte einen bemerkenswerten Effekt gleicher Art aufweisen, der in einem solchem Ausmaß überlegen ist, dass es die Erfindung wert ist, als eine von der Entgegenhaltung des Standes der Technik unabhängige Erfindung patentiert zu werden«[37]. Hier stellte das Gericht klar, dass für den Fall im Wesentlichen identischer Erfindungen ein Einwand mangelnder erfinderischer Tätigkeit widerlegt werden kann, wenn der Effekt für die jüngere Anmeldung (jüngere Verbindung) wesentlich größer als für die ältere Anmeldung (ältere Verbindung) ist.

107 In der »Polyurethan«-Entscheidung[38] des Obergerichts Tokyo war der Färbungen verhindernde Effekt der jüngeren Verbindung etwas ausgeprägter als bei den Ausführungsbeispielen der älteren Anmeldung. Die jüngere Verbindung war aber in Hinblick auf die ältere Verbindung offensichtlich, weil der Effekt zwischen beiden Verbindungen nicht wesentlich unterschiedlich war.

108 Im »Ester-Fall« (auch als »Pestizid-Fall« bekannt)[39] war ein Patent erteilt für ein Herstellungsverfahren für chemische Verbindungen, die als Insektizide nützlich sind. Die in einer jüngeren Patentanmeldung beanspruchte Verbindung war von der im Patent beschriebenen allgemeinen Verbindungsklasse umfasst, aber nicht explizit offenbart. Die jüngere Verbindung war zudem fünfmal weniger giftig für Warmblüter als die im Patent beschriebenen. Das Obergericht Tokyo hob daher die Zurückweisung der Patentanmeldung durch das JPA auf:

> »Da die besondere Verbindung in der Entgegenhaltung nicht gefunden wird, kann nur schwer darauf geschlossen werden, dass der Forscher der Entgegenhaltung die beanspruchte Verbindung gefunden hat. Außerdem ist die beanspruchte Verbindung, die sich in ihrer insektiziden Wirkung nicht von der entgegengehaltenen Erfindung unterscheidet, wesentlich weniger toxisch gegenüber warmblütigen Tieren. Die Verringerung des toxischen Effektes auf warmblütige Tiere ist ein wichtiges Problem bei der Entwicklung von Insektiziden. Diese Erfindung hat eine solche Verringerung erfolgreich erreicht. Daher war diese Erfindung ausgehend von der Entgegenhaltung sehr schwierig herleitbar.«

109 In »Pestizide Zusammensetzung«[40] entschied das Obergericht Tokyo, dass die als Wirkstoff in einer pestiziden Zusammensetzung beanspruchte chemische

---

37 »Optische Aufheller«, Obergericht Tokyo, 30.3.1978, Fall Nr. 1976 Gyo-Ke 19; vgl. *IIC*, Vol. 10 (1979), Seiten 622–627.
38 Obergericht Tokyo, 25.2.1975, Fall 1966 Gyo-ke Nr. 75.
39 »Farbenfabriken Bayer AG vs. JPA«, Obergericht Tokyo, 31.10.1963, 1963–64 *Torikeshi shû* 495.
40 »Farbenfabriken Bayer AG vs. JPA«, Obergericht Tokyo, 31.10.1963, 1963–64 *Torikeshi shû* 495.

Verbindung zwar in einer Entgegenhaltung als zu einer allgemeinen Verbindungsklasse gehörig beschrieben war, darin jedoch nicht offenbart war. Die Verbindungen waren als von den bevorzugten Verbindungen ausgeschlossene Verbindungen beschrieben. Sie verfügen jedoch über zusätzliche insektizide, antimikrobielle und acarizide Aktivität, welche die verwandten Verbindungen aus dem Stand der Technik nicht aufweisen, bei denen nur die Nützlichkeit als Herbizide erkannt worden war. Das Gericht hob hervor, dass die Erfindung neue Verwendungen für die ausgewählten Verbindungen bereitstellt, die ausgehend von der Entgegenhaltung nicht vorhersehbar waren.

Das Obergericht Tokyo entschied 1981 im Fall »Reinigungsmethode und Apparat«[41], dass es nur bei Vorliegen einer bemerkenswerten Differenz in Aktion und Effekt der Auswahl eine Anerkennung als Auswahlerfindung geben kann. Hierzu sei es notwendig, dass die Beschreibung des Auswahlpatents direkt und klar den auffallenden Unterschied in spezifischer Wirkung und Aktion zwischen dem Stand der Technik und der Auswahl offenbart.   110

Der Effekt einer chemischen Verbindung ist ein Anzeichen für deren Nichtnaheliegen, denn wenn die Verbindung vom Fachmann hätte leicht hergestellt werden können, hätte jemand dies schon getan. Der mit der Erfindung verbundene Effekt hatte in Japan eine überragende Bedeutung, auch wenn dies kritisiert wurde, weil die erfinderische Tätigkeit ausgehend davon beurteilt werden sollte, wie leicht eine Erfindung vom Fachmann hätte gemacht werden können. Danach sollte der Effekt nur als Ersatz für den Grundtest auf erfinderische Tätigkeit angesehen werden.   111

Im »Neues Penicillin«-Fall war die jüngere Verbindung eine von Hunderten von Verbindungen im Stand der Technik und in der älteren Erfindung nicht offenbart. JPA und Obergericht Tokyo hatten die Anmeldung wegen fehlender Neuheit zurückgewiesen. Der antibakterielle Effekt der besonderen Verbindung war gegenüber der älteren Verbindung nicht überlegen. Das Gericht befand, dass die Erfindung nicht neu sei, obwohl die besondere Verbindung nicht in der Beschreibung des älteren Patentes offenbart war.   112

In »Unilever NV vs. Präsident des JPA« wurde die Zurückweisung der Patentanmeldung »Textilien-weichmachende Zusammensetzung« aufgrund fehlen-   113

---

41 Fall Nr. Showa 53 Gyo-Ke 20, Obergericht Tokyo (Juli 1981); vgl. Tetsu Tanabe; Harold C. Wegner; *»Japanese Patent Practice«*, AIPPI Japan, Tokyo 1986, Seiten 137–138.

der Neuheit durch die *Shimpan*-Abteilung des JPA vom Obergericht Tokyo bestätigt[42].

114 Neuheit gegenüber älteren, nachveröffentlichten Patent- und Gebrauchsmusteranmeldungen

115 Die Bedeutung von älteren, nachveröffentlichten Patent- und Gebrauchsmusteranmeldungen als Stand der Technik ist in § 29bis JPatG geregelt[43]. Ein Patent kann nicht erteilt werden, wenn die beanspruchte Erfindung bereits in einer älteren, aber am Anmeldetag der jüngeren Patentanmeldung noch nicht veröffentlichten Patent- oder Gebrauchsmusteranmeldung beschrieben ist, sofern die ältere Patent- oder Gebrauchsmusteranmeldung veröffentlicht wird und beide Anmeldungen nicht auf den gleichen Anmelder oder dieselben Erfinder zurückgehen. Hierbei muss die Identität sämtlicher Erfinder oder sämtlicher Anmelder zum Anmeldezeitpunkt der beiden Anmeldungen gegeben sein.

116 Bei der Neuheitsprüfung wird der gesamte Inhalt der älteren Anmeldung mit der beanspruchten Erfindung verglichen (»whole contents approach«). Zu berücksichtigen ist, dass sich der Neuheitsbegriff im japanischen Patentrecht von der europäischen Vorstellung unterscheidet. Bei der Neuheitsprüfung in

---

42 Obergericht Tokyo, 10.12.1997, Fall Nr. 7 Gyo-Ke 218; vgl. K. Hinkelmann, in *AIPPI Journal*, Vol. 23, Nr. 5 (September 1998), Seiten 183–194. Die Erfindung wurde gegenüber einer älteren Patentanmeldung unter Berücksichtigung des Wissens des Fachmanns als nicht neu angesehen, obwohl es keine Beispiele gab, die sämtliche Merkmale der beanspruchen Erfindung erfüllten. Es wurde kein bemerkenswerter Effekt gefunden, der auf eine Auswahlerfindung deutete. Der Vergleich mit dem entsprechenden europäischen Erteilungsverfahren, das zu einem Patent führte, illustriert die unterschiedliche Praxis von JPA und EPA. JPA und Obergericht Tokyo interpretierten die Offenbarung im Stand der Technik umfassender als das EPA, wohingegen die experimentellen Ergebnisse in der Patentanmeldung vom EPA mehr zum Vorteil des Anmelders interpretiert wurden.

43 § 29[bis] JPatG: Ist eine in einer Patentanmeldung beanspruchte Erfindung mit einer Erfindung oder einer Vorrichtung [diese Begriffe dienen zur Unterscheidung von Patent und Gebrauchsmuster] (mit Ausnahme einer eigenen Erfindung oder Vorrichtung des Erfinders der in der Patentanmeldung beanspruchten Erfindung) identisch, die in der dem Erteilungsantrag ursprünglich beigefügten Beschreibung oder den Zeichnungen einer anderen früher eingereichten Patentanmeldung (bei einer Anmeldung mit fremdsprachigen Unterlagen nach § 36[bis](2) dieses Gesetzes in den fremdsprachigen Unterlagen nach § 36[bis](1)) oder in einer Gebrauchsmusteranmeldung offenbart ist, und wurde diese Anmeldung erst nach dem Anmeldetag der erstgenannten Anmeldung im Patentblatt mit den in § 66(3) dieses Gesetzes genannten Angaben (nachstehend als »das Patenblatt mit dem Patent« bezeichnet) nach diesem Absatz bekannt gemacht oder offen gelegt (*Kôkai*), oder im Gebrauchsmusterblatt mit den in § 14(3) JGebrMG genannten Angaben (nachstehend als »das Gebrauchsmusterblatt mit dem Gebrauchsmuster« bezeichnet) nach diesem Absatz bekannt gemacht, so ist für die erstgenannte Erfindung ungeachtet § 29(1) kein Patent zu erteilen. Diese Bestimmung findet jedoch keine Anwendung, wenn am Anmeldetag der erstgenannten Patentanmeldung der Anmelder dieser Anmeldung die gleiche Person wie der Anmelder der anderen Patent- oder Gebrauchsmusteranmeldung ist.

Japan bleiben bisweilen geringe Unterschiede in den Merkmalen als unwesentlich unberücksichtigt, sodass eine Erfindung »im Wesentlichen identisch« und damit nicht mehr neu sein kann[44, 45]. Dies ist der Fall, wenn der Unterschied lediglich in der Hinzufügung, Entfernung oder im Austausch von gut bekannten oder allgemein benutzten Techniken besteht und keinen neuen technischen Effekt erzielt. In solchen Fällen würde nach der EPÜ oder dem Deutschen Patentrecht Neuheit vorliegen und der Unterschied in den Merkmalen in Hinblick auf das Vorliegen von erfinderischer Tätigkeit geprüft. Vor der späteren Anmeldung oder deren Prioritätstag öffentlich bekannte Fakten können in gewissem Umfang bei der Interpretation der älteren, nachveröffentlichen Anmeldung berücksichtigt werden[46].

Der Inhalt der älteren, nachveröffentlichen Anmeldung wirkt auch dann als 117
Stand der Technik gegenüber der jüngeren Patentanmeldung, wenn die ältere
Anmeldung nicht als anhängige Anmeldung veröffentlicht wurde, wenn sie
also von ihrem Anmelder zu spät zurückgezogen wurde, um deren Veröffentlichung zu verhindern.

Eine Voranmeldung ist auch dann neuheitsschädlich unter § 29bis JPatG, wenn 118
für sie kein Antrag auf Prüfung gestellt wird und sie infolgedessen nach Fristablauf als zurückgenommen gilt[47].

---

44 Obergericht Tokyo, 28.1.1987, Fall Nr. Sho 60 Gyo-Ke 43: »Die Entgegenhaltung beschreibt
   ein Nylon-66/6-Copolymer als Beispiel für Polyamidharze. Berücksichtigt man das Allgemeinwissen zum Anmeldezeitpunkt, ergibt sich, dass die Entgegenhaltung im Wesentlichen, wenn auch nicht wörtlich, Nylon-66/6-Copolymer mit einer Zusammensetzung innerhalb des im Anspruch definierten Bereiches beschreibt. Ein Fachmann hätte dies sofort auf
   der Grundlage der Beschreibung der Entgegenhaltung herausgefunden.«
45 Obergericht Tokyo, 29.9.1986, Fall Nr. Sho 61 Gyo-Ke 29: »Der Kläger argumentiert, dass
   die Identität der beiden durch den bloßen Vergleich beider beurteilt werden soll und das
   Allgemeinwissen nicht berücksichtigt werden darf. Ein Anmelder ist jedoch nicht verpflichtet, in einer Patentbeschreibung alle technischen Gebiete, die sich auf eine Erfindung beziehen, abzudecken. Der Bezug auf das Allgemeinwissen sollte daher für das Verständnis der
   Erfindung erlaubt sein. Der Kläger argumentiert weiterhin, dass § 29bis JPatG nicht den
   Begriff »im Wesentlichen identisch« erwähnt, auf den sich die Beschwerdeentscheidung
   stützt, und daher sei die Beschwerdeentscheidung unrechtmäßig. Der Fall, dass zwei Erfindungen wörtlich identisch (einschließlich ihrer beschriebenen Konstitution und Effekte) sind,
   kommt jedoch selten vor. Beide Erfindungen sollten daher als identisch betrachtet werden,
   wenn die Unterschiede nur im Ausdruck bestehen, sehr geringfügige Designvariationen sind
   oder keine signifikanten Unterschiede im Effekt bestehen. Eine spätere Erfindung sollte daher
   dann nicht im Sinne von § 29bis PatG patentfähig sein, wenn sie im Wesentlichen mit einer
   früheren Erfindung im obigen Sinne identisch ist.
46 Obergericht Tokyo, 30.9.1985 im Fall Nr. 1983 Gyo-Ke 95; vgl. Zivile Verwaltungsfälle
   betreffend geistiges Eigentum (in japanischer Sprache), editorische Überwachung durch das
   Büro für allgemeine Angelegenheiten, Verwaltungsstelle des OGH, veröffentlicht durch
   Hôsô-kai; Band 17, Seite 428.
47 »Polymerisationsmethode für Vinylchlorid«, Obergericht Tokyo, 19.7.1990; vgl. *GRUR Int.*
   1993, Seiten 884–885.

119 Die ältere Anmeldung ist relevanter Stand der Technik mit Wirkung ab dem Zeitpunkt des frühesten Anmeldetages, bei Prioritätsrechte beanspruchenden Patent- und Gebrauchsmusteranmeldungen gemäß der Vorschrift von Artikel 4, Teil B der PVÜ also dem Prioritätstag der entsprechenden ausländischen Patentanmeldung[48].

120 In »Exxon Research and Engineering Company vs. Präsident des JPA« hob das Obergericht Tokyo am 30.11.1989 eine Entscheidung der *Shimpan*-Abteilung des JPA auf, die eine Patentanmeldung betreffend eine elastomere thermoplastische Zusammensetzung aufgrund einer älteren, nachveröffentlichten Patentanmeldung zurückgewiesen hatte[49].

In »Research Institute for Medicine and Chemistry, Inc. vs. Kuraray K.K.« wurde die Neuheit einer Erfindung durch Aufnahme eines Disclaimers in den Anspruch hergestellt[50]. Die Nichtigkeitsentscheidung der *Shimpan*-Abteilung wurde auf der Basis des Patentanspruches aufgehoben, der nach Änderungen in einem auf das Nichtigkeitsverfahren folgenden Berichtigungsverfahren erhalten worden war (vgl. § 126 JPatG bzw. § 123 JPatG).

121 In »Roussel Uclaf vs. Präsident des JPA« hielt das Obergericht Tokyo die Zurückweisung einer Patentanmeldung betreffend »2-(2-Aminothiazolyl)-2-hydroxyimino-essigsäurederivate und Verfahren zu ihrer Herstellung« we-

---

48 Obergericht Tokyo, 13.9.1988, Fall Nr. 1981 Gyo-Ke 222.
49 Vgl. Yukuzo Yamasaki in *AIPPI Journal*, Vol. 14 (Dezember 1989), Seiten 283–287.
50 »Research Institute for Medicine and Chemistry Incorporated (RIMAC) und Teijin K.K. vs. Kuraray K.K.«, Obergericht Tokyo, 12.9.1996; vgl. Véronique Vanbellingen-Hinkelmann, Klaus Hinkelmann, in *AIPPI Journal*, Vol. 22, Nr. 1 (1997), Seiten 24–28): »Das Obergericht Tokyo hob eine Entscheidung der *Shimpan*-Abteilung im JPA auf, die das Patent »Verfahren zur Herstellung von 1-α-Hydroxy Vitamin D-Verbindungen« in Hinblick auf eine ältere, nach dem Prioritätsdatum der jüngeren Anmeldung offengelegte Patentanmeldung eines Dritten unter § 29bis JPatG für nichtig erklärt hatte. Der Kläger hatte gegen die Entscheidung im Nichtigkeitsverfahren ein separates Berichtigungsverfahren nach § 126 JPatG vor dem JPA beantragt, um aus dem Patentanspruch Gegenstände zu entfernen, die in der ersten Anmeldung offenbart waren. Weil der nach der Berichtigung beanspruchte Gegenstand nicht direkt in der früheren Anmeldung beansprucht war, hob das Obergericht Tokyo die Nichtigkeitsentscheidung auf. Der neue Anspruch 1 lautet wie folgt, wobei der durch die Änderung hinzugefügte Teil fett gedruckt ist:
»Verfahren zur Herstellung einer 1-α-Hydroxy-25-H-Vitamin D-Verbindung oder Acylaten hiervon, worin eine 1-α-Hydroxy-25-H-Prävitamin D-Verbindung oder sein Acylat mit der Formel 1 ... durch Erhitzen isomerisiert wird, um eine Vitamin D-Verbindung oder sein Acylat der Formel 3 zu ergeben, **wobei eine Isomerisierung, die ohne Erwärmen bei oder unterhalb Raumtemperatur herbeigeführt wird, ausgeschlossen ist«.**
Die *Shimpan*-Abteilung im Berichtigungsverfahren war großzügig in Hinblick auf Anspruchsänderungen nach der Patenterteilung, indem sie einen Disclaimer zuließ mit dem Ergebnis, dass ein in der ursprünglichen Anmeldung nicht offenbarter Gegenstand beansprucht wurde. Diese Änderung wurde offensichtlich als nicht das Wesen der Erfindung verändernd angesehen.

gen fehlender Neuheit in Hinblick auf eine ältere, nachveröffentlichte Patentanmeldung aufrecht[51].

1.2.4 Unschädliche Offenbarungen (§ 30 JPatG) 122

Ausnahmen vom Verlust der Neuheit – Neuheitsschonfrist[52] 123

Offenbarungen der Erfindung vor der Einreichung einer Patentanmeldung 124
können hinsichtlich der Prüfung der Erfindung auf Neuheit und erfinderische
Tätigkeit unter den in § 30 JPatG angegebenen Voraussetzungen unschädlich
sein. Hierzu gehören bestimmte Offenbarungen der Erfindung durch den
Berechtigten sowie die Offenbarung der Erfindung gegen den Willen des
Berechtigten[53].

---

51 Obergericht Tokyo, 8.7.1997; vgl. Klaus Hinkelmann, in *AIPPI Journal*, Vol. 23, No. 4,
1998, Seiten 137–147: Der Anmelder konnte weder *Shimpan*-Abteilung noch Gericht davon
überzeugen, dass die Erfindung nicht auf eine chemische Verbindung, sondern auf deren
Verwendung gerichtet ist. Diese waren der Auffassung, dass die Erfindung gerichtet ist auf
Verbindungen, die als Zwischenprodukte für die gewünschten aktiven Cephalosporinverbindungen nützlich sind.

52 Die vom Büro für Prüfungsstandards veröffentlichten »Operational Guidelines on Treatment
of Exceptions to Lack of Novelty of Invention«, sind auf Patentanmeldungen ab dem
1.1.2000 anwendbar.

53 § 30 JPatG:
(1) Soweit eine Erfindung deshalb unter § 29(1) [fehlende Neuheit] fällt, weil derjenige, der
hierfür ein Patent zu erhalten berechtigt ist, Experimente durchgeführt, eine Darstellung in
einer gedruckten Publikation, eine Darstellung über elektrische Kommunikationslinien oder
eine Darstellung in schriftlicher Form in einer Sitzung einer vom Präsidenten des JPA
bezeichneten wissenschaftlichen Vereinigung gemacht hat, ist auf diese Erfindung für die
Zwecke von § 29(1) und (2) keine der Ziffern von § 29(1) anwendbar, wenn der Berechtigte
die Erfindung binnen sechs Monaten nach der Veröffentlichung anmeldet.
(2) Dies gilt auch, wenn eine Erfindung gegen den Willen des Berechtigten nach § 29(1)
veröffentlicht wurde, soweit der Berechtigte die Erfindung binnen sechs Monaten nach der
Veröffentlichung anmeldet.
(3) Die Vorschriften des Absatzes 1 gelten in gleicher Weise, wenn auf eine Erfindung die
Voraussetzungen einer der Ziffern des § 29(1) deswegen zutreffen, weil derjenige, der ein
Recht auf Erteilung eines Patentes besitzt, auf einer von der Regierung oder einer örtlichen
Behörde (in diesem Gesetz als »Regierung usw.« bezeichnet) oder von einer nicht von der
Regierung usw. veranstalteten, aber vom Präsidenten des JPA bezeichneten Ausstellung oder
auf einer in dem Gebiet eines ausländischen Staates, der Mitglied der PVÜ oder der Welthandelsorganisation ist, von dessen Regierung usw. oder einer von dieser ermächtigten Person
veranstalteten internationalen Ausstellung oder auf einer im Gebiet eines nicht der PVÜ oder
der WTO angehörenden Staates, von dessen Regierung usw. oder einer von dieser ermächtigten Person veranstalteten internationalen Ausstellung, die von dem Präsidenten des JPA als
solche bezeichnet wird, diese Erfindung ausgestellt hat, und diese Person innerhalb von sechs
Monaten von dem Zeitpunkt an, in dem auf die Erfindung die Voraussetzungen irgendeiner
der Ziffern von § 29(1) zugetroffen haben, eine Patentanmeldung eingereicht hat.
(4) Jede Person, die die Anwendung von Abschnitt (1) oder (3) wünscht, soll gleichzeitig mit
der Patentanmeldung eine schriftliche Erklärung dieses Inhalts an den Präsidenten des JPA

125 Wenn der zum Erhalt eines Patentes Berechtigte die Erfindung vor der Anmeldung gemäß § 30(1) JPatG offenbart hat (eigene Experimente und Publikationen), sodass die Erfindung unter § 29(1)(i) bis (iii) JPatG fällt, kann er eine Ausnahme vom Verlust der Neuheit erlangen, sofern er die Patentanmeldung innerhalb von 6 Monaten nach dieser Offenbarung einreicht und das vorgeschriebene Verfahren durchführt.

126 Es muss gezeigt werden, dass das Experiment unter Umständen durchgeführt werden musste, unter denen die Kenntnisnahme der Erfindung durch die Öffentlichkeit unvermeidbar war, z. B. bei der Messung der Belastbarkeit einer Strasse, dem Testen von Schalldämpfung oder erdbebensicheren Gebäuden und ähnlichem.

127 Nach einer Entscheidung des OGH vom 10.11.1989 ist das Patentblatt keine gedruckte Publikation im Sinne von § 30(1) JPatG[54].

128 In der Entscheidung »Betonverstärkung« vom 16.3.1992 ging das Obergericht Tokyo auf verschiedene Fallgestaltungen unter § 30(1) JPatG ein[55]. Hierzu gehören die Fälle, dass ein Erfinder seine Erfindung bei einem wissenschaftlichen Treffen offenbart, dass bei Angabe aller an der Erfindung beteiligten Erfinder einer dieser Erfinder die Erfindung offenbart oder dass eine andere Person im Namen des Erfinders die Erfindung offenbart. Wenn aber eine Person, die nicht Erfinder ist, die Erfindung ohne Nennung des Namens des Erfinders offenbart, ist diese Offenbarung nicht unschädlich im Sinne von § 30(1) JPatG, selbst wenn der Erfinder mit dieser Offenbarung der Erfindung einverstanden war.

In »Betonverstärkung« des Obergerichts Tokyo ging es insbesondere um eine neuheitsschädliche wissenschaftliche Veröffentlichung einer Erfindung durch Dritte mit Einverständnis des Erfinders:

»1. Eine nicht neuheitsschädliche wissenschaftliche Veröffentlichung durch den Erfinder liegt jedenfalls dann nicht vor, wenn die Veröffentlichung durch Dritte erfolgt, der Erfinder hierauf keinen Einfluss hat und sich aus der Veröffentlichung nicht klar ergibt, wer der Erfinder ist.
2. Eine Veröffentlichung gegen den Willen des Erfinders liegt nicht vor, wenn der Erfinder Dritten aus freien Stücken den Inhalt der Erfindung zugänglich macht.«

---

abgeben und innerhalb von 30 Tagen nach der Einreichung der Patentanmeldung beim Präsidenten des JPA eine Urkunde vorlegen, in der nachgewiesen wird, dass die Erfindung, die unter einen der Abschnitte von § 29(1) fällt, eine Erfindung ist, auf die die Vorschrift von Abschnitt (1) oder (3) anwendbar ist.

54 *Kôgyô Shoyûken Kankei Hanketsu Sokuhô*; Institute for Innovation and Invention, Vol. 176, Seite 4903.

55 Obergericht Tokyo, 16.3.1992, Fall 1991 Gyo-Ke Nr. 158; vgl. *GRUR Int.* 1994, Seiten 257–258.

Die Klägerin hatte eine Erfindung zum Patent angemeldet, deren Erfinder der Geschäftsführer der Kl. ist. Das JPA hatte die Patentanmeldung in Hinblick auf einen Artikel über »Neue Stahlringverstärkungen für Beton-Hohlraumträgerkonstruktionen – neue Experimente«, der von drei Wissenschaftlern in einer Zeitschrift der japanischen Achitektenvereinigung veröffentlicht wurde, abgewiesen. Am Ende des Artikels gab es eine Danksagung. Die im Artikel beschriebenen Belastbarkeitsexperimente und Tests wurden von der Klägerin zur Verfügung gestellt. Nach Auffassung des JPA war diese Veröffentlichung neuheitsschädlich und fiel auch unter keine der in § 30 JPatG genannten Ausnahmen. Die Klägerin wandte ein, dass die Veröffentlichung praktisch unter ihrer Aufsicht erfolgt sei und damit ihr im Sinne von § 30(1) JPatG zuzurechnen sei. Halte das Gericht § 30(1) JPatG nicht für anwendbar, mache die Kl. hilfsweise geltend, die Erfindung sei gegen ihren Willen nach § 30(2) JPatG veröffentlicht worden. Das Obergericht Tokyo wies diese Argumente zurück, da der Erfinder die Veröffentlichung selber vorzunehmen habe oder die Veröffentlichung in seinem Namen zu geschehen habe. Auch soweit bei einer selbständigen Forschung der Name des Erfinders ausgewiesen ist und die Erfindung unter seinem Namen durch einen Dritten veröffentlicht wird, kann davon ausgegangen werden, dass die Veröffentlichung durch denjenigen erfolgt ist, der das Patent zu beantragen berechtigt ist. Für den Fall, dass eine Publikation durch dritte Wissenschaftler erfolgt, ohne dass dabei der Name des Erfinders ausdrücklich angegeben wird, ist die Veröffentlichung allerdings nicht mehr durch den Berechtigten erfolgt.

Eine veröffentlichte Patentanmeldung oder ein erteiltes Patent ist keine »verteilte Publikation« im Sinne von § 30(1) JPatG, die eine Ausnahme vom Verlust der Neuheit bewirken kann[56]. Die »Präsentation« unter § 30(1) JPatG muss von einem der Erfinder oder Anmelder mit der Absicht der Veröffentlichung der Erfindung vorgenommen worden sein.   129

Nach der Praxis des JPA kann auch der Rechtsnachfolger am Recht auf Erhalt eines Patentes eine Patentanmeldung unter Hinweis auf unschädliche Offenbarungen einreichen.   130

Von den obigen Fällen zu unterscheiden ist der Umstand, dass die Erfindung gegen den Willen des zum Patent Berechtigten offenbart wurde, beispielsweise durch Betrug, Bedrohung oder Spionage. Wenn die Patentanmeldung inner-   131

---

56 Nach einer Entscheidung des Obergerichtes Tokyo vom 22.6.1982 im Beschwerdefall Showa 56 (Gyo-ke) Nr. 22 (*Mutaishû*, Vol. 14, No. 2, S. 467) ist eine Offenbarung in einer ausländischen Patentpublikation keine »Präsentation«, weil eine solche Präsentation ohne Absicht des Anmelders zur Veröffentlichung gemacht wurde und der Anmelder dem ausländischen Patentamt implizit die Veröffentlichung erlaubte; s.a. Obergericht Tokyo, 29.5.1986, im Beschwerdefall Showa 59 (Gyo-ke) Nr. 285.

halb von 6 Monaten nach dieser Offenbarung eingereicht wird, verliert die Erfindung gemäß § 30(2) JPatG ebenfalls nicht ihre Neuheit[57].

132 Bei der einem Urteil des Obergerichts Tokyo vom 26.4.1972 zugrunde liegenden Sachlage war die Patentanmeldung des Klägers für die Erfindung einer Haltevorrichtung eines landwirtschaftlichen Traktors vom JPA zurückgewiesen worden, weil der die Erfindung verkörpernde Traktor vor Einreichung der Anmeldung auf einer Ausstellung gezeigt worden war[58]. Der Kläger legte vor Gericht dar, dass ein Angestellter der ihn vertretenden Firma den Traktor ohne Einwilligung ausgestellt habe. Das Gericht hob die Entscheidung auf, da die Zurschaustellung auf der Messe gegen den Willen des Klägers geschah, der nie beabsichtigt hatte, den Traktor in die Ausstellung zu bringen. Firma und Kläger haben unterschiedliche Rechte, sodass der Angestellte trotz der Ermächtigung durch die ihn beschäftigende Firma nicht vom Erfinder selbst autorisiert war. Der Präsident des JPA legte dar, dass die Ausstellung des Traktors auf der Fahrlässigkeit und nachlässigen Überwachung des Klägers beruhe. Es wurde jedoch kein Material vorgelegt, um dessen Sorgfaltspflicht, den Traktor nicht einzuführen, zu beweisen. Selbst wenn dies so wäre und er dieser Verpflichtung nicht nachgekommen wäre, hätte nach Meinung des Gerichts nicht gefolgert werden können, dass die Ausstellung des Traktors nicht gegen seinen Willen geschah.

133 Die dritte Ausnahme vom Verlust der Neuheit betrifft die Offenbarung auf bestimmten, in § 30(3) JPatG näher bezeichneten Ausstellungen. Die Zurschaustellung einer automatischen Versiegelungsvorrichtung einer Verpackungsmaschine auf einer Ausstellung vor Einreichung der Anmeldung wurde nicht als eine solche Ausnahme angesehen[59]. Die Ausstellung wurde von der »Ausstellungsvereinigung Tokyo« abgehalten, die unter Lizenz durch das Ministerium für Internationalen Handel und Industrie (MITI) eingetragen war. Der OGH entschied, dass keine Regierungserlaubnis vorlag. Zwar wurde die Registrierung der Vereinigung vom MITI genehmigt; dies sei aber keine Genehmigung für die Ausstellung.

134 Unabhängig von der Art der unschädlichen Offenbarung ist die Anmeldung der Erfindung innerhalb von sechs Monaten nach dieser Offenbarung als japanische Patentanmeldung beim JPA unter Hinweis auf diese unschädliche Offenbarung einzureichen. Die 6-monatige Frist berechnet sich ausgehend vom tatsächlichen Anmeldedatum in Japan und nicht ausgehend vom Datum

---

57 »Sanofi and Daiichi Seiyaku K.K. vs. Ôhara Yakuhin Kogyo K.K.et al.«; Obergericht Tokyo, 13.3.1997, Fall Nr. 148 (gyo ke), vgl. V. Vanbellingen-Hinkelmann, K. Hinkelmann, *AIPPI Journal*, Vol. 22, No. 5, September 1997, Seiten 234–240.
58 Fall 1960 Gyo-Ke Nr. 175.
59 OGH, 1.11.1968, Fall Nr. 1965 Gyo-Tsu 47.

einer evtl. Prioritätsanmeldung. Das Obergericht Tokyo verneinte für einen solchen Fall das Vorliegen einer Ausnahme vom Verlust der Neuheit[60].

Der Patentanmelder hat gemäß § 30(4) JPatG innerhalb von 30 Tagen nach Einreichung der Patentanmeldung die Fakten zur unschädlichen Offenbarung darzulegen.   135

Bei PCT-Anmeldungen ist für die Anwendung der Ausnahmen vom Verlust der Neuheit § 184[quaterdecies] JPatG anzuwenden, der für die Einreichung der die Ausnahme begründenden Informationen eine vom METI bestimmte Frist   136

---

60 Vgl. V. Vanbellingen-Hinkelmann, K. Hinkelmann, *AIPPI Journal*, Vol. 22, No. 5, September 1997, Seiten 234–240; »Sanofi and Daiichi Seiyaku K. K. vs. Ôhara Yakuhin Kogyo K. K.; Tôwa Yakuhin K. K.; Solvay Seiyaku K. K.; Hishiyama Seiyaku K. K.; Daikyo Seiyaku K. K. und Medisa Shinyaku K. K.«; Obergericht Tokyo, 13. 3. 1997, Fall Nr. 148 (gyo ke): Das Obergericht Tokyo bestätigte die Entscheidung der *Shimpan*-Abteilung des JPA, die ein Patent als nichtig gegenüber einer Veröffentlichung der Erfindung ansah, die gegen den Willen des Erfinders vor dem Einreichungszeitpunkt der ersten Patentanmeldung in Frankreich geschah. Mehr als sechs Monate vor Einreichung der japanischen Patentanmeldung war die Erfindung durch eine Präsentation während einer wissenschaftlichen Konferenz in Paris der Öffentlichkeit bekannt und in einer wissenschaftlichen Zeitschrift veröffentlicht worden. Das Gericht entschied in Hinblick auf die Ausnahme vom Verlust der Neuheit gemäß § 30(2) JPatG, dass das Prioritätsdatum nicht das Datum der Patentanmeldung sei, auf das in § 30(2) JPatG Bezug genommen sei, und die PVÜ keine andere Interpretation erfordere. Das Patent betraf Ticlopidin (»5-(2-Chlorobenzyl)-4,5,6,7-tetrahydrothieno-[3,2-c]pyridin«). Ticlopidin, seine Strukturformel und seine Verwendung waren unstrittig in einer Publikation vom 13. 9. 1975 beschrieben, wobei jedoch JPA und Obergericht Tokyo akzeptierten, dass diese Veröffentlichung gegen den Willen des eigentlich zum Patent berechtigten Erfinders geschah. Eine Patentanmeldung für diese Erfindung wurde in Frankreich am 2. 1. 1976 eingereicht. Die japanische Anmeldung wurde am 28. 12. 1976 eingereicht, und damit nicht innerhalb von 6 Monaten nach der Offenbarung der Erfindung wie es in § 30(2) JPatG vorgesehen ist. Das Gericht lehnte die Anwendung von § 30(2) JPatG ab. Die Frage, wie eine Patentanmeldung zu behandeln sei, bei der ein Prioritätsrecht beansprucht wird, sollte auf der Grundlage nationaler Gesetze beantwortet werden. Es gäbe keine ausdrückliche Bestimmung, wie eine Patentanmeldung zu behandeln sei, mit der eine Priorität beansprucht wird, wenn § 30(2) angewandt wird. Art. 4B der PVÜ bestimmt, dass die zweite Anmeldung keine Nachteile erleiden soll, wenn die besagte Erfindung zwischen den Daten der ersten und zweiten Anmeldung veröffentlicht wurde, aber bestimmt nicht, dass durch Handlungen vor dem Zeitpunkt der ersten Anmeldung keine Nachteile entstehen dürfen. ... § 30(2) ist eine Ausnahmebestimmung für den Verlust der Neuheit. Wenn sein Ausdruck »Patentanmeldung« als die erste Patentanmeldung in einem Vertragsstaat interpretiert wird, würde der Zeitraum für die Ausnahme vom Verlust der Neuheit auf 18 Monate verlängert, was der zum Patent berechtigten Person ungerechtfertigt einen Vorteil verschaffen würde. Es sei daher angemessen, den Ausdruck »Patentanmeldung« in § 30(2) für Patentanmeldungen, in denen ein Prioritätsrecht beansprucht wird, als den Tag der tatsächlichen Anmeldung in Japan zu interpretieren ...
Das Obergericht Tokyo verneinte unter Hinweis darauf, dass der Inhalt der Bestimmungen von § 30(2) und § 104 JPatG unterschiedlich sei, dass für die eine Priorität beanspruchende Patentanmeldung der Tag der Patentanmeldung in § 30(2) die gleiche Bedeutung wie in § 104 JPatG haben müsse.

nach Einleitung der nationalen Phase vorsieht[61]. Bei einer PCT-Anmeldung in einer Fremdsprache hat dies innerhalb von 30 Tagen nach Einreichung der japanischen Übersetzung der Anmeldung zu geschehen.

Bei Patentanmeldungen, die seit dem 1.1.2000 eingereicht werden, ist zum Beweis der Präsentation über Telekommunikationslinien ein Dokument vorzulegen, das den Inhalt der Information (Ausdruck der Website usw., auf der die Information präsentiert wurde), die Angabe des Zeitpunktes der Publikation, der Namen des Präsentierenden und die URL der Website, auf der die Information veröffentlicht wurde, umfasst. Es ist sinnvoll, die Bescheinigung einer Person mit Autorität und Verantwortlichkeit hinsichtlich Publikation, Pflege usw. der Information beizufügen.

137 Wenn die Offenbarung in einer verteilten Publikation (Zeitung, Zeitschrift, usw.) geschah, sollten die relevanten Seiten der Publikation, aus denen sich der Titel der Veröffentlichung, der Tag der Verteilung, die Namen der Autoren und der Inhalt der Offenbarung ergeben, beim JPA eingereicht werden. Wenn sich die auf einer Publikation angegebenen Autoren teilweise von den in der Anmeldung genannten Erfindern unterscheiden, ist es notwendig, eine Bescheinigung oder Erklärung vorzulegen, dass die in der Anmeldung genannten Erfinder die wirklichen Erfinder der beanspruchten Erfindung sind und die in der Anmeldung nicht genannten Autoren Mitarbeiter an den in der Anmeldung nicht beanspruchten Gegenständen oder Assistenten zur Vervollständigung der in der Anmeldung beanspruchten Erfindung sind.

138 **1.2.5 Erstanmelderprinzip – Verbot der Doppelpatentierung[62] (§ 39 JPatG)**

139 Nach § 39(1) JPatG ist bei Vorliegen von mehreren Patentanmeldungen, die die gleiche Erfindung betreffen, nur der Erstanmelder zum Patent berechtigt. Bei der Identitätsprüfung nach § 39 JPatG werden im Unterschied zur Prü-

---

61 § 184^quater decies JPatG: Ungeachtet § 30(4) kann derjenige, der die Anwendung von § 30(1) oder (3) in Bezug auf eine Erfindung wünscht, die in einer internationalen Patentanmeldung beansprucht wird, nach der Einleitung der nationalen Phase und innerhalb einer in einer Verordnung des METI festgelegten Frist beim Präsidenten des JPA eine entsprechende schriftliche Erklärung zusammen mit den Unterlagen einreichen, die beweisen, dass die in der internationalen Patentanmeldung beanspruchte Erfindung unter § 30(1) oder (3) fällt.

62 § 29bis JPatG bestimmt, dass eine frühere Anmeldung, welche nach dem Einreichungsdatum der späteren Anmeldung veröffentlicht worden war, nur dann gegen die spätere Anmeldung zitiert werden kann, wenn für beide Patentanmeldungen die Erfinder und die Anmelder zum Anmeldezeitpunkt der späteren Anmeldung nicht identisch waren. Ansonsten kann die frühere Anmeldung nur dann der jüngeren entgegengehalten werden, wenn die jüngere unter § 39 PatG fällt, welcher verhindert, dass die Erfindung in einer späteren Anmeldung in dem Umfang patentiert wird, wie er bereits in der früheren Anmeldung beansprucht ist.

fung gemäß § 29bis JPatG die tatsächlich beanspruchten Erfindungen miteinander verglichen (»prior claim approach«), wobei – ebenfalls im Unterschied zu § 29bis JPatG – eine ggf. vorliegende Identität der Anmelder oder Erfinder nicht berücksichtigt wird.

Die ältere Patentanmeldung kann vor ihrer Veröffentlichung aufgegeben *(Hô-*   140
ki-Prozedur) oder zurückgezogen *(Torisage*-Prozedur) worden sein. Im Fall der *Hôki*-Prozedur blieb bei bis zum 31.12.1998 eingereichten Patentanmeldungen das Seniorrecht gegenüber dem Juniorrecht erhalten, selbst wenn die ältere Patentanmeldung nicht veröffentlicht wurde. Die *Torisage*-Prozedur war in § 39(5) JPatGaF geregelt: »Wenn eine Patentanmeldung oder eine Anmeldung auf Eintragung eines Gebrauchsmusters zurückgezogen oder für rechtsunwirksam erklärt wird, gilt eine derartige Anmeldung für die Anwendung der Absätze 1 bis 4 von Anfang an als nicht eingereicht«. Da das Fallenlassen einer Erfindung nicht in § 39(5) JPatGaF aufgeführt war, wurde es konzeptionell unterschiedlich gehandhabt.

Wenn am gleichen Tag zwei oder mehr auf die gleiche Erfindung gerichtete   141
Patentanmeldungen eingereicht werden, kann nur einer der Anmelder hierauf ein Patent erlangen (§ 39(2) JPatG). Hierzu sollen sich die Anmelder in einem gemeinsamen Treffen auf einen Anmelder verständigen. Wird keine Einigung erzielt oder findet das Treffen nicht statt, kann keiner der Anmelder ein Patent erlangen. Wenn die diesbezügliche Entscheidung des Prüfers oder der *Shimpan*-Abteilung rechtskräftig geworden ist, verliert die Patentanmeldung allerdings nicht ihr Senioritätsrecht (§ 39(5) JPatG). Entsprechendes gilt, wenn die andere Anmeldung eine Gebrauchsmusteranmeldung ist (§ 39(3)(4)(5) JPatG). Dem Präsidenten des JPA obliegt es, ein Treffen der Anmelder und deren Berichterstattung über dieses Treffen anzuordnen (§ 39(7) JPatG). Wenn ein solcher Bericht nicht innerhalb der vorgeschriebenen Zeit erfolgt, soll der Präsident des JPA unterstellen, dass ein solches Treffen nicht stattgefunden hat (§ 39(8) JPatG).

Wenn eine Patent- oder Gebrauchsmusteranmeldung aufgegeben, widerrufen   142
oder zurückgewiesen wurde oder die Entscheidung des Prüfers oder der *Shimpan*-Abteilung über die Zurückweisung der Anmeldung rechtskräftig geworden ist, wird eine solche Patentanmeldung als nichtig angesehen, außer wenn die Zurückweisungsentscheidung des Prüfers oder der *Shimpan*-Abteilung wegen einer fehlenden Einigung über einen Anmelder im Sinne von § 39(2) u. (4) rechtskräftig geworden ist (§ 39(5) JPatG).

Selbst wenn die Art und Weise der Operation zweier Erfindungen überlappt,   143
sind die Erfindungen dann nicht identisch, wenn deren technische Gedanken

unterschiedlich sind[63]: »Die vorliegende Erfindung kann so verstanden werden, dass seine Konstitution verschieden von der der entgegengehaltenen patentierten Erfindung ist und daher beide Erfindungen nicht gleich sind. Es gibt Fälle, in denen die beiden Erfindungen in ihrer Betriebsweise nicht voneinander unterschieden werden können. Zu veranlassen, dass in der Entgegenhaltung Vitamin C zusammen mit Vitamin B existiert, ist für die Aufgabe der vorliegenden Erfindung ohne Bedeutung und kann nicht als wesentliches Element für ihre Vervollständigung angesehen werden. Selbst wenn es schwierig ist, eine Ausführungsform der entgegengehaltenen Erfindung von der Hinzufügung von Vitamin C als essentiellem Reduktionsmittel bei der vorliegenden Erfindung zu unterscheiden, kann dies nicht Grundlage für die Schlussfolgerung sein, dass die Erfindungen identisch sind.«

144 Zwei Erfindungen können identisch sein, wenn sie sich lediglich in der Kategorie unterscheiden[64]: »Obwohl die ältere Erfindung eine Sache und die jüngere ein Verfahren betrifft, ist das Wesen ihrer technischen Idee eine Chemikalie, die bei der Herstellung von Beton als verstärkender Zusatz zugefügt wird. Beide Erfindungen haben das gleiche Anwendungsgebiet und sind gleich in ihrer Funktionsweise und Wirkung. Daher basieren beide Erfindungen auf der Auffindung eines neuen Materials, das vorteilhaft auf demselben Gebiet verwendbar ist. Die vorliegende Erfindung betrifft eine selbstverständliche Verwendung ohne eigenen Erfindungscharakter.«

145 1.2.6 Erfinderische Tätigkeit (§ 29(2) JPatG)

146 Einführung

147 Als weiteres Erfordernis für die Patentfähigkeit bestimmt § 29(2) JPatG, dass die Erfindung für den Fachmann nicht nahe liegend gewesen sein darf[65]. Im Japanischen wird hierfür der im JPatG nicht erscheinende Begriff *Shinposei* (deutsch »Fortschrittlichkeit«) verwendet.

148 Bei der Prüfung auf das Vorliegen von erfinderischer Tätigkeit kommt dem beim Europäischen Patentamt vorherrschenden Aufgabe-Lösung-Prinzip eine kleinere Bedeutung zu. Es wird eine ganzheitliche Untersuchung vorgenommen, die den technischen Fortschritt relativ stark berücksichtigt. Die in der Vergangenheit bestehende überragende Bedeutung des technischen Fortschritts, der wichtiger als der tatsächliche Unterschied in der Konstruktion sein konnte, hat allerdings in den letzten Jahren abgenommen.

---

63 Obergericht Tokyo, 11.12.1956.
64 Obergericht Tokyo, 20.5.1979, Fall 1969 Gyo-Ke Nr. 93.
65 Cf. Sekizo Hayashi, »Comparative Study on Patent Systems between the US and Japan (IV) – Obviousness«, in *AIPPI Journal*, Vol. 25, No. 3, 2000, Seiten 131–139.

In der japanischen Patentpraxis gelten die gleichen Beweisanzeichen für Er-   149
findungshöhe wie in der deutschen oder europäischen Patentpraxis. So spielt
der Effekt der Erfindung in Verbindung mit der Aufgabe der Erfindung
ebenfalls eine wichtige Rolle. Wenn die Konstruktion einer Erfindung als
offensichtlich nahe liegend in Hinblick auf den Stand der Technik angesehen
wird, kann diese Zurückweisung damit widerlegt werden, dass der Effekt der
Erfindung in Hinblick auf den Stand der Technik nicht zu erwarten war.

Grundlage für die Prüfung auf das Vorliegen von erfinderischer Tätigkeit ist   150
die Anspruchsfassung. Nach der Entscheidung »Ra-Lipase« des OGH vom
8.3.1991 gilt: »Für die Feststellung der Erfindungshöhe können bei eindeuti-
gem Wortlaut nur der Patentanspruch selbst, nicht jedoch die zur Interpretation des Anspruchs beigefügten Ausführungsbeispiele herangezogen werden.«[66] Der OGH entschied, dass die Interpretation des Anspruchs auf der
Anspruchsformulierung basieren muss, sofern er nicht unklar oder offensichtlich fehlerhaft ist. Der Anspruch wurde daher wörtlich ausgelegt und die
Interpretation des Obergerichts Tokyo, dass der Anmelder Ra-Lipase (Lipase
von Rhizopus arrhizus) und nicht allgemein Lipase gemeint habe, zurückgewiesen. Die anhand des breiten Patentanspruchs definierte Erfindung wurde
schließlich wegen fehlender erfinderischer Tätigkeit zurückgewiesen.

In *Mobil Oil Corporation vs. Präsidenten des JPA*[67] wurde hinsichtlich einer   151
Patentanmeldung betreffend eine Methode zur Ethylierung von Benzol die
Zurückweisung der Patentanmeldung durch das JPA wegen fehlender erfin-
derischer Tätigkeit aufgehoben, da sich das JPA in der Interpretation der
Ausführungsformen in einer Entgegenhaltung irrte.

---

66   »Boehringer Mannheim GmbH vs. JPA«; OGH, 8.3.1991, Fall Nr. 62 Gyo-Ke 3; vgl.
     Yoshinobu Someno in *GRUR Int.* 1994, Seiten 632–634; s.a. *YUASA AND HARA, INTEL-
     LECTUAL PROPERTY NEWS*, Vol. 5, June 1999, Seiten 10–13. Die Boehringer Mannheim
     GmbH hatte am 19.6.1973 für eine »Methode zur Bestimmung von Triglyceriden« eine
     japanische Patentanmeldung eingereicht. Der Patentanspruch lautete:
     »Methode zur Bestimmung von Triglyzeriden, umfassend die enzymatische Verseifung von
     Triglyzerid mit Lipasen und Bestimmung des daraus freigesetzten Glyzerin, wobei die
     Verseifung in Gegenwart von Carboxylesterase und einem Alkali- oder Erdalkalialkylsulfat,
     in welchem die Alkylgruppe 10 bis 15 Kohlenstoffatome enthält, durchgeführt wird.«
     Die Anmeldung wurde vom Prüfer und der *Shimpan*-Abteilung im JPA zurückgewiesen. Die
     Klage vor dem Obergericht Tokyo war erfolgreich. Dieses befand, dass der Ausdruck Lipase
     in Hinblick auf die gesamte Patentbeschreibung eng ausgelegt werden sollte, nämlich als
     Ra-Lipase. Der Gegenstand des auf diese Weise interpretierten Anspruches weise erfinderi-
     sche Tätigkeit auf und sei patentfähig. Der OGH hob die Entscheidung dann allerdings auf.
     In der Klagebegründung stellte das JPA auf § 70 JPatG ab, wo ausdrücklich festgestellt ist,
     dass der Anspruch nur dann, wenn er schwer verständlich oder unklar ist, in Hinblick auf die
     in der Beschreibung benutzten Wörter interpretiert werden sollte.
67   Obergericht Tokyo, 9.12.1992, Fall Nr. 1992/89 Gyo-Ke 180; vgl. Shoichi Okuyama in
     AIPPI Journal, Vol. 18, Nr. 3 (Mai 1993), Seiten 100–101.

152 Die bloße Ausübung gewöhnlicher Kreativität, wie sie von einem Fachmann auf dem betreffenden Gebiet erwartet wird, umfasst die Auswahl eines optimalen Materials aus öffentlich bekannten Materialien, die eine bestimmte Aufgabe lösen, die Optimierung eines Zahlenbereiches, der Ersatz durch Äquivalente und die handwerkliche Modifikation bei der Anwendung einer speziellen Technologie. Wenn der Unterschied bei der beanspruchten Erfindung unter eine dieser Kategorien fällt, wird im Allgemeinen angenommen, dass der Fachmann leicht zu dieser Erfindung hätte gelangen können, sofern es für die Anerkennung von erfinderischer Tätigkeit keinen anderen Grund gibt.

153 Beweisanzeichen für das Vorliegen von erfinderischer Tätigkeit bei einer Erfindung sind deren Fortschrittlichkeit, die Notwendigkeit über das übliche Maß hinausgehender Versuche, ein lange bestehendes Bedürfnis, die Einfachheit der Erfindung, umfangreiche Nachahmung, wirtschaftlicher Erfolg sowie Vorurteile im Stand der Technik.

154 **Faktoren bei der Bestimmung der erfinderischen Tätigkeit**

155 **a) Fortschrittlichkeit**

156 Die Fortschrittlichkeit (technischer Effekt) einer Erfindung kann zur Anerkennung des Vorliegens von erfinderischer Tätigkeit führen, sofern der Fachmann durch den Stand der Technik nicht zur beanspruchten Erfindung angeregt wurde.

»Der Effekt der vorliegenden Erfindung leitet sich ab von der Kombination der einzelnen konstituierenden Merkmale und ist bemerkenswert. Daher können die konstituierenden Merkmale nicht leicht vorhersehbar gewesen sein, obwohl jedes Einzelne dieser konstituierenden Merkmale in jeder der zitierten Referenzen enthalten war«[68].

»Die Erfindung der vorliegenden Anmeldung unterscheidet sich lediglich in der Anzahl der Alkylsubstituenten an den Phenylgruppen von der in der zitierten Referenz offenbarten chemischen Verbindung. Allerdings ist der Effekt verglichen mit der in der zitierten Referenz offenbarten chemischen Verbindung bemerkenswert, sodass es angemessen ist, das Vorliegen von erfinderischer Tätigkeit zu bestätigen.«[69]

»Ungeachtet vorteilhafter Effekte der beanspruchten Erfindung muss das Vorliegen von erfinderischer Tätigkeit verneint werden, da der Fachmann aufgrund einer Anregung leicht zum Gegenstand der Erfindung gelangen konnte«[70, 71].

---

68 Obergericht Tokyo, 7.9.1977, Fall Nr. Sho 44 Gyo-Ke 107.
69 Obergericht Tokyo, 30.10.1990, Fall Nr. Sho 63 Gyo-Ke 124.
70 Obergericht Tokyo, 25.2.1969, Fall Nr. Sho 37 Gyo-Ke 199: »Selbst wenn das durch die vorliegende Erfindung hergestellte laminierte Material gegenüber dem konventionellen Material geringfügig überlegene Eigenschaften hinsichtlich Stärke und anderen Eigenschaften hat, so wurde dieses Ergebnis durch die Auswahl von Polypropylen anstelle von Polyethylen erzielt. Diese Auswahl hätte vom Fachmann leicht vorgenommen werden können.«
71 Obergericht Tokyo, 13.7.1989, Fall Nr. Sho 63 Gyo-Ke 282: »Die Verwendung von Siliziumkarbid als Material in der Halbleiterregion auf der lichtbestrahlten Seite der Halbleiter-

»Selbst wenn es zunächst erscheint, dass die Änderung einer Erfindung ausgehend vom Stand der Technik leicht war, kann diese Änderung nicht als offensichtlich naheliegend angesehen werden, wenn damit ein Effekt erreicht wurde, der über dem vom Stand der Technik erwarteten Effekt liegt. In der vorliegenden Erfindung wurde eine Faser oder Faden benutzt, um die bekannten Glasperlen als Transferelement zu ersetzen, wodurch der Massentransferkoeffizient deutlich verbessert wurde«.[72]

Nach den Prüfungsrichtlinien des JPA kann die Behauptung oder der Nachweis (d. h. experimentelle Ergebnisse) der Effekte einer Erfindung in einer schriftlichen Stellungnahme (*Iken sho*) auf einen Amtsbescheid berücksichtigt werden, wenn die Effekte in der Patentbeschreibung beschrieben sind oder Effekte zwar darin nicht explizit beschrieben sind, aber aus den Ausführungen zu Aufgabe und Konstitution abgeleitet werden können.

b) Anregungen und Vorschläge im Stand der Technik 157

Anregungen und Vorschläge im Stand der Technik, insbesondere bei gleicher 158
Aufgabenstellung bzw. Identität oder Ähnlichkeit eines zu lösenden Problems, sind ein Indiz für das Nichtvorliegen von erfinderischer Tätigkeit.

Vorschläge in Schriften des Standes der Technik können ein sehr starkes Indiz dafür sein, dass der Fachmann leicht zu den beanspruchten Erfindungen gelangen konnte[73, 74].

---

schichten in der photoelektrischen Konversionshalbleitervorrichtung wäre unter dem Gesichtspunkt der Minimierung der Lichtabsorption in dieser Region naheliegend gewesen. Selbst wenn diese Halbleiterregion die Verschlechterung bestimmter Eigenschaften in der zweiten Halbleiterregion verhindert, beeinflusst dies nicht die Schlussfolgerung, dass die Verwendung von Siliziumkarbid leicht gewesen wäre«.

72 Obergericht Tokyo, 30.10.1990, Fall Nr. 1988 Gyo-Ke 297.

73 Obergericht Tokyo, 18.11.1987, Sho 61 Gyo-Ke 240: »Die zitierte Referenz offenbart den Zustand von Metallionen, deren elektrisches Potenzial höher als das von Eisen ist, wobei sieben Typen metallischer Ionen aufgezählt sind, als Kationen, die für einen Zweck geeignet sind, der ähnlich dem vorliegenden Zweck ist, ein wässriges kationisches Elektroabscheidungsbad zu erhalten, in dem eine chemische Vorbehandlung unnötig ist. Obwohl das Bleiion nicht aufgeführt ist, welches das charakteristische Merkmal der vorliegenden Erfindung ist, ist es allgemein bekannt, dass das Potential von Blei höher ist als das Potenzial von Eisen, sodass angenommen werden kann, dass die Referenz die Verwendung von Bleiionen vorschlägt. Da es außerdem keine Umstände gibt, wie die fehlende Eignung von Blei zur Erreichung des Zieles der vorliegenden Erfindung etc., kann die Hinzufügung von Bleiionen zum Elektroabscheidungsbad vom Fachmann leicht erwogen werden.«

74 Obergericht Tokyo, 30.3.1978, Fall Nr. Sho 51 Gyo-Ke 19: »Berücksichtigt man, dass die 3-Chlorverbindung der Erfindung der vorliegenden Anmeldung sich nur in der Stellung des Substituenten in der chemischen Formel von der 2-Chlor- und 4-Chlorverbindung der zitierten Referenz unterscheidet und es keinen Hinweis in der zitierten Referenz gibt, dass sich die Stellung des Substituenten auf bestimmte Positionen zu beschränken habe, damit die Verbindung als Farbauffrischungsmittel (color brightener) verwendet werden kann, kann die 3-Chlorverbindung als in der zitierten Referenz angeregt betrachtet werden. Das Auffrischungsmittel kann daher vom Fachmann leicht aufgefunden werden«.

»Da im zitierten Dokument festgestellt wird, dass es nicht nötig ist, im Turbinenöl und hydraulischen Öl Dispergierungsmittel zu benutzen, hätte der Fachmann die Verwendung der im zitierten Dokument offenbarten Substanz in der beanspruchten Schmierölzusammensetzung für eine Ventilsteuerung nicht leicht erwogen«[75].

»Obwohl sich die vorliegende Erfindung auf die chemische Herstellung von Phosphat bezieht und die entgegengehaltene Erfindung auf die Elektrobeschichtung von Automobilkarosserien, betreffen beide Erfindungen eine Reihe von Oberflächenbehandlungen. Beide haben das Problem der Vermeidung von gestuften Marken (stepped marks) während der Behandlung und ergreifen technische Maßnahmen, um im Lösungsmittel Wellenbewegungen zu bewirken, sodass die zu lösenden Probleme und die Konstitution gemeinsam sind.«[76]

»Im Gegensatz zur vorliegenden Erfindung, welche die Nutzung von Kohlendioxid betrifft, das bei der Zersetzung von Magnesiumkarbonat entsteht, findet sich in der Entgegenhaltung eine Feststellung, die die Benutzung von Kohlendioxid negiert. Die Entgegenhaltung kann somit nicht für einen Vergleich und eine Bewertung herangezogen werden.«[77]

»Wenn berücksichtigt wird, dass Handschuh und Socke hinsichtlich der Herstellung zu ähnlichen Technologiegebieten gehören und viele gemeinsame Aspekte haben, konnte die Konstitution des Handschuhs der vorliegenden Erfindung ausgehend von der Beschreibung der Socke in der Entgegenhaltung leicht erwogen werden.«[78]

»Eine Kamera und ein »auto-strobe« werden immer gemeinsam benutzt und weisen eine enge Beziehung auf. Die Abzweigung des Einfallskontrollelements der Lichtmessungseinheit der Kamera zur Lichtmessungseinheit des auto-strobe konnte daher vom Fachmann leicht gefunden werden, sofern in der Anmeldung nicht eine besondere Konstruktion angewandt wurde.«[79]

159 **c) Wirtschaftlicher Erfolg**

160 Der wirtschaftliche Erfolg einer Erfindung oder ähnliche Tatsachen können berücksichtigt werden, um das Vorliegen von erfinderischer Tätigkeit zu bejahen. Dies setzt voraus, dass der wirtschaftliche Erfolg auf die überlegenen Merkmale der Erfindung und nicht auf andere Faktoren wie verkaufsfördernde Maßnahmen oder Werbung zurückzuführen ist[80]. Das Vorliegen von erfinderischer Tätigkeit wurde unter Berücksichtigung des wirtschaftlichen Erfolges teils bejaht[81] und teils verneint[82].

---

75 Obergericht Tokyo, 21.2.1989, Fall Nr. Sho 62 Gyo-Ke 182.
76 Obergericht Tokyo, 30.10.1986, Fall Nr. 1984 Gyo-Ke 302.
77 Obergericht Tokyo, 21.2.1989, Fall Nr. 1987 Gyo-Ke 182.
78 Obergericht Tokyo, 22.9.1976, Fälle Nr. 1963 Gyo-Ke 159 und 160.
79 Obergericht Tokyo, 18.3.1982, Fall Nr. 1980 Gyo-Ke 177.
80 Elektrischer-Heizer-Fall, »Matsushita Denki Kogyo K.K. vs. Mitsubishi Denki Kogyo K.K.«, OGH, 18.4.1975, Fall Nr. Sho 46 Gyo-Tsu 59, vgl. 1975 *Torikeshishû* 415: »Der kommerzielle Erfolg war nicht unbedingt das Ergebnis der technischen Überlegenheit der beanspruchten Erfindung. Wirtschaftlicher Erfolg hängt sehr stark vom Verkaufspreis und Produktdesign, der Verkaufsmethode, den wirtschaftlichen Verhältnissen, etc. ab.«
81 Fall Nr. Sho 35 Gyo-Na 34; Obergericht Tokyo, 17.12.1969, Fall Nr. Sho 38 Gyo-Na 130.
82 Obergericht Tokyo, 29.2.1972, Fall Nr. Sho 41 Gyo-Ke 104.

Im Spinnmaschinen-Fall erkannte das Obergericht Tokyo auf erfinderische Tätigkeit bei der Spinnmaschine des Anmelders, da sie von vielen berühmten Spinnfabriken benutzt wurde, die mit ihrer Leistungsfähigkeit im Vergleich zum Stand der Technik zufrieden waren[83].

Im Schiebetür-Fall wurde dagegen vom Obergericht Tokyo das Vorliegen von erfinderischer Tätigkeit verneint: »Obwohl die erfundene Vorrichtung kurz nach Markteinführung einen überwältigenden Marktanteil erzielte, kann dieser Umstand nicht das Auffinden eines erfinderischen Schrittes stützen, wenn wir andererseits keine signifikante Neuheit [!] gegenüber dem Stand der Technik finden können.«[84]

d) Aggregation   161

Die bloße Aggregation von Techniken aus dem Stand der Technik weist keine 162
erfinderische Tätigkeit auf. Wenn jedoch die Kombination von Ergebnissen aus dem Stand der Technik in einem unerwarteten neuen Effekt genügender Größe resultiert, kann vermutet werden, dass erfinderische Tätigkeit vorliegt.

Im Fall der Seide-ähnlichen Textilien hob das Obergericht Tokyo die Nichtigerklärung des JPA wegen fehlender erfinderischer Tätigkeit auf[85]:

»Die vorliegende Erfindung eines Verfahrens zur Herstellung von Seide-ähnlichen Textilien erzielt einen unterschiedlichen Effekt als bei Wolle-ähnlichen Textilien, die im Stand der Technik hergestellt wurden. Selbst wenn der modifizierte Schritt, der diese Erfindung vom zitierten Dokument unterscheidet, an sich im Stand der Technik bekannt war, konnte die besondere Kombination als Ganzes ausgehend vom zitierten Stand der Technik nicht leicht gefunden werden. … Selbst innerhalb des Bereichs allgemein bekannter Techniken kann bei einer Innovation, die Techniken zur Herstellung von Textilien aus synthetischen Fasern mit einzigartigen Charakteristika zu kombinieren, ändern oder modifizieren, nicht auf fehlende technische Bedeutung geschlossen werden.«

»Die Erfindungen der Entgegenhaltungen 1 und 2 haben das gleiche technische Problem, dass ein Gehäuse, an dem vorübergehend ein Etikett angebracht wird, an einer vorbestimmten Stelle angehalten wird. Der Fachmann konnte zur Lösung des Problems in Entgegenhaltung 1 leicht erwägen, die Etikettentransferkontrollmittel aus Entgegenhaltung 2 zu verwenden.«[86]

e) Ersatz oder Umwandlung eines Teils   163

Wenn Ersatz oder Umwandlung eines Teils einer bereits bekannten Erfindung 164
nicht nahe liegend war, liegt ein erfinderischer Schritt vor.

---

83 »Yoshida vs. JPA«, Obergericht Tokyo, 18.9.1962; 1961–1962 *Torikeshishû* 373.
84 »Yasuda vs. Heian Shindo Kogyo K.K.«, Obergericht Tokyo, 29.2.1972, 276 *Hanrei Times* 199.
85 »Toyo Rayon K.K. vs. Nihon Rayon K.K.«, Obergericht Tokyo, 17.10.1967, Fall Nr. 1962 Gyo-Ke 191, 1967 *Torikeshishû* 313.
86 Obergericht Tokyo, 27.6.1991, Fall Nr. 1990 Gyo-Ke Nr. 182.

Im Schiebetür-Fall betraf das Gebrauchsmuster eine Schiene zur Verwendung in einer Schiebetür, umfassend einen metallischen Einlage-Kern, der dicht von einem Vinylrohr bedeckt war. Die Dokumente des Standes der Technik zeigten eine von einer Gummiröhre bedeckte Schiene. Das Obergericht Tokyo bestätigte die Zurückweisungsentscheidung des JPA[87]:

»Es ist gut bekannt, dass Vinylharze im Allgemeinen anstelle von Gummi verwendet werden können. Da es keinen bemerkenswerten Unterschied zwischen der vorliegenden und der zitierten Erfindung gibt, sollte diese Erfindung als bloßer Austausch des Materials angesehen werden. Das Merkmal, dass die Produkte der vorliegenden Erfindung in verschiedenen Farben hergestellt werden können, liegt inhärent in der Natur des Vinylharzes.«

Im U-Boot-Fall betraf die Erfindung ein U-Boot, das mit einer flügelähnlichen Struktur ausgestattet war. Das Obergericht Tokyo hob die Zurückweisung durch das JPA auf[88]:

»Obwohl es Stand der Technik gab, der die Bereitstellung von Flügeln an Flugzeugen zeigte, wäre die Annahme unvernünftig, dass die Bereitstellung von Flügeln an einem U-Boot aufgrund des in der Luftfahrt gefundenen Standes der Technik leicht erwogen wurde, insbesondere, weil die Flügel in der angemeldeten Erfindung von Flugzeugflügeln deutlich verschiedene Effekte zeigen.«

Selbst wenn die Konstitution den Erfindungen gemeinsam zu sein scheint, ist die beanspruchte Erfindung dann nicht naheliegend in Hinblick auf die zitierte Erfindung, wenn den Erfindungen unterschiedliche Probleme zugrundeliegen und es in der Entgegenhaltung keinen Bezug zur Lösung des Problems der beanspruchten Erfindung noch Vorschläge hierzu gibt.[89]

»Obwohl die zitierte Erfindung nichts enthält, was das Problem der vorliegenden Erfindung beschreibt, den simultanen Beginn zu automatisieren, konnte ein solches Problem leicht auf Basis des allgemeinen technischen Wissens auf dem Gebiet der elektronischen Musikinstrumente erwogen werden.«[90]

165   Der Umstand, dass Funktion und Arbeitsweise sowie das zu lösende Problem gemeinsam sind, lässt vermuten, dass der Fachmann durch Anwendung oder Kombination der zitierten Erfindungen zur beanspruchten Erfindung gelangt wäre:

»Die in den Dokumenten 1 und 2 offenbarten Filtervorrichtungen haben Funktion und Arbeitsweise als Filter gemeinsam. Wird berücksichtigt, was generell von einem Filterapparat gefordert wird, kann nicht behauptet werden, dass diese Filtervorrichtungen zu unterschiedlichen Technologiegebieten gehören (Filtervorrichtung für den Hausgebrauch bzw. Automobilfiltervorrich-

---

87   »Yasuda vs. Heian Shindo Kogyo K.K.«, Obergericht Tokyo, 29.2.1972, 276 *Hanrei Times* 199.

88   »Sato vs. JPA«, Obergericht Tokyo, 16.12.1965; 1964–65 *Torikeshishû* 601.

89   Obergericht Tokyo; 27.12.1990, Fall Nr. 1981 Gyo-Ke 4; 30.6.1986, Fall Nr. 1983 Gyo-Ke 150, und 16.8.1990, Fall Nr. 1990 Gyo-Ke 8.

90   Obergericht Tokyo, 16.11.1983, Fall Nr. 1980 Gyo-Ke 319.

tung). Der Ersatz des filtrierenden Teiles in Dokument 1 durch die Filtervorrichtung von Dokument 2 war daher nahe liegend.«[91]

Erfinderische Tätigkeit bei besonderen Erfindungsgegenständen 166

a) Analogieverfahren und Stoffe 167

Bei der Erfindung eines Verfahrens, dessen Verfahrensschritte auf einer be- 168 kannten Reaktion basieren, liegt in den folgenden Fällen erfinderische Tätigkeit vor:

a1) Struktur 169

Wenn ein bekannter Verfahrensschritt auf ein Ausgangsmaterial angewandt 170 wird, das in Zusammenhang mit dem bekannten Schritt noch nicht benutzt worden war. Das resultierende Produkt hat eine Struktur, die sich merklich von früheren Produkten unterscheidet, die mittels der bekannten Verfahrensschritte hergestellt wurden. Es wäre daher selbst für den Fachmann schwierig gewesen, zur Herstellung des gewünschten Endproduktes die bekannten Verfahrensschritte analog auf das Ausgangsmaterial des Anmelders anzuwenden. Zusätzlich trägt ein solches neues Verfahren zum Fortschritt bei, indem offenbart wird, dass die bekannte Reaktion auf Verbindungen einer anderen strukturellen Klasse angewandt werden kann.

a2) Eigenschaften 171

Das Verfahren dient der Herstellung einer neuen Verbindung, die nützliche 172 Eigenschaften hat, die sich signifikant von denen bekannter Verbindungen mit einer zur neuen Verbindung ähnlichen Struktur unterscheiden.

a3) Wirksamkeit 173

In dem Verfahren wird durch Verwendung von unterschiedlichen Behand- 174 lungsmitteln anstelle der üblicherweise im bekannten Verfahren benutzten Mittel ein signifikant besserer technischer Effekt erhalten als in einem bekannten Verfahren.

a4) Modifizierte Behandlung 175

Das Verfahren zeigt eine signifikante technische Verbesserung, verglichen mit 176 dem bekannten Verfahren, indem im bekannten Verfahren ein Schritt modifiziert, weggelassen oder hinzugefügt wird.

Liegt erfinderische Tätigkeit für die Erfindung eines Produktes vor, wird im Prinzip auch vom Vorliegen von erfinderischer Tätigkeit für die Erfindung des Verfahrens zur Herstellung des Produktes und für die Verwendung des Produktes ausgegangen.

---

91 Obergericht Tokyo, 14.2.1991, Fall Nr. 1989 Gyo-Ke 90.

177 **b) Auswahlerfindungen**

178 Zur Prüfung auf erfinderische Tätigkeit bei einer Auswahlerfindung wird wie folgt vorgegangen[92]:

> (1) Eine Auswahlerfindung ist eine Erfindung, die mit spezifischen Begriffen innerhalb eines in dem zitierten Dokument ausgedrückten generischen Konzeptes ausgedrückt wird, im Gegensatz zu dem generischen Konzept als solchem, und spezifisch als Auswahl von in der zitierten Erfindung nicht offenbarten Alternativen, ausgedrückt in den zwingenden konstituierenden Merkmalen einer Erfindung.
>
> (2) Die Auswahl eines optimalen oder bevorzugten Gegenstandes aus öffentlich bekannten Alternativen anhand von Experimenten wird im Allgemeinen als Ausübung gewöhnlicher Kreativität angesehen, die von einem Fachmann auf diesem Gebiet erwartet werden kann. Im Allgemeinen liegt hierbei keine erfinderische Tätigkeit vor.
>
> (3) Eine Auswahlerfindung weist jedoch dann erfinderische Tätigkeit auf, wenn sie einen vorteilhaften Effekt erzeugt, der in den zitierten Dokumenten nicht offenbart ist, qualitativ unterschiedlich oder qualitativ der gleiche ist, aber beim Vergleich mit dem einer zitierten Erfindung, die als generisches Konzept ausgedrückt wird, quantitativ herausragt. Ausgehend vom Stand der Technik durfte keiner der Effekte vorhersehbar sein.

179 Im Insektizid-Fall[93] war eine bestimmte chemische Verbindung von einer generischen Formel für Verbindungen mit insektiziden Eigenschaften umfasst. Diese Verbindung war in Hinblick auf ihre insektizide Eigenschaft nicht besonders bekannt. Die Erfindung wählte die spezifische Verbindung als Wirkstoff im Insektizid, basierend auf der Entdeckung, dass deren Giftigkeit gegenüber Warmblütern wie dem Menschen deutlich (fünfmal) geringer ist als bei anderen Verbindungen unter der allgemeinen Formel. Es gab außerdem keine Beweise für diese Erwartung. Das Obergericht Tokyo hob daher die Zurückweisung der Patentanmeldung durch das JPA auf:

> »Da die spezifische Verbindung in der zitierten Referenz nicht gefunden wird, kann nur schwer gefolgert werden, dass der Forscher der zitierten Referenz aus dem Stand der Technik die beanspruchte Verbindung gefunden hat. Außerdem ist die beanspruchte Verbindung, obwohl sie hinsichtlich ihrer insektiziden Effekte nicht verschieden ist von der zitierten Erfindung, gegenüber warmblütigen Tieren deutlich weniger toxisch. Die Verringerung des toxischen Effektes bei warmblütigen Tieren ist ein wichtiges Problem bei der Entwicklung von Insektiziden. Diese Erfindung hat eine solche Verringerung erfolgreich erreicht. Daher kann diese Erfindung nur schwer als ausgehend von der zitierten Entgegenhaltung leicht durchführbar angesehen werden.«

---

92 Referenzen: Fall Nr. Sho 34 Gyo-Na 13, Fall Nr. Sho 51 Gyo-Ke 19, Fall Nr. Sho 53 Gyo-Ke 20, Fall Nr. Sho 60 Gyo-Ke 51.

93 »Farbenfabriken Bayer AG vs. JPA«, Obergericht Tokyo, 31.10.1963, 1963–64 *Torikeshishû* 495.

Im Fall des antitoxischen Mittels hob das Obergericht Tokyo mit einer im   180
Wesentlichen gleichen Begründung die Zurückweisungsentscheidung des JPA
auf[94]:

»Der wirksame Bestandteil der vorliegenden Erfindung einer »Zusammensetzung zur Unterdrückung schädlicher Objekte«, die zusätzlich zu ihrer unkrautvertilgenden Wirkung eine insektizide,
sterilisierende usw. Wirkung aufweist, ist eine spezifische Verbindung [unter der allgemeinen
Formel] einer mehrfach substituierten Harnstoffverbindung, die wirksamer Bestandteil der patentierten Erfindung einer unkrautvernichtenden Zusammensetzung ... ist. In der Beschreibung der
patentierten Erfindung ist diese spezifische Verbindung nicht beschrieben. Es wird auch nicht
erwähnt, dass durch Auswahl einer Kombination der besonderen Radikale und Elemente in der
allgemeinen Formel des mehrfach substituierten Harnstoffproduktes insektizide, sterilisierende
und ähnliche Effekte erhalten werden. Daher konnte die beanspruchte Verbindung nicht auf der
Basis dieser Beschreibung vorhergesagt werden. Die vorliegende Erfindung zielt auf eine neue
Verwendung ab, die in der patentierten Erfindung nicht vorausgesehen werden konnte, sodass sich
die vorliegende Erfindung hinsichtlich ihrer technischen Idee unterscheidet. Beide Erfindungen
sind daher nicht identisch.«

Die Erfindung einer »amorphen Legierung umfassend Eisengruppenelemente   181
und Bor« wurde nicht als Auswahlerfindung anerkannt[95]:

»Wenn die Komponenten und das Verhältnis der Komponenten der amorphen Metalllegierung der
Erfindung in den Komponenten und dem Verhältnis der Komponenten der amorphen Metalllegierung der Markush-Gruppe des Dokumentes enthalten sind, haben die Erfindungen die
Beziehung von generischer Idee zu spezifischer Idee. Beide Erfindungen weisen dieselbe Charakteristik hinsichtlich Zugfestigkeit, Härte und thermischer Stabilität auf. Die amorphe Legierung
der vorliegenden Erfindung weist keinen bemerkenswert überlegenen Effekt auf.«

Die Bestimmung der erfinderischen Tätigkeit bei Erfindungen mit numeri-   182
scher Begrenzung wird entsprechend vorgenommen. Die Optimierung eines
Wertebereiches im Experiment wird als Ausübung normaler Kreativität angesehen, die vom Fachmann erwartet wird. Daher liegt erfinderische Tätigkeit
nur vor, wenn innerhalb eines begrenzten Bereiches ein vorteilhafter Effekt
auftritt, der in den zitierten Referenzen nicht beschrieben ist, und qualitativ
verschieden oder gleich ist, dann aber quantitativ überragend im Vergleich zu
dem in der zitierten Erfindung. Keiner der Effekte durfte ausgehend vom
Stand der Technik für den Fachmann vorhersehbar gewesen sein. Der bemerkenswerte Effekt sollte für jeden Teil des begrenzten numerischen Bereiches
bestätigt sein[96].

---

94 »E.I. du Pont vs. JPA«, Obergericht Tokyo, 18.9.1970, Fall Nr. 1960 Gyo-Na 142, *Torikes-*
    hishû 719; s.a. »Beecham Group Ltd. vs. Bristol Myers Co.«, Obergericht Tokyo, 5.11.1981,
    13–2 *Mutaishû* 816.
95 Obergericht Tokyo, 8.9.1987, Fall Nr. 1985 Gyo-Ke 51.
96 Obergericht Tokyo, 8.12.1980, Fall Nr. Sho 54 Gyo-Ke 114: »Die vorliegende Erfindung
    weist unter den Reaktionsbedingungen zwischen mindestens 350 bis ungefähr 500° innerhalb
    des Bereichs von Reaktionstemperaturen von 300 bis 1200°C, den die vorliegende Erfindung
    als erforderlich beansprucht, keinen bemerkenswerten Effekt auf.«

»Wenn jedoch zwei Erfindungen unterschiedliche zu lösende Probleme und qualitativ unterschiedliche Effekte haben und selbst die gleichen konstituierenden Merkmale mit Ausnahme der begrenzenden Zahlwerte, ist die Signifikanz des für die numerische Begrenzung kritischen Bereiches keinesfalls erforderlich«[97].

Das Obergericht Tokyo bestätigte am 16.10.1996[98] in »Imperial Chemical Industries PLC vs. Präsident des JPA« die Zurückweisung der Patentanmeldung »Im geschmolzenen Zustand verarbeitbare Polymerzusammensetzung mit verbesserter Prozessierbarkeit« durch die *Shimpan*-Abteilung des JPA wegen fehlender erfinderischer Tätigkeit, da die experimentelle Optimierung eines Zahlenbereiches die Ausübung üblicher Kreativität durch den Fachmann sei, für die eine erfinderische Tätigkeit im Allgemeinen verneint werden kann.

183 Die Beurteilung der erfinderischen Tätigkeit auf dem Gebiet der Arzneimittel illustrieren zwei Gerichtsentscheidungen (Verneinung von erfinderischer Tätigkeit[99]; Vorliegen von erfinderischer Tätigkeit[100]).

184 Eine »Methode zum Rösten von Süßigkeiten für eine verlängerte Haltbarkeit des Geschmacks« durch Verwendung eines bestimmten Zuckertyps weist keine ausreichende erfinderische Tätigkeit auf und ist daher nicht patentfähig[101].

---

97 Obergericht Tokyo, 21.7.1987, Fall Nr. Sho 59 Gyo-Ke 180.

98 »Imperial Chemical Industries PLC vs. Präsidenten des JPA«; Obergericht Tokyo, 16.10.1996; vgl. V. Vanbellingen-Hinkelmann, Klaus Hinkelmann, *AIPPI Journal*, Vol. 22, No. 4, Juli 1997, Seiten 175 bis 186, worin sich auch ein detaillierter Vergleich mit dem europäischen Parallelverfahren findet. Im Einspruchsverfahren zum parallelen Europäischen Patent Nr. 30,417 vor dem EPA wurde im Wesentlichen der gleiche Stand der Technik zitiert, das Patent aber in der Entscheidung T441/90 vom 15.09.1992 in eingeschränktem Umfang aufrecht erhalten. Das Obergericht Tokyo erforderte somit eine größere erfinderische Tätigkeit für die Patentfähigkeit der Polymerzusammensetzungen als das EPA.

99 »Boehringer Mannheim, GmbH vs. Kyoto Daiichi Kagaku K.K.«, Obergericht Tokyo, 20.9.1995, Fall Nr. 1991 Gyo-Ke 216; vgl. Véronique Vanbellingen-Hinkelmann; Klaus Hinkelmann, in *AIPPI Journal*, Vol. 21, Nr. 3 (Mai 1996), Seiten 115–119. Das Gericht hob eine Entscheidung des JPA auf, das eine »Methode zur Analyse von Urin usw. und darin benutztes Farbreaktionstestpapier« für patentfähig gehalten hatte.

100 »Hoechst Aktiengesellschaft vs. Präsident des JPA«, Obergericht Tokyo, 25.10.1995; Fall Nr. 93 Gyo-Ke 171; vgl. Véronique Vanbellingen-Hinkelmann; Klaus Hinkelmann, *AIPPI Journal*, Vol. 21, No. 4 (July 1996), Seiten 165–172. Das Obergericht Tokyo hob eine Entscheidung der *Shimpan*-Abteilung des JPA auf, die eine Beschwerde gegen die Zurückweisung der Patentanmeldung »Vizinales Dihydroxyalkylxanthin enthaltende Medikamente« wegen fehlender erfinderischer Tätigkeit zurückgewiesen hatte. Das Gericht erkannte auf überraschende vorteilhafte Effekte als Beleg für erfinderische Tätigkeit bei den beanspruchten chemischen Verbindungen und Medikamenten, obwohl die strukturellen Unterschiede zu bereits bekannten chemischen Verbindungen sehr gering waren.

101 »Süßigkeiten«, Obergericht Tokyo, 28.3.2002, 16 *Law & Technology* 84.

Bei Software-Erfindungen liegt in folgenden Fällen keine erfinderische Tätig- 185
keit vor:

a) Anwendung auf andere Gebiete. Eine Prozedur oder ein Mittel, das in einer 186
Computersoftwareerfindung verwendet wird, ist häufig in Funktionen oder
Operationen auf beliebigen Gebieten üblich. In solchen Fällen würde der
Fachmann eine Übertragung von Prozedur oder Mittel der Software auf
andere Gebiete versuchen. Wenn die Erfindung eines »Systems zur Wiederauffindung von Akten« existiert, weist die Erfindung eines medizinischen
Wiederauffindungssystems, dessen Konstruktion auf der gleichen Funktion
oder Operation wie das bekannte System zur Wiederauffindung von Akten
beruht, keine erfinderische Tätigkeit auf.

b) Hinzufügung oder Ersatz mit einem üblichen Mittel zur Systematisierung.
Software-Erfindungen betreffen häufig ein System, in dem Hardware und
Software integriert sind. In diesen Fällen ist es für den Fachmann natürlich,
einen Teil der konstituierenden Elemente mit allgemein bekannten Mitteln zu
vervollständigen oder mit einem gut bekannten Äquivalent zu ersetzen. Zur
Auswahl von Dingen auf einem Bildschirm ist die Eingabe über eine Maus
anstelle der Eingabe von Zahlen über die Tastatur nahe liegend.

c) Implementierung von Funktionen, die von Hardware durchgeführt werden,
in Software. Der Fachmann wird wahrscheinlich versuchen, von Hardware
wie Schaltkreisen ausgeführte Funktionen mittels Software durchzuführen.
Beispielsweise ist der Ersatz eines Codevergleichskreises durch Software mit
einer Codevergleichsfunktion naheliegend.

d) Die Systematisierung von menschlichen Transaktionen mit Hilfe eines
Computers ist von einem Fachmann erwartete Ausübung üblicher Kreativität
und damit nahe liegend.

2 Abfassung von Patentanmeldungen

Inhaltsübersicht

187 Seit dem 1.9.2002 sind bei japanischen Patentanmeldungen, wie bei internationalen Patentanmeldungen, Beschreibung und Ansprüche als getrennte Schriftstücke einzureichen. Einem Anmeldeantrag müssen somit Beschreibung, Patentansprüche, Zeichnungen und Zusammenfassung beigefügt sein.

188 2.1 Abfassung von Patentansprüchen

189 2.1.1 Vor dem 1.1.1988 eingereichte Patentanmeldungen

190 Nach dem JPatG muss die beanspruchte Erfindung unter eine der drei folgenden Kategorien fallen: »Verfahren« (oder Methode), »Produkt« und »Verfahren zur Herstellung eines Produktes«. Nach der damaligen strikten Auslegung waren Verwendungsansprüche daher nicht zulässig. Unabhängige Ansprüche wurden als Erfindungen angesehen; abhängige Ansprüche waren selbstständig nicht patentfähige Ausführungsformen. Die Anzahl der unabhängigen Ansprüche bestimmte die Höhe der Jahresgebühren und Prüfungsgebühren. Für abhängige Ansprüche waren keine Gebühren zu entrichten.

191 2.1.2 Ab 1.1.1988 bis 30.6.1995 eingereichte Patentanmeldungen

192 Mit dem Patentgesetz von 1987 wurden für ab dem 1.1.1988 eingereichte Patentanmeldungen die Beschränkungen in der Abfassung von Ansprüchen erleichtert und das Konzept der Einheitlichkeit von Erfindungen erweitert. § 36(6) JPatGaF bestimmte, dass ein Anspruch eine Erfindung beschreiben

kann, die identisch ist mit einer Erfindung, die in einem anderen Anspruch definiert ist. Abhängige Ansprüche müssen nicht notwendigerweise Ausführungsarten definieren. Eine mehrfache Abhängigkeit der Ansprüche ist erlaubt. Ein Anspruch, der rückbezogen ist auf eine Mehrzahl von vorhergehenden Ansprüchen, soll prinzipiell in alternativer abhängiger Form geschrieben sein. Allerdings kann bisweilen, beispielsweise im Falle eines Anspruches, der auf eine Kombination von mehreren Gegenständen gerichtet ist, die in mehreren vorhergehenden Ansprüchen beansprucht sind, eine nicht alternative Abhängigkeit zugelassen werden. Ein abhängiger Anspruch kann sich auf einen vorhergehenden Anspruch einer unterschiedlichen Kategorie rückbeziehen. »Means-plus-function«-Ansprüche sind erlaubt.

Verwendungsansprüche waren in vor dem 1.7.1995 eingereichten Patent-   193
anmeldungen nicht zulässig. Diese sollten eindeutig entweder als Verfahrens- oder Produktansprüche interpretierbar sein. So war ein Anspruch »Verwendung von Verbindung A als Pestizid« in Japan nicht zulässig. Dieser sollte umformuliert werden in »Pestizid, das Verbindung A als wirksame Komponente enthält«. Die Formulierung »Verwendung von … als…« verletzt § 36(5)(ii) PatGaF, denn hierbei ist die Bestimmung schwierig, ob die beanspruchte Erfindung ein Produkt, ein Verfahren oder ein Verfahren zur Herstellung eines Produktes betrifft.

Die Anspruchsform »Verwendung der Zubereitungen gemäß Anspruch … als   194
Arzneimittel« war unzulässig, dagegen »Arzneimittelformen, bestehend aus …« zulässig. Der genaue Verwendungszweck musste offenbart werden bzw. in den Anspruch aufgenommen werden. In einer Verwendungserfindung sind nicht zulässig die Ausdrücke »Medikamente bestehend aus …«, »Therapeutischer Wirkstoff bestehend aus …« , »Agrochemikalien bestehend aus …«.

Bei Ansprüchen, die auf Legierungen, Arzneimittel, Katalysatoren, Zusam-   195
mensetzungen gerichtet sind, muss der Verwendungszweck im Anspruch angegeben sein.

Bereiche, die »0« enthalten, sind nicht zulässig, z.B. »0 bis 10 %«. Desgleichen   196
sind unbestimmte Ausdrücke nicht zulässig wie »beispielsweise«, »falls erforderlich«, »vorzugsweise«. In solchen Fällen ist die Aufstellung mehrerer unabhängiger Ansprüche notwendig, da ein Anspruch mit der Formulierung »enthaltend bis 10 % A« dahingehend ausgelegt wird, dass die Anwesenheit von A zwingend erforderlich ist.

Negative Ausdrücke wie »ausgenommen«, »nicht« usw. sowie Ausdrücke mit einer numerischen Begrenzung, in denen entweder nur ein Minimum oder ein Maximum angegeben ist, wie beispielsweise »mehr als …« und »weniger als …«, sind nicht zulässig. Außerdem sind nicht zulässig unbestimmte Begriffe, wenn der Standard oder das Ausmaß des Vergleichs nicht klar ist, wie »wesentlich größer«, »niedrige Temperatur«, »hohe Temperatur« »mit etwas größerer spezifischer Dichte« etc. oder Ausdrücke, bei denen optionale Merkmale hinzugefügt werden zusammen mit Formulierungen wie »falls erwünscht«, »falls notwendig« etc., sowie »insbesondere«, »beispielsweise«, »etc.«, »vorzugsweise« und »geeignet«.

197 Für den Anmelder war es notwendig, die zum Patent angemeldete Erfindung durch ihre Konstitution zu definieren (§ 36(5) JPatGaF[102]).

Nach § 36(5)(i) JPatGaF, der identisch ist mit § 36(6)(i) JPatG, muss die beanspruchte Erfindung auf gleiche Weise bereits in der detaillierten Erfindungsbeschreibung beschrieben sein, also durch die Patentbeschreibung gestützt sein.

§ 36(5)(ii) JPatGaF bestimmte, dass die Merkmale, die die Konstitution bestimmen, anzugeben sind. Im Folgenden sind einige Beispiele für die Anwendung dieser Bestimmung angegeben.

Eine Patentanmeldung vom 29.3.1982 für einen »Kurbelrotationsmechanismus mit einer schwingenden Stange« (JP-B-61-241,424) wurde von einer *Shimpan*-Abteilung unter § 36(5)(ii) JPatGaF mit der Begründung zurückgewiesen, dass der Ausdruck »Kurbelrotationsapparat mit einer schwingenden Stange mit einem Rillenanlauf (groove cam), der eine Nockenkurve (cam curve) aufweist und zwischen einer Kolbenstange und einer Kurbel schwingt« nicht zeigt, wie die Nockenwelle zum Zeitpunkt, zu dem der Kolben im oberen Totpunkt ist, zwischen Kolbenstange und Kurbel angeordnet ist.

198 ### 2.1.3 Ab 1.7.1995 eingereichte Patentanmeldungen

199 Die Erfordernisse für die Abfassung von Patentansprüchen sind in den § 36(5)(6) JPatG dargelegt[103]. Die Erfordernisse für die Abfassung von Patent-

---

102 § 36(5) JPatGaF:
Die Erklärungen in den Patentansprüchen einer Erfindung gemäß Abschnitt (3)(iv) sollen jedem der folgenden Paragraphen wie folgt entsprechen:
(i) Erklärungen, welche die Erfindung(en) darlegen, für die ein Patent beantragt wird und die in der ausführlichen Erläuterung der Erfindung beschrieben ist (sind);
(ii) Erklärungen, getrennt durch Paragraphen nach Ansprüchen (im Folgenden »ein Anspruch oder Ansprüche«), die nur die Merkmale bestimmen, die für die Konstitution der Erfindung, für die ein Patent nachgesucht wird, zwingend erforderlich sind;
(iii) Erklärungen, die in einer Verordnung des Ministeriums für Internationalen Handel und Industrie vorgesehen sind.

103 § 36(5) JPatG:
In den Patentansprüchen nach Abs. 3(iv) müssen für jeden Anspruch gesondert alle Merkmale (Angaben) enthalten sein, die ein Patentanmelder zur Definition der Erfindung, für die ein

ansprüchen gemäß § 36(6)(i), (iii) und (iv) sind kaum geändert. Dagegen sind § 36(5) und § 36(6)(ii) stark geändert. Der zweite Satz von § 36(5) JPatG ist identisch mit § 36(6) JPatGaF. Die Bestimmungen zur Abfassung von Patentansprüchen gemäß § 36(5)(i) und (iii) JPatGaF wurden unverändert als § 36(6)(i) bzw. § 36(6)(iv) JPatG übernommen.

Mit der Änderung von § 36 des Patentgesetzes in 1994 hat sich die Praxis der   200
Formulierung von Patentansprüchen liberalisiert. Der gestrichene § 36(5)(ii)
JPatGaF bestimmte, »dass nur Merkmale, die für die Struktur (Konstitution)
der Erfindung wesentlich sind« in den Ansprüchen angeführt werden sollten.
Dies begrenzte die Methode für die Abfassung von Patentansprüchen ein-
schneidend. § 36(5) JPatG erfordert, dass alle Merkmale, die der Patentanmel-
der zur Definition der zum Patent angemeldeten Erfindung für notwendig
erachtet, in den Patentansprüchen anzugeben sind. Damit sind nun weitere
Möglichkeiten für die Abfassung von Patentansprüchen gegeben. Zur Definition von Erfindungen können zusätzlich zu die Konstitution ausdrückenden
Merkmalen andere Merkmale wie Effekt, Operation, Natur, Charakteristik,
Methode, Verwendung, Zweck der Verwendung u. ä. verwendet werden.

Seit dem 1.4.1997 können Ansprüche auch gerichtet werden auf Computer-   201
software auf Aufzeichnungsträgern und seit 10.1.2001 auf Computerprogramme als solche.

Zwar dürfen Patentansprüche frei formuliert werden. Allerdings wird gegen   202
diese Bestimmung verstoßen, wenn die zum Patent angemeldete Erfindung
nach dem Anspruchswortlaut nicht verstanden und Patentfähigkeitserfordernisse wie Neuheit und erfinderische Tätigkeit nicht beurteilt werden können.

§ 36(5) JPatG stellt die Natur von Ansprüchen klar. Der Umfang der paten-   203
tierten Erfindung wie auch der Gegenstand der Prüfung bestimmt sich durch
die Beschreibung in den Patentansprüchen. Verstöße gegen § 36(5) JPatG sind
weder Einspruchs- noch Nichtigkeitsgründe. Gegenstände von verschiedenen

---

Patent beantragt wird, für notwendig hält. Dabei sind solche Anspruchsformulierungen nicht
ausgeschlossen, wonach die in einem Anspruch beanspruchte Erfindung identisch ist mit der
in einem anderen Anspruch beanspruchten Erfindung.
§ 36(6) JPatG:
Die Erklärungen der Patentansprüche nach Abs. 3 (iv) haben jede einzelne Anforderung der
folgenden Absätze zu erfüllen:
(i) Erklärungen, welche die Erfindung darlegen, für die ein Patent beantragt wird und die in
der ausführlichen Erläuterung der Erfindung beschrieben ist;
(ii) Erklärungen, welche die Erfindung darlegen, für die ein Patent beantragt wird und die
deutlich sind;
(iii) Erklärungen, in denen die Ansprüche prägnant dargelegt werden;
(iv) Erklärungen, die in einer Verordnung des Ministeriums für Wirtschaft, Handel und
Industrie (METI) vorgesehen sind.

Ansprüchen dürfen sich überlappen. Anspruchsformulierungen sind nicht ausgeschlossen, aus denen folgt, dass die in einem Anspruch beanspruchte Erfindung identisch ist mit der in einem anderen Anspruch beanspruchten Erfindung. Unter § 36(5) JPatG kann die Erfindung auf flexible Weise, ohne Beziehung zu ihrer Konstitution, für eine Vielzahl von Technologien definiert werden, indem alle Dinge dargelegt werden sollen, die der Anmelder für die Definition der zum Patent angemeldeten Erfindung als notwendig ansieht.

204 Für die Zahl der Patentansprüche[104] sollte berücksichtigt werden, dass im Prüfungsverfahren zu nach dem 1.1.1994 eingereichten Patentanmeldungen nach Beantwortung des ersten Prüfungsbescheides (ebenso im Einspruchs- und Nichtigkeitsverfahren) die Zahl der Ansprüche nicht mehr erhöht werden darf. Die Ansprüche dürfen nur noch im Umfang reduziert werden, und zwar nur hinsichtlich von Merkmalen, die im Anspruch bereits aufgeführt waren. Beispielsweise kann bei einer Patentanmeldung betreffend Polymere der numerische Bereich für das Molekulargewicht eingeengt werden, sofern das Molekulargewicht bereits im Anspruch aufgeführt war. Es ist im Allgemeinen nicht möglich, unter Hinzufügung von in der Beschreibung offenbarten Merkmalen neue Ansprüche aufzustellen.

205 **Stützung der Patentansprüche durch die Beschreibung (§ 36(6)(i) JPatG)**

206 Der Anspruch muss seine Stütze in der Beschreibung finden. Dies ist dann nicht der Fall, wenn in der Beschreibung und den Ansprüchen unterschiedliche Ausdrücke verwendet werden, sodass die Beziehung zwischen Patentanspruch und detaillierter Erfindungsbeschreibung unklar bleibt. Beispiele hierfür sind:

(1) Für den Fachmann ist ein beanspruchter Gegenstand in der detaillierten Erfindungsbeschreibung weder beschrieben noch impliziert:
– Ein Anspruch hat eine numerische Begrenzung, aber in der Erfindungsbeschreibung ist ein spezifischer Zahlenwert weder beschrieben noch impliziert.
– Ein Anspruch ist nur gerichtet auf eine Erfindung unter Verwendung eines »ultrasonic motor«, aber die detaillierte Erfindungsbeschreibung beschreibt nur eine Ausführungsform der Erfindung unter Verwendung eines Gleichstrommotors und enthält weder Feststellungen noch Implikationen über die Verwendung eines »ultrasonic motor«.
(2) Die in Ansprüchen und Erfindungsbeschreibung benutzten Ausdrücke sind für den Fachmann inkonsistent, sodass im Ergebnis die Beziehung zwischen Anspruch und Erfindungsbeschreibung unklar ist:

---

104 Laut JPA hat die durchschnittliche Anzahl der Patentansprüche pro Anmeldung von 2,8 (1989) auf 7,2 (2000) zugenommen.

– Es ist unklar, ob die »Datenverarbeitungsmittel« im Anspruch für einen Wortprozessor »Mittel für die Änderung der Zeichengröße«, »Mittel für die Änderung des Zeilenabstandes« oder beides bedeuten, wie es in der detaillierten Beschreibung der Erfindung angegeben ist.

Klarheit der Ansprüche (§ 36(6)(ii) JPatG)   207

Eine Erfindung soll anhand des Anspruchs klar identifiziert werden können.   208
Die Patentbeschreibung kann herangezogen werden. Da nach § 36(5) JPatG
der Patentanmelder die Erfindung definieren kann, für die er ein Patent nachsucht, kann der Anmelder im Anspruch verschiedene Ausdrücke wählen, um
die »Erfindung eines Produktes« zu definieren, z. B. durch Angaben zu Operation, Funktion, Qualität, Charakteristik, Methode und Verwendung, wie
auch durch herkömmliche Ausdrücke wie Kombinationen von berührbaren
Komponenten oder strukturelle Begrenzungen. Entsprechend kann der Anmelder die Erfindung eines Verfahrens (eine Abfolge von Handlungen oder
Schritten, die zeitlich miteinander verbunden sind) anhand eines Produktes,
das für die Aktion oder Operation benutzt wird, sowie mittels üblicher Ausdrücke wie der Kombination von Verfahrensschritten definieren.

Beispiel:
»Legierung, bestehend aus 40 bis 60 Gew.-% A, 30 bis 50 Gew.-% B und 20
bis 30 Gew.-% C«

In dieser Beschreibung des Anspruchsumfangs übertrifft die Gesamtmenge
von maximaler Menge an Komponente A und den Minimalmengen der Komponenten B und C 100 Gew.-%. Der Anspruch enthält daher technisch unkorrekte Angaben.

Es kann sein, dass das technische Konzept der die Erfindung definierenden
Dinge nicht verstanden werden kann:

1. »Färbendes Pulver, spezifiziert durch einen bestimmten numerischen
Bereich für eine spezifische mathematische Formel X«.
– Die Formel X ist nur als Ergebnis angegeben; ihr technisches Konzept
kann nicht verstanden werden, selbst wenn Patentbeschreibung, Zeichnungen und das allgemeine Wissen herangezogen werden. Wenn jedoch in der
Beschreibung das Verfahren für die Ableitung der mathematischen Formel
und Gründe für die Spezifizierung des numerischen Bereiches der mathe-
matichen Formel angegeben sind (einschließlich der als experimentelle
Ergebnisse gefundenen Begrenzungen), ist die technische Bedeutung meistens verständlich.
2. »Klebstoffzusammensetzung, enthaltend eine Komponente Y mit einer
Viskosität a bis b pas/sec, gemessen durch die X-Labor-Testmethode«.

59

– Die technische Definition und die X-Labor-Testmethode sind nicht in der detaillierten Erklärung der Erfindung beschrieben und diese Information gehört nicht zum Allgemeinwissen zum Anmeldezeitpunkt.

Eine beanspruchte Erfindung kann auf technisch inkorrekte, inkonsistente Weise beschrieben sein. Ein Beispiel hierfür ist eine Methode zur Herstellung von Endprodukt D, umfassend den ersten Schritt für die Herstellung von Zwischenprodukt B ausgehend von einem Startmaterial A und dem zweiten Schritt für die Herstellung von Endprodukt D ausgehend von Zwischenprodukt C, wobei sich das nach dem ersten Schritt erhaltene Zwischenprodukt vom Ausgangsmaterial des zweiten Schrittes unterscheidet und dem Fachmann die Beziehung zwischen erstem und zweiten Schritt selbst unter Berücksichtigung von Patentbeschreibung, Zeichnungen und Allgemeinwissen zum Anmeldezeitpunkt unklar ist.

Die beanspruchte Erfindung ist unklar, wenn es keine technische Beziehung zwischen den die Erfindung definierenden Merkmalen gibt:

Beispiel 1:
Straße, auf der ein Fahrzeug fährt, das einen bestimmten Motor enthält.

Beispiel 2:
Informationstransmissionsmedium, das ein spezifisches Computerprogramm überträgt.
Die Übertragung von Informationen ist eine Funktion, die dem Transmissionsmedium inhärent ist. Die Erfindung als »Informationstransmissionsmedium, das ein bestimmtes Computerprogramm überträgt« zu definieren, bedeutet lediglich, dass ein spezifisches Computerprogramm jederzeit und zu jedem Ort auf dem Informationsübertragungsmedium übertragen wird. Es definiert nur die inhärente Funktion des Transmissionsmediums und spezifiziert keine Beziehung zwischen diesem und dem Computerprogramm.

209 Unklar kann ein Anspruch auch durch die Verwendung von nicht technischen Merkmalen sein wie z. B. Marken. Wenn in einem Anspruch ein Produkt unter Heranziehung einer Marke definiert ist, muss davon ausgegangen werden, dass der Gegenstand unbestimmt wird, sofern es dem Fachmann nicht klar ist, dass für das durch die Marke definierte Produkt zumindest für einen bestimmten Zeitraum bis zum Anmeldungsdatum eine bestimmte Qualität, Zusammensetzung und Struktur eingehalten wurde.

210 Wenn in den Patentansprüchen ein Produkt über seine Verwendung definiert wird, ist nach den Prüfungsrichtlinien des JPA Folgendes zu beachten:

Wenn ein Anspruch eine explizite Feststellung enthält, mit der ein Produkt durch seine Verwendung oder den Zweck der Verwendung definiert ist (»Begrenzung durch Verwendung«), soll diese Feststellung im Lichte von Patentbeschreibung, Zeichnungen und Allgemeinwissen zum Zeitpunkt der Einreichung gedeutet werden. Die Deutung sollte ergeben, dass der Anspruch gerichtet ist auf: 1) ein Produkt, das für die festgestellte Verwendung besonders geeignet ist; 2) ein Produkt, das ausschließlich für den Zweck verwendet werden soll; oder 3) beides. Ist dies nicht möglich, liegt ein Verstoß gegen das Erfordernis von § 36(6)(ii) JPatG vor.

Zu 1): Ein Anspruch »Haken für einen Kran, der wie folgt gestaltet ist...« wird gedeutet als Haken von einer Größe und Stärke, die besonders gut geeignet sind für einen Kran. Dies ist ein Produkt, das strukturell unterschiedlich ist von einem Fischhaken gleicher Gestalt. Diese Produkterfindungen unterscheiden sich im Hinblick auf Patentbeschreibung, Zeichnungen und Allgemeinwissen zum Anmeldezeitpunkt. »Flugzeug zum Starten von und Landen auf Wasser« wird ausgelegt als verschieden von einem bloßen Flugzeug, da Ersteres spezifische Strukturen einzig für das Starten von und Landen im Wasser aufweist. Neuheit ist somit gegeben. Wenn ein Anspruch gedeutet wird als Produkt, das besonders gut für die festgestellte Verwendung geeignet ist und nur für diesen Zweck verwendet werden soll, ist die Produkterfindung ebenfalls neu.

Zu 2): Obwohl ein Anspruch »Legierung für einen Fingerring, bestehend aus ...« nicht gedeutet wird als »eine Legierung, deren Zusammensetzung besonders geeignet ist für die Verwendung als Fingerring«, sondern als dasselbe wie eine öffentlich bekannte Legierung mit allgemeiner Verwendung, die aus denselben Bestandteilen besteht, ermangelt es der beanspruchten Legierung dann nicht der Neuheit gegenüber der öffentlich bekannten Legierung, wenn der Fachmann den Anspruch als Legierung deutet, die einzig als Fingerring verwendet werden soll.

Darüberhinaus muss die Anspruchskategorie eindeutig bestimmt sein. Folgende Ansprüche sind unzulässig: 211

1. Methode oder Vorrichtung, umfassend ...
2. Methode und Vorrichtung, umfassend ...
3. Ein Anspruch, bei dem nicht festgestellt werden kann, ob er auf ein Produkt oder ein Verfahren gerichtet ist, weil der Anspruch nur Operationen, Arbeiten, Eigenschaften, Ziele oder Effekte von Dingen beschreibt, z. B. »Anticancerogener Effekt der chemischen Substanz A«.

Ausdrücke wie »*Hôshiki*« (System) (z. B. *Denwa Hôshiki*, Telefonsystem)   212
gehören zur Produktkategorie. »*Shiyô*« und »*Riyô*« (Verwendung) werden als Methode zur Anwendung von Dingen interpretiert und somit als »Verfahren« angesehen. »Verwendung von Substanz X als Insektizid« wird als

»Methode für die Verwendung der Substanz X als Insektizid« angesehen. »Verwendung von Substanz X zur Herstellung eines Arzneimittels für die therapeutische Anwendung Y« wird als »Verfahren für die Verwendung von Substanz X zur Herstellung eines Arzneimittels für die therapeutische Anwendung Y« angesehen.

213 Eine Erfindung ist auch dann unklar, wenn Merkmale als Alternativen angegeben sind, die Alternativen aber keine ähnliche Eigenschaft oder Funktion haben. Damit die Alternativen eine ähnliche Natur haben, sollte die Gruppe von Erfindungen, die sich durch Annahme der Alternativen ergeben, zum gleichen technischen Gebiet gehören und eine der folgenden Voraussetzungen erfüllt sein:

a) Die Gruppe von Erfindungen haben ein bis zum Anmeldezeitpunkt nicht gelöstes technisches Problem gemeinsam, das durch die Erfindungen gelöst wird, oder
b) die Gruppe von Erfindungen hat einen wesentlichen Teil der die Erfindung konstituierenden Merkmale gemeinsam.

Da a) and b) den Voraussetzungen für die Einheitlichkeit einer Patentanmeldung gemäß § 37(i) und (ii) JPatG entsprechen, sollte der Prüfer eine unnötig strikte Anwendung der Erfordernisse vermeiden. Es gibt einen Unterschied zwischen »dem technischen Gebiet, zu dem die Erfindung gehört«, und dem »Gebiet der industriellen Anwendung der Erfindung« unter § 37 JPatG, indem Letzteres auch solche technischen Gebiete umfasst, die sich direkt auf das zur Erfindung gehörende technische Gebiet beziehen. Patentansprüche verstoßen gegen § 36(6)(ii) JPatG, unabhängig davon, ob sie die Voraussetzungen a) oder b) erfüllen, wenn die Alternativen nicht zum gleichen technischen Gebiet gehören. Hierzu gehören Ansprüche, die auf »spezifische Teile oder ein Apparat, enthaltend diese Teile« oder »Transmitter oder Receiver mit einer spezifischen Spannungsversorgung« gerichtet sind.

Wenn in einem auf chemische Verbindungen gerichteten Anspruch in alternativer Form ein Zwischen- und ein Endprodukt definiert ist, ist dies nur dann zulässig, wenn das Zwischenprodukt für sich bereits ein Endprodukt ist und das Zwischenprodukt und andere Endprodukte die Beschreibungserfordernisse für eine Markush-Gruppe erfüllen.

Allgemein sind die in einem chemischen Produktanspruch aufgeführten Alternativen (beispielsweise in Form einer Markush-Gruppe) von ähnlicher Natur, wenn sämtliche Alternativen eine gemeinsame Eigenschaft oder Aktivität aufweisen und entweder (a) ein sämtlichen Alternativen gemeinsames signifikantes Strukturelement vorhanden ist, oder (b), falls das gemeinsame strukturelle Element nicht das einigende Kriterium sein kann, sämtliche Alternativen zu einer anerkannten Klasse von chemischen Verbindungen auf dem Gebiet der Erfindung gehören. Aufgrund des Fachwissens muss erwartet werden können, dass sich die Mitglieder dieser Gruppe im Zusammenhang der beanspruchten Erfindung auf gleiche Weise verhalten, sodass in der Erwartung, dass das gleiche beabsichtigte Ergebnis erzielt wird, jedes Mitglied durch ein anderes Mitglied ersetzt werden könnte.

Der Anspruchsumfang muss klar sein. Dies ist beispielsweise bei dem Anspruch »Substanz, erhältlich durch Prozessieren in einem organischen Lösungsmittel« nicht der Fall, weil hier unklar ist, was mit »Prozessieren« gemeint ist. Wenn in der Patentbeschreibung lediglich ein Beispiel hierfür angegeben ist, aber keine praktische Methode und keine Definition, ist der Ausdruck »Prozessieren« mehrdeutig und die Erfindung damit unklar.   214

Zahlreiche Ausdrücke, deren Vorkommen in japanischen Patentanmeldungen früher routinemäßig bemängelt wurde, sind mittlerweile zulässig, sofern der Umfang der beanspruchten Erfindung nicht unklar wird. Dies ist der Fall, wenn in den Ansprüchen negative Ausdrücke wie »ausgenommen …«, »nicht …« oder zahlenmäßige Begrenzungen, die nur ein Minimum oder Maximum angeben wie beispielsweise »mehr als …« und »weniger als …« verwendet werden, oder wenn Standard oder Ausmaß bei einem Vergleich unklar ist (z.B. »mit geringfügig größerem spezifischem Gewicht«, »viel größer«, »hohe Temperatur«, »niedrige Temperatur«) und dadurch der Umfang der Erfindung unklar ist.   215

Eine unzulässige mehrdeutige Interpretation des Umfangs von Patentansprüchen kann sich auch bei Verwendung von Ausdrücken wie »gewünschtenfalls«, »gegebenenfalls«, »falls notwendig«, »insbesondere«, »beispielsweise«, »usw.«, »vorzugsweise«, »geeignet« usw. ergeben, die offen lassen, unter welchen Voraussetzungen die optional hinzugefügten oder selektiven Dinge verwendet werden.

Ein unklarer Anspruchsumfang kann sich ergeben, wenn eine »Null« umfassende numerische Begrenzung verwendet wird (z.B. »von 0 bis 10 %«). Wenn sich aus der Beschreibung ergibt, dass die Komponente anwesend sein muss, bedeutet dies einen Widerspruch. Wenn sich allerdings aus der Beschreibung ergibt, dass diese Komponente tatsächlich optional ist, ist eine solche numerische Begrenzung zulässig.

Ansprüche sollten sich nicht auf Zeichnungen oder die Patentbeschreibung beziehen und sind unzulässig, wenn hierdurch der Anspruchsumfang unklar wird, beispielsweise »eine automatische Bohrmaschine wie in Fig. 1 gezeigt«. Zeichnungen sind im Allgemeinen mehrdeutig und können auf verschiedene Weise interpretiert werden. Gleiches gilt, wenn auf einen nicht eindeutig   216 angegebenen Teil der Beschreibung Bezug genommen wird. Dies gilt jedoch nicht, wenn die Erfindung klar und knapp in einem Anspruch wie dem Folgenden festgestellt werden kann, bei dem es eine besondere Beziehung zwischen den Komponenten der Legierung gibt, die durch Bezugnahme auf die Zeichnung genauso klar definiert werden kann wie mit einem numerischen oder sonstigen wörtlichen Ausdruck: »Hitzebeständige Fe-Cr-Al-Legierung für elektrisches Heizen, zusammengesetzt aus Fe, Cr und Al innerhalb eines Zusammensetzungsbereichs, der begrenzt wird von den in Figur 1 gezeigten Punkten A, B, C und D und Verunreinigungen von weniger als x % aufweist«.

217 Wenn ein Anspruch auf eine Zusammensetzung (composition) gerichtet ist und keine Angaben zu deren Verwendung oder Eigenschaften enthält, ist dies nicht bereits aus diesem Grund ein Verstoß gegen § 36(6)(ii) JPatG.

218 **Prägnanz der Ansprüche (§ 36(6)(iii) JPatG)**

219 Diese Vorschrift bestimmt, dass ein Anspruch prägnant sein soll, gilt aber nicht für die Gesamtheit der Ansprüche.

220 **Erfüllen von Vorschriften in einer Verordnung des METI (§ 36(6)(iv) JPatG) (entspricht § 36(5)(iii) JPatGaF)**

221 Hierzu zählen die Erfordernisse unter § 24ter JAusfPatG. Danach sollen die Patentansprüche in aufsteigender Abfolge nummeriert sein und jeweils mit einer neuen Zeile beginnen. Der Bezug zwischen den Ansprüchen soll durch Angabe der Nummern erfolgen. Wenn sich ein Anspruch auf einen anderen bezieht, soll der Anspruch dem anderen Anspruch nicht vorangehen.

Abhängige Ansprüche dienen der Vermeidung von Wiederholungen und der Verdeutlichung von Unterschieden zwischen Ansprüchen:

1) Ein Getriebe, spezieller Konstruktion, ausgestattet mit einem Zahnradantriebsmechanismus.
2) Ein Getriebe wie es in Anspruch 1 definiert ist, ausgerüstet mit einem Bandantriebsmechanismus anstelle des Zahnradantriebsmechanismus.

Ein abhängiger Anspruch kann sich auf einen anderen Anspruch einer anderen Kategorie beziehen:

1. Ein Kugellager spezieller Konstruktion.
2. Ein Verfahren zur Herstellung des Kugellagers, wie es in Anspruch 1 definiert ist, unter Verwendung einer spezifischen Methode.

Abhängige Ansprüche können sich auf eine Unterkombination beziehen:

1. Ein Bolzen mit einem männlichen Gewinde spezifischer Konfiguration.
2. Eine Nut mit einem weiblichen Gewinde bestimmter Konfiguration, die zu dem Bolzen gemäß Anspruch 1 passt.

Zulässig sind mehrfach abhängige Ansprüche, d. h. Ansprüche, die sich auf zwei oder mehr unabhängige oder abhängige Ansprüche beziehen. Diese Ansprüche sollen sich aus Gründen der Prägnanz und Klarheit in alternativer Form auf zwei oder mehr Ansprüche beziehen und dem jeweiligen Anspruch, auf den Bezug genommen ist, eine identische Begrenzung auferlegen. Ist die Klarheit nicht beeinträchtigt, sind auch andere Anspruchsformulierungen möglich. Zulässig ist beispielsweise die folgende Anspruchsfassung:

1. Ein Bolzen mit einem männlichen Gewinde spezifischer Konfiguration.
2. Eine Nut mit einem weiblichen Gewinde bestimmter Konfiguration.
3. Ein Befestigungsapparat, umfassend einen Bolzen gemäß Anspruch 1 und eine Nut gemäß Anspruch 2.

Anspruchsformulierungen auf bestimmten technischen Gebieten   222

Biotechnologie[105]   223

Die Erfordernisse für die Abfassung von Patentansprüchen auf dem Gebiet   224
der Gentechnologie sind seit der Richtlinie des JPA vom Februar 1997 für die Prüfung von Gentechnologie-Erfindungen signifikant erleichtert. Zuvor war jeder allgemeine Weg für die Beschreibung von beliebigen Bioprodukten angegeben. Beispielsweise war ein Gen im Allgemeinen durch seine Basensequenz definiert, und eine Fusionszelle war definiert durch die Kombination von verwendeter Elternzelle, Funktion, Natur der Fusionszelle, die Herstellungsmethode für die Fusionszelle u. ä. Jetzt sind Beispiele dafür angegeben, auf welche Weise die Beschreibung erfolgen kann.

Auf Polypeptide, Proteine oder Gene gerichtete Ansprüche, die nur durch deren Funktionen oder Eigenschaften begrenzt sind, sind im Allgemeinen unzulässig. Die Angabe der Sequenz ist im Allgemeinen erforderlich. Hinsichtlich der Basensequenz eines Gens und der Aminosäurensequenz eines Proteins oder Polypeptids erlaubt das JPA die Hybridisierungssprache. Formulierungen wie »ein Polypeptid mit der Aminosäurensequenz ID. Nr: 1 oder einer Sequenz, die sich hieraus durch Streichung, Hinzufügung oder Ersatz von einer oder mehreren Aminosäureresten in Seq. ID Nr: 1 ergibt« sind zulässig. Diese Formulierung ermöglicht einen größeren Schutzumfang als über genaue Sequenzen.

Bisher war es bei einem auf ein Gen gerichteten Anspruch nur dann erlaubt, das Gen durch eine Kombination von Funktion, physikalischer und che-

---

105 Vgl. Prüfungsrichtlinien des JPA: Englische Versionen »Biological Inventions«, »Guidelines for describing taxonomic characters«, sowie »Examples of examination on the inventions related to genes (DNA Fragments, full-length cDNAs, and Single Nucleotide Polymorphisms)« über die Homepage des JPA zugänglich (www.jpo.go.jp); s.a. *AIPPI Journal*, Vol. 25, No. 4 (July 2000), Seiten 178–180.

mischer Natur, Ursprung, Quelle, Herstellungsmethode u. ä. zu definieren, wenn das Gen nicht durch Angabe der Basensequenz definiert werden konnte. Jetzt kann ein Gen allgemein dadurch beschrieben werden, dass ein Ausdruck wie »Fehlen, Ersatz oder Hinzufügung und Hybridisierung« und eine Funktion des Gens, und weiterhin Ursprung, Quelle u. ä. je nach Fallgestaltung kombiniert werden.

Bereits vor Februar 1997 wurden allerdings breitere Patentansprüche zugelassen, sodass diese Prüfungsrichtlinien die Prüfungspraxis bestätigten. Beispielsweise wurde bereits in der Japanischen Auslegeschrift JP-B-6–16709 (Anmeldezeitpunkt: 31. 8. 1984) der Ausdruck »DNA mit einer Basensequenz für die Kodierung einer Aminosäuresequenz, in der eine oder mehrere Aminosäuren fehlen, ersetzt oder hinzugefügt sind, und einer Enzymaktivität von Cellibiase I« erlaubt. Außerdem wurde im berühmten t-PA-Fall ein Gen, in dem nur ein Teil der beanspruchten Basensequenz ersetzt ist, als patentverletzend unter der Äquivalenzdoktrin angesehen.

Weitere Details sind auf der Homepage des JPA zu finden, insbesondere in den Prüfungsrichtlinien des JPA (englische Versionen »Biological Inventions«, »Guidelines for describing taxonomic characters«, sowie »Examples of Examination on the Inventions related to Genes (DNA fragments, full-length cDNAs, and Single Nucleotide Polymorphisms)«.

225 Neue Pflanzensorten können patentiert werden. In einer Patentanmeldung für Pflanzen als solche muss die Pflanze in den Ansprüchen definiert sein:

»Pflanze, gehörend zur Japanischen Kastanienart, worin im Kortex Katecholtannin und Pyrogalloltannin im Gewichtsverhältnis X : Y vorliegen, enthaltend außerdem × ppm Katecholtannin.«

»Pflanze, gehörend zur Auberginenfamilie, mit einer T-DNS, in welche Toxingene, die jeweils die Basensequenz ATGACT ... enthalten, eingebaut sind.«

»Wassermelone mit 33 Chromosomen in somatischen Zellen, erhalten durch Kreuzzüchtung von tetraploiden Wassermelonen, die durch ploide Behandlung von diploiden Wassermelonen erhalten wurden.«

226 Pharmazie

227 Eine Methode zur medizinischen Behandlung des Menschen sollte als Produkt oder pharmazeutische Zusammensetzung beansprucht werden. Wenn die beanspruchte chemische Verbindung ein Zwischenprodukt ist, muss eine Nützlichkeit für das Endprodukt aufgezeigt werden.

Die zweite medizinische Indikation ist patentierbar. Der entsprechende Anspruch sollte wie folgt lauten: »Eine pharmazeutische Zusammensetzung für die Behandlung (Bekämpfung) von Krankheit X (2. Indikation), umfassend die Verbindung Y als aktiven Bestandteil«.

Der Anspruch »Verwendung der Verbindung A als Schmerzmittel« ist nicht zulässig, sondern muss zu einem Verfahrensanspruch wie »Methode zur Herstellung eines Schmerzmittels unter Verwendung von Verbindung A« oder einem Produktanspruch wie »Schmerzmittel, enthaltend Verbindung A als Wirkstoff« umformuliert werden.

Chemie   228

Es ist im Allgemeinen unzulässig, in einem Patentanspruch in alternativer 229 Form ein chemisches Zwischenprodukt und Endprodukt zu beanspruchen. Eine Ausnahme liegt vor, wenn das Zwischenprodukt per se ein Endprodukt ist und das Zwischenprodukt und andere Endprodukte die Erfordernisse für die Beschreibung als Markush-Gruppe erfüllen.

§ 36(5)(ii) JPatG wird bei einer chemischen Erfindung verletzt, wenn der Name einer chemischen Substanz oder ihre chemische Strukturformel nicht angegeben ist. Ist dies nicht möglich, kann die chemische Substanz auch durch Angabe von physikalischen oder chemischen Eigenschaften spezifiziert werden. Geht dies auch nicht, kann das Herstellungsverfahren mit aufgenommen werden.

Product-by-Process-Ansprüche sind zulässig. Unter einen Product-by-Pro- 230 cess-Anspruch fällt jegliches nach dem angegebenen Verfahren erhältliche Produkt, unabhängig davon, ob es nach dem angegebenen oder einem anderen Verfahren erhalten wurde[106].

Computer-Software[107]   231

Seit 1.4.1997 sind die Möglichkeiten für Anspruchsfassungen bei Computer- 232 Software-Erfindungen erweitert. Die Beschreibung als »Aufzeichnungsmedium« ist möglich.

Kann die Erfindung als zeitliche Abfolge von Prozessen oder Operationen ausgedrückt werden, ist für die Erfindung ein Verfahrensanspruch möglich. Wenn die Erfindung durch ein oder mehrere Funktionen, die durch die Erfindung ausgeübt werden, beschrieben werden kann, ist die Beschreibung als Produkterfindung möglich, wobei die Funktionen auf übliche Weise definiert werden können. Außerdem sind für Anmeldungen ab 1.4.1997 neue Anspruchsformulierungen wie »Computer-lesbares Aufzeichnungsmedium ...« möglich. Diese so genannten Medium-Ansprüche werden als Produkt-

---

106 Vgl. Klaus Hinkelmann, *AIPPI Journal*, Vol. 25, No. 1, 2000, Seiten 39–50; »Product-by-Process-Claims in Japan« von Yoshiro Hashimoto, *AIPPI Journal*, Vol. 26, No. 5, 2001, Seiten 294–299.
107 Vgl. Homepage des JPA (www.jpo.go.jp.infoe/txt/soft-e.txt): »Implementing Guidelines for Inventions in Specific Fields. Chapter 1. Computer Software Related Inventions«.

ansprüche angesehen. Die Abfassung der Patentansprüche muss gemäß Prüfungsrichtlinien in Übereinstimmung mit folgenden Formalvoraussetzungen erfolgen:

»Ein Computer-lesbares Aufzeichnungsmedium, das Programme für die Durchführung der Prozeduren A, B, C, ... in einem Computer aufweist«

»Ein Computer-lesbares Aufzeichnungsmedium, das Daten aufzeichnet und Konstitution A, Konstitution B, Konstitution C hat«

233 In Patentanmeldungen, die seit 10.1.2001 eingereicht werden, können Ansprüche direkt auf ein Computerprogramm gerichtet werden.

Wenn eine Erfindung auf dem Gebiet der Software andere Begriffe als »Programm« verwendet, soll sie als Erfindung eines Programms aufgefasst werden, solange sich der Anspruch auf ein Programm bezieht, das Funktionen spezifiziert, die von einem Computer durchgeführt werden sollen. Wenn z.B. eine Erfindung unter Verwendung von Begriffen wie »Library (Bibliothek)«, »Applet«, »Compiler« usw. beansprucht ist, soll sie als Erfindung eines Programms betrachtet werden, wenn sich die Erfindung offensichtlich auf ein Programm bezieht, in dem die von einem Computer durchgeführten Funktionen definiert werden. Jedoch werden Ansprüche auf »Programmsignale« oder »Datensignale«, die nicht in eine gesetzmäßige Kategorie eingeordnet werden können, vom JPA gemäß § 36(6)(ii) JPatG zurückgewiesen. Die Schöpfung von »strukturierten Daten« oder »Datenstruktur« kann als Erfindung beansprucht werden, wenn sie einem »Programm« im Wesentlichen äquivalent ist.

Beim Begriff »Programmprodukt« muss ausgehend von der Beschreibung klar sein, ob es sich auf ein »Computersystem, das ein darin geladenes Programm enthält«, ein »Speichermedium, auf dem ein Programm aufgezeichnet ist«, ein »Internet-System, das in sich ein geladenes Programm enthält«, oder ein »Programm« an sich bezieht. Falls nicht, sollte der Begriff in der Beschreibung klar definiert sein.

234 ## 2.2 Einheitlichkeit der Anmeldung (§ 37 JPatG)

235 Das Erfordernis der Einheitlichkeit des Anmeldungsgegenstandes ist in § 37 JPatG geregelt[108].

---

108 § 37 JPatG: Zwei oder mehr Erfindungen können Gegenstand einer Patentanmeldung sein, wenn diese Erfindungen aus einer in einem Anspruch beanspruchten Erfindung (nachfolgend die »bezeichnete Erfindung« genannt) und einer oder mehreren anderen Erfindungen bestehen, die mit der bezeichneten Erfindung in einer der unten aufgeführten Beziehungen steht: (i) Erfindungen, deren gewerbliche Anwendbarkeit und das zu lösende Problem die gleichen sind wie in der bezeichneten Erfindung;

In einer Patentkategorie sind die Erfordernisse der Einheitlichkeit erfüllt, 236
wenn die Gegenstände, die in den Ansprüchen definiert sind, das gleiche
Anwendungsgebiet betreffen und die gleichen Probleme lösen, vorausgesetzt,
dass diese Probleme im Stand der Technik nicht gelöst waren. Außerdem sind
in einer Patentkategorie die Einheitlichkeitserfordernisse erfüllt, wenn die in
den Ansprüchen definierten Gegenstände einen gemeinsamen essentiellen Teil
haben, vorausgesetzt, dass sie das gleiche Anwendungsgebiet betreffen. Dies
gilt selbst für den Fall, dass die durch die Erfindung gelösten Probleme bereits
gelöst waren.

Hinsichtlich der Einheitlichkeitserfordernisse für Patentansprüche in verschie- 237
denen Anspruchskategorien sind bei einem Anspruch auf einen Gegenstand
zusätzlich ein Anspruch, der auf die Herstellung gerichtet ist, sowie ein
Anspruch, der auf die Verwendung gerichtet ist, zulässig. Die Einheitlichkeitserfordernisse sind auch erfüllt, wenn das Verfahren und der Apparat für die
Herstellung des Artikels geeignet sind. Ein Katalysator oder ein Mikroorganismus, die in einem Verfahren zur Herstellung einer Substanz verwendet
werden, können zusammen mit der Substanz als solche beansprucht werden.

Damit eine auf ein Zwischenprodukt und eine auf ein Endprodukt gerichtete 238
Erfindung die Beziehung unter § 37(ii) JPatG erfüllen, müssen folgende Erfordernisse erfüllt sein:

(a) Zwischenprodukt und Endprodukt haben das gleiche wesentliche
strukturelle Element.
(b) Zwischenprodukt und Endprodukt sind technisch miteinander verwandt, d. h., das Endprodukt wird direkt ausgehend vom Zwischenprodukt
hergestellt, oder hergestellt über wenige andere neue Zwischenprodukte,
die dasselbe wesentliche Element enthalten.

§ 37(v) JPatG erkennt Einheitlichkeit der Anmeldung an für verwandte Erfin- 239
dungen, die in Bezug auf andere verwandte Erfindungen die Vorschriften von

---

(ii) Erfindungen, deren gewerbliche Anwendbarkeit und der wesentliche Teil der im An-
spruch angegebenen Merkmale mit denjenigen der bezeichneten Erfindung gleich sind;
(iii) wenn die bezeichnete Erfindung ein Erzeugnis betrifft, Erfindungen von Verfahren zur
Herstellung des Erzeugnisses, Erfindungen von Verfahren zur Verwendung des Erzeugnisses,
Erfindungen von Verfahren zum Gebrauch des Erzeugnisses, Erfindungen von Maschinen,
Instrumenten, Ausrüstungen oder anderen Gegenständen zur Herstellung des Erzeugnisses,
Erfindungen von Erzeugnissen, die ausschließlich die besonderen Eigenschaften des Erzeugnisses benutzen oder Erfindungen von Gegenständen zum Gebrauch des Erzeugnisses;
(iv) wenn die bezeichnete Erfindung ein Verfahren betrifft, Erfindungen von Maschinen,
Instrumenten, Ausrüstungen oder anderen Gegenständen zur unmittelbaren Benutzung der
bezeichneten Erfindung;
(v) Erfindungen, welche die in einer Kabinettsverordnung festgelegten Beziehungen aufweisen.

§ 37(iii) oder (iv) JPatG erfüllen, die widerum in Bezug auf die bezeichnete Erfindung die Vorschriften von § 37(i) oder (ii) JPatG erfüllen (§ 2 JAusfPatG). Als Beispiel hierfür ist in den Prüfungsrichtlinien der Fall angegeben, dass die bezeichnete Erfindung ein Endprodukt A ist. Hierzu verwandte Erfindungen sind das Zwischenprodukt B und das Verfahren zur Herstellung von Produkt A. Nach § 37(v) JPatG erfüllt nun auch ein Verfahren zur Herstellung von B das Erfordernis der Einheitlichkeit.

240 Verstöße gegen das Erfordernis der Einheitlichkeit stellen einen Zurückweisungsgrund für die Patentanmeldung dar (§ 49 JPatG), nicht jedoch einen Einspruchs- oder Nichtigkeitsgrund (§§ 55, 123 JPatG).

241 **2.3   Offenbarungserfordernisse**

242 **2.3.1   Einführung und gesetzliche Grundlagen**

243 Für Patentanmeldungen, die ab 1.7.1995 eingereicht wurden, gilt folgende Fassung von § 36(4) JPatG:

»In der ausführlichen Erläuterung der Erfindung nach § 36(3)(iii) JPatG ist die Erfindung gemäß einer Verordnung des Ministeriums für Wirtschaft, Handel und Industrie (METI) so deutlich und vollständig zu beschreiben, dass ein Durchschnittsfachmann auf dem technischen Gebiet, zu dem die Erfindung gehört, die Erfindung ausführen kann.«

Nach § 24bis JAusfPatG soll die Beschreibung das zu lösende Problem und seine Lösung, oder andere Dinge, die zum Verständnis der technischen Bedeutung der Erfindung für einen Durchschnittsfachmann erforderlich sind, enthalten. Seit 1.10.1999 ist die Verwendung von SI-Einheiten zwingend erforderlich (§ 3 JAusfPatG)[109].

244 Die Angabe von Zweck, Konstitution und Effekt der Erfindung ist nicht mehr notwendig. Außerdem entfällt das Erforderniss, dass der Fachmann die Erfindung »ohne weiteres« ausführen kann. Die Offenbarungserfordernisse für Patentbeschreibungen sollten daher nicht mehr so strikt sein. In Japan gibt es kein Erfordernis der Offenbarung der besten Ausführungsform.

245 Seit der Änderung von § 36(4) JPatGaF durch Einführung von Abs. (ii)[110] bzw. Einführung des neuen § 48^septies JPatG zum 1.9.2002 ist der Anmelder

---

109 Vgl. T. Nakata, »New Measurement Law enforced on October 1, 1999«, *YUASA AND HARA INTELLECTUAL PROPERTY NEWS,* Vol. 6 (Dezember 1999), Seiten 3–4.

110 § 36(4)(ii) JPatG: Wenn derjenige, der ein Patent begehrt, zum Zeitpunkt der Einreichung einer Patentanmeldung durch Dokumente öffentlich bekannte Erfindungen (in § 29(1)(iii) genannte Erfindungen) kennt, die einen Bezug zur Erfindung haben, soll die detaillierte Beschreibung der Erfindung die Angabe der Quelle der Information zu den öffentlich

verpflichtet, in der Patentanmeldung den ihm bekannten Stand der Technik anzugeben. Sind diese Angaben ungenügend, soll der Prüfer einen Zurückweisungsbescheid ausstellen. Wenn der Anmelder hierauf das Erfordernis nicht erfüllt, indem er eine Stellungnahme oder Änderung einreicht, wird die Anmeldung zurückgewiesen.

2.3.2 Bis zum 30.6.1995 eingereichte Patentanmeldungen   246

Vor der Änderung des Patentgesetzes von 1994 lautete § 36(4) JPatGaF: 247

»Die Beschreibung der Erfindung gemäß § 36(3)(iii) soll die Aufgabe, Konstitution und Effekte der Erfindung auf eine solche Weise darstellen, dass sie vom Fachmann auf dem zur Erfindung gehörigen Gebiet leicht ausgeführt werden kann«.

Die folgenden Beispiele von Patentbeschreibungen erfüllen nicht die Erfordernisse von § 36(4) JPatGaF, d.h. der Fachmann kann die Erfindung nicht leicht ausführen, weil das Ziel, die Konstitution und die Effekte der Erfindung nicht sachgemäß beschrieben sind.   248

a) Unsachgemäße Beschreibung der Aufgabe der Erfindung   249

Die Aufgabe der Erfindung ist nicht beschrieben. Die Beschreibung der Aufgabe der Erfindung ist unklar. Die technischen Probleme der Erfindung sind wegen fehlender Beschreibung des industriellen Anwendungsgebietes oder der Aufgabe der Erfindung gegenüber dem Stand der Technik unklar.

b) Ungeeignete Beschreibung der Konstitution der Erfindung   250

Die technischen Mittel für die Erreichung der Aufgabe der Erfindung sind lediglich auf funktionelle und abstrakte Weise in den Ausführungsformen und -beispielen beschrieben. Es ist nicht klar, wie das Material, der Apparat oder das Verfahren benutzt wird. Der Fachmann kann die Erfindung nicht leicht ausführen, weil in den Ausführungsbeispielen oder -formen keine bestimmten Zahlenwerte angegeben sind.

Ansprüche und Patentbeschreibung sind inkonsistent, wenn ein Anspruch die Markush-Form benutzt, aber Ausführungsbeispiele oder -formen nur einen Teil der Alternativen repräsentieren, und Aufgabe, Konstitution und Effekt der Erfindung nicht auf solche Weise beschrieben sind, dass der Fachmann die anderen Alternativen leicht ausführen kann.

251

---

bekannten Erfindungen enthalten, wie den Titel eines Dokuments, in dem die durch ein Dokument öffentlich bekannte Erfindung beschrieben ist.

Chemische Erfindungen

252 Wenn ein Anspruch auf chemische Verbindungen gerichtet ist, verkörpern die chemischen Verbindungen als solche die Konstitution der Erfindung. Daher sollten im Prinzip chemische Verbindungen durch ihren chemischen Namen oder ihre chemische Strukturformel angegeben sein. Nur wenn dies nicht möglich ist, kann die Verbindung über ihre physikalischen und chemischen Eigenschaften identifiziert werden. Wenn selbst dies nicht möglich ist, kann zusätzlich der Herstellungsprozess als Teil der Beschränkungen für die Identifizierung der Verbindungen verwendet werden. Ein Verfahren zur Herstellung von mindestens einer chemische Verbindung, Daten zur Identifikation der chemischen Verbindung und ihre Verwendung (Nützlichkeit[111]) sollten in der Erfindungsbeschreibung so offenbart sein, dass die Erfindung vom Fachmann leicht ausgeführt werden kann.

253 Wenn ein Anspruch auf eine Verwendung gerichtet ist, die ein Problem unter Ausnutzung einer bestimmten Eigenschaft einer chemischen Verbindung löst (z. B. Erfindungen im Bereich der Medizin und Agrochemikalien), gehört die Verwendung ebenfalls zur Konstitution der Erfindung. Vorteilhafte Effekte der beanspruchten Erfindung gegenüber dem nächstliegenden Stand der Technik sind für die Beurteilung der erfinderischen Tätigkeit wichtig.

254 Auf den technischen Gebieten, auf denen es im Allgemeinen schwierig ist, die Effekte einer Erfindung vorauszusagen (z. B. chemische Verbindungen), sind normalerweise ein oder mehrere repräsentative Ausführungsformen oder -beispiele notwendig, die es dem Fachmann ermöglichen, die Erfindung leicht auszuführen.

Zur Bestätigung der Herstellung einer chemischen Verbindung muss in einem Ausführungsbeispiel mindestens eine physikochemische Eigenschaft wie der Siede- oder Schmelzpunkt, NMR-Spektrum, IR-Spektrum etc. zur Charakterisierung der Verbindung angegeben sein. Dieses Erfordernis ist sehr strikt. Wenn keine physikochemischen Daten angegeben sind, sollte das Ausführungsbeispiel gestrichen werden. »Papierbeispiele« werden in Japan nicht akzeptiert.

255 Die Hinzufügung von neuen physikochemischen Daten wird als neues Material angesehen und daher nicht zugelassen. Wenn also in einer Patentanmeldung die Substanzen nur durch ihre chemische Formel oder Struktur charakterisiert sind und keine physikalischen oder chemischen Daten einschließlich Angaben zu ihrer Herstellung enthalten sind, reicht die Offenbarung vermutlich nicht aus. Eine Priorität kann dann wahrscheinlich nicht in Anspruch

---

111 Obergericht Tokyo, 22.3.1994, Fall Nr. 1990 Gyo-Ke Nr. 243.

genommen werden. Physikalisch-chemische Daten und Testdaten sind notwendig, um die technischen Effekte einer Erfindung und die beabsichtigte Verwendung zu zeigen. Bei Ansprüchen auf eine Zusammensetzung, die eine Mischung von bekannten Ingredienzen ist, ist die Identifizierung dieser oder der Zusammensetzung jedoch nicht notwendig. Wird eine chemische Verbindung als solche beansprucht, sind Testdaten nicht erforderlich. Anders bei einer Verwendungserfindung: Z. B. sind bei der Erfindung eines Herbizids herbizide Testdaten erforderlich.

Im Falle einer Verfahrenserfindung wird die Hinzufügung von physikoche-   256
mischen Daten und/oder neuen Ausführungsbeispielen zugelassen, sofern es nicht neues Material ist. Wenn z. B. der Substituent R in einer allgemeinen Formel als Alkyl- oder Arylgruppe definiert ist und nur Ausführungsbeispiele, die sich auf die Alkylgruppen beziehen, ursprünglich in der Beschreibung offenbart sind, können weitere Ausführungsbeispiele nur zu verschiedenen Alkylgruppen zugelassen werden, um einen breiteren Bereich für die Alkylgruppen zu stützen. Ausführungsbeispiele, die auf die Arylgruppe gerichtet sind, sind dagegen nicht zulässig.

Bei Polymerisationskatalysatoren (z. B. Ziegler-Natta-Katalysatoren) fordern   257
die Prüfer im Prüfungsverfahren zum leichteren Verständnis häufig Übersichtsschemata bzw. Fließdiagramme zur Herstellung der Katalysatoren. Diese sind in den Prüfungsrichtlinien nicht vorgesehen und werden auch nicht Bestandteil der Patentbeschreibung.

Die Auflistung von zahlreichen chemischen Verbindungen ohne physikalische   258
(oder chemische) Daten, d. h. ohne Nachweis der tatsächlichen Herstellung, bietet in Hinblick auf die Stützung breiter Ansprüche (insbesondere auf dem Gebiet der Agrochemikalien und Pharmazeutika) keine Vorteile. Allerdings stellt eine solche Auflistung von Verbindungen neuheitsschädlichen Stand der Technik dar und kann somit deren Patentierung durch Dritte verhindern. Wenn jedoch die aufgelistete Verbindung in Hinblick auf das technische Wissen zum Anmeldezeitpunkt der Patentanmeldung nicht hergestellt werden konnte, wird die Neuheit dieser Verbindungen in einer später eingereichten Patentanmeldung nicht verneint. Wenn eine chemische Verbindung ohne Angabe einer physikalischen Eigenschaft etc. eingereicht wurde, die zeigt, dass die Verbindung tatsächlich hergestellt wurde, ist diese Offenbarung im Allgemeinen kein neuheitsschädlicher Stand der Technik für weitere Patentanmeldungen.

Eventuell ist es möglich, dass noch Beispiele zur Stützung breiter Ansprüche   259
nachgereicht werden. Damit wird dem Einwand begegnet, dass die Erfindung im beanspruchten Bereich nicht durchführbar ist. Bisweilen ist eine eidesstatt-

liche Versicherung notwendig, aus der hervorgeht, dass die Experimente vor dem Anmeldedatum gemacht worden sind.

260 Ein chemisches Zwischenprodukt, z. B. ein Monomer für ein Polymer, wird als industriell anwendbar angesehen, wenn ein Weg zu einem Endprodukt und eine Nützlichkeit (Verwendbarkeit) des Endproduktes offenbart sind.

261 **Pharmazeutische/Biotechnologische Erfindungen**

262 In einer pharmazeutischen Patentanmeldung müssen keine Daten zur akuten Toxizität enthalten sein. Solche Toxizitätsdaten in der Anmeldung könnten aber ggf. als Beleg für erfinderische Tätigkeit herangezogen werden.

263 Bei Patentanmeldungen betreffend Mikroorganismen sind taxonomische Daten erforderlich. Eine Hinterlegung des Mikroorganismus ist vor der prioritätsbegründenden Anmeldung notwendig.

Die Zurückweisung der Patentanmeldung »Verfahren zur Verhinderung der Nitratvergiftung von Gras fressenden Tieren durch Verabreichung eines bakteriellen Dinitrifikationsmikroorganismus« durch die *Shimpan*-Abteilung wegen Verstoß gegen das Erfordernis von § 36(3) JPatGaF [36(4) JPatG] wurde vom Obergericht Tokyo aufgehoben[112]. Der Anmeldung war weder eine Kopie der von der internationalen Hinterlegungsstelle herausgegebenen Bestätigung noch ein Zertifikat des Präsidenten des JPA über die Hinterlegung beigefügt, wie es § 27bis(1) JAusfPatG verlangt. Nach Auffassung des JPA zeigt die Beschreibung auch nicht, wie der besagte Mikroorganismus erhalten werden kann. Für das Obergericht Tokyo war der Mikroorganismus jedoch vor dem Anmeldedatum über die in der Anmeldung angegebene Literatur und die entsprechenden Forschungsgruppen öffentlich bekannt. Damit war das Erfordernis von § 27bis(2) JAusfPatG erfüllt, »dass eine Person mit üblichem Wissen auf dem Gebiet der angemeldeten Erfindung den Mikroorganismus mit Leichtigkeit erhalten kann«. Die Offenbarung in der Patentbeschreibung war daher nicht mangelhaft.

264 Aminosäure- bzw. Nukleotidsequenzen müssen in Computer-lesbarer Form eingereicht werden. Die Einreichung einer Diskette ist nicht erforderlich. Die Sequenzen müssen lediglich der Anmeldung beigefügt sein.

265 Bei der Erfindung eines Arzneimittels müssen in der Beschreibung numerische pharmakologische Versuchsergebnisse zu spezifischen Verbindungen bereits in der ursprünglich eingereichten Beschreibung enthalten sein. Wird in Japan eine nationale Anmeldung eingereicht, dann können derartige Versuchsdaten noch im Zusammenhang mit der japanischen Hinterlegung in die Unterlagen

---

112 Obergericht Tokyo, 28. 11. 1995, Fall Nr. 1994 Gyo-Ke 289.

aufgenommen werden. Es kommt ihnen dann zwar nicht die beanspruchte Verbandspriorität, aber zumindest die japanische Einreichungspriorität zugute. Im Falle der Einleitung der japanischen Phase einer PCT-Anmeldung hingegen gilt als japanisches Anmeldedatum das internationale Anmeldedatum, d. h. im Falle der Einleitung einer nationalen PCT-Phase würde die Dateneinfügung auf jeden Fall als nachträglich (nicht zum Hinterlegungszeitpunkt vorgenommen) gewertet werden. Von Fall zu Fall dürfte es sich daher empfehlen, Japan aus der PCT-Anmeldung auszuklammern und in Japan national anzumelden.

Das Obergericht Tokyo hob am 25. 7. 1996 eine Zurückweisungsentscheidung   266
des JPA auf, das eine Patentanmeldung mit der Begründung, dass die Patentbeschreibung aufgrund ungenügender experimenteller Daten die Patentansprüche nicht stütze, zurückgewiesen hatte.

Das Obergericht Tokyo hob die Entscheidung einer *Shimpan*-Abteilung auf,   267
die eine Patentanmeldung für eine insektizide, nematizide Zusammensetzung, deren Wirkstoff ein oder mehrere Arten von Thiophosphorsäureamidoester sind, in denen ein Substituent an einer Doppelbindung Wasserstoff oder Chlor sein konnte, zurückgewiesen hatte[113]:

»Die Beschreibung weist Testdaten für den Fall auf, dass X Wasserstoff ist. Ausgenommen den klaren Fall, dass der Effekt der Erfindung nicht erzielt wird, wenn X Chlor ist, kann von der Beschreibung nicht behauptet werden, dass das Erfordernis von § 36(4) JPatG nicht erfüllt ist, selbst wenn Testdaten u. ä. für den Fall, dass X Chlor ist, fehlen.«

2.3.3   Ab 1. 7. 1995 eingereichte Patentanmeldungen   268

Die Grundlage für die Offenbarungserfordernisse ist § 36(4) JPatG: 269

»Die detaillierte Beschreibung der Erfindung unter Abschnitt (iii) im vorangehenden Paragrafen soll die folgenden Voraussetzungen erfüllen:
(i) Die Erfindung ist gemäß der Verordnung des METI so deutlich und vollständig zu beschreiben, dass sie von einem Durchschnittsfachmann auf dem Gebiet, zu dem die Erfindung gehört, ausgeführt werden kann.
(ii) ...«.

§ 24bis JAusfPatG bestimmt zudem:

»Die detaillierte Erfindungsbeschreibung, die einer Verordnung des METI gemäß § 36(4) JPatG entsprechen soll, soll das durch die Erfindung zu lösende Problem und dessen Lösung beschreiben und sonstige Dinge, die für das Verständnis der technischen Signifikanz der Erfindung für einen Fachmann erforderlich sind«.

---

113 Obergericht Tokyo, 25. 12. 1980, Fall Nr. 1979 Gyo-Ke 151.

§ 36(4) JPatG erfordert, dass die detaillierte Erfindungsbeschreibung so abgefasst sein soll, dass eine Person mit der Fähigkeit, gewöhnliche Mittel für Forschung und Entwicklung zu verwenden (eingeschlossen das Verständnis von Dokumenten, Experimente, Analyse und Herstellung) und gewöhnliche Kreativität auf dem Gebiet der Erfindung auszuüben, die beanspruchte Erfindung auf der Grundlage der in der Patentbeschreibung und den Zeichnungen beschriebenen Dinge (ausgeschlossen Ansprüche) unter Berücksichtigung des allgemeinen technischen Wissens zum Zeitpunkt der Anmeldung ausführen kann. Eine nicht ausreichende Beschreibung der Erfindung liegt vor, wenn der Fachmann zahlreiche oder komplizierte Experimente durchführen muss, um einen Weg zur Ausführung zu finden, die das von ihm zu erwartende Ausmaß übertreffen.

Der Anmelder muss mindestens einen Weg zur Ausführung der Erfindung aufzeigen (entsprechend Regel 5.1(a)(v) PCT). Für die Erfindung eines Produktes bedeutet dies, dass Herstellung und Benutzung des Produktes nach der Beschreibung möglich sein muss.

Wenn ein Anspruch ein Produkt anhand dessen Funktionen, Charakteristika etc. definiert und diese weder Standard sind noch üblicherweise vom Fachmann benutzt werden, soll die Erfindungsbeschreibung eine Definition dieser Funktionen etc. oder der Methode für deren Testen oder Messen enthalten, damit das Erfordernis der Ausführbarkeit der beanspruchten Erfindung erfüllt ist.

Wenn für ein Produkt (zum Beispiel chemische Verbindungen) der Zusammenhang zwischen Arbeit, Charakteristik usw. und Struktur nur schwierig voraussagbar ist oder ein Fachmann die Korrelation nicht verstehen kann, sollte in der Patentbeschreibung ein spezifischer Herstellungsprozess angegeben sein. Ein Beispiel für einen Verstoß gegen dieses Erfordernis ist »R-Akzeptor-aktivierende Verbindungen, erhalten durch eine spezifische Screening-Methode«. Chemische Struktur und Herstellungsmethoden von R-Rezeptorverbindungen außer den neu erhaltenen Verbindungen X, Y und Z der Ausführungsbeispiele sind hier nicht offenbart.

Bei der Erfindung eines Produktes soll die Patentbeschreibung die Nutzung des Produktes ermöglichen. In dieser sollte daher explizit die Nutzung des Produktes beschrieben sein, wenn der Fachmann das Produkt nicht bereits ohne diese explizite Beschreibung anhand von Patentbeschreibung (außer Ansprüche), Zeichnungen und Allgemeinwissen zum Einreichungszeitpunkt nutzen kann. Im Falle der Erfindung einer chemischen Verbindung sollten ein oder mehrere technisch signifikante und spezifische Verwendungen der Substanz angegeben werden, um die Nützlichkeit der chemischen Substanz darzulegen.

Für die Abfassung von Patentanmeldungen sollte beachtet werden, dass die   270
Einfügung von Publikationen durch Bezugnahme (»incorporation by refe-
rence«) nicht möglich ist.

Herstellungsverfahren (Verfahren zur Herstellung, zum Zusammenbau, zur   271
Verarbeitung eines Produkt) weisen drei Bestandteile auf (i. Materialien, ii.
Verfahrensschritte, iii. Endprodukte). Bei einer solchen Verfahrenserfindung
soll die Beschreibung den Fachmann in die Lage versetzen, das Produkt unter
Benutzung des Verfahrens herzustellen. Daher sollen die drei Bestandteile im
Prinzip auf eine solche Weise beschrieben werden, dass ein Fachmann das
Produkt herstellen kann, wenn Beschreibung (ausgenommen die Patent-
ansprüche), Zeichnungen und Allgemeinwissen zum Zeitpunkt der Einreichung berücksichtigt werden. Ggf. kann jedoch das Endprodukt anhand der
Beschreibung von Ausgangsmaterialien und Verfahrensschritten verstanden
werden (beispielsweise ein Verfahren für den Zusammenbau einer einfachen
Vorrichtung, wenn sich die Strukturen der Teile während der Verfahrensschritte nicht ändern). Hier kann die Beschreibung des Endproduktes entfallen.

Ausführungsformen oder Ausführungsbeispiele sollten angegeben sein, wenn
sie zur Ausführbarkeit der Erfindung notwendig sind. Wenn eine Produkterfindung nicht durch die Struktur des Produktes, sondern dessen Funktion,
Charakteristik etc. beschrieben ist, sollte in der Beschreibung ein spezielles
Mittel beschrieben sein, welches diese Funktion etc. ausüben kann, außer der
Fachmann könnte die Erfindung bereits anhand der gesamten Beschreibung
der Erfindung (ausgenommen Ansprüche), Zeichnungen und Allgemeinwissen
zum Anmeldezeitpunkt verstehen.

Bei Verwendungserfindungen (z.B. Arzneimittel), bei denen Eigenschaften   272
eines Produktes genutzt werden, sind Ausführungsbeispiele zum Beleg der
Nützlichkeit der Erfindung im Allgemeinen erforderlich.

Nicht für alle Ausführungsformen oder Alternativen muss ein Weg zur Aus-   273
führung der Erfindung aufgezeigt sein. Kann der Prüfer aber gute Gründe
anführen, weshalb der Fachmann nicht in der Lage ist, den in der detaillierten
Beschreibung der Erfindung angegebenen besonderen Ausführungsmodus
(oder ein Ausführungsbeispiel) auf den gesamten Bereich der beanspruchten
Erfindung zu erstrecken, sollte der Prüfer bestimmen, dass die Erfindung nicht
genügend klar und vollständig beschrieben ist, um dem Fachmann die Nacharbeitung zu ermöglichen.

Wenn das beanspruchte Produkt anhand seiner Funktionen, Charakteristik   274
etc. beschrieben ist und das Produkt damit nur über den zu erzielenden Erfolg
definiert ist, kann ein Anspruch zu breit sein, sodass ein Fachmann nicht in der

Lage wäre, die besondere Ausführungsform in der Erfindungsbeschreibung auf den gesamten beanspruchten Bereich auszudehnen.

275 Die Ausführbarkeit des beanspruchten Verfahrens ist im folgenden Beispiel nicht gegeben:

Ein Anspruch ist gerichtet auf ein Verfahren zur Herstellung eines Formkörpers aus Kunststoff, dessen Schritte aus einem ersten Schritt zur Bildung des Kunststoffs und einem zweiten Schritt zur Korrektur der Spannungen im gebildeten Kunststoff bestehen. Die detaillierte Erfindungsbeschreibung offenbart als Ausführungsbeispiel nur ein Verfahren, bei dem ein thermoplastischer Kunststoff durch Extrusion geformt und Spannungen anschließend durch Erweichen der Kunststoffformteile in der Hitze korrigiert werden. Das Verfahren zur Korrektur von Spannungen durch Erweichen in der Hitze erscheint unangemessen, wenn es sich beim Kunststoff um ein in der Wärme härtendes Harz handelt. Die Korrektur der Spannung im Ausführungsbeispiel ist ungeeignet, da das in der Wärme härtende Harz durch Beaufschlagung mit Wärme nicht erweicht.

276 Ein Anspruch ist über eine Markush-Gruppe auf alternative Weise definiert, wobei nur für einen Teil der Alternativen eine Ausführungsform offenbart ist. Es gibt einen konkreten Grund dafür, dass die Beschreibung dieser Ausführungsform dem Fachmann nicht die Ausführung der restlichen Alternativen ermöglicht. Beispiel:

Ein Anspruch ist auf ein Verfahren zur Herstellung von in para-Stellung substituiertem Benzol durch Nitrierung von substituiertem Benzol gerichtet, wobei der Substituent (X) CH_3, OH oder COOH ist. Die Erfindungsbeschreibung offenbart als Ausführungsbeispiel lediglich den Fall, dass als Ausgangsmaterial Toluol eingesetzt wird (X gleich CH_3). Ein vernünftiger Grund kann angegeben werden, dass ein solches Verfahren ungeeignet ist, wenn das Ausgangsmaterial Benzoesäure ist (d.h. X gleich COOH), in Hinblick auf den sehr großen Unterschied im orientierenden Effekt zwischen CH_3 und COOH.

277 Der Prüfer soll bei der Zurückweisung ausdrücklich auf einen Verstoß gegen die Voraussetzung der Ausführbarkeit der Erfindung gemäß § 36(4) JPatG hinweisen und bemängelte Patentansprüche und Beschreibungsteile angeben, vorzugsweise gestützt auf Dokumente, die dem Fachmann auf diesem Gebiet zum Anmeldezeitpunkt bekannt waren. Es können jedoch auch die Patentbeschreibungen von später eingereichten Patentanmeldungen, Versuchsberichte, Einspruchsschriftsätze, und schriftliche Argumente, die der Anmelder zu einer anderen Anmeldung beim JPA eingereicht hatte, herangezogen werden.

Die Angabe vorteilhafter Effekte ist nicht zwingend erforderlich, empfiehlt   278
sich aber, weil vorteilhafte Effekte bei der Prüfung auf erfinderische Tätigkeit
berücksichtigt werden können. Vorteilhafte Effekte können auch das zu lösende Problem lehren und damit die Beschreibung des Problems ersetzen.

Der Prüfer kann die Anmeldung wegen Verstoß gegen die in § 36(4) JPatG   279
erwähnte METI-Verordnung zurückweisen, zusammen mit einem Hinweis,
welche der zum Verständnis der technischen Signifikanz der Erfindung notwendigen Angaben fehlerhaft sind.

Jedoch werden in einer Stellungnahme behauptete und bewiesene Effekte, die   280
weder in der Patentbeschreibung offenbart sind noch vom Fachmann aufgrund
der Beschreibung oder der Zeichnungen abgeleitet werden können, nicht
berücksichtigt. Im Allgemeinen sind Daten zu einem vorteilhaften Effekt ein
starkes Argument, mit dem eine Zurückweisung aufgrund fehlender erfinderischer Tätigkeit überwunden werden kann. Sind die Vergleichsdaten zur
Stützung einer beanspruchten Auswahl nicht in der Anmeldung enthalten
und werden erst bei Beantwortung eines Amtsbescheides vorgelegt, kann dies
ein Anzeichen dafür sein, dass die Erfindung bei ihrer Einreichung unvollständig offenbart war.

Zur Patentbeschreibung von Erfindungen, die mittels Parametern angegeben   281
sind:

Mit der Revision des JPatG zum 1.7.1995 wurden explizit funktionelle Ansprüche und damit über Parameter definierte Ansprüche zugelassen (§ 36(5)
JPatG). Diese Ansprüche können einen großen Schutzbereich bieten, haben
aber auch Nachteile. Insbesondere ist es häufig schwierig, eine Patentbeschreibung zu erstellen, welche die mittels Parameter definierten Ansprüche genügend stützt. Eine auf diese Weise definierte Erfindung könnte vage oder unbestimmt sein und die Beschreibung keine ausführbare Lehre enthalten.

Die Definition des Parameters muss genügend klar sein. Beispielsweise sollte
bei der Angabe der Schmelzviskosität eines Polymeren von 10^2 bis 10^3 Centipoise angegeben sein, nach welcher Messmethode und unter welchen Bedingungen die Messung erfolgte. Variationen in der Messung der Schmelzviskosität können auftreten, weil das geschmolzene Polymer eine
nicht-Newtonsche Flüssigkeit ist, deren Viskosität sehr stark von der Scher-
rate oder Scherkraft abhängt, bei der die Schmelzviskosität ermittelt wird[114].
Zur eindeutigen Charakterisierung eines Parameters sind folgende Angaben
notwendig:

---

114 Obergericht Tokyo, 17.7.1984, Fall Nr. 1979 Gyo-Ne 2813 betreffend eine Methode zur
   objektiven Bestimmung eines Vinylgehaltes von 10%.

a) Definition des Parameters (z. B. »Schmelzviskosität eines Polymeren bei 145°C)

b) Messeinheit für den Parameter (z. B. Poise oder Centipoise und °C oder °F)

c) Die angewandte Messmethode (z.B: Die Viskosität wurde mit einem Rotationsviskosimeter bei 100 UpM gemessen).

Es ist sinnvoll, das Messgerät anhand von Handelsnamen, Modell-Nr. und Herstellernamen zu identifizieren, da selbst kleine Unterschiede in der Messvorrichtung bisweilen unterschiedliche Ergebnisse erbringen, selbst wenn ansonsten die Messbedingungen gleich sind. Die Messmethode für die Bestimmung des Parameters sollte so genau wie möglich beschrieben werden, sodass ein Fachmann bei der Wiederholung der Messung zum identischen Ergebnis kommt. Sämtliche Faktoren, die die gemessenen Werte beeinflussen können, sollten deutlich angegeben sein. Bei der Viskosität, einem Parameter, bei dem die Gefahr der Unbestimmtheit besonders groß ist, sollten bei der Messung mit einem Rotationsviskosimeter zumindest die Bezeichnung des Viskosimeters (Hersteller, Modell-Nr., Handelsname), der Durchmesser des Rotors und die Umdrehungszahl angegeben sein. Normen wie DIN, JIS oder ASTM können verwendet werden, wobei zu beachten ist, dass diese verschiedene Möglichkeiten anbieten können, für die jeweils eine besondere Messmethode und Messbedingungen anzugeben sind.

Da die ursächliche Beziehung zwischen Parameter und Effekt indirekt ist (die spezifische Konstitution ist weggelassen), empfiehlt sich eine große Zahl von Beispielen. Es ist wichtig, einen Mechanismus zu beschreiben, der den Zusammenhang zwischen beanspruchtem Parameterbereich und beobachtetem Effekt herstellt, um die schwache indirekte Verbindung zwischen Parameter und Effekt zu stärken und das Verständnis des Prüfers für die Rolle des Parameters in der Erfindung zu erleichtern. Folgende Beschreibung kann zur Stützung des beispielhaften Parameters verwendet werden: »Basierend auf den Beobachtungen und Erfahrungen des Erfinders kann die spezifizierte Schmelzviskosität des Harzes die einheitliche Dispergierung des Additivs aufgrund der Optimierung der Scherkraft beim Mischen von Additiv und Harz in der Schmelze fördern und hierdurch den gewünschten Effekt der Erfindung bewirken«. In Japan hat die Beschreibung eines auf Vermutungen basierenden Mechanismus keinen Einfluss auf den Schutzumfang von Ansprüchen[115].

---

115 Yoshifuji, Kosaku, *Einführung in das Patentgesetz*, 10. Auflage (Tokyo, Japan: Yuhikaku, 1994), Seiten 55–56.

Chemische Erfindungen 282

Zur Abfassung von Patentanmeldungen für Erfindungen, die auf chemische 283
Zusammensetzungen gerichtet sind, sollten die internen Richtlinien des JPA
berücksichtigt werden. Danach ist eine Zusammensetzung definiert als eine
Substanz ohne spezifische Makrostruktur oder Form, als Ganzes homogen,
und enthält mindestens zwei Komponenten. Eine Komponente kann im gas-
förmigen, flüssigen oder festen Zustand vorliegen. Eine Substanz, die verschiedene Formen aufweist, kann als zwei Komponenten gezählt werden (Beispiel:
Glaskugeln vs. Glasfasern). »Homogen« bedeutet im Ganzen einheitlich. Beispielsweise wird ein Beton, welcher dispergierte Steine und Sand enthält, als
homogen angesehen. Eine Substanz, die zum Anwendungszeitpunkt homogen
wird, wie z.B. Salatdressing, kann als eine Zusammensetzung angesehen
werden.

Für die Erfordernisse von § 36(6)(ii) JPatG (Klarheit) müssen in Ansprüchen,
die auf chemische Zusammensetzungen gerichtet sind, alle Komponenten, die
in der Zusammensetzung enthalten sind, die Menge jeder Komponente sowie
die physikalische Beziehung zwischen diesen Komponenten angegeben werden. Die internen Richtlinien führen als Beispiele für »physikalische Beziehung« eine wässrige Lösung, eine Pulvermischung und eine Keramik an.
Daher ist ein Anspruch »Eine Zusammensetzung umfassend Natriumfluorid«
unklar, da hier weder die Menge an Natriumfluorid oder anderen Komponenten noch deren physikalische Beziehung angegeben ist. Es wäre für den
Fachmann unmöglich, diese Dinge in Hinblick auf die Patentbeschreibung
und das allgemeine technische Wissen zum Anmeldezeitpunkt zu identifizieren. Diese Angaben können entfallen, wenn der Fachmann ausgehend von der
Beschreibung und dem Allgemeinwissen die beanspruchte Erfindung verstehen kann. Beispielsweise ist der Anspruch »Zusammensetzung zur Zahnreinigung, umfassend Natriumfluorid« klar. Hier könnte der Fachmann verstehen, dass die Zusammensetzung eine geeignete Menge Natriumfluorid zur
Zahnreinigung enthält, und auch die anderen Komponenten sowie deren geeignete Mengen bestimmen. Außerdem kann er die geeignete physikalische
Beziehung bestimmen.

Für die Definition können darüberhinaus die Eigenschaften der Zusammensetzung (z.B.: »Eine gegen Schwefelsäure beständige Legierung bestehend aus
…«), der Zustand der Zusammensetzung (»Gel-artige Haarkosmetika bestehend aus Öl, Polyoxyethylennonylphenylether und Wasser«), der Herstellungsprozess oder der Behandlungsprozess (»Ein therapeutisches Agens für
die Behandlung von Hämophilie, erhalten durch Erhitzen von Blutserum, das
Faktor VIII enthält«) herangezogen werden.

Die Angabe des Verwendungszweckes ist zwar im Prinzip nicht, aber nach Meinung der Prüfer üblicherweise doch notwendig; z. B. eine Zusammensetzung für die Medizin, Kosmetik; Insektizid; Herbizid.

284 **Pharmazeutische Erfindungen**

285 Die Anforderungen an die Offenbarung einer Erfindung sind auf dem Gebiet der pharmazeutischen Erfindungen besonders hoch und unterscheiden sich deutlich von den entsprechenden Offenbarungserfordernissen vor dem EPA oder dem US-PTO. Danach müssen pharmazeutische Testdaten bereits zum Anmeldezeitpunkt in der Patentbeschreibung enthalten sein. Zwei Gerichtsentscheidungen bestätigen einen Trend in der Prüfungspraxis des JPA, die Nachreichung von pharmazeutischen Testdaten nicht zuzulassen[116].

286 Nach der Entscheidung des Obergerichts Tokyo vom 30. 10. 1998 betreffend die Verwendung einer Kombination von zwei Extrakten aus Ginkgo und Rhizona als Antibrechmittel (»anti-emetic effect«) muss bereits die Patentbeschreibung zu einem pharmazeutischen Patent pharmakologische Testdaten enthalten.[117] Im zugrunde liegenden Fall ging es um eine Patentanmeldung betreffend »Arzneimittel gegen Übelkeit oder Erbrechen usw., charakterisiert dadurch, dass es als Bestandteile medizinische Rhizona Zinglberis und Extr. Ginkgo bilobae e fol. sicc. enthält«.

Die Anmeldung wurde vom JPA zurückgewiesen: »Die Effektivität des beanspruchten Arzneimittels gegen Reisekrankheit, Migräne, Übelkeit während der Schwangerschaft, morgendliche Übelkeit usw. wie auch Dosis, Methode und Form seiner Verabreichung sind beschrieben. Die Patentbeschreibung enthält jedoch weder pharmakologische Daten noch eine vergleichbare spezifische Beschreibung, die diese ersetzen kann. Sind solche Daten oder eine entsprechende Beschreibung nicht vorhanden, kann unmöglich spezifisch verifiziert werden, welche Effizienz bei der Verabreichung des beanspruchten Arzneimittels erkannt wurde. Die pharmazeutische Verwendungserfindung ist daher in der Patentbeschreibung nicht in einem solchem Ausmaß beschrieben, dass ein Fachmann sie leicht ausführen kann ...«.

Das Obergericht Tokyo entschied wie folgt: »Die Patentbeschreibung ist im Wesentlichen ein technisches Dokument und nicht nur Zweck und Konstitution der Erfindung, sondern auch ihr besonderer Vorteil müssen auf eine Weise beschrieben sein, die sicherstellt, dass ein Fachmann die Erfindung leicht ausführen kann. Im Fall pharmazeutischer Verwendungserfindungen

---

116 Es kann daher bei pharmazeutischen Patentameldungen sinnvoll sein, auf eine PCT-Anmeldung zu verzichten und den Weg über eine nationale japanische Patentanmeldung zu beschreiten.
117 Obergericht Tokyo, 30. 10. 1998; Fall Nr. 1996 Gyo-Ke 201.

ist generell die Vorhersage der Nützlichkeit eines beanspruchten Arzneimittels ausgehend ausschließlich von seinem chemischen Namen und seiner Struktur schwierig. Selbst wenn effektive Dosis, Verabreichungsmethode und Informationen über das Verfahren ihrer pharmazeutischen Formulierung in gewissem Umfang in der Patentbeschreibung beschrieben sind, reicht diese Offenbarung für einen Fachmann nicht aus, um zu bestimmen, ob das beanspruchte Arzneimittel tatsächliche Nützlichkeit für die beabsichtigte Verwendung hat. Darum müssen pharmazeutische Daten oder eine hierzu als äquivalent ansehbare Offenbarung in der Patentbeschreibung enthalten sein, um die Nützlichkeit der beanspruchten Arzneimittel für die beabsichtigten Anwendungen zu stützen. Ohne eine solche Stütze verstößt die vorliegende Patentbeschreibung offensichtlich gegen § 36(4) JPatG. ... Die Beschwerdeentscheidung war daher nicht fehlerhaft mit der Feststellung »da eine pharmazeutische Verwendungserfindung ausschließlich von der verifizierten pharmakologischen Effizienz einer spezifizierten Substanz oder Zusammensetzung abhängt, muss die pharmakologische Effizienz eines beanspruchten Arzneimittels in der Patentbeschreibung auf eine solche Weise beschrieben sein, dass dies durch pharmakologische Daten oder eine spezifische Offenbarung, welche diese ersetzen kann, verifiziert werden kann ...«

... Die vorliegende Patentbeschreibung gibt jedoch keine Grundlage für die oben angegebenen Dosen und Dosierzeiten; die Beschreibung offenbart nämlich nicht, in welchem Umfang Übelkeit und Erbrechen durch diese Dosen und Dosierzeiten vermieden werden konnten und welche Verstärkung der therapeutischen Wirksamkeit durch die gemeinsame Verwendung von ... verglichen mit der getrennten Verabreichung der einzelnen Komponenten erzielt werden konnte.

... Die Beschreibung enthält keine experimentelle Daten oder Ähnliches, welche den anderen Vorteil der beanspruchten Erfindung stützen (keine Nebeneffekte etc.). Unter diesen Umständen kann von einem Fachmann, der die vorliegende Patentbeschreibung liest, nicht erwartet werden, dass er leicht versteht, dass das beanspruchte Arzneimittel tatsächlich Nützlichkeit für die beabsichtigten Verwendungen aufweist.«

Diese Entscheidung bezieht sich auf die alte Fassung von § 36(4) JPatG, nach der noch der Effekt der Erfindung in der Beschreibung zu offenbaren ist; als bislang einzige Entscheidung zu dieser Problematik wird sie aber vom JPA generell angewandt.

287 **Biochemische Erfindungen usw.**

288 JPA und Obergericht Tokyo verlangen bei Erfindungen auf dem Gebiet der Polypeptide eine Offenbarung der Nützlichkeit der Peptide über den gesamten beanspruchten Bereich:

In Hinblick auf das Offenbarungserfordernis unter § 36(4) JPatGaF bestätigte das Obergericht Tokyo die Zurückweisung der Patentanmeldung »Neue Polypeptide, Verfahren zu deren Herstellung und deren Verwendung« durch die *Shimpan*-Abteilung des JPA wegen ungenügender Beschreibung der für die beanspruchten Polypeptide behaupteten Effekte[118]. Für das JPA und das Obergericht Tokyo reichte zur Qualifikation als chemische Produkterfindung der Beweis der tatsächlichen Herstellung nicht aus. Die detaillierte Beschreibung der Erfindung müsse außerdem die Nützlichkeit über den gesamten beanspruchten Bereich chemischer Verbindungen offenbaren. Das entsprechende Europäische Patent Nr. 0 029 579 wurde erteilt, ohne dass der Prüfer Einwände wegen ungenügender Offenbarung erhoben hatte.

In einem anderen Fall stellte das Obergericht Tokyo fest, dass jedes der vom Patentanspruch 1 umfassten Peptide eine unabhängige chemische Verbindung sei[119]. Da das Wesen der Erfindung einer chemischen Verbindung die Schöpfung einer nützlichen chemischen Substanz sei, ist es erforderlich, dass jedes der zahlreichen Peptide, auf die sich die Anmeldung bezieht, nützlich ist. Für die gemäß § 36(3) JPatGalt erforderliche Nützlichkeit muss die Nützlichkeit aller vom Anspruchsumfang erfassten Peptide entweder in der Beschreibung beschrieben oder für den Fachmann aufgrund des üblichen technischen Wissens bekannt sein. Dies ist dann nicht der Fall, wenn es die Beschreibung dem Fachmann nicht ermöglicht, aus den vom Anspruchswortlaut umfassten Peptiden nur diejenigen leicht herauszusuchen, die Nützlichkeit aufweisen.

Auf eine unvollständige Erfindung wurde auch in einem anderen Fall erkannt, indem die Aktivität nicht für alle beanspruchten Peptide bewiesen wurde, selbst nach der Einreichung der Patentanmeldung (Prioritätsdatum: 31.5.1988)[120].

289 Für den Fall einer Anmeldung ohne Ausführungsbespiel bestimmte das Obergericht Toyko die Kriterien für das Vorliegen ausreichender Beschreibung[121]. Damit es eine für den Fachmann genügende Beschreibung der Konstruktion

---

118 »Sandoz Aktiengesellschaft vs. Präsident des JPA«; Obergericht Tokyo, 6.3.1997, Fall Nr. 1994 Gyo-Ke 209; vgl. Klaus Hinkelmann, in *AIPPI Journal*, Vol. 24, Nr. 2, 1999, Seiten 76 bis 83.
119 Obergericht Tokyo, 22.2.2000, Fall Nr. 1998 Gyo-Ke 95.
120 Obergericht Tokyo, 13.3.2000, Fall Nr. 1998 Gyo-Ke 393.
121 Obergericht Tokyo, 17.5.2001, Fall Nr. 1998 Gyo-Ke 28 (äquivalente europäische Patentanmeldung EP-A-0 578 328).

der Erfindung gibt, um Erfindung 1 der Anmeldung auszuführen, ist es erforderlich, dass zum Prioritätszeitpunkt sämtliche Schritte gut bekannte Techniken waren und ein Fachmann auch ohne detaillierte Beschreibung eines Ausführungsbeispiels die Erfindung hätte leicht ausführen können. Zum Prioritätszeitpunkt gab es jedoch auf dem Gebiet der Anmeldung, rekombinante Gentechnologie, kein allgemeines technisches Wissen darüber, dass eine hinsichtlich eines spezifischen Gens für einen spezifischen Organismus erfolgreiche Technik auch erfolgreich wäre in Hinblick auf alle Gene für diesen Organismus oder dieses spezifische Gen für alle Organismen.

Die Bestätigung der Zurückweisung der Anmeldung »Magnetisches Aufzeichnungsmedium« durch die *Shimpan*-Abteilung des JPA wegen ungenügender experimenteller Daten wurde vom Obergericht Tokyo aufgehoben[122]. Gegenstand der Anmeldung war ein magnetisches Videoband, das zwei Arten feiner Projektionen aufwies, größere und kleinere, die auf der Oberfläche eines magnetischen Materials über einem Plastikfilm angeordnet waren, wobei die kleineren zahlreicher vertreten waren als die größeren. Laufstabilität und Verschleißwiderstand des Aufzeichnungsmediums sollten verbessert werden. Im Anspruch waren Zahlenwerte für die durchschnittliche Partikelgröße (h1 bzw. h2) und die Dichte der Projektionen (d1 bzw. d2) angegeben. Der *Shimpan*-Abteilung fehlten Daten für unterschiedliche Kombinationen von h1 und h2 zur Bestimmung von oberer und unterer Grenze sowie Daten, die belegten, warum d1 größer als d2 sein musste.   290

Interessanterweise führte das JPA in »Boehringer Mannheim GmbH vs. Präsident des JPA« aus, dass es bei einer Mikroorganismen betreffenden Technologie vorkommt, dass ein Fachmann auch bei einer detaillierten Offenbarung in der Patentbeschreibung immer noch Schwierigkeiten hat, die Erfindung auszuüben. Diese Ansicht wurde im vorliegenden Fall vom Obergericht Tokyo zurückgewiesen, welches die entgegengehaltene Erfindung aus dem Stand der Technik als unvollständig und damit unwirksam befand[123].   291

Wenn eine biotechnologische Erfindung unter Heranziehung der Patentbeschreibung nicht wiederholt werden kann und auch keine Ausführungsbeispiele vorhanden sind, ist die Erfindung nicht ausreichend offenbart, und die Anmeldung muss zurückgewiesen werden[124].   292

---

122 »Matsushita Electric Industrial Co., Ltd. vs. Präsident des JPA«, Obergericht Tokyo, 25.7.1996, Fall Nr. 1994 Gyo-Ke 69; vgl. Shoichi Okuyama, in *AIPPI Journal*, Vol. 22, Nr. 4, 1997, Seiten 171–174.
123 »Boehringer Mannheim GmbH vs. Präsident des JPA«, Obergericht Tokyo, 29.9.1998, Fall Nr. 1995 Gyo-Ke 280; vgl. Klaus Hinkelmann, in *AIPPI Journal*, Vol. 23, Nr. 6, 1998, Seiten 255–270.
124 Obergericht Tokyo, 7.5.2001, 13 *Law & Technology* 64.

293 Eine Erfindung, die genetisches Rearrangement und Herstellung von menschlichen Genen beansprucht, ist nicht ausreichend offenbart, wenn die Patentbeschreibung sich nur auf die Herstellung von DNA durch Mäuse statt Menschen bezieht[125].

294 **2.3.4 Ab 1.9.2002 eingereichte Patentanmeldungen**

295 **Angabe des vorveröffentlichten Standes der Technik**

296 Zum 1.9.2002 wurde über § 36(4)(ii) JPatG das Erfordernis der Angabe des dem Anmelder zum Zeitpunkt der japanischen Patentanmeldung bekannten, in Dokumenten offenbarten relevanten Standes der Technik eingeführt. Dies soll zu einer beschleunigten Prüfung von Patentanmeldungen führen.

Der Begriff Dokument umfasst Informationen im Internet. Hierzu gehören nicht unveröffentlichte Dokumente wie Patentanmeldungen, die nicht offen gelegt sind. Die Dokumente sind in der Beschreibung und nicht in einem gesonderten Schriftstück anzugeben. Kopien der Dokumente müssen nicht eingereicht werden. In der Beschreibung sollte mindestens ein Dokument angegeben sein. Falls dem Anmelder kein Stand der Technik bekannt ist, sollte dieser Umstand unter Angabe des Grundes in der Beschreibung festgestellt werden.

Maßgeblich ist der Anmelder und nicht der Erfinder. Das JPA geht davon aus, dass der Anmelder seine bisherigen Patentanmeldungen kennt. Es sind somit auch Dokumente anzugeben, die ggf. dem Erfinder nicht bekannt sind.

Maßgeblich ist das japanische Anmeldedatum, also nicht ein evtl. Prioritätsdatum für eine ausländische Anmeldung. Dem Anmelder nach der Einreichung der japanischen Patentanmeldung bekannt gewordene Dokumente sind dem JPA nicht mitzuteilen. Das maßgebliche Datum bei PCT-Anmeldungen unter Benennung von Japan ist somit das Datum der PCT-Anmeldung. Bei Teilanmeldungen oder umgewandelten Anmeldungen ist es das Datum der Stammanmeldung. Bei japanischen Patentanmeldungen unter Inanspruchnahme der inneren Priorität ist es das Datum der späteren Anmeldung.

297 **Trennung von Ansprüchen und Beschreibung**

298 Bislang bildeten die Patentansprüche in japanischen Patentanmeldungen einen an den Anfang gestellten Teil der Beschreibung. Im Zuge der internationalen Harmonisierung gilt mit Wirkung für Patentanmeldungen ab spätestens 17.10.2003, dass Ansprüche und Beschreibung in getrennten Dokumenten einzureichen sind.

---

125 »GM-SCF«, »Research Corporation Technologies Inc. vs. Präsident des JPA«, Obergericht Tokyo, 11.4.2002, Fall Nr. Hei-9 Gyo-Ke 249; 16 *Law&Technology* 85.

3 Einreichung von Patentanmeldungen[126]

Japanische Patentanmeldungen können entweder als nationale japanische Patentanmeldungen direkt beim JPA eingereicht werden oder über eine Internationale Patentanmeldung nach dem Zusammenarbeitsvertrag (PCT-Anmeldung) unter Benennung von Japan und Einleitung der nationalen japanischen Phase. Eine nationale japanische Patentanmeldung beim JPA kann in japanischer oder englischer Sprache eingereicht werden. Wer in Japan weder einen Wohnsitz noch Aufenthaltsort hat, kann nur durch den für das Patent bestellten Vertreter, der seinen Wohnsitz oder Aufenthaltsort in Japan hat, vor dem JPA auftreten (§ 8(1) JPatG). Dies gilt auch für die Einreichung von Patentanmeldungen beim JPA.   **299**

Jeder japanischen Patentanmeldung wird vom JPA eine Anmeldenummer (*Shutsugan Bangô*) zugeordnet, wobei die Zählung jedes Jahr von neuem beginnt. Das Jahr der Anmeldung bildet daher einen Bestandteil der Nummer. Bis vor wenigen Jahren wurde die japanische Zeitrechnung benutzt, die sich am jeweils herrschenden Kaiser orientiert. Die gegenwärtige Zeitrechnung *Heisei* (abgekürzt: *Hei*) begann 1989. Das Jahr 2003 ist somit das Jahr *Heisei* 15. Die vorhergehende *Shôwa*-Zeit begann 1926. Das Jahr 1960 entspricht somit dem Jahr *Shôwa* 35. Bei den Nummern von Offenlegungsschrift (*Kôkai Bangô*) und Ausgeschrift (*Kôkoku Bangô*) wird ebenfalls das Erscheinungsjahr angegeben. Bei Patenten werden dagegen fortlaufende Patentnummern (*Tokkyo Bangô*) ohne Angabe der Jahreszahl vergeben.   **300**

Es gibt keine Vorschriften, die einen japanischen Erfinder zur Ersteinreichung einer Patentanmeldung in Japan verpflichten.   **301**

---

126 Im Jahre 2002 wurden beim JPA 421.044 Patentanmeldungen eingereicht (1999: 405.655; 2000: 436.865; 2001: 439.175).

302 Die Existenz von Patentansprüchen ist keine Voraussetzung für den Erhalt eines Anmeldedatums. Die elektronische Einreichung einer Patentanmeldung ohne Patentansprüche ist jedoch nicht möglich, weil das elektronische Einreichungssystem so programmiert ist, dass bei fehlenden Ansprüchen eine Fehlermeldung ergeht.

303 **3.1   Direkte (nationale) japanische Patentanmeldungen**

304 **Anmeldeerfordernisse**

305 Die Anmeldeerfordernisse für eine Patentanmeldung sind in § 36 JPatG geregelt. Danach sind folgende Unterlagen einzureichen:

Nach § 36(1) JPatG sind Name und Wohnsitz oder Aufenthaltsort des Patentanmelders, der Name des Erfinders sowie sein Wohnsitz oder Aufenthaltsort anzugeben[127]. Dem Antrag sind eine Patentbeschreibung, falls erforderlich, Abbildungen und eine Zusammenfassung beizufügen (§ 36(2) JPatG). Die Patentbeschreibung soll gemäß § 36(3) JPatG folgende Angaben enthalten:

(i) Bezeichnung der Erfindung,
(ii) eine kurze Erläuterung der Zeichnungen,
(iii) eine ausführliche Erläuterung der Erfindung,
(iv) ein oder mehrere Patentansprüche.

306 Für den Erhalt eines Anmeldetages müssen folgende Unterlagen beim JPA vorliegen:

a) Antrag mit Namen und Nationalität des Anmelders
b) Patentbeschreibung
c) Zeichnungen (falls vorhanden)
d) Prioritätsanspruch mit dem Namen des Landes und dem Prioritätsdatum (falls anwendbar)
e) Name des Vertreters bzw. Anwaltes (falls vorhanden; zwingend für ausländische Anmelder)

Folgende Unterlagen können nachgereicht werden:

a) Zusammenfassung,
b) Adresse des Anmelders,
c) Name und Adresse des Erfinders [Erfinder können nur natürliche Personen sein[128]],

---

127 Das Erfordernis, bei juristischen Personen den Namen eines berechtigten Vertreters anzugeben, ist zum 1.4.1997 entfallen.
128 Bezirksgericht Tokyo, 16. März 1955, Fall Nr. 1953 Wa 5080; vgl. *AIPPI Journal*, Vol. 25, No. 6 (2000), Seite 315.

d) Anmeldenummer der prioritätsbegründenden Anmeldung,

e) Anwaltsvollmacht (Allgemeine Anwaltsvollmacht).

f) Beglaubigte Kopie der Erstanmeldung (einzureichen innerhalb einer nicht verlängerbaren Frist von 16 Monaten ab Einreichedatum in einem PVÜ-Staat). Aufgrund des elektronischen Austauschess von Prioritätsdokumenten zwischen JPA, EPA und U.S. Patent and Trademark Office entfällt diese Notwendigkeit für ab Januar 1999 eingereichte japanische Patentanmeldungen, wenn die Priorität einer europäischen oder US-amerikanischen Patentanmeldung beansprucht wird.

Die Anwaltsvollmacht (Allgemeine oder spezielle Anwaltsvollmacht) ist nur auf Verlangen des JPA vorzulegen. Bei bestimmten anderen Verfahren (Einreichung einer Beschwerde gegen den Zurückweisungsbeschluss des Patentprüfers, Einleitung eines Einspruchs- oder Nichtigkeitsverfahrens) ist die Vorlage einer Anwaltsvollmacht dagegen erforderlich. Sofern beim JPA eine allgemeine Anwaltsvollmacht eingereicht wurde (Zuweisung einer Nr. durch das JPA), erübrigt sich eine weitere Anwaltsvollmacht.   307

Formale Zeichnungen können nachgereicht werden, wenn die Anmeldung unter Verwendung informeller Zeichnungen eingereicht wurde. Eine deutliche Kopie der formalen Zeichnungen ist zulässig. Bei fehlenden oder fehlerhaften Zeichnungen ergeht kein Bescheid an den Anmelder.   308

Folgende Unterlagen sind im Allgemeinen nicht notwendig: 309

a) Übertragungserklärung

b) Nationalitätszertifikat (im Falle einer Einzelperson)

c) Firmenzertifikat (im Falle einer Firma)

Anwaltsvollmacht, Nationalitätszertifikat und andere Zertifikate können in einer ausländischen Sprache eingereicht werden, müssen jedoch von einer japanischen Übersetzung begleitet sein.   310

§ 24 JAusfPatG (*Tokkyo Hô Shikô Kisoku*; Ausführungsbestimmungen zum Patentgesetz) bestimmt, dass in der Patentanmeldung Ansprüche, Patentbeschreibung, Zeichnungen und Zusammenfassung wie folgt angeordnet sein sollen: 311

1. Titel
2. Ansprüche
3. Ausführliche Beschreibung der Erfindung
4. Kurze Erläuterung der Zeichnungen
5. Zusammenfassung
6. Zeichnungen

312 Für den Erhalt eines Anmeldetages ist die Einreichung von Patentansprüchen nicht erforderlich.

313 Wenn mit der Einreichung einer Patentanmeldung die fällige Anmeldegebühr nicht entrichtet wurde, ergeht vom JPA eine Aufforderung, die Anmeldegebühr innerhalb einer bestimmten Frist zu zahlen (§ 17(3)(iii) JPatG). Geschieht dies nicht fristgerecht, wird die Anmeldung zurückgewiesen (§ 18(1) JPatG).

314 Bei Einreichung von Anmeldungen, bei denen zum Nachweis der Ausführbarkeit der Erfindung die Hinterlegung eines Mikroorganismus, von Tier- oder Pflanzenzellen, Tierembryos etc. erforderlich ist, ist zu beachten, dass eine Kopie der Bestätigung einer internationalen Hinterlegungsstelle nach dem Budapester Vertrag oder eine Bestätigung des National Institute of Bioscience and Human Technology (NIBH) (einer vom Präsidenten des JPA benannten Hinterlegungsstelle) zusammen mit der Patentanmeldung vorgelegt wird (§ 36(4) JPatG i.V.m. § 27(2)(i) JAusfPatG). Die Zugangsnummer muss in der Patentbeschreibung angegeben sein. Eine Nachreichung der Bestätigung führt zur Zurückweisung der Anmeldung wegen fehlender Ausführbarkeit.

315 **Japanischsprachige Anmeldungen**

Vor dem 1.7.1995 konnten nationale japanische Anmeldungen nur in japanischer Sprache eingereicht werden. Bei nationalen japanischen Anmeldungen in japanischer Sprache kann bei Übersetzungsfehlern die ursprüngliche fremdsprachige Anmeldung (Prioritätsunterlage) nicht zur Berichtigung herangezogen werden. Fehlerhafte Übersetzungen können nicht korrigiert werden[129].

---

129 a) Obergericht Tokyo, 24. März 1983, Fall Nr. 1981 Gyô-Ke 82: Bei der Erfindung eines Diffusionsbindungsverfahrens versuchte der Patentanmelder vergeblich, auf der Grundlage des US-Prioritätszertifikats die fehlerhafte Übersetzung »Brom« durch die korrekte Übersetzung »Bor« zu ersetzen. *Shimpan*-Abteilung des JPA wie Obergericht Tokyo entschieden:
A) Die Patentbeschreibung aus dem Ersteinreichungsland ist nicht mehr als Material, um das Prioritätsrecht festzustellen oder zu bestätigen.
B) Die Patentbeschreibung aus dem Ersteinreichungsland, die als Prioritätszertifikat eingereicht wurde, dient nicht als Patentbeschreibung oder ergänzendes Material hierzu in Japan.
C) Die Erfindung, die Gegenstand der Patentanmeldung ist, sollte anhand der Beschreibung und der Zeichnungen, die der Anmeldung ursprünglich beigefügt sind, bestimmt werden. Wenn die Änderung der Beschreibung oder der Zeichnung eine Erfindung darstellt, die sich von der Erfindung in der ursprünglichen Anmeldung unterscheidet, ist eine solche Änderung nicht gestattet, weil sie den Gegenstand der Anmeldung verändert. Ausgenommen sind Änderungen, die darauf zielen, Fehler zu korrigieren, die ausgehend von der ursprünglichen Beschreibung und Zeichnungen offensichtlich sind.
b) Obergericht Tokyo, 27.6.1978, Fall Nr. 1977 Gyô-Ke 46: Hier versuchte der Anmelder vergeblich, die fehlerhafte Angabe »Polyvinylacetat« in »Polyvinylacetal« abzuändern, das im Prioritätszertifikat beschrieben war.

Englischsprachige Anmeldungen

316

Seit dem 1.7.1995 ist die Einreichung von englischsprachigen Patentanmel- 317
dungen möglich. § 36bis JPatG verweist allgemein auf die Möglichkeit von
fremdsprachigen Patentanmeldungen, bislang ist nach § 25(4) JAusfPatG allerdings nur die Einreichung in englischer Sprache möglich.

Bei Einreichung einer englischsprachigen Anmeldung muss die gesamte An- 318
meldung, ausgenommen der Patenterteilungsantrag, in englischer Sprache vorliegen. Innerhalb einer nicht verlängerbaren Frist von zwei Monaten muss eine
japanische Übersetzung nachgereicht werden (§ 36bis(2) JPatG). Geschieht des
nicht, gilt die Patentanmeldung als zurückgezogen (§ 36bis(3) JPatG).

Liegt die Patentanmeldung nicht im vom JPA bevorzugten Format vor, darf 319
der Anmelder das Format anlässlich der Einreichung der Übersetzung ändern.
An der ursprünglich eingereichten englischsprachigen Anmeldung dürfen in-
haltlich keine Änderungen vorgenommen werden (§ 17(2) JPatG). Fehler bei
der Übersetzung der englischsprachigen Anmeldung ins Japanische können
korrigiert werden. Liegt ein Übersetzungsfehler vor, kann beim JPA ein
Antrag auf »Korrektur eines Übersetzungsfehlers« eingereicht werden
(§ 17bis(2) JPatG). Im Antrag muss dargelegt werden, weshalb die Korrektur
vernünftig ist, wie es zum Übersetzungsfehler kam und dass die Korrektur der
Übersetzung durch die ursprüngliche englischsprachige Patentanmeldung gestützt und kein neues Material zu der übersetzten Anmeldung hinzugefügt
wird. Unter dieser Voraussetzung kann der Antrag auf Korrektur bis zur
Entscheidung über die Patenterteilung gestellt werden, jedoch ohne Aufforderung durch das JPA nur bis Ablauf der Frist zur Beantwortung des ersten
Prüfbescheides. Nach Patenterteilung kann ein Antrag auf Korrektur der
Übersetzung nur gewährt werden, wenn der Umfang der erteilten Ansprüche
nicht geändert wird.

Die Prüfung der Anmeldung erfolgt auf der Grundlage der japanischen Über- 320
setzung. Bei Verständnisschwierigkeiten kann der Prüfer auf den ursprünglichen englischsprachigen Text zurückgreifen. Der Prüfer kann den Anmelder
ggf. auf Übersetzungsfehler hinweisen, sodass eine Korrektur vorgenommen
werden kann. Das Patent wird auf der Grundlage der japanischen Übersetzung
erteilt, die auch die Grundlage für die evtl. gerichtliche Durchsetzung ist.

Offengelegt werden sowohl die ursprüngliche englischsprachige Anmeldung 321
wie auch die anschließend eingereichte japanischsprachige Übersetzung. Teilanmeldungen können auf der Basis der ursprünglich eingereichten englischen
Patentanmeldung erfolgen.

322 **3.2   PCT-Anmeldungen – Einleitung der nationalen japanischen Phase[130]**

323 Japan ist seit 1978 PCT-Mitglied. Seit 1.9.2002 kann die nationale Phase in Japan binnen 30 Monaten nach dem ersten Prioritätsdatum eingeleitet werden, unabhängig davon, ob ein Antrag auf internationale vorläufige Prüfung gestellt wurde (§ 184(4) JPatG). Die nationale japanische Phase war innerhalb von 20 Monaten nach Prioritätsdatum einzuleiten, wenn bis zum 31.8.2002 keine internationale vorläufige Prüfung beantragt war und bereits 20 Monate seit dem Prioritätsdatum verstrichen waren. Bis zum 31.8.2002 musste die nationale japanische Phase ohne Stellung des Antrages auf internationale vorläufige Prüfung innerhalb von 20 Monaten bzw. und mit Stellung des Antrages innerhalb von 30 Monaten, jeweils auf das Prioritätsdatum bezogen, eingeleitet werden (§ 184^{quater}(1) JPatGalt). Innerhalb dieser Frist musste auch die japanische Übersetzung der PCT-Anmeldung eingereicht werden.

324 Für die Einleitung der nationalen japanischen Phase müssen bis Ablauf des 30. Monats nach dem ersten Prioritätsdatum vor dem JPA folgende Erfordernisse erfüllt sein (§ 184ter ff.. JPatG; insbesondere § 184^{quinquies} JPatG):

a) Antrag auf Einleitung der nationalen japanischen Phase
b1) Kopie von internationaler Veröffentlichung einschließlich Deckblatt, Patentbeschreibung, Ansprüchen, Zusammenfassung und Zeichnungen; oder
b2) Kopie von PCT-Antrag, Patentbeschreibung, Ansprüchen, Zusammenfassung und Zeichnungen in der ursprünglich beim annehmenden Büro eingereichten Fassung;
c) Falls anwendbar, eine Kopie der Änderung gemäß Artikel 19(1) PCT (§§ 184^{septies} JPatG) und/oder gemäß Artikel 34(2)(b) PCT (§ 184^{octies} JPatG). Eine Mitteilung unter Art. 20 PCT bzw. 36(3)(a) PCT an das JPA führt ebenso zur Wirksamkeit der Änderung.
d) Zahlung der nationalen Gebühr.

325 Eine japanische Übersetzung einer fremdsprachigen PCT-Anmeldung ist innerhalb von zwei Monaten nach Stellung des Antrages auf Einleitung der nationalen Phase einzureichen. Die Einreichung der japanischen Übersetzung ist somit bis zu 32 Monate nach dem ersten Prioritätdatum möglich.

326 Nur auf Verlangen des JPA sind eine ausgefertigte Anwaltsvollmacht, eine Übertragungserklärung, ein Nationalitätszertifikat und/oder ein Unterneh-

---

130 Vgl. Law Concerning International Applications, etc., Pursuant to the Patent Cooperation Treaty, in *INDUSTRIAL PROPERTY* – JUNE 1994.

menszertifikat vorzulegen. Eine beglaubigte Kopie der Grundanmeldung ist nicht erforderlich.

Bei ab 1.7.1995 eingereichten PCT-Anmeldungen kann sofort die entsprechend Art. 19 PCT geänderte Anspruchsfassung bzw. die gemäß Art. 34 PCT geänderte Beschreibung/Anspruchsfassung eingereicht werden. Hat der Anmelder einer fremdsprachigen Patentanmeldung eine Änderung nach Art. 19(1) PCT vorgenommen, kann er anstelle der Übersetzung der ursprünglichen Ansprüche eine Übersetzung der geänderten Ansprüche einreichen (§ 184^{quater}(2) JPatG). 327

Bei PCT-Anmeldungen bis zum 1.7.1995 musste in der nationalen japanischen Phase zunächst eine Übersetzung der ursprünglichen PCT-Anmeldung eingereicht werden. Die spätere Korrektur bzw. weitere Anpassungen konnten mit einer nachfolgenden Änderungseingabe, vorzugsweise bei Stellung des Prüfungsantrages, vorgenommen werden. Als einzige zulässige Änderung konnten Ansprüche, die nicht zur Verfolgung in Japan vorgesehen waren, von Anfang an weggelassen werden. 328

Der japanische Text kann auf der Basis des ursprünglichen PCT-Textes korrigiert werden, also auch auf der Grundlage eines deutschsprachigen Textes. Die Korrektur erfolgt hierbei über eine »Korrektur einer inkorrekten Übersetzung« und nicht über eine »Änderung« (*Hosei*). 329

Zu einer irrtümlichen Unterlassung der Benennung von Japan in einer PCT-Anmeldung, die in den USA eingereicht wurde, entschied das Bezirksgericht Tokyo, dass die Zustimmung zu einer Berichtigung der in einer PCT-Anmeldung aufgeführten Bestimmungsstaaten durch das Patentamt des Anmeldungsstaates unwirksam ist, wenn eine solche Zustimmung nach den zwingenden Bestimmungen des PCT nicht hätte erteilt werden dürfen[131]. 330

Der internationale vorläufige Prüfungsbescheid hat für den japanischen Prüfer nur informativen Charakter. 331

3.3   Kosten 332

Die amtliche Anmeldegebühr beträgt bei einer direkt in Japan in japanischer Sprache bis zum 31.3.2004 online eingereichten Patentanmeldung unabhängig von der Zahl der Patentansprüche 21,000 Yen (ebenso für die Einleitung der nationalen japanischen Phase bei einer PCT-Anmeldung), im Falle einer eng- 333

---

131 »Anmeldeberichtigung«, Bezirksgericht Tokyo, 30.7.1990; vgl. *GRUR Int.* 1993, Seiten 885–886.

lischsprachigen Anmeldung 35,000 Yen. Bei Einreichung der japanischsprachigen Übersetzung fallen keine Amtsgebühren an. Für japanische Patentanmeldungen, die ab 1.4.2004 eingereicht werden, ist die Anmeldegebühr auf 16.000 Yen herabgesetzt.

334 Bei Einreichung von Patentanmeldungen in Papierform ist eine amtliche Dateneintragungsgebühr in Höhe von 4.300 Yen zzgl. 800 Yen pro Seite des englischen Textes zu entrichten. Die Amtsgebühr für die Korrektur einer inkorrekten Übersetzung beträgt 19.000 Yen pro Änderung.

335 Die Anmeldegebühr oder Prüfungsantragsgebühr und andere Gebühren können in japanischen Gebührenmarken, bar oder vorzugsweise durch Abbuchung von einem beim JPA geführten Konto entrichtet werden (§ 195 JPatG). Versehentlich gezahlte oder zuviel gezahlte Gebühren werden zurückerstattet.

336 **3.4   Einreichungsarten**

337 Eine Patentanmeldung kann beim JPA bereits seit 1990 online, per Diskette oder in Papierform eingereicht werden. Vor dem 1.1.2000 konnten PCT-Anmeldungen nur in Papierform eingereicht werden. Japanische Patentanmeldungen können nicht per Telefax eingereicht werden. Die Online-Einreichung wird vom JPA favorisiert. Es entfallen hierbei wie auch bei der Einreichung per Diskette die vom JPA bei Patentanmeldungen in Papierform in Rechnung gestellten Dateneintragungsgebühren. Allerdings ist zu beachten, dass das neue Online-Einreichsystem des JPA verschiedene Datenkonversions- und Bildverarbeitungserfordernisse beinhaltet, um die Kompatibilität mit der bestehenden Datenbasis des JPA sicherzustellen. Typische Beispiele sind, dass alle Zeichnungen von einem Scanner gelesen, in der Größe reduziert und in 400/200 dpi GIF- oder BMP-Dateien konvertiert werden. Mathematische Ausdrücke, chemische Formeln, Tabellen etc. müssen in verschiedenen Dateien und verschiedenen Formaten erstellt werden. Die Anordnung der Abbildungen muss spezielle Erfordernisse des elektronischen Anmeldesystems erfüllen, sodass jede Abbildung getrennt gescannt werden kann. Die Online-Einreichung erfordert daher eine längere Vorbereitungszeit.

338 Die Patentanmeldung wird bei der zum 1.4.1998 geänderten Online-Einreichung mittels der kostenlos vom JPA zur Verfügung gestellten Software erstellt und beim JPA Online durch ein beim Anwalt befindliches Terminal eingereicht. Hierbei wird sofort eine Anmeldenummer erteilt, die zusammen mit den Daten sämtlicher vom JPA erhaltener Dokumente dem Anwalt unmittelbar nach der Einreichung online zugesandt und ausgedruckt wird.

3.5   Inanspruchnahme von Prioritätsrechten   339

Japan ist seit 1899 PVÜ-Mitglied, sodass eine Priorität aus einem PVÜ-Mit- 340
gliedsland in Anspruch genommen werden kann. Die Priorität muss zusammen mit der Anmeldung beansprucht werden. Ist die Patentanmeldung eingereicht, kann eine nicht in Anspruch genommene Priorität nicht nachträglich
beansprucht werden. Es ist ggf. die in Japan eingereichte Patentanmeldung
unter Beanspruchung der Priorität nochmals einzureichen.

Bis vor wenigen Jahren war die Korrektur eines Fehlers oder einer Behaup- 341
tung bei der Beanspruchung einer Priorität schwierig und beinahe unmöglich.
Die Praxis des JPA hat sich gelockert. Einige Fehler können mittlerweile
korrigiert werden:

1) Wenn Anmeldedatum oder Staat der Basisanmeldung(en) in den Anmeldeunterlagen falsch angegeben ist, kann dies entsprechend dem auf dem Priori-
tätsdokument angegebenen Datum oder Staat korrigiert werden, wenn das
Dokument innerhalb von 16 Monaten nach dem Einreichdatum der Basisanmeldung eingereicht wird. Wenn Anmeldedatum und Staat in den Anmeldeunterlagen falsch angegeben sind, können diese nicht korrigiert werden.

2) Wenn das in den Anmeldeunterlagen angegebene Anmeldedatum der Basisanmeldung korrekt ist, aber das im Prioritätszertifikat erscheinende Anmeldedatum falsch, kann das falsche Anmeldedatum im Prioritätszertifikat durch
ein Zertifikat der ausstellenden Behörde korrigiert werden. Dieses Zertifikat
sollte innerhalb von 16 Monaten nach dem Anmeldedatum der Basisanmeldung eingereicht werden.

3) Wenn das Anmeldedatum sowohl in den Anmeldeunterlagen als auch in
den Prioritätsunterlagen falsch ist, kann es auf die gleiche Weise korrigiert
werden wie im vorhergehenden Fall.

Das Prioritätszertifikat muss in die japanische Sprache nur in dem Umfang 342
übersetzt werden, dass Staat, Einreichdatum und Anmeldenummer der Basisanmeldung deutlich daraus hervorgehen. Eine japanische Übersetzung der Beschreibung (des Prioritätsbeleges) ist nur auf Verlangen des Prüfers vorzulegen.

Das Prioritätszertifikat kann innerhalb einer nichtverlängerbaren Frist von 16 343
Monaten vom Einreichdatum der Basisanmeldung oder dem frühesten Anmeldedatum der Basisanmeldungen gerechnet vorgelegt werden. Zu beachten
ist, dass kein Amtsbescheid mit einer Aufforderung zur Vorlage ergeht, der
Anmelder also selber auf die Einhaltung dieser Frist achten muss.

344 Das Obergericht Tokyo entschied am 27.1.1977 im »Hoechst«-Fall, dass eine zur Inanspruchnahme eines Prioritätsrechts ausreichende Patentanmeldung nicht vorliegt, wenn diese kein Ausführungsbeispiel enthält[132]. Mittlerweile hat sich in Japan die Prüfungspraxis sehr geändert. Das Fehlen eines Ausführungsbeispieles dürfte gegenwärtig nicht automatisch zur Aberkennung der Priorität führen. Es sollte jedoch beachtet werden, dass vom japanischen Prüfer eine umfassendere Offenbarung der Erfindung verlangt wird als am DPMA oder EPA und es im Extremfall zur Aberkennung eines Prioritätsrechts kommen kann.

345 Wird eine in einer früheren Patentanmeldung geltend gemachte Erfindung durch eine später vorgenommene, zweite Anmeldung ergänzt, so ist als das Prioritätsdatum im Sinne der PVÜ für die übereinstimmenden Teile das Datum der Erstanmeldung maßgeblich[133].

346 Nach Art. 4H PVÜ genügt die Offenbarung der Erfindungen in den Anmeldungsunterlagen des Erstanmeldungslandes. In einer Entscheidung des Obergerichts Tokyo genügte indessen die Offenbarung in einer ordnungemäßen US-amerikanischen Patentanmeldung nicht den japanischen Offenbarungserfordernissen[134]. Die Priorität der US-Patentanmeldung konnte somit nicht beansprucht werden.

347 In einer Entscheidung des Obergerichtes Osaka vom 25.2.1994, die durch die Anwendung der Äquivalenzdoktrin bekannt geworden ist, ging es auch um die Wirksamkeit der Inanspruchnahme der Priorität[135]. Das Obergericht Osaka prüfte das mutmaßlich verletzte Patent auf Neuheit und erfinderische Tätigkeit (Fortschrittlichkeit), da die Beklagte behauptet hatte, dass die für die Klagepatente geltend gemachten Prioritätsdaten teilweise zu Unrecht beansprucht seien und der Gegenstand der Ansprüche somit durch dazwischen liegende Veröffentlichungen zur Aminosäuresequenz von menschlichem t-PA vorweggenommen sei. Entsprechend lägen Nichtigkeitsgründe vor, sodass eine enge Auslegung der Patentansprüche erforderlich sei.

Bei den Klagepatenten war die Priorität von drei US-Patentanmeldungen beansprucht worden. Die in der dritten US-Anmeldung und den Klagepatenten offenbarte Aminosäuresequenz wies jedoch im Vergleich zu der in den ersten beiden Prioritätsanmeldungen offenbarten Aminosäuresequenz Unterschiede an den Positionen 175, 178 und 191 auf. Die Beklagte hatte dies bereits im Einspruchsverfahren und in einem nachfolgenden, zum Zeitpunkt der

---

132 »Farbwerke Hoechst AG vs. Präsident des JPA«, Obergericht Tokyo, 27.1.1977; *GRUR Int.* 1977, 453–456; *IIC*, Vol. 8 (1977), Seiten 566–574.
133 »Ablesevorrichtung«, Obergericht Tokyo, 22.6.1993; vgl. *GRUR Int.* 1995, Seiten 74–76.
134 Obergericht Tokyo, 20.10.1993; vgl. *AIPPI Journal*, Vol. 19 (1994), Seite 126ff..
135 Vgl. *GRUR Int.* 1996, 740.

Entscheidung des Obergerichtes Osaka anhängigen Nichtigkeitsverfahren vorgebracht und im Hinblick darauf die Nichtigkeit der Klagepatente geltend gemacht. Zum Einspruch hatte das JPA entschieden, dass es sich bei den abweichenden Angaben zur t-PA-Aminosäuresequenz in den ersten beiden Prioritätsdokumenten um Schreibfehler handelte, die die Wirksamkeit der Inanspruchnahme des Prioriätsrechts nicht beeinträchtigten.

Das Obergericht Osaka folgte den Ansichten von JPA und Bezirksgericht Osaka im erstinstanzlichen Urteil im Verletzungsverfahren. In den Entscheidungsgründen stellte es fest, dass der Inhalt der in der ursprünglichen Prioritätsanmeldung in den USA beschriebenen Erfindung nur nach dem Wortlaut der darin enthaltenen Patentansprüche beurteilt werden könne. Sofern der Wortlaut in Hinblick auf den damaligen Stand der Technik und die Beschreibung offensichtliche Schreibfehler enthalte, seien die Ansprüche entsprechend auszulegen. Dies gelte auch, wenn sich bei Ausführung der fraglichen Erfindung durch den Fachmann herausstelle, dass offensichtliche Schreibfehler vorliegen. In jedem Falle müsse von einem Fachmann auf dem betreffenden Gebiet beurteilt werden, ob in den Patentansprüchen Schreibfehler sind und ob die Erfindung damit hinreichend offenbart ist. Das Gericht berücksichtigte die vorgelegten Beweismittel zur Entstehungsgeschichte der Erfindung und folgerte, dass zumindest aus subjektiver(!) Sicht der Erfinder die Unterschiede an den drei Positionen der Aminosäuresequenz Schreibfehler waren, unter anderem deshalb, weil die Sequenzen nach der Überzeugung des Gerichts jeweils auf der Basis desselben cDNA-Klons bestimmt worden waren. Bei seinen Erwägungen berücksichtigte das Gericht, dass die Arbeitsschritte zur Klonierung und Expression der cDNA in den Prioritätsdokumenten mit jenen im Klagepatent übereinstimmten.

Interessanterweise sind sowohl JPA wie Verletzungsgericht davon ausgegangen, dass die Priorität der ersten beiden US-Anmeldungen wirksam in Anspruch genommen worden war. Das Europäische Patentamt (EPA) war in der Entscheidung T923/92 (menschlicher t-PA/GENENTECH) zu einem anderen Ergebnis gekommen[136].

---

136 Siehe *Amtsblatt EPA* 1996, 564. In T923/92 hatte die Beschwerdekammer des EPA bei Genentechs parallelem europäischem t-PA-Patent in den oben genannten Unterschieden zwischen der Aminosäuresequenz im angegriffenen Patent und den in den Prioritätsdokumenten I und II offenbarten Aminosäuresequenzen Abweichungen in einem »echten technischen Merkmal« gesehen, das »aus der Sicht des Fachmanns die Erfindung kennzeichnet«. Daher wurden der in den Prioritätsdokumenten I und II offenbarte t-PA im Vergleich zu dem im europäischen Patent beanspruchten t-PA nicht als »dieselbe Erfindung« i.S.v. Art. 87(1) EPÜ angesehen und die Wirksamkeit der Beanspruchung der beiden frühesten Prioritätsdaten verneint.

348 ## 3.6   Recht an der Erfindung/Mehrere Erfinder

349 Wenn mehreren Erfindern gemeinsam das Recht zusteht, ein Patent zu erhalten, muss die Anmeldung von allen Mitinhabern eingereicht werden (§ 38 JPatG), da sie ansonsten zurückgewiesen wird (§ 49(1) JPatG). Wenn einer der Mitinhaber keine Patentanmeldung einreichen möchte, kann die Patentanmeldung nicht von den restlichen Mitinhabern eingereicht werden. *Shimpan*-Verfahren vor dem JPA müssen von sämtlichen Mitinhabern eingeleitet werden (§ 132(3) JPatG). Zu der Frage, ob dies auch für Klagen vor dem Obergericht Tokyo gilt, gibt es widersprüchliche OGH-Entscheidungen. 1995 hatte der OGH in einem Gebrauchsmustereintragungsverfahren entschieden, dass die Eintragungsklage gegen die zurückweisende Entscheidung des JPA grundsätzlich nur von allen Miterfindern gemeinsam erhoben werden kann[137]. Nach der Rechtsprechung des OGH aus dem Jahr 2002 zum Markenrecht ist jeder Mitinhaber einer Marke zu Klageerhebung vor dem Obergericht Tokyo berechtigt[138]. Die Bestimmungen im JGeschmG und JMarkenG verweisen zur gemeinsamen Inhaberschaft auf die Bestimmungen im JPatG (vgl. § 41 JGebrMG, § 56(1) JMarkenG).

350 In Japan ist es sehr schwierig, die Erfinderbenennung zu ändern. Die Erfinder müssen bei der Einreichung bekannt sein. Zur Änderung müssen eidesstattliche Erklärungen eingereicht werden. Diese Komplikationen stellen einen prinzipiellen Makel dar, da sie auf einen unrechtmäßigen Rechtsübergang hinweisen und dadurch das Patent schwächen. Eine unkorrekte Erfinderbenennung kann auch ein Nichtigkeitsgrund sein, wenn der Anmelder weder der Erfinder noch der Inhaber der Rechte aller Erfinder ist. Im Fall »Iwao OKA vs. K.K. Yamato Seisakusho« hielt der OGH eine Entscheidung des Obergerichts Tokyo aufrecht, dass eine Gebrauchsmusterregistrierung wegen fehlerhafter Erfindereigenschaft für nichtig erklärt hatte. Es gibt keine Bestimmungen, wonach die Erfinderbenennung entsprechend der Zu- oder Abnahme der Ansprüche zu korrigieren ist.

351 Beim Diebstahl einer Erfindung und Einreichung einer Patentanmeldung durch den Nichtberechtigten kann der Erfinder beim JPA nur die Vernichtung des Patentes im Rahmen eines Einspruches oder Nichtigkeitsverfahrens erreichen.

---

137 »Magnetisches Behandlungsgerät II«, OGH, 7.3.1998; vgl. *GRUR Int.* 1998, 507–511.
138 OGH, 28.2.2002, Fall Nr. 2001 Gyo-Hi 12; vgl. Jinzo Fujino, *AIPPI Journal*, Vol. 27, No. 5 (2000), Seiten 341–344.

4   Das Patenterteilungsverfahren vor dem JPA

Inhaltsübersicht

4.1   Verfahren in Patentsachen vor dem JPA   352

4.1.1   Allgemeines   353

Wer vor dem JPA auftritt, kann Änderungen nur während der Anhängigkeit   354
des Falles vor dem JPA vornehmen (§ 17(1) JPatG)[139]. Dies betrifft die Rück-

---

[139] § 17 JPatG:
(1) Wer vor dem Amt auftritt, kann Änderungen nur so lange einreichen, wie das Verfahren vor dem Amt noch anhängig ist. Vorbehaltlich §§ 17bis, 17ter oder 17[quater] können Änderungen der dem Antrag beigefügten Beschreibung, der Zeichnungen oder der Zusammenfassung sowie der dem schriftlichen Antrag nach § 126(1), § 134(2) oder § 120[quater](2) beigefügten berichtigten Beschreibung oder der Zeichnungen jedoch nicht mehr vorgenommen werden.
(2) Ungeachtet des Hauptsatzes in Abs. 1 kann der Anmelder einer in § 36[bis](2) genannten Anmeldung mit fremdsprachigen Unterlagen diese fremdsprachigen Unterlagen sowie die in § 36bis Abs. 1 genannte fremdsprachige Zusammenfassung nicht mehr ändern.
(3) Der Präsident des JPA oder der Vorsitzende *Shimpan*-Prüfer können in folgenden Fällen zu einer Änderung unter Festsetzung einer angemessenen Frist auffordern:
(i) wenn den Erfordernissen der Bestimmungen des § 7 Abs. 1, 2 oder 3 oder des § 9 nicht nachgekommen ist;
(ii) wenn die formellen Erfordernisse dieses Gesetzes oder einer auf Grund dieses Gesetzes

nahme oder Umwandlung einer Anmeldung und die Korrektur von formalen Fehlern im Antrag. Vorbehaltlich §§ 17bis, 17ter und 17^{quater} können Änderungen der dem Antrag beigefügten Beschreibung, Zeichnungen oder Zusammenfassung nicht mehr vorgenommen werden. Änderungen sind ebenso nicht zulässig an der korrigierten Beschreibung, die einem Antrag auf Korrektur unter § 120^{quater}(2) [Änderungen im Einspruchsverfahren] oder § 134(2) JPatG [Nichtigkeitsverfahren] oder einem Berichtigungsantrag gemäß § 126(1) JPatG [Berichtigungsverfahren] beigefügt sind.

355   Bei einer fremdsprachigen Anmeldung dürfen die fremdsprachigen Unterlagen incl. Zusammenfassung nicht geändert werden; allerdings kann die japanische Übersetzung korrigiert werden (§ 17bis(2) JPatG).

356   Die Zusammenfassung kann vom Anmelder nur innerhalb von einem Jahr und 3 Monaten nach Einreichung der Patentanmeldung bzw. der frühesten Prioritätsanmeldung geändert werden (§ 17ter(3) JPatG).

357   Die Änderung der berichtigten Beschreibung oder der Zeichnungen in einem Einspruchs-, Nichtigkeits- und Berichtigungsverfahren ist in § 17^{quater} JPatG geregelt[140].

358   Zur Rechtsunwirksamkeit eines Verfahrens bestimmt § 18 JPatG, dass der Präsident des JPA ein Verfahren für rechtsunwirksam erklären kann, wenn die Person, die er gemäß § 17(3) JPatG zur Änderung aufgefordert hat, die Änderung nicht innerhalb der bestimmten Frist einreicht, oder wenn eine Person, welche die Eintragung eines Patents beantragt hat, die Jahresgebühr nicht innerhalb der in § 108(1) JPatG vorgeschriebenen Frist entrichtet (§ 18(1) JPatG). Eine Patentanmeldung kann daher bei nicht fristgerechter Gebührenzahlung für rechtsunwirksam erklärt werden (§ 18(2) JPatG).

---

erlassenen Verordnung oder Anordnung nicht erfüllt worden sind;
(iii) wenn die gemäß § 195(1)-(3) vorgeschriebenen Gebühren für ein Verfahren nicht gezahlt worden sind.
(4) Vorbehaltlich § 17bis(2) sind Änderungen nach dem Hauptsatz in Abs. 1 dieses Paragraphen (ausgenommen in bezug auf die Entrichtung der Gebühren) schriftlich einzureichen.

140   § 17^{quater} JPatG:
(1) Ein Patentinhaber kann die dem schriftlichen Berichtigungsantrag nach § 120^{quater}(2) beigefügte berichtigte Beschreibung oder die Zeichnungen nur innerhalb der in § 165 bestimmten Frist nach Maßgabe von § 120^{quater} Abs. 1 oder 3 ändern.
(2) Der Nichtigkeitsbeklagte in einem [Nichtigkeits]verfahren nach § 123(1) kann die dem schriftlichen Berichtigungsantrag nach § 134 Abs. 2 beigefügte Beschreibung oder die Zeichnungen nur innerhalb der in § 134 Abs. 1 und § 165 bestimmten Frist nach Maßgabe von § 134 Abs. 5 oder § 153 Abs. 2 ändern.
(3) Der Antragsteller in einem [Berichtigungs-]Verfahren nach § 126(1) kann die dem schriftlichen Klageantrag nach § 126(1) beigefügte Beschreibung oder die Zeichnungen nur vor dem Bescheid nach § 156(1) ändern (bei einer Wiedereröffnung des Verfahrens nach § 156(2) vor dem erneuten Bescheid nach § 156 (1)).

Patentverfahren vor dem JPA, Obergericht Tokyo und OGH

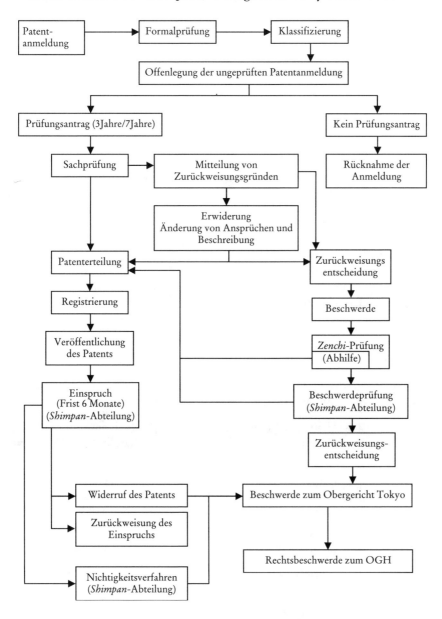

359   Die Wirkungen von Verfahrenshandlungen in Bezug auf ein Patentrecht oder ein anderes Recht an einem Patent erstrecken sich auf den Rechtsnachfolger (§ 20 JPatG). Der Präsident des JPA oder der Vorsitzende [einer *Shimpan*-Abteilung] können, wenn ein Patentrecht oder ein anderes Recht an einem Patent während eines beim JPA anhängigen Verfahrens übertragen worden sind, das Verfahren in dieser Sache für den Rechtsnachfolger durchführen (§ 21 JPatG).

360   Unterbrechung oder Aussetzung eines Verfahrens sind in §§ 22 bis 24 JPatG geregelt, wobei nach § 24 JPatG Vorschriften der JZPO auf Prüfungs-, Einspruchsverfahren und diesbezügliche Beschlüsse, Beschwerde- oder Wiederaufnahmeverfahren entsprechend anwendbar sind.

Außerdem bestimmt § 22 JPatG, dass der Präsident des JPA oder der Vorsitzende *Shimpan*-Prüfer auf Antrag über die Fortführung des Verfahrens, das nach Zustellung eines Beschlusses, einer Entscheidung des Prüfers oder einer Beschwerdeentscheidung unterbrochen war, eine schriftliche, mit Gründen versehene Entscheidung zu fällen haben. Der Präsident des JPA oder der *Shimpan*-Prüfer (*Shimpan kan*) können auf Antrag oder von Amts wegen anordnen, dass eine Person, die zur Fortführung eines unterbrochenen Prüfungs-, Einspruchsverfahren mit einem diesbezüglichen Beschluss, Beschwerde- oder Wiederaufnahmeverfahrens verpflichtet ist und die Fortführung unterlassen hat, das Verfahren innerhalb einer zu bestimmenden Frist fortzuführen hat (§ 23 JPatG[141]).

361   Hilfsanträge werden im Allgemeinen nicht berücksichtigt.

362   In den Verfahren vor dem JPA sind sowohl die Zivilprozessordnung (JZPO) als auch die Verwaltungsgerichtsordnung (JVwGO) anwendbar[142].

Auf die JZPO wird in den §§ 24 [Unterbrechung oder Hemmung von Gerichtsverfahren], 145(4) [Ladung zur mündlichen Verhandlung], 146 [Anwe-

---

141 § 23 JPatG:
 (1) Der Präsident des JPA oder der *Shimpan*-Prüfer können auf Antrag oder von Amts wegen anordnen, dass eine Person, die zur Fortführung eines unterbrochenen Prüfungs-, Einspruchsverfahrens mit einem diesbezüglichen Beschluss, Beschwerde- oder Wiederaufnahmeverfahrens verpflichtet ist und die Fortführung unterlassen hat, das Verfahren innerhalb einer zu bestimmenden Frist fortzuführen hat.
 (2) Der Präsident des JPA oder der *Shimpan*-Prüfer können, wenn die Fortführung nicht innerhalb der gemäß dem vorstehenden Abs. bestimmten Frist erfolgt ist, die Fortführung in dem Zeitpunkt als erfolgt ansehen, in dem diese Frist abgelaufen ist.
 (3) Der Präsident des JPA oder der Vorsitzende *Shimpan*-Prüfer haben, wenn die Fortführung des Verfahrens nach Maßgabe der Vorschriften des vorstehenden Absatzes als erfolgt gilt, die betroffenen Parteien hiervon zu benachrichtigen.
142 Vgl. »Walzenschleifmaschine«, OGH, 28.4.1992, vgl. *GRUR Int.* 1992, S. 925 ff. : Hier sind §§ 33(1), 41 JVwGO zitiert.

senheit des Übersetzers], 147(3) [Protokolle über mündliches Vorbringen], 151 [Beweisaufnahme und Beweissicherung] sowie 190 und 191 JPatG [Zustellung von Schriftstücken] verwiesen.

Nach § 195ter JPatG sind Kapitel 2 und 3 JVerwGO nicht auf Maßnahmen unter dem JPatG oder auf eine Anordnung oder einen Erlass nach dem JPatG anwendbar. Eine Beschwerde gemäß JVerwBG findet gegen eine Prüferentscheidung oder einen Widerrufsbeschluss, eine Entscheidung der *Shimpan*-Abteilung des JPA sowie einen Beschluss auf Zurückweisung eines schriftlichen Einspruchs gegen das Patent oder einen *Shimpan*- oder Wiederaufnahmeantrag oder gegen Maßnahmen, gegen die eine Beschwerde aufgrund des JPatG nicht zulässig ist, nicht statt (§ 195^{quater} JPatG).

Die Zustellung an im Ausland ansässige Rechtsinhaber ist in § 192 JPatG geregelt[143].   363

In den §§ 121–170 JPatG sind die Verfahren vor der *Shimpan*-Abteilung (*Shimpanbu*) des JPA geregelt, die für Beschwerde-, Berichtigungs-, Nichtigkeits- und Einspruchsverfahren zuständig ist.   364

Die Formerfordernisse für einen Antrag auf ein *Shimpan*-Verfahren (*Shimpan seikyû*) sind in § 131 JPatG geregelt[144]. Wenn der schriftliche Antrag nicht den Erfordernissen von § 131(1) oder (3) JPatG entspricht, wird der Antragsteller unter Setzung einer angemessenen Frist zur Ergänzung des schriftlichen Antrags aufgefordert; dasselbe gilt, wenn die Gebühren gemäß § 195(2) JPatG   365

---

143 § 192 JPatG:
(1) Wenn ein im Ausland Ansässiger einen Patentbevollmächtigten bestellt hat, hat die Zustellung an diesen zu erfolgen.
(2) Wenn ein im Ausland Ansässiger keinen Patentbevollmächtigten bestellt hat, werden die Schriftstücke durch eingeschriebenen Luftpostbrief versandt.
(3) Wenn die Schriftstücke nach Maßgabe des vorstehenden Absatzes durch die Post abgesandt worden sind, gilt die Zustellung im Zeitpunkt der Aufgabe zur Post als bewirkt.

144 § 131 JPatG:
(1) Wer ein *Shimpan*-Verfahren [Beschwerde, Nichtigkeitsantrag] beantragt, hat an den Präsidenten des JPA einen schriftlichen Antrag unter Angabe der folgenden Tatsachen zu richten:
(i) Name, Wohnsitz oder Aufenthaltsort des Antragstellers und seines Bevollmächtigten;
(ii) Bezeichnung der Sache;
(iii) Die mit dem Antrag nachgesuchte Abhilfe und Gründe hierfür.
(2) Eine Änderung des schriftlichen Antrags, der nach Maßgabe der Vorschriften des vorstehenden Absatzes eingereicht worden ist, darf seinen wesentlichen Inhalt nicht verändern; diese Vorschrift soll jedoch nicht anwendbar sein auf die Gründe für den Antrag unter Punkt (iii) des vorgehenden Absatzes, außer für den Fall, dass Verfahren beantragt wurden, die unterschiedlich sind als die Verfahren unter § 123(1).
(3) Bei Anträgen auf ein *Shimpan*-Verfahren nach Maßgabe des § 126 Abs. 1 sind dem schriftlichen Antrag die berichtigte Beschreibung oder die berichtigten Zeichnungen beizufügen.

nicht gezahlt worden sind (§ 133(2) JPatG). Wenn der Antragsteller die erforderlichen Ergänzungen nicht innerhalb dieser Frist vornimmt, wird der Antrag abgewiesen (§ 133(3) JPatG). Für die Wirksamkeit des schriftlichen Antrags ist somit die Angabe von Gründen nicht erforderlich.

366 In Beschwerdeverfahren gemäß § 121(1) JPatG oder Berichtigungsverfahren gemäß § 126(1) JPatG trägt der Antragsteller (Anmelder, Inhaber) oder Einsprechende die Kosten (§ 169(3) JPatG).

367 Für den Fall, dass zwei oder mehrere Personen einen Nichtigkeitsantrag gemäß § 123(1) bzw. § 125bis(1) JPatG hinsichtlich desselben Patentrechts erheben, können diese Personen gemeinsam den Antrag stellen (§ 132(1) JPatG). Ein Nichtigkeitsantrag gegen ein Patentrecht, das mehreren Personen gemeinschaftlich zusteht, ist gegen alle Mitinhaber gemeinsam zu erheben (§ 132(2) JPatG). Bei mehreren gemeinsamen Inhabern an einem Patentrecht oder einem Recht auf Erteilung eines Patents muss ein *Shimpan*-Antrag bezüglich dieses Rechts von allen Mitinhabern gemeinsam gestellt werden (§ 132(3) JPatG). Wenn ein Grund für die Aussetzung oder Unterbrechung eines Verfahrens für einen der Antragsteller oder -gegner vorliegt, gilt die Unterbrechung oder Aussetzung für alle Beteiligten (§ 132(4) JPatG).

368 Zur Durchführung des Verfahrens bestimmt § 145 JPatG, dass über Nichtigkeitsanträge gemäß § 123(1) oder § 125bis(1) JPatG mündlich verhandelt werden muss, andere Verfahren dagegen schriftlich durchzuführen sind. Jedoch kann der Vorsitzende auf Antrag der Parteien, der Nebenintervenienten oder von Amts wegen die Durchführung im schriftlichen Wege beschließen bzw. eine mündliche Verhandlung anordnen.

369 Wer nach § 132(1) JPatG einen Antrag erheben kann bzw. ein berechtigtes Interesse am Verfahrensausgang hat, kann dem Verfahren als Nebenintervenient beitreten, solange das Verfahren nicht abgeschlossen ist, und das Verfahren auch dann fortführen, wenn die Partei den Antrag zurückgenommen hat (§ 148(1)–(3) JPatG). Ein Nebenintervenient kann alle Verfahrenshandlungen vornehmen (§ 148(4) JPatG). Wenn für einen Nebenintervenienten ein Grund zur Unterbrechung oder Aussetzung des Verfahrens vorliegt, wirkt diese Unterbrechung oder Aussetzung auch für die Partei (§ 148(5) JPatG). Die Nebenintervention ist schriftlich zu beantragen und den Parteien unter Fristsetzung zur Stellungnahme zuzustellen; gegen die schriftliche, mit Gründen zu versehende Entscheidung des Vorsitzenden ist kein Rechtsmittel gegeben (§ 149 JPatG).

370 Das Verfahren kann vom Vorsitzenden auch dann fortgesetzt werden, wenn die Parteien oder Nebenintervenienten Prozesshandlungen nicht fristgerecht

vornehmen oder in der mündlichen Verhandlung nicht persönlich erscheinen (§ 152 JPatG).

Im Verfahren können auch Tatsachen berücksichtigt werden, die von den 371 Parteien oder Nebenintervenienten nicht vorgebracht worden sind (§ 153(1) JPatG). Der Vorsitzende hat in diesen Fällen die Parteien oder Nebenintervenienten vom Ergebnis zu benachrichtigen und ihnen unter Setzung einer angemessenen Frist Gelegenheit zur Stellungnahme zu geben (§ 153(2) JPatG). In den Verfahren werden nur über die vom Antragsteller gestellten Anträge verhandelt (§ 153(3) JPatG).

In einem *Shimpan*-Verfahren können auf Antrag einer der Parteien oder des 372 Nebenintervenienten oder von Amts wegen Beweise erhoben werden (§ 150(1) JPatG). Eine Beweissicherung kann auf Antrag eines Interessenten vor Antragstellung oder während eines anhängigen *Shimpan*-Verfahrens auf Antrag einer der Parteien oder der Nebenintervenienten oder von Amts wegen durchgeführt werden (§ 150(2) JPatG). Der Antrag ist an den Präsidenten des JPA zu richten, der zur Beweissicherung einen Prüfer und Schriftführer (clerk, *Shimpan shokikan*) zu bestimmen hat. Parteien und Nebenintervenienten sind vom Ergebnis zu unterrichten, wobei ihnen unter Fristsetzung Gelegenheit zur Einreichung einer Stellungnahme zu geben ist (§ 150(5) JPatG). Um die Erhebung oder Sicherung der Beweise kann das örtlich zuständige Amtsgericht (*Kan'i saibansho*) oder Bezirksgericht (*Chihô saibansho*) ersucht werden (§ 150(6) JPatG).

Sind in zwei oder mehreren anhängigen Verfahren eine oder beide Parteien 373 identisch, können die Verfahren miteinander verbunden werden (§ 154(1) JPatG). Die verbundenen Verfahren können wieder getrennt werden (§ 154(2) JPatG).

Ein *Shimpan*-Antrag kann bis zu dem Zeitpunkt, zu dem die Entscheidung 374 (*Shinketsu*) rechtskräftig wird, zurückgenommen werden (§ 155(1) JPatG). Wenn die andere Partei die in § 134(1) JPatG genannte Stellungnahme eingereicht hat, ist dies nur mit Zustimmung dieser Partei möglich (§ 155(2) JPatG). Bei einem Nichtigkeitsantrag kann der Antrag für jeden der Ansprüche zurückgenommen werden (§ 155(3) JPatG).

Der Vorsitzende (*Shimpanchô*) hat bei Entscheidungsreife der Sache die Par- 375 teien und Nebenintervenienten vom Schluss der Verhandlung zu benachrichtigen (§ 156(1) JPatG). Der Vorsitzende kann, wenn dies erforderlich ist, auf Antrag der Parteien oder Nebenintervenienten oder von Amts wegen die Verhandlung nach Zustellung dieser Mitteilung wieder eröffnen (§ 156(2) JPatG). Die Entscheidung ist innerhalb von 20 Tagen von dem Zeitpunkt an, in dem die Benachrichtigung gemäß Abs. 1 erfolgt ist, zu erlassen; dies gilt jedoch nicht, wenn das Verfahren besonders schwierig ist oder wenn andere unvermeidbare Umstände vorliegen (§ 156(3) JPatG).

Details zur Form der Entscheidung sind in § 157 JPatG geregelt[145]. In einem Beschwerdeverfahren gemäß § 121(1) JPatG kann entschieden werden, dass eine weitere Prüfung durchzuführen ist, wobei die Entscheidung für den Prüfer in dieser Sache bindend ist (§ 160 JPatG).

376   Die Beziehung zu gerichtlichen Klageverfahren regelt § 168 JPatG. Danach kann das *Shimpan*-Verfahren erforderlichenfalls ausgesetzt werden, bis ein Beschluss über einen Einspruch oder eine *Shimpan*-Entscheidung in einer anderen Sache rechtskräftig geworden ist oder ein gerichtliches Klageverfahren beendet ist. Wenn eine Klage oder ein Antrag auf vorläufige Pfändung oder vorläufige Verfügung eingereicht worden ist, kann das Gericht, wenn dies erforderlich ist, dieses Verfahren bis zur Rechtskraft der Entscheidung im *Shimpan*-Verfahren aussetzen. Gericht und *Shimpan*-Abteilung des JPA haben sich gegenseitig über Anhängigkeit und Verlauf von dasselbe Patentrecht betreffenden Verfahren zu unterrichten.

377   Über die Kosten von *Shimpan*-Verfahren wird durch Beschluss von Amts wegen entschieden, wobei die rechtskräftige Entscheidung über die Verfahrenskosten dieselbe Rechtswirkung hat wie ein vollstreckbarer Schuldtitel (§§ 169, 170 JPatG).

378   **4.1.2   Vertretung in Patentangelegenheiten**

379   Verfahrenshandlungen vor dem JPA durch Vereinigungen ohne eigene Rechtspersönlichkeit regelt § 6 JPatG[146]. Die Fähigkeit von Minderjährigen oder von

---

145 § 157 JPatG:
(1) Ein *Shimpan*-Verfahren ist mit Erlass der Entscheidung beendet.
(2) Die Entscheidung der *Shimpan*-Abteilung ergeht schriftlich, enthält die Namen und Siegel der mitwirkenden Richter sowie die folgenden Einzelheiten:
(i) Aktenzeichen des Verfahrens;
(ii) Name, Wohnsitz oder Aufenthaltsort der Parteien, Nebenintervenienten sowie deren Vertreter;
(iii) Bezeichnung der Sache;
(iv) Tenor und Entscheidungsgründe der Entscheidung;
(v) Datum der Entscheidung.
(3) Der Präsident des JPA hat, nachdem die Entscheidung erlassen worden ist, eine Abschrift der Entscheidung den Parteien, Nebenintervenienten und denjenigen, deren Antrag auf Zulassung als Nebenintervenient in dem Verfahren zurückgewiesen worden ist, zuzustellen.
146 § 6 JPatG:
(1) Eine Vereinigung oder Stiftung ohne eigene Rechtspersönlichkeit, für die ein Vertreter oder Verwalter bestellt worden ist, kann die folgenden Handlungen in ihrem Namen vornehmen:
(i) Stellung eines Prüfungsantrags;

geschäftsunfähigen Personen, Verfahrenshandlungen vor dem JPA vorzunehmen, ist in § 7 JPatG geregelt[147]. Verfahrenshandlungen Geschäftsunfähiger
können genehmigt werden (§ 16 JPatG[148]).

Im Ausland Ansässige müssen sich zur Vornahme von wirksamen Handlungen   380
eines Patentbevollmächtigten (*Tokkyo kanrinin*) bedienen[149]. Für Patentrechte

---

(ii) Erhebung eines Einspruchs gegen ein Patent;

(iii) Einreichung eines Nichtigkeitsantrags nach § 123(1) oder § 125[bis](1);

(iv) Stellung von Wiederaufnahmeanträgen gegen einen rechtskräftigen Beschluss nach
§ 123(1) oder § 125[bis](1) nach Maßgabe der Vorschriften von § 171(1);

(2) Vereinigungen oder Stiftungen ohne eigene Rechtspersönlichkeit, für die ein Vertreter
oder Verwalter bestellt worden ist, können in einem Wiederaufnahmeverfahren gegen einen
rechtskräftigen Beschluss nach Maßgabe der § 123(1) oder § 125[bis](1) in ihrem eigenen Namen
Partei werden.

147 § 7(1)JPatG:
(1) Minderjährige oder für geschäftsunfähig erklärte Personen können Verfahrenshandlungen
nur durch ihren gesetzlichen Vertreter vornehmen; dies gilt jedoch nicht, soweit Minderjährige Rechtshandlungen selbständig vornehmen können.
(2) Beschränkt geschäftsfähig erklärte Personen müssen zur Vornahme von Verfahrenshandlungen die Zustimmung des Vormundes einholen.
(3) Ein gesetzlicher Vertreter bedarf zur Vornahme von Verfahrenshandlungen der Zustimmung des Obervormundes, falls ein solcher bestellt ist.
(4) Die Vorschriften der Abs. 2 und 3 sind nicht anwendbar, wenn beschränkt geschäftsfähig
erklärte Personen oder gesetzliche Vertreter an einem Einspruchs-, *Shimpan-* oder Wiederaufnahmeverfahren beteiligt sind, in dem die Gegenpartei Klage erhoben hat.

148 § 16 JPatG:
(1) Verfahrenshandlungen eines Minderjährigen (mit Ausnahme der Rechtshandlungen, zu
deren Vornahme der Minderjährige selbständig berechtigt ist) oder einer für geschäftsunfähig
erklärten Person können von dem gesetzlichen Vertreter (oder von dem Vertretenen selbst,
wenn dieser die Prozessfähigkeit erworben hat) genehmigt werden.
(2) Verfahrenshandlungen, die von einer Person ohne Vertretungsmacht vorgenommen worden sind, können von dem Vollmachtgeber, der prozessfähig ist, oder von seinem gesetzlichen
Vertreter genehmigt werden.
(3) Verfahrenshandlungen, die von einem für beschränkt geschäftsfähig Erklärten ohne Zustimmung seines Vormundes vorgenommen worden sind, können von dem beschränkt Ge-
schäftsfähigen mit Zustimmung des Vormundes genehmigt werden.
(4) Verfahrenshandlungen, die von einem gesetzlichen Vertreter ohne Zustimmung des Obervormundes, wenn ein solcher bestellt ist, vorgenommen worden sind, können von dem
gesetzlichen Vertreter mit Zustimmung des Obervormundes oder von dem Vertretenen selbst
genehmigt werden, wenn dieser die Prozessfähigkeit erworben hat.

149 § 8 JPatG:
(1) Wer in Japan weder einen Wohnsitz noch einen Aufenthaltsort (bei Körperschaften eine
Geschäftsniederlassung) hat (in diesem Gesetz als »Auswärtiger« bezeichnet), kann, soweit
nicht durch Kabinettsverordnung etwas anderes bestimmt wird, nur durch den für das Patent
bestellten Vertreter, der seinen Wohnsitz oder Aufenthalt in Japan hat (in diesem Gesetz als
»Patentbevollmächtigter« bezeichnet), vor dem Amt auftreten oder Klage erheben gegen eine
Verfügung einer Verwaltungsbehörde, die diese nach Maßgabe der Vorschriften dieses Gesetzes oder auf Grund dieses Gesetzes erlassener Verordnungen und Anordnungen getroffen
hat.
(2) Der Patentbevollmächtigte vertritt den Vollmachtgeber in allen Verfahren und Klagen

oder andere Rechte an einem Patent eines Auswärtigen gilt der Wohnsitz oder Aufenthaltsort seines Patentbevollmächtigten oder ggfs. der Sitz des JPA als Gerichtsstand (Ort des Vermögens im Sinne von § 5(iv) JZPO) (§ 15 JPatG).

381 Dem Patentbevollmächtigten werden amtliche Schriftstücke zugestellt, die sich auf Patentanmeldungen, Nichtigkeits-, Löschungs- und Feststellungsklagen etc. beziehen können. Wenn kein Patentbevollmächtigter in das Patentregister eingetragen ist, werden die in japanischer Schrift abgefassten Klageschriften dem Schutzrechtsinhaber persönlich zugestellt. Unter Umständen geht durch Rücksendung und Übersetzung der Schriftstücke viel Zeit verloren, sodass eine (Klage)erwiderung nicht fristgerecht eingereicht wird. Außerdem kann der Schutzrechtsinhaber seine Adresse geändert haben, ohne dies dem JPA mitgeteilt zu haben. Die Gefahr bestünde dann, dass die direkt an den Schutzrechtsinhaber gerichtete amtliche Mitteilung unzustellbar ist. Der Hinweis über die Unzustellbarkeit wird einen Monat im JPA ausgehängt. Sofern sich innerhalb dieser Frist niemand meldet, wird z.B. anhand der Aktenlage über einen Nichtigkeitsantrag entschieden. Eine ähnliche Situation kann eintreten, wenn ein Wechsel in den firmenvertretungs- und zeichnungsberechtigten Personen einer schutzrechtsinhabenden Firma laut der dem JPA vorliegenden Vertretervollmacht eingetreten ist. Es gab Fälle, in denen das JPA vergeblich versucht hat, früheren Gesellschaftsvertretern per Einschreiben einen Nichtigkeitsantrag zuzustellen, weil diese Personen bereits aus der Firma ausgeschieden waren.

Ist kein ständiger Vertreter eingetragen, kann es bei Änderung von Anschrift und/oder vertretungsberechtigtem Firmenmitglied des Schutzrechtsinhabers dazu kommen, dass ein Schutzrechtsverletzer vor Gericht darlegen kann, er habe den Schutzrechtsinhaber vergeblich zwecks Klärung der patentrechtlichen Situation angeschrieben und sei daher im guten Glauben davon ausgegangen, dass der Schutzrechtsinhaber die Nutzung des Schutzrechts durch ihn dulde. Die Eintragung eines ständigen Vertreters erleichtert überdies möglichen japanischen Interessenten am Schutzrecht die Kontaktaufnahme mit dem Patentinhaber.

382 Den Umfang einer Vollmacht (*Dairiken*) für Vertreter von Personen mit Wohnsitz oder Aufenthaltsort in Japan bestimmt § 9 JPatG[150]. Hiernach darf

---

gegen Maßnahmen einer Verwaltungsbehörde nach Maßgabe der Vorschriften dieses Gesetzes oder auf Grund dieses Gesetzes erlassener Verordnungen oder Anordnungen. Diese Bestimmung findet jedoch keine Anwendung, wenn ein Auswärtiger den Umfang der Vollmacht seines Patentbevollmächtigten beschränkt hat.

150 § 9 JPatG:
Der Vertreter einer Person mit Wohnsitz oder Aufenthaltsort (bei Körperschaften mit einer Geschäftsniederlassung) in Japan, der vor dem Amt auftritt, darf Patentanmeldungen nur umwandeln, auf sie verzichten oder diese zurückziehen, einen Antrag auf Eintragung der

der Vertreter Patentanmeldungen nur umwandeln, auf sie verzichten oder diese zurückziehen, einen Antrag auf Eintragung der Verlängerung der Schutzdauer des Patentrechts, ein Ersuchen, Gesuch oder einen Antrag zurückziehen, das Prioritätsrecht nach § 41(1) JPatG geltend machen oder zurückziehen, Klagen nach Maßgabe von § 121(1) JPatG erheben, auf ein Patentrecht verzichten sowie Unterbevollmächtigte bestellen, wenn er hierzu ausdrücklich bevollmächtigt worden ist.

Die Vollmacht eines vor dem JPA auftretenden Vertreters einer Person erlischt   383
nicht mit dem Tode des Vollmachtgebers oder im Falle einer Körperschaft mit dem Erlöschen durch Zusammenschluss, durch Beendigung der Tätigkeit eines Treuhänders, wenn dieser Vollmachtgeber ist, oder mit dem Tod des gesetzlichen Vertreters oder durch Änderung oder Beendigung der Vertretungsmacht des gesetzlichen Vertreters (§ 11 JPatG). Sind zwei oder mehrere Vertreter einer eine Verfahrenshandlung vor dem JPA vornehmenden Person vorhanden, so ist jeder dieser Vertreter zur Vertretung des Auftraggebers berechtigt (§ 12 JPatG). Der Präsident des JPA kann erforderlichenfalls die Vertretung oder die Bestellung eines neuen Vertreters (ggf. eines Patentanwalts) anordnen (§ 13 JPatG). Bei mehreren Verfahrensbeteiligten regelt § 14 JPatG die gegenseitige Vertretung[151].

Jedes beim JPA hinterlegte Dokument muss mit dem Stempelabdruck (*Han-*   384
ko) eines beim JPA registrierten japanischen Patentanwaltes versehen sein. Bei der elektronischen Einreichung erfolgt die Identifikation durch eine Identifikationsnummer des Patentanwaltes.

Seit dem 1.12.1990 kann der Anmelder eine allgemeine Anwaltsvollmacht   385
(»General Power of Attorney«; *Hôkatsu Ininjô*) anstelle einer speziellen Anwaltsvollmacht (»Power of Attorney; *Ininjô*) für jede Patentanmeldung vorlegen. Die Einzelvollmacht kann per Änderungseingabe (*Hoseisho*) eingereicht werden, da es sich um eine Änderung des Verfahrens handelt, wohingegen eine

---

Verlängerung der Schutzdauer des Patentrechts, ein Ersuchen, Gesuch oder einen Antrag zurückziehen, das Prioritätsrecht nach § 41(1) geltend machen oder zurückziehen, einen Antrag auf Offenlegung stellen, Beschwerden nach Maßgabe von § 121(1) erheben, auf ein Patentrecht verzichten sowie Unterbevollmächtigte bestellen, wenn er hierzu ausdrücklich bevollmächtigt worden ist.

151 § 14 JPatG:
Wenn zwei oder mehrere Personen gemeinschaftlich an einem Verfahren vor dem Amt beteiligt sind, vertritt jede dieser Personen alle anderen Beteiligten, soweit es sich nicht um die Umwandlung, den Verzicht oder die Zurückziehung einer Patentanmeldung, die Rücknahme des Antrags auf Eintragung der Verlängerung der Schutzdauer des Patents, die Zurückziehung von Gesuchen oder Anträgen, den Prioritätsanspruch nach § 41(1) oder dessen Rücknahme, den Antrag auf Offenlegung der Anmeldung oder um die Erhebung der in § 121(1) genannten Beschwerde handelt; dies gilt jedoch nicht, wenn diese Personen einen gemeinsamen Vertreter bestellen und diese Tatsache dem Patentamt mitgeteilt haben.

allgemeine Anwaltsvollmacht als Anhang zu einem Dokument (Einreichung einer allgemeinen Anwaltsvollmacht) einzureichen ist. Eine fremdsprachige Anwaltsvollmacht muss von einer japanischen Übersetzung begleitet sein.

386 **4.1.3 Fristen**

387 Zur Berechnung der nach dem JPatG (oder aufgrund des JPatG erlassener Verordnungen und Anordnungen) festgesetzten Fristen bestimmt § 3(1) JPatG:

> (i) Der erste Tag einer Frist wird nicht mitgerechnet; dies gilt jedoch nicht, wenn die Frist um 0 Uhr beginnt.
> (ii) Eine nach Monaten oder Jahren bestimmte Frist wird nach dem Kalender berechnet. Wenn eine Frist nicht vom Anfang eines Monats oder eines Jahres an berechnet wird, läuft sie an dem Tage ab, der dem Tag des letzten Monats oder Jahres vorangeht, der dem Tag entspricht, an dem die Berechnung beginnt. Wenn im letzten Monat ein entsprechender Tag nicht vorhanden ist, läuft die Frist am letzten Tag dieses Monats ab.

Wenn der letzte Tag einer Frist zur Einreichung einer Patentanmeldung oder eines Antrages oder zur Einleitung eines anderen Verfahrens in Zusammenhang mit einem Patent auf einen Sonntag, einen staatlichen Feiertag nach dem Gesetz über Feiertage von Verwaltungsorganisationen fällt, läuft die Frist am folgenden Werktag ab (§ 3(2) JPatG). Das JPA ist am Samstag nicht geöffnet. Eine an einem Samstag ablaufende Frist verlängert sich bis zum nächsten Werktag.

388 Bei Amtsbescheiden beginnt die Fristberechnung mit dem Tage nach dem Datum des Amtsbescheides (*Hassôbi*). Die vom JPA gemäß § 17(3) JPatG eingeräumte Frist für die Berichtigung von bestimmten formalen Fehlern beträgt unabhängig vom Ort des Anmelders jeweils 30 Tage, gerechnet vom Tag der Absendung des Bescheids. Für die Beantwortung eines Prüfungsbescheides gemäß § 50 JPatG (oder eines Bescheides im Einspruchsverfahren) gibt es eine unverlängerbare Frist von 60 Tagen für in Japan ansässige Anmelder und eine Frist von drei Monaten, die um weitere drei Monate verlängert werden kann, für im Ausland ansässige Anmelder. Die Frist für die Einreichung einer Beschwerde gegen einen Zurückweisungsbeschluss des Prüfers beträgt für in Japan ansässige Anmelder 30 Tage (§ 121(1) JPatG) und für im Ausland ansässige Anmelder 90 Tage ab dem Tag der Übermittlung (*Sôtatsu ga atta hi*). Zwischen *Sôtatsu ga atta hi* und *Hassôbi* gibt es keinen Unterschied in der rechtlichen Wirkung; beide bedeuten den Tag des Erlasses

(Absendetag) eines Bescheides/einer Entscheidung. Für die Fristwahrung gilt bei Benutzung des Postwegs der Poststempel[152].

Eine Fristverlängerung kann nach § 4 JPatG bezüglich der in §§ 108(1) (Zahlung der Jahresgebühren), 121(1) (Beschwerde gegen Zurückweisung der Anmeldung) oder 173(1) (Retrial = Verfahrenswiederaufnahme) JPatG angegebenen gesetzlichen Fristen vom Präsidenten des JPA Anmeldern gewährt werden, die an einem entfernten oder schwierig erreichbaren Ort wohnen. Die auf Antrag oder von Amts wegen gewährte Fristverlängerung betrifft im Ausland und auf einigen japanischen Inseln ansässige Anmelder.   389

Nach § 5 JPatG können der Präsident des JPA, der Vorsitzende *Shimpan*-Prüfer oder der Prüfer von ihnen bestimmte Fristen in einem unter dem JPatG vorgesehenen Verfahren auf Antrag oder von Amts wegen verlängern. Wenn gemäß § 5(1) JPatG eine Fristverlängerung von weniger als einem Monat beantragt wird, gilt diese als in der Regel gewährt[153].   390

Hinsichtlich Hemmung und Unterbrechung von Fristen sind nach § 24 JPatG die Vorschriften der JZPO anwendbar. Wenn eine Partei stirbt oder zu existieren aufhört, ist das Verfahren unterbrochen, bis der Nachfolger das Verfahren übernimmt. Solange ein Erbe das Erbe ausschlagen kann, darf er das Verfahren nicht übernehmen. Das Verfahren ist auch unterbrochen, wenn eine Partei die Fähigkeit zur Vornahme von Verfahrenshandlungen verliert oder der rechtliche Vertreter stirbt oder seine Vertretungsmacht verliert. Dies gilt nicht, wenn es einen vertretungsberechtigten Anwalt gibt. Eine Wiedereinsetzung in abgelaufene Fristen ist nur unter extremen Umständen, z.B. bei Naturkatastrophen, möglich.   391

Wenn das JPA einen Bescheid online verschickt und vom Anmelder die Vornahme einer Handlung innerhalb einer bestimmten Frist erwartet, kann diese Frist nicht von dem Zeitpunkt an berechnet werden, zu dem er von der Mitteilung wissen konnte, sondern nur von dem Zeitpunkt an, zu dem er   392

---

152 § 19 JPatG: Wenn ein Antrag oder Schriftstücke und andere Gegenstände, die nach Maßgabe der Vorschriften dieses Gesetzes oder auf Grund dieses Gesetzes erlassener Verordnungen und Anordnungen innerhalb einer bestimmten Frist beim JPA einzureichen sind, durch die Post übersandt werden, gelten der Antrag, die Schriftstücke oder andere Gegenstände, wenn der Tag und die Uhrzeit, an denen der Antrag oder die Gegenstände beim Postamt aufgegeben wurden, auf dem Empfangsschein der Postsache bescheinigt worden ist, als an diesem Tag und zu dieser Uhrzeit oder, wenn der Tag und die Uhrzeit auf dem Datumstempel der Postsache deutlich ist, an diesem Tag und zu dieser Uhrzeit oder, wenn auf dem Datumstempel der Postsache der Tag allein deutlich ist, als um 12:00 Uhr mittags dieses Tags beim JPA eingegangen.

153 Obergericht Tokyo, 29.1.1981, Fall Nr. Gyo-Ke 322; vgl. *AIPPI Journal*, Vol. 25, Nr. 6 (2000), Seite 308.

tatsächlich Kenntnis erlangte[154]. Im zugrunde liegenden Fall hatte der Kläger die rechtzeitige Entrichtung einer Gebühr beim JPA versäumt. Das JPA informierte den Kläger online hierüber. Wegen eines Gerätefehlers konnte der Kläger die Mitteilung nicht öffnen und somit nicht antworten. Sein Antrag auf Wiedereinsetzung wurde vom JPA zurückgewiesen. Das Gericht hob die Entscheidung auf, da § 45 JVerwBG erfordere, dass jede Frist von dem Tag an zu laufen beginnt, an dem Kenntnis von der Aufforderung erlangt wurde. Dies stelle klar, dass es ungenügend war, dass Kenntnis hätte erlangt werden können.

Bei Amtsbescheiden in Papierform beginnt die Frist jedoch mit dem Tag des Erlasses der Entscheidung und nicht mit dem Tag des Erhalts.

Das JPA speichert die elektronischen Daten zu einem Amtsbescheid in einem Speicher beim JPA. Anmelder oder ihre Vertreter in Japan dürfen Amtsbescheide online herunterladen. Der Tag des Herunterladens wird nach der gegenwärtigen Praxis als Tag des Erlasses des Amtsbescheides angesehen und auf der ersten Seite des Amtsbescheides vermerkt. Der Tag des Erlasses kann somit über den Zeitpunkt des Herunterladens beeinflusst werden. Erfolgt das Herunterladen nicht innerhalb von ca. 10 Tagen, wird der Amtsbescheid vom JPA in schriftlicher Form verschickt.

393   **4.1.4   Amtsgebühren (Gebühren, Jahresgebühren)**

394   Für eine Patentanmeldung sind Gebühren und nach der Registrierung des Patentes für die Aufrechterhaltung der Patentregistrierung Jahresgebühren zu entrichten. Für Patentrechte, die ausschließlich dem japanischen Staat oder bestimmten Organisationen gehören, sind weder Gebühren noch Jahresgebühren zu entrichten. Sind daneben sonstige Personen Mitinhaber, so haben diese Gebühren und Jahresgebühren entsprechend ihrem Anteil am Recht zu entrichten. Die Zahlung der Gebühr oder Jahresgebühr (einschl. Verspätungszuschläge) kann durch Patentgebührenmarken, durch Bareinzahlung bei einer Bank unter Verwendung patentamtlicher Zahlungsvordrucke oder mittels dem JPA erteilter Einzugsermächtigung für ein beim JPA geführtes Konto erfolgen. Die Zahlung von Gebühren mittels Scheck ist nicht möglich.

395   Einem mittellosen Erfinder, dessen Erben oder dem Arbeitgeber usw., der von ihm das Recht zur Erlangung des Patentes erhalten hat, kann Ermäßigung, Stundung oder Erlass der Gebühr für die Prüfung der eigenen Anmeldung (cf. § 195bis JPatG) und der 1.–3. Jahresgebühr (cf. § 109 JPatG) gewährt werden. Dies gilt nicht für weitere Jahresgebühren.

---

154 »Online-Antrag«, Bezirksgericht Tokyo, 10.12.2001, 15 *Law & Technology* 95.

Mit Wirkung ab 1.4.2004 wird die Gebührenstruktur des JPA drastisch ge-   396
ändert. Anmeldegebühren sowie Jahresgebühren werden deutlich gesenkt,
wohingegen die Prüfungsantragsgebühr verdoppelt wird. Diese Änderungen
gelten für alle ab dem 1.4.2004 in Japan eingereichten Patentanmeldungen. Bei
vor dem 1.4.2004 eingereichten japanischen Patentanmeldungen, bei denen
der Prüfungsantrag vor dem 1.4.2004 gestellt wurde, gelten sowohl die bisherige Prüfungsantragsgebühr als auch die bisherigen Jahresgebühren. Für Patentanmeldungen, die bis zum 31. März 2004 eingereicht wurden, zu denen der
Prüfungsantrag aber erst danach gestellt wurde, gilt die bisherige Prüfungsantragsgebühr, aber die neuen Jahresgebühren. Außerdem kann die Hälfte der
Prüfungsantragsgebühr auf Antrag zurückerstattet werden, wenn die Patentanmeldung vor Erlass eines ersten Amtsbescheides aufgegeben oder zurückgezogen wird. Dieser Antrag muss innerhalb von 6 Monaten ab Aufgabe oder
Rücknahme der Patentanmeldung gestellt werden.

Gebühren für Patentanmeldungen   397

Für Patentanmeldungen sind gemäß § 195(1) JPatG[155] Gebühren für Anträge   398
auf Fristverlängerungen und Datumsänderungen (i), für die erneute Ausstellung einer Patenteintragungsurkunde (ii), für die Mitteilung der Rechtsnachfolge (außer bei Gesamtrechtsnachfolge und Erbfall) (iii) sowie für Anträge auf
Akteneinsicht, Bescheinigungen, Abschriften oder die Herausgabe von Unterlagen etc. (iv)-(vii) zu zahlen[156]. Auf Antrag des Einzahlers werden zu viel

---

155 § 195(1) JPatG:
(1) Die nachfolgend bezeichnete Person hat die Gebühren zu entrichten, deren Höhe unter
Berücksichtigung der tatsächlichen Kosten durch Kabinettsverordnung festgesetzt werden:
(i) der Antragsteller, der eine Fristverlängerung nach §§ 4, 5(1) oder 108(3) oder die Änderung
des Zeitpunktes nach § 5(2) beantragt;
(ii) der Antragsteller, der die erneute Ausstellung der Patenturkunde beantragt;
(iii) der Antragsteller, der die Rechtsnachfolge gemäß § 34(4) mitteilt;
(iv) der Antragsteller, der die Ausstellung einer Bescheinigung nach § 186(1) beantragt;
(v) der Antragsteller, der eine Abschrift oder einen Auszug aus Unterlagen gemäß § 186(1)
beantragt;
(vi) der Antragsteller, der Akteneinsicht oder Abschriften von Unterlagen gemäß § 186(1)
beantragt;
(vii) der Antragsteller, der die Herausgabe von Schriftstücken nach § 186(1) beantragt, die
Angelegenheiten betrifft, die in dem Teil des Patentregisters enthalten sind, der in Form von
Magnetbändern geführt wird.
156 Einreichung einer Patentanmeldung: ¥ 21.000
Einreichung einer fremdsprachigen Patentanmeldung: ¥ 35.000
Einleitung der nationalen japanischen Phase gemäss § 184^{quinquies}(1) JPatG: ¥ 21.000
Prüfungsantrag (nationale Anmeldung): ¥ 84.300 plus ¥ 2.000 pro Patentanspruch
Prüfungsantrag (PCT-Anmeldung, JPA als Recherchebehörde): ¥ 16.900 plus ¥ 400 pro
Patentanspruch
Prüfungsantrag (PCT-Anmeldung, JPA nicht Recherchebehörde): ¥ 67.400 plus ¥ 1.600 pro
Patentanspruch
Antrag auf Verlängerung der Patentlaufzeit: ¥ 74.000

oder irrtümlich entrichtete Gebühren erstattet, sofern seit der Zahlung nicht bereits ein Jahr vergangen ist (§ 195(9)(10) JPatG).

399 Jahresgebühren (§§ 107 bis 112 JPatG)

400 Ab Eintragung des Patentes sind als Jahresgebühr für jeden Patentanspruch und jedes Jahr bis zum Ablauf des Patentrechts die nachstehend genannten Beträge zu entrichten (§ 107(1) JPatG):

> (i) für das 1. bis 3. Jahr: jährlich 13.000 Yen sowie 1.100 Yen pro Anspruch;
> (ii) für das 4. bis 6. Jahr: jährlich 20.300 Yen sowie 1.600 Yen pro Anspruch;
> (iii) für das 7. bis 9. Jahr: jährlich 40.600 Yen sowie 3.200 Yen pro Anspruch;
> (iv) für das 10. bis 25. Jahr: jährlich 81.200 Yen sowie 6.400 Yen pro Anspruch.

401 Bei Patentanmeldungen, die ab dem 1.4.2004 eingereicht werden oder bei Patentanmeldungen, die zwar vor dem 1.4.2004 eingereicht wurden, für die aber der Prüfungsantrag erst danach gestellt wurde, sind ab Eintragung des Patentes die nachstehend genannten, für das erste bis neunte Jahr deutlich reduzierten Jahresgebühren für jedes Jahr bis zum Ablauf des Patentrechts zu entrichten:

> (i) für das 1. bis 3. Jahr: jährlich 2.600 Yen sowie 200 Yen pro Anspruch;
> (ii) für das 4. bis 6. Jahr: jährlich 8.100 Yen sowie 600 Yen pro Anspruch;
> (iii) für das 7. bis 9. Jahr: jährlich 24.300 Yen sowie 1.900 Yen pro Anspruch;
> (iv) für das 10. bis 25. Jahr jährlich 81.200 Yen sowie 6.400 Yen pro Anspruch.

402 Hinsichtlich der Frist zur Zahlung der Jahresgebühren bestimmt § 108(1) JPatG, dass die Gebühr für das erste bis dritte Jahr innerhalb von 30 Tagen nach Zustellung der Entscheidung des Prüfers oder der Beschwerdekammer, dass das Patent zu erteilen ist, zu entrichten ist. Die Gebühr für das vierte und

---

Shimpan-Verfahren betreffend Patentlaufzeitverlängerung (Beschwerde, Nichtigkeit): ¥ 55.000
Antrag auf Berichtigung einer fehlerhaften Übersetzung: ¥ 19.000
Einspruchsgebühr: ¥ 8.700 plus ¥ 1.000 pro Patentanspruch
Beitritt zum Einspruch: ¥11.000
Antrag auf Interpretation gemäß § 71(1) JPat: ¥ 40.000
Antrag auf Schlichtungsentscheidung: ¥ 55.000
Antrag auf Löschung der Schlichtungsentscheidung: ¥ 27.500
Antrag auf *Shimpan*-Verfahren (Nichtigkeits-, Beschwerde- und Berichtigungsverfahren) oder Wiederaufnahmeverfahren: ¥ 49.500 plus ¥ 5.500 pro Patentanspruch
Antrag auf Beitritt zum *Shimpan*-Verfahren oder Wiederaufnahmeverfahren: ¥ 55.000

die folgenden Jahre sind spätestens jeweils im vorhergehenden Jahr zu entrichten (§ 108(2) JPatG). Die Jahresgebühren für einige oder alle Jahre können zusammen entrichtet werden. Der Präsident des JPA kann die Frist auf Antrag des zur Entrichtung der Jahres- oder Eintragungsgebühr Verpflichteten lediglich um 30 Tage verlängern (§ 108(3) JPatG).

Eine verspätete Zahlung von Jahresgebühren ist innerhalb von 6 Monaten nach   403
Ablauf der Zahlungsfrist unter Entrichtung eines Zuschlages in gleicher Höhe
wie die Jahresgebühr möglich (§ 112 JPatG). Erfolgt die Zahlung von Jahresgebühr und Zuschlag nicht fristgerecht, gilt das Patentrecht rückwirkend von dem Zeitpunkt an als erloschen, in dem die in § 108(2) JPatG genannte Frist abgelaufen ist.

Ist der Inhaber eines Patentrechts, das nach § 112(4) oder (5) JPatG als   404
erloschen oder nach § 112(6) JPatG als nie existent gilt, infolge von Gründen außerhalb seines Einflussbereiches nicht in der Lage, die vorgeschriebene Jahresgebühr und den Zuschlag innerhalb der Sechsmonatsfrist von § 112(1) JPatG zu zahlen, kann er die Jahresgebühr und den Zuschlag noch verspätet entrichten, jedoch nur innerhalb von 14 Tagen (falls er im Ausland wohnhaft ist, innerhalb von zwei Monaten) und innerhalb eines Zeitraums von sechs Monaten nach Ablauf der Frist (§ 112bis(1) JPatG). Sind die Jahresgebühren und der Verspätungszuschlag entrichtet worden, so gilt das Patentrecht rückwirkend ab Ablauf der in § 108(2) JPatG vorgeschriebenen Frist aufrechterhalten oder ab Ablauf des Jahres, in das der Ablauf der Schutzdauer des Patentrechts fällt oder in dem es von Anfang an bestand (§ 112bis(2) JPatG).

Wenn es sich bei einem nach § 112bis(2) JPatG wiederhergestellten Patentrecht   405
um ein Patent für die Erfindung eines Erzeugnisses handelt, erstrecken sich die Rechtswirkungen des Patentrechts nicht auf Erzeugnisse, die nach Ablauf der Frist für die Nachzahlung nach § 112(1) JPatG und bis zur Eintragung der Wiedereinsetzung des Patentrechts nach Japan eingeführt oder in Japan hergestellt oder erworben worden sind (§ 112ter(1) JPatG).

Die Zahlung der Jahresgebühren kann auch durch einen Dritten erfolgen, der   406
anschließend vom Rechtsinhaber, sofern dieser wirtschaftlich dazu in der Lage ist, Erstattung verlangen kann (§ 110 JPatG). Die Rückzahlung von irrtümlich gezahlten oder zu viel gezahlten Jahresgebühren kann innerhalb eines Jahres beantragt werden. Jahresgebühren für die auf eine rechtskräftige Entscheidung über Widerruf oder Nichtigerklärung der Patenteintragung folgenden Jahre können nur innerhalb von 6 Monaten nach Rechtskraft der Entscheidung zurückverlangt werden (§ 111 JPatG).

407 **4.2   Patenterteilungsverfahren vor dem JPA**

408 **4.2.1   Formalprüfung**

409   Die beim JPA eingereichten Unterlagen müssen zur Zuerkennung eines Anmeldetages lediglich einen Antrag auf Erteilung des Patentes und eine Beschreibung der Erfindung enthalten. Patentansprüche sind zur Zuerkennung
eines Anmeldetages nicht erforderlich und können im Erteilungsverfahren
nachgereicht werden. Bei verspätet eingereichten Zeichnungen gibt es keine
Wahlmöglichkeit hinsichtlich der Verschiebung des Anmeldetags. Am Anmeldetag muss die für die Patentanmeldung vorgesehene Gebühr nicht bezahlt
sein.

410   Das JPA kann bei bestimmten formellen Mängeln (betreffend z. B.: Einreichung durch Minderjährige, Nichtzahlung von Gebühren, Vollmacht, fehlende Erfinderbenennung) unter Fristsetzung zur Beseitigung auffordern[157].
Wenn eine Unterlage (einschließlich der Einreichung von »assignment«, »national certificate«, »corporation certificate« usw.) korrigierbare formale Mängel aufweist, ergeht ein Bescheid, nach dem die Änderung fehlerhafter bzw.
Nachreichung fehlender Unterlagen innerhalb einer nicht verlängerbaren Frist
von 30 Tage zu erfolgen hat, unabhängig davon, ob der Anmelder in Japan
oder im Ausland wohnt. Dieser Bescheid der Formalprüfungsabteilung ergeht
2–3 Monate nach Einreichung der Anmeldung. Bei Nichtzahlung von Gebühren erfolgt, außer bei der Anmeldegebühr, durch das JPA keine Zahlungs-
aufforderung. Hierauf gibt es keinen Rechtsanspruch.

411   Wenn das Anmeldedatum die Minimalerfordernisse erfüllt, ergeht eine offizielle Anmeldebestätigung, in welcher der Name des Anmelders, das Einreichungsdatum sowie die Einreichungsnummer angegeben sind. Beim elektronischen Einreichungssystem wird die Anmeldebestätigung innerhalb weniger
Minuten zurückgesandt. Bei der elektronischen Einreichung gibt es keine
schriftliche Bestätigung der Anmeldung durch das JPA, lediglich bei per Brief
oder direkt eingereichten Anmeldungen.

412   Für Patentanmeldungen, die vor dem 1. 4. 1998 eingereicht wurden, musste für
den Fall, dass der Anmelder eine juristische Person ist, der Name eines

---

157 § 17(3) JPatG: Der Präsident des JPA kann in folgenden Fällen zu einer Ergänzung unter
Festsetzung einer angemessenen Frist auffordern:
1. wenn den Erfordernissen der Bestimmungen des § 7(1)(2) oder (3) oder des § 9 JPatG nicht
nachgekommen ist;
2. wenn die formellen Erfordernisse dieses Gesetzes oder einer auf Grund dieses Gesetzes
erlassenen Verordnung oder Anordnung nicht erfüllt worden sind;
3. wenn die gemäß § 195 Abs. 1 bis 3 vorgeschriebenen Gebühren für ein Verfahren nicht
entrichtet wurden.

berechtigten Vertreters der juristischen Person angegeben werden[158]. Das Nichtbefolgen dieser Vorschrift konnte den Verlust der Patentanmeldung zur Folge haben[159]. Seit diesem Zeitpunkt ist auch § 10 JPatGaF gestrichen[160].

4.2.2 Offenlegung der Anmeldung

413

Patentanmeldungen werden 18 Monate nach dem Anmelde- bzw. Prioritätstag 414 offen gelegt, es sei denn, das Patentblatt mit dem Patent ist bereits veröffentlicht worden (§ 64(1) JPatG)[161]. Seit 1.1.2000 kann vom Anmelder unwiderruflich die vorzeitige Offenlegung beantragt werden, sofern ggf. notwendige Prioritätsangaben bzw. -unterlagen eingereicht wurden und im Falle einer fremdsprachigen Anmeldung eine japanische Übersetzung eingereicht wurde

---

158 Vgl. § 36(1) JPatGaF in der Fassung vor der Änderung durch Gesetz Nr. 68 aus 1996.
159 Vgl. K.Hinkelmann, *AIPPI Journal*, Vol. 25, No. 2 (2000), Seiten 110–113.
160 § 10 JPatGaF [Nachweis der Vollmacht] (in der bis 31. März 1998 geltenden Fassung):
Der Nachweis der Bevollmächtigung eines Vertreters einer Person, die an einem Verfahren vor dem Amt beteiligt ist, und die nicht zu den in § 8 Abs. 3 genannten Personen gehört, hat schriftlich zu erfolgen.
§ 8(3) JPatGaF:
Wenn ein Auswärtiger Patentinhaber ist oder eine Person, die ein eingetragenes Recht an einem Patent hat, so ist die Zustellung oder der Wechsel seines Patentbevollmächtigten sowie die Erteilung oder das Erlöschen der Vollmacht Dritten gegenüber nur wirksam, wenn diese Tatsachen eingetragen sind.
161 § 64 JPatG:
(1) Der Präsident des JPA hat die Patentanmeldung ein Jahr und sechs Monate nach dem Anmeldetag der Patentanmeldung zur allgemeinen Einsichtnahme offen zu legen, es sei denn das Patentblatt mit dem Patent ist bereits veröffentlicht worden. Diese Vorschrift gilt auch für den Fall, dass ein Antrag auf Offenlegung der Anmeldung unter § 64[bis](1) gestellt worden ist.
(2) Die Offenlegung einer Patentanmeldung erfolgt durch Bekanntmachung der folgenden Angaben im Patentblatt. Diese Bestimmung findet jedoch für die in (iv) bis (vi) bezeichneten Angaben keine Anwendung, wenn der Präsident des JPA zu der Auffassung gelangt, dass eine Veröffentlichung dieser Angaben im Patentblatt gegen die öffentliche Ordnung und die guten Sitten verstoßen würde.
(i) Name und Wohnsitz oder Aufenthaltsort des Anmelders;
(ii) Nummer und Datum der Patentanmeldung;
(iii) Name und Wohnsitz oder Aufenthaltsort des Erfinders;
(iv) Die Einzelheiten der Beschreibung und der Inhalt der Zeichnungen, die dem Antrag beigefügt sind;
(v) Angaben, die in der dem Antrag beigefügten Zusammenfassung enthalten sind;
(vi) Bei einer Anmeldung mit fremdsprachigen Unterlagen die Angaben, die in den fremdsprachigen Unterlagen und in der fremdsprachigen Zusammenfassung enthalten sind;
(vii) Nummer und Datum der Offenlegung der Anmeldung;
(viii) Sonstige erforderliche Angaben.
(3) Wenn der Präsident des Patentamtes der Auffassung ist, dass eine Angabe in der dem Antrag beigefügten Zusammenfassung nicht den Bestimmungen von § 36(7) entspricht oder wenn er es in sonstigen Fällen für erforderlich hält, kann er, an Stelle der in der Zusammenfassung nach Abs. 2(v) enthaltenen Angaben, diejenigen veröffentlichen, die er selbst erstellt hat.

(§§ 64bis, 64ter JPatG). Mit Offenlegung hat der Anmelder das Recht, vom gewerbsmäßigen Verwerter seiner Erfindung Schadensersatz zu verlangen, sofern er diesen schriftlich verwarnt hat oder dieser wusste oder wissen musste, dass es sich um eine in der offen gelegten Patentanmeldung beanspruchte Erfindung handelt (§ 65(1) JPatG). Der Anspruch auf Schadensersatz kann erst nach Registrierung des Patentrechtes in einem gerichtlichen Verfahren geltend gemacht werden (§ 65(2) JPatG). Nach Offenlegung kann jeder Dritte Antrag auf Einsicht in die Erteilungsakten stellen. Bei Offenlegung von in einer Fremdsprache eingereichten Patentanmeldungen wird die fremdsprachige Anmeldung zusammen mit der japanischen Übersetzung veröffentlicht.

415   Bis zu 15 Monate nach Anmelde- bzw. Prioritätsdatum kann in der Regel die Offenlegung einer Anmeldung verhindert werden. Danach kann die Veröffentlichung nicht mit Sicherheit ausgeschlossen werden. In Ausnahmefällen, insbesondere bei Patentanmeldungen, bei denen eine Priorität beansprucht wird, kann möglicherweise die Veröffentlichung noch bis zu einem Zeitpunkt von 16 Monaten nach Prioritätsdatum verhindert werden.

416   Wenn eine Patentanmeldung nach Offenlegung aufgegeben, zurückgezogen oder für ungültig erklärt wurde, oder wenn eine Entscheidung über die Zurückweisung der Patentanmeldung rechtskräftig ist, oder wenn das Patentrecht nach § 112(6) JPatG als von Anfang an nicht entstanden gilt oder ein Widerrufsbeschluß nach § 114(2) JPatG rechtskräftig ist, gilt der Anspruch auf Ausgleichszahlung (Schadensersatz) als von Anfang an nicht entstanden (§ 65(4) JPatG).

417   **4.2.3   Sachprüfung**

418   **Prüfung auf Antrag**

419   Die Prüfung der Patentanmeldung erfolgt auf Antrag (§ 48bis JPatG), der von jedermann gestellt werden kann. Für Patentanmeldungen, die vor dem 1.10.2001 eingereicht wurden, muss der Prüfungsantrag (*Shinsa seikyû*) innerhalb von 7 Jahren ab Anmeldetag in Japan gestellt werden (§ 48ter (1) JPatG). Für ab 1.10.2001 eingereichte Patentanmeldungen gilt eine Prüfungsantragsfrist von 3 Jahren ab Anmeldetag. Bei Einreichung einer Teilanmeldung gemäß § 44(1) JPatG oder bei Umwandlung einer Gebrauchsmuster- in eine Patentanmeldung gemäß § 46(1) JPatG kann ein Prüfungsantrag auch danach eingereicht werden, vorausgesetzt, dass der Prüfungsantrag innerhalb einer Frist von 30 Tagen nach Teilung oder Umwandlung erfolgt (vgl. § 48ter(2) JPatG). Bei Fristversäumnis ist keine Wiedereinsetzung möglich[162]. Der Prüfungs-

---

162 OGH, 25.4.1986, *Hanrei Jihô* Nr. 1193, 137: »Da es keine Vorschrift gibt, die die Antragsfrist als Notfrist bestimmt, bleibt kein Raum für die entsprechende Anwendung der Vor-

antrag kann nicht zurückgenommen werden (§ 48ter(3) JPatG). Ist der Prüfungsantrag nicht rechtzeitig gestellt, gilt die Anmeldung als zurückgezogen (§ 48ter(4) JPatG).

Bei Stellung des Prüfungsantrags sind Name und Wohnort des Antragstellers anzugeben (§ 48^{quater} JPatG). Die Stellung des Prüfungsantrags wird umgehend im Patentblatt veröffentlicht; bei Antragstellung vor Offenlegung allerdings erst mit oder nach Offenlegung der Patentanmeldung (§ 48^{quinquies}(1) JPatG). Das JPA hat den Patentanmelder über die Stellung des Prüfungsantrags durch einen Dritten zu informieren (§ 48^{quinquies} (2) JPatG).   420

Ist kein Prüfungsantrag gestellt, gilt die Patentanmeldung nach § 48ter(4) JPatG als zum Zeitpunkt des Ablaufes der Antragsfrist zurückgezogen. Für die Zwecke von § 39(1)-(4) JPatG gilt diese Anmeldung als nie eingereicht (§ 39(5) JPatG). Sie ist allerdings hinsichtlich der Prüfung auf Neuheit Stand der Technik für eine jüngere Anmeldung, der gegenüber sie nicht vorveröffentlicht ist (§ 29bis JPatG).   421

Die Anzahl der Prüfbescheide und Möglichkeiten zu Änderungen von Patentbeschreibung, Zeichnungen und Ansprüchen sind im japanischen Prüfungsverfahren sehr begrenzt. Es empfiehlt sich daher, spätestens bei Stellung des Prüfungsantrages einen optimierten Anspruchssatz einzureichen, der die Prüfergebnisse aus anderen Ländern und/oder anderen mittlerweile aufgetauchten Stand der Technik berücksichtigt.   422

Durch eine Änderung des japanischen Patentgesetzes im Jahr 2003 wurden die Prüfungsantragsgebühren für nach dem 31.3.2004 eingereichte japanische Patentanmeldungen (einschließlich PCT-Anmeldungen unter Benennung von Japan) verdoppelt. Im Einzelnen gelten folgende Prüfungsantragsgebühren: 423

Bis zum 31.3.2004 eingereichte Patentanmeldungen:

Nationale japanische Patentanmeldung:
¥ 84.300 + ¥ 2.000 x Zahl der Ansprüche

PCT-Anmeldung unter Benennung von Japan (JPA ist internationale Recherchebehörde):   ¥ 16.900 + ¥ 400 x Zahl der Ansprüche

PCT-Anmeldung unter Benennung von Japan (JPA ist nicht internationale Recherchebehörde):
¥ 67.400 + ¥ 1.600 x Zahl der Ansprüche

---

schriften der JZPO über die Wiedereinsetzung.« Das Urteil des Bezirksgerichts Tokyo vom 28.9.1983 (*Hanrei Times* Nr. 514, 282) wurde wiederhergestellt, nachdem das Obergericht Tokyo am 31.5.1984 (*Hanrei Times* Nr. 536, 297) der hiergegen gerichteten Berufung stattgegeben hatte.

Ab 1.4.2004 eingereichte Patentanmeldungen:

Nationale japanische Patentanmeldung:

¥ 168.600 + ¥ 4.000 x Zahl der Ansprüche

Die bei Drucklegung noch nicht bekannten Prüfungsantragsgebühren für PCT-Anmeldungen sollen ungefähr das Doppelte der bisherigen Gebühren betragen.

424 Die Prüfungsantragsgebühr steigt mit der Zahl der Ansprüche, sodass durch die Beschränkung der Zahl der Patentansprüche bei Stellung des Prüfungsantrages die Kosten reduziert werden können. Von der früher üblichen Praxis, in japanischen Patentanmeldungen nur sehr wenige Patentansprüche zu haben, ist in Hinblick auf diese geringen Gebühren und die strikte Änderungspraxis nur abzuraten. Zwar steigen die Jahresgebühren ebenfalls mit der Zahl der Patentansprüche; die Zahl der Patentansprüche kann aber ggf. wieder verringert werden.

425 Antrag auf beschleunigte Prüfung

426 Das JPA stellt zwei Verfahren zur beschleunigten Prüfung ausgewählter Erfindungen bereit. Die »bevorzugte Prüfung« (*Yûsen shinsa*, preferential examination) gemäß § 48^sexies JPatG kann sowohl vom Anmelder als auch von einem Dritten, der sich mit dem Anmelder in einer Auseinandersetzung befindet (nicht dagegen von Lizenznehmern), beantragt werden, wohingegen die »beschleunigte Prüfung« (*Sôki shinsa*, accelerated examination) vom Anmelder oder seinen Lizenznehmern beantragt werden kann. Für beide Verfahren sind bestimmte Voraussetzungen zu erfüllen. Obwohl nur die »bevorzugte Prüfung« ausdrücklich im JPatG geregelt ist (vgl. § 48^sexies JPatG), die »beschleunigte Prüfung« sich dagegen in der patentamtlichen Praxis entwickelt hat, wird aufgrund der mit einigen Nachteilen verbundenen Antragstellung im Falle der »bevorzugten Prüfung« nahezu ausschließlich die »beschleunigte Prüfung« gewählt.

427 »Bevorzugte Prüfung« (*Yûsenshinsa;* § 48^sexies JPatG)

428 Bei Stellung eines Antrages auf beschleunigte Prüfung soll ein Prüfungsbescheid innerhalb von sechs Monaten ergehen. Dieser Antrag kann nur bis zum ersten Prüfungsbescheid gestellt werden. Anschließend läuft die Prüfung für alle Anmeldungen gleich, unabhängig davon, ob ein solcher Antrag gestellt worden ist, d.h. der zweite Prüfungsbescheid kommt nach 3–4 Monaten.

Die »bevorzugte Prüfung« kann vom Anmelder nur beantragt werden, wenn die Erfindung in Japan von einer dritten Partei genutzt wird. Hierzu muss die Anmeldung offen gelegt sein und ein Prüfungsantrag entweder gestellt sein oder zusammen mit dem Antrag auf bevorzugte Prüfung gestellt werden. Den

Antrag kann auch eine dritte Partei stellen, welche hierzu die Benutzung der beanspruchten Erfindung darlegen muss. Außerdem muss die dritte Partei Argumente und Beweismittel zum Beleg der fehlenden Patentfähigkeit einreichen. Zur Stützung des Antrages muss der Antragsteller gemäß § 31ter JAusfPatG folgende Schriftstücke vorlegen:

Erklärung der Umstände betreffend die bevorzugte Prüfung:

Eine Erklärung der Umstände, insbesondere zur Nutzung der Erfindung durch eine dritte Partei (Angabe von Adresse, Name, Telefonnummer; Beziehung zwischen Anmelder und dritter Partei, falls vorhanden; Verfahren/Produkt, das die dritte Partei benutzt; Dauer und Umfang der Nutzung; Art der Nutzung wie Verkauf, Herstellung; Auswirkung der Nutzung: Art und Größe des Schadens für den Anmelder bzw. Schaden der dritten Partei aufgrund der Verwarnung durch den Anmelder); Stand von Verhandlungen zwischen den Beteiligten.

Zur Stützung des Antrags sind beim JPA a) eine Kopie der Verwarnung, b) Produkt, Katalog oder Probe, und c) Dokumente zum Nachweis der Nutzung durch die dritte Partei, vorzulegen. Diese Unterlagen werden durch ihre Einreichung beim JPA der Öffentlichkeit zugänglich. Bei Gewährung des Antrags wird umgehend mit der Prüfung begonnen, die ansonsten nicht wesentlich schneller abläuft. An den Antragsteller oder seinen Vertreter ergeht vom JPA keine Mitteilung darüber, ob der Antrag gewährt oder zurückgewiesen wurde. Es ist eine Nachfrage beim Amt erforderlich.

»Beschleunigte Prüfung« (*Sôki shinsa,* interne Regelung des JPA)[163]   429

Die »beschleunigte Prüfung« der Patentanmeldung kann nur vom Anmelder   430
oder seinen Lizenznehmern beantragt werden. Eine vorherige Offenlegung der Patentanmeldung ist nicht erforderlich. Die Erfordernisse für eine Beschleunigung des Prüfungsverfahrens wurden zum 1.1.1996 erleichtert. Danach genügt es, wenn es zu der japanischen Anmeldung eine ausländische Äquivalenzanmeldung gibt. Ein Antrag auf »beschleunigte Prüfung« kann gewährt werden, wenn die Voraussetzungen 1, 2 und entweder 3a oder 3b erfüllt sind:

    1) Ein Prüfungsantrag muss entweder eingereicht sein oder gleichzeitig mit dem Antrag auf beschleunigte Prüfung eingereicht werden.
    2) Die Sachprüfung hat noch nicht begonnen.

---

163 Vgl. *Practices in Examination and Appeals under 1994-revised patent law in Japan,* Japan Patent Office, AIPPI Japan, 1996, Kapitel VI. Guidelines for accelerated Examination System and Accelerated Appeal Examination System (Seiten 239–284).

3 a) Der Patentanmelder oder sein Lizenznehmer nutzen die Erfindung bereits oder beabsichtigen die Nutzung innerhalb von 2 Jahren[164].

3 b) Der Patentanmelder hat außerhalb Japans oder bei einer zwischenstaatlichen Organisation wie der WIPO eine Patentanmeldung eingereicht.

431 Für die »beschleunigte Prüfung« wie auch für die »bevorzugte Prüfung« sind keine Amtsgebühren zu zahlen. Für die Antragstellung fallen nur Anwaltshonorare an. Das JPA benachrichtigt den Antragsteller im Falle einer Ablehnung des Antrags.

432 Für den Antrag auf »beschleunigte Prüfung« muss der Anmelder schriftlich – per Brief oder durch Abgabe am Annahmeschalter des JPA – eine »Erklärung der Umstände zur beschleunigten Prüfung« einreichen, wobei sich die zu verwendenden Formulare hinsichtlich der Voraussetzungen 3 a) und 3 b) unterscheiden. Aus dieser Erklärung sollen sich für Fall 3 a) die Umstände der Nutzung und für Fall 3 b) die Details zu parallelen ausländischen Anmeldungen ergeben. Eine Recherche zum Stand der Technik ist in jedem Fall vorzulegen. Hinsichtlich Erfordernis 3 b) muss der Anmelder Details zu mindestens einer außerhalb Japans oder bei einer zwischenstaatlichen Organisation eingereichten Patentanmeldung angeben und einen Rechercheberricht zur Anmeldung vorlegen, der entweder von ihm, einem Patentamt oder einer zwischenstaatlichen Organisation erstellt wurde.

In der »Erklärung der Umstände zur beschleunigten Prüfung« kann der Nachweis des Vorliegens von parallelen ausländischen Patentanmeldungen durch Vorlage der ausländischen Patentveröffentlichung, eines Bestätigungszertifikats eines ausländischen Patentamtes (oder Mitteilung über die Erteilung einer Anmeldenummer für die entsprechende ausländische Anmeldung) zusammen mit einer Patentbeschreibung, oder eines Zertifikats über die eingereichte Patentanmeldung wie z. B. ein Prioritätszertifikat erfolgen.

Der »Rechercheberricht« muss das Gebiet der Recherche, eine Liste der gefundenen Dokumente, Kopien der Dokumente und einen Vergleich mit dem Stand der Technik enthalten. Das Gebiet der Recherche und die Liste der gefundenen Dokumente können durch den Rechercheberricht eines ausländischen Patentamtes bzw. einer geeigneten zwischenstaatlichen Behörde ersetzt werden.

Japanische Anmelder sollten mindestens eine offen gelegte japanische Anmeldung einreichen, wohingegen ausländische Anmelder fremdsprachige (Patent-)Literatur einreichen dürfen. Bei fremdsprachigen Dokumenten muss keine vollständige japanische Übersetzung eingereicht werden. Wenn die Literatur in einer von Englisch unterschiedlichen ausländischen Sprache vorliegt,

---

164 Vor dem 1.1.1996 betrug der Zeitraum 6 Monate; Nutzung der Erfindung gemäß § 2 JPatG.

müssen Kopien beigefügt und japanische Übersetzungen der relevanten Teile beigefügt sein. Kleinere und mittlere Unternehmen gemäß der Definition im »Gesetz über Kleinere und Mittlere Unternehmen« sowie Einzelanmelder sind von der Pflicht zu Recherchen in Fachzeitschriften sowie Einreichung von Kopien der Dokumente ausgenommen.

Nach den Prüfungsrichtlinien am JPA soll die beanspruchte Erfindung mit dem Stand der Technik detailliert verglichen und die Patentfähigkeit dargelegt werden. Dies soll auf gleiche Weise erfolgen wie eine Stellungnahme zu einem Prüfbescheid im Patentprüfungsverfahren. Dabei sollte für jeden Anspruch unter den Gesichtspunkten der §§ 29(1) und (2), 29bis und 39 JPatG konkret und knapp auf Unterschiede und technische Vorzüge zwischen der beanspruchten Erfindung und dem Inhalt des Standes der Technik eingegangen werden, wobei die relevanten Teile eines Dokumentes genau angegeben sein sollten. Wenn die Literatur bereits in der Patentbeschreibung zitiert ist, genügt ein entsprechender Verweis. Wenn ohne Änderung der Beschreibung die Patentfähigkeit nicht dargelegt werden kann, soll ein Änderungsentwurf beigefügt sein und der Vergleich mit dem Stand der Technik anhand dieses Entwurfes erfolgen.

Der Leiter der zuständigen Prüfungsabteilung im JPA prüft den Antrag auf   433
beschleunigte Prüfung. Wird dem Antrag stattgegeben, soll der Prüfer unmittelbar mit der Sachprüfung der Patentanmeldung beginnen und diese beschleunigt durchführen. Wird dem Antrag nicht stattgegeben, wird der Anmelder hierüber und die Gründe dafür informiert. Die »Erklärung der Umstände zur beschleunigten Prüfung« ist der Öffentlichkeit per Akteneinsicht zugänglich. Wenn die Prüfung bereits vor Zugang der Erklärung angefangen hat, wird die Erklärung ohne Prüfung des Antrags als schriftliche Stellungnahme behandelt. Im Ergebnis soll erreicht werden, dass nach einem Jahr eine abschließende Entscheidung (Zurückweisung oder Patenterteilung) ergehen soll.

Beschleunigte Prüfung der Beschwerde gegen die Zurückweisung der   434
Anmeldung

Im Beschwerdeverfahren, das auf die Zurückweisung der Patentanmeldung   435
durch den Prüfer folgt, ist vom Anmelder ein gesonderter Antrag auf »beschleunigte Prüfung der Beschwerde« zu stellen. Dem Antrag ist eine »Erklärung der Umstände zur beschleunigten Prüfung der Beschwerde« ohne Rechercheberich vorzulegen. Die Gründe für die besondere Dringlichkeit der Patenterteilung sind darzulegen. Hierzu muss der Anmelder nähere Angaben zur Benutzung der Erfindung durch eine dritte Partei sowie zur Benutzung oder zur innerhalb der nächsten zwei Jahre beabsichtigten Benutzung der Erfindung gemäß § 2 JPatG durch ihn oder einen Lizenznehmer darlegen. Dringlichkeit liegt vor, wenn ein Dritter die Erfindung ohne Erlaubnis ausübt

oder umfassende Benutzungsvorkehrungen ergriffen hat. Zur Klärung der Dringlichkeit sollen im Allgemeinen die dritte Partei, die besondere Ausübungshandlung der dritten Partei und die Beziehung zwischen dieser Handlung und der Patentanmeldung angegeben werden. Der Anmelder soll außerdem die Vollständigkeit der Erfindung darlegen und begründen, weshalb die Zurückweisungsgründe nicht anwendbar sind.

436 Falls geheimhaltungsbedürftige Firmengeheimnisse die Darlegung in schriftlicher Form unmöglich machen, kann eine mündliche Anhörung stattfinden, deren Inhalt der Öffentlichkeit nicht zugänglich gemacht wird.

437 Der Leiter der zuständigen Beschwerdeabteilung (*Shimpan*-Abteilung) im JPA prüft den Antrag auf beschleunigte Prüfung. Wird dem Antrag stattgegeben, soll die *Shimpan*-Abteilung unmittelbar mit der Prüfung der Beschwerde beginnen und diese beschleunigt durchführen. Wird der Antrag abgelehnt, erhält der Anmelder vom JPA einen begründeten Bescheid. Die »Erklärung der Umstände zur beschleunigten Beschwerde« ist der Öffentlichkeit per Akteneinsicht zugänglich.

438 **Ablauf des Sachprüfungsverfahrens**

439 Nach Stellung des Prüfungsantrags wird geprüft, ob die Erfindung der Patentanmeldung patentiert werden kann (48bis JPatG). Der Präsident des JPA bestimmt hierfür einen Prüfer (47 JPatG). Für den Ausschluss von Prüfern gelten die Vorschriften von 139 (i)-(v) und (vii) JPatG für *Shimpan*-Prüfer entsprechend (48 JPatG). Die Prüfung erfolgt für jeden Anspruch gesondert. Falls vorhanden, werden Zurückweisungsgründe für jeden Anspruch angegeben. Der Anmelder kann daher festzustellen, welche der Ansprüche zurückgewiesen und welche vermutlich erteilt werden. Wenn der Anmelder in der Beschreibung ein bestimmtes Verhalten oder Material als üblich beschrieben hat, obwohl dies in Wirklichkeit nicht der Fall ist, ist der Prüfer nicht an diese Einschätzung gebunden. Der entsprechende Beschreibungsteil kann gestrichen werden.

440 Falls erforderlich, kann das Prüfungsverfahren bis zur Rechtskraft eines Beschlusses in einem Einspruchsverfahren oder einem *Shimpan*-Verfahren oder bis zum Abschluss eines gerichtlichen Verfahrens ausgesetzt werden ($54(1)$ JPatG). Ist eine Klage oder ein Antrag auf vorläufige Pfändung oder vorläufige Verfügung eingereicht, kann das Gericht, falls notwendig, das gerichtliche Verfahren bis zur Rechtskraft der Prüferentscheidung oder *Shimpan*-Entscheidung aussetzen ($54(2)$ JPatG).

441 Im Prüfungsverfahren sind die Online-Übermittlung eines Prüfungsbescheids des JPA sowie die Online-Übermittlung der zugehörigen Stellungnahme des Anmelders die Regel. Zwar ist auch bei einem Online-Bescheid eine Stellung-

nahme in Papierform möglich. Hierfür ist jedoch in Abhängigkeit vom Umfang der Stellungnahme beim JPA eine hohe Datenkonversionsgebühr zu zahlen.

Zurückweisung der Anmeldung   442

Der Prüfer muss die Patentanmeldung zurückweisen, wenn sie unter einen der   443
in § 49 JPatG genannten Punkte fällt[165]. Der Beschluss des Prüfers hat schriftlich und mit Gründen versehen zu erfolgen (§ 51 JPatG).

Das JPatG sieht drei Arten von Zurückweisungsbescheiden vor: einen Be-   444
scheid über die Mitteilung von Zurückweisungsgründen (*Kyozetsu riyû tsûchi*), möglicherweise einen zweiten Bescheid über die letzte Mitteilung von Zurückweisungsgründen (*Saigo no kyozetsu riyû tsûchi*) und die endgültige Zurückweisung (*Kyozetsu satei*). Diese Möglichkeiten unterscheiden sich hinsichtlich der Änderungsmöglichkeiten für den Anmelder (§ 17bis JPatG). Die umfangreichen Änderungsmöglichkeiten nach Erlass des ersten Prüfungsbescheides unter § 50 JPatG (§ 17bis(1)(i) JPatG) sind nach Erlass des zweiten Bescheides über die letzte Mitteilung von Zurückweisungsgründen reduziert (§ 17bis(1)(ii) JPatG). Nach Erlass eines abschließenden Zurückweisungsbescheids ist der änderbare Umfang eines Anspruch unter § 17bis(4) und 17bis(5) JPatG beschränkt.

Der Prüfer hat, falls er die Zurückweisung der Anmeldung durch Beschluss   445
beabsichtigt, dem Patentanmelder die Zurückweisungsgründe mitzuteilen und ihm unter Bestimmung einer angemessenen Frist Gelegenheit zur Einreichung einer Stellungnahme zu geben (§ 50 JPatG)[166]. Hierfür gilt für den in Japan

---

165 § 49 JPatG: Der Prüfer hat, falls auf eine Patentanmeldung die Voraussetzungen einer der folgenden Ziffern zutreffen, die Patentanmeldung durch Beschluss zurückzuweisen:
(i) wenn die Änderung der Beschreibung oder der Zeichnungen, die dem Antrag beigefügt sind, nicht den Erfordernissen von § 17bis Abs. 3 entspricht;
(ii) wenn die in der Patentanmeldung beanspruchte Erfindung nach Maßgabe der §§ 25, 29, 29bis, 32, 38, oder 39 Abs. 1 bis 4 nicht patentfähig ist;
(iii) wenn die in der Patentanmeldung beanspruchte Erfindung nach Maßgabe eines völkerrechtlichen Vertrages nicht patentfähig ist;
(iv) wenn eine Patentanmeldung nicht den Erfordernissen der Vorschriften der § 36 Abs. 4 oder 6, oder § 37 entspricht;
(v) wenn es sich bei der betreffenden Patentanmeldung um eine Anmeldung mit fremdsprachigen Unterlagen handelt und die Merkmale in der der Patentanmeldung beigefügten Beschreibung oder den Zeichnungen über den Umfang der in den fremdsprachigen Unterlagen offenbarten Merkmale hinausgeht;
(vi) wenn, sofern der Patentanmelder nicht der Erfinder ist, Ersterer nicht Rechtsnachfolger in das Recht auf Erteilung eines Patentes für die betreffende Erfindung ist.
166 § 50 JPatG: Der Prüfer hat, falls er die Zurückweisung der Anmeldung durch Beschluss beabsichtigt, dem Patentanmelder die Zurückweisungsgründe mitzuteilen und ihm unter Bestimmung einer angemessenen Frist Gelegenheit zur Einreichung einer Stellungnahme zu

ansässigen Anmelder eine nicht verlängerbare Frist von 60 Tagen. Bei im Ausland ansässigen Anmeldern beträgt die Frist 3 Monate, die zudem um weitere drei Monate verlängerbar ist. Die Frist beginnt mit Absendung des Bescheides (*Hassôbi*). Dieser Termin liegt in der Regel 7 bis 14 Tage nach dem ebenfalls auf dem Prüfungsbescheid vermerkten Tag des Entwurfes des Prüfers (*Kianbi*), der allerdings keine rechtliche Wirkung hat. Änderungen an den Unterlagen, die dem JPA vor dem Absendetag des Bescheids zugehen, müssen daher von Amts wegen berücksichtigt werden.

Dieser erste Amtsbescheid mit der »Mitteilung der Gründe für die Zurückweisung« (»Notice of Reasons for Rejection«; *Kyozetsu riyû tsûchisho*) sollte eine Stellungnahme des Prüfers zur Patentfähigkeit sämtlicher Patentansprüche enthalten. Sämtliche gegen die Patentanmeldung bestehenden Zurückweisungsgründe sollten im ersten Amtsbescheid angegeben werden, sofern die Beschreibung der Erfindung nicht extrem obskur ist, sodass die Untersuchung von Patentfähigkeitserfordernissen wie Neuheit und erfinderische Tätigkeit schwierig ist.

446   Wenn die Anmeldung die Erfordernisse der Einheitlichkeit nicht erfüllt, soll die Erfindung von Anspruch 1 und damit einheitlichen Ansprüchen untersucht werden.

447   Der Prüfer sollte bei der Mitteilung über die Zurückweisungsgründe sinnvolle Änderungen oder eine Teilung der Anmeldung vorschlagen, wenn diese Maßnahmen die Beantwortung durch den Anmelder erleichtern.

448   Ist eine prompte und genaue Prüfung schwierig, kann der Prüfer vom Anmelder gemäß § 194(1) JPatG die Vorlage von Schriftstücken oder anderen Beweismitteln verlangen. Beispielsweise kann es in Hinblick auf die verwirrende Aufmachung der Erfindung oder den Umfang der Patentbeschreibung schwierig sein, die beanspruchte Erfindung zu erkennen. Dann kann der Prüfer vom Anmelder die Vorlage eines klärenden Schriftstückes verlangen, z. B. ein Dokument, das erklärt, welcher Teil aus jedem Beispiel welcher Funktion zur Definition der Erfindung entspricht, oder Schriftstücke, die kurz das Wesen der Erfindung beschreiben.

449   Verletzen Patentbeschreibung und Zeichnungen die Vorschriften von § 36(4) [Offenbarung] oder § 36(6) [Form der Patentansprüche] JPatG, sollte die Mitteilung der Zurückweisungsgründe angeben, welcher Teil der Anmeldung aus welchen Gründen mangelhaft ist.

---

geben. Im Falle von § 17bis(1)(ii) findet diese Bestimmung keine Anwendung auf eine Entscheidung über die Zurückweisung der Anmeldung nach § 53(1) JPatG.

Bedenken des Prüfers gegen die Ausführbarkeit der Erfindung sind fundiert   450
darzulegen. Wenn beispielsweise in einem Anspruch ein generisches Konzept
definiert ist, könnten die offenbarten Ausführungsbeispiele nur einen Teil des
generischen Konzeptes in der Patentbeschreibung repräsentieren. Es könnte
unter § 36(4) JPatG erwogen werden, dass die beanspruchte Erfindung nicht
auf eine solche Weise beschrieben ist, dass der Fachmann die anderen vom
generischen Konzept umfassten Teile ausführen kann. Der spezifische Grund
hierfür sollte dann herausgestellt werden. Eine entsprechende Erwägung
könnte der Prüfer anführen, wenn bei der Abfassung eines Anspruchs in Form
einer Markush-Gruppe die Ausführungsbeispiele nur einen Teil der Alternativen in der Patentbeschreibung repräsentieren.

Auf den technischen Gebieten, auf denen es im Allgemeinen schwierig ist, auf   451
die Effekte einer Erfindung zu schließen, wird die einfache Feststellung, dass
die Zahl der Ausführungsbeispiele zur Bestätigung der Effekte der Erfindung
ungenügend ist, nicht als konkreter Grund in diesem Sinne angesehen, sofern
zumindest ein repräsentatives Ausführungsbeispiel in der Patentbeschreibung
offenbart ist.

Im Allgemeinen wird eine getrennte Prüfung auf Neuheit und erfinderische   452
Tätigkeit vorgenommen. Es kann vorkommen, dass die Erfordernisse von
Neuheit und erfinderischer Tätigkeit ohne Unterscheidung pauschal abgehandelt werden. Bei der Prüfung auf erfinderische Tätigkeit kommt dem Ansatz
von Aufgabe und Lösung der Erfindung nicht eine solch große Rolle zu wie
vor dem Europäischen Patentamt.

Als Reaktion auf einen Prüfbescheid unter § 50 JPatG kann der Anmelder eine   453
Stellungnahme (*Ikensho*) und/oder eine Änderung (*Hosei*) einreichen. Beides
sind getrennte Schriftstücke.

In der Stellungnahme kann der Anmelder versuchen, die vom Prüfer vor-   454
gebrachten Zurückweisungsgründe zu entkräften. Die Vorgehensweise wird
hierbei von der Art des Zurückweisungsgrundes und der angeführten Beweismittel abhängen. In Japan können breite Ansprüche beispielsweise durch die
Einreichung weiterer Ausführungsbeispiele und/oder die Heranziehung von
Literaturstellen etc. gestützt werden. Anscheinend soll der Fachmann bei
Beurteilung der ausreichenden Offenbarung ein geringeres Wissen haben als
bei Prüfung auf erfinderische Tätigkeit. Für die Prüfung auf ausreichende
Offenbarung soll danach das »Allgemeinwissen« und für die Prüfung auf
erfinderische Tätigkeit »alle relevanten Dokumente im Stand der Technik«
herangezogen werden.

Hinsichtlich experimenteller Berichte wird vom JPA keine eidesstattliche Er-   455
klärung gefordert, aus der sich Details zur Durchführung der Experimente,

insbesondere dem Experimentator, ergeben. Nach den Prüfungsrichtlinien ist es jedoch wünschenswert, wenn der Versuchsbericht durch einen Dritten angefertigt wird. Außerdem darf der Prüfer beispielsweise den Ort für das Experiment sowie einen von ihm als besonders vertrauenswürdig erachteten Experimentator oder attestierende Personen benennen. Es dürfte jedoch in der Praxis schwierig sein, in jedem Fall einen von einer dritten Partei angefertigten Bericht vorzulegen. Da außerdem das JPA normalerweise nicht derart strikte Anforderungen stellt, wird zwar kein von einem Dritten angefertigter Bericht gefordert, aber vorsichtshalber die Angabe der für den Bericht verantwortlichen Person.

456 In der Änderung kann der Anmelder Patentbeschreibung incl. Ansprüche und/oder Zeichnungen ändern. Der Umfang der Änderungen hängt gemäß § 17bis JPatG vom Zeitpunkt der Vornahme der Änderungen ab[167]. Grundlage

---

167 § 17bis JPatG:

(1) Bis zum Beschluss des Prüfers über die Patenterteilung kann der Patentanmelder die dem Antrag beigefügte Beschreibung oder Zeichnungen ändern. Nach Erhalt der Benachrichtigung gemäß § 50 sind Änderungen jedoch nur noch in folgenden Fällen zulässig:

(i) wenn der Anmelder einen ersten Bescheid nach § 50 (hier als »Bescheid über Zurückweisungsgründe« bezeichnet) [einschl. seiner Anwendung nach § 159(2) (einschl. seiner Anwendung nach § 174(2) und § 163(2) (nachstehend als »§ 50« bezeichnet)] erhalten hat und die Änderung innerhalb der nach § 50 bestimmten Frist erfolgt;

(ii) wenn der Anmelder einen Zurückweisungsbescheid erhalten hat und die Änderung in Bezug auf den endgültigen Bescheid über die Zurückweisungsgründe innerhalb der nach § 50 bestimmten Frist erfolgt;

(iii) wenn der Anmelder die Änderung innerhalb von 30 Tagen nach Einlegung der Beschwerde nach § 121 Abs. 1 vornimmt.

(2) Wenn der Anmelder einer Anmeldung mit fremdsprachigen Unterlagen nach § 36bis Abs. 2 die Beschreibung oder die Zeichnungen nach Abs. 1 zum Zwecke der Berichtigung einer unrichtigen Übersetzung ändert, hat er eine schriftliche Berichtigung der unrichtigen Übersetzung unter Angabe der Gründe dafür einzureichen.

(3) Die Änderung der Beschreibung oder der Zeichnungen nach Abs. 1, ausgenommen bei der Einreichung einer schriftlichen Berichtigung einer unrichtigen Übersetzung, muss im Rahmen dessen bleiben, was in der ursprünglich mit dem Antrag eingereichten Beschreibung oder in den Zeichnungen offenbart worden ist [bei einer Anmeldung mit fremdsprachigen Unterlagen nach § 36bis Abs. 2 gilt die Übersetzung der in Abs. 2 genannten fremdsprachigen Unterlagen aufgrund der Bestimmungen in Abs. 4 als Beschreibung und Zeichnungen (wenn der Anmelder die Beschreibung und die Zeichnungen durch Einreichung einer schriftlichen Berichtigung einer unrichtigen Übersetzung geändert hat, dann diese Übersetzung der geänderten Beschreibung oder der Zeichnungen)].

(4) Vorbehaltlich der Bestimmungen im vorhergehenden Abs. sind die Änderungen der Ansprüche im Fall von Abs. 1 (ii) und (iii) dieses Artikels auf Folgendes zu beschränken:

(i) Rücknahme der in § 36(5) genannten Ansprüche;

(ii) Einschränkung der Ansprüche (lediglich die Einschränkung aller oder eines Teils der Gegenstände, die für die Bestimmung der in den Ansprüchen nach § 36 Abs. 5 beanspruchten Erfindung notwendig ist, sowie für die gewerbliche Anwendbarkeit, und das durch die in den geänderten Ansprüchen beanspruchte Erfindung zu lösende Problem ist identisch mit demjenigen in den Ansprüchen der beanspruchten Erfindung vor der Änderung);

(iii) die Berichtigung von Fehlern in der Beschreibung;

der Änderungen sind die japanischen Unterlagen. Bei Änderung der Patentansprüche muss dem Erfordernis der unabhängigen Patentfähigkeit gemäß § 126(4) JPatG i. V. m. § 17bis(5) JPatG entsprochen werden.

Insbesondere bestehen Änderungsmöglichkeiten bis zum Ablauf der Frist zur Einreichung einer Stellungnahme und von Änderungen auf den ersten Prüfbescheid (vgl. § 17bis(1)(i) JPatG). Da weitere Änderungen nur noch beschränkt möglich sind (vgl. § 17bis(4) JPatG), ist die sorgfältige Beantwortung des ersten Prüfbescheids besonders wichtig. Der Prüfer wird Änderungen an den Anmeldeunterlagen, die gegen die Vorschriften verstoßen, gemäß § 53 JPatG zurückweisen[168, 169].

Wenn es schwierig ist, das vom Anmelder auf den Bescheid mit der Mitteilung 457 der Zurückweisungsgründe eingereichte schriftliche Argument zu verstehen und davon die Patenterteilung abhängt, kann der Prüfer vom Anmelder verlangen, ein Dokument vorzulegen, in dem das Argument in der schriftlichen Bescheidserwiderung näher erklärt wird.

(iv) die Klarstellung einer mehrdeutigen Beschreibung (nur die Änderung in Bezug auf Gegenstände, die in den betreffenden Zurückweisungsgründen des Zurückweisungsbescheids genannt sind).
(5) Auf die Fälle des vorstehenden Absatzes ist § 126 Abs. 4 entsprechend anzuwenden.«

168 § 53 JPatG [Zurückweisung von Änderungen]:
(1) Wenn im Fall von § 17bis Abs. 1(ii) vor Zustellung des Erteilungsbeschlusses festgestellt wird, dass eine Änderung der dem Antrag beigefügten Beschreibung oder Zeichnungen nicht den Vorschriften des § 17bis Abs. 3 bis 5 entspricht, hat der Prüfer die Änderung durch Beschluss abzulehnen.
(2) Der Ablehnungsbeschluss gemäß Abs. 1 ist schriftlich zu erlassen und mit Gründen zu versehen.
(3) Gegen den Ablehnungsbeschluss gemäß Abs. 1 ist ein Rechtsmittel nicht gegeben; dies gilt jedoch nicht für Beschwerden gemäß § 121 Abs. 1.

169 Obergericht Tokyo, 22.5.1989, Fall Nr. 1989 Gyo-Ke 248: »In einer Anmeldung vom 10.2.1966 für die Erfindung eines Golfballs, basierend auf einer britischen Prioritätsanmeldung vom 10.2.1965, wurde gefunden, dass ein unter spezifizierten Bedingungen geformter Golfball bemerkenswert überlegene Eigenschaften hat. Der in der ursprünglichen Beschreibung, in der die Bildung unter den spezifizierten Bedingungen nicht erwähnt war, offenbarte Golfball verfügte nicht über diese Eigenschaften. Im Beschwerdeverfahren gegen die Zurückweisung der Anmeldung änderte der Anmelder die Beschreibung, um den unter diesen Bedingungen geformten Golfball einzuführen. Gegen die Zurückweisung der Beschwerde klagte der Anmelder vor dem Obergericht Tokyo, das die Entscheidung der Beschwerdekammer aufhob. Die erneute Prüfung der Anmeldung durch das JPA führte zur Zurückweisung dieser Änderung, die vom Obergericht Tokyo bestätigt wurde: »Wenn in Hinblick auf die Erfindung eines Produktes die technischen Dinge, die in den Ansprüchen beschrieben sind, durch Änderung von Erfindungsbeschreibung oder Zeichnungen geändert werden, um ein Herstellungsverfahren hinzuzufügen, das für den Fachmann ausgehend von der Offenbarung in der ursprünglichen Beschreibung nicht offensichtlich ist, ändert sich das Wesen der Erfindung.«

458 Die letzte Mitteilung von Zurückweisungsgründen ist im Prinzip eine Mitteilung, die nur solche Zurückweisungsgründe angibt, die durch die Änderungen in Beantwortung des ersten nicht abschließenden Bescheides erforderlich wurden. Eine Änderung in Beantwortung einer abschließenden Mitteilung wird zugelassen, wenn es eine Anspruchsänderung im Sinne einer »Berichtigung von Fehlern in der Beschreibung« oder »Klarstellung von unklarer Beschreibung« unter § 17bis(4)(iii) und 17bis(4)(iv) oder eine Änderung der Erfindungsbeschreibung ist.

459 Der zweite Bescheid darf eine endgültige Zurückweisung sein, wenn die Zurückweisungsgründe durch die vom Patentanmelder in Hinblick auf den ersten Bescheid vorgenommenen Änderungen bewirkt wurden. Dies ist beispielsweise der Fall, wenn der Anmelder durch Aufnahme neuer Merkmale in den Anspruch dem Einwand fehlender Neuheit und/oder erfinderischer Tätigkeit entgehen wollte, diese Bedenken aber noch nicht ausgeräumt sind. Wenn die im zweiten Prüfbescheid angeführten Mängel nicht bereits im ersten Bescheid erwähnt wurden und nicht durch die Änderungen des Anmelders in Beantwortung des ersten Bescheides hervorgerufen wurden, darf der zweite Prüfbescheid nicht eine endgültige Zurückweisung sein. Ein Beispiel hierfür ist die Anführung neuer Zurückweisungsgründe infolge neu vom Prüfer angeführten Standes der Technik.

460 In der Regel ist der zweite Bescheid des Prüfers endgültig. Anmelder oder Vertreter sollten daher alle Möglichkeiten für eine effektive Kommunikation mit dem Prüfer nutzen. Da die Stellung von Hilfsanträgen sowie die hilfsweise Anberaumung einer mündlichen Verhandlung nicht möglich ist, kommt es darauf an, durch intensiven Kontakt mit dem Prüfer dessen Einstellung zu Änderungsmöglichkeiten und Argumenten kennen zu lernen und entsprechende Schritte einzuleiten. Beispielsweise kann der Prüfer nach dem ersten Bescheid telefonisch um Erläuterungen zum Bescheid gebeten werden. Gegenvorstellungen und Änderungsvorschläge des Anmelders können vorab per Telefon oder Telefax (es gibt gegenwärtig keine Kommunikation zwischen JPA und Anmeldern per e-mail) dem Prüfer zur Kenntnis gebracht und mit ihm diskutiert werden, bevor schließlich zum offenen Amtsbescheid eine schriftliche Stellungnahme incl. Änderungen eingereicht wird.

461 Bei der Prüfung wird sich der Prüfer in der Regel an die Prüfungsrichtlinien des JPA halten, selbst wenn diese für ihn nicht bindend sind. Eine englische Übersetzung der Prüfungsrichtlinien für Patente und Gebrauchsmuster (»Examination Guidelines for Patent and Utility Model«) findet sich auf der Homepage des JPA (www.jpo.go.jp). Zu beachten ist, dass die Anwendbarkeit der einzelnen Richtlinien vom Anmeldezeitpunkt der Patentanmeldung abhängig sein kann.

Aufgrund der zahlreichen Gesetzesänderungen während der letzten Jahre 462
hängen die Patentfähigkeitserfordernisse vom Anmeldedatum der Patentanmeldung ab:

Für die Prüfung auf Patentfähigkeit bei ab dem 1.7.1995 eingereichten Patent- 463
anmeldungen ist zu beachten, dass die Erfordernisse für die Ausführbarkeit der
Erfindung durch Änderung von § 36(4) JPatG abgemildert wurden. Die Angabe
von Aufgabe, Effekt und Struktur der Erfindung ist nicht mehr notwendig.

Für die Prüfung auf Patentfähigkeit bei ab 1.1.2000 eingereichten Patent- 464
anmeldungen ist eine erweiterte Definition des Standes der Technik zu berücksichtigen. Während bis dato mündliche Offenbarungen und offenkundige
Vorbenutzungen nur dann in Betracht zu ziehen waren, wenn sie in Japan
geschahen, gilt diese Beschränkung seit dem 1.1.2000 nicht mehr. Seither sind
zusätzlich auch Offenbarungen in elektronischen Medien relevanter Stand der
Technik.

Nach § 17bis(4) JPatG können nach einer endgültigen Zurückweisung der 465
Anmeldung durch den Prüfer Änderungen nur in beschränktem Umfang
vorgenommen werden. Wenn die Behauptung des Anmelders gerechtfertigt
erscheint, dass die endgültige Zurückweisung nicht zu Recht erfolgte, sollten
die Vorschriften von §§ 17bis(4) und 17bis(5) sowie 53 JPatG nicht angewandt
und keine Änderung zurückgewiesen werden, außer wenn gegen § 17bis(3)
JPatG verstoßen wurde.

Wenn der Prüfer der Auffassung ist, dass die mitgeteilten Zurückweisungs- 466
gründe trotz der vom Anmelder vorgenommenen Änderungen und vorgebrachten Argumente weiter bestehen, soll er eine Entscheidung über die
Zurückweisung erlassen.

Traditionell sahen die Prüfer am JPA die Erfindung einer Zusammensetzung 467
als ein technisches Konzept an, das die Zusammensetzung an sich und deren
Verwendung umfasste. Es wurde angenommen, dass jede Erfindung einer
Zusammensetzung für einen bestimmten Anwendungszweck gemacht wurde.
Im Allgemeinen wurde geglaubt, dass das technische Konzept der Erfindung
einer Zusammensetzung ohne Verwendungsangabe im Patentanspruch nicht
klar sein könnte. Die Prüfungsrichtlinien erforderten, dass die Prüfer bestimmten, was für die beanspruchte Erfindung wesentlich war, die Zusammensetzung an sich oder deren Verwendung. Wenn die Verwendung für die
Erfindung als wichtig angesehen wurde, wurde ein Anspruch ohne Wiedergabe einer beabsichtigten Verwendung wegen Verstoßes gegen das Beschrei-
bungserfordernis für Ansprüche zurückgewiesen. Daher werden Ansprüche
ohne Verwendungseinschränkungen immer noch eher erteilt, wenn es eine
Vielzahl von zusammenhanglosen Verwendungsmöglichkeiten gibt.

468   Bei pharmazeutischen Erfindungen können Ansprüche vom schweizerischen Typ in Produktansprüche, z. B. einen Zusammensetzungsanspruch, der auf die beabsichtigte Verwendung beschränkt ist, geändert werden: »Ein Medikament für die Krankheit Y bestehend aus der Zusammensetzung X«.

469   Wenn ein Anspruch für eine Zusammensetzung einen Effekt, eine Funktion, Eigenschaft o. ä. wiedergibt, wird nach den internen Richtlinien entschieden, ob dieses Merkmal im Wesentlichen die Verwendung der Zusammensetzung bedeutet.

470   **Beschwerdeverfahren – Beschwerde gegen die Zurückweisung durch den Patentprüfer** (*Kyozetsu satei fufuku shimpan*)

471   Gegen die Zurückweisung der Patentanmeldung durch den Prüfer ist die Beschwerde zur *Shimpan*-Abteilung im JPA statthaft (§ 121 JPatG[170]). Die Beschwerde ist innerhalb von 30 Tagen (automatische Verlängerung um 60 Tage für nicht in Japan ansässige Anmelder) ab Zustellung der Entscheidung zu erheben. Nach § 121(2) JPatG ist Wiedereinsetzung in diese Frist gegeben, wenn die Frist aus Gründen, die nicht vom Anmelder zu vertreten sind, nicht eingehalten werden konnte. Zu den Wiedereinsetzungsgründen gehören Krankheit der Partei oder eines Angehörigen sowie Störungen von Verkehr und Telekommunikation. Verhinderungen des anwaltlichen Vertreters können ebenfalls zur Wiedereinsetzung berechtigen. Wenn die Partei allerdings von dessen Verhinderung wußte und die Verfahrenshandlung selbst hätte vornehmen können, liegt kein Wiedereinsetzungsgrund vor. Fehler von Vertretern (anwaltliche Vertreter oder zur Entgegennahme von Schriftstücken berechtigte Personen) muss sich der Anmelder zurechnen lassen[171]. Dies gilt auch, wenn die Verzögerung auf einen Fehler eines Angestellten in einer Anwaltskanzlei zurückzuführen ist[172]. Der Anmelder sollte bei Anhängigkeit der Patentanmeldung prinzipiell davon ausgehen, dass jederzeit eine Mitteilung zugestellt werden kann und entsprechende Vorsorge treffen. Insbesondere muss auch ein anwaltlicher Vertreter vor einer längeren Geschäftsreise sicherstellen,

---

170   § 121 JPatG:
     (1) Wer eine Entscheidung des Prüfers auf Zurückweisung der Anmeldung erhalten hat, kann, falls er die Entscheidung für unzutreffend hält, innerhalb von 30 Tagen nach dem Zeitpunkt der Zustellung der Abschrift der Entscheidung des Prüfers Beschwerde einlegen.
     (2) Wenn jemand die in vorstehendem Abs. genannte Beschwerde innerhalb der in diesem Absatz vorgeschriebenen Frist aus Gründen, die er nicht zu vertreten hat, nicht einlegen kann, kann er unbeschadet der Vorschrift des vorstehenden Absatzes die Beschwerde innerhalb von 14 Tagen (bei einem Auswärtigen innerhalb von zwei Monaten) nach Wegfall des Hindernisgrundes, jedoch spätestens innerhalb von sechs Monaten nach Ablauf dieser Frist, einlegen.
171   OGH, 12.4.1949.
172   OGH, 11.4.1989.

dass er über Mitteilungen des JPA ständig unterrichtet wird. Arbeitsüberlastung in der Patentabteilung eines Unternehmens ist kein Wiedereinsetzungsgrund[173].

Die für den Beschwerdeantrag gemäß § 131(1) und (3) JPatG erforderlichen   472
Angaben (einschließlich Beschwerdegründe) und Unterlagen können auf Aufforderung unter Fristsetzung (30 Tage) durch das JPA gemäß § 133(1) JPatG
nachgereicht werden. Eine solche Aufforderung ergeht ca. 2 oder 3 Monate
nach Beschwerdeeinlegung.

Wenn der Anmelder innerhalb von 30 Tagen nach Beschwerdeeinlegung Än-   473
derungen vorgenommen hat, wird zunächst gemäß § 162 JPatG die Beschwerde dem mit der Prüfung beauftragten Prüfer vorgelegt, der prüft, inwieweit
der Beschwerde aufgrund der Ausführungen und Änderungen durch den
Anmelder abgeholfen werden kann (*Zenchi*-Prüfung). Die Prüfung findet
erneut statt, wobei auch ein neuer Grund für die Zurückweisung gegenüber
dem Grund in der Entscheidung des Prüfers gefunden werden kann, die
Gegenstand der Beschwerde ist (§ 163 JPatG).

Zweck der *Zenchi*-Prüfung ist die Überprüfung der Korrektheit der Prüfung
der Patentanmeldung. Der Prüfer sollte bestimmen, ob die Zurückweisungsgründe durch die geänderte Beschreibung und Zeichnungen ausgeräumt wurden und dabei die Beschwerdegründe berücksichtigen. In der *Zenchi*-Prüfung
sollte der Prüfer bestimmen, ob eine bei Einreichung der Beschwerde vorgenommene Änderung den Bestimmungen von § 17bis(3)-(5) JPatG entspricht.
In der *Zenchi*-Prüfung wird zusätzlich zu den Gründen in der Zurückweisungsentscheidung des Prüfers überprüft, ob eine Anmeldung weitere Zurückweisungsgründe aufweist. Bei der Mitteilung von Zurückweisungsgründen
sollten diese für jeden Anspruch mitgeteilt werden, um deutlich zwischen
Ansprüchen mit Zurückweisungsgründen und solchen ohne zu unterscheiden.

Wenn die Zurückweisungsgründe durch die vorgenommene Änderung ausgeräumt wurden und keine neuen Zurückweisungsgründe aufgetaucht sind,
sollte auf Erteilung des Patents entschieden werden, nachdem eine Entscheidung über die Zulässigkeit der vorgenommenen Änderungen ergangen ist.
Entscheidet bei der Überprüfung nach § 162 JPatG der Prüfer auf Erteilung
des Patents, so hat er seinen Zurückweisungsbeschluss, der Gegenstand des
Beschwerdeantrags ist, aufzuheben (§ 164(1) JPatG).

In der *Zenchi*-Prüfung darf der Prüfer keine Änderung nach § 53(1) JPatG
ablehnen, außer er entscheidet auf Erteilung eines Patents (§ 164(2) JPatG).
Wenn zum Zeitpunkt der Beschwerdeeinlegung vorgenommene Änderungen

---

173 Bezirksgericht Tokyo, 16.11.1973, Fall Nr. Sho 47 Gyo-U 110.

zurückgewiesen werden müssen, sollte die Beschwerdebegründung anlässlich der Überprüfung der Korrektheit der Zurückweisungsentscheidung berücksichtigt werden.

Ist der Prüfer der Auffassung, dass die Zurückweisungsgründe trotz der bei Einreichung der Beschwerde vorgenommenen Änderungen noch bestehen, sollte er dem Präsidenten des JPA ohne abschließende Entscheidung über die Beschwerde über das Ergebnis seiner Prüfung Bericht erstatten (§ 164(3) JPatG). Sämtliche nicht ausgeräumten Gründe für die Zurückweisungsentscheidung des Prüfers sollten in diesem *Zenchi*-Bericht ausdrücklich angegeben und erklärt sein, zusammen mit ggf. später gefundenen Zurückweisungsgründen.

474 Kann der Beschwerde nicht abgeholfen werden, führt die *Shimpan*-Abteilung (drei oder fünf Prüfer) ein schriftliches Beschwerdeverfahren durch[174]. Wenn der Anmelder keine Änderungen an Beschreibung und Patentansprüchen vornimmt, geht die Beschwerde ohne Prüfung durch den Patentprüfer der ersten Instanz unmittelbar an die zuständige *Shimpan*-Abteilung.

475 Gesonderte Beschwerden gegen die Zurückweisung von Änderungen (z. B. Aufnahme von weiteren Ausführungsbeispielen in die Patentbeschreibung) sind bei vor dem 1.1.1994 eingereichten Patentanmeldungen und daraus abgeleiteten Teilanmeldungen möglich, wenn der Prüfer eine Änderung mit der Begründung zurückweist, dass »sie das Wesen der Erfindung ändere« (vgl. § 53(1) JPatGaF von 1959). Allerdings können zurückgewiesene Änderungen in die Erteilungsakte aufgenommen und im Prüfungsverfahren berücksichtigt werden.

476 Wenn Anmelder oder Lizenznehmer die beanspruchte Erfindung innerhalb der nächsten zwei Jahre nutzen möchte und ein Dritter die Erfindung entweder nutzt oder zu nutzen beabsichtigt, kann der Anmelder bei Beschwerdeeinlegung ein beschleunigtes Beschwerdeverfahren beantragen.

477 4.2.4 Beschwerde zum Obergericht Tokyo gegen Zurückweisungsbeschlüsse des JPA

478 Gegen Zurückweisungsbeschlüsse der Beschwerdekammer (*Shimpan-bu*) des JPA kann Klage bei dem hierfür ausschließlich zuständigen Obergericht To-

---

174 Beschwerdeverfahren gegen Zurückweisungsbeschlüsse sind keine Verfahren gemäß § 123(1) oder § 125bis JPatG (Verfahren auf Nichtigerklärung eines Patentes bzw. einer Laufzeitverlängerung). Nach § 145(1)(2)JPatG ist daher das Beschwerdeverfahren gegen Zurückweisungsbeschlüsse des JPA auf schriftlichem Wege durchzuführen.

kyo erhoben werden (§ 178(1) JPatG)[175]. Die Frist hierfür beträgt 30 Tage (plus 90 Tage für im Ausland ansässige Anmelder) ab Zustellung des Beschlusses. Die volle gerichtliche Überprüfung von Verwaltungsentscheidungen ergibt sich aus der Rechtsweggarantie der japanischen Verfassung. Die gerichtliche Kompetenz beschränkt sich darauf, die Entscheidungen des JPA aufzuheben bzw. die hiergegen gerichtete Klage zurückzuweisen. Das Gericht kann hingegen nicht selbst über Erteilung oder Widerruf eines Patentes entscheiden[176].

Zur Wahrung der Frist genügt die Einreichung eines Antrags auf Aufhebung der Entscheidung der *Shimpan*-Abteilung des JPA. Fehlt die Klagebegründung, verlangt das Obergericht Tokyo ungefähr 1 Monat nach Klageeinreichung, dass diese nachgereicht wird. Im Allgemeinen wird das Obergericht Tokyo eine erste mündliche Anhörung ca. 1 Woche nach Einreichung von Klage und Begründung anberaumen. Üblicherweise ist die erste Anhörung

479

---

175 § 178 JPatG:
(1) Für Klagen gegen einen Widerrufsbeschluss, eine Entscheidung der *Shimpan*-Abteilung und einen Beschluss auf Zurückweisung eines Einspruchs oder Zurückweisung von *Shimpan*- oder Wiederaufnahmeanträgen ist das Obergericht Tokyo ausschließlich zuständig.
(2) Klagen nach Maßgabe des vorstehenden Absatzes können ausschließlich von den Parteien, den Nebenintervenienten oder denjenigen, deren Antrag auf Zulassung als Nebenintervenient in dem betreffenden Verfahren zurückgewiesen worden ist, erhoben werden.
(3) Klagen nach Maßgabe des Absatzes (1) können nur innerhalb einer Frist von 30 Tagen ab dem Zeitpunkt, in dem die Entscheidung der *Shimpan*-Abteilung oder der Beschluss zugestellt worden ist, erhoben werden.
(4) Die in vorstehendem Abs. genannte Frist ist eine Ausschlussfrist.
(5) Der Vorsitzende kann von Amts wegen die in vorstehendem Abs. genannte Frist für Personen, die in entfernt gelegenen oder schwer zugänglichen Orten wohnen, verlängern.
(6) Klagen in solchen Angelegenheiten, für die ein *Shimpan*-Verfahren zulässig ist, können nur gegen eine *Shimpan*-Entscheidung erhoben werden.
176 § 181 JPatG bestimmt insoweit, dass das Gericht bei Begründetheit der Klage lediglich die Möglichkeit hat, die fragliche Entscheidung des JPA aufzuheben, nicht hingegen sonstige Urteilsfolgen auszusprechen.
§ 181 JPatG:
(1) Erachtet das Gericht eine nach den Vorschriften des § 178(1) [Klage gegen Entscheidungen des JPA] erhobene Klage für begründet, so hat es die zugrunde liegende Entscheidung aufzuheben.
(2) Hat das JPA eine Entscheidung getroffen, die durch gerichtliches Urteil aufgehoben wurde, so ist es verpflichtet, neuerliche Untersuchungen anzustellen und erneut zu entscheiden.
Das die Entscheidung des JPA aufhebende Urteil des Obergerichts Tokyo bindet das JPA (§ 33 JVerwGO). Eine hiergegen verstoßende Entscheidung des JPA wäre unzulässig.
§ 33 JVerwGO:
(1) Ein gerichtliches Urteil, welches einen Verwaltungsakt oder eine andere behördliche Entscheidung aufhebt, bindet die beteiligten Verwaltungsbehörden.
(2) Wird eine ablehnende behördliche Entscheidung durch ein Gericht aufgehoben, ist die zuständige Behörde verpflichtet, erneut unter Rechtsauffassung des Gerichts über die Sache zu entscheiden.

eine Formalität zur Bestätigung der vom Kläger vorgebrachten Gründe, allerdings gibt es manchmal auch tatsächliche Diskussionen. Während der ersten Anhörung wird der Richter vom JPA verlangen, durch Einreichung einer schriftlichen Stellungnahme innerhalb von ca. 1½ Monaten auf die Ausführungen des Klägers zu reagieren. Außerdem wird das Gericht ca. eine Woche nach Einreichung der Stellungnahme durch das JPA eine zweite mündliche Anhörung anberaumen. Bei dieser wird im Wesentlichen die Stellungnahme des JPA bestätigt, manchmal finden auch tatsächliche Diskussionen statt. Dieser Ablauf wiederholt sich, bis die Meinungsbildung des Gerichts abgeschlossen ist und das Gericht eine Entscheidung fällt.

480 Grundsätzlich ist es dem Obergericht Tokyo im Beschwerdeverfahren gegen eine Entscheidung des JPA nicht verwehrt, auch solche Beweise zu erheben, die noch nicht Gegenstand des patentamtlichen Verfahrens waren, und aufgrund des so erhobenen Beweismaterials zu einer Aufhebung der Entscheidung zu gelangen. Hebt das Gericht eine Entscheidung des JPA mit der Auflage auf, dass das JPA über den Patenterteilungsantrag neu zu entscheiden habe, so ist das JPA gemäß § 181(2) JPatG an die Rechtsauffassung des Gerichts gebunden. Die Bindungswirkung erstreckt sich auf eine erneute Untersuchung bzw. erneute Entscheidung gemäß § 33(1) JVwGO. Die Bindungswirkung erstreckt sich auf die faktische wie rechtliche Würdigung des Sachverhalts durch das Gericht. Das JPA ist daher nicht befugt, in einem neuerlichen Erteilungsverfahren in der Sache unter Missachtung der das Gerichtsurteil tragenden Gründe oder mit der Behauptung, das Urteil sei fehlerhaft, erneut Beweise über Tatsachen zu erheben, auf die sich die Bindungswirkung erstreckt. Die vom JPA unter der Rechtsauffassung des Gerichts getroffene Entscheidung ist in diesen Grenzen richtig und kann insoweit nicht mehr Gegenstand einer hiergegen gerichteten Klage sein. In einem erneuten Verfahren ist daher das erkennende Gericht an die Entscheidung des JPA insoweit gebunden, als dieses nach den gerichtlichen Vorgaben entschieden hat[177].

---

177 »Walzenschleifmaschine«, OGH, 28.4.1992; vgl. *GRUR Int. 1992*, Seite 925 ff.:
»1. Hat das Berufungsgericht über eine Entscheidung des JPA zu entscheiden, die bereits unter Berücksichtigung der Rechtsauffassung einer früheren Entscheidung desselben Gerichts im selben Verfahren erlassen wurde, so kann das Gericht neues Vorbringen nur eingeschränkt berücksichtigen.
2. Hat daher das JPA unter Berücksichtigung der Rechtsauffassung des Berufungsgerichts die Erfindungshöhe einer zum Patent angemeldeten Erfindung bejaht und das Patent erteilt, so kann das Gericht in einem Verfahren gegen diese Entscheidung des JPA die Frage der Erfindungshöhe auch dann nicht erneut prüfen, wenn neues Material vorgelegt wird. Das Berufungsgericht ist bei seiner Prüfung im zweiten Verfahren auf die Prüfung beschränkt, ob das JPA unter Berücksichtigung der Entscheidung des Gerichts im ersten Verfahren richtig entschieden hat.«

Prinzipiell ist bei Rechtsfehlern auch eine Rechtsbeschwerde zum OGH   481
möglich. Die Frist hierfür beträgt zwei Wochen nach Zustellung des Urteils
des Obergerichtes Tokyo. Diese Frist verlängt sich für im Ausland Ansässige
um 30 Tage.

4.2.5 Patenterteilung   482

Der Prüfer hat die Erteilung des Patents zu beschließen, wenn er keine Gründe   483
für die Zurückweisung der Patentanmeldung feststellt (§ 51 JPatG). Der Prüfer
ist an seine Entscheidung gebunden[178]. Innerhalb einer Frist von 30 Tagen nach
Zustellung des Patenterteilungsbeschlusses an den Anmelder ist die Eintragungsgebühr (1.-3. Jahresgebühr) zu entrichten[179]. Eine gesonderte Aufforderung des JPA zur Zahlung der Eintragungsgebühr ergeht nicht[180]. Auf Antrag ist
innerhalb der 30 Tage-Frist eine Fristverlängerung zur Zahlung der Eintragungsgebühr um maximal 30 Tage erhältlich[181]. Bei Versäumnis dieser Frist
kann der Präsident des JPA das Verfahren für rechtsunwirksam erklären (§ 18(1)
JPatG). Zwar sieht § 112(1) JPatG vor, dass Jahresgebühren für die Aufrechterhaltung von Patenten noch innerhalb von 6 Monaten nach Ablauf der in den
§§ 108(2), 109 JPatG angegebenen Fristen entrichtet werden können, diese Bestimmung ist jedoch nicht auf die Eintragungsgebühr anwendbar. Wenn der
Patentanmelder die Eintragungsgebühr entrichtet hat oder deren Zahlung erlassen oder ausgesetzt wurde, wird das Patent registriert (§ 66(2) JPatG). Einzelheiten werden im Patentblatt veröffentlicht (§ 66(3) JPatG) sowie in das beim
JPA gemäß § 27 JPatG geführte Patentregister eingetragen. Über die Erteilung
des Patents stellt das JPA eine Patenturkunde aus (§ 28 JPatG).

---

178 Obergericht Tokyo, 23.10.1974; vgl. *AIPPI Journal*, Vol. 25 (2000), No. 6, Seite 344. Hier
     hatte der Prüfer einen Einspruch gegen eine geprüfte, ausgelegte Gebrauchsmusteranmeldung
     übersehen und eine Entscheidung über die Registrierung als Gebrauchsmuster erlassen. Der
     Versuch des Prüfers, das Zertifikat zurückzuerhalten, die Zahlung der Eintragungsgebühr
     nicht anzunehmen und die Anmeldung doch noch zurückzuweisen, wurde vom Obergericht
     Tokyo zurückgewiesen.
179 § 108(1) JPatG:
     Die nach Maßgabe des § 107(1) jährlich zu entrichtenden Patentgebühren für das 1. bis 3. Jahr
     sind innerhalb von 30 Tagen von dem Zeitpunkt an, in dem eine Abschrift der Entscheidung
     des Prüfers oder des Beschlusses der Beschwerdekammer über die Erteilung eines Patentes
     zugestellt worden ist, in einer Summe zu entrichten.
180 In der Sache »Kenji Itoh vs. Präsident des JPA«, Bezirksgericht Tokyo, 12.9.1997, wies das
     Gericht den Antrag des Patentanmelders auf Aufhebung einer Nichtigkeitsentscheidung des
     JPA wegen verspäteter Zahlung der Eintragungsgebühr zurück. Der Anmelder hatte es
     versäumt, die Eintragungsgebühr innerhalb der in § 108(1) JPatG vorgesehenen Frist von 30
     Tagen nach Übermittlung des Erteilungsbeschlusses als auch in der auf Antrag gemäß
     § 108(3) JPatG erhältlichen Nachfrist von maximal 30 Tagen zu entrichten; vgl. V.Vanbellin-
     gen-Hinkelmann, K. Hinkelmann, *AIPPI Journal*, Vol. 23 (1998), Nr. 1, Seiten 60–64.
181 § 108(3) JPatG: Der Präsident des JPA kann die in Abs. 1 vorgeschriebene Frist auf Antrag
     des zur Entrichtung der Patentgebühren Verpflichteten um bis zu 30 Tage verlängern.

137

484 **4.2.6 Änderung der Patentanmeldung im Prüfungsverfahren**

485 Die Vorschriften zu Art und Form von Änderungen an den Anmeldeunterlagen haben sich in den letzten Jahren erheblich geändert. Bevor auf die vom Anmeldedatum abhängigen Besonderheiten eingegangen wird, seien im Folgenden unabhängig vom Anmeldedatum geltende Vorschriften zu Änderungen erläutert.

486 Übersetzungsfehler in der Beschreibung können nicht mehr korrigiert werden, wenn hierdurch der wesentliche Gehalt der Beschreibung geändert wird. Die Prioritätsunterlage dient ausschließlich zum Beleg des Prioritätsdatums und kann nicht zur Korrektur von Übersetzungsfehlern herangezogen werden. Beispielsweise konnte die fehlerhafte Übersetzung des in der deutschen Prioritätsanmeldung verwendeten Begriffes »Polyvinylacetal« in »Polyvinylacetat« nicht mehr korrigiert werden[182]. Ebenso war es nicht möglich, die fehlerhafte Übersetzung von »Bor« zu »Brom« zu korrigieren[183].

487 In »Farbenfabriken Bayer AG vs. Präsident des JPA«[184] war das Obergericht Tokyo mit einer Beschwerde gegen die Entscheidung des JPA in einem Berichtigungsverfahren befasst. Im erteilten Patent für ein Verfahren zur Herstellung von Phenothiazinderivaten bezeichnete der Anspruch einen Parameter A als »verzweigtes Alkylradikal«. Der Patentinhaber versuchte ohne Erfolg, die Definition für A durch die Formulierung »gegebenenfalls verzweigtes Alkyl« zu erweitern. Damit wären auch lineare Alkylgruppen vom Patentanspruch erfasst. Die Zurückweisung der Änderung wegen Erweiterung des Anspruchsumfangs durch das Obergericht Tokyo wurde vom OGH bestätigt.

488 Die Korrektur eines Anspruchs durch Änderung des Ausdrucks »bei einer Temperatur von 3°–5° F« zu »eine Temperatur von 3°–5°C« wurde vom OGH als unzulässige Änderung des Wesens angesehen[185].

---

182 »Charge Carrier Foil«, Obergericht Tokyo, 27.6.1978, Fall Nr. 1977 Gyo-Ke 46; vgl. *IIC*, Vol. 10 (1979), Seiten 758–761.
183 Obergericht Tokyo, 24.3.1983, Fall Nr. 1981 Gyo-Ke 82.
184 Tanabe/Wegner, *Japanese Patent Practice*, AIPPI Japan 1986, Seite 102; Obergericht Tokyo, 31.8.1965; 1964–65 *Torikeshishû* 453; OGH, 14.12.1972, Fall Nr. 1966 Gyo-Tsu 1; 26 *Minshû* 1888.
185 »Watanabe vs. JPA«, OGH, 14.12.1972, 26 *Minshû* 1909: » Die Beschreibung »3° bis 5°F« ist an sich klar. Daher ist dies keine Beschreibung, die nicht ohne Bezug auf einen anderen Teil der Beschreibung verstanden werden kann. Weiterhin wird in der gesamten Beschreibung durchweg die Temperatur entsprechend der beanspruchten Temperatur dargestellt als »3°F-5°F«. Selbst wenn eine solche irrtümlich Beschreibung vom Erfinder als tatsächlich »3°-5°C« bedeutend verstanden werden konnte, ist es schwierig zu sagen, dass andere Leute, welche die Beschreibung lesen, dasselbe Verständnis hätten.«

Vor dem 1.1.1994 eingereichte Patentanmeldungen: 489

Bei vor dem 1.1.1994 eingereichten Patentanmeldungen ist eine Änderung der   490
Patentanmeldung bis zu 15 Monate nach dem Anmeldedatum bzw. Prioritäts-
tag, ansonsten nur bei Stellung des Prüfungsantrages oder innerhalb der Frist zur
Beantwortung eines Prüfungsbescheides möglich. Außerdem ist eine Änderung
innerhalb von 30 Tagen nach Einlegung einer Beschwerde gegen die endgültige
Zurückweisung der Anmeldung durch den Prüfer der 1. Instanz möglich.

Weil § 41 JPatGaF[186] auf das »Wesen der Erfindung« (*Hatsumei no yôshi*)   491
abstellt, sind Änderungen von Patentansprüchen und Beschreibung in relativ
großem Umfang zulässig. Die Änderungen dürfen nicht das Wesen der ursprünglich eingereichten Anmeldung und Zeichnungen ändern, wobei das
Wesen bestimmt wird durch Prüfung der technischen Dinge in der Beschreibung und den Zeichnungen, die Struktur, Anordnung, Verfahren etc. der
Erfindung beschreiben. Diese technischen Dinge müssen nicht explizit festgestellt sein, solange sie ausgehend von der ursprünglichen Offenbarung für
den Fachmann zum Anmeldezeitpunkt der Anmeldung selbst erklärend sind.

Anspruchsänderungen, die den Anspruchsumfang erweitern oder ändern, sind   492
zulässig, wenn der Umfang der geänderten Ansprüche ausgehend von der
ursprünglichen Offenbarung offensichtlich ist. Wenn daher die ursprüngliche
Offenbarung zu eng war, ist eine spätere Erweiterung des Umfangs der
Patentansprüche schwierig. Andererseits sind einschränkende Anpruchsände-
rungen im Allgemeinen zulässig, soweit die Begrenzungen ursprünglich offenbart sind.

Das JPA sieht im Allgemeinen Änderungen an Aufgabe und Effekt der Erfin-   493
dung in der Beschreibung als offensichtlich an, sofern die ursprüngliche Beschreibung eine Struktur offenbart, die solche Ziele und Effekte vorsieht. Da
außerdem die Beschreibung Erklärungen enthalten muss, welche die beanspruchten Gegenstände stützen, erlaubt das JPA im Allgemeinen eine Änderung an der Beschreibung, die zur Aufrechterhaltung der Konsistenz notwendig ist. Obwohl die Änderung an oder die Hinzufügung von
Ausführungsformen oder Beispielen nur selten gestattet ist, wird die Hinzufü-

---

186 § 41 JPatGaF: Eine vor der Übermittlung der Entscheidung über die Veröffentlichung der
     geprüften Anmeldung (*Kôkoku*) vorgenommene Änderung, die den Patentanspruch oder die
     Patentansprüche innerhalb der in der ursprünglich dem Antrag beigefügten Beschreibung
     oder den Zeichnungen offenbarten Dinge erweitert, verringert, oder ändert, soll so angesehen
     werden, dass sie das Wesen der Beschreibung nicht verändert.
     § 53(1) JPatGaF: Wenn eine vor der Übermittlung der Entscheidung über die Veröffent-
     lichung der geprüften Anmeldung (*Kôkoku*) vorgenommene Änderung an der Beschreibung
     oder den Zeichnungen, die dem Antrag beigefügt sind, deren Wesen verändern würde, soll
     der Prüfer diese Änderung durch einen Beschluss zurückweisen.

gung von Testdaten, welche die Überlegenheit der beanspruchten Erfindung im Vergleich zum Stand der Technik belegen, im Allgemeinen akzeptiert. Eine Änderung, welche die Beschreibung eines Standes der Technik hinzufügt, wird ebenfalls für gewöhnlich akzeptiert, sofern der hinzugefügte Stand der Technik nicht einen Teil der Erfindung darstellt.

494 Die Zulässigkeit von Änderungen in vor dem 1.1.1994 eingereichten Patentanmeldungen wird durch die beiden folgenden Gerichtsentscheidungen illustriert:

495 In einer Entscheidung von 1993[187] akzeptierte das Gericht die Auffassung des Nichtigkeitsklägers, wonach die zweite vom Patentanmelder im Prüfungsverfahren vorgenommene Änderung das »Wesen der Anmeldung« veränderte. Daher musste gemäß dem mittlerweile gestrichenen § 40 JPatGaF der Anmeldezeitpunkt für die Patentanmeldung auf den Tag der Einreichung der zweiten Änderung verschoben werden.

---

187 »E.I. DuPont de Nemours & Co. vs. Daikin Kogyo K.K.«; Obergericht Tokyo, 27.1.1993, Fall Nr. 89 Gyo-Ke 216; vgl. Shoichi Okuyama, *AIPPI Journal*, Vol. 18 (1993), No. 5, Seiten 216–218. Im Rahmen eines Nichtigkeitsverfahrens hob das Obergericht Tokyo eine Entscheidung des JPA auf, das ein Patent für gültig erachtet hatte. Die zweite Änderung während des Prüfungsverfahrens hatte das »Wesen der Erfindung« verändert. Daher sollte gemäß § 40 PatGaF als Einreichedatum der Patentanmeldung der Tag der Einreichung der Änderung angesehen werden. Mit der zweiten und dritten Änderung wurde eine Klarstellung des Satzes »ein ...DSC-Diagramm zeigt einen scharfen Peak im Bereich von 347°C+2°C und zeigt keine klaren Peaks oder Schultern zwischen diesem scharfen Peak und 330°C« in der ursprünglichen Beschreibung für Proben von Polytetrafluorethylen (PTFE)-Pulver der patentierten Erfindung versucht. Mit der zweiten Änderung wurden die Begriffe Wärmeabsorptionsverhältnis und Halbwertsbreite sowie Messmethoden und spezifische Werte hierfür eingeführt. Mit der dritten Änderung fügte der Beklagte eine Meßmethode für das mittlere Molekulargewicht ein, mit welcher der Wert von 5 Mio. für das PTFE der Erfindung gemessen wurde. Das Patent wurde daraufhin am 17.10.1983 erteilt. Der Kläger stellte einen Nichtigkeitsantrag, da die zweite und dritte Änderung vom 10.2.1978 bzw. 3.9.1980 das Wesen der Erfindung gegenüber der ursprünglich eingereichten Anmeldung veränderten und daher das effektive Anmeldedatum auf den Zeitpunkt der zweiten oder dritten Änderung verschoben werden sollte. Gegenüber der Offenlegungsschrift und dem entsprechenden US-Patent vom 5.4.1977 sei aber das Patent entweder nicht neu oder basiere nicht auf erfinderischer Tätigkeit. Das JPA sah in den Änderungen keine Änderung des Wesens der Erfindung, weil die in der ursprünglichen Beschreibung offenbarten Zahlenwerte nach beiden Änderungen nicht geändert waren. Die hinzugefügten Werte für die Wärmeabsorption etc. wurden als zusätzliche Daten angesehen.
Für das Obergericht Tokyo genügte das Vorhandensein oder Nichtvorhandensein von »klaren Schultern« in den DSC-Diagrammen nicht, um die offenbarten Beispiele der Erfindung von den Vergleichsbeispielen zu unterscheiden. Der Umfang des Patentes konnte nicht auf der Basis der in der ursprünglichen Beschreibung offenbarten Kriterien bestimmt werden. Die hinzugefügten Zahlwerte, die vom Fachmann nicht aus der ursprünglichen Offenbarung abgeleitet werden konnten, haben den unklaren Umfang des Patentes geklärt. Die zweite Änderung änderte somit das Wesen der Erfindung.

Auf dem Gebiet der Chemie müssen daher Änderungen mit Umsicht vorgenommen werden, selbst wenn diese anscheinend nicht direkt den Umfang der Ansprüche verändern. Wenn in einer Chemie-Patentanmeldung eine Gruppe von verwandten neuen Verbindungen unter Verwendung von breiten Ausdrücken beansprucht wird und nur in einem Ausführungsbeispiel eine Verbindung mit ihrer Struktur, ihrer Herstellungsmethode und spezifischen physikalischen Daten offenbart ist, dann ist es wahrscheinlich, dass eine Änderung, die ähnliche Informationen bezüglich einer anderen Verbindung innerhalb der Gruppe offenbart, nicht aufgenommen werden kann, weil solch eine Änderung eine Erfindung vervollständigen kann, die zum Zeitpunkt der Einreichung eigentlich unvollständig war. Hierdurch würde der Anmelder einen ungerechtfertigten Schutzumfang erhalten.

Der mittlerweile gestrichene § 40 JPatGaF hatte zur Folge, dass unzulässige Änderungen vor der Entscheidung, die geprüfte Patentanmeldung auszulegen (*Kôkoku*), zur Verschiebung des Anmeldezeitpunktes auf den Tag der Einreichung der Änderung führten. Bei Änderungen nach der Entscheidung, die geprüfte Patentanmeldung auszulegen, ist die Änderung ungültig und die Patentanmeldung wird so behandelt, als ob die Änderung nie vorgenommen wurde.

In einer weiteren Entscheidung aus dem Jahre 1994 ging es um die Änderung einer Patentanmeldung durch Hinzufügung von vorteilhaften Effekten (Anwendungen) von neuen chemischen Verbindungen[188].   496

---

188 »E.I. DuPont de Nemours&Co vs. Präsident des JPA«; Obergericht Tokyo, 22.3.1994; Fall Nr. 1990 Gyo-Ke 243; Shoichi Okuyama, *AIPPI Journal*, Vol. 20 (1995), No. 6, Seiten 323–325:
Die Firma DuPont hatte gegen die Zurückweisung der Patentanmeldung »Herbizide Derivate von Imidazol, Pyrazol, Thiazol und Isothiazol« durch das JPA Beschwerde zum Obergericht Tokyo eingelegt. Eine von DuPont vorgenommene Änderung, mit der neue Details von Herstellungsverfahren und physikalische Eigenschaften in die Beschreibung der anhängigen Patentanmeldung eingefügt werden sollten, wurde als unzulässig angesehen. Die spezifischen Verbindungen der drei zurückgewiesenen Beispiele waren in der ursprünglichen Liste von 1.200 Verbindungen in der Patentanmeldung enthalten, wobei allerdings weder chemische Strukturen noch Schmelzpunkte ursprünglich offenbart waren. Die Beschwerdeprüfer hatten entschieden, dass »die Offenbarung einer allgemeinen Formel und einer Liste mit möglichen Kombinationen von Substitutionsgruppen keine Basis dafür sein kann, dass eine Erfindung etabliert wurde für alle neuen Verbindungen und Herbizide, die von der allgemeinen Formel umfasst werden« und dass »die Änderung nicht unter den technischen Umfang der ursprünglichen Offenbarung fällt, weil die Nützlichkeit der speziellen Verbindungen in den bemängelten Beispielen auf der Basis der ursprünglichen Offenbarung nicht offensichtlich war«.
Das Gericht bemerkte in Hinblick auf die 80 ursprünglichen Beispiele, die in Hinblick auf eine herbizide Wirkung getestet worden waren:»Selbst wenn einige eine herbizide Aktivität zeigten, bedeutet dies nicht, dass ähnliche herbizide Wirkungen ohne weitere Experimente für weitere Verbindungen gefunden werden können«. Deshalb bestätigte das Obergericht Tokyo

497 Das Wesen von ursprünglich eingereichter Beschreibung oder Zeichnungen wird durch eine Änderung vor Auslegung der Patentanmeldung nicht geändert, welche die Patentansprüche innerhalb der in der Anmeldung offenbarten Merkmale erweitert, einschränkt oder ändert (§ 41 JPatGaF, der zum 1.1.1994 gestrichen wurde). Dies führte in der Praxis dazu, dass die Hinzufügung von Vorteilen, die in der ursprünglichen Beschreibung nicht offenbart waren, erlaubt und nicht als Änderung des Wesens der Beschreibung angesehen wurde, solange die hinzugefügten Vorteile die Ansprüche nicht beeinflussen. Problematisch ist es, wenn die Hinzufügung von Vorteilen zur Beschreibung die Patentansprüche beinflusst, da das Wesen selbst ohne Änderung der Ansprüche geändert wurde. Die Hinzufügung von Vorteilen wird dann abgelehnt. Dies ist kein Problem der Hinzufügung von neuem Material, sondern eine Wesensänderung.

498 Nach der Auslegung für Einspruchszwecke ist eine Änderung der Beschreibung einschließlich der Hinzufügung von ursprünglich nicht offenbarten Vorteilen der Erfindung nur bei einem Antrag gemäß § 64 JPatGaF möglich. Im Allgemeinen ist die Hinzufügung solcher Vorteile nicht in Übereinstimmung mit § 64 JPatGaF, der Änderungen auf die Einschränkung von Ansprüchen, die Berichtigung von Fehlern in der Beschreibung und die Klarstellung von mehrdeutiger Beschreibung beschränkt.

499 Bei seit 1.1.1994 eingereichten Patentanmeldungen wird jede Hinzufügung von neuen Vorteilen, die ursprünglich nicht offenbart waren, als neues Material zurückgewiesen. Stattdessen können Vorteile in einer Stellungnahme des Anmelders gegen einen Amtsbescheid behauptet werden, sodass der Prüfer die Vorteile der Erfindung berücksichtigt, als ob die Vorteile in der Patentbeschreibung beschrieben wären.

500 Die folgenden Beispiele illustrieren, welche Änderungen in vor dem 1.1.1994 eingereichten Patentanmeldungen vorgenommen werden können.

501 Wenn eine Anmeldung für eine Hochgeschwindigkeit-Papiertransfervorrichtung, die einen speziellen Antriebsmechanismus benutzt, gegenüber einer Entgegenhaltung zurückgewiesen wird, die einen solchen Hochgeschwindigkeitsantriebsmechanismus zeigt, wäre eine Änderung der Beschreibung dahingehend möglich, dass die Aufgabe der Erfindung von der Bereitstellung einer Hochgeschwindigkeit-Transfervorrichtung zur Bereitstellung einer geräuschlosen Transfervorrichtung abgeändert wird. Dies ist möglich, wenn die Benutzung von Gummiketten und -bändern in der ursprünglichen Anmeldung offenbart war und es für den Fachmann auf diesem Gebiet offensichtlich ist,

---

die Zurückweisung der Anmeldung durch das JPA, weil für die Verbindungen in den bemängelten Beispielen eine herbizide Aktivität nicht ursprünglich offenbart war.

dass der Gebrauch von Gummiteilen in einer geräuschlosen Vorrichtung resultiert. Die Änderung würde die neue Aufgabe und den Vorteil der Bereitstellung einer geräuschfreien Anordnung beinhalten.

Ein anderes Beispiel ist die Begrenzung eines numerischen Bereiches. Die   502
Beschränkung eines Temperaturbereiches von »0° bis 100°C« in einem Anspruch auf »30° bis 70°C« ist häufig möglich, selbst wenn die Beschreibung den neuen Bereich von 30° bis 70° C nicht stützt.

Aufgrund der bekannten Regel, dass eine allgemeine chemische Formel, die   503
Hunderte oder Tausende von Substanzen umfasst, nicht die Herstellungsmethode für eine spezifische Substanz offenbart, modifiziert jede Beschreibung eines Herstellungsverfahrens nach Einreichung der Patentanmeldung den Inhalt der ursprünglichen Anmeldung. Dies trifft nicht zu, wenn trotz fehlender expliziter Beschreibung die Herstellungsmethode in der Anmeldung auf andere Weise beschrieben war[189].

Vom 1.1.1994 bis 30.6.1995 eingereichte Patentanmeldungen: 504

Bei ab 1.1.1994 eingereichten Patentanmeldungen sind die vorstehend genann-   505
ten Änderungen nicht möglich. Seither ist der Umfang von zulässigen Änderungen in Beschreibung und Ansprüchen erheblich beschränkt.

Besonderheiten gelten hinsichtlich der Änderung von Patentanmeldungen, die   506
in der Zeit vom 1.1.1994 bis 30.6.1995 in Japan oder mit Wirkung für Japan eingereicht wurden, also nicht internationale Anmeldungen, die während dieses Zeitraumes in die nationale japanische Phase eingetreten sind.

Der Anmelder darf Zusammenfassung, Beschreibung und Zeichnungen inner-   507
halb von 15 Monaten nach dem Anmeldetag jederzeit ändern. Danach darf der Anmelder Änderungen nur zu bestimmten Zeiten vornehmen: zusammen mit einem Prüfungsantrag oder innerhalb von drei Monaten nach Mitteilung, dass eine Dritte Partei einen Prüfungsantrag gestellt hat, sowie innerhalb der in Prüfungsbescheiden (der ersten Mitteilung über die Zurückweisungsgründe oder der endgültigen Mitteilung von Zurückweisungsgründen) festgesetzten Frist.

Die Änderungen müssen innerhalb der Offenbarung in der ursprünglich ein-   508
gereichten Beschreibung und Zeichnungen bleiben. Der Fachmann muss in der Lage sein, die in den Änderungen dargelegten Dinge direkt und eindeutig aus der Gesamtheit der ursprünglichen Offenbarung herzuleiten. Jede Verbreite-

---

189 »Société d'Études Scientifiques et Industrielles de l'Ile de France vs. Teikoku Kagaku Sangyo K.K. und Nagase Iyakuhin K.K.«, Bezirksgericht Osaka, 20.5.1980, Fall Nr. 1979 Yo 202; vgl. *IIC*, Vol. 12 (1981), Seiten 722–726.

rung des Umfangs der Ansprüche muss deutlich von der gesamten ursprünglichen Offenbarung gestützt sein. Wenn die Zunahme des Umfangs das Ergebnis der Streichung eines Bestandteils ist, muss die ursprüngliche Offenbarung sprachliche Formulierungen enthalten, die dahingehend ausgelegt werden können, dass die gestrichene Komponente für das erfinderische Konzept nicht notwendig war. Schließlich müssen geänderte Ansprüche immer unabhängig patentierbar sein.

509 Die für Patentanmeldungen ab 1.1.1994 geltenden Änderungsmöglichkeiten seien anhand einer Erfindung von Phosphanderivaten mit einer bestimmten Formel, worin X ein Alkyl, Alkenyl, Amino, Aralkyl, Halogen oder Cycloalkylradikal ist und Y ein Alkyl, Phenyl oder Alkoxyradikal bezeichnet, illustriert. Die spezifische Auswahl X=Alkyl und Y=Phenyl ist in der ursprünglichen Beschreibung nicht beschrieben. Die spezifische Kombination wird nicht als Gegenstand angesehen, der direkt und unzweifelhaft aus der eingereichten Beschreibung hergeleitet werden kann. Anders sieht es aus, wenn es ein Beispiel genau mit dieser Kombination von Substituenten gibt. Möglich ist bei einer Liste auch das Streichen bestimmter Substituenten.

510 Nicht möglich ist die Beschränkung des Bereichs »von 0,001 bis 2 Gew.-%« auf »0,1 bis 1 Gew.-%«, wenn in der Beschreibung lediglich »0,05 bis 2 Gew.-%« als bevorzugter Bereich angegeben ist.

511 Bei einer Anmeldung für ein Klebemittel für eine vorläufige Befestigung kann ein Zahlenbereich von »7,5 bis 11« für bestimmte chemische Komponenten zu »8,5 bis 11« abgeändert werden, wenn die neue untere Grenze von 8,5 explizit in einem Ausführungsbeispiel offenbart ist.

512 Änderungen in Beantwortung eines Bescheides über die Mitteilung von Zurückweisungsgründen können den Umfang der Ansprüche erweitern oder ändern, vorausgesetzt, dass die geänderten Ansprüche innerhalb der Grenzen bleiben, wie sie durch die ursprüngliche Offenbarung errichtet wurden.

513 Erlässt das JPO eine abschließende Mitteilung von Zurückweisungsgründen oder legt der Anmelder gegen die Zurückweisung Beschwerde ein, hat der Anmelder eingeschränkte Änderungsmöglichkeiten, weil das JPA diese Mitteilung oder einen Zurückweisungsbescheid nur erlässt, wenn die Erwiderung des Anmelders die in den vorherigen Bescheiden angeführten Mängel nicht beseitigte. Zu diesem Zeitpunkt kann der Anmelder nur Ansprüche streichen, einschränken (das Gebiet der industriellen Anwendbarkeit und das zu lösende Problem dürfen nicht geändert werden), Fehler klären sowie mehrdeutiges Material klarstellen (aber nur das in der Mitteilung angeführte mehrdeutige Material). Zu diesem Zeitpunkt können Anmelder die Beschreibung ändern oder Dokumente aus dem Stand der Technik hinzufügen, sofern das Gebiet

der Erfindung und das zu lösende Problem nicht geändert werden. Die Änderung von vorteilhaften Effekten der Erfindung wird im Allgemeinen als Einführung von neuem Material nicht erlaubt. Demgemäß ist die Hinzufügung von Vergleichsdaten durch eine Änderung nicht erlaubt (diese können jedoch im Rahmen einer Bescheidserwiderung vorgelegt und vom JPA berücksichtigt werden). Jede Änderung an Beispielen und Ausführungsformen muss aus der ursprünglichen Beschreibung direkt und eindeutig herleitbar sein. Neue Beispiele oder Ausführungsformen dürfen nicht hinzugefügt werden. Obwohl eine Änderung an den Zeichnungen üblicherweise schwierig ist, kann die Hinzufügung von fehlenden Referenzzeichen annehmbar sein. Sind Zeichnungen und Beschreibung inkonsistent, können die Zeichnungen nur geändert werden, wenn die Beschreibung offensichtlich korrekt und die Zeichnung fehlerhaft ist.

Ab 1.7.1995 eingereichte Patentanmeldungen: 514

Für Patentanmeldungen ab 1.7.1995 kann eine Änderung von Patentbeschreibung und Zeichnungen einschließlich Einreichung einer Teilanmeldung jederzeit bis zum Zeitpunkt der Übermittlung einer Mitteilung, dass ein Patent erteilt wird oder Zurückweisungsgründe bestehen (1. Prüfungsbescheid), vorgenommen werden. Danach ist dies nur innerhalb der Frist zur Beantwortung eines Prüfungsbescheides bzw. innerhalb von 30 Tagen nach Einreichung einer Beschwerde gegen die Zurückweisung der Patentanmeldung möglich. 515

Zwar können jetzt Anmelder ihre Anmeldung oder Zeichnungen jederzeit ändern, der Umfang der Änderungen ist jedoch eingeschränkt. Vor der Mitteilung der Zurückweisungsgründe sollen Änderungen am Titel der Erfindung, den Ansprüchen, der detaillierten Beschreibung der Erfindung, der kurzen Erklärung der Zeichnungen und den Zeichnungen den Umfang der in der ursprünglichen Anmeldung offenbarten Merkmale nicht ändern oder erweitern. Wenn die Anmeldung als eine fremdsprachige Anmeldung eingereicht wurde, können Änderungen auch Übersetzungsfehler korrigieren, selbst wenn die Korrektur den Umfang der beanspruchten Erfindung gegenüber dem Inhalt der inkorrekten japanischen Übersetzung erweitert. Jedoch ist es dem Anmelder nicht gestattet, den ursprünglichen englischen Anmeldetext zu ändern. 516

Nach Übermittlung von Zurückweisungsgründen müssen Änderungen innerhalb des Umfangs der ursprünglichen Beschreibung und Zeichnungen bleiben. Wenn das JPA einen abschließenden Bescheid über die Zurückweisungsgründe erlässt oder der Anmelder eine Beschwerde einlegt, sind Änderungen beschränkt auf die Korrektur von Fehlern in der Beschreibung, die Löschung oder Einschränkung von Ansprüchen und die Klarstellung von zweideutiger Beschreibung (nur des in der abschließenden Mitteilung angeführten zweideu- 517 tigen Materials). Der Anmelder kann noch Fehler in der Übersetzung der fremdsprachigen Anmeldung berichtigen. Die geänderten Ansprüche müssen unabhängig patentfähig sein. Nachdem eine abschließende Mitteilung der Zurückweisungsgründe ergangen ist, dürfen die industrielle Anwendbarkeit und das zu lösende Problem nicht mehr geändert werden.

518 Die bisweilen sehr strikte Einstellung gegenüber der Zulässigkeit von Änderungen illustriert die Entscheidung »Daidôhokusan K. K. vs. Präsident des JPA« des Obergerichtes Tokyo vom 15. 10. 1996[190]. Hier wurde eine Entscheidung der *Shimpan*-Abteilung des JPA aufrechterhalten, die eine Patentanmeldung für die Behandlung von Nitrogentrifluorid enthaltenden Abgasen wegen fehlender erfinderischer Tätigkeit zurückgewiesen hatte. Der Anmelder hatte daraufhin erfolglos versucht, in einem Berichtigungsverfahren die Ansprüche in der ausgelegten Patentanmeldung abzuändern. Diese Änderung sei eine nicht zulässige Änderung der Aufgabe der Erfindung. Das Obergericht Tokyo hielt die Zurückweisung der Änderung aufrecht, ohne auf die erfinderische Tätigkeit beim beanspruchten Verfahren einzugehen. Der Patentanspruch der Auslegeschrift, ergänzt um die zurückgewiesene Änderung (fett gedruckt), lautet wie folgt:

»Methode zur Behandlung von Stickstofftrifluoridgas, dadurch charakterisiert, dass Stickstofftrifluoridgas (NF_3) enthaltendes Abgas mit **Inertgas auf 10–30 % verdünnt wird und dann** mit einer Kohlemasse wie Holzkohle oder Aktivkohle bei einer Reaktionstemperatur von 300–600°C umgesetzt wird, um das NF_3 in ungiftiges CF_4 -Gas und N_2-Gas zu überführen.«

Das Obergericht Tokyo wies die Klage zurück. Die Auslegeschrift offenbare als Aufgabe der Erfindung »giftiges NF_3 in harmloses CF_4- und N_2-Gas umzuwandeln«, aber die Aufgabe hinter dem Merkmal »mit Inertgas auf 10–30 % verdünnt« sei die Kontrolle der Reaktionstemperatur bei der Behandlung des Stickstofftrifluoridgases. Das Obergericht Tokyo verwies auf die Vorschriften im JPatG: »wenn ein neu zu den Ansprüchen der *Kôkoku* hinzugefügtes strukturelles Erfordernis in einer unterschiedlichen Aufgabe und Wirkung der Erfindung resultiere, seien hinsichtlich der »wesentlichen Veränderung der Ansprüche« die Vorschriften von § 17[ter](2) and § 126(2) (vor der Änderung von 1993 von § 126) anwendbar«. § 126(2) JPatGaF, der anwendbar ist auf Änderungen gemäß § 17ter JPatG, lautet wie folgt: »Durch die Berichtigung von Beschreibung oder Zeichnungen nach Abs. 1 dürfen der Anspruch oder die Ansprüche nicht wesentlich erweitert oder verändert werden«. §§ 17ter und 126(2) wurden mittlerweile geändert. § 126(3) JPatG entspricht § 126(2) JPatGaF. Das Obergericht Tokyo bestätigte daher die Rechtmäßig-

---

190 V. Vanbellingen-Hinkelmann, K.Hinkelmann, *AIPPI Journal*, Vol. 22, Nr. 2 (März 1997), Seiten 72–77.

keit der Zurückweisung der Änderung und der Bewertung des Wesens des
beanspruchten Verfahrens:

»Der Kläger behauptete, dass die Festsetzung der Konzentration an NF_3 im Abgas auf 10–30 %
die am besten geeignete Bedingung für die Aufgabe »Umwandlung von giftigem NF_3 in ungefähr-
liches CF_4 und N_2-Gas«, die dem beanspruchten Verfahren zu Grunde liege, sei und dass Aufgabe
und Effekt der Erfindung sich für das Verfahren des geänderten Anspruchs nicht unterschieden,
aber .... die Hinzufügung der am besten geeigneten Bedingung ist an sich nichts anderes als die
Hinzufügung einer neuen, unterschiedlichen Aufgabe. Weil diese keine Beziehung mit der Aufgabe der Erfindung in der *Kôkoku* habe, kann dem Antrag nicht entsprochen werden«.

Das Obergericht Tokyo ging nicht auf Anspruch 3 der *Kôkoku* ein, der sich
auf eine Behandlungsmethode für NF_3 enthaltendes Abgas bezog, in dem die
NF_3-Konzentration mittels Inertgasen wie N_2, Ar und He herabgesetzt ist;
allerdings ohne Konzentrationsangaben.

4.2.7 Teilanmeldungen
519

Durch Änderung der japanischen Prüfungspraxis zu einem kompakten Prü- 520
fungsverfahren und insbesondere durch die verbesserten Möglichkeiten zur
Einreichung von Teilanmeldungen aufgrund der Richtlinien für ab 1.1.1994
eingereichte Patentanmeldungen hat die Bedeutung von Teilanmeldungen zugenommen[191]. Teilanmeldungen werden bisweilen von Anmeldern im Sinne
einer »continuation«-Anmeldung gemäß US-Patentrecht benutzt.

Eine oder mehrere Teilanmeldungen (*Bunkatsu shutsugan*) können gemäß 521
§ 44(1) JPatG[192] eingereicht werden, wenn im Prüfungsverfahren das JPA

---

191 M. Motsenbocker, *Mitteilungen* 1996, Seiten 151–155.
192 § 44 JPatG:
(1) Der Patentanmelder kann seine Patentanmeldung, die zwei oder mehrere Erfindungen
enthält, in eine oder mehrere neue Patentanmeldungen nur innerhalb der Frist teilen, innerhalb der die dem Erteilungsantrag beigefügte Beschreibung oder Zeichnungen geändert
werden können.
(2) Im Falle des vorhergehenden Absatzes gilt die neue Patentanmeldung als im Zeitpunkt der
Hinterlegung der ursprünglichen Patentanmeldung eingereicht. Dies gilt jedoch dann nicht,
wenn die neue Patentanmeldung entweder eine andere Patentanmeldung im Sinne von § 29bis
dieses Gesetzes oder eine Patentanmeldung im Sinne von § 3bis JGebrMG ist für die Zwecke
dieser Vorschriften und der §§ 30 Abs. 4, 36bis Abs. 2, 41 Abs. 4 sowie 43 Abs. 1 und 2
(einschließlich seiner Anwendung nach § 43bis Abs. 3).
(3) Wenn gemäß Abs. 1 eine neue Patentanmeldung eingereicht wird, soll für den Zweck von
§ 43(2) (einschließlich seiner Anwendung nach § 43[bis](3)) »innerhalb eines Jahres und vier
Monaten ab dem frühesten Einreichungsdatum« in § 43(2) »innerhalb eines Jahres und vier
Monaten ab dem frühesten Einreichungsdatum oder innerhalb von drei Monaten nach dem
Einreichungsdatum der neuen Patentanmeldung, wobei das spätere Datum gilt« heißen.
(4) Wenn gemäß Abs. 1 eine neue Patentanmeldung eingereicht wird, werden jegliche Stellungnahmen oder Dokumente, die in Hinblick auf die ursprüngliche Patentanmeldung eingereicht wurden und die in Hinblick auf die neue Patentanmeldung eingereicht werden müssen,

das Erforderniss der Einheitlichkeit der Erfindung gemäß § 37 JPatG als nicht erfüllt ansieht oder bei Vorliegen von Einheitlichkeit auf Initiative des Anmelders. Die Einreichung von Teilanmeldungen kann in den folgenden Fällen nützlich sein:

> 1) Anspruch 1 ist gerichtet auf eine chemische Verbindung, Anspruch 2 auf eine besondere Verwendung der Verbindung von Anspruch 1. Im Prüfbescheid wurden erhebliche Bedenken gegen Anspruch 1 geäußert, aber keine Einwände gegen Anspruch 2. In diesem Fall kann die Einreichung einer Teilanmeldung für den Gegenstand von Anspruch 1 nützlich sein. Der Anmelder kann rasch ein eigenständiges Patent für den Gegenstand von Anspruch 2 erhalten und sich dann im Prüfungsverfahren zur Stammanmeldung der schwierigen und zeitaufwändigeren Behandlung von Anspruch 1 zuwenden.
>
> 2) Eine Anmeldung befindet sich in einem Verfahrensstadium, in dem kein neuer Anspruch zugefügt werden kann (z. B. nach Erhalt einer abschließenden Mitteilung von Zurückweisungsgründen). Die Beschreibung weist eine wichtige Erfindung auf, die nicht beansprucht ist. In diesem Fall kann eine auf diese wichtige Erfindung gerichtete Teilanmeldung eingereicht werden.

522 Nach Ablauf der Frist für die Beantwortung des ersten Prüfbescheides gemäß § 50 JPatG sind für den Anmelder die Möglichkeiten zur Änderung von Beschreibung, Zeichnungen und Patentansprüchen eingeschränkt. Insbesondere ist dann eine Erweiterung der Patentansprüche ausgeschlossen. In diesem Fall könnte eine Teilanmeldung eingereicht werden mit Ansprüchen, welche die zusätzlichen Einschränkungen nicht erfüllen.

523 Für die Einreichung von Teilanmeldungen gelten bestimmte formelle und materielle Voraussetzungen, die sich nach dem Einreichungsdatum der Stammanmeldung richten.

524 Zu den formellen Erfordernissen einer wirksamen Teilanmeldung gehört, dass zur Einreichung einer Teilanmeldung nur der Patentanmelder der Stammanmeldung berechtigt ist und die Teilanmeldung nur zu bestimmten Zeiten vorgenommen werden kann.

525 Nach § 44 JPatG kann ein Patentanmelder eine Patentanmeldung (Stammanmeldung), die zwei oder mehr Erfindungen aufweist, nur innerhalb der Frist zur Änderung von Patentbeschreibung oder Zeichnungen in eine oder mehrere neue Patentanmeldungen teilen (§ 44(1) JPatG), denen dann der Anmeldetag

---

in Übereinstimmung mit § 30(4), § 41(4) oder § 43(1) und (2) (einschließlich seiner Anwendung unter § 43bis(3)), als gleichzeitig mit der neuen Patentanmeldung beim Präsidenten des JPA eingereicht angesehen.

der Stammanmeldung zukommt (§ 44(2) JPatG). Prioritäten sind innerhalb einer Frist von drei Monaten zu beanspruchen, wobei diese Frist nach der Frist von einem Jahr und vier Monaten gemäß § 43(2) JPatG ablaufen kann (§ 44(3) JPatG). Die mit der Stammanmeldung eingereichten Dokumente oder Feststellungen, die auch für die Teilanmeldung benötigt werden, gelten als mit der Teilanmeldung eingereicht (§ 44(4) JPatG).

Nur zu einer beim JPA anhängigen Stammanmeldung oder Teilanmeldung   526
können Teilanmeldungen eingereicht werden. Ergeht ein die Patenterteilung in Aussicht stellender positiver Bescheid des JPA, gibt es keine Möglichkeit mehr zur Einreichung einer Teilanmeldung. Die Einreichung einer Teilanmeldung zu einem im Einspruchs- oder Nichtigkeitsverfahren befindlichen Patent ist somit ebenfalls nicht möglich. Wenn die Stammanmeldung am gleichen Tage aufgegeben oder zurückgezogen wird, an dem die Teilanmeldung eingereicht wird, wird die Teilanmeldung als während der Anhängigkeit der Stammanmeldung eingereicht angesehen. Wurde eine Patentanmeldung unter § 18 JPatG für rechtsunwirksam erklärt, kann der Anmelder keine Teilanmeldung mehr einreichen, da die Stammanmeldung nicht mehr als beim JPA anhängig angesehen wird. Der rechtliche Effekt der Erklärung der Rechtsunwirksamkeit tritt mit Übermittlung der beglaubigten Kopie der Entscheidung an den Anmelder ein. Fallen Teilung und Übermittlung der Entscheidung auf denselben Tag, ist die Teilung nur gültig, wenn sie vor der Übermittlung vorgenommen wurde.

Prinzipiell können Teilanmeldungen dann eingereicht werden, wenn eine über   527
eine Berichtigung (*Teisei*) hinausgehende Änderung der Patentanmeldung vorgenommen werden kann. Teilanmeldungen können nur innerhalb der Frist, in der die Beschreibung der Stammanmeldung geändert werden kann, eingereicht werden.

Bei vor dem 1.7.1995 eingereichten Stammanmeldungen konnte eine Teilan-   528
meldung eingereicht werden innerhalb von 15 Monaten nach dem Anmeldetag bzw. Prioritätstag bei eine Priorität beanspruchenden Anmeldungen, bei Stellung des Prüfungsantrages (§ 17bis(1)(i) JPatGaF) oder bei Stellung des Prüfungsantrages durch einen Dritten innerhalb von drei Monaten nach Mitteilung dieses Antrags (§ 17bis(1)(ii) JPatGaF).

Bei vor dem 1.7.1995 eingereichten Stammanmeldungen können Teilanmel-   529
dungen noch eingereicht werden innerhalb der Frist, die im Amtsbescheid des Prüfers mit der Mitteilung über die Zurückweisungsgründe angegeben ist (§ 17bis(1) (iii)(iv) JPatG aF), und außerdem innerhalb von 30 Tagen nach Einlegung einer Beschwerde gemäß § 121(1) JPatG gegen einen Zurückweisungsbeschluss (§ 17ter(1) JPatGaF).

530 Bei ab 1.7.1995 eingereichten Stammanmeldungen kann eine Teilanmeldung jederzeit nach Einreichung der Patentanmeldung bis zum Ablauf der Frist zur Beantwortung des ersten Prüfungsbescheides in der Sachprüfung vorgenommen werden. Danach können Teilanmeldungen innerhalb der Fristen für die Beantwortung weiterer Prüfungsbescheide (§ 17bis(1)(i)(ii) JPatG) und innerhalb von 30 Tagen nach Einlegung einer Beschwerde gemäß § 121(1) JPatG (§ 17bis(1)(iii) JPatG) eingereicht werden.

531 Zur Wirksamkeit muss die Teilanmeldung daneben materielle Voraussetzungen erfüllen, die ebenfalls vom Einreichungszeitpunkt der Stammanmeldung abhängen.

532 Zwei oder mehr Erfindungen müssen in der Patentbeschreibung oder den Zeichnungen der Stammanmeldung unmittelbar vor der Teilung beschrieben sein. Außerdem dürfen Beschreibung und Zeichnungen der Teilanmeldung nicht über den Umfang der in der Stammanmeldung ursprünglich offenbarten Gegenstände gehen. § 17bis(3) JPatG ist analog anwendbar.

533 Die in der Teilanmeldung beanspruchten Erfindungen müssen sich von einem Teil der Erfindungen ableiten, die in der Patentbeschreibung oder den Zeichnungen der Stammanmeldung bzw. einer anderen Teilanmeldung unmittelbar vor der Teilung offenbart sind. Nicht sämtliche der in der Patentbeschreibung und den Zeichnungen der Stammanmeldung unmittelbar vor der Teilung offenbarten Erfindungen dürfen umfasst sein. Für die Teilanmeldung kann auf den gesamten Offenbarungsgehalt in der ursprünglichen Fassung der Stammanmeldung zurückgegriffen werden[193]. Dies ist auch dann möglich, wenn bestimmte Merkmale nicht mehr in der Anmeldung unmittelbar vor der Teilung enthalten sein sollten.

534 Falls die Stammanmeldung bereits vor mehr als sieben Jahren (Anmeldedatum der Stammanmeldung vor 1.10.2001) bzw. mehr als drei Jahren (Anmeldedatum der Stammanmeldung ab 1.10.2001) vor Einreichung der Teilanmeldung eingereicht wurde, muss für die Teilanmeldung innerhalb von 30 Tagen nach Einreichung ein Prüfungsantrag gestellt werden (§ 48ter(2) JPatG).

535 Bei Teilanmeldungen, die vor dem 1.1.1994 eingereicht wurden, waren die materiellen Erfordernisse für Teilanmeldungen wie folgt:

---

193 OGH, 13.3.1981, Fall Nr. 1978 Gyo-Tsu 140: »Es ist sinnvoll, dass eine aus einer Stammanmeldung teilbare Anmeldung, die erneut zum Patent angemeldet wird, nicht auf das beschränkt ist, was in den Ansprüchen der Stammanmeldung definiert ist. Wenn alle technischen Dinge, die das Wesen der Erfindung ausmachen, in der Beschreibung auf eine solche Weise offenbart sind, dass der Fachmann sie verstehen und leicht ausführen kann, dürfen Dinge, die in der Beschreibung oder den beigefügten Zeichnungen beschrieben sind, daraus abgetrennt werden.«

das Wesen einer in einer Teilanmeldung beanspruchten Erfindung ist in Beschreibung und/oder Zeichnungen der Stammanmeldung beschrieben;

das Wesen der in der Teilanmeldung beanspruchten Erfindung ist nicht identisch mit oder überschneidet sich nicht mit der in der Stammanmeldung beanspruchten Erfindung; und

die Stammanmeldung muss beim JPA zum Zeitpunkt der Einreichung der Teilanmeldung noch anhängig sein.

Ist eines dieser Erfordernisse nicht erfüllt, wird vom JPA die gesetzliche   536
Fiktion der Rückdatierung des Einreichdatums der Teilanmeldung auf das
Datum der Teilanmeldung nicht akzeptiert. Daher wurde das tatsächliche
Einreichdatum der Teilanmeldung als Einreichdatum der Teilanmeldung angesehen und nicht das Einreichdatum der Stammanmeldung.

Im Falle von vor dem 1.1.1994 eingereichten Stammanmeldungen konnte
somit ein Anspruch in einer Teilanmeldung neues Material enthalten, solange
das Wesen der beanspruchten Erfindung sich nicht von dem der Erfindung
unterscheidet, die in den Ansprüchen oder der Beschreibung der Stammanmeldung beschrieben ist. Selbst wenn beispielsweise Ansprüche und/oder
Beschreibung der Stammanmeldung nicht wörtlich einen bestimmten technischen Gegenstand beschreiben, kann der technische Gegenstand im Anspruch der Teilanmeldung angegeben sein, sofern er ausgehend von der ursprünglichen Beschreibung in den Ansprüchen und/oder Beschreibung der
Stammanmeldung offensichtlich war und sich das Wesen der Erfindung nicht
geändert hatte.

Außerdem gab es bei vor dem 1.1.1994 eingereichten Stammanmeldungen das
Erfordernis, dass sich die Ansprüche in einer Teilanmeldung von den in der
Stammanmeldung verbleibenden Ansprüchen unterscheiden mussten. Dieses
Erfordernis ist mittlerweile abgeschafft.

Die Prüfungsrichtlinien des JPA stellen fest, dass bei identischen Ansprüchen   537
in Teilanmeldung und Stammanmeldung eine Zurückweisung aufgrund von
Doppelpatentierung erfolgt. Dies bedeutet, dass das Rückdatieren des Einreichdatums für die Teilanmeldung auf das Einreichdatum der Stammanmeldung akzeptiert wird. In der Praxis wird eine solche Zurückweisung wegen
Doppelpatentierung üblicherweise in einem Bescheid während der Prüfung
der Teilanmeldung mitgeteilt. Der Anmelder kann die Zurückweisung durch
Änderung der Ansprüche in der Teilanmeldung oder der Stammanmeldung
vermeiden, sodass es keine Überlappung zwischen den Ansprüchen beider
Patentanmeldungen gibt.

538   Es ist zulässig, einen zur Stammanmeldung zurückgewiesenen Anspruch in eine Teilanmeldung aufzunehmen. Auf einen zurückgewiesenen Anspruch könnte daher eine Teilanmeldung eingereicht werden. Wenn aus der Stammanmeldung einige Ansprüche in eine Teilanmeldung übertragen werden, werden im Allgemeinen die Ansprüche in der Stammanmeldung begrenzt, damit die begrenzten Ansprüche nicht mit den Ansprüchen in der Teilanmeldung überlappen, um eine Zurückweisung wegen Doppelpatentierung zu vermeiden. Wenn in der Stammanmeldung nur einige Ansprüche zurückgewiesen wurden, kann daher auf diese eine Teilanmeldung gerichtet werden, um deren Patentfähigkeit vor dem JPA weiter zu behaupten.

539   Vor 1998 hatte eine Stammanmeldung auch bei rechtskräftiger Zurückweisung die rechtliche Wirkung einer vorgängigen Anmeldung im Sinne von § 39 JPatG. Wenn daher eine Teilanmeldung die gleichen Patentansprüche aufwies wie in der zurückgewiesenen Patentanmeldung, war die Änderung der Ansprüche für die Teilanmeldung unvermeidlich, um eine Zurückweisung aufgrund von § 39 JPatG zu vermeiden. Wenn die Teilanmeldung dieselben Ansprüche beibehält, wird sie aufgrund der unvermeidlichen Anwendung von § 39 JPatG zurückgewiesen.

540   Seit Änderung von § 39 JPatG zum 1.1.1998 kann eine zurückgewiesene Patentanmeldung nicht mehr Grundlage für eine Zurückweisung wegen Doppelpatentierung sein, weil es keinen rechtlichen Effekt der zurückgewiesenen Patentanmeldung auf der Grundlage von § 39 JPatG gibt. Daher ist unter § 39 JPatG die Zurückweisung einer Teilanmeldung aufgrund einer zurückgewiesenen Stammanmeldung nicht mehr möglich.

541   Seit 1998 ist es formal zulässig, dass eine Teilanmeldung die gleichen Patentansprüche aufweist wie die zurückgewiesene Stammanmeldung, weil (i) es akzeptiert wird, dass eine Teilanmeldung den gleichen Anspruch hat wie den einer Stammanmeldung, wenn die Teilanmeldung eingereicht wird, und (ii) selbst wenn die Stammanmeldung zurückgewiesen wird, hat dies keinen rechtlichen Effekt in Hinblick auf § 39 JPatG. Dies bedeutet, dass eine japanische Teilanmeldung ähnlich wie eine Teilanmeldung in den USA fungieren kann. Bei nach dem 1.1.1998 eingereichten Patentanmeldungen kann daher eine Teilanmeldung mit einer zur Stammanmeldung identischen Anspruchsfassung eingereicht werden, ohne dass die Stammanmeldung zurückgezogen wird. Wird die Stammanmeldung dann zurückgewiesen, kann das Patenterteilungsverfahren für dieselben Ansprüche in der Teilanmeldung weiterverfolgt werden. Dies ging vor 1998 nicht, da bei Nichtrücknahme der Stammanmeldung und anschließender Zurückweisung der Stammanmeldung die Teilanmeldung aufgrund der Beschränkung durch § 39 JPatG nicht die gleichen Patentansprüche wie in der Stammanmeldung verfolgen konnte.

Zu Stammanmeldungen, die seit dem 1.1.1994 eingereicht wurden, können 542
Ansprüche in der Teilanmeldung und der Stammanmeldung identisch sein.
Das JPA wird hierbei das Einreichungsdatum der Stammanmeldung als Ein-
reichungsdatum der Teilanmeldung akzeptieren.

Für den Fall, dass im Verlauf eines Prüfungsverfahrens der Anspruchssatz 543
geändert (eingeschränkt) wurde, kann eine Teilanmeldung mit einem Anspruchssatz eingereicht werden, der identisch oder sogar umfassender als der
ursprüngliche Anspruchssatz in der Stammanmeldung ist.

Bei Teilanmeldungen ist das Doppelpatentierungsverbot von § 39 JPatG zu 544
beachten. Die entsprechende alte Prüfungsrichtlinie bestimmte: »Jede in einer
Teilanmeldung beanspruchte Erfindung soll nicht dieselbe sein wie die in der
Stammanmeldung«. Wenn unter dem alten System eine der in einer Teil-
meldung beanspruchten Erfindungen dieselbe war wie in der Stammanmeldung, wurde daher angenommen, dass die Teilanmeldung nicht rechtmäßig
ausgeschieden wurde, und das Rückdatieren des Anmeldedatums nicht zugelassen. In einem solchen Fall wurde die Teilanmeldung wie eine später eingereichte Patentanmeldung angesehen und das Erstanmelderprinzip von § 39(1)
JPatG angewandt. Um diesem Doppelpatentierungsproblem zu entgehen, war
es nur möglich, die entsprechenden Anspruchsfassungen von Stamm- und
Teilanmeldung(en) unterschiedlich zu gestalten. Die Rücknahme der Stammanmeldung war nicht hilfreich, weil das Rückdatieren des Einreichdatums der
Teilanmeldung nicht möglich war. Es konnte folgenden Fall geben:

(i) Anspruch 1 betrifft ein generisches Konzept und Anspruch 2 ein spezifisches Konzept, das von Anspruch 1 umfasst wird. Ein schwierig zu über-
kommender Amtsbescheid richtet sich ausschließlich gegen Anspruch 1.
(ii) Der Anmelder reicht eine Teilanmeldung für den Gegenstand von
Anspruch 2 ein.
(iii) Die Zurückweisung der Stammanmeldung wurde rechtskräftig, sodass
es nicht mehr möglich ist, den Umfang des Anspruchs in der Stammanmeldung zu modifizieren.
(iv) Es ist unmöglich, einen substantiellen Unterschied nur durch Modifikation des Umfangs des Anspruchs in der Teilanmeldung herzustellen.

Der Anmelder hat hier aus zwei Gründen keine Möglichkeit, die Teilanmeldung erteilt zu bekommen, obwohl im Amtsbescheid keine Zurückweisungsgründe gegen den Anspruch der Teilanmeldung (Anspruch 2) aufgeführt sind:
dem nicht erlaubten Rückdatieren des Einreichzeitpunktes der Teilanmeldung
und der Gegenwart des verbleibenden älteren Rechts der Stammanmeldung. In
diesem Zusammenhang ist von Bedeutung, dass unter dem alten § 39(5) JPat
aF eine Patentanmeldung auch dann nicht ihren Vorrang verlor, wenn ihre
Zurückweisung endgültig wurde.

545   Diese Begrenzung wurde 1993 in den Prüfungsrichtlinien geändert. Wenn die in einer Teilanmeldung beanspruchte Erfindung die gleiche ist wie in der Stammanmeldung, wird nunmehr die Teilanmeldung als rechtswirksam angesehen. Die Rückdatierung des Einreichdatums auf den Tag der Anmeldung der Stammanmeldung ist daher zulässig. Jedoch wird auch in diesem Fall aufgrund des Doppelpatentierungsverbotes § 39(2) JPatG angewandt, wonach für den Fall, dass für dieselbe Erfindung am selben Tag zwei Patentanmeldungen eingereicht werden, nur einer der Anmelder ein Patent hierfür erlangen kann. Hier ist die Rücknahme der Stammanmeldung sinnvoll. Doppelpatentierungsprobleme können nämlich einfach durch Rücknahme der Stammanmeldung gelöst werden, während gleichzeitig der Vorteil des Rückdatierens der Stammanmeldung erhalten bleibt.

546   Nach dem 1998 revidierten JPatG verliert eine Patentanmeldung ihr Vorrecht, wenn sie aufgegeben, zurückgezogen oder zurückgewiesen wird, sofern nicht die in § 39(2) JPatG vorgesehene Konsultation in einer Vereinbarung resultiert oder die Konsultation nicht möglich ist. Diese Änderung von JPatG und Prüfungspraxis vermeidet die obigen Probleme.

547   Es gibt keinen Unterschied in den Anspruchsumfängen für eine Teilanmeldung im Prüfungs- und Prüfungsbeschwerdeverfahren.

548   Es ist nicht verboten, eine Teilanmeldung mit einem breiteren Anspruch einzureichen als im Prüfungsverfahren. Jeglicher Anspruch in einer unterschiedlichen Kategorie kann in eine Teilanmeldung aufgenommen werden. Jegliche Änderung wird akzeptiert, solange sie durch die ursprünglich eingereichten Unterlagen unterstützt wird. Daher können selbst Teile, die inzwischen aus der Patentbeschreibung oder den Zeichnungen gestrichen wurden, wieder zurückgewonnen werden.

549   Es gibt jedoch Ausnahmen. Für Patentanmeldungen ab 1.1.1994 greifen die folgenden Einschränkungen hinsichtlich zulässiger Änderungen, wenn diese in Beantwortung eines »Zurückweisungsbescheids« (§ 17bis(1)(ii) JPatG) im Prüfungsverfahren und in Beantwortung einer Zurückweisungsentscheidung im Beschwerdeverfahren innerhalb von 30 Tagen nach Beschwerdeeinlegung eingereicht werden (§ 17bis (4) JPatG):

   (1) Änderungen sollen keine neuen Gegenstände beinhalten, die nicht durch die ursprünglich eingereichte Beschreibung und Zeichnungen unterstützt werden.
   (2) Änderungen sollen begrenzt sein auf:
   2–1 Streichung von Ansprüchen
   2–2 Einschränkung von Ansprüchen (Einschränkung durch Aufnahme neuer Merkmale ist nicht zulässig)

2–3 Korrektur von Fehlern in der Beschreibung
2–4 Klarstellung von unklaren Gegenständen (beschränkt auf die vom Prüfer angezeigten Teile)

Daher ist in diesen Fällen die Rückgewinnung gestrichener Teile nicht länger 550
möglich, selbst wenn eine Teilanmeldung noch eingereicht werden kann.
Außerdem ist die Zurückholung gestrichener Teile nicht möglich in Beantwortung einer »Mitteilung über die Gründe für den Widerruf« in einem
Einspruchsverfahren oder in einem Nichtigkeits- oder Berichtigungsverfahren.

Die Vorschrift von § 44(2) JPatG dient dazu, Inkonsistenzen zu beseitigen, die 551
durch die Annahme entstanden sind, dass eine Teilanmeldung gleichzeitig mit
der Stammanmeldung eingereicht wurde. In den folgenden fünf Fällen soll
daher das Einreichdatum der Teilanmeldung als das tatsächliche Anmeldedatum der Teilanmeldung angesehen werden:

a) Wenn eine Teilanmeldung als »andere Patentanmeldung« gemäß § 29bis
JPatG oder »Patentanmeldung« gemäß § 3bis JGebrMG angesehen wird.
b) Wenn ein Anmelder beim Präsidenten des JPA eine schriftliche Stellungnahme einreichen sollte, um für seine Teilanmeldung die Behandlung
gemäß § 30(1) oder (3) JPatG zu beantragen, oder wenn ein Anmelder ein
Dokument einreichen sollte, das beweist, dass die beanspruchte Erfindung
seiner Teilanmeldung eine Erfindung gemäß § 30(1) oder (3) JPatG ist.
c) Wenn eine Teilanmeldung eine fremdsprachige Anmeldung ist und der
Anmelder eine japanische Übersetzung der fremdsprachigen Unterlagen
und der fremdsprachigen Zusammenfassung einreichen sollte.
d) Wenn ein Anmelder eine innere Priorität für die Teilanmeldung beansprucht und beim Präsidenten des JPA zu diesem Zweck ein Dokument
einreicht und die frühere Anmeldung angibt.
e) Wenn ein Anmelder für seine Teilanmeldung eine Priorität unter der
PVÜ beansprucht und beim Präsidenten des JPA ein Dokument diesen
Inhalts einreicht und den Namen des Landes der PVÜ angibt, in dem die
frühere Anmeldung zuerst eingereicht wurde, und wenn der Anmelder
beim Präsidenten ein von der Regierung des Landes herausgegebenes,
beglaubigtes Dokument einreicht, welches das Einreichungsdatum angibt,
und eine Kopie von Beschreibung und Zeichnungen der früheren Anmeldung oder ein offizielles Amtsblatt oder ein Zertifikat, das den gleichen
Inhalt aufweist und von dieser Regierung herausgegeben wurde.

In Hinblick auf das Erfordernis der ausreichenden Offenbarung ist die »Al- 552
lopurinol«-Entscheidung einschlägig[194]: Die Patentierbarkeit eines Analogie-

---

194 »The Wellcome Foundation Ltd. vs. Teikoku Kagaku Sangyo K. K.«, Bezirksgericht Osaka,
25. 2. 1977, Fall Nr. Showa 50 Wa 1030; vgl. *IIC*, Vol. 9 (1978), Seiten 356–362.

verfahrens zur Herstellung einer chemischen Substanz basiert auf der Nützlichkeit des erhaltenen Produktes. Enthält eine Teilanmeldung keine ausreichende Beschreibung der Substanz innerhalb der Bedeutung von § 36 JPatG, ermangelt es ihr der ausreichenden Offenbarung. Dies gilt auch dann, wenn sowohl die Stammanmeldung vor der Teilung als auch die Prioritätsanmeldung eine ausreichende Beschreibung enthielten.

553 **4.2.8 Umwandlung von Geschmacksmuster- und Gebrauchsmusteranmeldungen in Patentanmeldungen**

554 Die Umwandlung von Geschmacksmuster- und Gebrauchsmusteranmeldungen in Patentanmeldungen ist in § 46 JPatG geregelt. Eine Gebrauchsmusteranmeldung kann nach § 46(1) JPatG vom Anmelder in eine Patentanmeldung umgewandelt werden, sofern die Einreichung der Gebrauchsmusteranmeldung nicht mehr als drei Jahre zurückliegt. Bei einer Gebrauchsmusteranmeldung, die bis 30.9.2001 eingereicht wurde, ist dies innerhalb von sieben Jahren ab Anmeldetag möglich.

555 Eine Geschmacksmusteranmeldung kann nach § 46(2) JPatG in eine Patentanmeldung umgewandelt werden, sofern nicht mehr als drei Jahre seit Einreichung der Gebrauchsmusteranmeldung zurückliegen und nicht 30 Tage seit Zustellung des Beschlusses über die Zurückweisung der Anmeldung durch den Prüfer vergangen sind. Wenn die Geschmacksmusteranmeldung bis 30.9.2001 eingereicht wurde, ist dies innerhalb von sieben Jahren ab deren Anmeldetag möglich (unter Nichtanrechnung eines Zeitraums von 30 Tagen seit dem Tag, an dem die Zustellung einer Ausfertigung des ersten Zurückweisungsbeschlusses erfolgt ist).

556 Die ursprünglichen Anmeldungen gelten nach der Umwandlung in die Patentanmeldung als zurückgezogen (§ 46(4) JPatG). Als Anmeldetag der Patentanmeldung gilt der Tag der Gebrauchs- bzw. Geschmacksmusteranmeldung; ein Prüfungsantrag kann noch innerhalb von drei Monaten nach dem Umwandlungstag gestellt werden (§ 46(5) i. V. m. § 44(2)–(4) JPatG).

557 **4.2.9 Interviews mit Patentprüfern[195]**

558 Interviews wie auch allgemein die Kommunikation per Telefon oder Telefax (nicht aber per e-mail) zwischen Prüfer und Anmelder oder seinem Anwalt werden vom JPA als wichtig für die reibungslose Prüfung von Patentanmeldungen angesehen. Ein Interview ist ein persönliches Gespräch zwischen

---

195 Vgl. VII. Interview Guidelines, in *Practices in Examination and Appeals under 1994-revised patent law in Japan,* Japan Patent Office, AIPPI Japan, 1996, Seiten 283–312.

Prüfer und Anmelder oder seinem Vertreter zum besseren Verständnis der Erfindung. Hierzu sollen keine Argumente bezüglich der Patentfähigkeit gehören. In der Praxis sind die Grenzen aber sicherlich schwer zu ziehen.

Interviews können beispielsweise einen Vergleich von angemeldeter Erfindung   559
mit dem Stand der Technik zum Gegenstand haben. Die Anwesenden können anhand verschiedener geeigneter Materialien die Erfindung erklären. Diese Erklärungen sollen das Verständnis des Prüfers für die Erfindung erleichtern. Durch das Interview können aber keine Unzulänglichkeiten in der Patentbeschreibung beseitigt werden. Desgleichen können in Interviews vom Anmelder vorgeschlagene Änderungen von Ansprüchen/Patentbeschreibung, experimentelle Berichte, Korrekturen von fehlerhaften Übersetzungen etc. erklärt und die Meinung des Prüfers eingeholt werden. Der Anmelder kann darlegen, wieso die Änderungen die Zurückweisungsgründe überwinden. Der Prüfer kann hierzu rechtlich unverbindlich seine Meinung äußern und/oder geeignete Änderungen vorschlagen. Der Inhalt der Patentbeschreibung und Änderungen daran werden allerdings auf Grund der Meinung und auf Verantwortung des Anmelders bestimmt.

Ein Interview kann bei anhängigen Patentanmeldungen jederzeit zwischen   560
Stellung des Prüfungsantrags und Erstellen des Berichts über die *Zenchi*-Prüfung oder der Entscheidung über die Erteilung des Patentes beantragt (durchgeführt) werden. Ein Interview kann somit vor Erlass eines ersten Prüfungsbescheides bis zur Entscheidung über die Zurückweisung bzw. Erteilung des Patentes beantragt werden kann. Vor Erlass eines Prüfbescheides ist der Prüfer jedoch mit der Gewährung eines Antrages auf ein Interview zurückhaltend. Nach Zurückweisung der Patentanmeldung kann ein Interview vor der endgültigen Zurückweisung, vor Einlegung einer Beschwerde gegen den Zurückweisungsbeschluss sowie nach Einlegung einer Beschwerde bis zum Abschluss der *Zenchi*-Prüfung (d.h. der Prüfung durch den Patentprüfer vor Weiterleitung der Beschwerde an die *Shimpan*-Abteilung) erfolgen. Ein Interview kann vom Anmelder, seinem Anwalt oder dem Prüfer per Telefon, Telefax oder Anschreiben beantragt bzw. angeregt werden. Ist der Prüfer bekannt, kann das Interview direkt bei ihm beantragt werden.

Der Prüfer sollte dem Wunsch für ein Interview entsprechen, sofern das   561
Interview nicht auf eine Anfrage zur Patentfähigkeit gerichtet ist oder ein erneutes Interview beantragt wird, das vermutlich keine neuen Erkenntnisse bringen wird. Der Antrag kann auch bei fehlender Substanz (offensichtlich kein Entwurf für eine Änderung oder Erwiderung) zurückgewiesen werden. Ein Antrag vor Aufnahme der Prüfung kann unter Hinweis auf einen späteren Zeitpunkt, zu dem das Interview nochmals beantragt werden sollte, zurückgewiesen werden. Ein Interview kann auch hinsichtlich mehrerer Patentanmel-

dungen durchgeführt werden. Der Prüfer wird ein Interview vorschlagen, wenn er aufgrund der Komplexität der Erfindung Verständnisschwierigkeiten hinsichtlich der Erfindung und des Unterschieds zum Stand der Technik hat und ein Interview in Hinblick auf eine rasche und angemessene Prüfung nützlich erscheint. Ebenso, wenn der Prüfer Vorschläge zur Abänderung, Teilung etc. der Anmeldung hat, um die Bemühungen des Anmelders/Anwalts zu erleichtern und eine rasche und angemessene Prüfung zu erreichen.

562 Beim Interview können Dolmetscher anwesend sein. Ist die Anwaltsvollmacht fehlerhaft, kann das Interview unter der Voraussetzung der späteren Bestätigung durchgeführt werden. In diesem Fall wird das Protokoll über das Interview zurückgehalten, bis die korrigierte Anwaltsvollmacht vorliegt. Der Prüfer bereitet gegen Ende des Interviews ein Protokoll vor, in dem die Anwesenden, der Inhalt des Interviews, vorgelegte Unterlagen, diskutierte Ansprüche, Änderungsentwürfe und Interviewergebnisse festgehalten werden. Darauf müssen die Siegel angebracht werden. Die Interviewunterlagen einschließlich evtl. vorgelegter Videokassetten und sonstiger Materialien sind der Öffentlichkeit zugänglich. Interviewmaterialien, die für die Feststellung der Patentfähigkeit wichtig sind, müssen eingereicht werden, andere werden dagegen zurückgegeben.

563 Eine Besonderheit des japanischen Patenterteilungsverfahrens fällt ebenfalls unter die Kategorie »Interview«: die »persönliche Überreichung der Mitteilung von Zurückweisungsgründen durch den Prüfer« zur Beschleunigung des Prüfungsverfahrens. Dieses normalerweise vom Prüfer veranlasste Verfahren ist anwendbar auf Fälle, in denen eine nicht online eingereichte Patentanmeldung aufgrund von leicht korrigierbaren Mängeln in der Patentbeschreibung vom Prüfer zurückgewiesen wird. Der Prüfer wird hierbei, nachdem er im voraus (z.B. auf telefonischem Weg) mit dem Anmelder Einvernehmen über vorzunehmende Änderungen erzielt hat, dem Anmelder bzw. seinem Anwalt bei einem Interview direkt, ohne Einschaltung des Postwegs den Zurückweisungsbescheid übergeben und im Gegenzug die Änderungen entgegennehmen.

Bei einer auf elektronischem Wege eingereichten Patentanmeldung ist eine rasche und angemessene Prozedur ohne die persönliche direkte Übergabe des Zurückweisungsbescheids möglich. Denn hier wird der Prüfer unmittelbar nach einem Interview oder einer Kommunikation per Telefon oder Fax (auf elektronischem Wege) die Zurückweisung zusenden. Der Anmelder oder sein Anwalt kann dann online die mit dem Prüfer besprochene Änderung einreichen.

564 Interviews können auch im Rahmen eines Einspruchsverfahrens auf Antrag eines Beteiligten oder Anregung des Prüfers stattfinden. Bei diesen sollen im Prinzip alle Parteien anwesend sein. Die Parteien können hierbei unter Vor-

lage geeigneter Materialien ihre jeweiligen Argumente auf den Einspruchsschriftsatz, die Entgegnung und Widerlegung diskutieren. Wenn im Einspruchsverfahren eine Partei oder deren Anwalt ein Interview beantragt, sollte dies der anderen Partei von Amts wegen mitgeteilt und deren Anwesenheit beim Interview gefordert werden. Prinzipiell sollte kein Interview mit nur einer Partei erfolgen. Wenn es jedoch nach Rücksprache mit dem JPA unwahrscheinlich ist, dass Fairness und Transparenz des Einspruchsverfahrens beeinflusst werden, kann der oder die Prüfer ein Interview mit lediglich einer Partei durchführen.[196]

4.2.10 Prüfungsrichtlinien   565

Prüfungsrichtlinien (*Shinsakijun*) wurden zuerst 1964 veröffentlicht. Damals 566 war es ein kompliziertes System aus allgemeinen Richtlinien, Dutzenden von Richtlinien, die am industriellen Gebiet orientiert waren, sowie Quasi-Richtlinien. Eine umfassende Überarbeitung fand zum Juni 1993 statt. Damit wurden zum ersten Mal die zahlreichen verschiedenen Prüfungsrichtlinien zusammengefasst. Eine englische Übersetzung der aktuellen Prüfungsrichtlinien ist auf der Homepage des JPA unter http://www.jpo.go.jp/infoe zugänglich. Die Prüfungsrichtlinien befassen sich mit allen formalen und materiellen Anmelde- und Eintragungserfordernissen. Diese sind im Wesentlichen in der vorliegenden Darstellung berücksichtigt. Daneben enthalten die Prüfungsrichtlinien »Implementing Guidelines for Inventions in Specific Fields«, die hier nicht näher behandelt werden können, aber ebenfalls auf der Homepage des JPA zu finden sind: »Computer Software Related Inventions«, »Examination of business-related inventions«, »Biological Inventions«, »Guidelines for describing taxonomic characters«, sowie »Examples of examination on the inventions related to genes (DNA fragments, full-length cDNAs, and Single Nucleotide Polymorphisms)«.

Der Prüfer sollte sich an die Prüfungsrichtlinien halten, rechtlich verbindlich 567 sind diese Richtlinien allerdings nicht. Neben den veröffentlichten Prüfungsrichtlinien gibt es ggf. interne, der Öffentlichkeit nicht zugängliche Prüfungsrichtlinien. Zwischen offiziellen und internen Prüfungsrichtlinien soll es hinsichtlich der Handhabung keine Unterschiede geben.

Daneben gibt es noch Studienmaterialien der Patentanwaltskammer (*Benrishi-* 568 *kai*, www.jpaa.or.jp), die in engem Kontakt zum JPA steht, das Materialien zur Verfügung stellt, um deren Aufnahme durch die Öffentlichkeit zu testen.

---

196 *Practices in Examination and Appeals under 1994-revised patent law in Japan,* Japan Patent Office, AIPPI Japan, 1996, Seite 292.

569 **4.2.11 Wiederaufnahme (Saishin) des Verfahrens (§§ 171–176 PatG)**

570 Die Wiederaufnahme eines Verfahrens (*Saishin*; Retrial) ist ein seltenes Verfahren, das der Anmelder prinzipiell gegen einen Zurückweisungsbeschluss der Beschwerdekammer einleiten kann. Die Gründe für eine Wiederaufnahme des Verfahrens sind beschränkt auf bestimmte Verfahrensfehler auf Seiten des JPA und verschiedene Handlungen wie Betrug, Nötigung und Absprachen. Der Antrag muss innerhalb von 30 Tagen[197] nach dem Datum eingereicht werden, zu dem die Partei von den Wiederaufnahmegründen Kenntnis erlangte, sowie innerhalb von drei Jahren nach Erlass der angefochtenen Entscheidung. Diese Fristen gelten nicht, wenn die ergangene Entscheidung im Widerspruch zu früheren Entscheidungen ist.

---

197 Für im Ausland Ansässige gibt es eine automatische Fristverlängerung um 30 Tage.

5   Erfinderrecht

Inhaltsübersicht

Erfinder können in Japan nur natürliche Personen sein. In »K. K. Imaizumi   571
Kiyoshi vs. Nobuji Ishigami« entschied das Bezirksgericht Tokyo, dass eine
juristische Person nicht Erfindereigenschaft beanspruchen kann.[198] Erfinder
haben nach § 36(1) JPatG das Recht, in den Unterlagen der Patentanmeldung
als Erfinder genannt zu werden.

Miterfinder kann eine Person sein, die zwar nicht zum geistigen Konzept der   572
Erfindung, aber zu deren praktischer Umsetzung beigetragen hat[199].

Die Möglichkeiten des wahren Erfinders, sich gegen die Anmeldung seiner   573
Erfindung zum Patent durch einen Dritten, der sich die Erfindung unrechtmäßig angeeignet hat, zu schützen, sind begrenzt. Wenn sich der unrechtmäßige Anmelder weigert, die Anmeldung auf den wahren Berechtigten zu
übertragen, oder eine zivilrechtliche Klage auf Übertragung[200] der Anmeldung
bzw. des daraufhin eingetragenen Schutzrechts erfolglos ist, bleibt dem wahren Erfinder nur die Möglichkeit, das Patent im Rahmen eines Nichtigkeitsverfahrens zu vernichten. Der wahre Erfinder kann eine Einschränkung oder

---

198 Bezirksgericht Tokyo, 16. März 1955; 6 *Kakyû minshû* 479.
199 »Mah-jongg«, Obergericht Tokyo, 27. 4. 1976, Fall Nr. Showa 47 Gyo-Ke 25; vgl. *IIC*, Vol. 9
     (1978), Seiten 48–51.
200 »Sanaguri vs. Itokazu«, OGH, 12. 6. 2001. Der OGH entschied, dass das Patent vom JPA auf
     die wahren Erfinder übertragen werden muss. Das zugrunde liegende Urteil des Obergerichts
     Fukuoka illustriert die Probleme, die sich bei Klagen auf Übertragung eines Schutzrechtes
     ergeben können. Es hatte die Klage der wahren Erfinder abgewiesen, weil bei einer Über-
     tragung des Patentes die vorgeschriebene Gewaltenteilung verletzt würde. Das Obergericht
     Fukuoka sah die Übertragung des Patentes als eine Kombination von Nichtigerklärung des
     existierenden Patentes und Erteilung eines neuen Patentes an die Erfinder. Die Übertragung
     würde es daher den Erfindern zu Unrecht erlauben, kein Nichtigkeitsverfahren anzustrengen
     und damit die ausschließliche Befugnis des JPA zur Beurteilung der Rechtsbeständigkeit des
     Patentes übergehen.

Aufgabe von Patentanmeldung (und Patent) durch den unberechtigten Anmelder kaum verhindern.

574 Erfinder können entweder vollständig über ihre Erfindungen und daraus resultierende Rechte verfügen (freie Erfinder[201]) oder als Arbeitnehmererfinder in privaten Unternehmen bzw. Erfinder an staatlichen Hochschulen[202] oder Forschungseinrichtungen gewissen Einschränkungen ihrer Rechte an der Erfindung unterliegen.

575 **5.1   Erfindungen von Arbeitnehmern**[203, 204, 205]

576 **5.1.1   Gesetzliche Grundlage**

577 Die gesetzliche Grundlage für das japanische Arbeitnehmererfinderrecht ist § 35 JPatG[206], der entsprechend für Arbeitnehmererfindungen von Ge-

---

201 T. Chosa, *Tokkyo hô 35jô to hishokumu hatsumei ni tsuite* (Zur freien Erfindung nach § 35 Patentgesetz), Patent 5/1998, 49 ff.

202 Christopher Heath, »Commercializing University Inventions in Japan«, *ZJapanR*, Heft 12 (2001), Seiten 199–227.

203 Teruo Doi, *Intellectual Property Protection and Management – Law and Practice in Japan*, The Institute of Comparative Law, Waseda University, 1992, Kapitel 1, Seiten 1–43.

204 Nobuhiro Nakayama, *GRUR Int.* 1980, Seiten 23–25.

205 Yoshikazu Tani, »Current Status of Employee Inventions in Japan«, *AIPPI Journal*, Vol. 27 (2002), No. 3, Seiten 153–157.

206 § 35 JPatG:
(1) Der Arbeitgeber, die juristische Person, der Staat oder eine örtliche Behörde (in diesem Gesetz als »Arbeitgeber usw.« bezeichnet), haben das Recht einer nicht ausschließlichen Lizenz an einem Patent, wenn ein Arbeitnehmer, ein Vorstandsmitglied der juristischen Person, ein Beamter oder ein öffentlicher Bediensteter (nachfolgend »Arbeitnehmer usw.« genannt) ein Patent für eine Erfindung erhalten hat, die ihrer Eigenart nach zum Geschäftskreis des Arbeitgebers usw. gehört und die Tätigkeiten, die zu der Erfindung geführt haben, zu den gegenwärtigen oder früheren für den Arbeitgeber zu leistenden Dienstpflichten gehören (nachfolgend »Arbeitnehmererfindung« genannt) oder wenn der Rechtsnachfolger am Recht auf Erteilung eines Patents aufgrund einer Arbeitnehmererfindung für die Erfindung ein Patent erteilt bekommen hat.
(2) Für Erfindungen, die der Arbeitnehmer usw. gemacht hat und die nicht Arbeitnehmererfindungen sind, sind die Bestimmungen eines Vertrages sowie Dienstvorschriften und andere Vereinbarungen, die im Voraus festlegen, dass ein Recht auf Erteilung eines Patents oder ein Patentrecht auf den Arbeitgeber usw. übertragen ist oder dass ein Recht zur ausschließlichen Lizenz für den Arbeitgeber usw. begründet wird, unwirksam.
(3) Der Arbeitnehmer usw., der vertraglich oder auf Grund von Dienstvorschriften oder anderer Vereinbarungen dem Arbeitgeber usw. gestattet hat, in das Recht auf Erteilung eines Patents oder in ein Patentrecht hinsichtlich einer Arbeitnehmererfindung einzutreten oder ein Recht zur ausschließlichen Ausübung für den Arbeitgeber usw. begründet hat, hat einen Anspruch auf angemessene Entschädigung.
(4) Die Höhe der Entschädigung wird unter Berücksichtigung des Nutzens, den der Arbeit-

brauchsmustern (§ 11(3) JGebrMG) und von Geschmacksmustern (§ 15(3) JGeschmMG) anwendbar ist. In Japan gibt es darüberhinaus kein spezielles Arbeitnehmererfindergesetz. Das JPO ermutigt allerdings die angemessene Verwaltung und Vergütung von Erfindungen durch Privatunternehmen. Am 5.12.1964 veröffentlichte das JPA hierzu einen Modellsatz für Bestimmungen zur Regelung von Arbeitnehmererfindungen.[207]

5.1.2 Das Recht an der Erfindung – Freie Erfindung oder Arbeitnehmererfindung

578

Als Arbeitnehmererfindung gilt nach § 35(1) JPatG eine Erfindung, die ihrem Wesen nach zum Geschäftskreis des Arbeitgebers gehört und die Tätigkeiten, die zu der Erfindung geführt haben, zu den gegenwärtigen oder vergangenen Dienstpflichten des Arbeitnehmers beim Arbeitgeber gehören. Nach der Rechtsprechung kommt es dabei nicht darauf an, ob es sich um einen Arbeitnehmer, leitenden Angestellten oder Direktor handelt, solange diesem nachweisbar bestimmte Pflichten übertragen worden sind[208]. § 35 JPatG regelt nicht Fälle, in denen Auftragsforschung durch Personen stattfindet, die nicht Arbeitnehmer des Auftraggebers sind.

579

Der Rahmen dessen, was als Dienstpflicht des Arbeitnehmers gewertet wird, ist sachlich weit gezogen[209] und kann Erfindungen umfassen, die außerhalb der Dienstzeit gemacht wurden[210]. Eine Erfindung ist selbst dann aus der dem Arbeitnehmer gegenüber dem Arbeitgeber obliegenden Dienstpflicht entstanden – und somit eine Diensterfindung –, wenn Zeit und Ort der Inangriffnahme und Vollendung der Erfindung nicht festgestellt werden können, die Erfindung aber in den Bereich der Dienstpflichten des Arbeitnehmers fällt und er sie während der Dauer seiner Beschäftigung gemacht hat[211].

Die Diensterfindung muss zum »Geschäftskreis des Arbeitgebers« gehören und aus der dem Arbeitnehmer im Betrieb für den Arbeitgeber gegenwärtig

---

geber usw. aus der Erfindung erzielen kann, und des Umfangs, in dem der Arbeitgeber usw. zu der Entwicklung der Erfindung beigetragen hat, bemessen.

207 *Shokumu-Hatsumei Kitei*: Service Invention Regulations; veröffentlicht in Teruo Doi »Intellectual Property Protection and Management – Law and Practice in Japan«, The Institute of Comparative Law, Waseda University, 1992, Kapitel 1, Seiten 11–17.

208 Bezirksgericht Kobe, 12.12.1989, *Mutaishû* 21–3 (1989) 1002 zu Erfindungen eines Direktors, der für die Entwicklung der Produktionstechnologie zuständig war.

209 Obergericht Tokyo, 28.2.1967, *Hanrei Times* 207 (1967) 147.

210 »Eisenbauteile«, Bezirksgericht Tokyo, 30.9.1992; vgl. *GRUR Int.* 1995, 415–416.

211 »Knetmaschine«, Bezirksgericht Osaka, 18.5.1979; vgl. *GRUR Int.* 1980, 59; der Beklagte, ehemaliger Arbeitnehmer der Kl., war, nachdem er seine Stelle als Leiter der Planungsabteilung gekündigt hatte, am 20.6.1974 bei der Kl. ausgeschieden. Am 1.7.1974 reichte er im eigenen Namen eine Patentanmeldung für eine »kontinuierlich arbeitende Knetmaschine« ein.

oder früher obliegenden Tätigkeit (Dienstpflicht) entstanden sein. »Geschäftskreis des Arbeitgebers« bedeutet hierbei die tatsächlich ausgeübten oder vorher konkret bestimmten Geschäfte. Die »dem Arbeitnehmer obliegende Tätigkeit« ist ein wichtigeres Merkmal der Diensterfindung als der »Geschäftskreis des Arbeitgebers«. Damit eine Erfindung als Diensterfindung angesehen werden kann, muss die Art der Tätigkeit, die zur Erfindung führte, vollständig oder teilweise in den vom Arbeitgeber festgelegten Aufgabenbereich des Arbeitnehmers fallen.

Eine von einem für Verkauf und Marketing zuständigen Direktor gemachte Erfindung, die in den Geschäftskreis des Arbeitgebers fällt, gehört nicht zu seinem Aufgabenbereich, auch wenn man davon ausgeht, dass dem Direktor umfangreiche Tätigkeiten obliegen[212].

Zur Anerkennung als Arbeitnehmererfindung bedarf es nicht konkreter Anweisungen[213].

Eine Arbeitnehmererfindung liegt auch dann vor, wenn die Erfindung unter Verstoß gegen Arbeitsanordnungen entstanden ist[214]. Dem Urteil liegt der berühmte Fall der Erfindung der blaues Licht emittierenden Diode (blaue LED) von Herrn Nakamura zugrunde. Der Erfinder verlangte die Inhaberschaft an den Patentrechten an der blauen LED, die er während seiner Beschäftigung bis Ende 1999 bei der Beklagten, der Firma Nichia Optical Co., Ltd. erfand, hilfsweise 2 Mrd. Yen als angemessene Vergütung für seine Arbeitnehmererfindung. Herr Nakamura hatte von Nichia für die Erfindung eine Vergütung von 20.000 Yen erhalten. Vor Gericht argumentierte Nakamura, dass er die Erfindung aufgrund seiner eigenen Anstrengungen und entgegen den Arbeitsanweisungen des Präsidenten von Nichia gemacht habe. Diese sei daher keine Arbeitnehmererfindung. Selbst wenn es eine Arbeitnehmererfindung wäre, so wurde das Patent doch nicht auf Nichia übertragen und gehöre daher ihm. Das Bezirksgericht Tokyo entschied wie folgt:

»Die Erfindung wurde während der Arbeitsstunden der Firma gemacht, innerhalb der Einrichtungen und mit der Ausrüstung der Firma. Die Erfindung ist daher eine Diensterfindung (Arbeitnehmererfindung). Die Arbeitsanweisung, die Forschung zu beenden, und andere Umstände sind bei der Ermittlung des anteiligen Beitrages der Firma an der Erfindung zu berücksichtigen, wenn die angemessene Vergütung bestimmt wird.

Die Firmenregelungen, die nicht Gegenstand von Arbeitsverträgen und Beschäftungsregelungen des Arbeitsstandardgesetzes sind, werden als »Dienstvorschriften oder andere Vereinbarungen« angesehen. Nach § 35 JPatG soll das Patentrecht daher auf die Firma übergehen.

---

212 »Emaillierte Badewanne«, Obergericht Tokyo, 6.5.1969, *Hanrei Times* 237 (1969) 305.
213 Bezirksgericht Osaka, 28.4.1994, *Patent* Nr. 12/1994, 103.
214 Bezirksgericht Tokyo, 19.9.2002, Fall Nr. Hei 13 Wa 17772; vgl. »The Blue LED Patent Case« von Shiro Mochizuki, in *AIPPI Journal*, Vol. 28 (2003), No.3, Seiten 179–190.

Es wird vermutet, dass es ein implizites Einverständnis zwischen Arbeitnehmer und Arbeitgeber gibt, das für Arbeitnehmererfindungen das Recht auf den Arbeitgeber übergeht. Die Übertragungserklärung war mit einem Schreibstift unterzeichnet, ohne Siegel/Stempelabdruck. Es wird angenommen, dass keine besonderen Formerfordernisse erforderlich waren, weil der Kläger mit dem Beklagten einen Vertrag abgeschlossen hatte, wonach die Übertragung von Rechten stattfinden solle.«

Die Rechte an einer Arbeitnehmererfindung stehen dem Arbeitnehmer zu; allerdings hat der Arbeitgeber nach § 35(1) JPatG ein einfaches, nicht vergütungspflichtiges Lizenzrecht an den sich aus der Erfindung ergebenden Rechten. Ein Anspruch des Arbeitgebers auf Übertragung des Patentes an der Diensterfindung oder auf Einräumung des ausschließlichen Benutzungsrechts besteht nur, wenn dies im Rahmen einer Betriebsregelung oder im Arbeitsvertrag im Voraus festgelegt war. 580

Es kann nicht vermutet werden, dass die Inhaberschaft einer Firma an einem Patentrecht für eine Diensterfindung der vernünftigen Absicht des Arbeitnehmers entspräche[215]. Insbesondere kann nicht von einer stillschweigenden Vereinbarung ausgegangen werden, wenn der Arbeitgeber der Auffassung ist, dass ihm eine Diensterfindung ohne Vergütungspflicht automatisch zufallen solle. 581

Für den Fall, dass sich der Arbeitgeber kraft Vertrages oder in sonstiger Weise ein ausschließliches Lizenzrecht oder das Vollrecht an einer Arbeitnehmererfindung übertragen lassen hat, ist er dem Arbeitnehmer gegenüber zur Zahlung einer angemessenen Vergütung verpflichtet (§ 35(3) JPatG). Die Rechtsübertragung ist auch dann wirksam, wenn eine Vergütung nicht vereinbart worden ist[216]. 582

In »Newlon«[217] hatte der Arbeitgeber eine vom Arbeitnehmer gemachte Erfindung angemeldet, ohne sich vorher das Recht an der Erfindung abtreten zu lassen. Der Arbeitnehmer sollte keine Vergütung erhalten. Nach Auffassung des Gerichts konnte dem Arbeitgeber unter diesen Umständen das Recht an der Erfindung (US-Patent) nicht zustehen. 583

In »Fahrradkindersitz«[218] ging es um Schadensersatzansprüche des wahren Erfinders. Die Klägerin war Miterfinderin eines von der Bekl. unter ausschließlicher Nennung des Miterfinders zum Gebrauchsmuster angemeldeten Fahrradkindersitzes. Die Klage auf Schadensersatz aus der fehlerhaften Erfinderbenennung wurde wegen Verjährung abgewiesen, da die Kl. binnen drei 584

---

215 Obergericht Tokyo, 20.7.1994; Fall Nr. Hei 5 Ne 4469; vgl. *Japan Patents&Trademarks* (Suzuye Institute of IIPR), No. 87, Seite 1 (1996).
216 Bezirksgericht Osaka, 18.5.1979, *GRUR Int.* 1980, 59 für den Fall einer Vorausabtretung.
217 Obergericht Tokyo, 20.7.1994, *Hanketsu Sokuhô* Nr. 231 (1994), 4; Revision vom OGH zurückgewiesen mit Urteil vom 24.1.1995, *Hanketsu Sokuhô* Nr. 240 (1995), 1.
218 OGH, 16.2.1993, *Hanrei Times* Nr. 816,199, *Hanrei Jihô* Nr. 1456, 150.

Jahre ab Kenntnis der Nichtberechtigung, spätestens ab Stellung des Löschungsantrages, hätte Klage erheben müssen. Der OGH entschied zudem, dass auch das einem Berechtigten erteilte Patent nach § 123(1)(vi) JPatG gelöscht werden könne, obwohl sich dies aus dem Wortlaut dieser Bestimmung nicht ergibt. Wenn der Anmelder das Recht auch nur von einem Berechtigten ableitet, so kann dieser schlecht als überhaupt nicht berechtigt angesehen werden.

585 Die Übertragung der Rechte an der Erfindung bedeutet für den Arbeitgeber nicht die Pflicht zur Schutzrechtsanmeldung. Vielmehr steht es dem Arbeitgeber frei, die Erfindung geheim zu halten und als betriebsinternes Know-how zu nutzen, ohne dass in diesem Fall die Anerkennung der Schutzfähigkeit vorgesehen wäre. Es ist in Japan, abgesehen von der gegenwärtigen Diskussion zur Vergütung von Arbeitnehmererfindungen, keine Tendenz zu erkennen, den Arbeitnehmererfindern größere Rechte an ihren Erfindungen einzuräumen. Der Arbeitgeber ist nicht verpflichtet, dem Arbeitnehmererfinder für die übertragene Erfindung die Einreichung von Auslandsanmeldungen zu ermöglichen, an denen der Arbeitgeber kein Interesse hat. Darüber hinaus ist der Arbeitnehmererfinder weder zur Mitwirkung am Patenterteilungsverfahren noch Informationen hierüber berechtigt.

586 Da der Arbeitgeber nach § 35 JPatG an der Diensterfindung lediglich ein einfaches Benutzungsrecht hat, sind Dritte nicht automatisch von der Benutzung ausgeschlossen. Dem Arbeitgeber steht im Verletzungsfall kein Anspruch auf Schadensersatz zu[219]. Es ist davon auszugehen, dass es keine örtliche und zeitliche Beschränkung des Umfanges des Benutzungsrechts für den Arbeitgeber gibt. Der Arbeitgeber hat das Recht, die Erfindung bis zum Verfall des Patentes in ganz Japan zu benutzen, vermutlich jedoch nicht im Ausland.

587 In »Hitachi Ltd. vs. Seiji Yonezawa et al.« klagte Hitachi erfolgreich auf Anerkennung einer zum Patent angemeldeten Erfindung als Diensterfindung[220]. Yonezawa, ehemaliger Angestellter von Hitachi, nahm an DVD-Standardisierungsaktivitäten teil und hatte Zugang zu Unterlagen aus entsprechenden Treffen. Die unter Nennung eines unbeteiligten Dritten als alleinigem Erfinder eingereichte strittige Patentanmeldung spiegelte diese Standardisierungsergebnisse wider.

---

219 Bezirksgericht Tokyo, 20.11.1961, *Kakyû Minji Saibanshû* 12, 2808.
220 »Hitachi Ltd. vs. Seiji Yonezawa et al.«, Bezirksgericht Tokyo, 31.5.2002, vgl. Jinzo Fujino, in *AIPPI Journal*, Vol. 28 (2003), Nr. 2, Seiten 124–128; Fälle Nr. Hei 11 Wa 29072; Hei 12 Wa 27575 und Hei 13 Wa 2964.

5.1.3   Vergütung von Arbeitnehmererfindungen[221]   588

Japanische Firmen bemühen sich, durch Erhöhung der Vergütung von Arbeit-   589
nehmererfindungen die Ergebnisse ihrer Forschungsaktivitäten zu verbessern[222]. Außerdem sind Arbeitnehmererfinder zunehmend mit der Höhe der
ihnen zugedachten Erfindervergütung unzufrieden und zur gerichtlichen
Durchsetzung ihrer Ansprüche bereit. Bislang ist jedoch die Vergütung von
Arbeitnehmererfindungen in Japan vergleichsweise gering.

Nach § 35(1) JPatG erhält der Arbeitgeber automatisch eine einfache Lizenz   590
an den vom Arbeitnehmer innerhalb seiner zugewiesenen Tätigkeit gemachten
Erfindungen bzw. Entwürfen, ohne dass diese gesondert zu vergüten wäre.
Wenn die Rechte an den Arbeitgeber übertragen werden, muss dieser eine
angemessene Vergütung entrichten, die gemäß Gesetzeswortlaut (§ 35(3)(4)
JPatG) »nach dem von dem Arbeitgeber zu erwartenden Gewinn zu berechnen ist«. Frühere Gerichtsentscheidungen haben daher die Regel aufgestellt,
dass die angemessene Vergütung zum Zeitpunkt der Übertragung des Rechts
bestimmt werden sollte, das Gericht aber nach der Übertragung eingetretene
Umstände berücksichtigen kann.[223] In der Regel waren hierbei für den Zeitpunkt nach Gewinnerzielung keine Zahlungen durch den Arbeitgeber vorgesehen.

Es gibt in Japan weder eine Richtlinie über die Vergütung von Arbeitnehmer-   591
erfindungen noch eine Schiedsstelle für diese Fragen beim JPA. Bei der Vo-
rausvereinbarung des Überganges des Rechts auf das Patent an der Arbeitnehmererfindung vom Arbeitnehmer auf den Arbeitgeber bedarf es nicht einer
gleichzeitigen Regelung des Vergütungsanspruches.[224]

In »Synthetische Garne«[225] entschied das Obergericht Osaka am 27.5.1994,   592
dass in Abwesenheit einer anderslautenden Vereinbarung Ansprüche auf die
Vergütung von Arbeitnehmererfindungen nach zehn Jahren, gerechnet ab dem
Tag der Übertragung des Rechts auf den Arbeitgeber, verjähren. Außerdem
berechne sich die Höhe der Vergütung von Arbeitnehmererfindungen aus der
Differenz zwischen dem Wert der gesetzlich eingeräumten einfachen Lizenz

---

221   Christopher Heath, »Zur Vergütung von Arbeitnehmererfindungen in Japan«; in *GRUR Int.*
1995, Seiten 382–389; Christopher Heath »Remuneration of Employees Inventions in Europe
and Japan«, *AIPPI Journal*, Vol. 27 (2002), No. 6, Seiten 398–407.
222   J. Tessensohn/S. Yamamoto, *Patent World*, November 1999, Seiten 10–13.
223   »Yoshiaki Iida, et al. vs. Nihon Kinzoku Kakô K.K.«, Bezirksgericht Tokyo, 23.12.1983,
1104 *Hanrei Jihô* 120; »Yutaka Anzai vs. K.K. Gôsen«, Obergericht Osaka, 27.5.1994, 1542
Hanrei Jihô 118, *GRUR Int.* 1995, 413.
224   »Knetmaschine«, Bezirksgericht Osaka, 18.5.1979, vgl. *GRUR Int.* 1980, 59.
225   Vgl. *GRUR Int.* 1995, Seiten 413–415. Die Entscheidung enthält Details zur Berechnung der
zu entrichtenden Vergütung.

und dem Wert des Vollrechts. Hieraus sei eine angemessene Lizenzgebühr zu ermitteln, die entsprechend der Anzahl der beteiligten Erfinder und dem Beitrag des Arbeitgebers an der Erfindung zu mindern sei. Eine angemessene Vergütung für Arbeitnehmererfindungen sei bei der Anmeldung zum Patent 5.000 Yen und zum Muster 3.000 Yen. Bei der Eintragung seien bei einem Patent 15.000 Yen und einem Gebrauchsmuster 10.000 Yen angemessen.

593 Das Bezirksgericht Tokyo entschied am 30. 9. 1992 in »Eisenbauteile«[226], dass die Vergütung für die Übertragung einer Arbeitnehmererfindung sich nach dem von einem Dritten für die Lizenznahme gezahlten Betrag berechne. Ist die Beteiligung des Arbeitgebers am Zustandekommen der Erfindung gering, so stehen diesem 35 % und dem Arbeitnehmer 65 % vom Erlös zu. Hier könne nur der zusätzliche Gewinn in Ansatz gebracht werden, der sich aufgrund des Übergangs von der nicht vergütungpflichtigen einfachen Lizenz zum Ausschließungsrecht ergibt.

594 Das japanische Arbeitsstandardgesetz regelt, dass die internen Betriebsregelungen die Arbeitsbedingungen festlegen können, wozu auch die Übertragung des Rechts auf ein Patent gehört. Das Bezirksgericht Osaka entschied, dass die Erfindervergütung unter dieser Regel als vernünftig angesehen werden sollte, »sofern sie nicht so gering ist, um als ungerecht eingestuft werden zu können«[227].

595 Eine Entscheidung[228] des Bezirksgerichts Tokyo vom 16. 4. 1999, mit welcher der Klage eines ehemaligen Angestellten der Beklagten auf eine angemessene Zahlung von Erfindervergütung im Wesentlichen entsprochen wurde, ist ein wichtiger Präzedenzfall, der seither die innerjapanische Diskussion um eine angemessene Erfindervergütung belebt. Das Gericht weigerte sich, die von der beklagten Firma in den Betriebsregelungen festgesetzte Arbeitnehmererfindervergütung anzuerkennen. Diese hatte argumentiert, dass die Betriebsregelun-

---

226 Vgl. *GRUR Int.* 1995, Seiten 415–416. Der Kläger entwarf im Rahmen seiner Tätigkeit für die Firma Kaneshin acht Muster und Modelle, die er sich als Gebrauchs- bzw. Geschmacksmuster hatte eintragen lassen. Gemäß seinem Arbeitsvertrag wurden die Rechte danach auf die Beklagte übertragen. Eine solche vertraglich vorgesehene Übertragungspflicht ist nach § 15(3) JGeschmMG, § 9(3) JGebrMG zulässig, soweit die Entwicklungen bzw. Erfindungen, in den dem Arbeitnehmer zugewiesenen Tätigkeitsbereich fallen und im Zuge der ihm obliegenden Pflichten gemacht worden sind. Die Entscheidung enthält Details zur Berechnung der zu entrichtenden Vergütung.

227 »Tsujimoto vs. Minolta Camera Co.Ltd«, Bezirksgericht Osaka, 25. 9. 1986, *Hanrei Kôgyôshoyûken Hô* 2111–670.

228 »S. Tanaka vs. Olympus Optical Co., Ltd.«, Bezirksgericht Tokyo, Fall Nr. Hei 7 Wa 3841; vgl. Klaus Hinkelmann, Gerald Gooding, »Compensation for the Invention of Employees; Translation of and Commentary to the Decision of the Tokyo District Court from 16 April 1999«, ZJapanR, Heft 9, 2000, Seiten 177–195; Klaus Hinkelmann, Gerald Gooding, *AIPPI Journal*, Vol. 24 (1999), Nr. 6, Seiten 255–276.

gen auch die Berechnungsmethode für Erfindervergütung festlegen und der Arbeitnehmer, der sich bei Firmeneintritt zur Beachtung der Betriebsregelung verpflichtet hat, sich an diese Regelung zu halten hätte. Das Gericht stellte den Gesetzeswortlaut dagegen und betonte, dass vom Angestellten nicht verlangt werden könne, im Voraus auf eine angemessene Arbeitnehmererfindervergütung zu verzichten. Die angemessene Vergütung könne nicht einseitig vom Arbeitgeber festgelegt werden. Ein schriftliches Einverständnis des Arbeitnehmers zu Beginn des Arbeitsverhältnisses, das die Verpflichtung beinhaltet, sich an Firmenvereinbarungen zu halten, bedeute nicht, dass der Arbeitnehmer die vom Arbeitgeber berechnete Erfindervergütung zu akzeptieren habe.

Das Bezirksgericht Tokyo scheint hier ein Recht des Arbeitnehmererfinders auf detaillierte Informationen hinsichtlich der Nutzung des Patentrechts durch den Arbeitgeber anzuerkennen. Die Entscheidung lässt aber die detaillierten Berechnungsgrundlagen für die bestimmte Arbeitnehmererfindervergütung nicht erkennen und illustriert die Schwierigkeit der Berechnung einer angemessenen Vergütung beim Fehlen konkreter Richtlinien.

Das Gericht befasste sich auch mit der Verjährung von Ansprüchen auf 596 Erfindervergütung, insbesondere in Hinblick auf die Betriebsregelung des Beklagten. Danach setzt sich die Vergütung für die Übertragung der Rechte an der Arbeitnehmererfindung auf den Arbeitgeber aus drei Beträgen zusammen: der Vergütung für die Patentanmeldung, für die Patentregistrierung und dem Gewinn aus dem gewerblichen Schutzrecht. Für diese Teilvergütungen beginnt die Verjährungsfrist jeweils mit dem Zeitpunkt, zu dem es möglich war, diese Vergütung zu fordern. Da zwischen Klageeinreichung und Entstehung des Vergütungsanspruchs auf Grund des mit dem gewerblichen Schutzrecht erzielten Gewinnes weniger als 10 Jahre vergangen waren, war die Verjährungsfrist gemäß § 167 JBGB nicht verstrichen.

Die von beiden Seiten gegen dieses Urteil eingelegten Berufungen wurden vom Obergericht Tokyo zurückgewiesen[229]. Die von Olympus hiergegen eingelegte Revision wurde am 22.4.2003 vom OGH zurückgewiesen[230]. Der OGH bestätigte im Wesentlichen das Urteil der unteren Gerichte und ging nicht auf Details zur Berechnung der Erfindervergütung ein. Allerdings bemerkte der OGH zum Zeitpunkt des Beginns der Verjährungsfrist von 10 Jahren pauschal, dass dieser Zeitpunkt in einem firmeninternen Erfindervergütungsprogramm festgelegt werden könne.

---

229 Obergericht Tokyo, 22.5.2001, Fall Nr. Hei 11 Ne 3208.
230 OGH, 22.4.2003; Fall Nr. Hei 13 U-Ke 1256; vgl. Jinzo Fujino, in *AIPPI Journal*, Vol. 28 (2003), No. 3, Seiten 212–216.

597 Den bislang höchsten Betrag an Erfindervergütung, 35 Mio. Yen, gewährte das Bezirksgericht Tokyo am 29.11.2002. Der Kläger, ein früherer Mitarbeiter von Hitachi, Ltd., hatte 970 Mio. Yen Schadensersatz als zusätzliche Erfindervergütung verlangt, da die für seine Erfindung auf dem Gebiet optischer Disks vom Arbeitgeber erhaltene Erfindervergütung, ca. 200,000 Yen, zu gering war. Die Lizenzeinnahmen der Beklagten wurden zu 250 Mio. Yen abgeschätzt. Eingesparte Lizenzzahlungen des Arbeitgebers auf Grund von Cross-License-Vereinbarungen wurden abgeschätzt. Der Anteil der Beklagten sowie von Miterfindern an der Erfindung wurden bei der Festsetzung der Erfindervergütung berücksichtigt. In Hinblick auf äquivalente ausländische Patente wurde entschieden, dass § 35 JPatG nur auf japanische Patentrechte anwendbar sei und für ausländische Patente das Recht des jeweiligen Staates heranzuziehen sei.

598 ## 5.2   Erfindungen an Hochschulen[231]

599 § 35 JPatG findet sicherlich Anwendung auf Erfindungen von Staatsbediensteten im Allgemeinen; die Anwendbarkeit auf Hochschullehrer und sonstige Hochschulangehörige ist jedoch strittig[232]. Zur Behandlung von Erfindungen durch Universitätsangehörige haben die meisten staatlichen Universitäten die Vorschriften aus dem Musterentwurf des Erziehungsministeriums zur »Behandlung von Erfindungen durch Universitätsangehörige« vom März 1978 übernommen[233]. Das betreffende akademische und technische Personal muss danach die Erfindung zunächst einem hochschulinternen Komitee melden, das prüft, ob die Erfindung nicht unter Umständen gemacht wurde, die ein Eigentumsrecht der Regierung an der Erfindung begründen. Es wird zwischen »gemeinsamer Forschung« und »Auftragsforschung« unterschieden. Gemeinsame Forschungsprojekte müssen auf eine Anmeldung einer Nichtregierungs-Institution hin offiziell vom Rektor der entsprechenden Hochschule sanktioniert werden. Bei Auftragsforschung muss ein Antrag zunächst an den Institutsleiter gerichtet werden, der die Forschung durchführen soll. Dann wird der Antrag zur Entscheidung an den Rektor der Hochschule weitergeleitet, der die Akzeptanz der Auftragsforschung mit dem Erziehungsministerium diskutieren muss, wenn

---

231 *Chitekisaisanken III. Kenkyukaihatsu - Raisensu* (in japanischer Sprache); Sanshudô; 1996. Dieses Buch, ein praxisorientierter Ratgeber für die Zusammenarbeit auf dem Gebiet der Forschung zwischen Hochschulen und Firmen, enthält zahlreiche Entwürfe für Vereinbarungen etc.

232 N. Nakayama, *Chûkai Tokkyo Hô* (Kommentar zum Patentgesetz) Bd. 1, 1989, S. 294 f.

233 Christopher Heath und Anja Petersen, »Hochschulerfindungen in Japan«, *GRUR Int.* 1999, Seiten 40–50.

a) der Auftraggeber eine internationale Organisation oder eine ausländische Person ist; oder
b) spezielle Maßnahmen für die Benutzung der Forschungseinrichtungen für die Auftragsforschung erforderlich sind.

Wenn die Auftragsforschung akzeptabel erscheint, muss zwischen Auftraggeber und Hochschule eine Vereinbarung getroffen werden. Auch in diesem Fall gehören die resultierenden Patentrechte prinzipiell der Hochschule.

Eine Richtlinie zur Vergütung von Hochschulerfindungen führte zur Bildung interner Prüfungskommissionen (*Gakujutsu shingikai*) an den staatlichen Hochschulen. Diese beschäftigten sich nicht wie Verwertungsstellen mit der Frage gewerblicher Anwendbarkeit, sondern entschieden, ob es sich bei der jeweiligen Erfindung um eine dienstliche oder freie Erfindung handelte, wobei die Entscheidungsgrundlage in der Praxis allerdings undurchsichtig war. Ging der Erfinder selbst von einer freien Erfindung aus, oblag ihm ohnedies keine Meldepflicht. Erfolgte eine Meldung, kamen die Kommissionen meist selbst zu dem Ergebnis, es handele sich um freie Erfindungen. Für den Fall einer Diensterfindung wurde das weitere Verfahren an die Japanese Society for the Promotion of Science (JSPS) abgegeben, die aufgrund öffentlich-rechtlicher Verpflichtungen gehalten war, jedem interessierten Unternehmen eine nichtausschließliche Lizenz einzuräumen, mithin ausschließliche Lizenzen gar nicht vergeben konnte[234]. Selbst bei Anerkennung als Diensterfindung kam es häufig nicht zu Patentanmeldungen. 600

Häufig gab es einen Abfluss von Forschungsergebnissen der Hochschulen auf Grund nur lockerer Vereinbarungen zwischen Professoren und Privatunternehmen. § 35 JPatG steht nicht dem Recht von Hochschulprofessoren und anderem akademischen bzw. Forschungspersonal an den Hochschulen entgegen, Patentanmeldungen für Erfindungen einzureichen, die auf Grund von Forschungsvereinbarungen mit privaten Unternehmen in Zusammenhang mit geförderter Forschung entstanden sind. § 35 JPatG ist nicht auf Professoren anwendbar. Demgemäß ist eine vertragliche Übertragung des Rechts auf Erhalt eines Patentes für derartige Erfindungen oder von resultierenden Patenten durch Hochschulprofessoren und anderes akademisches oder Forschungspersonal gültig. 601

An Patenten, die von einer Firma für Erfindungen erhalten werden, die von Professoren oder anderen Forschern im Rahmen von vorgeschlagenen Forschungsprojekten gemacht wurden, gibt es keine Mitinhaberschaft durch japanische Hochschulen oder die japanische Regierung. Die japanischen Hoch-

---

234 H. Matsubayashi, »University Technology Transfer in Japan«, *CASRIP Newsletter* Winter 1998, 22.

schulen oder die japanische Regierung könnten gemäß § 35(1) JPatG eine nicht ausschließliche, nicht übertragbare Lizenz unter solchen Patenten erhalten, wenn die zugrunde liegende Erfindung eine Diensterfindung war.

Am 6.5.1998 wurde ein Technologietransfergesetz für Universitätserfindungen verabschiedet[235]. Danach sollen die Rechte an der Erfindung von den Hochschulerfindern auf staatlich unterstützte, aber ansonsten unabhängige Verwertungsstellen (Technologietransferzentren) übertragen werden, die dann die Verwertung durch Lizenzvergabe an Privatunternehmen übernehmen. Da sich staatliche Hochschulen wirtschaftlich nicht betätigen dürfen, sind die Verwertungsstellen im Falle von staatlichen Hochschulen private Unternehmen. Zahlreiche Hochschulen haben bislang solche Verwertungsstellen gegründet.

---

235 Christopher Heath, »Commercializing University Inventions in Japan«, *ZJapanR*, Heft 12 (2001), Seiten 199–227.

6 Angriff auf Patentanmeldungen und Patente – Vergleich von Mitteilungen Dritter, Einspruchs- und Nichtigkeitsverfahren

Inhaltsübersicht

Gegen eine beim JPA eingereichte Patentanmeldung kann sowohl vor der   602
Patenterteilung als auch nach der Patenterteilung vorgegangen werden.

Vor der Patenterteilung kann ein Dritter dem Patentprüfer am JPA Informa-   603
tionen zu Patentierbarkeit und Patentfähigkeit (»patentrelevante Informationen«) zukommen lassen, um die Patenterteilung zu verhindern oder für den
Fall einer Patenterteilung zumindest eine engere Anspruchsfassung zu erreichen.

Zum 1.1.1996 wurde das der Patenterteilung vorgeschaltete Einspruchssystem   604
zu Gunsten eines der Patenterteilung nachgeschalteten Einspruchsverfahrens
abgeschafft. Damit gibt es in Japan nunmehr zwei Möglichkeiten, den Widerruf oder die Einschränkung eines erteilten Patentes zu erreichen: Einspruchs-
und Nichtigkeitsverfahren. Der Einsprechende ist nach der Einlegung des
Einspruchs vom weiteren Verfahrensablauf weitgehend ausgeschlossen. Gegen
die etwaige Aufrechterhaltung des Patentes durch das JPA hat der Einsprechende keine Beschwerdemöglichkeit. Es kann daher angebracht sein, keinen
Einspruch einzulegen und nur patentrelevante Informationen im Prüfungsverfahren einzureichen, z.B. zum relevanten Stand der Technik. Je nach den
Umständen des Einzelfalles kann auch die sofortige Einleitung eines Nichtigkeitsverfahrens vorteilhaft sein. Die Überwachung von japanischen Patentanmeldungen hat jedenfalls an Bedeutung zugenommen.

In Japan wurden im Zeitraum 1999–2001 bei 397.681 erteilten Patenten 12.660   605
Einsprüche (3,2%, bezogen auf die Anzahl erteilter Patente; Erfolgsquote:
32,1%) eingelegt[236]. Im Vergleich hierzu wurden im gleichen Zeitraum 872
Nichtigkeitsverfahren (0,22%, bezogen auf die Anzahl erteilter Patente; Er-

---

236 Vgl. *Shiga IP News* Volume 07, January 2003.

folgsquote: 27,8 %) eingeleitet. Die Zahlen für den Zeitraum 1996–1998 sind 504.234 erteilte Patente, 12.253 Einsprüche (Anteil: 2,4 %, Erfolgsquote: 13,6 %) und 561 Nichtigkeitsverfahren (Anteil: 0,11 %, Erfolgsquote: 19,1 %). Damit ist der Anteil der Einsprüche im Vergleich zur Zeit vor Einführung des der Patenterteilung nachgeschalteten Einspruchssystems immer noch deutlich geringer (1993–1995: 8,1 %).

606   Eine japanische Besonderheit sind die umfangreichen Möglichkeiten zur Einreichung patentrelevanter Informationen und die Ex-parte-Natur des Einspruchsverfahrens. Daher hat das Einspruchsverfahren gegen erteilte Patente gegenüber den Angriffsmöglichkeiten Einreichung von Informationen und Nichtigkeitsverfahren im Vergleich zur Situation vor dem EPA bzw. DPMA in Japan eine geringere Bedeutung.

607   Gemäß einer gegenwärtig im japanischen Parlament beratenen Änderung des Patentgesetzes soll das Einspruchsverfahren mit Wirkung ab 1.1.2004 abgeschafft werden. Stattdessen soll ein neu gestaltetes Nichtigkeitsverfahren Merkmale der bisherigen Einspruchs- und Nichtigkeitsverfahren aufweisen. So soll ein Nichtigkeitsverfahren jederzeit von jedermann eingeleitet werden können. Da weitere Details zum gegenwärtigen Zeitpunkt nicht bekannt sind, geht die folgende Beschreibung von der aktuellen Situation bei Einspruchs- und Nichtigkeitsverfahren aus.

608   **6.1   Angriff auf beim Patentamt anhängige Patentanmeldungen –**
      Übermittlung von Informationen zur Patentfähigkeit an das JPA
      (Jôhô teikyô)

609   Nach § 13bis JAusfPatG kann jedermann beim JPA zu noch anhängigen Patentanmeldungen – also nicht zu erteilten Patenten – Informationen zur Patentierbarkeit und Patentfähigkeit (»patentrelevante Informationen«) einreichen[237]. Name und Anschrift des Informanten müssen nicht angegeben sein. Ein Prüfungsantrag muss noch nicht gestellt sein. Patentrelevante Informationen, die dem Prüfer vor der Registrierung als Patent, aber nach der Entscheidung über die Patenterteilung zugehen, können nicht berücksichtigt werden.

610   Das JPA hat in Zusammenhang mit der Änderung des Einspruchssystems zum 1.1.1996 den Umfang von vorlegbaren patentrelevanten Informationen, welche vor der Änderung nur die Neuheit (§§ 29(1), 29bis JPatG), die erfinderische Tätigkeit (§ 29(2) JPatG) oder das Erstanmelderprinzip (§ 39(1)-(4) JPatG) betreffen konnten, erweitert. Die patentrelevanten Informationen können jetzt

---

237 Vgl. *Practices in Examination and Appeals under 1994-revised Patent Law in Japan,* Japan Patent Office, AIPPI Japan, 1996, Seite 227 ff.

zusätzlich die Hinzufügung von neuem Material bei Änderungen der Patent-anmeldung (§ 17(2)(3), § 17^(bis)(3) JPatG), die Hinzufügung von neuem Material bei der japanischen Übersetzung einer fremdsprachigen Patentanmeldung, welches über den Umfang der ursprünglichen ausländischen Dokumente hinausgeht (§ 49(v) JPatG), und Beschreibungserfordernisse (§ 36(4) und (6) JPatG (ausgenommen (6)(iv), der formale Erfordernisse für die Abfassung von Ansprüchen regelt)) betreffen.

Neben Publikationen oder Patentbeschreibungen (offen gelegte/ausgelegte Patentanmeldungen, Patentschriften) können seither auch andere Dokumente und Zeichnungen, auch in Form elektronischer Daten, vorgelegt werden. Von Dokumenten unterschiedliche Gegenstände wie beispielsweise Videofilme, welche die Arbeitsweise einer Vorrichtung zeigen, sind nicht zulässig.   611

Die patentrelevanten Informationen können somit beispielsweise eine offen-kundige Vorbenutzung betreffen. Bei fehlender Ausführbarkeit der Erfindung können Versuchsberichte vorgelegt werden, die belegen, dass die beanspruchte Erfindung nicht ausreichend offenbart ist, um dem Fachmann deren Nacharbeitbarkeit zu ermöglichen. Desgleichen können im Falle von Patentansprüchen, in denen ein Produkt durch seine Arbeitsweise, Funktion oder Eigenschaften beschrieben wird, Informationen vorgelegt werden, wenn die Ansprüche nicht § 36(6)(ii) JPatG entsprechen, weil diese Angaben vom Fachmann üblicherweise nicht benutzt werden und die Definitionen oder Test- bzw. Meßmethoden vom Fachmann nicht verstanden werden können.   612

Nicht zu allen Einspruchsgründen können dem JPA auch patentrelevante Informationen vorgelegt werden. Es können keine Informationen bezüglich der Inanspruchnahme von Rechten durch Ausländer (§ 25 JPatG), der Verletzung von öffentlicher Ordnung und Moral (§ 32 JPatG) und der Verletzung eines Vertrages durch eine Patenterteilung vorgelegt werden. Nicht berücksichtigt werden können außerdem – wie auch im Einspruchsverfahren – Unterlagen zu einem Verstoß gegen das Erfordernis, dass die Patentanmeldung von allen gemeinsamen Inhabern eingereicht werden muss (§ 38 JPatG), zu einer widerrechtlichen Entnahme (§ 49(vi) JPatG) oder zur Einheitlichkeit des Anmeldungsgegenstandes (§ 37 JPatG).   613

Der Anmelder wird vom JPA zwar darüber unterrichtet, dass ein Dritter patentrelevante Informationen eingereicht hat, nicht dagegen über deren Inhalt, über den er sich über eine Akteneinsicht unterrichten kann. Der Anmelder kann die vorgelegten Informationen nur kommentieren, wenn sich der patentamtliche Prüfbescheid darauf bezieht. Patentprüfer und Informant dürfen keinen Kontakt zur Klarstellung der Informationen, Erklärungen etc. im Hinblick auf die Patentfähigkeit haben. Der Informant kann kein Interview   614 beantragen, um dem Patentprüfer die vorgelegten Informationen zu beschreiben oder zu erklären.

615 Der Informant wird auf Wunsch vom JPA darüber informiert, ob die vorgelegten patentrelevanten Informationen bei der Prüfung genutzt wurden. Ihm wird hierzu mitgeteilt, ob die Information in einer möglicherweise zuvor bereits an den Anmelder ergangenen »Mitteilung über die Gründe für die beabsichtigte Zurückweisung« angeführt wurde oder in einem nach Einreichung der Informationen ergangenen Prüfbescheid. Der Informant wird weder über die Verwendung der Information in einem zweiten Prüfbescheid noch über das Endergebnis der Prüfung informiert. Der Informant muss hierzu Akteneinsicht beantragen.

616 Im JPatG gibt es keine Bestimmungen zur Prüfung von Beweismitteln (Zeugenbefragung, Untersuchung von Materialien, Befragung der betroffenen Parteien, Expertenaussagen, Prüfung von dokumentarischen Beweismitteln) bei der Prüfung von Patentanmeldungen. Eine Prüfung von Beweismitteln wird daher als nicht zulässig angesehen und nicht durchgeführt.

617 **6.2   Angriff auf erteilte Patente**

618 Für den Angriff auf erteilte Patente gibt es prinzipiell zwei Möglichkeiten. Innerhalb von sechs Monaten nach Patenterteilung kann Einspruch eingelegt werden, oder es kann jederzeit nach Patenterteilung, selbst innerhalb der Einspruchsfrist, ein Nichtigkeitsverfahren eingeleitet werden. Beide Verfahren finden vor der *Shimpan*-Abteilung (*Shimpan-bu*) des JPA statt.

619 Bei gleichzeitiger Anhängigkeit von Einspruchs- und Nichtigkeitsverfahren wird im Prinzip der Prüfung des Einspruchs der Vorrang eingeräumt. Wenn bei Einlegung eines Einspruchs das Nichtigkeitsverfahren bereits so weit fortgeschritten ist, dass bald eine Entscheidung erwartet werden kann, oder wenn wegen einer Patentstreitigkeit eine beschleunigte Behandlung des Nichtigkeitsverfahrens vom Nichtigkeitskläger oder Patentinhaber beantragt worden war, wird dem Nichtigkeitsverfahren Vorrang eingeräumt. Ein Antrag auf ein separates Berichtigungsverfahren gemäss § 126 JPatG (Beschränkung von Ansprüchen etc.) ist bei Anhängigkeit eines Einspruchs- oder Nichtigkeitsverfahrens nicht zulässig.

620 Während die Bereitstellung von Informationen zur Patentfähigkeit kostenlos erfolgen kann, sind bei Einsprüchen und Nichtigkeitsverfahren Amtsgebühren zu entrichten und Anwaltskosten zu tragen. Die Kosten des Nichtigkeitsverfahrens sind prinzipiell mindestens ein Drittel höher als die des Einspruchsverfahrens. Im Allgemeinen werden die Kosten des Nichtigkeitsverfahrens

noch höher ausfallen, da es bei diesem mehr Möglichkeiten zu Äußerungen und Vorlegung von Beweismitteln gibt als im Einspruchsverfahren. Für den Angreifer gibt es im Nichtigkeitsverfahren mehr Angriffsmöglichkeiten als im Einspruchsverfahren. Allerdings sind nach dem rechtskräftigen Abschluss des Nichtigkeitsverfahrens, das in der nächsten Instanz zum Obergericht Tokyo und anschließend zum OGH führen kann, die Angriffsmöglichkeiten in der Regel erschöpft.

Das Einspruchsverfahren ist in den §§ 113 bis 120^sexies JPatG und das Nichtig-   621
keitsverfahren als solches in §§ 123, 125 JPatG geregelt. Darüber hinaus gelten im Nichtigkeitsverfahren die sonstigen Vorschriften des JPatG über *Shimpan*-Verfahren.

6.2.1 Einspruchsverfahren (Igi môshitate)   622

Identität des Einsprechenden   623

Nach § 113 JPatG kann jedermann Einspruch gegen die Patenterteilung ein-   624
legen. Es ist Mehrheitsmeinung, dass der Patentinhaber gegen sein eigenes Patent keinen Einspruch einlegen kann. Entscheidungen hierzu sind noch nicht ergangen. Ein besonderes Interesse am Einspruch ist nicht zu begründen. Es kann insbesondere auch jeder Patentanwalt Einspruch einlegen, ohne dass der Name des Mandanten angegeben werden muss. Für im Ausland ansässige Einsprechende besteht Vertretungszwang. Der Beitritt zum Einspruch (Nebenintervention) eines an der Aufrechterhaltung des Patentes interessierten Dritten, z. B. eines Lizenznehmers, zur Unterstützung des Patentinhabers ist auf Antrag möglich (§ 118(1) JPatG). Der beim Vorsitzenden (*Shimpan*-Prüfer) einzureichende Antrag (§ 149 i. V. m. § 118(2) JPatG) wird von der *Shimpan*-Abteilung (3 bzw. 5 Prüfer) geprüft. Gegen die Zurückweisung des Antrages gibt es keine Beschwerdemöglichkeit. Der Beitritt eines mutmaßlichen Patentverletzers auf der Seite des Einsprechenden ist dagegen nicht möglich. Die rechtsgeschäftliche Übertragung der Einsprechendenstellung ist nicht möglich[238]. Eine vertragliche Nichtangriffsabrede führt nicht zur Unzulässigkeit eines Einspruchs.

Einlegung des Einspruchs – Einspruchsfrist   625

Jedermann kann innerhalb von 6 Monaten nach Veröffentlichung der Paten-   626
terteilung im Amtsblatt Einspruch einlegen (§ 113 JPatG). Der Einspruchs-

---

238 OGH, 19.6.1981, Fall Nr. 1978 Gyo-Tsu 103; Bezirks- und Obergericht Tokyo hatten die Übertragung der Einsprechendenstellung zunächst zugelassen. Der OGH entschied: »Wenn eine Firma, die einen Einspruch eingelegt hat, aufgrund eines Zusammenschlusses zu existieren aufgehört hat, ist das Einspruchsverfahren beendet. Es gibt keinen Raum für die Übertragung der Einsprechendenstellung auf die Firma, die nach dem Zusammenschluss weiterexistiert.«

schriftsatz muss Angaben zur Identifizierung des Einsprechenden und seines Anwaltes (Name; Wohnsitz oder Aufenthaltsort), dem angegriffenen Patent sowie den Einspruchsgründen und Beweismitteln enthalten (§ 115(1) JPatG). Das JPA hat Richtlinien zur Abfassung von Einsprüchen erstellt, deren englischsprachige Version über die Homepage des JPA zugänglich ist (www.jpo.go.jp/infoe/opposition-guide.htm). Der Einspruch ist schriftlich einzulegen; eine Einlegung online ist nicht möglich. Für die Einlegung eines Einspruchs ist eine Amtsgebühr in Höhe von 9.700 Yen (ein angegriffener Anspruch) sowie von 1.000 Yen für jeden weiteren angegriffenen Patentanspruch zu entrichten. Wenn die Einspruchsgebühr bei Einlegung des Einspruchs nicht gezahlt wurde, ergeht vom JPA ca. 1½ Monate danach eine Aufforderung zur Zahlung innerhalb einer Frist von 30 Tagen.

627   Nach Ablauf der Einspruchsfrist ist das Vorbringen von neuen Einspruchsgründen oder neuen Beweismitteln prinzipiell nicht mehr möglich (§ 115(2) JPatG). Wenn neue Einspruchsgründe und Beweismittel nach Ablauf der Einspruchsfrist vorgelegt werden, liegt deren Prüfung im Ermessen der *Shimpan*-Prüfer. Nach Ablauf der Einspruchsfrist ist somit in der Regel keine Ergänzung mehr möglich. Dokumente sind in japanischer Sprache einzureichen[239]. Andernfalls kann die *Shimpan*-Abteilung eine japanische Übersetzung verlangen und im ungünstigsten Fall diese Dokumente im Verfahren nicht zulassen.

628   Der Einspruchsschriftsatz und vom Einsprechenden eingereichte Materialien werden auf formelle Erfordernisse untersucht. Sollten schwerwiegende, nicht behebbare Mängel vorliegen, werden dem Einsprechenden die Unterlagen zurückgeschickt. Dies ist der Fall, wenn der Einspruch nach Ablauf der Einspruchsfrist eingereicht wird oder der Name des Einsprechenden nicht angegeben ist. Falls die Mängel behoben werden können, ergeht eine Aufforderung zur Ergänzung oder Änderung der Unterlagen innerhalb einer nicht verlängerbaren Frist von im Allgemeinen 30 Tagen. Beispiele für behebbare Mängel sind eine im Einspruchsschriftsatz entweder falsch oder nicht angegebene Anmeldenummer oder Titel der Erfindung, die fehlende Angabe der angegriffenen Ansprüche, das Fehlen der Adresse des Einsprechenden, die fehlende Entrichtung der Amtsgebühr und die Nichteinreichung der Anwaltsvollmacht. Wird der Mangel nicht rechtzeitig behoben, gilt der Einspruch als nicht eingelegt.

629   Ein Einspruch wird als unzulässig zurückgewiesen, wenn innerhalb der Einspruchsfrist weder Einspruchsgründe noch Beweismittel vorgebracht werden

---

239 Obergericht Tokyo, 25.4.1986, Fall Nr. 1985 Gyo-Ke 155: »Wenn im Einspruchsverfahren der Einsprechende als Beweismittel ein Dokument in einer Fremdsprache einreicht, muss eine japanische Übersetzung beigefügt sein.«

(§ 135 i. V. m. § 120^{sexies} JPatG). Der Patentinhaber wird dann zu keiner Stellungnahme mehr aufgefordert. Dies ist auch der Fall, wenn anhand der Beweismittel die Einspruchsgründe nicht verstanden werden können, z. B., wenn die Einspruchsgründe in einem länglichen Dokument enthalten sind und es nicht verständlich ist, welcher Teil des Dokumentes als Beweismittel bestimmt ist und welche logische Erklärung benutzt wird.

Die Rücknahme eines Einspruchs kann für jeden der Ansprüche erfolgen. 630
Nach der Mitteilung der Gründe für den beabsichtigten Widerruf des Patentes durch die *Shimpan*-Abteilung ist eine Rücknahme nicht mehr möglich (§ 120ter(1) JPatG).

Einspruchsumfang und Einspruchsgründe 631

Der Einspruch kann sich auf einen oder mehrere Ansprüche beziehen. Das 632
JPA ist bei seiner Prüfung nicht auf die vom Einsprechenden, Patentinhaber oder Beitretenden vorgetragenen bzw. erörterten Gründe beschränkt (§ 120(1) JPatG). Nicht angegriffene Ansprüche können jedoch nicht Gegenstand der Prüfung sein (§ 120(2) JPatG; wie im Nichtigkeitsverfahren). Die Amtsermittlungspflicht gilt im Einspruchsverfahren, sodass der Prüfer nicht auf die vorgelegten Beweismittel beschränkt ist und selbst beliebiges Beweismaterial ermitteln kann.

Die Einspruchsgründe sind auf die in § 49 JPatG als Zurückweisungsgründe 633
für den Patentprüfer angegebenen beschränkt. Es sind dies insbesondere fehlende Neuheit (§ 29(1), § 29bis JPatG) oder fehlende erfinderische Tätigkeit (§ 29(2) JPatG), unpatentierbare Erfindungen (§ 32 JPatG), Hinzufügung von neuem Material (§ 17bis(3) JPatG), Verletzung des Erstanmelderprinzipes (§ 39(1)–(4) JPatG), Verletzung von Offenbarungserfordernissen (§ 36(4) JPatG) und von Erfordernissen in der Anspruchsformulierung (§ 36(6) (ausgenommen Punkt 4) JPatG), sowie die Hinzufügung von neuem Material, das über die Offenbarung in den ursprünglich eingereichten fremdsprachigen Anmeldeunterlagen hinausgeht. Formale Fehler, falsche Angaben über die Identität des wahren Erfinders und Uneinheitlichkeit sind keine Einspruchsgründe. Die Einspruchsgründe sind im Einzelnen in § 113(i)-(v) JPatG angegeben[240]:

---

240 § 113 JPatG:
  Innerhalb von sechs Monaten nach Veröffentlichung des Amtsblattes mit dem Patent kann jeder beim Präsidenten des Patentamtes Einspruch gegen das Patent einlegen, mit der Begründung, dass das Patent unter einen der nachstehenden Absätze fällt. In diesem Zusammenhang kann der Einspruch gegen jeden Anspruch allein gerichtet werden, wenn zwei oder mehrere Ansprüche vorhanden sind; und zwar:
  (i) wenn das Patent auf eine geänderte Patentanmeldung (ausgenommen eine Anmeldung mit fremdsprachigen Unterlagen) erteilt worden ist und die Änderung nicht die Erfordernisse des § 17bis(3) erfüllt;
  (ii) wenn das Patent unter Verletzung von § 25, § 29, § 29bis, § 32 oder § 39(1) erteilt worden

634 **Prüfung des Einspruchs**

635 Ein Einspruchsverfahren wird von einer Gruppe von drei oder (sehr selten) fünf technisch vorgebildeten Prüfern der *Shimpan*-Abteilung durchgeführt. Das Einspruchsverfahren ist nicht mehr Angelegenheit der Prüfungsabteilung. Der mit der Sachprüfung beauftragte Prüfer der Prüfungsabteilung ist nicht am Einspruchsverfahren beteiligt.

636 Ungefähr einen Monat nach Ablauf der Frist für die Einlegung eines Einspruches erhält der Patentinhaber vom JPA eine Benachrichtigung über die Einlegung eines Einspruchs und gemäß § 115(3) JPatG eine Abschrift der Einspruchsbegründung. Über den Umstand, dass kein Einspruch eingelegt wurde, wird der Patentinhaber nicht informiert. Bei wichtigen Patenten kann der Patentinhaber durch Beantragung von Akteneinsicht unmittelbar nach Ablauf der Einspruchsfrist erfahren, ob ein Einspruch eingelegt worden ist.

637 Ein zum betreffenden Patent eingetragener Lizenznehmer wird ebenfalls vom JPA über die Einlegung eines Einspruchs informiert (§ 115(4) i. V. m. § 123(3) JPatG). Ein nicht eingetragener Lizenznehmer hat daher darauf zu achten, dass beispielsweise in einem Lizenzvertrag geregelt ist, dass der Lizenznehmer vom Patentinhaber von der Einlegung eines Einspruchs umgehend informiert wird. Dies stellt sicher, dass der Lizenznehmer dem Einspruch beitreten und so seine Interessen wahren kann. Denn der Beitretende kann gegen den Widerruf des Patentes Beschwerde einlegen, selbst wenn der Patentinhaber hierauf verzichtet.

638 Nach Einreichung der Einspruchsschrift und etwaiger Ergänzungen innerhalb der Einspruchsfrist findet die weitere Kommunikation zwischen JPA und Patentinhaber statt. Der Patentinhaber ist ohne explizite Aufforderung durch das JPA zu keiner Stellungnahme auf den Einspruchsschriftsatz des Einsprechenden verpflichtet.

639 Falls die *Shimpan*-Abteilung der Auffassung ist, dass die beanspruchte Erfindung trotz des Einspruchs patentfähig ist, ergeht ohne Einholung einer Stellungnahme durch den Patentinhaber eine Entscheidung über die Aufrechterhaltung des Patentes.

---

ist;

(iii) wenn das Patent unter Verletzung der Bestimmungen eines völkerrechtlichen Vertrages erteilt worden ist;

(iv) wenn das Patent auf eine Patentanmeldung erteilt worden ist, die nicht die Erfordernisse des § 36(4) oder (6) (ausgenommen (iv)) erfüllt;

(v) wenn die in der dem Patentantrag für eine Anmeldung mit fremdsprachigen Unterlagen beigefügten Beschreibung oder den Zeichnungen offenbarten Merkmale über den Umfang der in den fremdsprachigen Unterlagen offenbarten Merkmale hinausgehen.

Falls die *Shimpan*-Abteilung dagegen der Auffassung ist, dass das Patent 640 widerrufen werden sollte, wird dem Patentinhaber Gelegenheit zur Äußerung gegeben (§ 120^{quater}(1) JPatG). Es ergeht dann an den Patentinhaber eine Mitteilung über den beabsichtigten Widerruf (»Mitteilung der Gründe für den Widerruf des Patentes«), wobei dem Patentinhaber eine Frist für eine Stellungnahme eingeräumt wird, die für inländische Patentinhaber zwei Monate beträgt, aber für ausländische Patentinhaber drei Monate, welche zudem gegen Entrichtung einer geringen Amtsgebühr einmal um weitere drei Monate verlängert werden kann.

Der Patentinhaber muss sich somit im Allgemeinen nicht direkt mit dem 641 Einspruchschriftsatz der Einsprechenden auseinander setzen. Es genügt die Entkräftung der in der Mitteilung der *Shimpan*-Abteilung über den beabsichtigten Grund für den Widerruf des Patentes angeführten Gründe. Die *Shimpan*-Prüfer können entsprechend § 120(1) JPatG andere Einspruchsgründe zitieren. Wenn der Einsprechende beispielsweise nur fehlende Neuheit geltend gemacht hat, ist dennoch der Widerruf wegen fehlender erfinderischer Tätigkeit möglich. Verschiedene Einsprüche können verbunden werden, sodass von einem Einsprechenden genannte Dokumente mit den von einem anderen Einsprechenden oder vom JPA ins Verfahren eingeführten Dokumenten kombiniert werden können (§ 120bis JPatG).

Der Patentinhaber kann sich zum Amtsbescheid äußern und in einem separa- 642 ten Schriftsatz außerdem die Berichtigung von Patentbeschreibung, Ansprüchen oder Zeichnungen beantragen (§ 120^{quater} JPatG). Die Berichtigungen müssen sich beschränken auf die

1) Einengung des Anspruchsumfanges;
2) Korrektur von Fehlern in der Patentbeschreibung oder fehlerhaften Übersetzungen (letzteres nur bei PCT-Anmeldungen und fremdsprachigen Anmeldungen);
3) Klarstellung von mehrdeutiger Patentbeschreibung.

Die Einführung von neuem Material ist nicht zulässig. Desgleichen ist auch eine Änderung nicht zulässig, die zu einer wesentlichen Vergrößerung oder Änderung des Anspruchsumfangs führt; außerdem muss der nach Änderung des Anspruchs beanspruchte Gegenstand patentfähig sein (§ 126(2)–(4) i. V. m. § 120^{quater} (3) JPatG).

Die Vorstellung von beabsichtigten Änderungen beim Einspruchsprüfer (beispielsweise per Fax) ist möglich, jedoch nicht die Stellung von Hilfsanträgen.

Wenn der Antrag auf Berichtigung zurückgewiesen wird, wird dem Patent- 643 inhaber ein »Bescheid über die Gründe für die Zurückweisung der Berichtigung« zugestellt. Hiergegen kann der Patentinhaber erneut eine Stellungnahme einreichen sowie eine erneute Änderung vornehmen. Weitere Einschränkungen im Anspruchsumfang, Berichtigungen von Fehlern in der Beschreibung oder von fehlerhaften Übersetzungen und die Klarstellung von missverständlichen Beschreibungsteilen in der Patentbeschreibung wurden von den Verfahrensprüfern bis zum 31.4.2000 akzeptiert, solange diese die sonstigen Beschränkungen für Korrekturen erfüllten. Seit einer Gerichtsentscheidung von 1999[241] werden nur geringfügige Berichtigungen akzeptiert, beispielsweise die Verringerung der Anzahl der vorzunehmenden Korrekturen. Weitere Änderungen an den Ansprüchen sind jedoch nicht mehr möglich. Wenn der Antrag auf Berichtigung erneut nicht den auferlegten Beschränkungen entspricht, wird er zurückgewiesen.

644 Im japanischen Einspruchsverfahren hat der Patentinhaber die Möglichkeit, auch die nicht angegriffenen Ansprüche zu ändern. Für diesen Fall gilt das Erfordernis, dass der Gegenstand der geänderten Ansprüche patentfähig sein muss (§ 126(4) JPatG).

645 Wenn der Patentinhaber die vorläufige Zurückweisung der *Shimpan*-Abteilung des JPA entkräften kann, ergeht eine Entscheidung über die Zurückweisung des Einspruches. Stellt die *Shimpan*-Abteilung dagegen fest, dass der Zurückweisungsgrund immer noch besteht und kein neuer Anspruch vorgelegt wurde, ergeht ein Widerrufsbeschluss. Wenn ein neu vorgelegter Anspruch für nicht patentfähig gehalten wird, kann das Patent ohne weitere Mitteilung endgültig widerrufen werden. Findet die *Shimpan*-Abteilung jedoch neue Zurückweisungsgründe, die dem Patentinhaber bisher nicht mitgeteilt worden waren, ergeht eine weitere vorläufige Zurückweisungsmitteilung an den Patentinhaber, dem eine weitere Möglichkeit zu einer Stellungnahme und Änderungen gegeben wird.

646 Vor der Entscheidung über den Einspruch ergeht in der Regel keine Mitteilung vom JPA an den Einsprechenden. Sofern es das JPA nicht als notwendig erachtet, die Meinung des Einsprechenden bei evtl. noch offenen Fragen einzuholen, wird diesem lediglich die Entscheidung über den Einspruch zugestellt.

647 Mehrfache Einsprüche sollen, falls es nicht unangemessen ist, zusammengelegt werden (§ 120bis JPatG). Kopien einer einzigen Widerrufsentscheidung werden an alle Einsprechenden verteilt. Der Einspruch kann nach der Mitteilung an den Patentinhaber über die Gründe für den beabsichtigten Widerruf des Patentes gemäß § 120[quater](1) JPatG nicht mehr zurückgezogen werden (§ 120ter JPatG).

---

241 Obergericht Tokyo, Fall Nr. Hei 8 Gyo-Ke 222.

Das Einspruchsverfahren erfolgt im Wege des schriftlichen Verfahrens, wobei   648
jedoch eine mündliche Verhandlung auf Antrag des Patentinhabers, Einsprechenden oder Beitretenden abgehalten werden kann (§ 117(1) JPatG).

Wenn ein Grund zur Unterbrechung oder Aussetzung des Einspruchsverfah-   649
rens und der Entscheidung darüber auf einen der Mitinhaber am Patentrecht
zutrifft, dann wirkt sich diese Unterbrechung oder Aussetzung auf alle aus
(§ 117(3) JPatG).

Im Einspruchsverfahren besteht für beide Seiten die Möglichkeit eines Inter-   650
views mit den Einspruchsprüfern.[242] Wenn eine Partei oder deren Patentanwalt zu einem im Einspruchsverfahren befindlichen Patent ein Interview
beantragt, soll der Prüfer dies der anderen Partei mitteilen und deren Anwesenheit beim Interview fordern. Prinzipiell sollte ein Interview nicht in Gegenwart von nur einer Partei durchgeführt werden. Wenn aber nach Absprache
mit dem Präsidenten des JPA eine Beeinträchtigung von Fairness und Klarheit
im Einspruchsverfahren unwahrscheinlich ist, können die *Shimpan*-Prüfer
auch nur mit einer Partei bzw. deren Patentanwalt ein Interview abhalten. In
den Interviews können beide Seiten ihre Argumente und Materialien darlegen.

Die Möglichkeit zu Interviews hängt von der Zustimmung der *Shimpan*-Ab-
teilung ab. Interviews zwischen *Shimpan*-Abteilung und Einsprechenden sind
selten. Ein Interview ist nach dem Erlass einer Mitteilung über die Zurückweisungsgründe zulässig.

Im Einspruchsverfahren können auf Antrag einer der Parteien oder des Ne-   651
benintervenienten oder von Amts wegen Beweise erhoben oder eine Beweissicherung vorgenommen werden (§ 119 i.V.m. §§ 150, 151 JPatG).

Im Einspruchsverfahren kann somit die Untersuchung von Beweisen, beispielsweise die Befragung von Zeugen, Expertenaussagen, Inspektion und
Befragung der beteiligten Parteien, selbst vor einem Gericht, durchgeführt
werden, wenn die Prüfer die Notwendigkeit solcher Maßnahmen anerkennen.
Patentinhaber und Einsprechender können einen Zeugen befragen. Bei einer
solchen Befragung können die Prüfer den Zeugen oder beteiligten Parteien
jegliche als notwendig erachtete Fragen stellen. Beispielsweise kann der Vorsitzende Einspruchsprüfer den Patentinhaber auffordern, unklare Teile in der
Patentbeschreibung zu erklären oder vom Einsprechenden einen Kommentar
zu einer Erklärung des Patentinhabers verlangen. Die Nachforschungen können schriftlich oder sogar telefonisch erfolgen.

---

242 Vgl. *Practices in Examination and Appeals under 1994-revised Patent Law in Japan,* Japan
    Patent Office, AIPPI Japan, 1996, Punkt (3) auf Seite 287, Punkt (3) auf Seite 292.

652 Im Einspruchsverfahren vor dem JPA sind die Möglichkeiten zur Stellungnahme für den Patentinhaber und insbesondere für den Einsprechenden begrenzt. Der Patentinhaber kann hierdurch in den Verteidigungsmöglichkeiten beschränkt sein. Es kann daher für den Patentinhaber sinnvoll sein, vor der eventuellen Mitteilung der Gründe über den beabsichtigen Widerruf des Patentes durch das JPA unaufgefordert einen Schriftsatz zusammen mit einem Vorschlag für die Änderung von Ansprüchen und Beschreibung einzureichen. Die *Shimpan*-Prüfer können diesen dann in ihrem Bescheid berücksichtigen.

653 Änderung des Patentes im Einspruchsverfahren

654 Im Einspruchsverfahren sind Änderungen des Patentes nur anlässlich der Beantwortung des ersten Bescheides (Mitteilung der Widerrufsgründe) möglich. Substantielle Veränderungen in der Patentanmeldung auf den Einspruch sind nicht zulässig. Nur die Berichtigung von Patentbeschreibung und/oder Zeichnungen ist erlaubt. Die Berichtigung muss sich beschränken auf (i) die Beschränkung von einem oder mehreren Ansprüchen, (ii) die Berichtigung von Fehlern in der Beschreibung oder von ungenauen Übersetzungen und (iii) die Klarstellung von zweifelhafter Beschreibung. Die Berichtigung der Patentbeschreibung kann nicht nur für die in Frage stehenden Patentansprüche beantragt werden, sondern auch für andere Ansprüche. Der Umfang an möglichen Änderungen entspricht denen in einem Nichtigkeitsverfahren (§ 123 JPatG) oder in einem Berichtigungsverfahren (§ 126JPatG).

655 Der Patentinhaber darf nach § 126(1) JPatG während der Anhängigkeit des Einspruchsverfahrens kein Berichtigungsverfahren einleiten, weil er die Berichtigung von Beschreibung und Zeichnungen gemäß § 120^{quater}(2) JPatG während des Einspruchsverfahrens beantragen kann. Die Beantragung eines Berichtigungsverfahrens ist zulässig, bis dem Patentinhaber eine Kopie der schriftlichen Einspruchsschrift zugestellt ist. Bei gleichzeitig anhängigen Verfahren hat das Einspruchsverfahren Vorrang.

656 Für die Berichtigung des Patentes gemäß § 126 JPatG ist ggf. die Erlaubnis eines Lizenznehmers oder Gläubigers einzuholen (§ 127 JPatG).

657 Im Einspruchsverfahren können keine Teilanmeldungen mehr eingereicht werden.

658 Beschlussfassung über den Einspruch/Beschwerdemöglichkeiten

659 Nach der Prüfung des Einspruchs erlässt die *Shimpan*-Abteilung einen Beschluss, dessen Formerfordernisse in § 120^{quinquies} JPatG geregelt sind. Die Entscheidung der *Shimpan*-Abteilung wird als Mehrheitsentscheidung getroffen.

Falls die *Shimpan*-Abteilung der Auffassung ist, dass der Gegenstand von   660
einigen Ansprüchen patentfähig ist, kann sie das Patent in eingeschränktem
Umfang aufrechterhalten, auch wenn der Patentinhaber nicht sein Einverständnis mit der eingeschränkten Anspruchsfassung erklärt hat (§ 185 JPatG).
Die Entscheidung über den Einspruch ergeht für jeden der Patentansprüche,
da nach § 185 JPatG das Patent als für jeden der Ansprüche erteilt angesehen
wird.

Der Beschluss wird dem Patentinhaber, dem Einsprechenden, dem Neben-   661
intervenienten und den Personen, deren Intervention verweigert worden ist,
zugestellt (§ 120^quinquies(2) JPatG).

Wenn die *Shimpan*-Abteilung der Auffassung ist, dass das angegriffene Patent   662
unter einen der Widerrufsgründe von § 113 JPatG fällt, wird das Patent
widerrufen (§ 114(2) JPatG), wobei das Patent bei Rechtskraft des Widerrufs-
beschlusses als von Anfang an nichtig angesehen wird (§ 114(3) JPatG).

Bei Aufrechterhaltung des Patentes (§ 114(4) JPatG) gibt es für den Einspre-   663
chenden keine Beschwerdemöglichkeit (§ 114(5) JPatG). Wenn die Einspruchsprüfer gegen den Patentinhaber entscheiden und das Patent widerrufen
oder in einem Umfang aufrechterhalten, der nicht vom Patentinhaber genehmigt ist, kann der Patentinhaber, ein Intervenient oder eine Person, deren
Antrag auf Zulassung als Nebenintervenient abgelehnt wurde, innerhalb von
30 Tagen ab Bekanntgabe der Entscheidung über den Einspruch vor dem
Obergericht Tokyo Beschwerde einlegen und ein Verfahren einleiten, mit
dem das JPA dazu gebracht werden soll, den Widerruf zu überprüfen
(§ 178(1)(2); § 121(1) JPatG). Beklagter bzw. Antragsgegner ist das JPA. Der
Einsprechende ist am Gerichtsverfahren nicht beteiligt. Im Ausland wohnenden Patentinhabern wird automatisch ohne Zahlung einer Amtsgebühr eine
Fristverlängerung um 90 Tage gewährt (Anwendung von § 178(5) JPatG).

Ein vor dem JPA aufgrund gleicher Gründe zusammengefasster, abgewiesener   664
Einspruch mehrerer Einsprechender schließt nicht ein anschließendes Nichtig-
keitsverfahren aus, an dem nicht alle Einsprechenden beteiligt sind; § 167
JPatG ist auf diesen Fall nicht anzuwenden[243].

Wenn das Obergericht Tokyo eine Klage, die nach Maßgabe von § 178(1)   665
JPatG erhoben wurde, als begründet ansieht, wird die Entscheidung der
Shimpan-Abteilung aufgehoben. Diese hat dann das Verfahren den Weisungen
des Obergerichts Tokyo folgend fortzusetzen (§ 181 JPatG).

Das Obergericht Tokyo prüft im Wesentlichen nur die Rechtmäßigkeit der
angegriffenen Entscheidung, wobei tatsächliches und rechtliches Vorbringen

---

243 »Chromsäure-Bleipigmente«, Obergericht Tokyo, 8. 2. 1995; vgl. *GRUR Int.* 1997, Seite 263.

gewürdigt werden kann. Eine Änderung von Patentansprüchen, Beschreibung und Zeichnungen ist nicht mehr möglich. Hierzu kann ggf. parallel ein Berichtigungsverfahren vor dem JPA eingeleitet werden.

666 Wird der Einspruch vor der »Mitteilung der Gründe für den Widerruf des Patentes« zurückgezogen, endet das Einspruchsverfahren ohne Erlass einer solchen Mitteilung (§ 120ter(2) i. V. m. § 155(3) JPatG).

667 Die Entscheidung über die Aufrechterhaltung des Patentes verbietet es niemandem, einschließlich Einsprechenden, auf der Grundlage der gleichen Gründe und der gleichen Beweismittel die Rechtsbeständigkeit des Patentes in einem Nichtigkeitsverfahren anzuzweifeln.

668 **6.2.2   Nichtigkeitsverfahren (Mukô shimpan)**

669 **Zeitpunkt der Einleitung**

670 Ein Verfahren auf Nichtigerkärung eines Patentes gemäß § 123(1) JPatG vor der *Shimpan*-Abteilung des JPA kann jederzeit nach Erteilung eines Patentes, selbst nach Ablauf der Patentlaufzeit (§ 123(2) JPatG) eingeleitet werden[244]. Ein Nichtigkeitsverfahren kann somit bereits innerhalb der Einspruchsfrist bzw. während eines laufenden Einspruchsverfahrens eingeleitet werden. Der Antrag auf Nichtigerklärung des Patentes – für bestimmte oder sämtliche Patentansprüche – kann bis zur Rechtskraft einer Entscheidung über den Nichtigkeitsantrag zurückgenommen werden (§ 155(1) JPatG). Vor dem 1.4.1997 konnte ein Nichtigkeitsantrag nach Zustellung einer Mitteilung gemäß § 156(1) JPatG [Mitteilung des Vorsitzenden über die Entscheidungsreife der Sache (Schluss der Verhandlung)] nicht mehr zurückgenommen werden. Nach der Stellungnahme des Patentinhabers auf den Nichtigkeitsantrag gemäß § 134(1) JPatG ist zur Zurücknahme das Einverständnis des Patentinhabers notwendig (§ 155(2) JPatG).

671 **Identität des Antragstellers; Beitretende**

672 Jede Person mit einem begründeten Interesse an der Nichtigerklärung des Patentes ist zur Antragstellung befugt[245]. Ein rechtliches Interesse besteht unter anderem für den Beklagten in einem Patentverletzungsprozess, den Verwarnten, den Benutzer der patentierten Erfindung und denjenigen, der die patentierte Erfindung benutzen möchte, sowie den Lizenznehmer. Dagegen sind ein Strohmann und ein Lizenznehmer, der sich einer Nichtangriffsabrede unterworfen hat, wegen fehlenden rechtlichen Interesses nicht antrags-

---

244 Vgl. zur Gesetzeslage von 1996, Yuko Kimijima, «Das Patentnichtigkeitsverfahren in Japan», *GRUR Int.* 1996, Seiten 986–991.

245 Obergericht Tokyo, 25.2.1970, Fall Nr. 1969 Gyo-Ke 81.

befugt. Das Interesse ist nur auf Aufforderung durch den Patentinhaber nachzuweisen. Dieses Erfordernis erschwert dem Antragsteller im Vergleich zum Einspruchsverfahren die Wahrung der Anonymität. Ein Wechsel in der Stellung des Antragstellers ist bei Übertragung des Geschäfts möglich.[246]

Jeder am Ausgang des Patentnichtigkeitsverfahrens interessierte Dritte kann dem Verfahren auf Seiten des Patentinhabers oder Antragstellers beitreten (Nebenintervention, vgl. § 148 JPatG). Der Beitretende kann das Verfahren weiterführen, selbst wenn der ursprüngliche Antragsteller seinen Antrag zurückgezogen hat (§ 148(2) JPatG). Der den Beitritt wünschende Dritte muss dies beim Vorsitzenden *Shimpan*-Prüfer beantragen. Wenn ein schriftlicher Antrag auf Beitritt eingereicht ist, entscheidet die *Shimpan*-Abteilung über die Gewährung des Beitritts. Gegen eine Ablehnung des Beitritts gibt es keine Beschwerde. Liegt bei einem Nebenintervenienten ein Grund zur Unterbrechung oder Aussetzung des Verfahrens vor, wirkt diese Unterbrechung oder Aussetzung auch für die anderen Parteien. | 673

Nichtigkeitsgründe | 674

Die Nichtigerklärung kann bei Vorliegen der in § 123(1) JPatG aufgeführten Nichtigkeitsgründe beantragt werden. Die Gründe für die Behauptung der Nichtigkeit eines Patentes umfassen sämtliche Gründe, die auch im Einspruchsverfahren und bei der Bereitstellung von patentrelevanten Informationen durch einen Dritten angeführt werden können. Zusätzlich kann der die Nichtigerklärung Beantragende anführen, dass der angegebene Erfinder nicht der wahre Erfinder ist oder der in der Anmeldung angegebene Anmelder nicht zur Anmeldung berechtigt war. Nichtigkeitsgründe gemäß § 123(1) (i)–(viii) JPatG sind im Einzelnen: | 675

(i) wenn das Patent auf eine geänderte Patentanmeldung (ausgenommen eine in ausländischer Sprache eingereichte Anmeldung) erteilt worden ist, und die Änderung nicht den Erfordernissen von § 17bis(3) entspricht;
(ii) wenn das Patent unter Verletzung der Vorschriften der §§ 25, 29, 29bis, 32, 38 oder 39(1) bis (4) JPatG erteilt worden ist:

Keine Erfindung (§ 29(1) JPatG);
Mangelnde gewerbliche Anwendbarkeit (§ 29(1) JPatG);
Mangelnde Neuheit (§ 29(1), § 29bis JPatG);
Mangelnde erfinderische Tätigkeit (§ 29(2) JPatG);
Verstoß gegen die guten Sitten (§ 32 JPatG);
Gesundheitsschädliche Erfindung (§ 32 JPatG);
Keine gemeinschaftliche Anmeldung bei gemeinschaftlichem Recht auf Patenterteilung (§ 38 JPatG);

---

246 Obergericht Tokyo, 25.2.1970, Fall Nr. 1969 Gyo-Ke 81.

Verstoß gegen das Erstanmelderprinzip (§ 39 (1)–(4) JPatG;

(iii) wenn das Patent unter Verletzung eines völkerrechtlichen Vertrages erteilt worden ist;
(iv) wenn das Patent auf eine Patentanmeldung erteilt worden ist, die nicht die Erfordernisse von § 36(4) oder (6) (ausgenommen Abschnitt (iv)) JPatG erfüllt:

– Fehlende Ausführbarkeit (§ 36(4) JPatG);
– Kein deutlicher, kein knapper und/oder kein von der Beschreibung gestützter Patentanspruch (§ 36(6) JPatG);

(v) wenn die Merkmale, die in der dem Patentantrag für eine Anmeldung mit fremdsprachigen Unterlagen beigefügten Beschreibung oder den Zeichnungen offenbart sind, über den Umfang der in den fremdsprachigen Unterlagen offenbarten Merkmale hinausgehen;
(vi) wenn das Patent auf eine Patentanmeldung für eine Person erteilt worden ist, die weder der Erfinder noch der Nachfolger am Recht auf Erteilung des Patents für die betreffende Erfindung ist (Widerrechtliche Entnahme);
(vii) wenn nach der Patenterteilung der Patentinhaber nicht mehr in der Lage ist, das Patent nach Maßgabe der Vorschriften des § 25 JPatG auszuüben oder das Patent nachträglich gegen einen völkerrechtlichen Vertrag verstößt;
(viii) wenn die Berichtigung der dem Antrag auf Patenterteilung beigefügten Patentbeschreibung oder der Zeichnungen unter Verletzung der Bestimmungen in § 126(1), § 126(2)–(4) (einschließlich seiner Anwendung unter § 120^{quater}(3) oder § 134(5)), der Bestimmung in § 120^{quater}(2) oder der Bestimmung in § 134(2) JPatG vorgenommen worden ist.

Die Nichtigkeitsgründe von § 123(1)(i)(v) und (viii) JPatG betreffen somit Fälle unzulässiger Erweiterung der Patentanmeldung.

Das Nichtigkeitsverfahren ist im Falle eines unberechtigten Anmelders (»widerrechtliche Entnahme«[247]) die einzige Abhilfemöglichkeit unter dem JPatG für den wahren Berechtigten (z.B. den tatsächlichen Erfinder). Hierbei kann allerdings nur das Patent vernichtet werden. Im JPatG ist für den wahren Berechtigten keine Möglichkeit vorgesehen, die Übertragung des Rechtes auf das Patent bzw. die Patentanmeldung zu erlangen. Ihm bleibt nur die Möglichkeit der außergerichtlichen Einigung mit dem unberechtigten Anmelder

---

247 Christopher Heath »Erfinderrecht und widerrechtliche Entnahme«, in »Aktuelle Herausforderungen des geistigen Eigentums«, Festgabe von Freunden und Mitarbeitern für Friedrich-Karl Beier zum 70. Geburtstag, Hrsg. Joseph Straus, Seiten 55–72.

oder der zivilrechtlichen Klage auf Übertragung der Patentanmeldung bzw. des Patentes.

Zur Interpretation von § 123(1)(vi) JPatG entschied der OGH, dass das einem Berechtigten erteilte Patent gelöscht werden könne[248]. Im zugrundeliegenden Fall wurde ein Gebrauchsmuster gelöscht, weil eine Miterfinderin in der Gebrauchsmusteranmeldung nicht als Erfinder benannt worden war.

Ablauf des Nichtigkeitsverfahrens   676

Verfahren vor dem JPA   677

Der Antrag auf Nichtigerklärung des Patentes ist gemäß § 131(1) JPatG   678
schriftlich (keine Antragstellung online) beim JPA zu stellen. Im Antrag müssen (i) Name, Wohnsitz oder Aufenthaltsort des Antragstellers und seines Vertreters, (ii) das angegriffene Patent sowie (iii) Antragsumfang (Angabe der für nichtig zu erklärenden Ansprüche) und Nichtigkeitsgründe angegeben sein (§ 131(1) JPatG). Die notwendigen Beweismittel müssen angegeben sein. Eine Ergänzung des schriftlichen Antrages darf seinen wesentlichen Inhalt nicht verändern (§ 131(2) JPatG). Die Ergänzung oder Änderung der wesentlichen Beweismittel und/oder Gründe ist seit 1.1.1999 nicht mehr zulässig.

Die Berichtigung des Namens des Beklagten ist eine zulässige Änderung des   679
Nichtigkeitsantrages[249]. Die Ergänzung des Nichtigkeitsantrages um den Namen eines zunächst nicht benannten gemeinsamen Patentinhabers ist ebenfalls zulässig[250].

Die Änderung von Nichtigkeitsgründen und Hinzufügung von Beweismitteln   680
ist nicht möglich. Wenn der Antragsteller beispielsweise zunächst dargelegt hat, dass der Erfindung die Neuheit gegenüber Dokument A fehlt, wird es nicht akzeptiert, wenn er ein Dokument B einreicht und darlegt, dass die Erfindung in Hinblick auf die Kombination von A und B keine erfinderische Tätigkeit aufweist. Neue Beweismittel für fehlende Neuheit können nur in einem neuen Nichtigkeitsverfahren vorgelegt werden. Das Vorbringen stützender Beweismittel ist jedoch möglich. Wenn der Antragsteller beispielsweise zunächst festgestellt hat, dass das beanspruchte Produkt identisch ist mit Produkt A, das vor dem Einreichdatum öffentlich bekannt (offenkundig vorbenutzt) war, können weitere Beweismittel nachgereicht werden, die den Verkaufszeitraum für das Produkt A belegen. Zulässig ist beispielsweise die Einvernahme von Zeugen für eine offenkundige Vorbenutzung.

---

248 OGH, 16.2.1993, *Hanrei Times* Nr. 816, 199, *Hanrei Jihô* Nr. 1456, 150.
249 Obergericht Tokyo, 30.3.1978, Fall Nr. 1970 Gyo-Ke 98.
250 Obergericht Tokyo, 24.10.1972, Fall Nr. 1969 Gyo-Ke 62.

681   Der Nichtigkeitsantrag ist dem Patentinhaber von Amts wegen zuzustellen und enthält die Aufforderung, sich binnen bestimmter Zeit zu erklären (§ 134(1) JPatG). In dieser Frist kann der Patentinhaber einen Antrag auf Beschränkung stellen (§ 134(2) JPatG). Die Frist für die Stellungnahme auf den Nichtigkeitsantrag beträgt für Ausländer drei Monate, die um weitere drei Monate verlängert werden kann.

682   Die Stellungnahme des Patentinhabers sowie von ihm eventuell vorgenommene Änderungen an Patentansprüchen, -beschreibung und -zeichnungen sind dem Antragsteller von Amts wegen zuzustellen (§ 134(3) JPatG). Der Antragsteller kann seinen Antrag nach Vorliegen der Stellungnahme des Patentinhabers nur mit dessen Einverständnis zurückziehen (§ 155(2) JPatG).

683   Der Patentinhaber kann Änderungen vornehmen, die den in einem Berichtigungsverfahren gemäß § 126 JPatG möglichen Änderungen entsprechen. Unterläßt der Patentinhaber zu Beginn eines Nichtigkeitsverfahrens die Beantragung von Änderungen, kann dies nicht nachgeholt werden. Der Patentinhaber sollte daher Patentbeschreibung und Ansprüche sorgfältig daraufhin prüfen, ob ein Berichtigungsantrag gestellt werden soll.

684   Die Nichtigkeitsprüfer sind erfahrene Prüfer (*Shimpan*-Prüfer), die eine technische Ausbildung und keine juristische Ausbildung haben.

685   Für das Patentnichtigkeitsverfahren gelten Dispositionsmaxime und Untersuchungsmaxime (§§ 150, 152 JPatG). Eine mündliche Verhandlung gemäß § 145(3) JPatG kann auch in Abwesenheit einer Partei oder eines Nebenintervenienten durchgeführt werden (§ 152 JPatG). Ein von den Beteiligten nicht vorgebrachter Nichtigkeitsgrund kann verhandelt werden (§ 153(1) JPatG). Beweis kann sowohl auf Antrag der Beteiligten wie von Amts wegen erhoben werden (§ 150(1) JPatG).

686   Ein Interview mit den *Shimpan*-Prüfern ist im Prinzip möglich, wenn beide Parteien anwesend sind. Gemäß § 145(1) JPatG findet eine öffentliche mündliche Verhandlung statt, sofern der Vorsitzende entweder auf Antrag eines Beteiligten oder von Amts wegen das mündliche Verfahren anordnet. Die Parteien sollten 1–2 Wochen vor dem Termin der mündlichen Verhandlung vorbereitende Schriftsätze einreichen, ggf. unter Vorbringen ergänzender Beweismittel. Mündliche Verhandlungen sind selten, da die Prüfer in der Regel von ihrem Ermessen Gebrauch machen und beschließen, das Verfahren auf schriftlichem Wege durchzuführen. Mündliche Verhandlungen spielen im Nichtigkeitsverfahren aber eine größere Rolle als im Einspruchsverfahren.

687   Wenn die Sache im Nichtigkeitsverfahren entscheidungsreif ist, hat der Vorsitzende *Shimpan*-Prüfer die Parteien und Nebenintervenienten vom Schluss

der Verhandlung zu benachrichtigen (§ 156(1) JPatG). Er kann auf Antrag der Beteiligten oder von Amts wegen die Verhandlung auch danach wieder aufnehmen (§ 156(2) JPatG). Die Entscheidung über die Nichtigkeit ist innerhalb von 20 Tagen ab Zeitpunkt der Benachrichtigung zu erlassen; dies gilt nicht wenn das Verfahren besonders schwierig ist oder wenn andere unvermeidbare Umstände vorliegen (§ 156(3) JPatG). Es wurde als nicht gesetzeswidrig angesehen, wenn die Prüfung im Nichtigkeitsverfahren schon vor der Benachrichtigung der Parteien abgeschlossen war[251]. Prinzipiell kann der Patentinhaber noch eine Stellungnahme einreichen und in komplizierten Fällen der Prüfer den Antragsteller zu einer Antwort hierauf auffordern.

Das Patentnichtigkeitsverfahren vor dem JPA wird durch Entscheidung oder Zurücknahme des Antrags beendet. Ein Nichtigkeitsentscheid, der die Grundlagen der Entscheidung nicht konkret darlegt, ist unbegründet und rechtswidrig[252]. Die Möglichkeit der Beendigung des Verfahrens durch Vergleich besteht nicht. Wenn die Beteiligten außeramtlich zu einem Vergleich gelangt sind, in dem sich der Antragsteller zur Rücknahme des Antrags verpflichtet, verliert er sein rechtliches Interesse an der Durchführung des Nichtigkeitsverfahrens. Die Entscheidung wird schriftlich unter Mitteilung der Rechtsfolgen und der Gründe verkündet (§ 157(2) JPatG). Sie ist von Amts wegen den Beteiligten, den Nebenintervenienten, sowie denjenigen, deren Antrag auf Zulassung als Nebenintervenient abgelehnt wurde, zuzustellen (§ 157(3) JPatG).   688

Die *Shimpan*-Abteilung erklärt jeden einzelnen Patentanspruch entweder für nichtig oder weist den Nichtigkeitsantrag im Umfang dieses Anspruches zurück.   689

Ist die Entscheidung, die das Patent für nichtig erklärt, rechtskräftig, so gilt das Patentrecht als von Anfang an nichtig (§ 125(1) JPatG)[253].   690

Wenn die in einem Verfahren gemäß § 123(1) oder § 125bis(1) JPatG erlassene rechtskräftige Entscheidung eingetragen worden ist, kann niemand ein erneutes Nichtigkeitsverfahren auf Basis der gleichen Nichtigkeitsgründe und der gleichen Beweise einleiten (§ 167 JPatG). Unter Vorlage neuer Beweismittel kann allerdings jedermann ein erneutes Nichtigkeitsverfahren auf der Basis der gleichen Nichtigkeitsgründe beantragen.   691

Das mit einer Patentverletzung befasste Gericht hat gemäß § 168(3) JPatG das JPA vom Beginn und Ende eines Patentverletzungsverfahrens zu unterrichten.   692

---

251 Obergericht Tokyo, 23.3.1971, Fall Nr. 1966 Gyo-Ke 184.
252 »Nichtigkeitsbegründung«, OGH, 13.3.1984.
253 Außer bei Vorliegen des Nichtigkeitsgrundes von § 123(1)(vii) JPatG, was in der Praxis ohne Bedeutung ist.

Das JPA ist dann seinerseits dazu verpflichtet, dieses Gericht über die Anhängigkeit eines Nichtigkeitsverfahrens und die ergangene Entscheidung zu unterrichten (§ 168(4) JPatG).

693 Ein Verfahren auf Rechtsunwirksamkeit der Eintragung der Schutzdauerverlängerung kann gemäß § 125bis JPatG[254] auf Antrag eingeleitet werden, auch nach Ablauf der verlängerten Schutzdauer. Der Inhaber eines eingetragenen Rechts am Patent wird hiervon benachrichtigt.

694 **Verfahren vor dem Obergericht Tokyo**

695 Innerhalb von 30 Tagen (plus 90 Tagen für im Ausland ansässige Beteiligte etc.) nach Zustellung der Entscheidung über den Nichtigkeitsantrag können die Beteiligten, Nebenintervenienten und jede Person, deren Antrag auf Zulassung als Nebenintervenient im Nichtigkeitsverfahren abgewiesen wurde, beim Obergericht Tokyo gegen die Entscheidung Klage erheben (§ 178 JPatG). Für diese Klage sind am Obergericht Tokyo auf geistige Eigentumsrechte spezialisierte Kammern zuständig, die jeweils aus einem Vorsitzenden und zwei Beisitzern, sämtlich Juristen, bestehen.

696 Diese Klage wird als Anfechtungsklage gegen einen Verwaltungsakt angesehen, obwohl einer der Beteiligten des Nichtigkeitsverfahrens verklagt werden muss (§ 179 JPatG). Klagegründe sind sowohl materiell-rechtliche als auch prozessuale Fehler der Entscheidung, die deren Rechtswidrigkeit begründen können. Es ist die erste Tatsacheninstanz, in der die Dispositionsmaxime und der Verhandlungsgrundsatz gelten. Während des Verfahrens finden Verhandlungen im Abstand von ca. zwei Monaten statt. Jeder Beteiligte äußert sich schriftlich im Durchschnitt fünfmal.

---

254 § 125bis JPatG:
(1) Ein Verfahren auf Rechtsunwirksamkeitserklärung der Eintragung der Verlängerung der Schutzdauer eines Patentrechts kann dann beantragt werden, wenn die Eintragung unter eine der folgenden Ziffern fällt:
(i) die Eintragung der Verlängerung erfolgte in Bezug auf eine Anmeldung, für welche die Erlangung der Verfügung entsprechend der Kabinettsverordnung nach § 67(2) als nicht notwendig für die Ausübung der patentierten Erfindung galt;
(ii) die Eintragung der Verlängerung erfolgte in Bezug auf eine Anmeldung, für die weder der Patentinhaber noch der ausschließliche Lizenznehmer oder der eingetragene nicht ausschließliche Lizenznehmer an dem Patent eine Verfügung entsprechend der Kabinettsverordnung nach § 67(2) erhalten hatte;
(iii) die Dauer der Verlängerung durch die Eintragung der Verlängerung war länger als der Zeitraum, in dem die patentierte Erfindung nicht ausgeübt werden konnte;
(iv) die Eintragung der Verlängerung erfolgte aufgrund eines Antrages eines Dritten, der nicht der Patentinhaber war;
(v) die Eintragung der Verlängerung erfolgte aufgrund eines Antrages, der nicht die Anforderungen nach § 67bis(4) erfüllte.

Das Verfahren vor dem Obergericht Tokyo wird entweder durch Entschei- 697
dung, Zurücknahme des Antrags auf Nichtigerklärung oder Berufungsrücknahme beendet. Im Falle der Berufungsrücknahme wird die Entscheidung des
JPA rechtskräftig.

Hält das Gericht die Klage für begründet, so hebt es die Entscheidung der 698
Shimpan-Abteilung auf (§ 181(1) JPatG). Wird die gerichtliche Entscheidung
rechtskräftig, so verhandelt die *Shimpan*-Abteilung die Sache weiter und entscheidet (§ 181(2) JPatG). Nach den Bestimmungen des Gesetzes über Ver-
waltungsklagen ist diese an die Begründung des Gerichts gebunden. Hält das
Gericht die Klage für nicht begründet, so weist es die Klage ab.

Das Obergericht Tokyo überprüft die Rechtmäßigkeit der Nichtigkeitsent- 699
scheidung. Der Streitgegenstand im Verfahren vor dem Obergericht Tokyo ist
somit auf die Nichtigkeitsgründe beschränkt, die bereits vor dem JPA verhandelt wurden, wobei aber nach einer OGH-Entscheidung aus 1968 alle
(auch neue) Tatsachen vor Gericht verhandelt werden können, die zum Tatbestand eines vor dem JPA verhandelten Nichtigkeitsgrundes gehören[255].

Verfahren vor dem Obersten Gerichtshof (OGH)   700

Gegen die Entscheidung des Obergerichts Tokyo kann jede Partei, die durch
die Entscheidung beschwert ist, prinzipiell Rechtsbeschwerde zum Obersten
Gerichtshof (OGH), der nur über Rechtsfragen entscheidet. Die Entscheidung
muss mit gesetzlichen Unzulänglichkeiten behaftet sein bzw. die japanische
Verfassung verletzen. In der Praxis hebt der OGH nur sehr selten Nichtig-
keitsentscheidungen des Obergerichts Tokyo auf.

Nach der Entscheidung des OGH vom 10.3.1976 (»Strickmaschine«) ist der
gerichtliche Streitgegenstand auf einen oder mehrere bestimmte Nichtigkeitsgründe und auf bestimmte zugrunde liegende Tatsachen beschränkt, die schon
vor dem JPA verhandelt wurden[256].

In »Digitale Kontrolle«[257] war eine jüngere Patentanmeldung in Hinblick auf
eine ältere nachveröffentlichte Patentanmeldung zurückgewiesen worden. Vor
dem OGH brachte der Patentanmelder der jüngeren Anmeldung hilfsweise
vor, dass die ältere Anmeldung wesentlich verändert wurde mit der Folge, dass
das Patent als erst am Tag der Änderung angemeldet galt (§ 40 JPatGaF). Der

---

255 OGH, 4.4.1968, *Minshû* Vol. 22, Nr. 4, S. 816.
256 *Minshû* Vol. 30, Nr. 2, S. 79; »Strickmaschine«, OGH, 10.3.1976; vgl. *GRUR Int. 1978*,
     Seiten 129–131: »Wird eine die Löschung des Patents anordnende Entscheidung (des JPA)
     angegriffen, so können Einwendungen hiergegen nicht auf solche Tatsachen gestützt werden,
     die nicht bereits Gegenstand der erstinstanzlichen Entscheidung (des JPA) gewesen sind«.
257 OGH, 30.3.1993; vgl. *GRUR Int.* 1994, S. 351; nach Kimijima (s.o.) änderte das Obergericht
     Tokyo seine Praxis dennoch nicht.

OGH wies den Fall mit der Begründung an die Vorinstanz zurück, dass dem Gericht die Nachprüfung, ob eine mit Prioritätsverlust verbundene wesentliche Anspruchsänderung vorliegt, nicht bereits dann entzogen sei, wenn das JPA hierüber zwar nicht ausdrücklich entschieden, die Frage jedoch seiner Beurteilung erkennbar zugrunde gelegt hat. Die Entscheidung »Strickmaschine«[258] wurde vom OGH als nicht anwendbar angesehen, da das JPA den Anmeldetag der älteren Patentanmeldung nicht verschoben hatte.

701 **Amtsgebühren**

702 Die Amtsgebühr für das Patentnichtigkeitsverfahren vor dem JPA beträgt bei Patentanmeldungen, die bis zum 31.12.1987 eingereicht wurden, 27.500 Yen plus 27.500 Yen pro »Erfindung« (d.h. unabhängigen Anspruch), für Patentanmeldungen, die ab dem 1.1.1988 eingereicht wurden, 55.000 Yen (ein Anspruch) plus 5.500 Yen je weiterer Patentanspruch. Im Verfahren vor dem Obergericht Tokyo beträgt die Verfahrensgebühr 8.200 Yen, beim Obersten Gerichtshof 16.400 Yen. Für den Beitritt zu einem Nichtigkeitsverfahren beträgt die Amtsgebühr 55.000 Yen plus 5.500 Yen für jeden Anspruch ab dem zweiten.

703 **6.3   Berichtigungsverfahren (Teisei shimpan)**

704 Der Patentinhaber kann beim JPA, wenn kein Einspruchs- oder Nichtigkeitsverfahren anhängig ist, eine Berichtigung der dem Antrag beigefügten Beschreibung oder der Zeichnungen beantragen, und zwar nur aus den folgenden Gründen (§ 126(1) JPatG):

(i) Beschränkung des Umfanges eines oder mehrerer Patentansprüche;
(ii) Berichtigung von Fehlern in der Beschreibung;
(iii) Klarstellung einer mehrdeutigen Beschreibung.

Die Streichung von Beschreibung und Zeichnungen in einer Patentbeschreibung ist daher im Allgemeinen unzulässig[259]. Für die Zulässigkeit der Berichtigung gilt das Erfordernis, dass die korrigierte Erfindung unabhängig patentfähig sein soll (§ 126(4) JPatG).

705 Eine Beschränkung des Patentes ist nach einer umstrittenen OGH-Entscheidung auch durch eine Berichtigung der beigefügten Beschreibung und Zeichnungen möglich, ohne dass der Wortlaut des Patentanspruchs selbst geändert wird[260]. Im zugrunde liegenden Fall waren im Berichtigungsverfahren Anga-

---

258 »Strickmaschine«; OGH, 10.3.1976; vgl. *GRUR Int.* 1978, Seiten 129–131.
259 Obergericht Tokyo, 26.10.1994, Fall Nr. 1993 Gyo-Ke 151.
260 »Klammergerät«, OGH, 19.3.1991; vgl. *GRUR Int.* 1994, Seiten 634–638.

ben über eine Klebeschicht aus der Beschreibung und den Zeichnungen des strittigen Patentes entfernt worden, sodass die zur Nichtigkeit des Patentes führende Auslegung der Patentansprüche nicht in Betracht kam.

Das Berichtigungsverfahren kann auch nach Ablauf der Patentlaufzeit bean- 706 tragt werden, nicht jedoch, wenn das Patent gemäß § 114(2) JPatG widerrufen oder in einem Nichtigkeitsverfahren gemäß § 123(1) JPatG für nichtig erklärt wurde (§ 126(5) JPatG). Für die Einleitung eines Berichtigungsverfahrens muss die Erlaubnis durch evtl. Exklusivlizenznehmer, Pfandgläubiger oder Inhaber einer nicht ausschließlichen Lizenz vorliegen (§ 127 JPatG). Die in einem Antrag auf Berichtigung nachgesuchten Korrekturen müssen als Gesamtheit angesehen werden. Eine Behandlung im Sinne von mehrfachen unabhängigen Korrekturen ist nicht zulässig[261].

Wenn der Antrag auf Berichtigung gemäß § 126 JPatG die Erfordernisse nicht 707 erfüllt, ist der Patentinhaber über die Gründe zu informieren (§ 165 JPatG). Hierauf kann der Patentinhaber mit einer Stellungnahme und/oder einer Änderung antworten, aber die Änderung darf sich nicht auf den Antrag als solchen beziehen und nicht dessen Wesen ändern. Daher ist eine Änderung des Inhalts der Korrekturen nahezu unmöglich.

Die Berichtigung betrifft somit die Beschränkung der Ansprüche als auch die 708 Korrektur von Fehlern. Die Berichtigung sollte keine neuen Gegenstände einführen und den Anspruchsbereich nicht erweitern oder modifizieren. Ein Wechsel der Anspruchskategorie sowie die Hinzufügung von Ausführungsbeispielen (zur Beschreibung) und Ansprüchen ist nicht erlaubt.

Die Entfernung von Beschreibungsteilen, die unter dem mittlerweile gestri- 709 chenen § 40 JPatGalt das Wesen der Erfindung geändert und damit das effektive Einreichungsdatum auf den Tag der Einreichung dieser Änderungen verschoben hätten, ist im Berichtigungsverfahren möglich[262].

Das Obergericht Tokyo entschied am 3.8.1995, dass die Beurteilung der 710 Löschungsreife eines Patentes nicht bereits deshalb fehlerhaft sei, weil das Patent nach dem patentamtlichen, die Löschung anordnenden Verfahren in seinem Inhalt beschränkt wird[263]. Nach § 128 JPatG gilt ein Patent nach

---

261 OGH, 1.5.1980, Fall Nr. 1978 Gyo-Tsu 27.
262 »Verfahren zur Herstellung von Cephalosporinen«, Obergericht Tokyo, 30.1.1979, Fall Nr. 1973 Gyo-Ke 50; vgl. *IIC*, Vol. 11 (1980), Seiten 240–245.
263 Vgl. *GRUR Int.* 1997, Seiten 263–264 bzw. *Hanrei Jihô* Nr. 1550, 110–120. Der Kläger besaß ein Patent für ein Stahlwalzverfahren (»Herstellungsverfahren für Stahlhohlträger«), gegen das nach Erteilung ein Nichtigkeitsverfahren eingeleitet wurde. Im Nichtigkeitsverfahren war das Patent widerrufen worden. Der Kläger beschränkte hierauf sein Patent in einem anschließenden Berichtigungsverfahren. Das eingeschränkte Patent wurde vom Obergericht Tokyo wegen fehlender erfinderischer Tätigkeit ebenfalls zurückgewiesen.

erfolgter Beschränkung als von Anfang an nur in dem beschränkten Umfang erteilt.

711 Ist in einem Einspruchs- oder Nichtigkeitsverfahren vor dem Obergericht Tokyo eine Beschwerde anhängig, kann der Patentinhaber gegenwärtig jederzeit beim JPA eine Berichtigung des Patentes beantragen. Aus Gründen der Verfahrensbeschleunigung sollen mit Wirkung ab 1.1.2004 die Gelegenheiten für Anträge auf Berichtigung des Patentes eingeschränkt werden. Beispielsweise soll der Patentinhaber nach Einlegung der Beschwerde zum Obergericht Tokyo 90 Tage für einen Antrag auf Berichtigung des Patentes beim JPA haben. Eine weitere Gelegenheit besteht nach Erlass einer Entscheidung durch das Obergericht Tokyo. Außerdem wird das Obergericht Tokyo die Möglichkeit haben, einen Fall an das JPA zurückzuverweisen, wenn der Patentinhaber nach Einreichung einer Klage gegen die Nichtigerklärung eines Patentes durch das JPA beim JPA einen Berichtigungsantrag stellt.

7 Das Patentschutzrecht

Inhaltsübersicht

7.1 Patentlaufzeit und Laufzeitverlängerung

712

Die Laufzeit eines japanischen Patentes beträgt nach § 67(1) JPatG 20 Jahre ab Tag der Anmeldung des Patentes in Japan. 713

Nach § 67(2) JPatG kann die Patentlaufzeit um einen Zeitraum von bis zu fünf Jahren verlängert werden, wenn die Nutzung der Erfindung nicht möglich war, weil zur Gewährleistung der Sicherheit etc. bei der Ausübung der patentierten Erfindung eine amtliche Genehmigung oder Anordnung erforderlich 714 war. Bis zum 31.12.1999 betrug dieser Zeitraum »nicht weniger als 2 Jahre und bis zu 5 Jahre«.

715 Eine Laufzeitverlängerung kann prinzipiell erhalten werden für Patente betreffend pharmakologisch wirksame Verbindungen, Verfahren zu deren Herstellung, diese pharmakologisch wirksamen Verbindungen enthaltende Arzneimittel, Verfahren zur Herstellung der Arzneimittel usw., daneben aber auch Anwendungsformen sowie Gegenstände, Vorrichtungen und dgl., die im Zusammenhang mit einer bestimmten zulassungspflichtigen pharmakologischen Anwendung stehen. Entsprechendes gilt für Patente auf Agrochemikalien.

716 Die Laufzeitverlängerung entspricht der Zeitspanne, während derer die patentierte Erfindung nicht genutzt werden konnte, weil eine für die Ausübung der patentierten Erfindung erforderliche offizielle Erlaubnis nicht vorlag. In Betracht gezogen wird der für das amtliche Zulassungsverfahren incl. vorgeschriebener Prüfungen (klinische Tests bei Pharmaerfindungen oder Feldversuche bei Agroerfindungen) erforderliche Zeitraum. Für die Berechnung der Laufzeitverlängerung beginnt dieser Zeitraum mit dem Datum der Eintragung des Patentes in das Patentregister oder dem Beginn der klinischen Prüfung bzw. Feldprüfung in Japan in Zusammenhang mit dem Zulassungsantrag, wobei das spätere Datum maßgeblich ist[264]. Für eine lange Laufzeitverlängerung ist daher eine möglichst frühzeitige Registrierung des Patentes wichtig. Das Datum der amtlichen Zulassung bestimmt das Ende dieses Zeitraums. Wenn Zulassungsverfahren länger als fünf Jahre benötigen, bleibt dies außer Betracht.

717 Der Antrag auf Laufzeitverlängerung ist vom Patentinhaber zu stellen[265]. Im Falle mehrerer Patentinhaber kann der Antrag auf Laufzeitverlängerung nur gemeinsam von sämtlichen Patentinhabern gestellt werden (§ 67(4) JPatG). Die Benutzung der Erfindung durch den Patentinhaber in Japan ist hierzu nicht notwendig. Eine Laufzeitverlängerung kann somit auch dann vom Patentinhaber beantragt werden, wenn er das Patent nicht selbst ausübt und der geschützte Wirkstoff stattdessen von einem Lizenznehmer hergestellt oder importiert wird.

718 Der Antrag muss gemäß § 4 JAusfPatG innerhalb von drei Monaten nach der Erteilung der erforderlichen amtlichen Zulassung (z.B. Einfuhrerlaubnis, Pro-

---

264 In den Entscheidungen Nr. 10 Gyo-hi 43 und 44 des OGH vom 22.10.1999 wurden Entscheidungen des Obergerichtes Tokyo aufgehoben, das Anträge auf Patentlaufzeitverlängerung zurückgewiesen hatte, weil der Mindestzeitraum für die Verhinderung der Patentnutzung nicht erreicht war.
265 § 67ter(1)(iv) JPatG.

duktionserlaubnis, Zulassungsdatum für das Präparat)[266, 267] und spätestens sechs Monate vor Ablauf der normalen Laufzeit gestellt werden[268, 269]. Wenn diese nicht eingehalten werden kann, muss die Handlung innerhalb von zwei Wochen nach Wegfall des Hindernisses (bei im Ausland ansässigen Antragstellern innerhalb von zwei Monaten) nachgeholt werden. Die Vollmacht und weitere Formalpapiere sowie bestimmte sachbezogene Unterlagen können nachgereicht werden. Wenn sechs Monate vor Ablauf der Patentlaufzeit die amtliche Zulassung nicht vorliegt, soll eine Person, die einen Antrag auf Laufzeitverlängerung stellen möchte, bis zu diesem Tag beim Präsidenten des JPA ein Dokument vorlegen, aus dem sich ihr Name, Wohnort/Sitz, die Patentnummer und die in der Kabinettsverordnung, auf die in § 67(2) JPatG Bezug genommen wird, vorgesehene Zulassung oder Anordnung ergibt[270]. Geschieht dies nicht, kann ein Antrag auf Laufzeitverlängerung nicht mehr gestellt werden[271]. Ein Hinweis auf dieses Dokument wird im Patentblatt veröffentlicht[272].

Wenn nicht der ausländische Patentinhaber, sondern seine japanische Niederlassung, eine in Japan ansässige Lizenznehmerin etc., die Präparatzulassung erhalten hat, ist es erforderlich, dass im Patentregister für diese eine zumindest   719

---

266 § 4 JAusfPatG bestimmt die dreimonatige Frist. Wenn diese nicht eingehalten werden kann, muss die Handlung innerhalb von zwei Wochen nach Wegfall des Hindernisses (für im Ausland ansässige Antragsteller innerhalb von zwei Monaten) nachgeholt werden.

267 Das Bezirksgericht Tokyo bestätigte in zwei Urteilen vom 25.7.1997 (Fälle Nr. 8 Gyo-Ke 186 und 187) die Zurückweisung von Anträgen der Sandoz Aktiengesellschaft auf Laufzeitverlängerung durch das JPA wegen Nichteinhaltung der Dreimonatsfrist für die Stellung des Antrags, gerechnet ab Erteilung der Importerlaubnis: »Die Voraussetzung »wenn eine Person, die um Laufzeitverlängerung nachsucht, die Anmeldung aus einem ihr nicht zukommenden Grund nicht einreichen kann« bedeutet den Fall, dass eine Person, die die Verlängerung beantragt, oder eine ihr ähnlich zu behandelnde Person die Anmeldung aus einem Grunde nicht einreichen konnte, der außerhalb ihrer Kontrolle war, und die Frist für die Einreichung verstrich, obwohl alle normalerweise bei solchen Anmeldeverfahren erwarteten Anstrengungen unternommen wurden, und ist nicht begrenzt auf das Versäumnis der Einreichung der Anmeldung aufgrund einer Naturkatastrophe oder einer objektiven höheren Gewalt. Der Anmelder versäumte die Frist, weil der Lizenznehmer am Patentrecht für die Herstellung des Arzneimittels, der hierfür vom Ministerium für öffentliche Wohlfahrt eine Importlizenz bekam, es versäumte, den Patentinhaber umgehend zu benachrichtigen. Daher erfuhr der Patentinhaber erst drei Monate nach deren Datum von der Importlizenz. Der Patentinhaber war in der Lage, mit Leichtigkeit die Importlizenz mit ja oder nein zu bestätigen und hätte dies innerhalb eines kürzeren Zeitraumes als dem für die Einreichung der Anmeldung vornehmen sollen. Er tat dies aber nicht und hat daher nicht die normalerweise erwartete Sorgfalt ausgeübt.«

268 § 67$^{\text{bis-bis}}$ (1) JPatG.

269 Seit 1.1.2000 muss die amtliche Zulassung (von Herstellung oder Import) nicht abgewartet werden.

270 § 67$^{\text{bis-bis}}$ (1) JPatG.

271 § 67$^{\text{bis-bis}}$ (2) JPatG.

272 § 67$^{\text{bis-bis}}$ (3) JPatG.

nicht-ausschließliche Lizenz an dem Schutzrecht eingetragen ist. Diese Lizenzeintragung kann gleichzeitig mit der Stellung des Verlängerungsantrags oder später vorgenommen werden. Für die zügige Bearbeitung des Verlängerungsantrages sollte die Lizenzeintragung jedoch baldmöglichst vorliegen.

720 Für den Antrag auf Laufzeitverlängerung ist nach § 67bis JPatG eine Anmeldung einzureichen, die folgende Angaben enthalten muss: Name und Wohnort/Sitz des Anmelders, Patentnummer, beantragte Verlängerungsdauer sowie sonstige Besonderheiten, die in einer Kabinettverordnung festgelegt sind, auf die in § 67(2) JPatG Bezug genommen ist.

721 Mit der Antragstellung wird die Patentlaufzeit bis zur Rechtskraft einer eventuellen Zurückweisungsentscheidung des Prüfers oder der Registrierung der Laufzeitverlängerung als verlängert angesehen (§ 67bis(5) JPatG). Der Antrag auf Laufzeitverlängerung wird im Patentblatt bekannt gemacht.

722 Die amtliche Gebühr für den Verlängerungsantrag beträgt 74.000 Yen. Es können weitere Kosten für die Unterlagenerstellung, Beantwortung von Bescheiden und dgl. hinzukommen. Die amtliche Gebühr für die Lizenzeintragung beträgt 15.000 Yen. Die Dauer zwischen Antragstellung und abschließender Entscheidung über den Antrag betrug in bisherigen Fällen durchschnittlich etwa 18 bis 24 Monate.

723 Für den Zeitraum der Laufzeitverlängerung sind Jahresgebühren gemäß § 107 JPatG zu entrichten. Hier wirkt sich die zum 1.6.1998 eingeführte Deckelung der Jahresgebühren aus, wonach für das 10. bis 25. Jahr nach der Registrierung jährlich eine Amtsgebühr von 81.200 Yen plus 6.400 Yen pro Anspruch zu entrichten ist.

724 Ein Prüfer des JPA hat den Antrag auf Laufzeitverlängerung gemäß § 67ter JPatG zu prüfen und ihn zurückzuweisen, wenn keine Zulassung für die Nutzung der Erfindung notwendig ist, die Zulassung weder vom Patentinhaber, einem exklusiven Lizenznehmer oder einem registrierten nichtexklusiven Lizenznehmer erhalten wurde, oder wenn der beantragte Verlängerungszeitraum den Zeitraum der Verhinderung der Nutzung des Patentes überschreitet. Bei einer beabsichtigten Zurückweisung des Antrags ergeht ein Bescheid, zu dem der Antragsteller sich äußern kann[273]. Es muss anhand der Zulassungsunterlagen nachgewiesen werden, dass das tatsächlich vertriebene Präparat oder dgl. auch tatsächlich in den Schutzumfang fällt.

725 Nach genehmigter Verlängerung ist das Patent im Verlängerungszeitraum nur noch wirksam für den speziellen Aspekt, auf den sich der Zulassungsantrag bezieht, der dem Verlängerungsantrag zugrunde liegt, also insbesondere nur

---

273 § 67^{quater} i.V.m. § 50 JPatG.

noch für die betreffende(n) chemischen Verbindung(en), die betreffende Indikation usw.

In »Novartis Aktiengesellschaft vs. Präsident des JPA« vom 5.3.1998 erläu-   726
terte das Obergericht Tokyo die Begriffe »notwendige Genehmigung für die
Nutzung der patentierten Erfindung« in § 67(2) JPatG sowie »Produkt« und
»spezielle Verwendung« in § 68bis JPatG[274]. Beim JPA war eine Laufzeitverlängerung für das japanische Patent Nr. 1.065.005 betreffend ein Verfahren zur
Herstellung von chemischen Verbindungen, umfassend den Wirkstoff Ketotifenfumarat, beantragt worden. Grundlage hierfür war die Zulassung von
Arzneimitteln mit dem Wirkstoff Ketotifenfumarat für die Verwendung gegen
allergische Nasenentzündungen in der Form von Nasentropfen, nachdem eine
Zulassung für die Verabreichungsform »Kapseln« bereits vorlag. Das JPA
hatte diesen Antrag zurückgewiesen, da bereits aufgrund einer früheren amtlichen Genehmigung die Verwendung von Ketotifen-haltigen Arzneimitteln
gegen allergische Nasenentzündungen und damit die Nutzung der patentierten
Erfindung gestattet war.

Das Obergericht Tokyo bestätigte unter Verweis auf § 67ter(1)(i) JPatG die
Zurückweisung des Antrags durch das JPA. Für die Ausübung der patentierten Erfindung sei keine gesonderte amtliche Genehmigung erforderlich, da
diese bereits aufgrund einer früheren Genehmigung für die gleiche chemische
Verbindung (Ketotifenfumarat) und das gleiche Anwendungsgebiet (allergische Nasenentzündungen) möglich war. Für die Dosisform Kapseln lag bereits
eine Genehmigung vor. Die Änderung der Verabreichungsform erforderte
keine gesonderte »Genehmigung für die Nutzung der patentierten Erfindung«
gemäß § 67(2) JPatG.

Das Gericht erläuterte die Begriffe »Produkt« und »spezielle Verwendung« in
§ 68bis JPatG. Nach § 68bis JPatG soll sich die Wirkung des in seiner Laufzeit
verlängerten Patentrechts nicht auf Handlungen beziehen, die sich von der
Ausübung der patentierten Erfindung in Hinblick auf das Produkt unterscheiden, auf das sich der Zulassungsantrag bezieht, der dem Verlängerungsantrag
zugrunde gelegt wurde. Eine Laufzeitverlängerung kann daher nicht gewährt
werden, wenn das gleiche »Produkt« für die gleiche »spezifische Verwendung«
verwendet wird, selbst wenn aufgrund von Veränderungen der Verabreichungsform weitere Genehmigungen erforderlich sein sollten. Eine unterschiedliche Verabreichungsform des Arzneimittels für die gleiche Indikation
ist keine gesonderte Ausübung der patentierten Erfindung.

---

274 Obergericht Tokyo, 5.3.1998, Fall Nr. 1995 Gyo-Ke 155; vgl. V. Vanbellingen-Hinkelmann,
    K. Hinkelmann, *AIPPI Journal*, Vol. 24, No. 4 (1999), Seiten 142–153.

Das Gericht scheint »Produkt« im Sinne von Wirkstoff zu verstehen und »spezifische Verwendung« als Effektivität für therapeutische Anwendungszwecke, da es sich weigerte, Pillen, Kapseln, Nasentropfen etc. als getrennte »Produkte« zu betrachten und eine andere spezifische Verwendung anzuerkennen, wenn sich die Verabreichungsform des Arzneimittels ändert.

727   In einem anderen Fall wurde ein Antrag auf Laufzeitverlängerung unter Hinweis auf § 67ter(1)(i) JPatG zurückgewiesen, weil keine amtliche Genehmigung für die Nutzung der patentierten Erfindung notwendig war[275].

728   Diese Entscheidungen belegen, dass zwar eine Genehmigung des Ministeriums für Gesundheit und Wohlfahrt (*Kosanshô*) für unterschiedliche Verabreichungsformen eines Arzneimittels mit identischem Wirkstoff für eine identische Indikation erforderlich ist, eine Laufzeitverlängerung aber nur für den Fall der ersten Zulassung der diesen Wirkstoff enthaltenden pharmazeutischen Zusammensetzung erhältlich ist. Wenn eine nachfolgende Zulassung für das Arzneimittel mit derselben Indikation, aber einer unterschiedlichen Verabreichungsform, erhalten wird, wird eine solche Registrierung nicht als erste Registrierung angesehen.

729   Gegen die Gewährung einer Laufzeitverlängerung kann gemäß § 125bis JPatG beim JPA ein Antrag auf Nichtigerklärung gestellt werden.

730   7.2   Rechte des Patentanmelders und Patentinhabers[276]

731   7.2.1   Rechte des Patentanmelders

732   Mit Einreichung der Patentanmeldung und vor Offenlegung der Patentanmeldung hat der Patentanmelder gegenüber Dritten, welche die zum Patent angemeldete Erfindung kommerziell ausüben, weder einen Verbietungsanspruch noch einen Anspruch auf Erhalt von Kompensationszahlungen. Nach der Offenlegung der Patentanmeldung, aber vor Registrierung des Patentes, hat der Patentanmelder unter bestimmten Voraussetzungen einen Anspruch auf Kompensationszahlungen für die kommerzielle Nutzung der Patentanmeldung durch den Dritten, aber kein Verbietungsrecht (§ 65 JPatG).

733   Für den Anspruch auf Kompensationszahlungen sollte der die zum Patent angemeldete Erfindung kommerziell nutzende Dritte vom Patentanmelder in einem schriftlichen Verwarnungsschreiben vom Gegenstand der in der Patent-

---

275 »Novartis Aktiengesellschaft vs. Präsident des JPA«, Obergericht Tokyo, 22.4.1999, Fall Nr.
     Heisei 10 Gyo-Ke 348.
276 §§ 66–112 JPatG.

anmeldung beanspruchten Erfindung informiert werden. Der Anspruch entsteht nach der Verwarnung. Diese schriftliche Verwarnung kann entfallen, wenn der Dritte von der Offenlegung der zum Patent angemeldeten Erfindung wußte[277]. Da dieser Nachweis in der Regel schwierig zu führen ist, empfiehlt sich eine schriftliche Verwarnung unter Hinweis auf die offengelegte Patentanmeldung.

Bei internationalen (PCT)-Patentanmeldungen mit Wirkung für Japan, die in   734
einer Fremdsprache eingereicht wurden, entsteht der Anspruch auf Kompensationszahlungen erst mit Veröffentlichung der japanischen Übersetzung der internationalen Patentanmeldung[278].

Die Höhe der Kompensationszahlung soll dem entsprechen, was der Patent-   735
anmelder für die Nutzung der Erfindung im Falle ihrer Patentierung zu erhalten berechtigt wäre. Für die Ausübung des Rechts auf Kompensationszahlungen sind u. a. §§ 719[279] u. 724[280] JBGB anzuwenden, wobei »der Zeitpunkt, an dem die verletzte Partei oder ihr Rechtsvertreter vom Umstand der verletzenden Handlung und der Person des Verletzers Kenntnis erlangte« in § 724 JBGB der »Zeitpunkt der Registrierung des Patentrechtes« ist (§ 65(5) JPatG). Das Recht auf Kompensationszahlungen kann erst nach Registrierung des Patentrechts ausgeübt werden, wobei dessen Ausübung nicht die Ausübung des Patentrechts behindert (§ 65(2)(3) JPatG). Unter den in § 65(4) JPatG angegebenen Umständen wird das Recht auf Kompensation als nie entstanden angesehen (z.B. Aufgabe, Zurückziehung oder Zurückweisung der offengelegten Patentanmeldung; rechtskräftige Zurückweisung der Patentanmeldung durch den Prüfer; Widerruf des Patentes gemäß § 114(2) JPatG; Nichtigerklärung des Patentes gemäß § 125 JPatG; keine Zahlung von Jahresgebühren gemäß § 112(6) JPatG (außer bei Wiederherstellung des Patentrechtes gemäß § 112[bis](2) JPatG)).

Das Recht auf Erteilung eines Patentes kann nicht verpfändet werden (§ 33(2)   736
JPatG).

---

277 § 65(1)JPatG.
278 § 184[decies] JPatG.
279 § 719 JBGB: Wenn zwei oder mehr Personen durch eine gemeinsame ungesetzmäßige Handlung einem Dritten Schaden zugefügt haben, sind sie einzeln und gemeinsam zum Ersatz dieses Schadens verpflichtet; das Gleiche soll gelten, wenn nicht festgestellt werden kann, welcher der gemeinsam Handelnden den Schaden verursachte.
280 § 724 JBGB: Das Recht, einen Ersatz für den Schaden aufgrund einer ungesetzmäßigen Handlung zu beanspruchen, verjährt, wenn es nicht innerhalb von drei Jahren ab dem Zeitpunkt ausgeübt wird, zu dem die verletzte Partei oder ihr Rechtsvertreter vom Umstand der verletzenden Handlung und der Person des Verletzers Kenntnis erlangte; dasselbe gilt, wenn seit der Begehung der ungesetzmäßigen (gesetzeswidrigen) Handlung zwanzig Jahre vergangen sind.

737 **7.2.2 Rechte des Patentinhabers**

738 Nach § 68 JPatG hat der Patentinhaber das ausschließliche Recht zur kommerziellen Ausnutzung der patentierten Erfindung. Hiervon ist der Fall ausgenommen, dass das Patentrecht Gegenstand einer exklusiven Lizenz ist; dann gilt das exklusive Recht nicht in dem Umfang, in dem der Exklusivlizenznehmer ausschließlich das Recht zur Ausübung der patentierten Erfindung hat. Zum ausschließlichen Recht gehörende Nutzungshandlungen sind erschöpfend in § 2(3) JPatG aufgeführt:

> »Der Ausdruck »Ausübung« hinsichtlich einer Erfindung im Sinne dieses Gesetzes umfasst die folgenden Handlungen:
> 1. hinsichtlich einer Erfindung von Gegenständen Herstellung, Gebrauch, Übertragung, Überlassung sowie das Anbieten zum Zwecke der Übertragung oder Überlassung (einschließlich der Zurschaustellung für den Zweck der Übertragung oder Überlassung) sowie Einfuhr der Gegenstände;
> 2. hinsichtlich einer Verfahrenserfindung die Benutzung des Verfahrens;
> 3. hinsichtlich einer Erfindung eines Verfahrens zur Herstellung von Gegenständen nicht nur die in Ziff. 2 genannten Handlungen, sondern auch die Benutzung, Lieferung, Überlassung sowie das Anbieten zum Zwecke der Lieferung oder Überlassung sowie die Einfuhr der nach diesem Verfahren hergestellten Gegenstände.«

739 Mit Wirkung ab 1.9.2002 wurde diese Definition der »Ausübung einer Erfindung« dahingehend geändert, dass die Ausübung von Erfindungen betreffend Computerprogramme u. dgl. in Netzwerken mit umfasst ist.

740 Patentinhaber (und Exklusivlizenznehmer) haben gegenüber Personen, die das Patent verletzen oder wahrscheinlich verletzen werden, ein Verbietungsrecht (§ 100 JPatG) sowie gegenüber Personen, die das Patent verletzen, ein Recht auf Schadensersatz (§ 102 JPatG).

Insbesondere kann der Patentinhaber (oder Exklusivlizenznehmer) von einer Person, die das Patent verletzt oder wahrscheinlich verletzen wird, Unterlassung der patentverletzenden Handlung (§ 100(1) JPatG), Zerstörung der patentverletzenden Güter (einschließlich der in einem patentverletzenden Verfahren hergestellten Produkte), Entfernung der für die Patentverletzung verwendeten Einrichtungen oder andere Maßnahmen, die zur Verhinderung (Unterbindung) der Patentverletzung notwendig sind, verlangen (§ 100(2) JPatG).

741 Zusätzlich zu den Handlungen gemäß § 2(3) JPatG, deren Vornahme dem Patentinhaber vorbehalten ist, wird es als Patentverletzung gemäß § 101 JPatG angesehen, wenn Artikel hergestellt, vertrieben etc. werden, die ausschließlich für die Herstellung der patentierten Produkte oder die Ausübung des patentierten Verfahrens verwendet werden (sog. indirekte (mittelbare) Patentverletzung).

Zum 1.1.2003 wurden im JPatG die Möglichkeiten zur Auffindung einer mittelbaren Verletzung durch Einfügung subjektiver Kriterien erweitert, wie

z. B. »in der Kenntnis, dass das Erzeugnis oder Verfahren einer patentierten Erfindung angehört und zu deren Ausübung dient« und durch Abschwächung objektiver Kriterien, wie »zur ausschließlichen Benutzung«[281]. Es soll allen Arten von Handlungen nachgegangen werden, die durch Zurverfügungstellen von Software oder einem Server einer Verletzung von »Geschäftsmethoden« u. a. Schutzrechten in Netzwerken Vorschub leisten.

Der Schutz von Verfahren zur Herstellung eines Produktes erstreckt sich in Japan gemäß § 68 i. V. m. § 2(3)(iii) JPatG auf das unmittelbare Verfahrensprodukt. Dies gilt jedoch nicht für andere Verfahren (z. B. Verfahren der Qualitätskontrolle)[282]. Product-by-Process-Ansprüche schützen das Produkt als solches, unabhängig vom Weg der Herstellung.   742

Wenn ein Pfandrecht an einem Patentrecht oder an einem Recht zur ausschließlichen oder zur nichtausschließlichen Lizenz bestellt worden ist, kann der Pfandgläubiger die patentierte Erfindung nicht ausüben, sofern nicht vertraglich etwas anderes vereinbart worden ist (§ 95 JPatG). Ein Pfandrecht an einem Patentrecht oder an einem Recht zur ausschließlichen oder nichtausschließlichen Lizenz kann gegen Zahlung einer für das Patentrecht oder für das Recht zur ausschließlichen oder nichtausschließlichen Lizenz erhaltenen Vergütung oder gegen die Zahlung von Geldbeträgen oder Leistungen anderer Art, zu deren Erhalt der Patentinhaber oder der ausschließliche Lizenznehmer für die Ausübung der patentierten Erfindung berechtigt wären, ausgeübt werden; dies gilt jedoch nur, wenn die gerichtliche Beschlagnahme vor der   743

---

281 § 101 JPatG:
   Die nachfolgenden Handlungen gelten als Verletzung des Patentrechts oder einer ausschließlichen Lizenz:
   (i) im Falle eines Patentes für die Erfindung eines Erzeugnisses die gewerbsmäßige Herstellung, Übertragung, das Leasing, die Einfuhr oder das Anbieten zum Zwecke der Übertragung oder des Leasings von Gegenständen, die ausschließlich für die Herstellung derartiger Erzeugnisse verwendet werden;
   (ii) im Falle eines Patentes für die Erfindung eines Erzeugnisses, wenn dieser Gegenstand a) für die Herstellung des Erzeugnisses verwendet wird (außer ein in Japan weit verbreiteter Gegenstand); b) er unverzichtbar für die Lösung der Aufgabe des Patentes ist; und c) er mit dem Wissen hergestellt, verkauft, importiert oder angeboten wird, dass die Erfindung patentiert ist und er für die Ausübung der patentierten Erfindung benutzt wird;
   (iii) im Falle eines Patentes für die Erfindung eines Verfahrens die gewerbsmäßige Herstellung, Übertragung, das Leasing, die Einfuhr oder das Anbieten zum Zwecke der Übertragung oder des Leasings von Gegenständen, die ausschließlich zur Ausübung dieses Verfahrens verwendet werden;
   (iv) im Falle eines Patentes für die Erfindung eines Verfahrens, wenn der betreffende Gegenstand für die Ausübung des patentierten Verfahrens verwendet werden soll und der Gegenstand sämtliche Erfordernisse a) bis c) unter (ii) erfüllt.
282 »Fujimoto Diagnostics Co., Ltd., vs. Nippon Zoki Pharmaceutical Co., Ltd«; OGH, 16.7.1999, Fall Nr. 1998 O 604; vgl. K. Hinkelmann in *Bioscience Law Review*, Nr. 2 (1999/2000), Seiten 67–69.

Zahlung oder der Leistung von Geld oder anderen Gegenständen erwirkt worden ist (§ 96 JPatG).

744 **7.2.3 Besonderheiten bei mehreren Anmeldern/Patentinhabern**

745 Es gelten die grundlegenden Bestimmungen des Zivilrechtes über das gemeinsame Recht, wobei im Patentrecht berücksichtigt wird, dass Patente nicht tangierbare Dinge sind. Nach § 73 JPatG kann ein Anmelder sein Recht an der Erfindung ohne die Zustimmung der anderen Anmelder weder übertragen noch verpfänden (§ 73(1) JPatG). Die Erteilung von Lizenzen (exklusiv, nicht-exklusiv) ist ebenfalls an die Zustimmung der Mitanmelder bzw. -inhaber gebunden (§ 73(3) JPatG).

746 Jeder Anmelder/Inhaber kann die patentierte Erfindung ohne Zustimmung der Mitanmelder benutzen, sofern vertraglich keine andere Regelung getroffen ist (§ 73(2) JPatG). Der Patentinhaber einer abhängigen Erfindung, der Mitinhaber am Basispatentrecht ist, hat das Recht zur Nutzung des Basispatents, das auch anderen Inhabern gehört. Der Mitinhaber am Basispatent hat jedoch kein Recht auf Nutzung des Gegenstandes des abhängigen Patentes, falls er nicht auch Mitinhaber am abhängigen Patent ist.

747 Bei gemeinsamem Patent- bzw. Anmeldungsbesitz hat jeder Teilhaber ein unabhängiges Recht für die Einleitung von Maßnahmen gegen einen mutmaßlichen Verletzer.

748 Besonderheiten bestehen hinsichtlich der Rechte der gemeinsamen Anmelder vor dem JPA. § 14 JPatG bestimmt, dass bei gemeinschaftlicher Beteiligung von zwei oder mehreren Personen an einem Verfahren vor dem JPA jede dieser Personen alle anderen Beteiligten vertritt, soweit es sich nicht um die Umwandlung, den Verzicht oder die Zurücknahme einer Patentanmeldung, die Zurücknahme einer Anmeldung für Laufzeitverlängerung, die Zurücknahme von Gesuchen oder Anträgen, die Inanspruchnahme oder Zurücknahme eines Prioritätsanspruchs unter § 41(1) JPatG, den Antrag auf Offenlegung, oder um die Erhebung einer Beschwerde gegen die Zurückweisung der Patentanmeldung (§ 121(1) JPatG) handelt. Dies gilt jedoch nicht, wenn diese Personen einen gemeinsamen Vertreter bestellen und diese Tatsache dem JPA mitgeteilt haben. Wenn das Recht auf Erteilung eines Patents mehreren zusteht, können alle Mitinhaber nur gemeinsam die Erteilung eines Patentes beantragen (§ 38 JPatG).

749 **7.2.4 Übertragung von Patentanmeldungen und Patenten**

750 Das Recht auf Erteilung eines Patentes kann übertragen werden (§ 33(1) JPatG). Wenn ein Recht auf Erteilung eines Patentes mehreren zusteht, kann

kein Mitinhaber seinen Anteil ohne Zustimmung der anderen Mitinhaber übertragen (§ 33(3) JPatG)[283].

Die Anwaltsvollmacht eines Vertreters einer Person, die an einem Verfahren vor dem Amt beteiligt ist, erlischt nicht durch den Tod des Auftraggebers, durch das Erlöschen einer juristischen Person im Wege des Zusammenschlusses, falls diese der Auftraggeber ist, durch die Beendigung der Tätigkeit eines Treuhänders, der der Auftraggeber ist, oder durch den Tod des gesetzlichen Vertreters sowie durch die Änderung oder Beendigung der Vertretungsmacht des gesetzlichen Vertreters (§ 11 JPatG). 751

Zur Weiterführung von Verfahren bestimmt § 21 JPatG: »Der Präsident des JPA oder der Vorsitzende der *Shimpan*-Abteilung können, wenn ein Patentrecht oder ein Recht an einem Patent während eines beim JPA anhängigen Verfahrens übertragen worden sind, das Verfahren in dieser Sache für und gegen den Rechtsnachfolger fortführen«. 752

Die Rechtsnachfolge in das Recht auf Erteilung eines Patents nach Einreichung einer Patentanmeldung hat mit Ausnahme der Erbfolge und einer sonstigen Gesamtrechtsnachfolge keine Rechtswirkungen, wenn der Präsident des JPA hiervon nicht unterrichtet worden ist (§ 34(4) JPatG). Im Falle der Erbfolge oder einer sonstigen Gesamtrechtsnachfolge in ein Recht auf Erteilung eines Patents hat der Rechtsnachfolger diese Tatsachen unverzüglich dem Präsidenten des JPA anzuzeigen (§ 34(5) JPatG). 753

In »Jean-Michel Onfrey vs. Senshun Honda« vom 21.6.1996 (Fall Nr. 1994 Wa 8416) bestätigte das Bezirksgericht Tokyo das Recht des Klägers auf Übertragung des Rechts auf Erhalt eines Patentes, das in einem Vertrag zwischen Kläger und Beklagtem als Sicherheit für den Erhalt eines Darlehens durch den Beklagten angesehen wurde. Das Gericht befand, dass die einzige Art von Sicherheit, die an einem Recht zur Erlangung eines Patentes errichtet werden kann, eine »Übertragungssicherheit« ist und daher der Vertrag in diesem Sinne auszulegen ist. 754

In »Sanaguri vs. Itokazu« wies der OGH das JPA an, die Registrierung eines Patentes, die unrechtmäßig vom beklagten Beschwerdegegner erhalten wurde, auf die klagenden Erfinder zu übertragen[284]. Hier hatten die Erfinder unter eigenem Namen die Anmeldung eingereicht. Während des Prüfungsverfahrens hatte der Beklagte jedoch eine gefälschte Übertragungsvereinbarung eingereicht und sich als Anmelder eintragen lassen. In der Vorinstanz hatte das Obergericht Fukuoka das Patentgesetz sehr formalistisch ausgelegt und den 755

---

283 Vgl. Bezirksgericht Osaka, 25.7.2000, Fall Nr. 10 Wa 10432; »Kettenabdeckung«, Obergericht Osaka, 10.5.2001, Fall Nr. Hei 12 Ne 2914; 13 *Law & Technology* 65.
284 OGH, 12.6.2001; vgl. Toshiko Takenaka, in *CASRIP Newsletter*, Spring/Summer 2001.

Anspruch der Erfinder zurückgewiesen, da diese einen Nichtigkeitsantrag stellen könnten.

756   **7.2.5   Lizenzierung von Patenten**[285, 286, 287, 288, 289]

757   Lizenzen sind in den §§ 77–99 JPatG geregelt. Es wird im Wesentlichen zwischen zwei Arten von Lizenzen unterschieden, nämlich exklusiven Lizenzen (*Senyô jisshiken;* spezielles Ausübungsrecht; im Folgenden »*Senyô*-Lizenz«) und nicht exklusiven Lizenzen *(Tsûjô jisshiken;* gewöhnliches Ausübungsrecht; im Folgenden »*Tsûjô*-Lizenz«). Durch die Vereinbarung einer *Senyô*-Lizenz wird der Lizenznehmer über den Rahmen einer ausschließlichen Lizenz hinaus begünstigt und erhält praktisch alle Rechte, die zur Rechtsstellung des Inhabers des gewerblichen Schutzrechts (Patents) gehören. Die *Tsûjô*-Lizenz als einfache Lizenz stellt dagegen eine schuldrechtliche Vereinbarung dar, die grundsätzlich Wirkung nur zwischen den Vertragsparteien entfaltet. Wird die einfache Lizenz jedoch eingetragen, kann sie allen späteren Inhabern des Schutzrechtes oder einer *Senyô*-Lizenz entgegengehalten werden. Mit der Änderung des japanischen Devisen- und Außenhandelsgesetzes *(Gaikoku kawase oyobi gaikoku bôeki-hô)* zum 1.4.1998 ist die Anzeigepflicht bei der Bank von Japan für sämtliche Abschlüsse, Verlängerungen oder Modifizierungen von Verträgen, welche die Lizenzierung von technischem Know-how, Patenten, Gebrauchsmustern oder Marken betreffen, entfallen. Die japanische Kartellbehörde (Japanese Fair Trade Commission (JFTC); *Kôsei Torihiki Iinkai)* änderte 1998 die Richtlinien für internationale Lizenzvereinbarungen[290]. Zum Frühjahr 1999 wurde von der JFTC ein Beratungssystem für Patent- und Know-how-Lizenzverträge eingeführt.

758   Anmeldungen für geistige Eigentumsrechte können lizenziert und übertragen werden; der Vertrag endet jedoch automatisch mit der Versagung der Anmel-

---

285   Peter Rodatz, *Japanisches Handels- und Wirtschaftsrecht,* Hrsg. Harald Baum, Ulrich Drobnig (Hrsgb.), Verlag Walter de Gruyter, 1994; in § 6, S. 252–261; »Licensing in Japan is changing«, Richard H. Lilley, jr, in *les Nouvelles,* Vol. XXXIII, No. 2, June 1998, Seiten 75 ff.

286   Christopher Heath, Chapter 6, *Technology Transfer in Japan,* Seiten 99–137, in *Legal Rules of Technology Transfer in Asia,* Hrsg. Christopher Heath & Kung-Chung Liu, Kluwer Law International, 2002.

287   *Hanrei Licensing Hô* (Fälle aus dem Lizenzrecht), Schriften im Andenken an Kazunori Yamagami, Hatsumei Kyokai Publishing (Tokyo 2000); die 50 wichtigsten Fälle zum Lizenzrecht.

288   Kettl, Fallstudium zu deutsch-japanischen vertikalen Technologiekooperationen, *Japan Aktuell,* Februar 1999, Seite 75.

289   *Patentlizenzverträge im japanischen Antimonopolgesetz,* von Frank Siegfanz, in: Veröffentlichungen der Deutsch-Japanischen Juristenvereinigung, Band 18 (Juli 2003).

290   Englische Version (»Guidelines for Patent and Know-how Licensing Agreements«, veröffentlicht unter www.jftc.go.jp/e-page/guideli/patent99.htm)

dung[291]. Ein exklusiver Lizenzvertrag betreffend eine schließlich zurückgewiesene Patentanmeldung wird nicht nichtig[292]; die Zahlungsverpflichtungen enden lediglich am Tag der Zurückweisung der Anmeldung.

Die Erteilung von Lizenzen berührt insbesondere im Falle von Exklusivlizenzen die Rechte des Patentinhabers, der ggf. nicht mehr selbst die patentierte Erfindung ausüben kann.　759

Manchmal stellt sich die Frage, wer durch eine Lizenzvereinbarung gebunden ist. Für diesen Fall greifen die Bestimmungen des JBGB über die Vertretung nach Treu und Glauben. Selbst wenn der Vertreter kein klares Mandat für den Vertragsabschluss gehabt hat, aber so handelte als ob, kann eine Firma Vertragspartner werden, wenn sie handelt, als ob dies der Fall wäre[293].　760

Nicht immer ist klar, dass zwischen den Parteien eine Lizenzvereinbarung abgeschlossen wurde. Beruht eine Vereinbarung darauf, dass die Handlungen des Lizenznehmers eine Patentverletzung hinsichtlich des Patentes des Lizenzgebers darstellen, kann diese Vereinbarung als eine Lizenzvereinbarung aufgefasst werden. Stellt sich diese Annahme als unrichtig heraus, ist die Vereinbarung nichtig. Evtl. gezahlte Lizenzgebühren müssen zurückerstattet werden[294].　761

Know-how kann nur dann Gegenstand einer Lizenzvereinbarung sein, wenn das Know-how ausführbar ist[295]. Andernfalls kann die Lizenzvereinbarung aufgehoben werden.　762

Für die Ausführbarkeit des lizenzierten Gegenstandes trägt der Lizenzgeber nur dann Verantwortung, wenn er wesentliche Fakten verschwiegen hat[296].　763

Der Schaden des Lizenznehmers kann über die reine Zahlung von Lizenzgebühren hinausgehen. In einem Fall hatte der Kläger eine Lizenz unter Know-how für das Ätzen von Aluminiumplatten zur Verwendung in elektrischen Haushaltsgeräten erhalten. Der Kläger errichtete hierfür eine Fabrikationsanlage in China, musste aber festzustellen, dass die Technologie nicht funktioniert. Der Beklagte führte dies auf die technische Ausrüstung und die Ausbildung des Personals zurück, konnte allerdings nicht zeigen, dass seine Technologie die erwarteten Ergebnisse zeigt. Das Gericht hielt ihn daher für

291 »Bohraushubmaschine«, OGH, 19.10.1993, *GRUR Int.* 1995, 341.
292 Obergericht Tokyo, 20.7.1977, 868 *Hanrei Jihô* 46.
293 Obergericht Osaka, 29.3.1972, 4–1 *Mutaishû* 117.
294 Bezirksgericht Osaka, 28.11.1973, 308 *Hanrei Times* 278
295 »Mangala«, Bezirksgericht Kobe, 25.9.1985, 575 *Hanrei Times* 52.
296 Bezirksgericht Tokyo, 27.8.1998, 989 *Hanrei Times* 249.

verantwortlich, begrenzte allerdings den Schadensersatz auf die Höhe der gezahlten Lizenzgebühren[297].

764 Lizenzverträge enden durch Zeitablauf oder durch Kündigung. Bei Zeitablauf untersuchen die Gerichte ggf., ob eine Nichtverlängerung in Hinblick auf Investionen etc. zu erheblichem Schaden für den Lizenznehmer führen könnte. Die Kündigung eines Lizenzvertrages durch den Lizenzgeber wegen Nichtausübung des lizenzierten Gegenstandes ist nur bei ausdrücklicher Bestimmung im Lizenzvertrag möglich[298]. Der Widerruf der dem Lizenzvertrag zugrunde liegenden geistigen Eigentumsrechte ist auch ohne ausdrückliche Bestimmung im Lizenzvertrag ein Kündigungsgrund. Unterlizenzen enden automatisch mit der Beendigung des Lizenzvertrages[299].

765 Mit Wirkung ab 1.4.2001 wurde das japanische Kartellgesetz geändert. In § 25 JAMG, in dem die unbeschränkte Haftung definiert ist, ist der Kreis haftpflichtiger Parteien erweitert. Hierzu gehört nun auch ein Unternehmer, der eine internationale Vereinbarung abgeschlossen hat, die als ungerechte restriktive Handelpraktiken angesehene Bestimmungen enthält.

766 **7.2.5.1 Senyô-Lizenzen**[300]

767 Eine *Senyô*-Lizenz hat die Charakteristik eines dinglichen Rechts *(Bukken)*, im Gegensatz zur persönlichen vertraglichen Verpflichtung eines Schuldrechts *(Saiken)*. Für das Vorliegen einer *Senyô*-Lizenz müssen drei Voraussetzungen erfüllt sein:

a) Der Lizenzgeber einer *Senyô*-Lizenz muss ein ungeteiltes Interesse an zumindest einem Teil des Patentrechtes übertragen.
Die *Senyô*-Lizenz kann zeitlich, geographisch oder hinsichtlich des Anwendungsgebietes geteilt sein. Bei *Senyô*-Lizenzen darf es allerdings nie eine Überlappung der Rechte von verschiedenen Lizenznehmern geben (z.B. hinsichtlich des lizenzierten geographischen Gebietes).
Gemeinsame *Senyô*-Lizenznehmer haben unter § 77(5) JPatG dieselben Rechte und Pflichten wie gemeinsame Patentinhaber unter § 73 JPatG. Sie können nur im gegenseitigen Einvernehmen Rechte übertragen oder ausüben. Entsprechend sollte für diesen Fall im Lizenzvertrag vereinbart werden, welche Rechte jede Partei im Einzelnen hat.

---

297 »Ätzen«, Bezirksgericht Tokyo, 27.9.1998, 1611 *Hanrei Jihô* 84.
298 Bezirksgericht Tokyo, 16.2.1977: Der Lizenzvertrag war nichtig, weil der Lizenzgeber wusste, dass seine Technologie nicht funktioniert; Bezirksgericht Tokyo, 27.8.1998, 989 *Hanrei Times* 249; Obergericht Tokyo, 16.9.1991, IIC, Vol. 24 (1993), Seite 391.
299 »Hummel«, Bezirksgericht Osaka, 9.12.1987, 1268 *Hanrei Jihô* 130.
300 Vgl. Tetsu Tanabe und Harold C. Wegner; *Japanese Patent Law*, 1979, Seiten 198 ff.

Möglich sind auch gemischte Lizenzen der Art, dass für einen Zeitraum von 10 Jahren eine Lizenz erteilt wird, wobei die ersten fünf Jahre eine *Senyô*-Lizenz sind und die nächsten fünf Jahre eine *Tsûjô*-Lizenz.
b) Dem Lizenzgeber verbleibt kein Recht, die Erfindung selbst zu benutzen.
c) Die Lizenz muss registriert sein.

In den Lizenzvertrag sollte eine Bestimmung aufgenommen werden, wonach der Lizenzgeber zur Registrierung verpflichtet ist. Wird nämlich die Lizenz eines ersten Lizenznehmers nicht als *Senyô*-Lizenz eingetragen, kann im Falle einer erneuten Lizenzvergabe an einen zweiten Lizenznehmer nach deren Eintragung als *Senyo*-Lizenz der erste Lizenznehmer sogar wegen Patentverletzung verklagt werden. Der erste Lizenznehmer hat keine Möglichkeit, den Widerruf der zweiten Lizenz zu erreichen. Stattdessen kann dieser nur versuchen, den Lizenzgeber wegen Vertragsbruch zu belangen.

Nur bei Vorliegen einer *Senyô*-Lizenz hat der Lizenznehmer eine selbstständige Klagemöglichkeit. Andernfalls kann bei fehlender Verpflichtung des Lizenzgebers zur Verfolgung einer Patentverletzung der Lizenznehmer mit einer Verletzung konfrontiert sein, gegen die er nichts unternehmen kann.

Eine *Senyô-Lizenz* verpflichtet den Lizenznehmer nicht zur Ausübung, sofern dies im Vertrag nicht ausdrücklich bestimmt ist[301]. Eine Verpflichtung zu bestmöglichen Bemühungen ist schwierig durchsetzbar, da dem Lizenznehmer Vorsatz nachgewiesen werden muss[302].   768

Bei einer *Senyô*-Lizenz hat der Lizenzgeber eine eigenständige Klageberechtigung. Diese ist auf einen Unterlassungsanspruch und einen Anspruch auf eine angemessene Lizenzgebühr[303] beschränkt. Durch eine Patentverletzung wird die Verkaufsmenge des *Senyô*-Lizenznehmers verringert, sodass die Lizenzgebührzahlungen an den Lizenzgeber ähnlich abnehmen.   769

Senyô-Lizenzen können zusammen mit dem Geschäftsbetrieb übertragen werden oder bei Gesamtrechtsnachfolge (zum Beispiel Erbschaft oder Verschmelzung). Ansonsten ist zur Übertragung die Zustimmung des Schutzrechtsinhabers erforderlich.   770

Eine *Senyô*-Lizenz kann mit dem Einverständnis des Patentinhabers verpfändet werden (§ 77(3) JPatG). Bei einer *Senyô*-Lizenz ist eine Korrektur des   771

---

301 »Flüssigbrennstoff«, Obergericht Tokyo, 16.9.1991, 22–3 *Mutaishû*, *IIC*, Vol. 24 (1993), Seite 391.
302 Bezirksgericht Osaka, 30.3.1979.
303 Bezirksgericht Osaka, 23.3.1979; 11–1 *Mutaishû* 247.

lizenzierten Patentes, die vom Patentinhaber vorzunehmen wäre, nur mit Einverständnis des Lizenznehmers möglich.

772 Eine *Senyô*-Lizenz nimmt dem Lizenznehmer nicht die Berechtigung zu einem Nichtigkeitsantrag[304]. Im Fall der *Senyô*-Lizenz für die Marke JEU-NESSE entschied das Obergericht Tokyo im Jahre 1979, dass eine *Senyô*-Lizenz nicht die Einreichung eines Löschungsantrags für die eingetragene Marke ausschließt. Es sei vernünftig, dass die Erlangung einer *Senyô*-Lizenz versucht werde. Der Lizenznehmer verliere sein Rechtsinteresse am Löschungsantrag nur, wenn der Lizenzvertrag unter speziellen Umständen zustande gekommen sei, wenn sich z. B. der *Senyô*-Lizenznehmer vertraglich verpflichtet habe, die Gültigkeit der Markeneintragung nicht zu bestreiten. Im »Hitachi«-Fall von 1964 beachtete allerdings das Obergericht Tokyo die vertragliche Verpflichtung nicht, denn die privaten vertraglichen Rechte zwischen den Parteien haben nichts zu tun mit dem öffentlichen Recht einer »interessierten Partei«, wegen Ungültigkeit des Patentes zu klagen[305]. Hierbei soll es nur eine mündliche Vereinbarung gegeben haben, das eingeleitete Nichtigkeitsverfahren einzustellen.

773 Eine Vereinbarung (hier eine Schlichtungsvereinbarung) hinsichtlich einer exklusiven Lizenz für eine bestimmte Patentanmeldung in bestimmten Ländern erstreckt sich nicht auf identische oder ähnliche Patente in Japan oder im Ausland. Der Gegenstand einer Lizenzvereinbarung wird eng ausgelegt.[306]

774 **7.2.5.2 Tsûjô-Lizenzen**

775 Es gibt drei Arten von gewöhnlichen (*Tsûjô*) Lizenzen. Erstens die *Kyodaku*-Lizenz, die eine gewöhnliche vertragliche Lizenz ist. Zweitens die *Hôtei*-Lizenz, die unter dem Gesetz verliehen wird. Drittens die *Saitei*-Lizenz, die vom Patentinhaber unter dem Patentgesetz unter Intervention durch die Regierung erteilt wird. *Tsûjô*-Lizenzen können ebenfalls beim JPA registriert werden.

776 Ein *Tsûjô*-Lizenznehmer ist nicht selbstständig wegen Patentverletzung klagebefugt. In Hinblick auf die Schadensersatzvermutung von § 102(1) JPatG setzt sich daher die Herstellungskapazität aus der Herstellungskapazität von Patentinhaber und Lizenznehmer zusammen[307].

---

304 Obergericht Tokyo, 30.7.1985, 17–2 *Mutaishû* 344.
305 *Japanese Patent Law* von Tetsu Tanabe und Harold C. Wegner, AIPPI Japan, 1979, Seiten 218–219; Fall Nr. Showa 31 Gyo-Na 48; »Hitachi vs. Sumitomo Bakelite«, Obergericht Tokyo 1964.
306 »Germanium«, Obergericht Tokyo, 12.4.1990, 22–1 *Mutaishû* 291.
307 Bezirksgericht Tokyo, 16.7.1999, 1698 *Hanrei Jihô* 132: Wenn der Verkaufspreis des Patentinhabers zur Berechnung von entgangenem Gewinn benutzt wird, muss auch der Verkaufspreis der Lizenznehmer berücksichtigt werden. Vorliegend wurden daher die Verkaufsmen-

Eine ausschließliche *Tsûjô*-Lizenz liegt vor, wenn eine ausschließliche Lizenz   777
nicht beim JPA registriert wurde. Der Inhaber einer solchen Lizenz kann zu
einer Klage auf Schadensersatz berechtigt sein:

»Der ausschließliche, aber nicht registrierte Lizenznehmer an einem Geschmacksmusterrecht ist
von sich aus nicht zu einer Klage auf Unterlassung berechtigt. Selbst wenn er vom Lizenzgeber
hierzu ermächtigt worden sein sollte, kann er nicht auf Unterlassung klagen. Er kann jedoch von
sich aus auf Schadensersatz klagen.«[308]

Ein nicht ausschließlicher Lizenznehmer kann zusammen mit dem Patentinhaber eine einstweilige Verfügung beantragen[309].

7.2.5.3 Zwangslizenzen   778

Zu den nicht exklusiven, einfachen Lizenzen gehören auch Zwangslizenzen.   779
Zwangslizenzen können erteilt werden, wenn

(1) ein Patent oder Gebrauchsmuster während mehr als drei Jahren in
Japan nicht oder nicht ausreichend benutzt worden ist (vgl. § 83(1) JPatG,
»ausreichende und kontinuierliche Benutzung«);
(2) der Inhaber einer patentierten Erfindung das Schutzrecht (Patent, Gebrauchsmuster oder Geschmacksmuster), von dem sein Patent abhängt,
benutzen will (§ 92 JPatG); oder
(3) ein besonderes öffentliches Interesse an der Ausübung der patentierten
Erfindung (Patent- oder Gebrauchsmuster) besteht (§ 93 JPatG).

Es scheint keine japanischen Entscheidungen zu Zwangslizenzen zu geben,
sodass die Bedeutung dieser Vorschriften vernachlässigbar ist. Überdies hat
sich Japan 1994 in einer bilateralen Vereinbarung mit den USA im Wesentlichen dazu verpflichtet, keine Zwangslizenzen zu erteilen.

7.2.5.4 Registrierung von Lizenzen   780

Die Eintragung einer Lizenz beim JPA dauert einige Wochen, im Allgemeinen   781
zwei Wochen. Für die Registrierung der Lizenz im JPA sind folgende Dokumente erforderlich:

a) Lizenzvertrag oder dessen Kurzfassung;
b) Bestätigung der Nationalität des Lizenzgebers und der Nationalität des
Lizenznehmers;
c) Anwaltsvollmacht beider Seiten.

---

gen addiert und – da sich die Verkaufspreise von Lizeninhaber und Lizenznehmer sehr
unterschieden – ein mittlerer Verkaufspreis herangezogen.
308 »Perma Brush«, Obergericht Osaka, 20.6.1986, 18–2 *Mutaishû* 215.
309 »Polypropylen«, Bezirksgericht Osaka, 26.12.1964, 15–12 *Ge-Min* 3121.

782   Die Registrierung erfordert die Zustimmung beider Parteien. Der Lizenznehmer kann die Zustimmung nur verlangen, wenn diese im Lizenzvertrag festgelegt ist[310]. Umgekehrt ist die Beendigung einer Lizenzvereinbarung kein
automatischer Grund für die Löschung der Registrierung, sodass eine entsprechende Bestimmung in die Lizenzvereinbarung aufgenommen werden
sollte[311].

783   **7.2.5.5 Unterlizenzen**

784   Unterlizenzen können vom Inhaber einer *Senyô*-Lizenz erteilt werden. Erforderlich ist dazu die Zustimmung des Patentinhabers (§ 77(4) JPatG). Diese
Lizenz ist ihrerseits nur eine nicht exklusive Lizenz, die aber im Register
eingetragen werden kann. Zum Schutz vor einem etwaigen Verlust der Unterlizenz im Falle eines Wechsels des Patentinhabers oder des Unterlizenzgebers
ist eine Registrierung erforderlich.

785   Unterlizenzen können im Rahmen der Vertragsfreiheit auch an nicht exklusiven Lizenzen erteilt werden. Die Wirkungen sind dann rein schuldrechtlich;
für die Vergabe von solchen Unterlizenzen wird im Zweifel, soweit keine
ausdrückliche Regelung im Hauptlizenzvertrag besteht, ebenfalls die ausdrückliche Zustimmung des Schutzrechtsinhabers nötig sein.

786   Von der Unterlizenz zu unterscheiden ist die Gestattung der Herstellung
durch Andere (Sub-Unternehmerverträge). Falls die Beschäftigung solcher
Sub-Unternehmer nicht ausdrücklich ausgeschlossen ist, gilt die Lizenzer-
teilung auch für deren Einschaltung. Eine Lizenz, welche die Herstellung eines
Produktes erlaubt, umfasst auch stets das Herstellenlassen. Für die Beschäftigung von Sub-Unternehmern ist daher die Gewährung von Unterlizenzen
nicht erforderlich. Meistens ist dies auch nicht wünschenswert, damit die
Sub-Unternehmer keine eigenen Rechte erwerben. Bei Handelsgeheimnissen
bzw. Know-how sollte vertraglich vereinbart werden, dass diese Informationen nicht an Sub-Unternehmer weitergegeben werden dürfen.

787   **7.2.5.6 Klauseln in Lizenzverträgen[312, 313]**

788   **Wettbewerbsrechtlich relevante Klauseln**

789   Der Lizenzvertrag unterliegt den Regelungen des japanischen Antimonopol-
rechts. Am 20.4.1993 hat die japanische Kartellbehörde (JFTC) Richtlinien für

---

310 OGH, 20.4.1973, 295 *Hanrei Times* 258.

311 »Harika«, Bezirksgericht Tokyo, 29.6.1994, 230 *Hanketsu Sokuhô* 6.

312 Christopher Heath, Chapter 6, »Technology Transfer in Japan«, Seiten 99–137, in *Legal Rules
of Technology Transfer in Asia*, Hrsg. Christopher Heath & Kung-Chung Liu, Kluwer Law
International, 2002; insbesondere Seiten 132–135.

313 Peter Rodatz, »Lizenzverträge mit japanischen Gesellschaften«, *ZJapanR*, Vol. 5 (1997), Seite
74 ff.; Reinhard Neumann, in *Japaninfo*, 15. Jahrgang, 7.2.1994, Nr. 2, Seiten 18–24.

die Anwendung des »Antimonopoly Act to Research and Development Joint Ventures« veröffentlicht. Diese Richtlinien teilen die Vertragsklauseln aus Lizenzverträgen in drei Gruppen (weiße, graue und schwarze Klauseln) ein; maßgeblich sind mittlerweile die Richtlinien der FTC von 1998 zu Patent- und Know-how-Lizenzvereinbarungen[314]:

1) Klauseln, bei denen in der Regel kein Verstoß gegen das Wettbewerbs-recht vorliegt (sog. »white provisions«)
2) Klauseln, bei denen ein Verstoß gegen das Wettbewerbsrecht vorliegen könnte (sog. »gray provisions«)
3) Klauseln, bei denen mit hoher Wahrscheinlichkeit ein Verstoß gegen das Wettbewerbsrecht vorliegt (sog. »black provisions«).

Zu den Klauseln, die unter die »gray provisions« fallen, gehören:

- Beschränkungen des Exports in ein bestimmtes Land
- Beschränkungen des Produktions- und Verkaufsumfangs
- Beschränkungen der Verkaufsbedingungen
- Beschränkungen bezüglich der Herkunft der Rohmaterialien
- Beschränkungen hinsichtlich der Qualität und des Standards der Produkte

Als mit hoher Wahrscheinlichkeit wettbewerbsrechtlich bedenklich (schwarze Klauseln) werden eingestuft:

- Preisbindungsabsprachen mit Wirkung gegenüber Dritten

Die »white provisions« werden im Allgemeinen durch Abgrenzung zu den »gray« und »black provisions« bestimmt. Als wettbewerbsrechtlich unbedenk-lich gelten insbesondere:

- Bestimmungen, die befristet sind, um dadurch die Geheimhaltung des Lizenzgegenstandes zu sichern
- befristete Beschränkungen von Rohstofflieferungen an bestimmte Dritte, soweit dies für die Geheimhaltung oder Entwicklung des Lizenzgegenstan-des erforderlich ist
- Bestimmungen zum Schutz der bereits erreichten Qualität des Lizenz-gegenstandes, soweit diese Bestimmungen verhältnismäßig sind und sich auf den Erwerb von Produkten anderer Mitbewerber beschränken.

Folgende vertikale Beschränkungen werden als unrechtmäßig angesehen: 790

- Missbrauch der Position des Lizenzgebers durch Auferlegung von Lizenz-zahlungen nach Ablauf des Patentrechts;

---

314 »Guidelines for Patent and Know-how Licensing Agreements (under the Antimonopoly Act)«, Fair Trade Commission, 1998 (www.jftc.go.jp/e-page/guideli/patent99.htm).

– Lizenzierung von mehr als einem Patent, obwohl es für die vorliegende Technologie unnötig ist;

– Verpflichtung des Lizenznehmers zur Übertragung von Rechten an Verbesserungserfindungen ohne Ausgleich;

– Verpflichtung des Lizenznehmers zur Gewährung von exklusiven Lizenzen für Verbesserungserfindungen ohne entsprechende Verpflichtungen für den Lizenzgeber.

791 Nichtangriffsabreden

Nichtangriffsabreden in Lizenzverträgen sind nicht erlaubt. Allerdings kann im Lizenzvertrag eine Kündigungsmöglichkeit durch den Lizenzgeber für den Fall des Angriffs auf Schutzrechte durch den Lizenznehmer vorgesehen werden.

792 Sonstige Klauseln

793 Rechtswahl

Die Parteien können im Vertrag das Recht vereinbaren, dem der Lizenzvertrag unterliegen soll. Verzichten die Parteien auf die Rechtswahl, wird im Streitfalle der Richter das anwendbare Recht bestimmen. Der deutsche Richter wird den Vertrag dem Wohnsitzrecht des Lizenzgebers unterstellen, wenn den Umständen keine Indizien für einen anders lautenden Parteiwillen entnommen werden können. Sofern in einer internationalen Lizenzvereinbarung betreffend ein geistiges Eigentumsrecht in Japan nichts anderes bestimmt ist, wird die Vereinbarung nach japanischem Recht beurteilt[315].

794 Gerichtsstandsvereinbarung

Die Vereinbarung eines Gerichtsstandes für vermögensrechtliche Streitigkeiten ist zulässig. Daher ist es für die Parteien des Lizenzvertrages möglich, einen deutschen Gerichtsstand zu vereinbaren. Die möglicherweise erforderlich werdende Zwangsvollstreckung des deutschen Urteils in Japan kann jedoch Schwierigkeiten bereiten. Zur Durchführung der Zwangsvollstreckung benötigt der deutsche Kläger ein Vollstreckungsurteil des zuständigen japanischen Gerichts. Die Erteilung dieses Urteils setzt Gegenseitigkeit bei der Urteilsanerkennung im Rechtsverkehr zwischen Deutschland und Japan voraus. Es ist daher für den deutschen Partner ratsam, sich im Vertrag die Möglichkeit offenzuhalten, seinen Vertragspartner sowohl in Deutschland als auch in Japan verklagen zu können.

---

315 »Flüssige Treibstoffkomponente«, Obergericht Tokyo, 16.9.1991, IIC, Vol. 24 (1993), Seite 391.

Schiedsklausel[316]   795

Für die Entscheidung von Streitfällen zwischen den Vertragspartnern kann ein Schiedsgericht für zuständig erklärt werden. Der Kläger kann nach dem Spruch eines japanischen Schiedsgerichts die Zwangsvollstreckung nach Erteilung der Vollstreckungsklausel durch das zuständige japanische Gericht einleiten. Handelt es sich dagegen um den Spruch eines ausländischen Schiedsgerichts, dessen Behandlung sich in Japan nach dem UN-Abkommen über die Anerkennung und Vollstreckung ausländischer Schiedssprüche vom 10.6.1958 richtet, wird nicht nur die Vollstreckungsfähigkeit des Schiedsspruches nach japanischem Zivilprozessrecht, sondern auch seine Vereinbarkeit mit den Grundsätzen der japanischen Rechtsordnung geprüft.

Nach einer Vereinbarung zwischen dem deutschen »Ausschuss für Schiedsgerichtswesen« und der Japan Commercial Arbitration Association über den Einsatz von Schiedsgerichtseinrichtungen im Handel zwischen Deutschland und Japan vom 26.3.1959 richtet sich ein Schiedsgerichtsverfahren, das in Japan stattfindet, nach den Vorschriften der Japan Commercial Arbitration Association (JCAA). Ein entsprechendes Verfahren in Deutschland unterliegt den Statuten des ständigen Schiedsgerichts beim deutschen Ausschuss für Schiedsgerichtswesen.

Seit 1.4.1998 gibt es als weitere Möglichkeit zur Streitschlichtung das Japan Industrial Property Arbitration Center (JIPAC), das von der Vereinigung der japanischen Anwaltsverbände und der Vereinigung der japanischen Patentanwälte gemeinsam errichtet wurde.

Registrierung der Lizenz beim JPA   796

Die Registrierung einer Lizenz beim JPA erfordert die Zustimmung beider Parteien. Falls eine Registrierung der Lizenz beim JPA vorgenommen werden soll, ist es daher sinnvoll, dies im Lizenzvertrag zu vereinbaren. Es ist herrschende Meinung in Japan, dass der Lizenznehmer bei Fehlen einer solchen Klausel kein Mittel hat, die Registrierung zu erzwingen[317]. Die Wirkung der Registrierung ergibt sich aus §§ 98 und 99 JPatG.

Ausschließlichkeitsbindungen   797

Bei der Lizenzierung von Patentanmeldungen sollte beachtet werden, dass die   798
Patentansprüche im Laufe des Prüfungsverfahrens vor dem JPA möglicher-

---

316 Vgl. hierzu auch Scheer, Schiedsgerichtsbarkeit in Japan, in Langenfeld-Wirth, *Joint Ventures im internationalen Wirtschaftsverkehr,* Heidelberg 1990.
317 OGH, 20.4.1970, Fall Nr. Showa 47 0 395: dies gilt selbst dann, wenn die Lizenz im Lizenzvertrag ausdrücklich als Exklusivlizenz bezeichnet wird; »Yaraks«, Bezirksgericht Tokyo, 29.6.1979; OGH, 20.4.1973, 295 *Hanrei Times* 258; »Brennstofftank«, Obergericht Tokyo, 9.5.1979, *GRUR Int.* 1983, 180.

weise eingeschränkt werden und das erteilte Patent einen geringeren Schutz-umfang hat. Der OGH entschied am 19.10.1993 in der Sache »H.B. Planning Co., Ltd. v. Hokushin Kogyo K.K.«[318, 319] hinsichtlich vertraglicher Ausschließlichkeitsbindungen wie folgt:

>»Bezieht sich eine vertragliche Ausschließlichkeitsbindung auf einen angemeldeten Patentanspruch, der nach Vertragsschluss nur in beschränktem Umfange erteilt wird, so erstreckt sich die Beschränkung ex nunc auch auf den Umfang der Nichtverletzungsklausel.«

799   Eine Klausel mag sinnvoll sein, welche die Übertragung der Lizenz ohne Zustimmung des Patentinhabers ermöglicht, um eventuell erforderliche Rückfragen zu vermeiden.

800   Unzulässig sind Klauseln, nach denen der Lizenznehmer nach Vertragsende keine konkurrierenden Produkte herstellen oder keine konkurrierende Technologie anwenden kann. Im Falle von Know-how-Lizenzvereinbarungen kann der Lizenznehmer allerdings für einen kurzen Zeitraum nach Vertragsablauf dazu verpflichtet werden, keine konkurrierenden Produkte herzustellen (»in dem Umfang, der notwendig ist, um eine nicht genehmigte Ausnutzung von lizenziertem Know-how zu verhindern«).

---

318   »H.B. Planning Co., Ltd. v. Hokushin Kogyo K.K.«; OGH, 19.10.1993, Fall Nr. 1992 0 364; diskutiert von Jinzo Fujino in *AIPPI Journal*, Mai 1994, Seiten 124–125:
Die Revisionsbeklagte, Hokushin Kogyo K.K., hatte in Japan am 4.10.1972 eine Patentanmeldung betreffend eine Anordnung von Barren auf Stapelfahrzeugen eingereicht, die hinsichtlich der Positionen keine Begrenzung für die Barren, die als Gewicht zur Stabilisierung des Körpers des Stapelfahrzeuges während seiner Operation dienen, enthielt. Für die Zeit von Januar bis April 1972 beauftragte Hokushin den Revisionskläger, H.B. Planning, für Hokushin Stapelfahrzeuge herzustellen, welche die Idee von Hokushin nutzten. H.B. Planning willigte mündlich ein, wobei er sich auch in Hinblick auf die in der Vorbereitung befindliche Patentanmeldung bereit erklärte, die von ihm hergestellten Stapelfahrzeuge nicht an Dritte zu verkaufen. Das Patent wurde nach einer Einschränkung auf eine bestimmte Anordnung erteilt. Im Juni 1980 begann H.B. Planning, die Stapelfahrzeuge an Dritte zu verkaufen. Hokushin klagte auf Unterlassung und Schadensersatz mit der Behauptung, dass die Verkäufe an Dritte die mündliche Vereinbarung zwischen den Parteien brechen. Das Bezirksgericht entschied, dass die Stapelfahrzeuge von H.B. Planning nicht mehr unter den eingeengten Patentanspruch fallen, und dass nicht verletzende Produkte nicht Gegenstand der Vereinbarung seien. Das Obergericht Tokyo hob diese Entscheidung auf. Es stellte Vertragsbruch fest und gewährte Schadensersatz unter § 709 JBGB, da es keine Änderung im Produkt gegeben hatte, das der Gegenstand der mündlichen Vereinbarung gewesen war.
Der OGH hob die Entscheidung des Obergericht Tokyo auf. Er führte aus, dass die einzig vernünftige Interpretation der Vereinbarung zwischen den Parteien sei, dass H.B. Planning ein exklusives Recht unter dem Patent erhielte. Dies war jedoch bei dem tatsächlich erteilten Patent nicht mehr der Fall. Der OGH erklärte, dass die vertragliche Verpflichtung von H.B. Planning, die Produkte nicht an andere zu verkaufen, flexibel interpretiert werden sollte, um die Änderungen im Umfang des fraglichen Patents zu berücksichtigen.
319   Vgl. *GRUR Int.* 1995, Seiten 341–343.

Geheimhaltung von Know-how   801

In Know-how-Lizenzvereinbarungen ist eine Verpflichtung zur nachvertraglichen Geheimhaltung von Know-how zulässig.

Horizontale Wettbewerbsbeschränkungen (§ 3 JAMG)   802

In der »Guideline on Joint Research and Development« vom 20.4.1993 iden-   803
tifizierte die JFTC Beschränkungen von Forschungsaktivitäten außerhalb des
Gebietes gemeinsamer Forschung und nach Ablauf der Vertragslaufzeit, Beschränkungen hinsichtlich Forschung und Entwicklung für die gemeinsam
entwickelte Technologie, der Rückgewährung von Verbesserungserfindungen,
sowie Verkaufsbeschränkungen der entwickelten Produkte hinsichtlich Gebiet, Zulieferern oder Preisgestaltung[320].

Eine horizontale Wettbewerbsbeschränkung kann auch bei Patent-Pools vor-   804
liegen[321]. Nach den Richtlinien von 1998 für Patent- und Know-how-Lizenzvereinbarungen sind Patent-Pools oder Cross-Licensing-Vereinbarungen verboten, die neu eintretenden oder bereits existierenden Unternehmen ohne
rechtfertigende Gründe Lizenzen verweigern, oder andere Maßnahmen, die
deren Markteintritt verhindern. Hierzu gehören auch Lizenzbedingungen, die
den Zugang von weiteren Mitgliedern verhindern.

7.2.5.7 Übertragung von Lizenzen an Dritte   805

Die Übertragung von Lizenzen an Dritte ist in §§ 77 ff. JPatG geregelt. Die   806
Übertragung einer registrierten Lizenz ist nur wirksam, wenn sie dem JPA
angezeigt worden war.

7.2.5.8 Lizenzgebühren und deren steuerliche Behandlung   807

Eine Entscheidung über die Ungültigkeit eines Patentes auf Grund der Aktion   808
eines Dritten berechtigt einen Lizenznehmer im Allgemeinen nicht zur Rückerstattung bereits gezahlter Lizenzgebühren[322]. Wenn allerdings der Lizenzvertrag als solcher ungültig ist, kann der Lizenznehmer die Lizenzgebühr

---

320 Iyori/Uesugi/Heath, *Das japanische Kartellrecht*, Carl Heymanns Verlag KG, Köln 1994,
     Seiten 308–315.
321 »Pachinko-Spielautomaten und Kartellrecht: Empfehlungsentscheid Nr. 5 aus 1997 der Wett-
     bewerbsbehörde (JFTC) vom 20.6.1997«; *ZJapanR* , Heft 4 (1997), Seiten 148–152.
322 »Hamakuni Rail K.K. vs. Yasuda«; Bezirksgericht Osaka, 28.1.1977, Fall Nr. Showa 42 Wa
     6028; 353 *Hanrei Times* 272; diskutiert in *Japanese Patent Practice* von Tetsu Tanabe und
     Harold C. Wegner, AIPPI Japan, 1986; Seiten 3–4. Hier hatte der Lizenznehmer (Antrag-
     steller) zwar ursprünglich die Rechtsbeständigkeit des zugrunde liegenden Gebrauchsmusters
     angegriffen, später aber im Rahmen einer »gütlichen Vereinbarung« den Nichtigkeitsantrag
     zurückgezogen und sich sogar bei der Durchsetzung des Gebrauchsmusters beteiligt, das
     dann schließlich als Ergebnis des Nichtigkeitsantrags eines Dritten für nichtig erklärt wurde.

zurückverlangen[323] oder die Registrierung der Lizenz ablehnen. Beim Verschweigen der wahren Verkaufszahlen kann der Lizenzgeber die ihm entgangenen Lizenzgebühren einfordern[324].

809   **Steuerliche Behandlung der Lizenzgebühr[325]**

810   Gemäß § 167(7) JEStG sind Zahlungen für die Benutzung von geistigen Eigentumsrechten zu versteuern. Hinsichtlich der steuerrechtlichen Behandlung der Lizenzgebühr kann unterschieden werden, ob die Besteuerung in dem Staat erfolgt, in dem der Lizenznehmer oder der Lizenzgeber seinen Sitz hat. Werden die Lizenzgebühren in dem Staat besteuert, in dem sie ihren Ursprung haben (Quellenland), darf die Steuer bestimmte Beträge nicht überschreiten. Im Falle von Japan bzw. USA sind dies 10 %, bei Entwicklungsländern dagegen 20 %.

811   Die Benutzung der geistigen Eigentumsrechte muss sich auf japanische geistige Eigentumsrechte beziehen. Andere Zahlungsverpflichtungen (für Material, Maschinen etc.) sollten in der Lizenzvereinbarung als solche kenntlich gemacht werden, damit nicht der Gesamtbetrag versteuert werden muss[326]. Die Steuern sind vom Lizenznehmer zu entrichten, der in diesen Steuerangelegenheiten ausschließlich klagebefugt ist. Lizenzgebühren werden mit einem Pauschalsatz von 20 % versteuert. Ist der Lizenzgeber in einem Staat ansässig, mit dem Japan ein Doppelbesteuerungsabkommen abgeschlossen hat, beträgt der Steuersatz 10 %. Zum 1.4.1998 ist die Pflicht zur Zahlung von Lizenzgebühren über eine hierzu autorisierte Bank entfallen.

812   In Japan wird somit eine Besteuerung in Abhängigkeit vom Nutzungsort der geistigen Eigentumsrechte vorgenommen, wobei generell auch am Ort des Lizenznehmers Steuern zu entrichten sind. § 161 JEStG und § 138 des japanischen Unternehmenssteuergesetzes betonen hinsichtlich des Ortes der Versteuerung den Ort der Verwendung, wie auch das Steuerabkommen zwischen Japan und den USA. Patentrechte umfassen Herstellung und Verkauf. Wenn

---

323 »Kabushiki Kaisha Kinkasha vs. Michio Nagasawa«, Fall Nr. Showa 48 Wa 10,175; Bezirksgericht Tokyo 1977. Nach Zahlung der Lizenzgebühren stellte sich heraus, dass die Erfindung des lizenzierten Patentes nicht realisierbar war, weil der hierzu notwendige Klebstoff nicht erhältlich war. Das Bezirksgericht gewährte dem Kläger die Erstattung der Lizenzgebühren, wies aber die Schadenersatzforderung zurück. Der Patentinhaber legte gegen das Urteil erfolglos Berufung ein. Das Obergericht Tokyo gewährte mit Urteil vom 26.4.1978 (Fall Nr. Showa 52 Ne 550) Erstattung der Lizenzgebühren sowie Schadensersatz angesichts der in Hinblick auf die Nutzung der Erfindung vorgenommenen baulichen Veränderungen sowie eingekauften Maschinen und Chemikalien.

324 »Nichiro Gyogyo K. K. vs. eine bestimmte Person«; Bezirksgericht Tokyo 1976; vgl. Tanabe/ Wegener, *Japanese Patent Practice*, Seiten 11–12.

325 Jinzo Fujino, *AIPPI Journal*, Vol. 21, No. 6 (1996), Seiten 292–295.

326 Rodatz, »Lizenzverträge mit japanischen Gesellschaften«, *ZJapanR*, Heft 5, Seiten 74, 87.

Herstellung und Verkauf in unterschiedlichen Ländern stattfinden, ist es schwierig festzustellen, welcher Teil der Patentrechte in welchem Land benutzt wird. Die Zuständigkeit in Steuersachen richtet sich daher nach den Bestimmungen in der Lizenzvereinbarung.

Es gibt wenige IP-Fälle mit steuerrechtlichen Gesichtspunkten vor japanischen Gerichten. Eine wichtige Entscheidung[327] ist der »Luftkompressor-Fall« von 1985, in dem das Bezirksgericht Tokyo zur Bestimmung der Steuerquelle den Ort der Herstellung von größerer Bedeutung ansah als den Ort des Verkaufs. Hierbei gab es jedoch auch eine Know-how-Lizenz.

Der Fall »Silver Seiko K. K. vs. Higashi Murayama Steueramt«[328] betrifft eine Ausnahme von der Regel, dass Lizenzzahlungen von Japan ins Ausland in Japan zu versteuern sind, sofern ein japanisches Patent in die Lizenz eingeschlossen wird. Silver Seiko ist Herstellerin von Schreibmaschinen, Druckern u. ä. Von Silver Seiko in Japan hergestellte und in die USA exportierte Drucker wurden von der US-Firma Qume Co. als Verletzung von deren US-Patent angesehen. Qume wandte sich daher 1983 an die ITC (International Trade Commission). Als unfaire Taktik, welche die US-Industrie nachhaltig schädigen könnte, suchten sie um Anwendung des Customs Law Section 337 nach, um den Import der Drucker zu verhindern. Zu der Zeit war das japanische Patent von Qume noch im Prüfungsverfahren. Qume und Silver Seiko schlossen dann einen Vertrag, mit dem diese Streitigkeiten beigelegt wurden. Zum Zeitpunkt des Vertragsabschlusses war das japanische Patent von Qume erteilt. Es wurde allerdings im Vertrag nicht erwähnt.

Silver Seiko leistete Zahlungen an Qume, ohne anwendbare Einkommensteuer abzuziehen. Eine örtliche Steuerbehörde sah darin eine Verletzung des JEStG durch Silver Seiko. Silver Seiko verklagte daraufhin die Steuerbehörde. Die Zahlungen seien Schadensersatz und Lizenzgebühren hinsichtlich des US-Patentes und daher kein versteuerbares Einkommen unter dem JEStG. Im Gegensatz hierzu stellte sich die Steuerbehörde auf den Standpunkt, dass sich die Beurteilung der Versteuerbarkeit nach dem Ort der Herstellung zu orientieren habe. Da in diesem Fall die Lizenz ein japanisches Parallelpatent beinhaltet und Silver Seiko von dessen Existenz wusste, sollte die Zahlung als Berücksichtigung dieses japanischen Parallelpatentes betrachtet werden.

813

---

327 Bezirksgericht Tokyo, 13. 5. 1985: Air compressors (Luftverdichter); eine amerikanische Firma hielt Patentrechte in den USA und Japan an der Herstellungstechnologie für Kompressoren. Weil die Herstellung ausschließlich in Japan geschah, aber nicht der Verkauf, betrachteten die Steuerbehörden 100 % der Lizenzgebühren als »domestic source income«. Die Verwendung des Patentrechts bei der Herstellung ist grundlegend und wichtiger als die Verwendung von Patentrechten auf der Stufe des Verkaufs.

328 Bezirksgericht Tokyo, 20. 10. 1992, Fall Nr. Sho 63 Gyo-U 191, vgl. Jinzo Fujino in *AIPPI Journal*, Vol. 21, No. 6 (1996), Seiten 292–295.

Das Bezirksgericht Tokyo widersprach der Steuerbehörde, indem es mehr Gewicht auf die Absicht der vertragschließenden Parteien legte als auf das Vorhandensein eines lizenzierten japanischen Patentes. Das Gericht entschied, dass der Vertrag die Nutzung des US-Patentes und die Beilegung diesbezüglicher Streitigkeiten betreffe.

814 Unter dem japanischen Steuergesetz variieren die Steuersätze in Abhängigkeit vom rechtlichen Status des ausländischen Unternehmen, wobei es wichtig ist, ob es eine permanente Einrichtung im Quellenland gibt. In Hinblick auf die USA tritt das Steuerabkommen zwischen Japan und den USA an die Stelle von lokalen Steuergesetzen, wobei ein vom Lizenznehmer einzubehaltender Steuersatz von 10 % festgelegt ist. Im Silver-Fall fand das Gericht, dass der Verkauf in den USA die Benutzung des US-Patentes darstellte, und entschied, dass japanisches Steuerrecht auf die Zahlung in Hinblick auf Verkäufe in den USA nicht anwendbar sei.

815 Diese Thematik tritt nur unter dem Steuerabkommen zwischen Japan und den USA auf. Die Steuerabkommen zwischen Japan und wesentlichen europäischen Staaten haben als Regel festgelegt, dass der Zahlende anstelle des Zahlungsempfängers verpflichtet ist, die in den bilateralen Steuerverträgen festgesetzte Steuer einzubehalten. Hierbei sind die Absicht der Vertragsparteien und die Natur der Zahlungen ohne Bedeutung.

816 Lizenzgebühren werden im Land des Lizenznehmers einer direkten Abzugssteuer, der so genannten Quellensteuer, unterworfen. Eine Herabsetzung dieser steuerlichen Belastung des Lizenzgebers ergibt sich durch das Doppelbesteuerungsabkommen zwischen der Bundesrepublik Deutschland und Japan vom 22.4.1966. Nach Artikel 12 dieses Doppelbesteuerungsabkommens können Lizenzgebühren, die an einen Vertragspartner gezahlt werden, bis zu 10 % der Bruttogebühren besteuert werden. Im Land des Lizenzgebers unterliegen die Lizenzerträge dann der normalen Besteuerung. Allerdings wird der im Land des Lizenznehmers bereits gezahlte Steuerbetrag gegen Vorlage der entsprechenden Quittungen auf die Steuerschuld angerechnet. Für nach japanischem Recht möglicherweise gezahlte Steuerbeträge, die 10 % der Bruttogebühren übersteigen, kann unter Berufung auf das Doppelbesteuerungsabkommen Rückerstattung verlangt werden.

7.2.6 Einschränkung des Patentrechts (Rechts des Patentanmelders 817 bzw. -inhabers)

7.2.6.1 Verwendung für Experimente und Forschung 818

Die Wirkungen des Patentrechts sollen sich nicht auf die Nutzung des Patent- 819
rechts für die Zwecke von Experimenten und Forschung erstrecken (§ 69(1)
JPatG). Dies bedeutet, dass die Nutzung von patentierten Erfindungen für
Forschungszwecke an Hochschulen, staatlichen oder privaten Instituten sowie
der Industrie vom Patentrechtsinhaber oder seinem Exklusivlizenznehmer
nicht untersagt werden kann. Daneben können Experimente unter Nutzung
der patentierten Erfindung beispielsweise für Ausbildungszwecke an Schulen
nicht untersagt werden.

Umstritten war lange Zeit, ob klinische Versuche oder Feldversuche, die 820
während der Laufzeit eines Patentes von einem Dritten mit dem Zweck
durchgeführt wurden, eine amtliche Zulassung für Herstellung und Verkauf
von patentierten Arzneimitteln oder Agrochemikalien nach Ablauf der Patentlaufzeit zu erhalten, unter die Ausnahme von § 69(1) JPatG fallen. In der Sache
»Monsanto vs. Stauffer« hatte das Bezirksgericht Tokyo am 10.7.1987 entschieden, dass die von Stauffer durchgeführten Feldversuche mit einem Herbizid, das unter ein Patent von Monsanto fiel, dieses Patent verletzten[329].

«Monsanto vs. Stauffer« (»Roundup«) war lange Zeit der führende Fall hin- 821
sichtlich Patentverletzung durch Feldversuche bzw. klinische Versuche[330]. Das
Patent Nr. 1,075,131 von Monsanto betraf gemäß Hauptanspruch »Herbizide,
dadurch charakterisiert, dass sie als effektive Komponente Verbindungen der
Formel $RCOCH_2NHCH_2POR^1R^2$ ... enthalten«. Es war unstreitig, dass die
Beklagte noch während der Laufzeit dieses Patentes eine halbstaatliche Organisation mit den zur Registrierung eines Herbizids beim Ministerium für
Landwirtschaft, Forstwesen und Fischerei notwendigen Untersuchungen be-
auftragte, die hierfür notwendige Menge des patentgeschützten Herbizides
importiert und unter Verwendung der auf diese Weise gewonnenen Daten
Antrag auf Zulassung ihres Produktes gestellt hatte.

Die Beklagte hatte geltend gemacht, dass die Verwendung der geschützten
Substanz nur für Forschungszwecke stattgefunden hat (§ 69(1) JPatG) und das
Verfahren zur Zulassung von Agrochemikalien eine geraume Zeit dauere (etwa
3–5 Jahre). Ein Verbot solcher Tests schon während der Schutzdauer würde

---

329 Vgl. IIC, Vol. 20 (1989), Seite 91.
330 Obergericht Tokyo, 10.7.1987; vgl. L.T. Welch »Impressions of Japanese Patent Litigation in
     Comparison with other countries«, in *AIPPI Journal*, Vol. 18, Nr. 2, March 1993, Seiten
     23–39 und 40–54; Capria in »The Monsanto Case: Are Japanese Courts interpreting patent
     claims broadly?«; *IP Asia*, 16.9.1988.

die Konkurrenten faktisch noch lange Zeit nach Ende der Patentlaufzeit an der Ausübung der Erfindung hindern, was der Intention des JPatG widersprechen würde.

Das Gericht gab der Klage mit der Begründung statt, dass Untersuchungen von Agrochemikalien, wie sie im vorliegenden Fall durchgeführt worden sind, nicht auf technologische Verbesserungen abzielen, sondern ausschließlich auf die kommerzielle Nutzung des Herbizids. Deshalb fallen besagte Untersuchungen nicht unter die Bestimmungen gemäß § 69(1) JPatG.

822 Zum damaligen Zeitpunkt gab es im japanischen Patentgesetz allerdings keine Vorschriften zur Laufzeitverlängerung. Diese wurden zum 1.1.1988 mit der Einfügung von §§ 67(3), 67bis, 67^{quater} und 68bis in das Patentgesetz eingeführt. Es war daher unklar, ob diese Entscheidung noch anwendbar wäre. Ob derartige klinische Versuche[331] während der Patentlaufzeit eine Patentverletzung darstellen, war zwischen März 1996 und April 1999, als hierzu eine höchstrichterliche Entscheidung erging, die dieses Problem abschließend regelte, eines der am meisten diskutierten Themen auf dem Gebiet des gewerblichen Rechtsschutzes in Japan. Ausgelöst wurde diese Diskussion durch Urteile des Bezirksgerichts Nagoya vom 6.3.1996[332] und des Obergerichts Nagoya vom 16.3.1996, in denen derartige klinische Tests für Generika während der Patentlaufzeit als Patentverletzung angesehen wurden.

823 In der Folge kam es zu mehr als 50 Gerichtsverfahren, in denen sich allmählich eine Kehrtwendung hin zu der Auffassung vollzog, derartige klinische Versuche nicht mehr als Patentverletzung anzusehen.

Eingeläutet wurde diese Änderung durch die Entscheidung des Bezirksgerichts Osaka vom 7.2.1997 in »Kyorin Seiyaku K.K. vs. Sawai Seiyaku K.K.«, wonach klinische Versuche keine Patentverletzung sind[333]. Das Gericht wies den Antrag des Inhabers eines Patentes für den pharmazeutischen Wirkstoff Norfloxacin auf Erlass einer einstweiligen Anordnung gegen den mutmaßlichen Patentverletzer zurück. Dem Beklagten wurden Weiterbenutzungsrechte für die als Ergebnis des geänderten § 67 JPatGaF verlängerte

---

331 Die Durchführung der klinischen Tests dauert 1–1½ Jahre und die Behörden benötigen weitere 1 bis 1½ Jahre für die Entscheidung; insgesamt sind also 2–3 Jahre notwendig. Um festzustellen, ob jemand unerlaubte klinische Tests durchführt, sind eigene Nachforschungen des Patentinhabers notwendig, da keine offizielle Verlautbarung stattfindet.

332 Entscheidungen Nr. 1995 Yo 769, 770 und 771; vgl. Shoichi Okuyama in *AIPPI Journal*, Vol. 21, Nr. 6 (1996), Seiten 307–310: »Synthélabo vs. Hotta Yakuhin Gosei K.K.«, »Synthélabo vs. Maruko Seiyaku K.K.«, »Synthélabo vs. Taiyo Yakuhin Kogyo K.K.«; Bezirksgericht Nagoya, 6.3.1996.

333 Vgl. V. Vanbellingen-Hinkelmann, K. Hinkelmann, *AIPPI Journal*, Vol. 22, Nr. 3, Mai 1997, Seiten 124–132.

Patentlaufzeit gewährt. Das Patent sollte 15 Jahre nach dem Auslegedatum am 4.9.1995 erlöschen, da aber im § 67 des geänderten Patentgesetzes die Patentlaufzeit auf 20 Jahre ab Einreichdatum geändert wurde, wurde die Laufzeit des Patentes bis zum 16.5.1997 verlängert. Das Gericht sah in den klinischen Versuchen, die der Beklagte vor Verlängerung der Patentlaufzeit durchgeführt hatte, um die Genehmigung des Gesundheitsministeriums (*Kôsaishô*) für Herstellung und Verkauf seiner Arzneimittel zu erlangen, keine Patentverletzung. Interessanterweise sah das Gericht in den klinischen Versuchen weder eine Nutzung der patentierten Erfindung für Forschungs- oder Experimentierzwecke gemäß der Beschränkung des Patentrechts nach § 69(1) JPatG noch eine kommerzielle Ausübung des Patentes gemäß § 68 JPatG.

Die Rechtsprechung auf diesem Gebiet ist Gegenstand zahlreicher Veröffentlichungen[334, 335, 336]. Das Bezirksgericht Tokyo entschied beispielsweise in »Otsuka Pharmaceutical Co., Ltd. vs. Towa Yakuhin« am 18.7.1997, dass klinische Versuche, die ein Dritter während der Patentlaufzeit zum Zwecke des Erhalts einer amtlichen Produktionserlaubnis durchführt, keine Patentverletzung darstellen[337]. Auf Basis seiner Produktionslizenz hatte der Beklagte das dem Kläger patentgeschützte, Procaterolhydrochlorid enthaltende Produkt nach Ablauf der Patentlaufzeit auf den Markt gebracht. Der Patentinhaber versuchte unter Hinweis auf die Dauer von Zulassungsverfahren (30 Monate) zu erreichen, dass das Gericht bis zum Ablauf dieser Periode ein Produktionsverbot erlässt. Diese Zeit wäre notwendig, wenn die klinischen Versuche während der Patentlaufzeit nicht erlaubt werden. Der Kläger verlangte auch den Entzug der amtlichen Produktionslizenz. Hierzu bemerkte das Gericht, dass § 14(3) des Gesetzes zur Genehmigung von Arzneimitteln (*Yakuji Hô*) und verwandte Regelungen die Generikahersteller von grundlegenden Forschungen und Tierversuchen, die normalerweise teuer sind, befreien. Generikahersteller müssen im Gegensatz zu Herstellern patentierter Güter keine Untersuchungen und Überwachungen nach dem In-Verkehr-Bringen ihrer Produkte durchführen. Unter § 74bis dieses Gesetzes könne die

---

334 In folgenden Entscheidungen des Bezirksgerichts Tokyo wurden klinische Versuche als nicht patentverletzend angesehen: 18.7.1997, IPAsia 11/2 (Februar 1998), Seite 11; 29.8.1997, 269 *Hanketsu Sokuhô* 7 [1997]; 6.10.1997, 1630 *Hanrei Jihô* 127; 9.2.1998, 1632 *Hanrei Jihô* 119.

335 V. Vanbellingen-Hinkelmann, K. Hinkelmann, *AIPPI Journal*, Vol. 23, No. 2 (March 1998), 57–59.

336 Vgl. Christopher Heath »The Patent Exemption for »Experimental Use« in Clinical Trials – Germany, Japan, and the U.S. Compared« in *AIPPI Journal*, Vol. 22, No. 6 (November 1997), Seiten 267–295; Christopher Heath, *IPAsia*, December 1998/January 1999, Seiten 23–26; Hidero Niioka, *Klinische Versuche im Patentrecht*, Eine rechtsvergleichende Untersuchung des europäischen, U.S.-amerikanischen und japanischen Patentschutzes von pharmazeutischen Erfindungen, Carl Heymanns Verlag, 2003.

337 »Otsuka Pharmaceutical Co., Ltd. vs. Towa Yakuhin«, Bezirksgericht Tokyo, 18.7.1997, Fall Nr. 1996 Wa 7430; vgl. Jinzo Fujino in *AIPPI Journal*, Vol. 22, Nr. 6 (1997), Seiten 296–300.

Arzneimittelzulassung auch dann nicht gelöscht werden, wenn das besagte Generikum ein Patent verletzen würde.

Das Gericht bemerkte zur Interpretation der Ausnahmebestimmung von § 69(1) JPatG, dass sich das Patentrecht nicht auf die Verwendung der patentierten Erfindung für Tests und Forschung erstrecke, sofern solche Tests durchgeführt werden, um das in der patentierten Erfindung offenbarte technologische Niveau zu erreichen. Hierzu gehöre die Analyse von Beispielen, basierend auf der Offenbarung in der Patentbeschreibung die Erkennung und Lösung von Problemen bei der Benutzung von Erfindungen, oder Tests für die Ermittlung der speziellen Bedingungen für eine effiziente Nutzung. Der Beklagte erhielt keine direkten Gewinne aus seiner Nutzung der Erfindung zum Zwecke der Verfahrenszulassung.

824 Die kontrovers geführten Diskussionen wurden im Wesentlichen durch die Entscheidung des OGH vom 16.4.1999 in der Sache »Ono Pharmaceutical Co.Ltd. vs. Kyoto Pharmaceutical Co., Ltd.« (Fall Nr. 1998 Ju 153) abgeschlossen[338]. Der OGH bestätigte die zugrunde liegende Entscheidung des Obergerichts Osaka vom 13.5.1998 (Fall Nr. 1997 (Heisei 9) Ne 1476), indem es entschied, dass die Durchführung von klinischen Versuchen durch Dritte während der Patentlaufzeit keine Patentverletzung darstellt:

»Selbst wenn jemand ein Patent für chemische Substanzen oder diese chemischen Substanzen als Wirkstoffe enthaltende Arzneimittel hat, sind von einer dritten Partei während der Patentlaufzeit durchgeführte Experimente, die für den Erhalt von Daten notwendig sind, die zusammen mit einer Anmeldung für die Genehmigung der Herstellung gemäß § 14 des Gesetzes betreffend pharmazeutische Angelegenheiten [*Yakuji Hô*; Gesetz über Arzneimittel, Kosmetika und Medizinische Instrumente] zum Zweck der Herstellung und des Verkaufs [der Arzneimittel], welche die gleichen effektiven Komponenten, etc. wie die patentierten Arzneimittel enthalten (im Folgenden generische Arzneimittel genannt) nach Ablauf des Patentes eingereicht werden sollen, wobei diese [dritte Partei] chemische Substanzen oder Arzneimittel herstellt, die zum Umfang des Patentes gehören, Handlungen der Nutzung der patentierten Erfindung für Experimente und Forschung im Sinne von § 69(1) JPatG und sollten daher nicht als Patentverletzung angesehen werden.«

Der OGH begründete diese Entscheidung wie folgt:

»Das Patentsystem soll erfinderische Aktivitäten ermutigen, indem diejenigen, die Erfindungen offenbaren, für eine bestimmte Zeit ein ausschließliches Recht auf Verwendung der Erfindung haben, und Dritten die Gelegenheit zur Nutzung der offenbarten Erfindung geben, sodass es zur Entwicklung der Industrie beiträgt. In Erwägung dieses Umstands ist es daher eine der Grundlagen des Patentsystems, dass nach Ablauf der Patentlaufzeit jeder in der Lage sein sollte, die Erfindungen frei zu benutzen, sodass die Gesellschaft als Ganzes davon einen Nutzen haben kann.

Das Arzneimittelgesetz bestimmt, dass eine vorherige Genehmigung durch den Minister für Gesundheit und Wohlfahrt für die Herstellung von Arzneimitteln erhalten werden muss, um die Sicherheit etc. zu gewährleisten, und dass nach Durchführung von verschiedenen Experimenten

---

338 Vgl. Christopher Heath, in *IPAsia*, May 1999, Seiten 15–17.

Daten etc. über die experimentellen Ergebnisse die Anmeldung begleiten soll, wenn eine solche Genehmigung beantragt wird. Es ist das Gleiche mit generischen Arzneimitteln, dass bestimmte Experimente durchgeführt werden müssen, wobei eine bestimmte Zeit für diese verwendet werden muss, bevor die Genehmigung für deren Herstellung erhalten werden kann. Für derartige Experimente ist die Herstellung und Verwendung von chemischen Substanzen oder Arzneimitteln notwendig, die unter den technischen Umfang [Schutzumfang] der dem Patentinhaber gehörenden patentierten Erfindung fallen. Wenn solche Experimente unter dem Patentgesetz nicht als Experimente im Sinne von § 69(1) JPatG angesehen werden sollen und daher eine solche Herstellung etc. während der Patentlaufzeit nicht möglich ist, kann die dritte Partei im Ergebnis die Erfindung selbst nach Ablauf der Patentlaufzeit für einen erheblichen Zeitraum nicht benutzen. Dieses Ergebnis ist im Widerspruch zu den Grundlagen des Patentsystems.

Auf der anderen Seite ist zu erwägen, dass es als Patentverletzung durch eine dritte Partei nicht erlaubt werden kann, wenn während der Patentlaufzeit generische Arzneimittel hergestellt werden, um nach Ablauf der Patentlaufzeit übertragen zu werden, oder chemische Substanzen der patentierten Erfindung, die als Komponenten solcher Arzneimittel verwendet werden sollen, herzustellen oder zu verwenden, über den Umfang hinaus, der zur Durchführung der Experimente notwendig ist, um die Genehmigung für die Herstellung nach § 14 Arzneimittelgesetz zu erhalten. Insoweit als eine solche Erwägung anwendbar ist, erfreut sich der Patentinhaber hinsichtlich der patentierten Erfindung während der Patentlaufzeit des Nutzens eines Monopols.

Wenn es möglich wäre, andere von der Herstellung für die Experimente, die zur Anmeldung zur Genehmigung der Herstellung von generischen Arzneimitteln während dieser Zeit notwendig sind, auszuschließen, wäre das gleichbedeutend mit einer Verlängerung der Patentlaufzeit für einen wesentlichen Zeitraum. Eine solche Verlängerung der Patentlaufzeit geht über das hinaus, was unter dem Patentgesetz als dem Patentinhaber zu gewährende Vorteile erwartet werden kann ...«

In der OGH-Entscheidung wird nicht auf die detaillierten Argumente der 825
Kläger eingegangen und nicht diskutiert, weshalb solche Versuche für den Zweck des Erhalts einer Genehmigung für eine generische Droge außerhalb des Umfangs des Patentrechts sind. Eine umfassendere Behandlung dieses Themas findet sich in der Entscheidung »Otsuka Pharmaceutical Co., Ltd. vs. Towa Pharmaceutical Co., Ltd.« des Obergerichts Tokyo vom 31.3.1998, zu dem die Revision vom OGH am 27.4.1999 nicht zugelassen wurde. Das Obergericht Tokyo entschied aus folgenden Gründen, dass die Durchführung von klinischen Versuchen für den Erhalt von Genehmigungen durch die Ausnahme für experimentelle Zwecke geschützt war[339]:

1. In § 69 JPatG ist kein Vorbehalt hinsichtlich der Bedeutung von »Experimente oder Forschung« angegeben.
2. Experimente und Forschung umfassen nicht nur, was zum öffentlichen Wohl beitrage, sondern was im Zusammenhang mit den Zwecken für die Anmeldung zur Genehmigung der Herstellung von Arzneimitteln, basierend auf dem Gesetz betreffend Arzneimittel, Kosmetika und Medizinische Instrumente (»*Yakuji Hô*«), beitrage.

---

339 Vgl. Y. Hiraki, in *European Intellectual Property Review* (1999), N-141.

3. Experimente und Forschung sind nicht auf den Zweck der Verbesserung der Technologie begrenzt, z.B. solche, die sich auf die Effekte des Arzneimittels beziehen.

4. Eine Anmeldung für den Erhalt einer Genehmigung für die Herstellung eines Arzneimittels hat keinerlei Auswirkung auf das Monopol des Patentinhabers, weil der Anmelder wegen des verbotenen Verkaufs des patentierten Produktes vor Ablauf der Patentlaufzeit nicht im Wettbewerb mit dem Patentinhaber steht.

Das Gericht war jedoch der Auffassung, dass die Aktivitäten einer dritten Partei, die im direkten Wettbewerb zu denen des Patentinhabers stehen, sowie Handlungen, die auf Belohnung durch Übertragung oder Nutzung, Anhäufung oder Aufbewahrung eines Produktes gerichtet sind, nicht von der Ausnahme für experimentelle Zwecke geschützt sind.

826 **7.2.6.2 Erschöpfung des Patentrechts – Parallelimport**

827 Durch das In-Verkehr-Bringen einer patentierten Ware oder einer nach einem patentierten Verfahren hergestellten Ware in Japan durch den Patentinhaber oder mit seinem Einverständnis erschöpft sich das Patentrecht; dem Patentinhaber verbleiben keine Rechte in Hinblick auf nachfolgende Benutzungshandlungen wie Verkauf oder Verleih (»nationale Erschöpfung«).

828 Im Fall der wegwerfbaren Kamera verweigerte das Bezirksgericht Tokyo in seiner Entscheidung vom 31.8.2000 die Anwendung der Erschöpfungsdoktrin und entschied auf Patentverletzung[340]. Die beschuldigten Verletzer hatten in Hinblick auf die rechtmäßig vom Inhaber gekauften Kameras, die wieder instand gesetzt wurden, den Einwand der nationalen Erschöpfung erhoben. Das Bezirksgericht Tokyo konzentrierte seine Analyse darauf, ob das Produkt verbraucht wurde, und fand, dass die Verletzer ein Hauptelement der wesentlichen Struktur in der patentierten wegwerfbaren Kamera ersetzten: den Film.

829 Dagegen ist der Käufer zur Isolierung von Inhaltsstoffen aus einem rechtmäßig gekauften Arzneimittel berechtigt. Im Fall »The Welcome Foundation Ltd. vs. Sawai Seiyaku K.K.«, den das Obergericht Tokyo am 29.11.2001 entschied, hatten die mutmaßlichen Verletzer rechtmäßig vom Exklusivlizenznehmer ein Arzneimittel zur Behandlung von Herpesinfektionen gekauft, das den Wirkstoff Acyclovir, ein substituiertes Purin, enthielt[341]. Sie isolierten den Wirkstoff, formulierten ihn in ein Arzneimittel um, das sie zur Behandlung von Herpes-Virusinfektionen verkauften. Damit wollten sie unter Vermeidung

---

340 Vgl. Toshiko Takenaka, in *CASRIP Newsletter* (Univ. of Washington, Seattle, WA), Autumn 2000, Seite 9; *Suzuye Report, Japan Patents&Trademarks*, No. 107 (Feb. 2001), Seiten 4 bis 8.

341 Vgl. Toshiko Takenaka, in *CASRIP Newsletter* (Univ. of Washington, Seattle, WA), Winter 2002.

einer Patentverletzung den Verlust der von den Gesundheitsbehörden erteilten Marketingerlaubnis vermeiden, nach der die Vermarktung innerhalb eines halben Jahres nach Zulassung erforderlich ist.

Das Obergericht Tokyo entschied, dass die Erschöpfungsdoktrin nicht anwendbar sei auf die Handlung der Änderung des rechtmäßig gekauften Produktes, wenn eine solche Handlung in einer Herstellungshandlung resultiert. Die mutmaßliche Verletzungshandlung der Isolierung des Wirkstoffes sei aber keine Herstellung, sondern eine Benutzung des Produktes. Das Gericht bestätigte daher die Entscheidung des Bezirksgerichts Tokyo. Es betonte die Politik hinter der Doktrin: die Verhinderung der Beanspruchung eines doppelten Gewinnes für ein bestimmtes patentiertes Produkt und die Sicherung des freien Flusses von Waren auf dem Markt. Gemäß dem Gericht gehört der Ersatz durch den Käufer von Teilen eines patentierten Produktes für seine eigene Verwendung oder für eine Übertragung zum Umfang von rechtmäßiger Reparatur, solange das patentierte Produkt im Wesentlichen dasselbe bleibt wie das verkaufte Produkt. Dies sei nicht mehr der Fall, wenn der Besitzer ein Hauptelement einer wesentlichen Struktur des patentierten Produktes ersetzt. Die Erschöpfungsdoktrin sei nur auf Verwendung und Übertragung anwendbar, nicht aber auf Herstellung. Acyclovir war lediglich isoliert worden. Es war keiner chemischen Reaktion unterzogen worden und resultierte auch nicht aus einer unterschiedlichen chemischen Reaktion.

Die vertragliche Einschränkung der nationalen Erschöpfung ist vermutlich 830 nicht möglich. So entschied das Obergericht Osaka am 3.2.2000, dass die Zurückbehaltung von Rechten an verkauften Papierdispensern nicht rechtmäßig war. Unter der Erschöpfungsdoktrin sei das Auffüllen mit nicht patentiertem Papier daher zulässig. Im zugrunde liegenden Fall hatten Kläger und Patentinhaber Krankenhäuser mit Tissuepapier in patentierten Dispensern beliefert. Der Patentinhaber verpflichtete Krankenhäuser zur Abnahme von Tissuepapier zur Wiederauffüllung ausschließlich durch den Patentinhaber. Die Beklagte war eine Firma, welche die Dispenser mit Tissuepapier auffüllte. Das Bezirksgericht Osaka hatte auf Patentverletzung erkannt.

In Hinblick auf die Frage, ob der Import in Japan von Produkten, die durch 831 ein japanisches Patent geschützt sind, zulässig ist, wenn diese Produkte im Ausland vom Patentinhaber oder mit dessen Einverständnis (beispielsweise durch einen Lizenznehmer) vertrieben wurden (»Parallelimport«), war bis Mitte der 90er-Jahre die Entscheidung »Brunswick Corporation vs. Orion Kogyo K. K.« des Bezirksgerichtes Osaka vom 9.6.1969 einschlägig[342]. Die

---

342 Aus Hongkong importierte benutzte Stellgeräte für Bowlingkegel, die ursprünglich von einem ausschließlichen australischen Lizenznehmer hergestellt und verkauft wurden, stellen eine Verletzung des entsprechenden japanischen Patents dar.

229

Rechtmäßigkeit von Parallelimporten wurde wieder in den so genannten »Kraftfahrzeugfelgen«-Urteilen (»BBS-Kraftfahrzeugtechnik vs. K.K. Jap-Auto Products«, auch »BBS-Fall« genannt) aufgegriffen[343]. Das Bezirksgericht Tokyo hatte zunächst in seiner Entscheidung vom 22.7.1994 in diesem Parallelimport eine Patentverletzung gesehen[344]. Das Obergericht Tokyo hob am 23.3.1995 diese Entscheidung auf und entschied, dass der Parallelimport von in Deutschland eingekauften und in Japan importierten Autofelgen rechtmäßig ist[345].

832　Mit seiner Entscheidung vom 1.7.1997 bestätigte der OGH die Entscheidung des Obergerichts Tokyo und damit die Lehre von der internationalen Erschöpfung des Patentrechts[346, 347]. Der OGH ging zunächst auf die Pariser Verbandsübereinkunft (PVÜ) ein und stellte fest, dass diese die Unabhängigkeit der nationalen Patente festlege, aber nichts darüber erkläre, ob ein Patentinhaber unter bestimmten Umständen sein Patentrecht durchsetzen kann. Ob der im Ausland bereits erfolgte Verkauf eines patentierten Produktes durch den Patentinhaber die Durchsetzbarkeit des Patentrechts in Japan beeinflusse, sei eine Angelegenheit des japanischen Rechts, die für die PVÜ und das Territorialitätsprinzip irrelevant sei. In dieser Hinsicht wäre jede Interpretation kein Bruch der PVÜ. Das Gericht erläuterte die »nationale Erschöpfung« des Patentrechts, wonach beim Verkauf von patentierten Gütern keine Rechte

---

343 In Deutschland produzierte und verkaufte die BBS Fahrzeugtechnik AG Autofelgen, für die sie in Deutschland und Japan Patente besitzt. Eine japanische Firma wollte den Umstand ausnutzen, dass der Preis der Autofelgen in Deutschland wesentlich niedriger als in Japan ist. Die Autofelgen wurden daher in Deutschland eingekauft und außerhalb des vom Patentinhaber in Japan autorisierten Vertriebsweges verkauft. Die BBS Fahrzeugtechnik AG wollte dies verhindern und versuchte auf der Grundlage ihres japanischen Patentes auf dem Klagewege, die Unterlassung dieser Aktivitäten und Schadensersatz zu erlangen.

344 Vgl. *GRUR Int.* 1995, 419.

345 Fall Nr. 3272 aus 1994; vgl. Jim Hughes, *AIPPI Journal*, Vol. 21, No. 4 (1995), Seiten 191–198; Edward G. Durney in »*Patents&Licensing*«, August 1995, Seite 31; Willem A. Hoyng in *AIPPI Journal*, Vol. 21, No. 1, 1996, Seiten 26–45; Shusaku Yamamoto, *IPAsia* (May 1995), Seite 29–33.

346 Das Urteil des OGH erkennt die Rechtmäßigkeit von Parallelimport nicht generell an. Diese hänge von den Einzelumständen ab. Wenn der Patentinhaber klarstellt und auf den patentgeschützten Gütern darauf hinweist, dass Japan vom Verkaufs- bzw. Verwendungsgebiet ausgeschlossen sein soll, ist der Parallelimport unzulässig. **Somit muss die Zulässigkeit von Parallelimport für jeden Einzelfall gesondert geprüft werden.** Der OGH ging nicht im Detail auf die Ausgestaltung der geforderten Vereinbarung und das Markierungserfordernis für die Güter ein.

347 Vgl. *GRUR Int.* 1998, 168–170: »Die Einfuhr von Waren, die unter ein inländisches Patent fallen und von dem Patentinhaber im Ausland in Verkehr gebracht worden sind, kann durch Letzteren nur dann verhindert werden, wenn ein eindeutiger Hinweis auf das Einfuhrverbot auf den Waren selbst angebracht worden ist«; Jinzo Fujino, *AIPPI Journal*, Vol. 22, No. 4, 1997, Seiten 164–168; Jinzo Fujino, *les Nouvelles*, March 1998, Seiten 7–9.

in Hinblick auf Benutzungshandlungen, Übertragung und Leasing dieser Güter beim Patentinhaber verblieben:

»Dies sei für den freien Warenfluß auf dem nationalen Markt unablässig. Wenn jeder Verkauf der patentierten Waren die Bestätigung des Patentinhabers in Japan voraussetze, würde dies den freien Fluss von Waren auf dem Markt unterbrechen und deren reibungslose Verteilung stören. Dies würde dem Zweck des Patentsystems zuwiderlaufen.

Diese Argumentation sei jedoch nicht automatisch auf den Fall anwendbar, wo der Inhaber eines japanischen Patentes seine patentierten Waren außerhalb Japans verkaufte. Das japanische Patent sei unabhängig und die Zurückweisung der Möglichkeit eines doppelten Gewinns daher unzulässig.

In Hinblick auf den Warenfluss im internationalen Handel, der auf einer enorm breiten und verfeinerten Basis erfolgt, muss der Freiheit des Handels incl. der Freiheit des Imports größte Beachtung geschenkt werden, wenn ein Händler in Japan ein patentiertes Produkt einführt, um es in einen Vertriebsweg zu bringen. Durch wirtschaftliche Transaktionen außerhalb Japans überträgt ein Verkäufer seine Rechte am Produkt auf den Käufer. Dieser geht davon aus, dass er sämtliche Rechte erhält, die der Verkäufer am Produkt besaß. In der modernen Gesellschaft nimmt man natürlicherweise an, dass eine dritte Partei, die ein patentiertes Produkt von diesem Käufer kauft, dieses kommerziell in Japan importieren, verwenden und erneut in Japan verkaufen kann. Es sei daher im Regelfall davon auszugehen, dass keine weiteren Rechte beim Verkäufer (bzw. Patentinhaber) verblieben sind und damit der Parallelimport zulässig sei.

Falls der Parallelimport in Japan unterbunden werden soll, muss eine ausdrückliche Vereinbarung zwischen dem Patentinhaber und dem Käufer oder dem Dritten, Japan vom Verkaufs- und Verwendungsgebiet auszuschließen, getroffen sein. Wenn der Käufer ausdrücklich dem Patentinhaber gegenüber sein Einverständnis mit dem Ausschluss Japans vom Ziel und Markt der gekauften Güter erklärt hat und dieser Ausschluss auf den Waren deutlich angegeben ist, können spätere Käufer erkennen, dass die Waren bestimmten Beschränkungen in Hinblick auf deren Verbreitung unterliegen.

Im vorliegenden Fall gab es keine ausdrückliche Vereinbarung zwischen dem Patentinhaber BBS und dem Käufer, für welche Märkte der Käufer vom Wiederverkauf ausgeschlossen sein sollte. Außerdem gab es auf den Waren keinen Hinweis auf den Ausschluss vom japanischen Markt. Daher war die Forderung des Patentinhabers auf Unterlassung und Schadensersatz nicht berechtigt.«

7.2.6.3 Vorbenutzungsrecht (und Weiterbenutzungsrecht) (siehe auch Kap. 8.2.9, Rdn. 1138)

833

Ein Recht zur nicht ausschließlichen Lizenz am Patentrecht besitzt derjenige, der im Zeitpunkt der Einreichung einer Patentanmeldung die angemeldete Erfindung in Japan ausübt oder Vorkehrungen zur Ausübung trifft (Vorbenutzungsrecht gemäß § 79 JPatG).

834

Die Laufzeit des Patentes beträgt seit dem 1.7.1995 20 Jahre ab Anmeldung (§ 67 JPatG). Da die Patentlaufzeit nach § 67 JPatGaF 15 Jahre ab Auslegung, höchstens 20 Jahre ab Anmeldetag, betragen hatte, wurde in einigen Fällen die Patentlaufzeit verlängert. Dritte, die vor der Veröffentlichung der Änderung des Patentgesetzes am 12.12.1994 die Erfindung benutzt oder Vorkehrungen dazu getroffen haben, besitzen ein Weiterbenutzungsrecht.

835

836 Wenn eine solche versuchsweise Herstellung vor dem ursprünglichen Patentablauf für die Genehmigung von Herstellung und/oder Verkauf nach dem Ablauf des Patentrechtes begonnen wurde, hat der Generikahersteller ein Weiterbenutzungsrecht für die Zeit zwischen ursprünglichem und hinausgeschobenem Ablauf der Patentlaufzeit des bestimmten Patentrechtes. Das Bezirksgericht Toyama ließ in zwei Entscheidungen vom 12.1.1996 solche Weiterbenutzungsrechte zu.

837 **7.2.6.4 Weitere Einschränkungen des Patentrechts**

838 Die Wirkungen eines Patentrechts erstrecken sich nicht auf Schiffe oder Luftfahrzeuge, die lediglich durch Japan fahren, sowie auf Maschinen, Vorrichtungen, Ausrüstungs- oder andere Gegenstände, die in ihnen benutzt werden, sowie auf Gegenstände, die im Zeitpunkt der Einreichung der Patentanmeldung in Japan bereits vorhanden sind (§ 69(2) JPatG).

839 Die Wirkungen des Patentrechts für Erfindungen von Heilmitteln (insbesondere Erzeugnisse für die Diagnose, Heilung, medizinische Behandlung oder Vorbeugung menschlicher Erkrankungen, nachfolgend »Heilmittel« genannt), die durch Mischung von zwei oder mehreren Heilmitteln hergestellt werden, oder für Erfindungen von Verfahren zur Herstellung von Heilmitteln durch Mischung von zwei oder mehreren Heilmitteln erstreckt sich nicht auf Handlungen zur Herstellung von Heilmitteln nach ärztlicher Verordnung oder auf die nach ihnen zubereiteten Heilmittel (§ 69(3) JPatG).

Bei Patenten für Vorrichtungen ist der Import eines Produktes, das unter Verwendung einer patentierten Vorrichtung erhalten wurde, keine Benutzung der patentierten Erfindung.

840 **7.3 Schutzumfang von Patenten – Interpretation von Patentansprüchen**

841 **7.3.1 Einführung**

842 Üblicherweise werden Patentansprüche unter den Blickwinkeln Patentfähigkeit und Durchsetzung des Patentrechtes interpretiert. Nach dem vor 1959 geltenden japanischen Patentgesetz wurde der Schutzbereich japanischer Patente ähnlich der unter dem vormals geltenden deutschen Recht entwickelten Lehre des allgemeinen Erfindungsgedankens maßgeblich durch die Patentbeschreibung und die Zeichnungen mitbestimmt[348]. Die damalige Auslegungs-

---

348 Vgl. Toshiko Takenaka, *Interpreting Patent claims: the United States, Germany, and Japan,* *IIC* Studies 1995, Vol. 17, 193 ff.

praxis orientierte sich an der »Lehre der wesentlichen Merkmale« (*Yobusetsu*), nach der es zum Nachweis einer Patentverletzung nicht erforderlich war, dass alle Anspruchsmerkmale in der angegriffenen Ausführungsform vorliegen. Die Gerichte differenzierten dabei zwischen wesentlichen und unwesentlichen Merkmalen. Waren alle wesentlichen Merkmale in der Ausführungsform verwirklicht, so lag eine Patentverletzung vor. Die Lehre der wesentlichen Merkmale begünstigte die Position des Patentinhabers und unterstützte die Anwendung einer Äquivalenzlehre.

Mit der Einführung von § 70 JPatG wurde die aus dem US-amerikanischen   843
Recht stammende »Alle-Merkmale-Lehre« (*Kosei Yokensetsu*) übernommen, wonach in der angegriffenen Ausführungsform das Vorhandensein aller Merkmale erforderlich ist. Dies wird u. a. mit der Vorschrift des § 36 JPatG begründet, wonach der Anmelder im Anspruch alle wesentlichen Merkmale der Erfindung nennen musste, woraus abgeleitet wurde, dass folglich alle Merkmale im Anspruch wesentlich sein müssen. In der geltenden Fassung wird vom Anmelder die Angabe aller Merkmale verlangt, die vom Anmelder als wesentlich angesehen werden (§ 36(5) JPatG). Eine Variante der »Alle Merkmale-Lehre« ist die »Lehre der signifikanten wesentlichen Merkmale« (*Yobu Jushisetsu*), bei der zwischen wesentlichen und unwesentlichen Merkmalen unterschieden wird. Hierbei wird zusätzlich gefordert, dass im Hinblick auf die als wesentlich identifizierten Elemente ein besonders hohes Maß an Übereinstimmung zwischen Patentanspruch und Verletzungsform besteht.

Bei der Auslegung von Patentansprüchen haben die japanischen Gerichte   844
schon immer die Beschreibung, den Akteninhalt der Anmeldung, die zum betreffenden Patent geführt hat, den Stand der Technik zum Anmeldezeitpunkt usw. berücksichtigt. Dies insbesondere dann, wenn die Patentansprüche ohne Verweis auf die Beschreibung nicht verstanden werden können. In nahezu keinem dieser Fälle entschied das Gericht, dass der Anspruch über den Anspruchswortlaut hinaus interpretiert werden sollte. Wenn der Anspruch breiter ist als die Offenbarung in der Beschreibung vermuten die Gerichte, dass der Anmelder möglicherweise mehr beansprucht, als erfunden worden war. Im Gegensatz zur deutschen Praxis wurde und wird die Beschreibung dabei jedoch in einschränkender Weise verwendet, indem etwa bei breit oder ungenau formulierten Ansprüchen der »technische Umfang« des Patentanspruchs auf die spezielle Offenbarung der Erfindung in der Beschreibung beschränkt wird[349, 350].

---

349 Vgl. Toshiko Takenaka, *Interpreting Patent claims: the United States, Germany, and Japan* (Weinheim/New York 1995).
350 »Japanese Claim Interpretation«, Osamu Takura, *AIPPI Journal*, Vol. 19, September 1994, Seiten 215–219.

845 Die strikte Interpretation von Patentansprüchen wurde als gerecht angesehen. Stabilität, Sicherheit und Fairness seien bei der Anwendung von Recht, das die Öffentlichkeit beeinflusst, maßgeblich. Daher gingen die Gerichte so weit, dass der Schutzumfang eines Patentanspruches auf die Offenbarung der Erfindung in der Patentbeschreibung beschränkt ist. Ein Anspruch, der nicht voll von der Beschreibung gestützt wird, sollte gemäß der Auffassung der Gerichte eng interpretiert werden, um die Anspruchsteile vom Schutzumfang auszuschließen, die von der Beschreibung nicht gestützt sind. Die Aussage in der Patentbeschreibung, die den Anspruch stützt, sollte dem Anspruchswortlaut entsprechen und diesem eine Bedeutung verleihen. Schließlich hatte der Anmelder bei Abfassung der Patentanmeldung die Möglichkeit, nach seinen Vorstellungen eine Beschreibung zu erstellen und ein ideales Patent zu erhalten. Die Gerichte befanden daher in vielen Fällen, dass der Anmelder genügend Gelegenheit zur Änderung von Beschreibung und Ansprüchen während der Prüfung hatte. Es liege daher am Anmelder, wenn er nicht solch ein Patent erlangt habe. Dies setzt voraus, dass von einem Anmelder erwartet wird, dass er eine einwandfreie Beschreibung abfassen kann. Bei unbestimmten Ausdrücken werden diese somit im Zweifelsfall zur Einengung des Schutzbereiches verwendet, da es der Fehler des Patentinhaber ist, wenn er sich unbestimmt ausdrückt, und der mutmaßliche Verletzer keine Schuld an dieser schlechten Abfassung der Patentanmeldung haben kann. Daher ist das Auftauchen von Zweifelsfällen durch Übersetzungsfehler einer der Hauptgründe für die enge Interpretation von Patentansprüchen ausländischen Ursprungs in Japan.

846 In den »Thin Token Lender«-Fällen hatte der Patentinhaber gegen zwei unterschiedliche Parteien vor unterschiedlichen Gerichten eine Verletzungsklage eingereicht. In beiden Fällen wurde auf Nichtverletzung entschieden, wobei allerdings die Gründe vollkommen unterschiedlich waren. Das Bezirksgericht Osaka entschied am 19.7.1990, dass es einen Nichtigkeitsgrund gibt und der Schutzbereich daher auf die Ausführungsbeispiele begrenzt sein sollte[351]. Das Bezirksgericht Nagoya ließ in seiner Entscheidung vom 31.7.1991[352] eine solche Einengung des Schutzbereiches nicht zu, akzeptierte allerdings die Einrede der Vorbenutzung.

847 In einigen neueren Entscheidungen haben die japanischen Gerichte und zuletzt auch der OGH bestätigt, dass auch unter dem geltenden japanischen Patentrecht eine Verletzung unter dem Gesichtspunkt äquivalenter Benutzung gegeben sein kann, und damit die Weichen für eine großzügigere Anspruchsinterpretation gestellt. In der Entscheidung des OGH vom 24.2.1998 wurde

---

351 »Token Lender«-Fall (Osaka), »Ace Denken KK vs. Yuai Shoji«, Bezirksgericht Osaka, 19.7.1990.
352 »Token Lender«-Fall (Nagoya), »Ace Denken KK vs. Tokai Cosmo KK«, Bezirksgericht Nagoya, 31.7.1991.

die Anwendbarkeit der Äquivalenzdoktrin und die hierzu anwendbaren Kriterien diskutiert. Von Bedeutung für die Anspruchsauslegung ist auch die Entscheidung des OGH vom 11.4.2000, die es den japanischen Gerichten ermöglicht, im Verletzungsverfahren den Rechtsbestand eines Schutzrechtes zu berücksichtigen. Hierdurch entfällt für japanische Gerichte die Notwendigkeit, bei von ihnen als nicht rechtsbeständig erachteten Patenten den Schutzumfang auf die Ausführungsbeispiele zu begrenzen.

7.3.2 Gesetzliche Grundlagen 848

Die Grundlage für die Bestimmung des Schutzbereiches bzw. die Interpreta- 849
tion von Patentansprüchen ist § 70 JPatG:

»(1) Der technische Umfang einer patentierten Erfindung bestimmt sich auf der Grundlage des Inhalts des Patentanspruchs/der Patentansprüche in der Patentbeschreibung, die der Anmeldung beigefügt ist/sind.
(2) Für die Zwecke des vorstehenden Absatzes sind in den Patentansprüchen enthaltene Begriffe so auszulegen, wie sie in der Beschreibung unter Ausschluss der Patentansprüche und Zeichnungen verwendet werden.
(3) Erläuterungen, die in der dem Antrag beigefügten Zusammenfassung enthalten sind, werden für die Zwecke der Absätze 1 und 2 nicht in Betracht gezogen.«

Der Ausdruck »technischer Umfang der patentierten Erfindung« bedeutet den Schutzumfang des durch die Erfindung abgedeckten technischen Gedankens. Dieser unterscheidet sich von einem Anspruch oder Ansprüchen. Der Anspruch ist die einzige Basis für die Bestimmung des Schutzumfanges. Die japanischen Gerichte benutzen diese Interpretation für ihre Entscheidungspraxis. Der wesentliche Grund hierfür ist, dass diese Interpretation einfach und gerecht ist. Wenn der Anspruchswortlaut die einzige Basis für die Interpretation einer Erfindung ist, muss zur Interpretation der Erfindung lediglich der Anspruch analysiert werden; wenn etwas nicht explizit oder implizit ausgedrückt ist, kann es als außerhalb des Schutzes für die Erfindung angesehen werden.

In »Sterling Drug Inc. vs. Sumitomo Chemical Co., Ltd., et al.« betrafen die 850
Patentansprüche ein Verfahren zur Herstellung von 1-substituiertem-3-X-4-oxo-1,8-naphthyridin oder einem Salz davon, aber nicht Derivate dieser Verbindung. In der Patentbeschreibung gab es 59 Beispiele, die sämtlich Derivate betrafen. Eines dieser Derivate, Nalidixinsäure, ist besonders wirksam, weil es ausgezeichnete antibakterielle, stimulierende und sedative Eigenschaften hat. Die Beklagten produzierten und verkauften Nalidixinsäure. Das Bezirksgericht Tokyo entschied am 21.7.1976, dass keine Patentverletzung vorliege, weil keiner der Ansprüche die Derivate der beanspruchten Verbindung umfasste und der Anspruchswortlaut klar und eindeutig sei Das Obergericht Tokyo bestätigte am 27.9.1979 dieses Urteil.

235

851 Die Bedeutung der Patentansprüche wird durch die Entscheidung des OGH vom 8.3.1991 im Lipase-Fall unterstrichen, die zur Interpretation von Patentansprüchen im Erteilungsverfahren ergangen ist. Danach sei bei klarem Wortlaut der Ansprüche eine Erfindung durch diese bestimmt und die Beschreibung nicht zu berücksichtigen. Lediglich unter besonderen Umständen, wenn die technische Bedeutung der Ansprüche nicht eindeutig verstanden werden kann oder bei offensichtlichen Rechtschreibfehlern, sei die Einbeziehung der Patentbeschreibung zulässig.

852 ### 7.3.3 Schutzumfang gemäß Anspruchswortlaut

853 Zur Bestimmung des Schutzumfanges gemäß Anspruchswortlaut müssen häufig die im Patentanspruch verwendeten Ausdrücke interpretiert werden. Hierbei wird das Wesen der Erfindung, die der Erfindung zugrunde liegende Aufgabe, ein aktenkundiger Verzicht, der Stand der Technik, Bezugnahmen auf andere Anmeldungen oder Patente, Gutachten usw. berücksichtigt. Besonderheiten gibt es bei Ansprüchen mit funktionellen Merkmalen.

Im »Gewaschener Reis«-Fall wurde das Merkmal »Reinigen« in einem Patent für eine »Methode zum Waschen und Verpacken von Reis« als mehrdeutig angesehen. Das Merkmal umfasse nicht notwendigerweise Reinigungsmethoden, bei denen kein Wasser benutzt wird (z.B. durch Wärme oder niedrigen Druck)[353].

854 ### Wesen der Erfindung (Yôshi)

Ist das Wesen der Erfindung in der Beschreibung umfassender dargestellt, als sich aus den Ansprüchen ergibt, kann dies nicht zu einer erweiterten Auslegung der Patentansprüche verwendet werden. Der umgekehrte Fall ist jedoch möglich.

855 ### Aufgabe (Mokuteki) der Erfindung

Wenn die der Erfindung zugrunde liegende Aufgabe zu eng formuliert ist, kann bei einem breiten Patentanspruch die Beschreibung zur Einengung des Schutzbereiches verwendet werden. Es ist daher ratsam, bei der Abfassung einer Anmeldung nicht zu viele Aufgaben zu formulieren.

856 ### Aktenkundiger Verzicht (Kinhangen)

Wenn ein Anmelder eine Feststellung trifft, die den Umfang der Erfindung beeinflusst, kann dies von den Gerichten für den Ausschluss eines Teils vom Umfang der Erfindung verwendet werden, selbst wenn sich eine solche Feststellung nicht in einer Änderung von Ansprüchen oder Beschreibung nieder-

---

353 »Gewaschener Reis«, Bezirksgericht Osaka, 31.1.2002, Fall Nr. Hei 12 Wa 7510.

236

schlägt. Unter »*Kinhangen*« versteht man im Allgemeinen die Verwendung von Argumenten, Änderungen und Feststellungen in der Beschreibung zur engeren Auslegung der Ansprüche, als es deren wörtliche Auslegung zulassen würde.

Ein Beispiel ist der Fall des »künstlichen Diamanten«[354], in dem das Gericht einen Patentanspruch in Hinblick auf eine zu enge Definition eines Merkmales in der Patentbeschreibung eng auslegte.

Stand der Technik   857

Zur Interpretation des Anspruchswortlautes wird häufig auf den Stand der   858
Technik zurückgegriffen und dabei gewöhnlich der Schutzumfang reduziert. Waren alle Merkmale einer Erfindung zum Anmeldezeitpunkt bekannt, wurde der Anspruchswortlaut häufig auf den Umfang der Ausführungsbeispiele im Patent beschränkt. Seit der Entscheidung des OGH vom 11.4.2000 wird die Nichtigkeit des Schutzrechts stärker berücksichtigt und eine Patentverletzungsklage ggf. wegen Rechtsmissbrauchs zurückgewiesen.

---

354 »The Manmade Diamond Case«, diskutiert in Wegner/Tanabe, *Japanese Patent Practice*, Seiten 42–44. Der Patentanspruch in General Electrics Patent betreffend die künstliche Herstellung von Diamanten lautete:
»Ein Hochtemperatur- und Hochdruckapparat, umfassend zusammenhängend arbeitende spitz zulaufende Stanzer, eine Düse, die eine konvergente, divergente Öffnung hierdurch aufweist, eine Reaktionskammer, die in besagter Düse gebildet werden soll, wo die besagten Stanzer eingeführt werden sollen, eine Dichtungsstruktur, die zwischen besagten spitz zulaufenden Stanzern und der konvergenten, divergenten Wand von besagter Düse eingeführt werden soll, wobei diese Dichtungsstruktur ein Merkmal dieses Apparates darstellt«. Das Gericht befand, dass das Verfahren von Komatsu unter den Wortlaut des Anspruches einschließlich des Merkmals »zusammenwirkend arbeitende, spitz zulaufende Stanzer« fiel. In der Patentbeschreibung war der Begriff »spitz zulaufend« jedoch sehr eng definiert. Das Bezirksgericht Tokyo legte den Patentanspruch daher eng aus und verneinte das Vorliegen von Patentverletzung. Das Obergericht Tokyo hielt die Entscheidung mit einer anderen Begründung aufrecht. Nach Auffassung des Obergerichtes Tokyo bezieht sich die beanspruchte Erfindung auf einen Hochtemperatur- und Hochdruckapparat, der wie folgt analysiert werden kann:
(1) Spitz zulaufende Stanzmittel und spitz zulaufende Düsen- oder Kompressionsmittel werden bereitgestellt.
(2) Die spitz zulaufenden Kompressions- oder Düsenmittel sind so konstruiert, um zusammenwirkend mit den spitz zulaufenden Stanzmitteln zu arbeiten.
(3) Eine Reaktionskammer, in welche die Stanzmittel eingeführt wird, ist im Düsenmittel gebildet.
(4) Das Dichtungsmittel ist zwischen dem spitz zulaufenden Stanzmittel und dem spitz zulaufenden Wandanteil des Düsen- oder Kompressionsmittels eingeführt.
Das Obergericht Tokyo stellte fest, dass die Begriffe »spitz zulaufenden« und »zusammenwirkend arbeitend« aus sich heraus nicht klar interpretiert werden können und daher die Patentbeschreibung incl. Zeichnung für die Klärung des Anspruchsumfanges herangezogen werden sollte. Im Ergebnis wurde der Ausdruck »zusammenwirkend arbeitend« strikt ausgelegt und die beschuldigte Vorrichtung als das betreffende Patent nicht verletzend angesehen.

859 In »Art Metal K.K. et al. vs. Fukae Kinzoku Kogyo K.K. et al.« betraf das Gebrauchsmuster des Klägers eine gewirkte Struktur des Kantenteils eines metallgewirkten Käfigs. Die Erfindung wurde als vor Einreichung der Gebrauchsmusteranmeldung bekannt angesehen. Das Bezirksgericht Osaka entschied am 17.4.1970, dass sie die ähnliche Vorrichtung des Beklagten nicht umfassen kann, da sie als bekannte Technologie zum Allgemeinbesitz gehöre. Das Obergericht Osaka bestätigte am 10.2.1976 diese Entscheidung mit einer anderen Begründung[355]. Da es in der Entscheidung des Bezirksgerichts eine unzulässige, dem JPA vorbehaltene Nichtigerklärung des Gebrauchsmusters sah, beschränkte es den Schutzumfang auf die Ausführungsbeispiele zur Erfindung.

860 **Bezugnahme auf Anmeldungen oder Patente**

Dies wird durch die Entscheidung des Bezirksgerichts Tokyo vom 17.5.1966 in »Mizuno K.K. vs. K.K. Jun Ishii Shoten« illustriert. Der Patentinhaber besaß ein Patent für einen Baseballschläger, der dadurch charakterisiert war, dass seine äußere Schicht mit Kunststoff oder einem Äquivalent imprägniert war, wobei der Holzteil der äußeren Schicht zerdrückt, mit dem Kunststoff geklebt und gehärtet wurde. Der Ausdruck »äußere Schicht« stand zur Diskussion. Der Beklagte stellte einen ähnlichen Schläger her, aber der Kunststoff drang bis zu einer Tiefe von einem oder zwei Dritteln des Radius ein. Das Gericht zog ein Patent des Klägers heran, in dem der Ausdruck »Umfangsteil« eines Schlägers benutzt wurde, der so beschrieben war, dass er einen beträchtlichen Teil unterhalb seiner Oberfläche umfasst. Das Gericht sah keinen Unterschied zwischen der »äußeren Schicht« des Klagepatents und dem »Umfangsteil« im zitierten Patent und erkannte auf Patentverletzung.

861 **Gutachten**

In »Minnesota Mining and Manufacturing Co. (3M) vs. Mitsui Petrochemical Industries, Ltd.«[356] wurde der Beklagten Herstellung, Verwendung und Verkauf

---

355 »Art Metal«, Obergericht Osaka, 10.2.1976, Fall Nr. Showa 45 Ne 63; vgl. IIC, Vol. 8 (1977), Seiten 363–365.

356 Bezirksgericht Tokyo, 24.3.1995, Fall Nr. 90 Wa 3647; vgl. Shoichi Okuyama in *AIPPI Journal*, Vol. 20, Nr. 5, September 1995, Seiten 238–241. Anspruch 1 im Streitpatent Nr. 1102749 war gerichtet auf »einen Elektretfaserfilter, der feine Fasern aus einem unpolaren polymeren Material umfasst, in dem alle feinen Fasern mit Homoladungen beladen sind« und Anspruch 2 auf ein Verfahren zu seiner Herstellung. Derartige Filter werden zur Reinigung von Luft verwendet, indem geladene und ungeladene Teilchen aus der Luft gefiltert werden. 3M behauptete, dass Mitsui 1987 begonnen hatte, unter dem Namen SYNTEX EL ein Produkt herzustellen, zu verwenden und zu verkaufen, das den Produkt- bzw. Verfahrensanspruch dem Wortsinne nach verletze, da es wie folgt beschrieben werden kann:
Ein Elektret-Filtermaterial aus nicht gewobenen Textilien, das aus feinen Fasern hergestellt wurde, wobei das Material ungefähr 90 Gew.-Teile Polypropylen, ungefähr 5 Gew.-Teile Maleinsäure-modifiziertes Polypropylen, das hergestellt wurde durch Hinzufügung von un-

eines Elektret-Filtermaterials aus nichtgewobenem Stoff untersagt. Das Gericht erkannte auf Patentverletzung unter dem Anspruchswortlaut. Beide Parteien legten zahlreiche Expertengutachten vor, um ihre jeweiligen Positionen bezüglich des Ausdruckes »non-polar« in den Patentansprüchen zu stützen.

Ansprüche auf Medikamente zur Vorbeugung oder Behandlung   862

Der vom Bezirksgericht Tokyo am 16.12.1992 entschiedene Fall »Sandoz AG v.   863
Kotobuki Pharmaceutical Co.«[357] ist die erste Gerichtsentscheidung, die auf dem Gebiet der zweiten medizinischen Indikation ergangen ist. Sie betrifft die Verletzung des japanischen Patentes Nr. 1,583,359 für eine Ketotifenfumarat enthaltende pharmazeutische Zubereitung zur Verhinderung von allergischem Asthma.

Zum Anmeldezeitpunkt war bereits bekannt, dass Ketotifenfumarat allergische Symptome lindert. Sandoz hatte seine Patentanmeldung ursprünglich auf ein »vorbeugendes oder heilendes Mittel für allergische Krankheiten« gerichtet. Später wurden die allergischen Krankheiten auf Asthma und Magenunregelmäßigkeiten beschränkt. Schließlich wurde der Anspruch auf ein vorbeugendes Agens für allergisches Asthma begrenzt.

Sandoz wurde eine einstweilige Verfügung zur Verhinderung von Herstellung und Verkauf des Arzneimittels der Beklagten zur Verhütung von Asthma gewährt. Das Hauptthema vor dem Bezirksgericht war, ob der Begriff »vorbeugendes Agens« nur das pharmazeutische Produkt bedeutet, das vorbeugend von gesunden Personen verwendet wird, und, falls dies so sei, ob das Produkt der Beklagten, eine Arznei zur Behandlung von Kranken, unter den Patentanspruch falle. Kotobuki argumentierte mit dem *Yakuji Hô*, das zwischen vorbeugenden und heilenden Arzneimitteln unterscheidet. Sandoz hatte mit seiner Argumentation Erfolg, dass der Ausdruck »vorbeugendes Mittel für allergisches Asthma« ein Arzneimittel bedeutet, das beim Patienten eine al-

---

gefähr 3 Gew.-% wasserfreier Maleinsäure zu Polypropylen, und ungefähr 5 Gew.-% Polycarbonat enthält, und dessen Fasern Homoladungen aufweisen.

Umfangreiche Argumente und mehrere Expertengutachten wurden zur Frage vorgelegt, ob das Produkt der Beklagten tatsächlich aus »unpolarem polymeren Material« bestand, wobei Ähnlichkeiten in verschiedenen physikalischen Eigenschaften wie der Dielektrizitätskonstanten, seiner Temperatur- und Frequenzabhängigkeit, und dem dielektrischen Verlustkoeffizienten des im mutmaßlich verletzenden Produkt verwendeten Polymerblends und von Polypropylen, das ein typisches unpolares Polymer ist, diskutiert wurden.

Das Bezirksgericht Tokyo sah weder Gründe für die Nichtigkeit noch für eine enge Anspruchsauslegung und entschied, dass Mitsuis Produkt aus einem unpolaren Polymeren bestand. In Hinblick auf die Charakterisierung von Mitsuis Produkt schloss sich das Gericht der Meinung von 3M an, dass die von Mitsui als Charakteristika seines Produktes angesehenen Verfahrensschritte nicht notwendig waren.

357 Vgl. Jinzo Fujino, in *AIPPI Journal*, Vol. 18, May 1993, Seiten 102–104; das Patent wurde am 7.3.1994 vom JPA für nichtig erklärt.

lergische Attacke verhindern soll. Das Gericht wies Kotobukis Argumente zurück, weil nichts in den Ansprüchen implizierte, dass sie auf ein ausschließlich vorbeugendes Arzneimittel beschränkt sind:

»(a) Allergisches Asthma wird durch eine Antigen-Antikörper-Reaktion hervorgerufen. Ohne das Vorliegen von spezifischen Antigenen, welche die Produktion von Antikörpern verursachen, ist es unklar, ob jemand unter Asthma leidet oder nicht. Darüber hinaus ist es unwahrscheinlich, dass Asthma-vorbeugende Arzneimittel solchen Leuten verabreicht würden, die keine allergischen Symptome zeigen. Die beanspruchte Erfindung sollte interpretiert werden als vorbeugendes Medikament für Personen, die bereits allergiebezogene Attacken hatten und solche Attacken in Zukunft vermeiden wollen.

(b) Das *Yakuji Hô* kennt drei allgemeine Kategorien für Arzneimittel: Diagnostik, Behandlung und Vorbeugung. Eine Klassifizierung unter eine Kategorie schließt jedoch die Verwendung in einer anderen Kategorie nicht aus.«

864 In »Sandoz AG vs. Kyowa Yakuhin Kogyo KK, Oohara Yakuhin Kogyo K.K. und Tatsumi Kagaku K.K.«[358] ging es ebenso um die Verletzung des japanischen Patentes Nr. 1.583.359.

865 Interpretation von Ansprüchen mit funktionellen Merkmalen

866 In Japan interpretieren die Gerichte funktionale Ansprüche auf gleiche Weise wie strukturelle Ansprüche. Es gibt keine Begrenzung auf die in der Patentbeschreibung konkret offenbarte Ausführungsform. Es gab allerdings Fälle, in denen der Patentinhaber dafür bestraft wurde, dass er mehrdeutige funktionale Definitionen annahm, indem der Schutz auf die in der Beschreibung offenbarten Ausführungsformen eingegrenzt wurde[359]. Das JPO bestätigte ausdrücklich die Verwendung von funktionellen Ansprüchen[360]. Patentansprüche wurden in einer Entscheidung von 1995 so interpretiert, dass sie sämtliche möglichen Ausführungsformen umfassen, welche die im Anspruch rezitierten Funktionen produzieren[361].

867 Um die Verletzung von funktionalen Ansprüchen ging es in der Entscheidung »Epoch K.K. vs. K.K. Bandai«[362] des Bezirksgerichts Tokyo vom 30.10.1998[363]. Das Patent von Epoch für einen Spielapparat für Kartenspiele enthielt einen unabhängigen Anspruch:

---

358 Bezirksgericht Tokyo, 23.10.1992; vgl. Shoji Matsui in *AIPPI Journal*, Vol. 18, March 1993, Seiten 3–22.
359 »Tokyo Seimitsu K.K. vs. N.T. Toyo Bearing K.K.«, Bezirksgericht Tokyo, 17. März 1976.
360 JPOs Examination Standard Office, Kaisetsu: Heisei 6-nen Kaisei Tokkyohô no Unyô (Practices in Examination and Appeals under the 1994-revised Patent Act.) 132 (1995).
361 Bezirksgericht Tokyo, 22.12.1995, Fall Nr. 4 Wa 20103; *Intellectual Property Digest* Nr. 248–7042; *TOKKYO TO KIGYO* 322, 67 (1996).
362 Vgl. SOFTIC, Report of Software-Related Patents: Focusing on Case Decisions Involving Functional Claims (March 1998), für eine Studie zu funktionellen Ansprüchen.
363 Vgl. Toshiko Takenaka, *CASRIP Newsletter* Winter-Spring 1999, 10–12.

»Ein Spielapparat, umfassend (a) ein Lesegerät zum Lesen des Barcodes, wobei besagter Barcode mit den Karten verbunden ist und notwendige Spielparameterdaten angibt; (b) ein Speichermittel für die Speicherung dieser vom besagten Lesegerät gelesenen Daten; (c) Mittel für Angriffs- und Verteidigungsentscheidungen zur Auswahl von Daten, die mit einer Karte verbunden sind, wobei besagte Daten von besagtem Recorder als Angriffseite gelesen werden, und Daten bezüglich einer anderen Karte, die als Verteidigerseite angesehen wird; (d) ein Angriffs-Key, der von der angreifenden Seite ausgelöst wird, um das Spiel gemäß den mit der Karte verbundenen Parameterdaten zu spielen; (e) ein Berechnungsmittel zur Berechnung von Schaden auf der Verteidigerseite, wenn der Angriffs-Key ausgelöst wird; (f) ein Mittel zur Bestimmung des Überlebens zur Berechnung des besagten Schadens, der aus der Berechnung durch besagte Berechnungsmittel resultiert und Daten, die mit der Karte der Verteidigerseite verbunden sind, um zu bestimmen, ob die Verteidigerseite überlebt hat; und (g) einem Anzeigemittel für die Darstellung des Ergebnisses von besagtem Mittel zur Bestimmung des Überlebens.«

Der beschuldigte Verletzer produzierte und verkaufte ein ähnliches Spielgerät für das Spielen eines ähnlichen Spieles, allerdings mit einer kleinen Änderung der Abfolge der Schritte (Sequenz).

Das Gericht untersuchte das Argument der Nichtdurchsetzbarkeit aufgrund einer unzulässigen, in der Nichtigkeit des Patentes resultierenden Änderung bezüglich Merkmal (c). Das Gericht räumte ein, dass die ursprüngliche Anmeldung nur eine kurze Beschreibung der Angriffs- und Verteidigungsentscheidungsmittel enthielt »[der Apparat] entscheidet, welcher Spieler die Angriffsseite ist, gemäß den Daten, die mit der Karte des Spielers verbunden sind, die vom Barcode-Recordermittel gelesen und im Speichermittel gespeichert wurde«. Das Gericht sah die in der Beschreibung diskutierte Ausführungsform für Angriffsentscheidungsmittel als ein Beispiel für viele Ausführungsformen der Erfindung an, die dem Fachmann gut bekannt seien, wie z.B. ein Mittel, das nicht gemäß den mit der Karte des Spielers verbundenen Daten über die Angriffsseite entscheide. Das Gericht hatte daher keine Bedenken gegen die Hinzufügung von (c), selbst wenn dieser Ausdruck beide Mittel zur Entscheidung über die Angreiferseite umfasst, nämlich anhand der mit der Karte verbundenen Daten und unabhängig davon.

Dem Patentinhaber wurde daher eine Kompensationszahlung unter § 65ter JPatG für die Nutzung des Gegenstandes nach Offenlegung und vor Patenterteilung zuerkannt.

Die Entscheidung des Gerichts hebt sich stark von früheren Entscheidungen 868 ab, die den Schutzumfang auf die ausdrücklich in der Patentbeschreibung offenbarten Ausführungsformen beschränkten. Diese Regel betraf strukturell und funktionell definierte Ansprüche. Das Bezirksgericht Tokyo wies diese Betrachtungsweise jedoch zurück, indem es sich weigerte, Ausführungsformen zur Begrenzung des Schutzumfanges zu verwenden. Außerdem hinderte die

Hinzufügung von Funktionen oder Schritten nicht daran, auf Verletzung zu erkennen. Dies unterscheidet sich erheblich von einigen frühen Fällen[364].

869 ### 7.3.4 Erweiterte Auslegung des Schutzumfangs – Äquivalenzdoktrin

870 Die Grundlage für die Anwendung der Äquivalenzdoktrin, welche die Auslegung des Patentanspruches über den Wortlaut hinaus erlaubt, wurde vom Bezirksgericht Osaka im »Polystyrolschaumfall« verkündet[365]:

> »Äquivalenter Artikel« und »äquivalentes Verfahren« sind Konzepte, die uns zum Schluss bringen, dass der beschuldigte Artikel (bzw. Verfahren) dasselbe ist wie der patentierte Artikel (bzw. Verfahren), wenn der beschuldigte Artikel (bzw. Verfahren) diesem sehr ähnlich ist und dieselbe Funktion und denselben Effekt hat, wenn er den patentierten Artikel (bzw. Verfahren) ersetzt, d. h. wenn er mit der patentierten Erfindung auswechselbar ist, und ein solches Auswechseln vom Fachmann zum Anmeldezeitpunkt des Patentes leicht hätte erwogen werden können«.

Die drei Faktoren (1) Auswechselbarkeit, (2) gleiche Funktion und Effekt und (3) für den Fachmann nahe liegende Auswechselbarkeit mussten daher bereits damals für die Anwendung der Äquivalenzdoktrin gegeben sein.

871 Bis zur Entscheidung des OGH vom 24.2.1998 wurde von japanischen Gerichten allerdings nur selten der Begriff »äquivalent« bei der Bestimmung des Schutzumfanges eines Anspruches in Hinblick auf die Verletzungsform verwendet. Wenn die Doktrin angewandt wurde, insbesondere auf dem Gebiet der Mechanik, wurden Ausdrücke wie »bloße Designentscheidung«, »geringe Modifikation«, »Umgehen der Erfindung«, »unterlegene Modifikation« und ähnliche Begriffe verwendet[366].

872 Zur Interpretation von Patentansprüchen zur Erweiterung des Schutzbereiches über den Wortlaut des Anspruches hinaus gibt es drei Theorien, die eigentliche Äquivalenzdoktrin (*Kintôron*), die Doktrin der Verletzung durch eine schlechte Änderung (*Kaiaku*) und die Doktrin der Verletzung durch einen Umwegprozess (*Ukairon*). An dieser Stelle werden nur die eigentliche Äquivalenzdoktrin und anhand zweier Fälle die Doktrin der Verletzung durch einen Umwegprozess diskutiert, wobei anhand von Einzelfällen die Anwendung der Doktrin bis zur OGH-Entscheidung vom 24.2.1998 illustriert wird.

873 Die Äquivalenzdoktrin wurde vor allem auf dem Gebiet der Mechanik angewandt, nur selten auf dem Gebiet der Chemie. In einem dieser Chemiefälle (»Lucidril-Fall«) entschied das Bezirksgericht Osaka am 30.7.1974, dass ein

---

364 »Nikkan Industry K. K. vs. Shin-Kobe Denki K. K.«, Bezirksgericht Tokyo, 12.5.1978.
365 »Badische Anilin und Soda Fabrik A.G. vs. Sekisui Kagaku Kogyo K. K.«; Bezirksgericht Osaka, 4.5.1961.
366 »Is there really a doctrine of equivalents in *Japanese Patent Law*« von Edward G. Durney, *Patents&Licensing*, Februar 1989, Seiten 7–10.

Patent für ein Verfahren zur Herstellung des pharmazeutischen Wirkstoffs Meclofenoxathydrochlorid (β-Dimethylaminoethylester von para-Chlorophenoxiessigsäure in der Form des Hydrochlorids) das Verfahren des Beklagten umfasst, dass sich vom patentierten Verfahren unterschied[367]. Weil vor 1976 chemische Produkte in Japan nicht patentierbar waren, konnte nur das Verfahren zur Herstellung des Wirkstoffs beansprucht werden. Das Verfahren war offensichtlich nahe liegend und konnte nur wegen der Patentfähigkeit der neuen und nicht nahe liegenden pharmazeutisch aktiven Endprodukte patentiert werden. Allerdings wurde diese Entscheidung vom Obergericht Osaka aufgehoben[368]. Der OGH wies die hiergegen eingelegte Revision zurück[369].

Im Chlorpromazin-Fall von 1961 wurde zum ersten Mal in einem Verletzungsfall die Theorie der Verletzung durch einen Umweg (*Ukai-ron*) diskutiert, die darauf basiert, dass ein Wettbewerber einen Umweg beschreitet, um der Patentverletzung nach dem Anspruchswortlaut zu entgehen. 874

Angenommen, ein chemischer Prozess beinhaltet die Einführung der funktionellen Gruppe R in ein Ausgangsprodukt A, wobei die Verbindung A-R entsteht. Ein Einstufenprozess soll beansprucht sein, nach dem das Ausgangsmaterial A mit einer Verbindung R-X behandelt wird, um A-R zu ergeben. Ein Konkurrent kann nun der wörtlichen Verletzung dadurch entgehen, dass er einen Umweg beschreitet. Das Ausgangsmaterial A wird in eine andere Form überführt, beispielsweise durch Reduktion oder Oxidation des Ausgangsmaterials, um die Verbindung A' zu produzieren. Diese abgeänderte Form wird dann mit R-X umgesetzt, um A'-R zu ergeben, wobei das gewünschte Endprodukt A-R durch die umgekehrte Formänderung erhalten wird (wenn beispielsweise die Ausgangsverbindung A unter Bildung von A' oxidiert wurde, würde das Produkt A'-R reduziert werden, um A-R zu ergeben).

Im Chlorpromazin-Fall[370] wurde der patentierte pharmazeutische Wirkstoff dadurch erhalten, dass ein sekundäres Amin mit N-Chlorpropyl-N, N-dimethylamin umgesetzt wird, um Chlorpromazin zu produzieren. Der mutmaßliche Verletzer oxidierte zunächst das Ausgangsmaterial zu einer Form, in der die sekundäre Aminogruppe unverändert blieb. Der für Chlorpromazin charakteristische N,N-Dimethylpropyl-Substituent wurde durch die Reaktion dieser oxidierten Ausgangsverbindung mit N-Chlorpropyl-N, 875

---

367 Bezirksgericht Osaka, 30.7.1974, Fall Nr. Showa 45 Wa 5034; *IIC*, Vol. 6, (1975), Seiten 82–86.

368 »Lucidril II«, Obergericht Osaka, 27.4.1977; *GRUR Int.* 1977, Seiten 409–410.

369 »Lucidril III«, OGH, 1.5.1978; *GRUR Int.* 1979, Seiten 163–164.

370 »Chlorpromazin«, Bezirksgericht Osaka 1961, Fall Nr. Showa 35 Yo 493; vgl. Tanabe/Wegner in *Japanese Patent Law*, AIPPI Japan, 1979, Seiten 40–41.

N-dimethylamin eingeführt. Durch die anschließende Reduktion des Reaktionsproduktes wurde Chlorpromazin erhalten.

Obwohl dieser Sachverhalt auf eine Verletzung hindeutet, verneinte das Gericht das Vorliegen einer Patentverletzung. In diesem Fall gab es einige Fakten, die zur Erkennung auf Nichtverletzung führten. Der mutmaßliche Verletzer hatte bereits Patente für die beiden ersten Schritte erhalten (A zu A' und A' zu A'-R). Die Patenterteilung für die Anmeldung des letzten Schrittes (A'-R zu A-R) war in Aussicht gestellt. Vermutlich haben die unabhängige Patentierbarkeit der einzelnen Schritte, insbesondere mit der unabhängigen pharmazeutischen Wirksamkeit des Zwischenproduktes A'-R, zur Auffindung von Nichtverletzung beigetragen. Diese Denkweise ist heutzutage vermutlich überholt.

876 In »Eisai K. K. vs. Taiyo Yakuhin K. K.« wies das Bezirksgericht Nagoya die Patentverletzungsklage des exklusiven Lizenznehmers an einem patentierten »Verfahren zur Herstellung von basisch substituierten Benzylphthalazonderivaten und seinen Säuresalzen«, insbesondere zur Herstellung des gegen allergische Krankheiten wirksamen Wirkstoffes Azelastin, zurück[371]. Die Benzylphthalazonderivate waren am Prioritätstag des Patentes neu. Unter dem damals anwendbaren japanischen Patentgesetz war jedoch für chemische Verbindungen als solche kein Patentschutz erhältlich. Wegen der Neuheit der Produkte konnte sich der Kläger auf die in § 104 JPatG vorgeschriebene Beweislastumkehr berufen. Das mutmaßlich patentverletzende Herstellungsverfahren bestand aus zwei miteinander verbundenen Verfahren. Das nach dem ersten Verfahren bei einer dritten, am Verletzungsverfahren nicht beteiligten Firma hergestellte chemische Produkt wurde vom Beklagten als Ausgangsprodukt für das zweite Verfahren, dass Azelastin(hydrochlorid) ergibt, eingesetzt. Es war unstrittig, dass dieses kombinierte Verfahren das patentierte Verfahren nicht dem Anspruchswortlaut nach verletzte. Das Bezirksgericht Nagoya sah auch keine Patentverletzung unter der Doktrin des Umwegprozesses.

877 Im Velcro-Fall[372] erkannte das Bezirksgericht Osaka 1969 zunächst auf Patentverletzung unter der Äquivalenzdoktrin. Das Urteil wurde jedoch 1972 vom Obergericht Osaka aufgehoben und die dagegen eingelegte Revision 1975 vom OGH zurückgewiesen. Velcro hatte ein japanisches Patent mit folgendem Anspruch:

»Eine trennbare Befestigungsvorrichtung, umfassend zwei Mitglieder, von denen jedes mit einer sehr großen Anzahl von nahe angeordneten, miteinander verbindbaren Hakenelementen ausgestat-

---

371 Bezirksgericht Nagoya, 28.2.1996, vgl. V. Vanbellingen-Hinkelmann, K. Hinkelmann, in *AIPPI Journal*, Vol 22, Heft 2 (März 1997), Seiten 78–90.
372 Vgl. Tanabe/Wegner, *Japanese Patent Practice*, S. 45–47.

244

tet ist, wobei die Hakenelemente auf einem der besagten Mitglieder **Haken** aus einem flexiblen federnden Material und die Hakenelemente auf dem anderen der besagten Mitglieder **Schlaufen umfassen**«.

Bei den Handelsprodukten der Beklagten sowohl im Velcro I-Fall (vs. Nihon Pitter) wie auch im Velcro II-Fall (vs. Kanebo K. K.) waren die Haken durch Pilze als Hakenelemente ersetzt. Nach Anspruchswortlaut und Zeichnungen waren nur die spezifisch offenbarten Hakenelemente tatsächlich Haken.

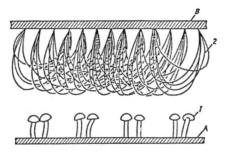

Mutmaßliche Verletzungsform

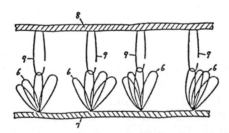

Patentierte Erfindung

Für das Bezirksgericht Osaka waren die als Pilze verwendeten Hakenelemente den beiden Ausführungsformen der Beklagten in den beiden Velcro-Verletzungsfällen äquivalent. Zwar gebe es in der Patentbeschreibung keine Offenbarung von pilzartigen Teilchen und daher könne nicht angenommen werden, dass der Erfinder an die Überlegenheit der pilzförmigen Teilchen gegenüber Haken gedacht hatte. Jedoch sollte die Ausübung durch die Vorrichtung des Beklagten, die pilzartige Teilchen verwendet, als »Ausübung« von Velcros Erfindung angesehen werden, weil die pilzförmigen Teilchen hinsichtlich Zusammenfügung und Trennung alle Funktionscharakteristiken der Haken haben und das pilzartige Teilchen in Hinblick auf seine Gestalt nichts anderes sei als der Körper, der sich durch Rotation des Hakens um seinen geraden Teil ergibt.

245

Das Obergericht Osaka hob die Entscheidung auf. Es fand keinen Hinweis dafür, dass Velcro die Erfindung breiter beanspruchte als mit Haken als männlichen Mitgliedern. Zwar bestätigte es, dass die pilzartigen Teilchen des Beklagten im Wesentlichen die gleiche Funktion hinsichtlich Verbindung und Trennung haben wie bei Velcros Haken, die vorgelegten Beweismittel zeigten aber, dass zur Trennung der beiden Schichten im Falle des Beklagten die sechsfach größere Kraft notwendig war: »ein bemerkenswerter Unterschied im Effekt zwischen den Haken von Velcro und den pilzförmigen Teilchen des Beklagten«. Das Gericht widerrief daher die Entscheidung des Bezirksgerichtes Osaka. In Hinblick auf das technische Wissen zum Prioritätszeitpunkt erwog der Fachmann die Austauschbarkeit von Haken und pilzartigen Teilchen nicht.

Dieser Fall illustriert die damalige Praxis japanischer Gerichte, von der Verletzung eine Vorrichtung im Wortlaut des Anspruchs auszuschließen, wenn diese ein weit überlegenes Ergebnis zeigt.

878 In »Matsushita Electric Works, Ltd. vs. Braun Japan K.K« wurde auf Verletzung eines Gebrauchsmusters an einem elektrischen Rasierapparat erkannt[373]. Der Anspruch enthielt die Merkmale »ein vibrierendes Element und ein Paar von vibrierenden Platten, die auf beiden Seiten des vibrierenden Elementes nach unten hängen«. Das Gerät des Beklagten unterschied sich hiervon nur dadurch, dass das vibrierende Element U-förmig war, beide Enden nach unten gebogen waren und ein Paar von vibrierenden Platten sich von beiden Enden des vibrierenden Elementes nach oben erstreckten. Strittig war die Interpretation des Begriffes »nach unten hängend« im Anspruch. Das Gericht entschied, dass die Bedeutung der vibrierenden Platten darin bestand, dass sie so strukturiert waren, dass sie die Vibration des vibrierenden Elementes gestatten. Der Ausdruck »nach unten hängend« sollte in diesem Zusammenhang mit der Bedeutung »zum vibrierenden Element quer angeordnet« verstanden werden. In diesem Sinne würden die vibrierenden Platten im Gerät des Beklagten unter den Anspruchswortlaut fallen. Das Gericht entschied daher, dass der Ausdruck »nach unten hängend« auch den Fall umfassen sollte, bei dem die vibrierenden Platten quer zum vibrierenden Element angeordnet sind, und erkannte auf Verletzung. Das Gericht bemerkte, dass die vibrierenden Platten als »nach unten hängend« angesehen werden können, wenn die Vorrichtung des Beklagten hochkant gestellt wird.

---

373 Bezirksgericht Osaka, 14.3.1986, vgl. Yukuzo Yamasaki, in *AIPPI Journal*, Vol. 11, Dezember 1986, Seiten 192–196.

Im Fall »Eno Sangyo K. K. vs. Sato Sangyo«[374] deutete sich eine Wende in der   879
bis dahin engen Auslegungspraxis japanischer Gerichte an. Das Bezirksgericht
Asahigawa entschied am 24.3.1983 hinsichtlich der Verletzung eines Gebrauchsmusters für eine Vorrichtung zur Positionierung von Baumstämmen
in einer Baumentrindungsmaschine, dass der Kurbelmechanismus in der Maschine des Beklagten und der geschützte Zylindermechanismus einander äquivalent seien. Das Gebrauchsmuster hatte einen Zylindermechanismus, der nur
zu geradlinigen Vor- und Rückwärtsbewegungen in der Lage war, und zur
Bewegung eines Arms benutzt wurde. Die mutmaßlich verletzende Vorrichtung hatte einen Kurbelmechanismus, der demselben Zweck diente. Jedoch
war zur Bewegung des Arms die rotierende Bewegung beim Kurbelmechanismus in eine geradlinige Bewegung abgeändert.

Das Gericht entschied, dass die beiden Mechanismen hinsichtlich ihres Effektes
der Anhebung und Herabsetzung von Armen zum Halten und zur Entfernung
von Rinde identisch seien. Der Kläger meinte nach Auffassung des Gerichtes
nicht nur den Zylindermechanismus und wollte bewusst nicht alle anderen
Mittel zur Erreichung der gleichen Funktion ausschließen. Bei wortsinngemäßer
Interpretation des Anspruches des Gebrauchsmusters wäre die Vorrichtung des
Beklagten außerhalb der Reichweite des Anspruchs, und eine wesentliche Verletzung könnte nicht vermieden werden. Dieses Urteil wurde vom Obergericht
Sapporo am 25.12.1984 und vom OGH am 29.5.1987 bestätigt.

In »Shoji Akiyama vs. Akiyama Insatsuki Seizo K. K.«[375] lehnte es das Gericht   880
aufgrund von Unterschieden in Funktion und Ergebnis zwischen beanspruchtem Vierfarben-Offset-Druckmechanismus und beschuldigter Vorrichtung ab,
eine wortsinngemäße oder äquivalente Verletzung zu erkennen.

Im Fall »Magnetischer Aufzeichnungskopf« (Sony K.K. vs. Shiba Denki   881
K. K.)[376] wandte das Bezirksgericht Tokyo die Äquivalenztheorie auf eine
nicht offenbarte Modifizierung an, wobei ein Bildaufzeichnungskopf als äquivalent zum beanspruchten Tonaufzeichnungskopf angesehen wurde.

---

374 Bezirksgericht Asahigawa, 24. März 1983; bestätigt vom Obergericht Sapporo am 25.12.1984
     und dem OGH am 29.5.1987.
375 Obergericht Tokyo, 21.7.1993, vgl. Toshiko Takenaka in *AIPPI Journal*, Vol. 18, Nr. 4, Juli
     1993, Seiten 154–158.
376 Bezirksgericht Tokyo, 22.11.1966; 17 *Kakyû Minshû* (Nr. 11 und 12) 1116; vgl. Yukuzo
     Yamasaki, Digest of Japanese Court Decisions in Patentability and Patent Infringement Cases
     1966–1968, 40 (1970).

247

882 Die Entscheidungen des Obergerichtes Osaka von 1994 und 1996 bezüglich Genentechs t-PA-Patenten[377] gehören zu den wichtigsten japanischen Gerichtsentscheidungen zu Patentverletzungen[378].

883 In »Genentech vs. Tôyôbô Seki« bestätigte das Obergericht Osaka am 25.2.1994 die in der ersten Instanz durch das Bezirksgericht Osaka gefundene Verletzung von zwei Patenten der Firma Genentech (nachfolgend als »Klagepatente A und B« bezeichnet) betreffend menschlichen t-PA (tissue plasminogen activator; Gewebe-Plasminogen-Aktivator) durch das t-PA-Produkt der Beklagten[379].

Beim Produkt der Beklagten handelte es sich um einen in C127-Mauszellen rekombinant hergestellten t-PA, der in zwei Formen vorlag: einem t-PA mit einer Sequenz von 527 Aminosäuren, die mit der im Klagepatent genannten Aminosäuresequenz identisch war, und einem t-PA mit einer Sequenz von 530 Aminosäuren, in der die in den Ansprüchen der Klagepatente genannte Aminosäuresequenz in identischer Form enthalten war, und an deren NH_2-Terminus zusätzlich noch drei weitere Aminosäuren angehängt waren (Arg, Ala und Gly). Die beiden Formen lagen im Produkt der Beklagten im Verhältnis 25 : 75 vor.

Das Obergericht Osaka entschied, dass sowohl in Bezug auf das t-PA-Produkt mit 527 Aminosäuren als auch in Bezug auf das t-PA-Produkt mit 530 Aminosäuren eine wortlautgemäße Verletzung gegeben sei, da die in den Patent-

---

377 Genentechs Klagepatente betrafen menschlichen t-PA bzw. zum Zwecke seiner Herstellung transformierte Mikroorganismen und Zellen. Anspruch 1 von Klagepatent A lautete wie folgt: »Rekombinanter menschlicher Gewebe-Plasminogen-Aktivator, der von nicht menschlichen Wirtszellen produziert wird, keine sonstigen vom Menschen stammenden Proteine enthält und folgende Eigenschaften aufweist:
(1) die katalytische Fähigkeit, Plasminogen in Plasmin umzuwandeln,
(2) die Fähigkeit, Fibrin zu bilden,
(3) immunologisch mit Antikörpern gegen menschlichen Gewebe-Plasminogenaktivator zu reagieren, der von Bowes-Melanomzellen stammt,
(4) das Vorhandensein von Aminosäuresequenzen, die eine Kringel-Region und eine Serinprotease-Region bilden,
(5) das Vorliegen sowohl als einkettiges als auch als zweikettiges Protein,
(6) und der die nachstehend aufgeführte partielle Aminosäuresequenz aufweist ... [es folgt eine Aminosäuresequenz mit Aminosäurepositionen 69–527].«
Der einzige Patentanspruch von Klagepatent B lautete wie folgt:
»Mikroorganismus, Hefe oder Säugerzelle, die durch einen rekombinanten Expressionsvektor transformiert wurden, der eine DNA-Sequenz enthält, die für menschlichen Gewebe-Plasminogen-Aktivator kodiert und die Sequenz der 1. bis 527. der in der Anlage 1 aufgelisteten Aminosäuren aufweist.«
378 Siehe z.B. Takenaka, *CASRIP Newsletter* 1996, Vol. 3, Nr. 2.
379 Siehe *GRUR Int.*, 1996, 740 mit Anmerkungen von Someno.

ansprüchen genannte Aminosäuresequenz in dem Produkt mit 530 Aminosäuren identisch vorhanden war.

Die Entscheidung des Obergerichts ist in Japan auf Kritik gestoßen[380], weil ein t-PA, der von der im Klagepatent offenbarten cDNA exprimiert werden müsste, nur 527 Aminosäuren aufweisen würde und das Gericht die physiologischen Auswirkungen, die das Anhängen von drei in natürlichem t-PA nicht vorkommenden Aminosäuren haben könnte, nicht berücksichtigt hat. Das Gericht wich hiermit von der häufigen Verfahrensweise japanischer Gerichte ab, die bei der Anwendung der »Alle Merkmale-Lehre« oftmals bereits bei Vorhandensein solcher zusätzlicher Merkmale, die lediglich zu sehr geringen Funktionsunterschieden führen, eine Verletzung verneint haben[381].   884

In »Genentech vs. Sumitomo Pharmaceuticals« erging am 29. März 1996 auf Basis derselben Klagepatente ein weiteres Urteil des Obergerichts Osaka[382], in dem unter Aufhebung der Entscheidung des Bezirksgerichts Osaka eine äquivalente Verletzung der Klagepatente durch das angegriffene t-PA-Produkt der Beklagten gefunden wurde.   885

In diesem ersten Urteil eines japanischen Obergerichtes, in dem die Äquivalenzdoktrin angewandt wurde, um eine Verletzung auf dem Gebiet der Chemie und Biotechnologie zu finden, entschied das Obergericht Osaka, dass die Substitution einer Aminosäure, Valin, an Stelle 245 in der beanspruchten Sequenz von 527 Aminosäuren durch Methionin für den Fachmann zum Zeitpunkt der Einreichung der Patentanmeldung möglich und leicht war.

Das Produkt der Beklagten war ein rekombinantes Protein, das gegenüber dem Protein gemäß den Ansprüchen der Klagepatente A und B an Position 245 der Aminosäuresequenz (ausgehend vom NH_2-Terminus des Proteins) eine abgeänderte Aminosäure aufwies (statt der Aminosäure Met245 die Aminosäure Val245). Das Gericht der ersten Instanz hatte im Hinblick auf diese Änderung eine Verletzung verneint.

Das Obergericht Osaka wies darauf hin, dass der technische Umfang nicht notwendigerweise auf den Wortlaut der Patentansprüche beschränkt sei und bei dessen Auslegung davon auszugehen sei, dass bestimmte Technologien gegenüber der geschützten Erfindung als äquivalent anzusehen seien. Das Interesse Dritter erfordere aber, dass sich anhand der Patentansprüche der technische Umfang der geschützten Erfindung bestimmen lasse. Das Gericht bestimmte als Kriterien für das Vorliegen von Äquivalenz die Möglichkeit des Ersatzes von Merkmalen und die Offensichtlichkeit des Ersatzes.

---

380 Siehe Someno, *GRUR Int.*, 1996, 740, 750.
381 Siehe Takenaka, *IIC* Studies, 1995, Vol. 17, 198.
382 Siehe *IIC*, Vol. 21 (1997), 391, mit Anmerkungen von Kiyofuji.

Im zugrunde liegenden Fall folgerte das Obergericht Osaka, dass die Möglichkeit der Ersetzung von Met245 durch Val245 im angegriffenen Produkt objektiv gegeben war, da der so erhaltene t-PA die gleichen Eigenschaften und Wirkungen hatte, wie der t-PA gemäß der im Patentanspruch angegebenen Aminosäuresequenz. Der Fachmann wäre zum Prioritätszeitpunkt bei Kenntnis der t-PA-Aminosäuresequenz in der Lage gewesen, t-PA-Varianten mit geänderten Aminosäuren herzustellen.

Die Offensichtlichkeit des Ersatzes war für das Obergericht Osaka aufgrund folgender Feststellungen gegeben:

– Valin und Methionin gleichen sich in ihrem Einfluss auf die Bildung der dreidimensionalen Proteinstruktur;
– Die Mutation Val → Met kommt häufig vor und wird als so genannte »neutrale Mutation« eingestuft, die keinen Einfluss auf die Funktion des Proteins hat;
– Position 245 in t-PA liegt in einem hydrophoben Bereich des Proteins, der für dessen biologische Funktion ohne Bedeutung ist;
– Bei Kenntnis der Aminosäuresequenz war es dem Durchschnittsfachmann möglich, t-PA-Varianten herzustellen, in denen einige Aminosäurereste fehlen, hinzugefügt oder ersetzt sind;
– Das Wesen der patentierten Erfindungen liegt darin, t-PA-spezifische cDNA zu exprimieren und biologisch aktiven rekombinanten t-PA herzustellen;
– Aus wissenschaftlicher Sicht waren die erfolgreiche Klonierung von t-PA-spezifischer c-DNA und die darauf basierende Expression von t-PA nach den Klagepatenten bei weitem signifikanter als die aus dem Stand der Technik bekannte t-PA-cDNA-Klonierung und -Expression;
– Die Herstellung von t-PA-Varianten gegenüber der im Klagepatent offenbarten Aminosäuresequenz hat nur dann praktischen Wert, wenn solche Varianten verbesserte Eigenschaften aufweisen;
– Klonierungsfehler, die zu Aminosäureaustauschen führen, geschehen häufig, meist in Fällen, in denen im Hinblick auf ihre Position im Proteinmolekül nicht-signifikante Aminosäuren durch Aminosäuren mit ähnlichen Eigenschaften ersetzt werden. Entsprechend hätte der Fachmann wissen können, dass das Protein in der durch einen Fehler modifizierten Form die gleiche Funktion wie das natürlich vorkommende Protein aufweisen würde.

Für das Gericht stand somit fest, dass der Fachmann zum Prioritätszeitpunkt erwartet hätte, dass er Valin an Position 245 durch Methionin ersetzen kann, um zu einer anderen t-PA-Form mit Eigenschaften zu gelangen, die jenen von natürlich vorkommendem t-PA entsprechen.

Die Entscheidung des Obergerichts illustriert den Einfluss des Erteilungsver-   886
fahrens auf die Anwendung der Äquivalenzdoktrin. Danach können Handlungen oder Erklärungen des Patentinhabers im Erteilungsverfahren als Hilfsmittel
zur Anspruchsauslegung, insbesondere zur Bestimmung des Schutzbereichs,
herangezogen werden. Im Erteilungsverfahren hatte der Patentinhaber auf die
Einwände des Prüfers hin, die Ansprüche seien im Hinblick auf die Offenbarung
der Beschreibung zu breit, da sie Derivate und allelische Varianten umfassten,
die Ansprüche durch Aufnahme der spezifischen Aminosäuresequenzen eingeschränkt. Da dies jedoch nicht auf Grund eines Einwandes wegen mangelnder
Neuheit bzw. erfinderischer Tätigkeit erfolgte, sah das Gericht darin keinen für
die Anspruchsauslegung bindenden Verzicht. Das Gericht betonte, dass die
Patentbeschreibung des Klagepatentes darauf hinwies, dass einzelne oder mehrere Aminosäuresubstitutionen, -deletionen, -austausche und -ersetzungen im
Umfang der Erfindung enthalten seien. Entsprechend fand das Gericht in der im
Erteilungsverfahren erfolgten Einschränkung der Patentansprüche keinen An-
haltspunkt, um eine äquivalente Verletzung zu verneinen.

Nach der Entscheidung sind Erklärungen und Handlungen im Erteilungsverfahren jedenfalls dann nicht zur Einschränkung des technischen Umfangs der
Erfindung heranzuziehen, wenn sie nicht im Hinblick auf fehlende Neuheit
oder erfinderische Tätigkeit erfolgt sind.

Wenn der Patentinhaber während des Einspruchsverfahrens die Anspruchs-   887
fassung eingeschränkt hat, kann er später keine Patentverletzung behaupten in
Hinblick auf Merkmale, die äquivalent zu den aufgegebenen Merkmalen
sind[383]. Der Kläger in diesem Fall ist Inhaber eines Patents für eine Vorrichtung, die elektrisch Rohre biegt. Ursprünglich umfasste das Patent auch einen
bestimmten Haltertyp, der während des Einspruchsverfahrens aus den Ansprüchen gestrichen wurde. Der Beklagte importierte Rohrbieger, die nicht
nach dem Wortsinn verletzten, jedoch einen Halter aufwiesen, der ähnlich
dem ursprünglich vom Anspruch umfassten war.

In »F. Hoffmann-La-Roche AG vs. Ohtsuka Seiyaku K. K., Mochida Seiyaku   888
K. K., Hayashibara Seibutsu Kagaku Kenkyûcho« ging es um die Verletzung
eines Patentes für auf natürlichem Wege gewonnenes Interferon[384]. Die mutmaßlich verletzenden Produkte der Beklagten lagen außerhalb des Anspruchswortlautes. Das Obergericht Tokyo lehnte die Anwendung der Äquivalenzdoktrin ab und wies die Berufung gegen die Zurückweisung der Klage durch
das Bezirksgericht Tokyo zurück.

---

383 »Rohrbieger«, Bezirksgericht Osaka, 9.10.2001, 15 *Law & Technology* 89.
384 Obergericht Tokyo, 17.7.1997.

889 Für die Anwendung der Äquivalenzdoktrin durch die Gerichte ist das Urteil des OGH vom 24.2.1998 im Fall »Keilwellen-Kugellager«[385] (Tsubakimoto Seiki Co., Ltd. vs. THK Co., Ltd) von großer Bedeutung. Das Urteil enthält Kriterien, nach denen die Gerichte die Anwendbarkeit der Äquivalenzdoktrin zu prüfen haben. Außerdem sei der maßgebliche Zeitpunkt für die Erwägung, ob der Fachmann den Austausch von Merkmalen ohne weiteres vorgenommen hätte, der Zeitpunkt der Verletzungshandlung und nicht wie bisher der Anmelde- bzw. Prioritätstag sei.

Der einzige Patentanspruch des Patentes Nr. 999 139 der Revisionsbeklagten THK Co., Ltd. (eingereicht am 26.4.1971, erteilt am 3.5.1980) lautete wie folgt:

»Keilwellen-Kugellager für stufenloses Gleiten, bereitgestellt durch Zusammensetzen einer äußeren Röhre mit einer Halterung, bei dem

(A) die äußere Röhre (1) auf ihrer inneren Oberfläche Drehmoment übertragende Kugelführungsrillen (6) mit U-förmigem Querschnitt aufweist sowie nicht Drehmoment übertragende Kugelführungsrillen (5), die etwas tiefer sind als die Drehmoment übertragenden Kugelführungsrillen (6), wobei die Drehmoment übertragenden und die nicht Drehmoment übertragenden Kugelführungsrillen in axialer Richtung alternierend angeordnet sind, und wobei die äußere Röhre ferner an beiden Enden Rillen (7) aufweist, welche die gleiche Tiefe aufweisen, wie die tieferen Rillen (5), und sich in peripherer Richtung der äußeren Röhre (1) erstrecken;

(B) die Halterung (2) Abschnitte dicker Wandstärke und Abschnitte dünner Wandstärke aufweist, die so gestaltet sind, dass sie den Drehmoment übertragenden und den nicht Drehmoment übertragenden Kugelführungsrillen entsprechen, die in axialer Richtung auf der inneren Oberfläche der äußeren Röhre alternierend angeordnet sind, und wobei eine Durchgangsöffnung in der Trennwand vorgesehen ist, die zwischen den Abschnitten dicker und dünner Wandstärke verläuft, und wobei auf den Abschnitten dicker Wandstärke eine stufenlose kreisförmige Rille vorgesehen ist, um einen übergangslosen Transfer der Kugeln zu den nicht Drehmoment übertragenden Kugelführungsrillen zu gewährleisten; und

(C) das Kugellager eine Keilwelle (9) umfasst, die eine Mehrzahl in axialer Richtung hervorstehender Teile (10) aufweist, die so gestaltet sind, dass sie den Aussparungen entsprechen, die durch die Halterung (2) und die Kugeln, die innerhalb der äußeren Röhre (1) vorgesehen sind, definiert werden.

Jede Linie aus Bällen ist von der anderen Linie durch Ausbuchtungen oder Dickeänderungen in der Halterung getrennt. Die Bälle werden unter Last in einer Reihe in der weniger tiefen Rille bewegt und am Ende des Pfades in die tiefere Rille (keine Belastung) der Halterung gelenkt. Die Vorwärtsbewegung der Bälle wird durch die lineare Bewegung der Keilwelle, die im Zentrum der Vorrichtung platziert ist, bewirkt. Die Keilweile weist Ausbuchtungen auf, die für den Reibungskontakt mit den Bällen angeordnet sind.

---

385 Vgl.T. Takenaka, *CASRIP Newsletter*, Winter 1998, 12; Chris T. Mizumoto, *AIPPI Journal*, Vol. 23, No. 2, Seiten 47–52; Tetsuyuki Iwata, in *Mitteilungen*, 91 (2000), Seiten 88–95.

Der einzige Anspruch entsprach dem Kugellager der Figuren 1 bis 3. Fig. 1 zeigt einen Längsschnitt der Ausführungsform und Fig. 2 und 3 zeigen transversale Querschnitte des vollständigen Lagers bzw. seiner äußeren Röhre (1). Die Keilwelle (9) ist in das Lager eingeführt, dass die äußere Röhre (1) und die Halterung (2) für das Halten der Kugeln (3) umfasst, sodass die Kugeln nicht herausfallen, wenn die Keilwelle (9) herausgezogen wird. Keilwelle (9) bewegt sich horizontal gleichmäßig durch das Lager in Fig. 1, aber wird so gehalten, dass sie im Lager nicht um ihre Achse rotiert (vgl. Fig. 2). Der Kugellagerring für die Kugeln (3), dargestellt in Fig. 1, besteht aus U-förmigen Teilstücken an den linken und rechten Seiten und longitudinalen Kanälen (5) und (6) dazwischen. Wenn sich die Keilwelle (9) in einer horizontalen Richtung bewegt, bewegen sich die in der Rille (6) befindlichen Kugeln im Kontakt mit der Keilwelle (9) und erleichtern die leichtgängige Bewegung von Keilwelle (9). Wenn die Kugeln sich zusammen mit Keilwelle (9) bewegen, gehen sie durch einen der U-förmigen Teile von Rille (6) in Rille (5).

Patentierte Erfindung

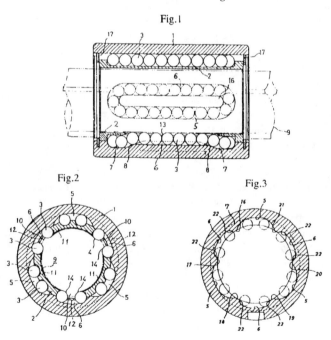

Fig. 1

Fig. 2

Fig. 3

Wie aus Fig. 2 ersichtlich, weist zwar die Halterung (2) dünne Teile (12) und dicke Teile (11) auf, ist aber als eine Einheit geformt. Der Anspruch beschreibt – wenn auch nicht explizit –, dass die Halterung (2) ein Element ist.

Die Revisionsklägerin Tsubakimoto Seiko K. K. produzierte und vertrieb ein Keilwellen-Kugellager, das sich vom patentierten Kugellager hinsichtlich der drei folgenden Merkmale unterschied:

a) Beim angegriffenen Keilwellen-Kugellager der Beklagten wiesen die Drehmoment übertragenden Kugelführungsrillen (6) anstelle eines U-förmigen Querschnitts einen halbkreisförmigen Querschnitt auf.

b) Anstelle von sich am Ende des äußeren Rohres in peripherer Richtung erstreckenden Rillen mit gleicher Tiefe wie die nicht Drehmoment übertragenden Kugelführungsrillen, befanden sich bei der angegriffenen Ausführungsform Stufen, die gegenüber den nicht Drehmoment übertragenden Kugelführungsrillen eine um 50 µm größere Tiefe hatten und keine durch die Halterung bereitgestellten Seitenwände aufwiesen.

c) Der einteiligen Halterung (2) im Patent entsprach in der angegriffenen Ausführungsform eine Anordnung von drei separaten Halterungselementen, die mit mehreren Trennwänden und zwei Rückhalteabdeckungen an den Enden zusammenwirkten.

Das Obergericht Tokyo hatte mit Entscheidung vom 3.2.1994 unter Aufhebung des erstinstanzlichen Urteils des Bezirksgerichts Tokyo vom 19.4.1991, das eine Patentverletzung verneint hatte, entschieden, dass die angegriffene Ausführungsform unter den technischen Umfang des Klagepatents falle, da die unterschiedlichen Merkmale des angegriffenen Produktes im Hinblick auf die zu lösende Aufgabe gegenüber den entsprechenden Anspruchsmerkmalen austauschbar seien und der Fachmann den Austausch realisiert hätte[386]. Das Gericht verwendete den Begriff »äquivalent« nicht, aber das Wesen der Entscheidung deutet darauf, dass die Äquivalenzdoktrin hier angewandt wurde. Die Beklagte legte gegen diese Entscheidung Revision zum OGH ein.

Für das Obergericht Tokyo waren die beiden ersten Unterschiede folgenlos, weil der erste Unterschied weder eine technische Funktion beinhalte noch einen vorteilhaften Effekt gegenüber der patentierten Erfindung hinaus aufweis, und weil die Stufe von 50 µm (zweiter Unterschied) zu nahe an der üblichen Toleranz bei der Herstellung liege, um irgendeine Bedeutung zu haben. Zum dritten Unterschied bemerkte das Gericht, dass die Halterung der patentierten Vorrichtung zwar nicht in der Vorrichtung des Beklagten vorliege, die Funktion der Halterung in der Vorrichtung des Beklagten aber durch eine Struktur erreicht wird, die drei Halteplatten, zwei Endkappen und Ausbuchtungen umfasst. Diese konnte vom Patentinhaber in Hinblick auf die

---

386 »THK Co., Ltd. vs. Tsubakimoto Seiko K. K.«, Obergericht Tokyo, 3.2.1994, Fall Nr. 91 Gyo-Ne 1627; Shoichi Okuyama, in *AIPPI Journal*, Vol. 19, Nr. 5, September 1994, Seiten 240–243.

vor dem Anmeldezeitpunkt des Patentes erhältliche Technologie leicht durch
die Struktur in der Vorrichtung des Beklagten ersetzt werden.

Der OGH bestätigte zunächst anhand allgemeiner Überlegungen zur Auslegung von Patentansprüchen die Anwendbarkeit der Äquivalenzlehre. Gemäß
§ 70(1) JPatG sei bei der Untersuchung der Frage, ob eine angegriffene Ausführungsform unter den technischen Umfang eines Patentes falle, zunächst der
technische Umfang der geschützten Erfindung im Lichte der Patentbeschreibung festzustellen. Falls Anspruchsmerkmale von denen der angegriffenen
Ausführungsform abwichen, so falle die angegriffene Ausführungsform nicht
unter den technischen Umfang des Klagepatentes. Bei Unterschieden könne
diese jedoch unter dem Gesichtspunkt der Äquivalenz gleichwohl unter den
technischen Umfang der geschützten Erfindung fallen. Hierzu müssten folgende Kriterien erfüllt sein:

(1) Die ausgetauschten Merkmale sind für die patentierte Erfindung nicht
zwingend erforderlich.
(2) Selbst wenn die Anspruchsmerkmale durch die Merkmale der angegriffenen Ausführungsform ersetzt werden, wird die der Erfindung zugrunde
liegende Aufgabe mit gleichen Funktionen und Wirkungen wie bei der
geschützten Erfindung erzielt.
(3) Der Durchschnittsfachmann auf dem Gebiet der patentierten Erfindung würde zum Zeitpunkt der Benutzung, z.B. der Herstellung des
angegriffenen Produktes durch den Verletzer, ohne weiteres die Austauschbarkeit zwischen dem beanspruchten Merkmal und dem es ersetzen-
den Merkmal in der angegriffenen Ausführungsform realisiert haben.
(4) Das angegriffene Produkt ist neu und hätte zum Anmeldezeitpunkt der
geschützten Erfindung vom Durchschnittsfachmann nicht aufgefunden
werden können [d.h. es wäre nicht nahe liegend gewesen][387].
(5) Das angegriffene Produkt wurde vom Anmelder im Patenterteilungsverfahren nicht absichtlich aus dem technischen Umfang des Patentanspruchs entfernt.

Es sei sehr schwierig, bei der Anspruchsformulierung alle möglichen zukünf-
tigen Verletzungsformen zu berücksichtigen. Es würde Sinn und Zweck des
Patentsystems widersprechen und wäre dem Erfinder gegenüber nicht gerecht,
wenn ein Wettbewerber eine Patentverletzung alleine dadurch vermeiden
könne, dass er Anspruchsmerkmale mit Mitteln ersetzt, die nach der Patentanmeldung entwickelt wurden. Der Anreiz für Innovationen wäre deutlich

---

387 Obergericht Tokyo, 28.11.2001: Eine mutmaßlich verletzende Vorrichtung, die vom Stand
der Technik zum Zeitpunkt der Patent- oder Gebrauchsmusterverletzung leicht vorweggenommen werden konnte, kann nicht zum Äquivalenzbereich gehören und daher nicht als
verletzend angesehen werden.

vermindert. Der Schutz einer patentierten Erfindung solle sich daher auch auf einen solchen Gegenstand erstrecken, der von einem Dritten im Hinblick auf den im Patentanspruch angegebenen Gegenstand ohne weiteres als im wesentlichen gleich zur geschützten Erfindung hätte aufgefunden werden können. Dritte müssten sich einer solche Ausweitung der Schutzwirkung bewusst sein.

Dies sei allerding dann nicht der Fall, wenn die angegriffene Ausführungsform Teil des Stands der Technik zum Anmeldezeitpunkt des Klagepatentes sei oder wenn sie ohne weiteres vom Fachmann zu diesem Zeitpunkt hätte aufgefunden werden können. Ferner könne der Patentinhaber nicht Ansprüche auf Gegenstände geltend machen, die er während des Erteilungsverfahrens bewusst aus dem Umfang des Patentanspruches entfernt und dabei eingeräumt hat, dass das angegriffene Produkt nicht in den technischen Umfang der Erfindung fällt, oder sein Verhalten eine solche Entfernung aus dem Umfang des Patentanspruchs belegt.

Bei der Anwendung dieser Kriterien auf den vorliegenden Fall rügte der OGH, dass das Obergericht Tokyo rechtsfehlerhaft bereits nach Bejahung des Vorliegens der beiden ersten Merkmale die Anwendbarkeit der Äquivalenzdoktrin bejaht hat, ohne aber insbesondere auf die vierte Voraussetzung (Nichtnaheliegen der Verletzungsform zum Prioritätsdatum) einzugehen, und verwies die Sache zur erneuten Entscheidung an das Obergericht Tokyo zurück. Das Obergericht habe gefunden, dass eine mehrteilige Halterung für die Kugeln und deren Zusammenspiel mit Trennwandabschnitten und Rückhalteabdeckungen aus dem Stand der Technik von Keilwellenkugellagern zum Anmeldezeitpunkt des Klagepatentes bekannt waren und die Ausbildung der Kugelhalterung gemäß der Ausführungsform der Beklagten zum Anmeldezeitpunkt somit nicht neu war. Ferner hatte das Obergericht festgestellt, dass die Verwendung von Drehmoment übertragenden Kugeln, die mit einer Mehrzahl von hervorstehenden Teilen der Keilwelle in mehreren Kontaktlinien zusammenwirken, und das Gleiten nicht Drehmoment übertragender Kugeln in axialer Richtung ebenfalls aus dem Stand der Technik bekannt waren. Daraus folgerte der OGH, dass das Produkt der Beklagten die nahe liegende Kombination von Merkmalen bekannter Keilwellenkugellager darstellen und somit nicht unter den technischen Umfang des Klagepatentes fallen könnte.

890   Zur Beweislast für das Vorliegen der fünf Voraussetzungen für die Anwendbarkeit der Äquivalenzdoktrin entschied das Bezirksgericht Tokyo[388], dass die Beweislast für das Vorliegen der Voraussetzungen 1 bis 3 auf der Seite des Patentinhabers liegt, der die Anwendung der Äquivalenzdoktrin möchte, während die Beweislast für das Vorliegen der Voraussetzungen 4 und 5 beim

---

388 Bezirksgericht Tokyo, 7.10.1998, Fall Nr. Hei 3 Wa 10687.

Beklagten liegt, der die Anwendbarkeit der Äquivalenzdoktrin bestreitet. Die Anwendbarkeit der Äquivalenzdoktrin wurde verneint, weil die 3. Voraussetzung nicht erfüllt war: »Das Erfordernis der leichten Ersetzbarkeit in Hinblick auf das 3. Erfordernis, das zu unterscheiden ist von der erfinderischen Tätigkeit unter § 29(2) JPatG, verlangt, dass jeder Fachmann die Ersetzbarkeit erwägen kann, so als ob sie in den Ansprüchen beschrieben wäre. Im Gegensatz hierzu wurde nicht gezeigt, dass ein Fachmann sich zum Zeitpunkt der Herstellung des fraglichen Produktes leicht ausgedacht hätte, dass durch die Substitution die gleichen Effekte erhalten und das gleiche Ziel erreicht würden.«

Bemerkenswert ist eine Entscheidung des Bezirksgerichts Osaka[389], wonach der mutmaßliche Verletzer darlegen muss, dass seine Vorrichtung nicht das gleiche Ergebnis wie die patentierte Erfindung zeigt, selbst wenn die mutmaßlich verletzende Vorrichtung nicht alle Merkmale der patentierten Erfindung aufweist. Wenn dieser Beweis nicht erbracht werden kann, kann auf Patentverletzung geschlossen werden.

Die der OGH-Entscheidung vom Februar 1998 folgenden Entscheidungen deuten darauf hin, dass die japanischen Gerichte die Anwendung der Äquivalenzdoktrin meistens zurückweisen, weil sich der mutmaßlich patentverletzende Gegenstand hinsichtlich des »essentiellen Teils« von der patentierten Erfindung unterscheidet[390]. Der OGH erläuterte nicht, wie essentielle von nichtessentiellen Merkmalen unterschieden werden können. Das Bezirksgericht Osaka hat »essentielle Merkmale (Teile)« wie folgt definiert[391]:

891

»... die Teile im mutmaßlich patentverletzenden Produkt, die sich von den beanspruchten Merkmalen unterscheiden, dürfen keine »essentiellen« Teile der patentierten Erfindung sein. »Essentielle Teile« sind solche, welche die für die patentierte Erfindung charakteristischen Ergebnisse bewirken, d. h. Teile, deren Ersatz zu einer von der patentierten Erfindung verschiedenen Erfindung führen. Eine Erfindung hat die Lösung eines technischen Problems zum Ziel und ist dadurch charakterisiert, dass die Elemente der Erfindung kombiniert werden, um spezifische Effekte zu bewirken. In Anbetracht dieser Tatsachen liegt der wesentliche Wert einer durch das Patentgesetz zu schützenden Erfindung in der Offenbarung einer Erfindung, die Ergebnisse und Effekte erzielt, die durch den Stand der Technik nicht erzielt werden konnten. Daher muss »essentielle Teile« so interpretiert werden, dass es die grundlegenden technischen Merkmale bedeutet, die den besonderen Effekt der Erfindung erzeugen. Der wesentliche Wert der patentierten Erfindung umfasst die mutmaßlich patentverletzenden Produkte nicht, wenn diese sich von der patentierten Erfindung hinsichtlich solcher Merkmale unterscheiden. Diese Produkte verletzen das Patent selbst unter der Äquivalenzdoktrin nicht. Bei der Bestimmung der essentiellen Teile muss auf Elemente geachtet werden, die den wesentlichen Wert der Erfindung verkörpern. Es sollte nicht formal ein Teil der in den Ansprüchen angeführten Merkmale angegeben werden«.

---

389 »Aerosole«, Bezirksgericht Osaka, 30.10.2001; 15 *Law & Technology* 91.
390 Toshiko Takenaka, *CASRIP Newsletter*, Spring 2000.
391 »SS Seiyaku vs. Zensei Yakuhin K. K.« (»Arzneimittel mit kontrollierter Wirkstofffreisetzung enthaltend Diclofenac«) , Bezirksgericht Osaka, 17.9.1998, Fall Nr. Hei 8 Wa 8927.

Das dem Verletzungsfall zugrunde liegende Patent betraf eine lang wirkende Diclofenacnatrium-Zubereitung, umfassend ein schnell wirkendes Diclofenacnatrium und ein über einen langen Zeitraum wirkendes Diclofenacnatrium, das zur verzögerten Freisetzung eine Beschichtung mit einem im Darm löslichen Polymeren, ausgewählt aus Methacrylsäure-methylmethacrylat-Copolymer (MM), Methacrylsäureethylacrylatcopolymer (ME) oder Hydroxypropylmethylcellulosephthalat (HP), aufweist. Das mutmaßlich verletzende Produkt benutzte statt HP Hydroxypropylmethylcelluloseacetatsuccinat (AS). Zusätzlich zur Diskussion der wortsinngemäßen Patentverletzung legte der Patentinhaber dar, dass AS unter den fünf Bedingungen des OGH als äquivalent zu HP anzusehen sei.

Das Gericht verneinte die Anwendbarkeit der Äquivalenzdoktrin. HP sei ein für die patentierte Erfindung essentielles Merkmal, dessen Ersatz durch den Beklagten für den Fachmann nicht offensichtlich war. Für das Gericht war zum Prioritätszeitpunkt bekannt, dass MM, ME und HP als im Darm lösliche Polymere für Beschichtungen verwendet werden können, und eine über einen langen Zeitraum wirkende Formulierung durch die Kombination von schnell und langsam wirkendem Diclofenac zubereitet werden konnte. Das Gericht ermittelte folgende essentielle Merkmale: (a) Verwendung von MM, ME oder HP als Materialien für eine im Darm lösliche Beschichtung; und (b) Kombination von b1) verzögert freigesetztem Diclofenac, das mit dem im Darm löslichen Polymeren hergestellt wurde, und b2) rasch wirkendem Diclofenac ohne Polymerbeschichtung, in einem bestimmten Verhältnis, wodurch ein verbesserter Effekt der kontrollierten Freisetzung von Diclofenacnatrium zur Verfügung gestellt wird. Die mutmaßlich verletzenden Produkte, bei denen die Beschichtung durch AS ersetzt ist, seien daher mit der patentierten Erfindung nicht identisch.

Das Gericht wies das Argument des Patentinhabers zurück, wonach das einzige essentielle Merkmal die Verwendung einer Verbindung sei, die eine Hydroxypropylgruppe enthalte, da dies auch im Darm unlösliche Polymere umfasse. Dem Gericht widerstrebte es, ein Merkmal einer der alternativ im Anspruch aufgezählten Verbindungen auszusuchen. Entsprechend folgerte das Gericht, dass die Verwendung einer der drei im Patentanspruch aufgezählten Verbindungen ein essentielles Element sei und dieses unter der Äquivalenzdoktrin nicht ersetzt werden könne. Das Gericht untersuchte außerdem das Naheliegen des Ersatzes und fand, dass der Ersatz von HP durch AS nicht offensichtlich war, weil kein Stand der Technik vorschlug, dass bei Verwendung von HP als Beschichtung für Diclofenacnatrium eine verbesserte kontrollierte Freisetzung resultiert.

Eine parallele Verletzungsklage beim Bezirksgericht Tokyo wurde unter Verneinung der Anwendbarkeit der Äquivalenzdoktrin aus im Wesentlichen denselben Gründen abgewiesen[392].

In der Entscheidung »Shinwa Seisakusho vs. Furuta Denki K. K.« des Bezirksgerichts Tokyo vom 23.3.2000 gab das Bezirksgericht Tokyo eine ähnliche Definition für die wesentlichen Teile und erkannte zum ersten Mal seit der OGH-Entscheidung auf Patentverletzung unter der Äquivalenzdoktrin. Bei Anwendung der Definition auf die gegebenen Fakten spielen Beschreibung, Argumente im Prüfungsverfahren und der Stand der Technik eine wichtige Rolle zur Unterscheidung von essentiellem und nicht essentiellem Teil. Vorliegend waren die Ansprüche gerichtet auf einen Apparat zur Abtrennung von rohem Seetang von anderen Gegenständen, wobei der Apparat eine rotierbare Platte, ein Ringrahmenplattenteil, das auf dem Boden eines Tankes installiert ist, in dem Seetang in Meerwasser gelagert ist, und einen Spielraum zwischen der rotierenden Platte und dem Ringrahmenteil aufweist. Die rotierende Platte muss innerhalb des inneren Umfangs des Ringrahmenteils angeordnet sein. Das Gericht verneinte das Vorliegen von Patentverletzung im wortwörtlichen Sinne, weil zwar die beschuldigte Vorrichtung alle drei Elemente aufwies, die rotierende Platte aber nicht wie von den Ansprüchen gefordert angeordnet war. Stattdessen überlappt der innerste Teil der drehbaren Platte mit dem äußersten Teil der rotierenden Platte. 892

Bei der Prüfung auf Patentverletzung unter der Äquivalenzdoktrin sah das Bezirksgericht Tokyo als essentiell die Kombination aus drehbarer Platte, Ringrahmenplatte und Spiel(raum) zwischen drehbarer Platte und Ringrahmenplatte. Die Kombination war so angeordnet, dass die durch die rotierende Platte erzeugte Zentrifugalkraft Gegenstände, die schwerer als Seetang sind, zum Boden des Tanks befördert ... um die Gegenstände durch den Spielraum hinauszuschleudern. Das Gericht sah jedoch eine Anordnung der rotierenden Platte auf dem Ringrahmenplattenmitglied als unwesentlich an, weil eine Vorrichtung das Ergebnis der Erfindung, die Trennung von Seetang und anderen Artikeln, produzieren kann, solange zwischen rotierender Platte und Ringrahmenmitglied ein Spielraum (Öffnung) vorliegt. Das Gericht folgte daher, dass die erste Voraussetzung erfüllt war. Da außerdem auch die weiteren Erfordernisse zur Anwendung der Äquivalenzdoktrin erfüllt waren, erkannte das Gericht auf Patentverletzung.

In »K. K. Kouken vs. K. K. Tatsumi Ryôki« verneinte das Bezirksgericht Tokyo eine wortsinngemäße oder äquivalente Verletzung durch ein mutmaß- 893

---

392 »SS Seiyaku vs. Taiyo Yakuhin Kogyo K. K.«; Bezirksgericht Tokyo, 28.1.1999, Fall Nr. Hei 8 Wa 14828.

lich patentverletzendes Gerät[393]. Zwar funktionierte dieses auf gleiche Weise, um dasselbe Ergebnis zu produzieren wie das patentierte Gerät. Der Fachmann wäre jedoch nicht leicht zu diesem Austausch gelangt. Die vom Beklagten verwendeten technischen Merkmale könnten zwar von jedem auf dem Gebiet der Erfindung leicht als Ersatz für die Merkmale der Erfindung in dem Sinne verstanden werden, dass sie dieselbe Funktion und dasselbe Ergebnis wie die patentierte Erfindung haben. Der Austausch wäre jedoch mit der Gefahr eines durch Wasser hervorgerufenen Kurzschlusses verbunden, sodass der Fachmann die vom Beklagten angenommenen Merkmale nicht auswählen würde. Das Gericht verneinte daher eine Verletzung der beiden Klagepatente unter der Äquivalenzdoktrin.

Der Begriff »jeder auf diesem Gebiet« umfasst nicht nur einen Fachmann auf diesem Gebiet. Außerdem muss die Offensichtlichkeit des Ersatzes der im Anspruch aufgeführten mit den neuen Merkmalen größer sein als das Ausmaß an Offensichtlichkeit, das für die Verneinung der Patentfähigkeit wegen fehlender erfinderischer Tätigkeit notwendig ist.

894　Bei einem Patent für eine Zusammensetzung zur Behandlung von Glaukoma in Augen von Primaten, die eine effektive Menge an C_1-C_5-Alkylester von $PGF_{2\alpha}$ enthält, wurde weder eine Verletzung nach dem Wortsinn noch nach der Äquivalenzdoktrin gefunden[394]. Die vom mutmaßlichen Verletzer produzierten Augenflüssigkeiten für die Behandlung von Glaukoma und okularer Hypertension unterschieden sich hiervon durch Verwendung von Isopropylunoproston. Unoproston hat 22 Kohlenstoffatome im Grundgerüst und eine Ethylgruppe am Ende der ω-Kette, $PGF_{2\alpha}$ dagegen im Grundgerüst 20 Kohlenstoffatome. Außerdem befindet sich zwischen den Kohlenstoffatomen 13 und 14 in $PGF_{2\alpha}$ eine Doppelbindung, in Unoproston dagegen eine Einfachbindung. Schließlich ist in $PGF_{2\alpha}$ Kohlenstoffatom 15 mit einer Hydroxygruppe substituiert, während Unoproston am Kohlenstoffatom 15 eine Oxogruppe aufweist. Daher war eine wortsinngemäße Verletzung ausgeschlossen. Das Bezirksgericht Tokyo lehnte zudem die Anwendung der Äquivalenzdoktrin ab, weil Isopropylunoproston nicht die gleiche Funktion und Ergebnisse wie die patentierte Erfindung mit dem Wirkstoff C_1-C_5-Alkylester von $PGF_{2\alpha}$ zeigte.

393　Bezirksgericht Tokyo, 7.10.1998, 52 *Minshû* (No. 1) 113, *Hanrei Jihô* Nr. 1657, 122 (1999); vgl. *CASRIP Newsletter*, Winter-Spring 1999, Seiten 6 bis 9.
394　»Pharmacia&Upjohn AB vs. Ueno Seiyaku K. K., Fujisawa Yakuhin Kogyo K. K.«, Bezirksgericht Tokyo, 21.9.1998; Fall Nr. 1995 Wa 12443; vgl. K. Hinkelmann, *AIPPI Journal*, Vol. 24, No.1 (1999), Seiten 35–43.

Im Reißwolfklinge-Fall[395] verweigerte das Bezirksgericht Kobe die Anwen- 895
dung der Äquivalenzdoktrin: »Die »beständige Befestigung« der schneidenden
Klinge ist das essentielle Merkmal der patentierten Erfindung, während das
mutmaßlich patentverletzende Produkt eine einheitlich mit der Befestigungs-
basis konstruierte schneidende Klinge aufweist. Das Erfordernis, wonach sich
die Unterschiede auf nicht essentielle Teile beziehen müssen, ist nicht erfüllt.
Die vorliegende Klinge verletzt das Patent nicht; eine Bewertung der anderen
Merkmale ist unnötig.«

Der Fall »Keiko Goto vs. Kobayashi Seiyaku« des Bezirksgerichts Tokyo von 896
1999 betrifft das Kriterium des aktenkundigen Verzichts[396]. Im zugrunde
liegenden Fall ging es um die vom Kläger Keiko Goto behauptete Verletzung
seines Gebrauchsmusters »Absorbierendes Achselhöhlenpolster«, das am
21.5.1985 eingereicht, am 19.5.1992 ausgelegt und am 24.3.1993 unter der
Nr. 195, 777 registriert worden war, durch Kobayashi Seiyaku Co.

Das absorbierende Achselhöhlenpolster umfasste u. a. ein erstes und ein zweites Polster, die mit einer gekrümmten Scharnierlinie verbunden sind. Strittig
war, ob das Merkmal, dass die Eckenkanten des ersten und des zweiten Polsters Kantenformen mit drei aufeinander folgenden Kurven aufweisen, die eine
kleinere Krümmung aufweisen als die gekrümmte Scharnierlinie, im angegriffenen Achselhöhlenpolster erfüllt war, in dem die drei aufeinander folgenden
Kurven einen kleineren Krümmungsradius aufwiesen als die gebogene Scharnierlinie.

Im Prüfungsverfahren war die GM-Anmeldung in Hinblick auf den Stand der
Technik zurückgewiesen worden. Der Anmelder führte daraufhin das Merkmal der kleineren Krümmung in Patentansprüche und Beschreibung ein. Zum
daraufhin erteilten GM beantragte der Anmelder zur Klarstellung von unklarer Beschreibung ein Berichtigungsverfahren. Der Ausdruck »kleinere Krümmung« sollte zu »kleinerer Krümmungsradius« abgeändert werden. Im Berichtigungsverfahren räumte der Kläger ein, dass er irrtümlicherweise in
Merkmal A4 den Ausdruck »kleinere Krümmung« statt »kleinerer Krümmungsradius« eingeführt habe. Daher sollte »kleinere Krümmung« in A4 als
»kleinerer Krümmungsradius« verstanden werden. Die ursprüngliche Anmeldung enthielt Zeichnungen, in denen die drei aufeinander folgenden Kurven
eine größere Krümmung aufweisen, d.h. kleineren Krümmungsradius, als die
gebogene Scharnierlinie. Der Kläger hatte in seinem Berichtigungsantrag be-

---

395 »K.K. Kinki vs. Nihon Spindle Seizoku K.K.«, Bezirksgericht Kobe, 16.11.1998, Fall
Nr. Hei 9 Wa 1291.
396 Vgl. 1010 *Hanrei Times* 280, vgl. »File Wrapper Estoppel and the Doctrine of Equivalents in
Japanese Courts«, Yoichiro Kawashimo und Toshiko Takenaka, *CASRIP Newsletter* Spring
2000, Seiten 10–12.

hauptet, dass seine Änderung auf den Zeichnungen beruhte. Die Korrektur wurde zunächst gewährt, dann aber in einem vom Beklagten angestrengten Verfahren auf Zurückweisung der Korrektur von JPA, Obergericht Tokyo und schließlich OGH zurückgewiesen.

Das Bezirksgericht Tokyo stellte zunächst fest, dass »kleinere Krümmung« dem Wortsinne nach nicht »kleinerer Krümmungsradius« umfasst, wenn Ansprüche und Beschreibung »kleinere Krümmung« und die Zeichnungen »kleinerer Krümmungsradius« offenbaren. Das Gericht verneinte dann die Frage, ob unter der Äquivalenzdoktrin »kleinere Krümmung« als »kleinerer Krümmungsradius« bestimmt wird, wenn der Inhaber des Gebrauchsmusters während des Prüfungsverfahren so handelte, als ob er »kleinerer Krümmungsradius« entfernte. Das Gericht fand, dass ein Fachmann die Bedeutung von »kleinerer Krümmung« deutlich verstehen und die Erfindung praktizieren könnte, selbst wenn »kleinere Krümmung« in Anspruch und Beschreibung im Wortsinne verstanden würde. Das Bezirksgericht Tokyo stimmte nicht mit der Auffassung des Klägers überein, dass der Einschluss von »kleinerer Krümmung« ein offensichtlicher Fehler war. Außerdem müsse die rechtskräftige Zurückweisung der Korrektur durch das OGH berücksichtigt werden.

Bei diesem Fall ist es fraglich, ob der Anmelder das in den Zeichnungen offenbarte Merkmal und damit eine Ausführungsform der Erfindung absichtlich ausschließen wollte. Ansprüche und Beschreibung weisen darauf hin, dass die Eckenkanten des ersten und des zweiten Polsters Eckenformen mit drei aufeinander folgenden Kurven haben, die eine geringere Krümmung als die gebogene Scharnierlinie aufweisen. Andererseits deuten die Zeichnungen an, dass die Krümmung größer ist (d.h. einen kleinerer Krümmungsradius hat) als die der gebogenen Scharnierlinie. Bei der Durchsicht von Ansprüchen, Beschreibung und Zeichnungen hätte der Patentinhaber aufgrund dieser Offenbarung in der Zeichnung in Patentansprüchen und Beschreibung »kleinerer Krümmungsradius« aufnehmen können. Der Kläger tat dies jedoch nicht, sondern entschied sich für das Merkmal »kleinere Krümmung«. Die so definierte Erfindung war für den Fachmann verständlich und ausführbar. Für die Anwendung der Äquivalenzdoktrin gab es daher keinen Raum.

897 Im Fall »Maruyasu vs. Purako« des Bezirksgerichts Osaka vom 30.5.2000 lag keine Verletzung unter der Äquivalenzdoktrin vor, weil die unterschiedliche Struktur der mutmaßlich verletzenden Vorrichtung ein wesentliches Merkmal der patentierten Erfindung betraf[397]. Die Parteien stritten sich darüber, ob der Ausdruck »genaues Messen der Einheitszeit für den Materialverbrauch während der Zeit zwischen dem Zeitpunkt, zu dem die obere Grenze von »Ein«

---

397 Vgl. Toshiko Takenaka, *CASRIP Newsletter*, Spring 2000, Seiten 13–14.

auf »Aus« umgeschaltet hat und einem anderen Zeitpunkt, zu dem die untere Begrenzung eingeschaltet wurde« die in der beschuldigten Vorrichtung durchgeführte Messung umfasste. Das Gericht sah einen wesentlichen Unterschied darin, dass die beschuldigte Vorrichtung nicht die beiden im Patentanspruch zitierten »Zeitpunkte« verwendete, um »die Einheitszeit für den Materialverbrauch« zu messen. Das Gericht befand anhand der Beschreibung, dass die Messung der Einheitszeit basierend auf den beiden Zeitmessungen kritisch für die Erlangung des Ziels der Erfindung war. Das Gericht verneinte das Vorliegen von Patentverletzung nach dem Wortsinn und die Anwendbarkeit der Äquivalenzdoktrin, weil der strittige Ausdruck sich auf wesentliche Teile der patentierten Erfindung bezog, die zum Anmeldezeitpunkt nicht im Stand der Technik offenbart waren. Außerdem hatte der Patentinhaber im Prüfungsverfahren zur Abgrenzung gegenüber Dokumenten aus dem Stand der Technik die Bedeutung der patentierten Vorrichtung erklärt: »die Messung beginnt zu dem Zeitpunkt, wenn die auf dem Meßgefäß installierte obere Begrenzung von »Ein« auf »Aus« umgeschaltet hat, und endet im Zeitpunkt, zu dem sich die untere Begrenzung am selben Gefäß einschaltet«. Während des Einspruchsverfahrens betonte der Patentinhaber den Vorteil, präzise die verbrauchten Materialmengen zu messen, wobei der Vorteil aus der Kombination der Zeitpunkte von Anfangs- und Endmessung resultierte. Daher bezogen sich die technischen Merkmale, auf die der Patentinhaber die Äquivalenzdoktrin angewandt wissen wollte, auf wesentliche Merkmale der patentierten Erfindung.

Im Fall »Pharmacia & Upjohn Aktiebolag vs. Nippon Eli Lilly« erkannte das Bezirksgericht Osaka am 27.5.1999 auf Patentverletzung unter der Äquivalenzdoktrin[398]. Die Patente betrafen einen Injektionsapparat und eine Methode zur Zubereitung einer Injektionslösung zur Verwendung mit dieser Vorrichtung. Die Vorrichtung, die für das Mischen eines empfindlichen festen Medikamentes mit einer Flüssigkeit verwendet wird, beinhaltet eine zylindrische Dualkammer-Ampulle zur Abtrennung des trockenen Medikamentes von der Flüssigkeit. Der Kläger behauptete, dass die beschuldigte Injektionsvorrichtung wörtlich die Vorrichtungsansprüche und indirekt die Verfahrensansprüche verletzt, weil sie nur für den verletzenden Zweck benutzt werden konnte. Das Bezirksgericht fand weder nach dem Wortsinne noch unter der Äquivalenzdoktrin eine Verletzung der Vorrichtungsansprüche, jedoch eine indirekte Verletzung der Verfahrensansprüche unter der Äquivalenzdoktrin durch den Verkauf der beschuldigten Vorrichtung. 898

Die Verfahrensansprüche erwähnten ohne strukturelle Begrenzungen allgemein einen Schraubmechanismus. In den Vorrichtungsansprüchen wurde 899

---

398 Toshiko Takenaka, *CASRIP Newsletter* Summer 1999, Seiten 8–10; Fall Nr. 8 Wa 12220.

spezifisch die Struktur des Schraubmechanismus angegeben, der für die langsame Bewegung einer beweglichen Wand zur Mischung von Medikament und Flüssigkeit in separaten Behältern benutzt wird. Beim erfindungsgemäßen Schraubmechanismus sind zwei röhrenförmige Teile zusammengeschraubt, um einen Behälter zu sichern, der innerhalb der Röhren befestigt ist. In der beschuldigten Vorrichtung war das Gefäß nicht innerhalb der röhrenförmigen Teile gesichert. Stattdessen wurde das Gefäß in einer Halterung mit einem offenen Ende gehalten. Die beschuldigte Vorrichtung erfüllte offensichtlich nicht die strukturellen Begrenzungen des Schraubmechanismus und der röhrenförmigen Teile.

900 Für die Anwendbarkeit der Äquivalenzdoktrin auf die Vorrichtungsansprüche sah das Bezirksgericht Osaka den Schraubmechanismus als unbedingt erforderliches Merkmal der Erfindung an. Laut Patentbeschreibung soll die Erfindung eine Vorrichtung bereitstellen, um allmählich eine Injektionslösung herzustellen, indem eine zylindrische Ampulle mit mehreren Kammern verwendet wird, die mittels zweier röhrenförmiger Teile gesichert ist. Zum Prioritätszeitpunkt der Erfindung war im Stand der Technik ein Apparat mit einer zylindrischen Mehrfachkammer-Ampulle und die Verwendung eines Schraubmechanismus in einer Injiziervorrichtung bekannt. Das Verfahren der Mischung des Medikamentes mit einer Flüsssigkeit durch einen Schraubmechanismus in einer Injektionsvorrichtung war ebenfalls bekannt. Daher folgerte das Gericht, dass die Erfindung in einer besonderen Struktur für die langsame Zubereitung einer Injektionslösung bestand. Die erste Bedingung der OGH-Entscheidung war daher nicht erfüllt und keine Patentverletzung unter der Äquivalenzdoktrin gegeben.

901 In Hinblick auf die Verfahrensansprüche weigerte sich das Gericht, die strukturellen Begrenzungen des Schraubmechanismus in die Verfahrensansprüche zu lesen, weil Patentinhaber zur Aufstellung von Patentansprüchen verschiedenen Umfangs berechtigt sind. Der Umfang des funktionellen Merkmals »mittels eines Schraubmechanismus« sei für den Fachmann ausgehend von Beschreibung, Stand der Technik und Allgemeinwissen klar. Das Gericht fand den in der beschuldigten Vorrichtung benutzten Mechanismus hiervon umfasst. Das patentierte Verfahren erforderte, dass die Ampulle bei der Herstellung der Injektionslösung in vertikaler Position gehalten wird, wohingegen die Ampulle bei der beschuldigten Vorrichtung zur Herstellung der Lösung horizontal oder nach oben gerichtet gehalten wurde. Da zum Nachweis einer indirekten Patentverletzung vom Patentinhaber dargelegt werden muss, dass die beschuldigte Vorrichtung nur für das patentierte Verfahren verwendet wird, befand das Bezirksgericht Osaka, dass die Vorrichtung das patentierte Verfahren nicht wörtlich verletzte. Weil eine solche Verwendung existierte, hatte die Vorrichtung eine von der verletzenden unterschiedliche kommerziel-

le Verwendung. Der Verkauf der Vorrichtung stellte daher keine indirekte Verletzung dar.

Das Bezirksgericht Osaka untersuchte, ob die Injektionsvorrichtung die Ver-   902
fahrensansprüche unter der Äquivalenzdoktrin verletzte. Das »Halten der
Ampulle in vertikaler Richtung« wurde als für die Erfindung nicht unbedingt
erforderlich angesehen. Nichts in der Beschreibung deutete darauf hin, dass
das Halten der Ampulle in vertikaler Richtung ein essentieller Vorteil der
Erfindung war. Außerdem war die nach oben gerichtete Positionierung der
Nadel eine bekannte Technik, um das Austreten von Flüssigkeit aus der Nadel
zu verhindern. Die erste Voraussetzung war somit erfüllt. Die zweite Bedingung der Austauschbarkeit war bei der beschuldigten Methode erfüllt, weil die
Vorrichtung für die Herstellung von Injektionslösungen benutzt werden kann,
unabhängig davon, ob die Ampulle in einer vertikalen oder horizontalen
Position war. Die Effizienz der Herstellung des Arzneimittels wurde hierdurch nicht beeinflusst. Das in der beschuldigten Vorrichtung ersetzte Merkmal erfüllte zudem die dritte Voraussetzung (Offensichtlichkeit des Ersatzes
für den Fachmann), da der Fachmann ohne weiteres erkannt hätte, dass in der
Injektionsvorrichtung lediglich die Position der Ampulle beeinflusst wurde.
Hinsichtlich der Begrenzung der Anwendbarkeit der Äquivalenzdoktrin gemäß der vierten Bedingung befand das Gericht, dass die in der Injektionsvorrichtung benutzte Methode zum Prioritätsdatum weder bekannt noch ausgehend vom Stand der Technik nahe liegend war. In Hinblick auf die fünfte
Bedingung des Verzichts während des Erteilungsverfahrens, wo der Anspruch
in Beantwortung eines Zurückweisungsbescheides auf die vertikale Position
begrenzt wurde, glaubte das Gericht nicht an einen absichtlichen Ausschluss
vom Schutzumfang, da das Halten der Vorrichtung in vertikaler Position für
die Herstellung der Injektionslösung dem Fachmann gut bekannt war. Da alle
fünf Bedingungen erfüllt waren, verletzte die beschuldigte Methode unter der
Äquivalenzdoktrin. Die Verkäufe der Vorrichtung stellten eine indirekte Verletzung dar.

Das Obergericht Osaka bestätigte die Entscheidung[399]. Danach kann eine mittelbare (indirekte) Patentverletzung eines Verfahrenspatentes bestätigt werden
für Produkte, die dazu bestimmt sind, das patentierte Verfahren durchzuführen,
selbst wenn nicht alle Verfahrensmerkmale erfüllt sind. Der Patentinhaber besitzt hier ein Verfahrenspatent für eine Injektionsmethode, bei der die Ampullen
mehr oder weniger vertikal gehalten werden müssen. Der Beklagte stellt Patro-
nen her, die anstelle der Ampullen für das Verfahren benutzt werden können,
jedoch ohne die Notwendigkeit, dass sie zumeist vertikal gehalten werden

---

399 »Injektionsmethode für Ampullen«, »Nippon Elli Lilly vs. Pharmacia Aktiebolag«, Obergericht Osaka, 19.4.2001, Fall Nr. 11 Ne 2198; 13 *Law & Technology* 64.

müssen. Das Gericht verneinte eine Verletzung des Produktpatentes in Bezug auf die Ampullen, bestätigte jedoch das Vorliegen mittelbarer Verletzung des patentierten Verfahrens. Es sei keine Verletzung nach dem Wortsinn, sondern unter Äquivalenzbetrachtungen, weil die vertikale Lagerung nicht ein konstituierendes Element der Erfindung war, sondern eine Art Anweisung, die ohne Einfluss auf Neuheit und erfinderische Tätigkeit war.

903 ### 7.3.5 Einengende Auslegung des Schutzumfangs

904 Nur sehr selten wird noch eine einengende Auslegung des Schutzumfangs vorgenommen. So wurde entschieden, dass bei einem Patent für ein Produkt, in dem das Verfahren zum Erhalt des Produktes angegeben ist, der Schutzumfang auf solche Produkte beschränkt werden kann, die durch das angegebene Verfahren erhalten wurden[400].

905 Der Schutzumfang kann enger sein als sich aus dem Anspruchswortlaut ergibt, wenn aus den Merkmalen im Anspruch auf das Vorliegen oder Nichtvorliegen anderer Merkmale geschlossen wird. In einem Patentverletzungsverfahren betreffend ein Patent für eine Endoglukanase wurden die Merkmale »aktiv zwischen pH 6.0 und 10.0« und »stabil zwischen pH 3 und 9.5« vom Gericht dahingehend ausgelegt, dass Endoglukanasen nicht unter den Schutzbereich fallen, die außerhalb dieser pH-Bereiche aktiv bzw. stabil sind[401]. Obwohl die mutmaßlich patentverletzende Endoglukanase, wie vom Anspruchswortlaut gefordert, zwischen pH 6.0 und 10.0 aktiv und zwischen pH 3 und 9.5 stabil war, wurde daher das Vorliegen einer Patentverletzung verneint.

Der Umstand, dass im Erteilungsverfahren Ansprüche auf Endoglukanasen, deren Aminosäuresequenz durch Streichung, Hinzufügung oder Ersatz aus der Aminosäuresequenz eines Produktanspruchs resultiert, im Stammpatent gestrichen und in einer Teilanmeldung weiterverfolgt wurden, wurde vom Gericht als Verzicht ausgelegt. Dadurch konnte auf den Anspruch im Stammpatent, der auf die durch die genaue Aminosäurensequenz charakterisierte Endoglukanase gerichtet ist, die Äquivalenzdoktrin zur Erweiterung des Schutzumfangs nicht angewandt werden.

---

400 »Goldbeschichtetes Halsband«, Bezirksgericht Tokyo, 28.1.2002, 16 *Law & Technology* 88.
401 »Novozymes A/S vs. Meiji Seika Kaisha, Ltd.«, Bezirksgericht Tokyo, 26. April 2002, Fall Nr. 2000 Wa 26626; vgl. *YUASA AND HARA IP NEWS* September 2002, Vol. 9, Seiten 15–16. Anspruch 1 lautete: »An endoglucanase derived from a genus Humicola which exhibits the following properties: (a) apparent molecular weight of about 43 kD measured by SDS-PAGE; (b) being active between pH 6.0 and 10.0; (c) being stable between pH 3 and 9.5; (d) activity of degrading amorphous cellulose; and (e) substantially no activity of degrading cellobiose-β-p-nitrophenyl.«; Anspruch 4 lautete: »An endoglucanase having the amino acid sequence of 1–284 amino acids of SQ ID NO:2.«

8 Durchsetzung von Patentrechten

Inhaltsübersicht

Umfang und Durchsetzbarkeit der Rechte des Patentinhabers vor japanischen 906 Gerichten wurden in den letzten Jahren erheblich verbessert[402, 403]. Die Verbesserungen in materieller und prozessualer Hinsicht betreffen insbesondere die rasche Durchführung von Gerichtsverfahren[404] sowie den Erhalt höherer

---

402 Aus einem Bericht der japanischen »Commission on Intellectual Property Rights in the Twenty-first Century« geht hervor, dass die Zahl der Gerichtsprozesse betreffend Streitigkeiten auf dem Gebiet der geistigen Eigentumsrechte in den letzten Jahren überproportional zugenommen hat (vgl. *AIPPI Journal*, Vol. 22, No. 3 (1997), Seiten 111–123).
403 Vgl. Guntrahm Rahn, *Mitteilungen* 2001, Seiten 199–205.
404 Vgl. Toshiaki Iimura, »Current Litigation Practice for IPR Infringement Cases at the Tokyo District Court«, (I) in *AIPPI Journal*, Vol. 27, No. 1 (2002), Seiten 3–11, (II) in *AIPPI*

Schadensersatzbeträge[405]. Neben der teilweise drastischen Verkürzung von Hauptverfahren[406] sind nun unter bestimmten Voraussetzungen einstweilige Verfügungen rasch erhältlich. Japanische Gerichte gewähren mittlerweile hohe Schadensersatzbeträge, wobei Änderungen der Bestimmungen im JPatG zur Berechnung von Schadensersatzbeträgen breit ausgelegt werden[407]. Entsprechend hat sich die Zahl der Verletzungsprozesse betreffend gewerbliche Schutzrechte und Urheberrechte in den letzten Jahren stark erhöht. Von 1989 bis 1999 erhöhte sich die Zahl der neu eingereichten Klagen von 331 auf 642. Hiervon entfielen auf das Bezirksgericht Tokyo 296 und auf das Bezirksgericht Osaka 150. Ungefähr 85 % aller eingereichten Patentverletzungsklagen wurden bei diesen Gerichten eingereicht.

907 Die Zahl von Patentverfahren vor den Bezirksgerichten betrug in 1998 156, ungefähr 28 % der 556 in diesem Jahr eingereichten Klagen wegen IP-Verletzung; ca. 50 % wurden in Tokyo, 20 % in Osaka eingereicht. 1998 wurden 50 Berufungsverfahren eingeleitet. Zwischen 1994 und 1998 wurden ca. 40 % aller IP-Verletzungsklagen durch Vergleich beendet, 20 % zurückgezogen, 20 % wurden stattgegeben und 20 % zurückgewiesen.[408, 409] Ausländer haben einen größeren Anteil an den Verletzungsklagen, als es ihrem Anteil an den japanischen Patentanmeldungen entspricht.

908 Es ist nicht länger unschicklich, sich vor Gericht zu streiten. Die Änderung der Sichtweise ist auf den mittlerweile erheblichen Einfluss der amerikanischen Streitkultur in Japan zurückzuführen. Japanische Unternehmen haben in den letzten Jahren erhebliche Rückschläge bei Patentstreitigkeiten mit amerikanischen Firmen erfahren. Viele zogen daraus die Konsequenz, in Hinblick auf Patente mehr auf Qualität als auf Quantität zu achten und ihre Patente verstärkt (selbst gegen japanische Unternehmen) durchzusetzen.

Journal, Vol. 27, No. 3 (2002), Seiten 143–152, (III) in *AIPPI Journal*, Vol. 27, No. 4, Seiten 211–223.

405 Das Bezirksgericht Toyama gewährte am 19.2.1997 der Firma Kissei Pharmaceutical wegen Verletzung ihres Patentes für den pharmazeutischen Wirkstoff Tranilast Schadensersatz in Höhe von 1,12 Mrd. Yen.

406 Laut *Nihon Keizai Shinbun* (Wirtschaftstageszeitung) vom 7.3.2002 ging die durchschnittliche Zeitdauer zwischen Einreichung der Verletzungsklage und Urteil bei den Bezirksgerichten von 31,9 Monaten in 1999, 21,6 Monaten in 2000 bis auf 18,3 Monate in 2001 zurück. Am Bezirksgericht Tokyo dauerte es im Jahre 2001 15 Monate und am Bezirksgericht Osaka 18,5 Monate.

407 »Pachisuro-Fall«, Bezirksgericht Tokyo, 19.3.2002. Das Gericht gewährte Schadensersatz in Höhe von 8,4 Mrd. Yen (ca. 75 Mio. €)

408 Vgl. Christopher Heath, »Enforcement of Patent Rights«, *IIC*, Vol. 31 No. 6 (2000), S. 749 ff.

409 In der *Hanketsu Sokuhô*, einem monatlichen Abriss von Entscheidungen zum geistigen Eigentum werden 150 bis 200 Patententscheidungen pro Jahr veröffentlicht.

Die Entscheidungsdichte ist noch gering. Außerdem werden in japanischen   909
Gerichtsurteilen nur selten Präzedenzfälle zitiert und noch seltener diskutiert.
Gerichtsurteile sind häufig schwer verständlich, bisweilen auch im Hinblick
auf die Anspruchsgrundlage. Es hilft in der Praxis wenig, wenn darauf verwiesen wird, dass das japanische Rechtssystem dem deutschen sehr ähnlich sei.
Diese Sichtweise erschwert die Beschäftigung mit gewerblichen Schutzrechten
in Japan, weil darüber signifikante Unterschiede übersehen werden.

In japanischen Gerichtsverfahren, die im Vergleich zu Deutschland und den   910
USA sehr förmlich sind, ist ein spontaner und effizienter Austausch von
Argumenten aufgrund der starken Betonung auf schriftliches Parteivorbringen
und schriftliche Stellungnahmen selten. Darüber hinaus finden zahlreiche
mündliche Verhandlungen, die normalerweise weniger als eine halbe Stunde
dauern, in Abständen von ein bis drei Monaten statt. Mit der seit 1.1.1998 in
Kraft befindlichen revidierten JZPO wurden einige Maßnahmen ergriffen, um
den Ablauf von Gerichtsverfahren zu verbessern, insbesondere zu beschleuni-
gen[410]. Obwohl die JZPO ursprünglich von Deutschland übernommen wurde,
sollte auf erhebliche praktisch bedeutungsvolle Besonderheiten wie den fehlenden Vertretungszwang, keine Zulassungsbeschränkung auf bestimmte Gerichte (in Deutschland mittlerweile weitgehend aufgehoben), die ausgeprägte
Rotation der Richter (Versetzung im Allgemeinen nach jeweils drei Jahren)
und Erfolgshonorare hingewiesen werden, da diese einen weitreichenden Einfluss auf die Klagebereitschaft und den Ablauf von Zivilprozessen in Japan
haben.

Seit Änderung von § 2(3) JPatG zum 1.9.2002 gehört die Bereitstellung/Über-   911
mittlung von Computerprogrammen über elektronische Kommunikationslini-
en zu Benutzungshandlungen in Bezug auf eine Erfindung. Auch ohne Änderung der Definition von Erfindungen in § 2(1) JPatG ist hiermit klargestellt, dass
Computerprogramme zu Produkterfindungen gehören. Diese Änderung der
Definition wird dazu führen, dass Verkauf, Vermietung oder Angebot zum
Verkauf oder zur Vermietung patentierter Computerprogramme durch elektronische Kommunikationsleitungen als Verletzungshandlungen angesehen werden.

Ein deutsches Versäumnisurteil kann in Japan vollstreckt werden; die Gegen-   912
seitigkeit wird bejaht[411].

---

410 Vgl. Shoichi Okuyama, Klaus Hinkelmann, »Die neue Zivilprozeßordnung in Japan – Für
    eine effiziente Lösung von geistige Eigentumsrechte betreffenden Streitigkeiten«, *Mitteilun-*
    gen, 1999, Seiten 52–61.
411 »Lacrex Brevetti S.A. vs. Kitagawa Industries K.K.«, Bezirksgericht Nagoya, 6.2.1987; vgl.
    GRUR Int. 1988, Seiten 860–865: Der Lizenzvertrag zwischen schweizerischem Kläger und
    japanischem Beklagtem enthielt eine Zuständigkeitsvereinbarung zugunsten des Landgerichts

913   Die folgenden Ausführungen zur Durchsetzung von Patentrechten vor japanischen Gerichten gelten entsprechend für die Durchsetzung der weiteren in
diesem Buch behandelten geistigen Eigentumsrechte. Zur Vermeidung von
Wiederholungen wird bei diesen nur im Falle wichtiger Unterschiede gesondert auf die Durchsetzung eingegangen.

914   **8.1   Vor Einreichung einer Verletzungsklage**

915   **Schriftliche Verwarnung (Verwarnungsschreiben)**

916   Vor Einlegung einer Klage ist es nicht notwendig, aber üblich, zunächst den
mutmaßlichen Verletzer unter Setzung einer Beantwortungsfrist von 10 bis 14
Tagen schriftlich zu verwarnen. Ob und in welcher Form ein Verwarnungsschreiben an den mutmaßlichen Verletzer ergeht, ist vor allem eine unter-
nehmenspolitische Frage. Ein Verwarnungsschreiben (manchmal besser ein
neutrales »Schreiben über die Mitteilung der existierenden Patentverletzung«)
kann in Hinblick auf zukünftige gute Geschäftsbeziehungen und eine außerge-
richtliche Streitregelung vorteilhaft sein. Zwar besteht nach § 103 JPatG die
gesetzliche Vermutung, dass der mutmaßliche Verletzer, soweit es Verletzungshandlungen anbelangt, fahrlässig gehandelt hat. Wenn kein Verwarnungsschreiben vorliegt, könnte sich allerdings der Verletzer darauf berufen,
im guten Glauben gehandelt zu haben, und eine Herabsetzung des Schadensersatzbetrages erreichen. Für ein Verfahren auf einstweilige Verfügung kann
ein Verwarnungsschreiben schädlich sein, wenn sich aus ihm darauf schließen
läßt, dass besondere Dringlichkeit nicht gegeben ist und/oder Kompromiss-
bereitschaft zur außergerichtlichen Beilegung besteht.

917   Die schriftliche Verwarnung unterbricht die Verjährungsfrist gemäß § 724
JBGB für den Erhalt von Schadensersatz von 3 Jahren nach Kenntnisnahme
der Verletzung (bzw. 20 Jahren nach der Verletzungshandlung), wenn innerhalb von 6 Monaten nach Absendung des Verwarnungsschreibens die Klage
eingereicht wird. Bei Ablauf dieser Verjährungsfrist besteht die Möglichkeit,
über die Forderung auf Herausgabe ungerechtfertigter Bereicherung (§ 703
JBGB) (Verjährungsfrist: 10 Jahre) eine Art »Schadensersatz« (Ersatzzahlung)
zu verlangen.

918   Für die Festsetzung einer Frist zur Beantwortung eines Verwarnungsschreibens gibt es keine bestimmte Regel. Zur Vermeidung eines unvorteilhaften
Einflusses vor Gericht bei einem eventuell später eingeleiteten Gerichtsverfahren wird der mutmaßliche Verletzer allerdings so rasch wie möglich ant-

---

München. Der Kläger hatte vor dem Landgericht München wegen ausbleibender Lizenzzahlungen ein Versäumnisurteil erwirkt.

worten. Falls die Frist sehr kurz ist, sollte er um eine angemessene Verlängerung nachsuchen, um die Gültigkeit des Patentes und das Vorliegen einer Patentverletzung zu überprüfen. Das Antwortschreiben des mutmaßlichen Verletzers sollte vorzugsweise von einem Rechtsanwalt oder Patentanwalt abgefasst sein. Wenn der mutmaßliche Verletzer nicht innerhalb einer angemessenen Frist antwortet, sollte entweder sofort Klage eingereicht werden oder ein zweites Verwarnungsschreiben mit einer sehr kurzen Frist zur Stellungnahme ergehen.

Bei offen gelegten Patentanmeldungen ergibt sich vom Zeitpunkt eines Verwarnungsschreibens an ein Anspruch auf Kompensationszahlung ($ 65ter$ JPatG). 919

Wenn ein Verwarnungsschreiben an Kunden gerichtet wird und dadurch der beschuldigten Partei ein Schaden entsteht oder entstehen wird, kann die der Patentverletzung bezichtigte Partei unter dem Gesetz zur Vermeidung von unlauterem Wettbewerb (JUWG) Gegenmaßnahmen ergreifen ($ 1(1) Nr. 6 JUWG). 920

Reagiert der mutmaßliche Verletzer z. B. durch Einstellung seiner Produktion auf das Verwarnungsschreiben, geschieht dies auf eigene Verantwortung. Das Verwarnungsschreiben, so bedrohlich es auch klingen mag, berechtigt den mutmaßlichen Verletzer nicht zu Schadenersatzforderungen, wenn er beispielsweise durch Einstellung der Produktion einen Schaden erlitten hat. 921

Zustellung 922

Die Zustellung (von Verwarnungsschreiben) ist durch *Kakitome* (Einschreiben), *Haitatsu shomei* (Schreiben mit Zustellungsurkunde, wobei die unterschriebene Zustellungsurkunde an den Absender zurückgeschickt wird) sowie *Kakitome naiyô shomei* (Einschreiben mit verifiziertem Inhalt) möglich. Bei Zustellung nach dem System der *Kakitome naiyô shomei* bereitet der Absender drei identische Kopien vor, von denen eine im Postamt in einen Briefumschlag gesteckt und abgesandt wird, die zweite dort verbleibt und die dritte zurück an den Absender geht. Die Verwendung eines Einschreibens mit verifiziertem Inhalt durch den Patentinhaber unterstreicht die Ernsthaftigkeit der Vorwürfe und kann darauf hindeuten, dass der Patentinhaber weniger an einer Lizenzvergabe interessiert ist. 923

Markierung patentgeschützter Güter 924

Patentinhaber oder Exklusivlizenznehmer sollen nach $ 187$ JPatG auf dem patentierten Produkt oder dem nach einem patentierten Verfahren erhaltenen Produkt die Patentnummer anbringen. Ob dies geschieht, ist aber ohne Einfluss auf Einleitung und Ablauf eines Verletzungsverfahrens. 925

Wer gegen das Verbot irreführender Markierung einer Ware gemäß § 188 JPatG verstößt, wird mit Zwangsarbeit bis zu drei Jahren oder einer Geldstrafe bis zu 3.000.000 Yen bestraft (§ 197 JPatG).

926 **Verfahrenspatente**

927 Auf Verletzung eines Verfahrenspatentes kann erkannt werden, wenn einer der Verfahrensschritte von einer dritten, nicht am Verletzungsverfahren beteiligten Partei durchgeführt wurde[412]. Im zugrunde liegenden Fall ging es um die Verletzung des japanischen Patentes Nr. 2,695,752 (»Methode zur Bildung elektrisch abgeschiedener Bilder«). Der Beklagte führte von den 7 Verfahrensschritten die Schritte 1–5 sowie 7 durch und vertrieb das hergestellte Produkt. Die dritte Partei, Hersteller von Uhrengläsern, kaufte das Produkt vom Beklagten und brachte die elektrisch abgeschiedenen Bilder auf die Uhrenglasoberflächen. Die Kombination dieser Handlungen wurde als Patentverletzung angesehen. Das Gericht befand, dass der Beklagte auch Schritt 6 des Verfahrens durchführte, wobei er den Dritten als Instrument benutzte.

928 **8.1.1 Abhilfen**

929 **8.1.1.1 Einstweilige Verfügung** (*Karishobun*)

930 Eine einstweilige Verfügung auf Unterlassung wird in der Regel bei Patentverletzungen nur gewährt, wenn die rechtliche Lage unkompliziert ist und keine erheblichen Zweifel am Rechtsbestand des Patentes bestehen[413]. Dies trifft insbesondere auf technisch einfache Fälle zu.

931 Eine rechtskräftige Entscheidung über eine Unterlassungsverfügung oder über Schadensersatz kann prinzipiell erst nach Erledigung der letzten Beschwerde oder Berufung vorliegen. Der Erhalt einer einstweiligen Verfügung, die sofort vollstreckbar ist, kann daher ein sehr effizientes Mittel zur Unterbindung einer Patentverletzung sein.

932 Der Zweck der in einem Verletzungsprozess angeordneten einstweiligen Maßnahmen ist die Schadensvermeidung. Wenn der Beklagte nicht bereits zufrieden stellende Verkäufe der mutmaßlich patentverletzenden Produkte erzielt hat und die Einstellung der Verkäufe nicht die Existenz seines Unternehmens gefährden

---

412 Bezirksgericht Tokyo, 20.9.2001, Fall Nr. Heisei 12 Wa 20503.
413 In »Research Institute for Medecine and Chemistry Inc. vs. Sawai & Green Cross«, Bezirksgericht Osaka, 26.3.1992, Fall Nr. Heisei 2 Yo 2112, wurden die Anträge des Patentinhabers wegen offensichtlicher Nichtigkeitsgründe zurückgewiesen.

würde, ist die Gewährung einer einstweiligen Verfügung gegen Hinterlegung einer angemessenen Sicherheit durch den Kläger gerechtfertigt[414].

8.1.1.2 Unterlassung, Zerstörung der verletzenden Produkte   933

Patentinhaber und Exklusivlizenznehmer haben einen Anspruch auf Unterlas-   934
sung der Patentverletzung (§ 100(1) JPatG). Als Patentverletzung anzusehende
Handlungen sind in § 2(3) i.V.m. § 68 JPatG (direkte Patentverletzung) sowie in
§ 101 JPatG (indirekte Patentverletzung[415]) aufgeführt. Für die Durchsetzung
des Rechtes auf Unterlassung der Verletzung ist bei der beschuldigten Partei
weder Vorsatz noch Fahrlässigkeit notwendig. Es ist ohne Bedeutung, ob der
Patentinhaber die patentierte Erfindung tatsächlich ausübt. Das Recht ist bei
tatsächlichen Verletzungshandlungen und diese vorbereitenden Handlungen
durchsetzbar. Unterlassung kann auch von einer Person verlangt werden, die
wahrscheinlich das Patent verletzen wird. Der Patentinhaber muss hierbei allerdings darlegen, dass eine zukünftige Patentverletzung sehr wahrscheinlich ist.

Bei einem Antrag auf Unterlassung der Patentverletzung kann die Zerstörung   935
der verletzenden Produkte und die Entfernung der für die Verletzung benutzten Einrichtungen verlangt werden (§ 100(2) JPatG). Eine ausschließlich auf
eine solche Zerstörung bzw. Entfernung gerichtete Klage ist unzulässig.

8.1.1.3 Vorlegung von Dokumenten   936

In Japan gibt es keinen materiell-rechtlichen Anspruch auf die Vorlage von   937
Dokumenten, z.B. Rechnungslegung. Allerdings wurden in den letzten Jahren
die prozessualen Möglichkeiten, vom Beklagten die Vorlage bestimmter Dokumente zu erreichen, erheblich verbessert. In § 105 JPatG[416] wurden spezielle

---

414 »Société D'Études Scientifiques et Industrielles de l'Ile de France vs. Teikoku Kagaku Sangyo
    K.K. und Nagase Iyakuhin K.K.«, Bezirksgericht Osaka, 20.5.1980; Fall Nr. 1979 Yo 202;
    vgl. *IIC*, Vol. 5 (1981), Seiten 722–726.
415 Bezirksgericht Tokyo, 28.1.1976; vgl. *IIC*, Vol. 9 (1978), Anhang 23, Abstracts, Seite 5.
416 § 105 JPatG [entsprechend im JGebrMG, JMarkenG und JGeschmMG anwendbar]:
    (1) In einem Verletzungsverfahren wegen Verletzung eines Patentrechtes oder einer exklusi-
    ven Lizenz kann das Gericht auf Antrag einer Partei der anderen Partei die Vorlage von
    Dokumenten auferlegen, die für den Nachweis des Vorliegens der behaupteten Patentverlet-
    zung oder der Bestimmung des Schadensersatzbetrages aufgrund der Patentverletzung not-
    wendig sind. Diese Vorschrift ist jedoch nicht anwendbar, wenn berechtigte Gründe für die
    Verweigerung der Vorlage vorhanden sind.
    (2) Falls es für die Entscheidung darüber, ob es einen berechtigten Grund gemäß der Ein-
    schränkung im Sinne des obigen Abschnittes gibt, erforderlich ist, kann das Gericht die im
    Besitz der Dokumente befindlichen Personen zu deren Vorlage anweisen. In einem solchen
    Fall kann niemand die Offenbarung des vorgezeigten Dokumentes verlangen.
    (3) Die beiden vorhergehenden Abschnitte beziehen sich entsprechend auf das Vorzeigen von
    Gegenständen für die zum Beweis der behaupteten Patentverletzung notwendige Augen-
    scheinseinnahme in einem Verfahren wegen Verletzung eines Patentrechts oder einer exklu-
    siven Lizenz.

Bestimmungen der JZPO in Hinblick auf die Anordnung zur Vorlegung von Dokumenten aufgenommen. Gerichtliche Entscheidungen zur Verantwortung für die Vorlage von Dokumenten, die zur Berechnung von Schadensersatz in einem Verletzungsverfahren notwendig sind, sollen berücksichtigen, ob berechtigte Gründe zur Verweigerung der Vorlegung bestehen. Der bloße Umstand, dass die Dokumente eng mit Handelsgeheimnissen verbunden sind, wird nicht automatisch als ausreichender Verweigerungsgrund angesehen[417].

938 Die Vorlegung von Dokumenten kann verweigert werden, wenn (1) vom Beklagten vernünftigerweise der Besitz dieser Dokumente nicht erwartet werden kann oder (2) die Dokumente des Beklagten Handelsgeheimnisse enthalten. Im letzteren Fall wird der Umstand, dass die Dokumente eng verbunden mit Handelsgeheimnissen sind, nicht automatisch als rechtmäßiger Grund für die Verweigerung der Vorlegung angesehen, wie es in der Vergangenheit der Fall war. Um zu bestimmen, ob die Gründe für die Weigerung angemessen sind, kann vom Gericht der Fall unter Ausschluss der Öffentlichkeit geprüft und die Notwendigkeit des Geheimnisschutzes gegen die Erfordernisse des Verletzungsverfahrens abgewogen werden.

939 Weil der Nachweis von Verletzungshandlungen besonders schwierig ist, gehören zu den gemäß § 105 JPatG vorlegbaren Dokumente nicht nur solche, die zur Berechnung von Schadensersatz notwendig sind, sondern auch solche Dokumente, die zum Beweis des Vorliegens einer Patentverletzung notwendig sind. Das Gericht ist daher dazu ermächtigt, die Vorlage von Dokumenten zum Beweis der Handlungen des Beklagten anzuordnen.

940 **8.1.1.4 Schadensersatz**

941 Schadensersatz kann nur verlangt werden, wenn der Verletzer vorsätzlich oder fahrlässig gehandelt hat. Nach § 103 JPatG besteht jedoch die gesetzliche Vermutung, dass der mutmaßliche Patentverletzer fahrlässig gehandelt hat, wogegen dieser den Gegenbeweis antreten muss. Der Umstand, dass dieser von einem Experten (Patentanwalt) schlecht beraten wurde, beweist nicht notwendigerweise die Abwesenheit von Nachlässigkeit.

942 Das Recht auf Schadensersatz erlischt drei Jahre nach Kenntnisnahme der Patentverletzung durch den mutmaßlichen Patentverletzer und 20 Jahre nach der Patentverletzung (§ 724 JBGB). Das Recht auf Herausgabe wegen ungerechtfertigter Bereicherung erlischt nach zehn Jahren (§ 703 JBGB).

943 Die Höhe des Schadensersatzes richtet sich nach der Höhe des durch die Verletzungshandlungen erlittenen Schadens (§§ 709, 710 JBGB), wobei Scha-

---

417 »Carbonsäureamid-Derivate«, Obergericht Tokyo, 20.5.1997; vgl. *GRUR Int.* 1998, Seite 620.

densersatz grundsätzlich in Geld zu leisten ist (§ 417 JBGB). Darüber hinaus können keine Schadensersatzforderungen erhoben werden. Insbesondere sind Strafzahlungen (»punitive damages«) nicht erhältlich.[418]

Die Bestimmung der Höhe des Schadensersatzes ist in § 102 JPatG geregelt, in   944
dem hierfür vier Berechnungsmethoden angegeben sind:

   a) Entgangener Gewinn (§ 102(1) JPatG)
   b) Verletzergewinn (§ 102(2) JPatG; entspricht § 102(1) JPatGaF)
   c) Angemessene Lizenzgebühr (§ 102(3) JPatG; entspricht § 102(2) JPatGaF)
   d) Tatsächlicher Schaden (§ 102(4) JPatG; entspricht § 102(3) JPatGaF)

Der Schadensersatz wird gemäß § 102 JPatG üblicherweise als dem Patent-   945
inhaber aufgrund der Patentverletzung entgangener Gewinn berechnet. Es wird abgestellt auf die Differenz zwischen dem hypothetischen Vermögen des Patentinhabers in Abwesenheit der Patentverletzung und dem tatsächlichen Vermögen des Patentinhabers nach der Verletzung. Ersteres kann, insbesondere in Unkenntnis der Faktoren, wie die verletzenden Handlungen des Beklagten Marktanteil, Umsatz etc. des Patentinhabers beeinflusst haben, nur schwierig berechnet werden[419]. Die Gerichte waren in der Regel nicht bereit, komplizierte Betrachtungen, z.B. über den Marktanteil, anzustellen. Somit war ein unmittelbarer Beweis des Verlustes aufgrund der Patentverletzung nur auf einem Markt mit zwei Teilnehmern (Patentinhaber und Verletzer) möglich[420].

Die Bestimmungen im JPatG zum Schadensersatz wurden mit Wirkung ab   946
1.1.1999 erheblich zugunsten des Patentinhabers bzw. seines Exklusivlizenznehmers geändert. Der Schaden des Patentinhabers kann nach einer neuen Berechnungsmethode vom Gericht im Rahmen seines Ermessens ausgehend von der Zahl der verletzenden Produkte, die vom Verletzer verkauft wurden, berechnet werden. Hierbei können Marktanteil und Marketingbemühungen des Rechtsinhabers berücksichtigt werden. Bei dieser Berechnungsmethode

---

418 Dies stellte der OGH am 11.7.1997 mit der Entscheidung »Strafzahlungen« klar; vgl. *IIC*, Vol. 30 (1999), Seite 485.

419 »Heatbank System«, Bezirksgericht Tokyo, 15.6.1999, 1697 *Hanrei Jihô* 96 (2000): Das Gericht berechnete die Verluste unter Berücksichtigung des 60%igen Marktanteils des Klägers, obwohl die patentierte Technologie nicht zur Herstellung seiner im Wettbewerb mit den patentverletzenden Produkten des Beklagten stehenden Produkte verwendet wurde.

420 »ICS«, Bezirksgericht Tokyo, 10.3.1987; 1265 *Hanrei Jihô* 103 (1988): »Entgangener Gewinn« wurde nicht gewährt, weil die dem Kläger entgangenen Bestellungen statt auf Patentverletzung auch auf die Konkurrenz zurückgeführt werden könnten.
»Cimetidin«, Bezirksgericht Tokyo, 12.10.1998, *IIC*, Vol. 30 (1999), Seite 457: Die Anzahl der vom Beklagten verkauften verletzenden Produkte kann gleich der Zahl der vom Patentinhaber bei Abwesenheit der Patentverletzung verkauften Produkte angesehen werden.

bleibt außer Betracht, wenn der Verletzer keinen Gewinn erzielt hat. Außerdem muss bei der Lizenzanalogie nicht länger auf die übliche Lizenzgebühr abgestellt werden.

947 **a) Entgangener Gewinn (§ 102(1) JPatG)[421]**

948 Nach der seit 1.1.1999 geltenden Berechnungsmethode für den entgangenen Gewinn gemäß § 102(1) JPatG kann als Schadensersatzbetrag der entgangene Gewinn des Patentinhabers oder Exklusivlizenznehmers angenommen werden, der sich durch Multiplikation des vom Patentinhaber/Exklusivlizenznehmer erzielten Gewinnes pro Einheit des verletzenden Produktes mit der vom Verletzer verkauften Anzahl des Produktes ergibt. Der Gewinn berechnet sich hierbei aus dem Produktumsatz (»gross sales revenue«) abzüglich direkter und variabler Kosten, aber nicht abzüglich fester und indirekter Kosten. Dies führt zu höheren Schadensersatzbeträgen.

949 Diese Berechnungsmethode war vom Bezirksgericht Tokyo bereits in der Entscheidung »SmithKline Beecham, Co., Ltd. und SmithKline Beecham Seiyaku K. K. vs. Fujimoto Pharmaceuticals K. K.« vom 12.10.1998 angewandt worden. Es wurde der zum damaligen Zeitpunkt höchste Schadensersatzbetrag in Höhe von 3,06 Mrd. Yen (ca. 30 Mio. €) (entgangene Lizenzgebühren: 500 Mio. Yen; verlorengegangener Gewinn bei einer Gewinnspanne von 15 %: 2,5 Mrd. Yen) gewährt.

950 Die Berechnungsmethode gemäß § 102(1) JPatG wurde vom Bezirksgericht Tokyo in seinen Pachisuro[422]-Entscheidungen vom 19.3.2002 angewandt, mit denen der bislang höchste Schadensersatzbetrag wegen Patentverletzung ge-

---

421 § 102(1) JPatG:
   Wenn der Inhaber eines Patentrechts oder einer exklusiven Lizenz von einer Person, die vorsätzlich oder fahrlässig das Patentrecht oder die exklusive Lizenz verletzt, Ersatz des Schadens verlangt, der ihm durch die Verletzung entstand, und die Handlung der Person in der Zuordnung von Artikeln besteht, durch welche die Verletzungshandlung begangen wurde, kann die Geldsumme, die sich ergibt durch Multiplikation des Einheitspreises solcher Artikel mit der Anzahl der Artikel (im Folgenden in diesem Paragraphen als »Anzahl der zugeordneten Artikel« bezeichnet), die der Inhaber des Patentrechts oder Exklusivlizenznehmer in Abwesenheit der Verletzung hätte verkaufen können, als Schadensbetrag abgeschätzt werden, den der Inhaber des Patentrechts oder der Exklusivlizenznehmer erlitten hat, innerhalb einer Grenze, die nicht die in Abhängigkeit von der Arbeitskapazität des Inhabers des Patentrechts oder Exklusivlizenznehmers erreichbare Menge überschreitet. Wenn es Umstände gibt, die den Inhaber des Patentrechts oder den Exklusivlizenznehmer am Verkauf eines Teiles oder aller zugeordneten Artikel hindern, kann eine Summe, die dieser Anzahl zugeordneter Artikel entspricht, abgezogen werden.

422 Bei Pachisuro, einer Variante von Pachinko, drückt ein Spieler nacheinander drei Knöpfe in der Maschinenmitte, worauf die entsprechenden Räder in dieser Reihenfolge anhalten. Wenn die Muster auf den Rädern übereinstimmen, werden Münzen freigegeben. Üblicherweise werden die Haltepositionen der Räder aufgrund intern erzeugter Zufallszahlen bestimmt. Bei der patentierten Pachinko-Slot-(Pachisuro)-Maschine kann der Spieler dagegen nach

währt wurde (Aruze K. K. vs. Samy K. K.; Aruze K. K. vs. Net, 7.4 Mrd. Yen bzw. 1,0 Mrd. Yen, insges. ca. 65 Mio €). Zwar gehörten Kläger und Beklagte einem Patentpool von Pachinko-Herstellern an, wobei die beteiligten Pachinko-Hersteller ihre Patente in eine Patentverwaltungsfirma einbringen und Lizenzen an den Patenten der am Patentpool beteiligten Hersteller erhalten können. Das Klagepatent, zu dem kurze Zeit nach der Entscheidung des Bezirksgerichts Tokyo im Nichtigkeitsverfahren vor dem JPA eine Mitteilung über das Vorliegen von Nichtigkeitsgründen erging, war vom Kläger jedoch nicht eingebracht worden. Obwohl der japanische Pachinko-Markt sehr eng ist und es zahlreiche ähnliche Produkte gibt, wies das Gericht das Argument des Beklagten zurück, dass der Marktanteil des Klägers zu berücksichtigen sei. Die Auffassung des Gerichts führt dazu, dass Patentinhaber leichter Schadensersatz nach der Methode des entgangenen Gewinns erhalten können.

Die in § 102(1) JPatG genannte »Arbeitskapazität des Rechtsinhabers« soll 951 nach dieser Entscheidung nicht nur Herstellungs- und Verkaufskapazität des Patentinhabers während des Verkaufszeitraums der verletzenden Produkte bedeuten. Stattdessen sei im Regelfall anzunehmen, dass der Patentinhaber über »Arbeitskapazität« verfügt, wenn er potenziell zu Herstellung und Verkauf einer bestimmten Anzahl von Produkten während der Patentlaufzeit in der Lage ist. Das Gericht bestimmte, dass der Patentinhaber Herstellungs- und Verkaufskapazität für die verletzenden Produkte des Beklagten selbst nach dem Verkaufszeitraum der verletzenden Produkte hatte. Die auf der »Arbeitskapazität« basierende Menge übertraf daher die Herstellungs- und Verkaufskapazität des Patentinhabers während der Verkaufsperiode des verletzenden Produktes.

b) Verletzergewinn (§ 102(2) JPatG)   952

Die Beweislast für die Höhe des Schadens liegt beim Kläger. Ist die Höhe des 953 Schadens nicht nachweisbar, kann gemäß § 102(2) JPatG[423] zur Linderung der Beweislast als Schadensersatz der Gewinn des Beklagten aufgrund der Verletzungshandlung angenommen werden[424]. Diese gesetzliche Schadensersatzver-

---

seiner Fähigkeit die Übereinstimmung der Muster beeinflussen, da unter bestimmten Bedingungen die Kontrolle über Zufallszahlen aufgehoben wird.

423 § 102(2) JPatG:
Wenn der Patentinhaber oder derjenige, der ein Recht zur ausschließlichen Lizenz besitzt, von einem Dritten, der sein Patentrecht oder sein Recht zur ausschließlichen Lizenz vorsätzlich oder fahrlässig verletzt hat, Schadensersatz verlangt, wird vermutet, dass der gesamte Gewinn, den dieser Dritte aus der Verletzungshandlung gezogen hat, der Schaden ist, den den Patentinhaber oder derjenige, der das Recht zur ausschließlichen Lizenz besitzt, erlitten hat.

424 »Honda Giken Kogyo K. K. vs. Suzuki Jidosha Kogyo K. K.«, Bezirksgericht Tokyo, 25. 5. 1973; Honda stellte Motorräder her, die Honda durch ein Geschmacksmuster geschützt waren. Suzuki, das Motorräder mit ähnlichem Design herstellte, wurde zu Schadensersatz in Höhe seines Gewinns (761 Mio. Yen) verurteilt; 5 *Mutaishû* 128.

mutung ist besonders hilfreich, wenn der Patentinhaber auf dem Gebiet des patentierten Gegenstandes keinen anderen Konkurrenten als den mutmaßlichen Verletzer hat.

954 In »Andoreas und Yokoyama Tekko vs. Hayakawa Tekko«[425] stellte der Lizenzinhaber X (*Jisshikensha*) einer beim JPA eingetragenen exklusiven Lizenz (*Senyô*-Lizenz) eines deutschen Patentinhabers Schleifmaschinen her. Der Beklagte Y stellte als einziger Schleifmaschinen desselben Typs her. Es gab keine anderen Hersteller, die im Wettbewerb mit der patentierten Vorrichtung derartige Maschinen herstellten. Die Vorschrift aus § 102(2) JPatG wurde auf die Verkäufe von Y nach der Registrierung der exklusiven Lizenz beim JPA angewandt.

955 In einem Fall, in dem der Patentinhaber dargelegt hatte, dass sein Gewinn beim patentierten Gegenstand 6 % der Nettoverkaufserlöse betrug, folgerte das Gericht, dass der Beklagte bei jedem verkauften Verletzungsgegenstand ebenfalls einen derartigen Gewinn gemacht habe. Daher entspreche der dem Kläger entstandene Schaden dem angenommenen Gewinn des Beklagten, sofern dieser keine ausreichenden besonderen Gründe dagegen anführen kann[426].

956 Nachdem nachgewiesen war, dass der Nettoverkaufserlös des Verletzers 70 % des Verkaufspreises abzgl. der tatsächlichen Herstellungskosten betrug, entschied in einem anderen Fall das Gericht, dass der durch den Patentinhaber erlittene Schaden dem Verletzergewinn gleichzusetzen sei[427]. Ähnliche Entscheidungen ergingen in zahlreichen anderen Fällen[428].

957 Die gesetzliche Vermutung gilt nicht, wenn der Kläger nicht selbst das Schutzrecht ausübt. Die Verwertung des Patentes durch den Patentinhaber ist für die Zuerkennung von Schadensersatz wichtig. Nur der den Gegenstand seines Patentes auch tatsächlich selbst ausübende Patentinhaber soll im Falle einer Patentverletzung als Schadensersatz den Verletzergewinn fordern dürfen, anderenfalls aber auf eine einfache Nutzungsgebühr in Höhe einer angemessenen Lizenzgebühr beschränkt bleiben[429]. Der Patentinhaber kann die gesetzliche

---

425 »Andoreas and Yokoyama Tekko K.K. vs. Hayakawa Tekko«; Bezirksgericht Tokyo, 24.7.1968.

426 Bezirksgericht Tokyo, 13.9.1967; 216 *Hanrei Times* 263.

427 »Hayatsu vs. Daiya Sangyo K.K.«, Bezirksgericht Fukuoka, 30.10.1964; 173 *Hanrei Times* 193.

428 »Asahi Sekimen Kogyo K.K. vs. Kamishima Kagaku, Kogyo K.K.«, Bezirksgericht Tokyo, 25.12.1963, 156 *Hanrei Times* 218; »Hinata vs. K.K. Ebara Seisakujo«, Bezirksgericht Tokyo, 14.11.1964, 15 *Kakyu Minshû* 2702; »Senju Kinzoku Kogyo K.K. vs. Matsuo Handa K.K.«, Bezirksgericht Tokyo, 30.3.1978, 9 *Mutaishû* 300, 30. März 1978; »Asano vs. Kobayashi Hyosatsuten«, Bezirksgericht Osaka, 17.6.1980, 12 *Mutaishû* 242.

429 Bezirksgericht Tokyo, 27. März 1978, *Mutaishû* 10–12, 102.

Vermutung nicht für sich gelten lassen, wenn er eine Lizenz erteilt hat[430]. Die Anwendung der gesetzlichen Vermutung des § 102(1) JPatGaF ist ungerechtfertigt, wenn der Verletzer durch Herstellung und Verkauf der verletzenden Produkte vor dem Patentinhaber einen Markt entwickelt hat[431]. Die Vermutung ist bedeutungslos, wenn der Verletzer keinen Gewinn erzielt hat.

Im Fall einer Gebrauchsmusterverletzung gewährte das Bezirksgericht Hiro-   958
shima dem Kläger alle Anträge (Unterlassungsverfügung, Zerstörung der verletzenden Produkte, Erstattung von Anwaltshonoraren und Schadenersatz)[432]. Der Kläger erhielt allerdings als Schadenersatz nur den Gegenwert einer angemessenen Lizenzgebühr (5 % der gesamten Verkaufsmenge), weil er den Erfindungsgegenstand nicht selbst ausübte.

Es ist strittig wie der Verletzergewinn nach § 102(2) JPatG berechnet werden   959
soll, insbesondere, welche abzugsfähigen Ausgaben dem Verletzer bei der Berechnung des reinen Gewinnes zugestanden werden sollen. Ist der Umsatz des Verletzers ermittelt, wird dieser bis zum gegenteiligen Beweis als Gewinn angesehen.[433] Nach § 248 JZPO sind die Gerichte im Rahmen ihres Ermessens bei »erheblichen Schwierigkeiten« für einen exakten Beweis zu einer Berechnung im Rahmen ihres Ermessens berechtigt. In der Cimetidin-Entscheidung wurden die abzugsfähigen Ausgaben im Detail diskutiert[434].

Die Berechnung wird komplizierter, wenn der Verletzer auf seinen Umsatz   960
bezogen einen äußerst geringen Gewinn erzielt Die Gerichte neigen dazu, unrealistisch gering erscheinende Angaben des Verletzers zurückzuweisen. In diesen Fällen würde das Gericht von sich aus den Umsatz des Verletzers mit dem üblichen Gewinn des Patentinhabers multiplizieren:

»Der vom Beklagten erzielte Gewinn ist äußerst gering, weil der Beklagte diese Produkte zur Förderung von anderen eigenen Produkten verwendete. Aus diesem Grund können die Berechnungen des Beklagten hinsichtlich Preisen und Gewinnen nicht berücksichtigt werden. Stattdessen

---

430 »Tada K. K. et al. vs. Yugengaisha Oki Seisakujo« (»Kindergewehr«-Fall), Bezirksgericht Tokyo, 22.9.1962, 136 *Hanrei Times* 116.

431 »Yoneda Bussan K. K. vs. Nikken Kako K. K. et al.«, Bezirksgericht Tokyo, 21.9.1963, 152 *Hanrei Times* 177.

432 »Toshiaki Shimada vs. K. K. Kyokuto«, Bezirksgericht Hiroshima, 25.10.1995, Fall Nr. Hei 5 Wa 72; § 29(1) JGebMG; §§ 89 und 196 JZPO; vgl. Jinzo Fujino in *AIPPI Journal*, Vol. 22, Nr. 2, März 1997, Seiten 91–94. Der Kläger ist Erfinder und Anmelder des Gegenstands einer Gebrauchsmusteranmeldung sowie Präsident der den Gegenstand herstellenden Firma. Der Kläger argumentierte, dass sein Verlust dem entgangenen Gewinn seiner Firma entspricht. Das Gericht entschied jedoch, dass der Kläger wirtschaftlich gesehen nicht die gleiche Einheit ist wie die tatsächlich den Schaden erleidende Firma. Entsprechend wurde kein Schadensersatz in Höhe des verloren gegangenen Gewinnes gewährt.

433 »Wiederauffladesystem«, Bezirksgericht Tokyo, 7.10.1998, 1657 *Hanrei Jihô* 122 (1999).

434 Bezirksgericht Tokyo, 12.10.1998, *IIC*, Vol. 30 (1999), Seite 457.

sollte bei der Berechnung des Gewinns vom Gewinn ausgegangen werden, den der Kläger beim Verkauf vergleichbarer Güter erzielt haben würde.«[435]

961   **c) Angemessene Lizenzgebühr (§ 102(3) JPatG)**

962   § 102(3) JPatG[436] sieht vor, dass der Patentinhaber ungeachtet der Umstände eine vernünftige Lizenzgebühr fordern kann. Die Gewährung einer gewöhnlichen Lizenzgebühr ist somit eine Rückzugsmethode, wenn sich unter Verwendung anderer Berechnungsmethoden kein höherer Schadensersatzbetrag ergibt.

963   Im »Bücherregal«-Fall stellte das Bezirksgericht Tokyo fest: »Ein Schadensersatzbetrag entsprechend einer vernünftigen Lizenzgebühr wird als untere Grenze für den Schaden des Patentinhabers angesehen. Der Verletzer kann nicht aus seiner Verantwortung für diese untere Schadensgrenze entlassen werden, obwohl er beweist, dass der tatsächlich durch den Patentinhaber erlittene Schaden geringer ist. Falls jedoch der Patentinhaber nachweisen kann, dass der tatsächlich erlittene Schaden höher ist, kann er Schadensersatz in Höhe des tatsächlich erlittenen Schadens beanspruchen«.[437]

964   Traditionell gewährten die Gerichte auf der Grundlage von zwei Untersuchungen der japanischen Erfindungsvereinigung (*Hatsumei Kyokai;* www.jiii.or.jp) über Lizenzgebühren für bestimmte Erfindungstypen in inländischen Patentlizenzverträgen äußerst geringe Lizenzgebühren.[438]

965   In einigen Fällen berücksichtigten die Gerichte bestehende Lizenzvereinbarungen.[439] Der Patentinhaber ist jedoch nicht unbedingt an der Offenlegung dieser Lizenzgebühren für die verletzte Technologie interessiert, zumal ein Verletzer nicht wie ein Lizenznehmer behandelt werden sollte. Für die Beanspruchung eines Schadensersatzes in Höhe einer angemessenen Lizenzgebühr ist nicht erforderlich, dass der Kläger bereits einen Lizenzvertrag abgeschlossen hat.

---

435 »Toaster«, Bezirksgericht Osaka, 17.9.1998, 282 *Hanketsu Sokuhô* 17 (1998).
436 § 102(3) JPatG:
     Der Patentinhaber oder derjenige, der ein Recht zur ausschließlichen Lizenz besitzt, kann von jedem Dritten, der vorsätzlich oder fahrlässig das Patentrecht oder das Recht zur ausschließlichen Lizenz verletzt hat, Schadensersatz in Geld in der Höhe verlangen, den ersterer [§ 102(2) JPatGaF: normalerweise] durch die Ausübung der patentierten Erfindung erhalten hätte; dieser Betrag gilt als der Schaden, den der Verletzte erlitten hat.
437 »Nihon Filing K.K. et al. vs. K.K. Naito Seitetsujo«; Bezirksgericht Tokyo, 20.11.1961.
438 Hatsumei Kyokai (Hrsg.), *Jisshi ryôritsu* (Benutzung und Kompensation) (Tokyo 1980); Hatsumei Kyokai (Hrsg.), *Gijutsu torihiki* to royalty (Technologietransfer und Lizenzgebühren), Tokyo 1992.
439 »Stahlbetonträger«, Bezirksgericht Tokyo, 18.10.1996; 1585 *Hanrei Jihô* 106; *GRUR Int.* 1998, Seiten 619–620.

Aufgrund der in 1998 erfolgten Änderung von § 102(2) JPatGaF fühlen sich 966
die Gerichte nicht länger verpflichtet, nur eine gewöhnliche Lizenzgebühr zu
gewähren. Jüngere Gerichtsentscheidungen belegen die Tendenz zur Annahme
höherer Lizenzgebühren.[440]

d) Tatsächlicher Schaden (§ 102(4) JPatG) 967

Falls der Patentinhaber nachweisen kann, dass der tatsächlich erlittene Scha- 968
den höher war, kann er nach § 102(4) JPatG[441] Schadensersatz in Höhe des
tatsächlich erlittenen Schadens beanspruchen. Wenn andererseits der Beklagte
nachweisen kann, dass er weder vorsätzlich noch fahrlässig gehandelt hat,
kann das Gericht die Höhe des Schadensersatzes herabsetzen, jedoch nicht
unter den Betrag einer angemessenen Lizenzgebühr. Ggf. wird das Gericht ein
Gutachten über die Höhe einer angemessenen Lizenzgebühr einholen. In
einem 1994 ergangenen Urteil legte das Bezirksgericht Shizuoka eine detaillierte Analyse der Berechnung von verloren gegangenem Gewinn und vernünftiger Lizenzgebühr[442, 443] vor.

---

440 a) »3M vs. Alcare« (Cast Tape-Fall), Bezirksgericht Tokyo, 30.3.1998, Fall Nr. Heisei 7 Wa
10353. Hier wurde unter Berücksichtigung von Lizenzgebühren in internationalen Lizenzverträgen eine für ein Patentverletzungsverfahren unerwartet hohe Lizenzgebühr von 7%
gewährt (insgesamt 273.4 Millionen Yen);
b) »Pilot Ink K.K. vs. Matsui Shikiso Kagaku Kogyo K.K.« (»Temperatur-anzeigendes
Material«), Bezirksgericht Nagoya, 6.3.1998, Fall Nr. Heisei 4 Wa 474. Das Gericht gewährte
Schadensersatz in Höhe von 162 Mio. Yen.
441 § 102(4) JPatG:
Die Vorschriften des vorstehenden Absatzes berühren nicht die Schadensersatzansprüche, die
den im vorstehenden Absatz genannten Betrag übersteigen; in diesem Fall hat das Gericht,
wenn der Verletzer des Patentrechts oder des Rechts auf ausschließliche Lizenz weder
bösgläubig noch grob fahrlässig gehandelt hat, diese Tatsache bei der Festsetzung des Schadensbetrages zu berücksichtigen.
442 Vgl. Jinzo Fujino in *AIPPI Journal*, Vol. 19, No. 5 (September 1994), Seiten 244–246.
443 »RIMAC und Teijin Ltd. vs. Asahi Chemical Industry, et al.«; Bezirksgericht Shizuoka,
25.3.1994/Fall Nr. 92 Wa 524; vgl. Jinzo Fujino, *AIPPI Journal*, Vol. 19, September 1994, Seiten
236–239:
Die Klägerin, Research Institute for Medicine and Chemistry Inc. (RIMAC), besaß ein Patent
für eine Methode zur Herstellung von 1-a-Hydroxy-Vitamin D-Verbindungen. Patentanmeldung bzw. Patent wurden an die Firma Teijin lizenziert, welche die Lizenz als »Senyo-jiss-
hiken« (Exklusive Lizenz) im Patentregister registrieren ließ. Die beklagte Asahi Chemical
importierte unverarbeitetes 1-a-Hydroxy-Vitamin D₃-Material. Ein Teil des importierten
Materials wurde an Fuso Yakuhin Kogyo (Fuso) zur Herstellung eines Osteoporose-Arznei-
mittels für den Verkauf durch Fuso verkauft, während der Rest durch Tokai Capsule Co. für
den Verkauf durch Asahi verkapselt wurde. Das Gericht gewährte der Patentinhaberin
RIMAC Schadensersatz in Höhe einer vernünftigen Lizenzgebühr und der Exklusivlizenz-
nehmerin Teijin in Höhe des verlorenen gegangen Gewinnes. Die Nettoerlöse wurden ausgehend vom nominalen Verkaufswert dadurch berechnet, dass für Generika der tatsächliche
Preis wesentlich geringer als der Listenpreis ist und Großhandelsmargen und Verteilungs-
kosten abgezogen wurden.
Die Vereinbarung über die exklusive Lizenz wurde sehr spät registriert. Teijin konnte keinen

969 **Zum Erhalt von Schadensersatz Berechtigte**

970 Die Gerichte sind geteilter Meinung darüber, ob der Inhaber einer exklusiven *Tsûjô*-Lizenz (d. h. einer Exklusivlizenz, die nicht beim JPA registriert wurde) zu Schadensersatz berechtigt ist.

971 Im »Zertrümmerungsmaschine«-Fall[444] war dem klagenden Lizenznehmer Yokoyama an einer Patentanmeldung von Andoreas eine exklusive *Tsûjô*-Lizenz erteilt worden. Die Anmeldung von Andoreas wurde im Mai 1955 zur öffentlichen Einsichtnahme ausgelegt und das Patent im Juli 1960 erteilt. Die exklusive *Senyô*-Lizenz von Yokoyama wurde im Dezember 1960 registriert. Das Bezirksgericht Tokyo wies Schadensersatzansprüche von Yokoyama für die Zeit ab Auslegung bis zur Eintragung als Inhaber einer exklusiven *Senyô*-Lizenz (*Senyô jisshiken*) zurück: »Weil der Kläger Yokoyama vor der Registrierung seiner *Senyô jisshiken* im Dezember 1960 nicht berechtigt war, dem Beklagten Herstellung und Verkauf der durch das Patent geschützten Mahlmaschinen zu verbieten, ist er auch nicht berechtigt, für die Verletzung während der Zeit davor Schadenersatz zu verlangen.«

972 Im »Künstliches Haar«-Fall[445] wurden jedoch dem Inhabers einer exklusiven *Tsûjô*-Lizenz, der das patentierte Produkt herstellt, Schadensersatzansprüche gewährt. In diesem Fall war der Patentinhaber der Präsident seiner eigenen kleinen Firma, die von ihm eine nicht registrierte exklusive *Tsûjô*-Lizenz erhielt und das patentierte Produkt produzierte. Die Firma berief sich auf die gesetzliche Fiktion unter § 102(2) JPatG, dass der Gewinn des Verletzers gleich dem Firmenschaden an entgangenen Verkäufen sei. Das Bezirksgericht Osaka gewährte Schadensersatz:

> »Obwohl die klagende Firma als Lizenznehmerin eine separate rechtliche Einheit war und der klagende Patentinhaber ihr Präsident, ist die Firma ein sehr kleines Unternehmen mit weniger als zwanzig Angestellten. Weiterhin wurde die von der Firma hergestellte patentierte Vorrichtung im

---

Schadensersatz für die Zeit vor der Registrierung erhalten. In Japan erlaubt es dem exklusiven Lizenznehmer eine nicht registrierte Lizenzvereinbarung (vgl. § 98(1)(ii) JPatG) im Allgemeinen nicht, Schadensersatz zu erhalten.

In einem Nichtigkeitsverfahren vor dem JPA wurde das RIMAC-Patent einen Monat nach der Entscheidung des Bezirksgerichts Shizuoka wegen fehlender Neuheit in Hinblick auf eine ältere, nach dem Prioritätstag der RIMAC-Anmeldung veröffentlichte Patentanmeldung widerrufen. Im Berichtigungsverfahren vor dem JPA wurde aus dem Anspruch der in der älteren Patentanmeldung vorbeschriebene Teil eliminiert. Das Obergericht Tokyo hob daraufhin den Widerruf des Patentes auf (vgl. »RIMAC und Teijin K.K. vs. Kuraray K.K.«; Obergericht Tokyo, 12.9.1996; V. Vanbellingen-Hinkelmann, K. Hinkelmann, *AIPPI Journal*, Vol. 22, Nr. 1 (1997), Seiten 24–28).

444 »Andoreas and Yokoyama Tekko K.K. vs. Hayakawa Tekko« (»Zertrümmerungsmaschine«); Bezirksgericht Tokyo, 24.7.1968.

445 »Koa Sangyo Boeki und Tsukisaka vs. Hakko Shoji«, Bezirksgericht Osaka, 28.2.1979, 11 *Mutaishû* 92.

Wesentlichen vom Patentinhaber selbst hergestellt. Keiner anderen Person wurde jemals eine nicht exklusive Lizenz erteilt. Unter diesen Umständen kann für die Zwecke des Rechts auf Schadensersatz unter § 102(1) JPatGalt davon ausgegangen werden, dass die Firma als Inhaberin einer nicht registrierten exklusiven *Tsûjô*-Lizenz tatsächlich als Inhaberin einer *Senyô jisshiken* anzusehen ist.«

Das Gericht verurteilte den Beklagten daher zu einer Zahlung von 432.000 Yen an den klagenden Patentinhaber (Schadensersatz nach § 102(3) JPatG entsprechend einer vernünftigen Lizenzgebühr) sowie von 3.888.000 Yen an die klagende Firma als Lizenznehmerin (Verletzergewinn nach § 102(2) JPatG).

Erleichterte Berechnung des Schadensersatzes 973

Mit dem zum 1.1.2000 neu eingeführten § 105bis JPatG wurde ein Begut- 974 achtungssystem für Schadensersatz eingeführt, um die Bestimmung von Schadensersatzbeträgen zu erleichtern. Gutachter können danach die zur Berechnung von Schadensersatz erforderlichen Maßnahmen zusammenstellen, wobei die beteiligten Parteien zur Mitwirkung verpflichtet sind.

Die Berechnung des Schadensersatzes kann aufgrund der für den Erhalt und 975 die Interpretation der erforderlichen Beweismittel erforderlichen Zeit verzögert werden. Zu den Problemen in dieser Phase des Verletzungsprozesses gehören, dass ein beträchtlicher Teil der für die Berechnung des Schadensersatzbetrages erforderlichen Beweismittel sich im Besitz der Beklagten befindet und viel Zeit benötigt wird, um in einer Vielzahl von beweiskräftigen Dokumenten die wichtigen Teile zu spezifizieren. Spezialwissen und -fähigkeiten für die Interpretation des Inhaltes dieser Dokumente (wie z.B. Rechnungsbücher) sind erforderlich. Beweisdokumente, welche Abkürzungen, Symbole oder mit dem Computer erzeugte Daten enthalten, können extrem schwierig interpretierbar sein.

Zur Lösung dieser Probleme wurde das Schadensersatz-Abschätzungssystem 976 eingeführt, um dem Gericht Experten für die Bestimmung von Schadensersatz zugänglich zu machen. Entscheidend ist hierbei, dass die Beteiligten zur Beschleunigung der Arbeit zur Mitwirkung verpflichtet sind. Nach § 105bis JPatG kann das Gericht auf Antrag einer Partei als Gutachter Experten mit Spezialkenntnissen im Rechnungswesen benennen und zur Untersuchung von »zur Berechnung notwendigen Dingen« veranlassen. Dem Beklagten obliegt es, den Gutachter mit Erklärungen zu versorgen, die für die Bestimmung der in die Abschätzung einbezogenen Dinge notwendig sind. Da die Pflicht der Beteiligten zur Zusammenarbeit mit dem Gutachter deutlich definiert ist und dessen Autorität in Hinblick auf spezielle zu berechnende Dinge vom Gericht kommt, kann der Gutachter rasch und genau zur Untersuchung der Beweismittel beitragen.

977 Seit Einführung von § 105ter JPatG zum 1.1.2000 ist der Nachweis für die Höhe des Schadensersatzes einfacher. Zur Urteilsfindung ist es ist hiernach dem Gericht möglich, nicht nur bewiesene Tatsachen zu berücksichtigen, sondern auch solche, die mit hinreichender Wahrscheinlichkeit nachgewiesen sind.

978 Die Berechnung des Schadensersatzbetrages unter Verwendung der Methode von § 102 JPatG kann schwierig sein, wenn der Preis des Produktes aufgrund der patentverletzenden Handlungen reduziert werden musste und/oder es schwierig ist, die Gewinnmarge und die Beiträge zur patentierten Erfindung zu berechnen. Außerdem kann zwar die Bestimmung der verkauften Menge des verletzenden Erzeugnisses in einem bestimmten geographischen Gebiet möglich sein, der Beweis von Verkäufen in anderen Gebieten dagegen mit hohen Kosten verbunden sein. Die Bestimmung des vollständigen Schadensersatzbetrages kann somit wegen der schwierigen Ermittlung sämtlicher zur Stützung eines angemessenen Schadensersatzes notwendigen Fakten (Verkaufsmengen etc.) extrem schwierig sein.

979 Daher wurde § 105ter JPatG basierend auf § 248 JZPO neu aufgenommen. § 248 JZPO bestimmt, dass »in Situationen, in denen ein Verlust festgestellt wurde, es aber aufgrund der Natur des Verlustes extrem schwierig ist, dessen Höhe festzustellen, das Gericht einen angemessenen Schadensersatz auf der Grundlage der Gesamtheit des mündlichen Vorbringens und sonstiger Beweismittel bestimmen kann.« Im Vergleich hierzu greift der neue § 105ter PatG, »wenn die zum Beweis des Schadensersatzbetrages notwendigen Fakten aufgrund ihrer Natur nur extrem schwierig zu beweisen sind«. Hiermit soll der Beweis von Schadensersatzbeträgen für solche Fälle vereinfacht werden, in denen die Bestimmung von indirekt bezogenen Fakten, wie z.B. Verkaufsmengen, schwierig ist.

980 **Verletzender Bestandteil eines größeren Produktes**

981 Problematisch ist die Berechnung des Schadensersatzes, wenn die verletzenden Produkte zusammengesetzte Produkte sind, von denen die patentierte Erfindung nur einen kleinen Teil darstellt. Hierzu gibt es nur wenige Entscheidungen. Im Fall einer Copyright-Verletzung gewährte das Gericht dem Copyright-Inhaber den vollständigen Gewinn aus den Verkäufen einer CD mit ungefähr 20 verschiedenen Computerspielen, von denen nur eines verletzte.[446]

982 Ist der patentierte Artikel eine Komponente eines größeren Produktes, das vom Verletzer verkauft wurde, stellt sich die Frage, ob die patentierte Komponente alleine oder das ganze größere Produkt als Grundlage für die Berechnung des Schadensersatzes angesehen werden sollte, insbesondere wenn die patentierte Komponente beinahe immer zusammen mit anderen nicht patent-

---

446 »Pacman«, Bezirksgericht Tokyo, 31.1.1994, 26–1 *Chizaishû* 1.

geschützten Dingen verkauft wird. Im »Bücherregal«-Fall betraf ein Gebrauchsmuster eine Säule für ein Bücherregal. Der Verletzer produzierte und verkaufte vollständige Bücherregale, welche die patentierten Säulen enthielten. Hinsichtlich der Ermittlung der Grundlage für die Berechnung des Schadensersatzes führte das Bezirksgericht Tokyo aus: »Es kann für einen Kunden möglich sein, nur die patentierten Bücherregalsäulen zu kaufen, indem er diese herstellen läßt. Es ist jedoch allgemeine Praxis in diesem Geschäftszweig, dass vollständige Bücherregale, in denen die Säulen eingebaut sind, angeboten und verkauft werden. Weiterhin werden im Betrieb des Beklagten vollständige Bücherregale unter Verwendung der patentierten Säulen hergestellt und verkauft. Daher sollte das vollständige Bücherregal die Grundlage für die Berechnung des Schadensersatzes sein[447].

In »Tokyo Kogaku Kikai K.K. vs. K.K. Yashika«[448] betraf das Patent des Klägers einen Belichtungsmesser. Der Beklagte produzierte und verkaufte Kameras, die den Belichtungsmesser enthielten. Das Gericht befand, dass eine vernünftige Lizenzgebühr in der Kameraindustrie 4% des Verkaufspreises der Kamera beträgt. Außerdem trage der patentierte Belichtungsmesser zu 40% zum Verkaufspreis bei. Der Beklagte wurde daher zur Zahlung von 1.6% des Gesamtpreises für jede Kamera verurteilt.   983

8.1.1.5 Wiederherstellung des geschäftlichen Ansehens   984

Zusätzlich oder anstelle der Durchsetzung der obigen Rechte kann der Patentinhaber verlangen, dass die beschuldigte Partei geeignete Schritte zur Wiederherstellung des Ansehens des Patentinhabers in Geschäftskreisen unternimmt, wenn dieses durch die Verletzungshandlung der beschuldigten Partei geschädigt worden sein sollte (§ 106 JPatG). Dies kann durch öffentliche Bekanntmachung, z.B. in Form von Anzeigen in der Tagespresse, erfolgen.   985

Weil Maßnahmen, welche die Reputation der durch die Patentverletzung beeinträchtigten Partei wiederherstellen sollen, häufig das Ansehen des Verletzers beeinträchtigen, scheinen die Gerichte zurückhaltend mit deren Anordnung zu sein. Bei Markenverletzungen nimmt das Gericht dagegen üblicherweise an, dass die Verletzung das Ansehen des Markeninhabers beeinträchtigt und ordnet eine Entschuldigung an. Man geht davon aus, dass das Ansehen eines Patentinhabers nicht so leicht Schaden erleidet wie dasjenige eines Markeninhabers. Dies wäre jedoch dann der Fall, wenn das patentverletzende Produkt von minderwertiger Qualität ist und Geschäftskreise   986

---

447 »Nihon Filing K.K. et al. vs. K.K. Naito Seitetsujo« (»Bücherregal«-Fall); Bezirksgericht Tokyo, 20.11.1961.

448 »Tokyo Kogaku Kikai K.K. vs. K.K. Yashica«, Bezirksgericht Tokyo, 22.3.1972, 4 *Mutaishû* 294.

sowie Konsumenten das patentierte Produkt des Patentinhabers für das minderwertige Produkt des Patentverletzers halten würden.

987 **8.1.1.6 Beschlagnahme und Zerstörung**

988 Die Beschlagnahme von verletzenden Produkten auf gerichtliche Anordnung ist eine vorläufige Maßnahme, die leichter erreicht werden kann als die Anordnung ihrer Zerstörung.[449] Die Zerstörung ist relativ einfach zu erwirken in Fällen von Fertigprodukten,[450] kann jedoch schwieriger sein im Falle von nicht zusammengesetzten oder halbfertigen Produkten, die nur nach dem Zusammenbau verletzen würden.[451]

989 **8.1.2 Verjährung und Verwirkung**

990 **Forderungen auf Schadensersatz**

991 Unter der allgemeinen Deliktvorschrift des § 724 JBGB erlöscht das Recht auf Schadensersatz wegen Patentverletzung durch gesetzliche Vorschrift (*Jikô*), wenn es nicht drei Jahre nach dem Zeitpunkt, zu dem der Patentinhaber (»die verletzte Partei«) Kenntnis von Schaden und Schädiger erlangt hat, oder 20 Jahre nach dem Tag der Patentverletzung geltend gemacht wird, wobei die zuerst ablaufende Frist maßgebend ist.

992 Wenn die unerlaubte Handlung kontinuierlicher Natur ist, kann die verletzte Partei einen Schadensersatzanspruch auch nach über drei Jahren nach dem Zeitpunkt, zu dem sie vom Schaden und dem Schädiger Kenntnis erlangt hat, geltend machen. In diesem Fall ist sie zum Erhalt von Schadenersatz für die unmittelbar davor liegenden drei Jahre berechtigt, weil angenommen wird, dass unerlaubtes Handeln auf täglicher Basis erfolgt.

993 Ferner besteht die Möglichkeit, über die Herausgabe ungerechtfertigter Bereicherung nach §§ 703, 704 JBGB den Gewinn des Verletzers im noch vorhandenen Umfang zu erhalten. Hierfür gibt es eine Verjährungsfrist von 10 Jahren vom Tag der Verletzung.

994 Die Doktrin der Verwirkung wird vom OGH im Falle einer extrem verspäteten Ausübung von Rechten (einschließlich Abhilfemaßnahmen) auf der Basis

---

449 »Kristall«, Bezirksgericht Tokyo, 6.4.1984, 525 *Hanrei Times* 314 (1985): Auf Antrag des Klägers hatte das Gericht die Beschlagnahme eines Hochgeschwindigkeitskopierers angeordnet, mit dem ohne rechtmäßige Genehmigung durch Copyright geschütztes Material in kommerziellem Maßstab kopiert wurde.

450 Z.B. »Aluminiumräder«, Obergericht Osaka, 30.11.1993, 25–3 *Chizaishû* 476 (1993).

451 »Kabelabdeckung«; der Antrag auf Zerstörung der halbfertigen Waren wurde am 28.12.1989 vom Bezirksgericht Tokyo abgelehnt (vgl. 21–3 *Mutaishû* 1073 (1989)) und vom Obergericht Tokyo am 25.2.1993 in der Berufung teilweise gewährt: (vgl. 25–1 *Chizaishû* 33 (1993)).

des allgemeinen Prinzips der Billigkeit unter § 1 JBGB anerkannt. Wenn der Kläger/Antragsteller ein Recht über einen beträchtlichen Zeitraum hinweg nicht ausgeübt hat, sodass die andere Partei in Hinblick auf die Dauer des verstrichenen Zeitraums vernünftigerweise glauben musste, dass der Kläger/Antragsteller sein Recht nicht ausübt, ist die Ausübung des Rechts nicht statthaft. Diese Doktrin ist bislang in Patentverletzungsfällen sehr selten angewandt worden.

Forderungen auf Unterlassung   995

Es gibt keine Verjährungsvorschriften, die direkt auf Unterlassungsanträge   996
wegen Patentverletzung anwendbar sind. Es scheint auch keinen Präzedenzfall
zu geben. Dies liegt vor allem daran, dass die Verletzungshandlung, die Anlaß
für eine Unterlassungsforderung ist, kontinuierlicher Natur ist, sodass Verjährungsvorschriften nicht anwendbar sind.

Die Verwirkungsdoktrin wurde von einem Bezirksgericht angewandt, als   997
dieses einen Antrag auf einstweilige Anordnung zurückwies, weil der Patentinhaber innerhalb von vier Jahren nach einer Verwarnung aufgrund kontinuierlicher Herstellung und Verkauf verletzender Produkte keine weiteren Maßnahmen gegen den mutmaßlichen Verletzer ergriffen hatte[452].

8.1.3 Technisches Gutachten des Patentamtes (*Hantei*)   998

Das JPA kann auf Antrag des Patentinhabers, Lizenzinhabers oder einer der   999
Patentverletzung bezichtigten Partei ein Gutachten (»*Hantei*«) darüber anfertigen, ob ein bestimmtes Produkt oder Verfahren unter den Schutzumfang einer patentierten Erfindung fällt (§ 71 JPatG). Ein *Hantei* ist entsprechend auch hinsichtlich eines registrierten Gebrauchsmusters, Geschmacksmusters oder einer registrierten Marke erhältlich. Das Vorliegen eines tatsächlichen Streites ist nicht notwendig und das zum Vergleich herangezogene Produkt oder Verfahren müssen nicht tatsächlich existieren.

Für den Antrag auf ein *Hantei* müssen folgende Unterlagen vorgelegt werden: 1000
ein Antrag, der die Parteien, das Patent und den strittigen Artikel bzw. das strittige Verfahren identifiziert, sowie eine Anwaltsvollmacht. In dem Antrag sollten Gründe angeführt sein, weshalb eine Verletzung bzw. Nichtverletzung des Patentes gegeben sein soll.

Das *Hantei* wird von drei Mitgliedern der *Shimpan*-Abteilung angefertigt   1001
(§ 71(2) JPatG). Üblicherweise basiert die Entscheidung auf den von den Parteien vorgelegten Unterlagen, die Richter können jedoch auch mündliche

---

452 »Cintron Company vs. K.K. Nitto Denki Seisakusho«, Bezirksgericht Tokyo, 14.9.1963, 152 *Hanrei Times* 163.

Anhörungen für die Präsentation von Beweismitteln oder Argumenten zulassen.

1002 Ein *Hantei* ist ein offizielles Gutachten des JPA und sollte daher vom Gericht sorgfältig berücksichtigt werden[453]. Das Gutachten hat jedoch keine bindende Wirkung auf die Gerichte[454]. Für die japanischen Gerichte ist ein *Hantei* ein Expertengutachten unter mehreren möglichen. Gegen das Gutachten gibt es keine Beschwerdemöglichkeit[455].

1003 Von der Möglichkeit, vom JPA ein *Hantei* zu erhalten, wurde bislang kaum Gebrauch gemacht. Nach der Einführung im Jahre 1960 zeigte sich rasch die fehlende Rechtswirkung des *Hantei*. Im Rahmen eines Patentverletzungsfalles auf dem Gebiet der Textilien wurde davon Gebrauch gemacht[456]. In der Gerichtsentscheidung wurde das *Hantei* nicht erwähnt, weshalb danach viele an ihrem Nutzen zweifelten. Viele sind mittlerweile jedoch der Auffassung, dass bei der heutigen komplexen technologischen Situation ein *Hantei* hilfreich sei.

1004 Für Anträge ab 1.7.1998 wird das *Hantei*-Verfahren beschleunigt durchgeführt. Auf diese Anträge soll innerhalb von sechs Monaten ein Gutachten ergehen. Für die Stellungnahme eines in Japan ansässigen Antragsgegners wird eine Frist von 30 Tagen und bei Antragsgegnern mit (Wohn-)Sitz außerhalb Japans eine Frist von 60 Tagen gewährt. Es gibt weder eine Bestimmung von Schadensersatz noch von Unterlassungsverfügungen. Laut JPA wird die Äquivalenzdoktrin in der *Hantei* berücksichtigt. Das JPA fördert die Nutzung von *Hantei* und hat hierzu Richtlinien für die *Hantei*-Antragstellung verfasst (engl. Fassung: »Guidelines for easy *Hantei* Demand Filing«, May 1998; www.jpo.go.jp/tetuzuki_e/t_tokkyo_e/hantei.htm)[457]. Allerdings wurden auch im Jahr 2002 nur 75 *Hantei* beantragt.

1005 Zum 1.1.2000 wurden zwei Merkmale in das *Hantei*-Verfahren eingeführt:

a) Die Untersuchung von Beweismitteln wird in Übereinstimmung mit den relevanten Vorschriften der JZPO durchgeführt.

---

453 »Hokuriku Seiyaku K.K. vs. Z.H. Böhringer und Söhne« (Butylscopoaminbromid-Fall); Obergericht Nagoya, Zweigstelle Kanazawa, 14.6.1967, 18 *Kakyu Minshû* 676.
454 »Yoneyama vs. K.K. Koizumi Kikaiten« (»Getreidetrockner«-Fall), Obergericht Tokyo, 30.7.1970; 253 *Hanrei Times* 192. Hier hatte der Patentinhaber ein *Hantei* erhalten, der auf Patentverletzung befand. Das Obergericht Tokyo erkannte jedoch auf Nichtverletzung.
455 »Nakajima Zoki K.K. vs. JPA«, OGH, 18.4.1968, 22 *Minshû* 936.
456 »Calico Printers Association Ltd. vs. Toyobo K.K.« (Polyester I-Fall); Bezirksgericht Osaka, 24.10.1967, 214 *Hanrei Times* 107, 521 *Hanrei Jiho* 24. Das Gericht sah keine Patentverletzung. Nach dem von den Beklagten beim JPA beantragten *Hantei* verletzen beide Verfahren das Patent nicht.
457 Thorsten Beyerlein, *Mitteilungen* 2003, Seiten 247–249.

b) Ein Gericht kann vom JPA erforderlichenfalls ein *Hantei*-Gutachten anfordern (§ 71bis JPatG).

8.1.4 Rechts- und Patentanwälte 1006

Rechtsanwälte (*Bengoshi*) 1007

Ein Rechtsstreit wegen Patentverletzung wird in der Regel von einem 1008
Rechtsanwalt in Zusammenarbeit mit einem Patentanwalt durchgeführt. In
Japan besteht allerdings in keiner Instanz Anwaltszwang, selbst beim OGH
nicht.

Japan ist dem deutschen System gefolgt, wonach alle Rechtsanwälte ausgebil- 1009
det werden, um Richter zu werden. Die Zahl der Referendare (d. h. der
Kandidaten für den Posten eines Anwalts, Richters oder Staatsanwalts) ist
auf 700 beschränkt, was eine Bestehensquote der Referendarsprüfung von
3 % bedeutet. An die bestandene nationale Zugangsprüfung schließt sich eine
zweijährige Ausbildungszeit am Juristischen Ausbildungsinstitut des OGH
an. Am Ende dieser Ausbildung können die Absolventen dann wählen, ob
sie Richter, Staatsanwalt oder Rechtsanwalt werden wollen.

Japanische Rechtsanwälte können sich ohne Ablegung einer besonderen Prü- 1010
fung als Patentanwälte registrieren lassen. Aber auch in diesen Fällen werden
sie wegen fehlender technischer Kenntnisse bei Patentverletzungsfällen in der
Regel mit technisch vorgebildeten Patentanwälten zusammenarbeiten, wobei
letztere bis vor kurzem nur als Assistenten (*Hosanin*) auftreten konnten, mittlerweile aber auch selbständig vor Gericht erscheinen können.

Patentanwälte (*Benrishi*)[458] 1011

Die Gesamtzahl der Patentanwälte in Japan betrug Ende Dezember 2001 ca. 1012
4.800 (Ende Mai 1999: 4,100). Zwei Drittel davon praktizieren in Tokyo,
während sich der Rest ebenfalls auf große Städte wie Osaka, Yokohama und
Nagoya konzentriert. Die meisten Patentanwälte haben einen Abschluß in
Natur- oder Ingenieurwissenschaften, der allerdings keine Voraussetzung für
das Ablegen der Patentanwaltsprüfung ist. Die japanische Patentanwaltskammer (*Benrishi Kai*) stellt auf ihrer Homepage (www.jpaa.or.jp) auch englischsprachige Materialien zum gewerblichen Rechtsschutz in Japan zur Verfügung.

Ein Patentanwalt in Japan entspricht von seiner Tätigkeit in etwa dem deut- 1013
schen Patentanwalt. Er ist insbesondere zur Vertretung in Verfahren vor dem
JPA betreffend Erhalt, Verteidigung und Bekämpfung geistiger Eigentums-

---

458 »The Patent Attorneys Law of Japan«, »*Patents & Licensing*«, Vol. 31, No. 1 (February 2001),
Seiten 7–25.

rechte berechtigt. Darüber hinaus sind japanische Patentanwälte berechtigt, ihre Mandanten vor dem Obergericht Tokyo gegen Entscheidungen einer *Shimpan*-Abteilung des JPA in einem Beschwerde- oder Nichtigkeitsverfahren zu vertreten[459]. Diese Verfahren werden häufig ausschließlich von Patentanwälten wahrgenommen.

1014 Das Tätigkeitsgebiet japanischer Patentanwälte wurde im Jahre 2000 in örtlicher und sachlicher Hinsicht erheblich erweitert. Das Verbot von Zweigstellen (im In- und Ausland) wurde aufgehoben. Hinzugekommen ist das Tätigkeitsgebiet der alternativen (außergerichtlichen) Streitbeilegung. Außerdem wurde mit Wirkung ab 1.2.2002 abhängig von der Teilnahme an zwingend vorgeschriebenen Weiterbildungsveranstaltungen das bisherige Tätigkeitsgebiet der industriellen Eigentumsrechte um Copyright und unlauteren Wettbewerb auf allgemein geistige Eigentumsrechte erweitert.

1015 Japanische Patentanwälte konnten in Verletzungsverfahren bislang vor Gericht nur als assistierende Rechtsbeistände (*Hosanin*) zusammen mit einem Rechtsanwalt auftreten. Im Frühjahr 2002 wurde das JPatanwG dahingehend geändert, dass Patentanwälte in Verletzungsverfahren als Rechtsbeistand auftreten können, solange auch Rechtsanwälte als Rechtsbeistand beteiligt sind. Vorraussetzung ist das Absolvieren eines Trainingsprogrammes des METI, das mit einer Prüfung der rechtlichen und praktischen Kenntnisse abgeschlossen wird. Patentanwälte sollten im Prinzip zusammen mit diesem Rechtsanwalt vor Gericht erscheinen. Wenn es vom Gericht als angemessen angesehen wird, können sie auch alleine vor Gericht erscheinen. Patentanwälte können in Verletzungsprozessen betreffend Patente, Gebrauchs- und Geschmacksmuster, Marken, Topografien von elektronischen Halbleitererzeugnissen wie auch in Angelegenheiten unlauterer Wettbewerbshandlungen auftreten.

1016 **8.1.5 Kosten**

1017 Verletzungsklagen sind mit verhältnismäßig hohen Kosten verbunden. Abhängig von Streitwert, Verfahrenslänge und Arbeitsaufwand muss in jeder Instanz in der Regel mit Kosten in Höhe von mindestens 8 bis 10 Millionen Yen gerechnet werden. Viele japanische Anwälte verlangen bei einem Obsiegen ein Erfolgshonorar in Höhe der anfänglichen Vertretungsgebühr. Die Anwaltskosten haben in der Regel die Parteien selbst zu tragen.

1018 **Gerichtsgebühren und sonstige Gerichtskosten**

1019 Bei Klageeinreichung muss der Kläger eine Gerichtsgebühr zahlen, die gemäß einer Tabelle nach dem »Gesetz über Gerichtskosten etc. von Zivilprozessen«

---

459 § 9(2) JPatanwG, § 178 JPatG.

festgesetzt wird. Die Gerichtsgebühr beträgt zwischen 0.2 und 10% vom Streitwert. Diese »Einreichungsgebühr« wird durch eine Gebührenmarke (*Inshi zei*) bezahlt, die der Klageschrift beizufügen ist.

Wenn die Gerichtsgebühr bei Klagen auf Schadensersatz vor dem Bezirks- 1020 gericht ca. 0,5% des verlangten Schadensersatzes beträgt, sind es ca. 0,75% bei Berufungen zum Obergericht und ca. 1% bei Revisionen zum OGH.

Im Falle von Unterlassungsforderungen wird der Streitwert nach einer Formel 1021 berechnet, mit der entweder der Wert des Patentes in Hinblick auf dessen Restlaufzeit oder der wahrscheinliche finanzielle Verlust, der durch die Unterlassung der Patentverletzung vermieden werden soll, ermittelt wird. Bei einem Antrag auf einstweilige Verfügung beträgt die Gerichtsgebühr 1.500 Yen.

Die Gerichtsgebühren können der obsiegenden Partei auf Antrag von der 1022 unterliegenden Partei zurückerstattet werden. Angesichts der verhältnismäßig geringen Gebühren wird auf deren Rückerstattung in den meisten Fällen verzichtet. Bei einer Verschleppung des Verfahrens können sogar der obsiegenden Partei Gerichtskosten auferlegt werden.[460]

Die Kosten für beispielsweise Zeugeneinvernahme, Briefporto etc. gehören zu 1023 den Gerichtskosten im weiteren Sinne, die vom Gericht der unterliegenden Partei aufgebürdet werden. Hierzu zählen aber nicht die Anwaltshonorare der obsiegenden Partei.

Anwaltshonorare[461] *(Patent- bzw. Rechtsanwälte)* 1024

In Japan ist für die Anwaltszulassung als Organisation mit landesweiter Zu- 1025 ständigkeit die nationale Anwaltskammer *Nichibenren* zuständig. Hinsichtlich der Anwaltshonorare gibt es die Vorschriften über die »Regelung für die Grundsätze bei Anwaltsgebühren« (*Hôshu-tô kijun kitei*) der *Nichibenren*. Im Prinzip werden zwei Gebühren abgerechnet: ein Vorschuss (*Chakushu-nin*) zu Beginn des Mandats und ein *Erfolgshonorar* (*Hôshû-kin*) bei Abschluss des Auftrags. Die Gebühr sollte nach der Höhe des wirtschaftlichen Gewinns, den ein Mandant aus einem Rechtsstreit erzielt, bestimmt werden. Auf diesen Gewinn sollte dann der von der *Nichibenren* festgesetzte Prozentsatz ange-

---

460 Vgl.«Kissei Pharmaceutical Co.Ltd. vs. Shiratori Seiyaku und 8 weitere Firmen«; Bezirksgericht Tokyo, 27.3.2000, Fall Nr. 1990 Wa 5678: Die der patentverletzenden Produktion des Medikamentes Tranilast bezichtigten Beklagten wurden zur Zahlung von 4/5 der Gerichtsgebühren verurteilt, obwohl die Verletzungsklage schließlich als unbegründet zurückgewiesen wurde. Das Verhalten der Beklagten hinsichtlich der Vorlage von Unterlagen und der sich ändernden Argumentation verstieß auf extreme Weise gegen das Gebot von Treu und Glauben.

461 Vgl. »Gebührenpraxis japanischer Anwälte – ein internationaler Ausblick« von Lawrence W. Schonbrun, in *ZJapanR*, Heft 8, 1999, Seiten 53–62.

wandt werden. Der Prozentsatz sinkt mit zunehmendem wirtschaftlichem Wert des Falles. In der Praxis sind die von der *Nichibenren* aufgestellten Gebühren nur eine Verhandlungsgrundlage. Ein der BRAGO in Deutschland vergleichbares System der Abrechnung gibt es in Japan nicht. Die Anwaltshonorare sind somit in der Regel Verhandlungssache.

1026 *Bengoshi* verlangen üblicherweise eine Abschlagszahlung und ein zusätzliches Erfolgshonorar für den Fall des Obsiegens oder einer vorteilhaften Einigung. Die einzelnen Verfahren wie Hauptverfahren, Verfahren auf einstweilige Anordnung sowie Berufungs- und Revisionsinstanz werden hierbei für beide Zahlungen getrennt angesehen.

1027 Eine Schadensersatzforderung wegen Vertragsverletzung berechtigt nicht zur Erstattung der eigenen Anwaltshonorare. Bei unerlaubten Handlungen, einschließlich Patentverletzung, kann dagegen im Allgemeinen die Erstattung von Anwaltshonoraren verlangt werden, solange und in dem Umfang, zu dem solche Honorare in den Bereich der Verluste fallen, von denen vernünftigerweise angenommen werden kann, dass sie mit der unerlaubten Handlung bzw. dem verletzenden Verhalten in einer ursächlichen Beziehung stehen[462]. Dennoch neigen die Gerichte dazu, nur einen kleinen Teil des gesamten Anwaltshonorars zu erstatten.

1028 **8.2   Der Patentverletzungsprozess**

1029 **8.2.1   Klageberechtigung**

1030 §§ 100–106 JPatG bestimmen, dass Patentinhaber und Inhaber einer ausschließlichen Lizenz (*Senyô*-Lizenz, beim JPA gemäß § 27 JPatG registriert) zu den darin aufgeführten Abhilfen berechtigt sind. Der *Senyô*-Lizenzinhaber (*Senyô jisshikensha*) ist daher in Hinblick auf alle im JPatG vorgesehenen Abhilfen klageberechtigt. Ein Verletzungsverfahren (z. B. eine Klage auf Unterlassung gemäß § 100 JPatG[463, 464]) kann somit vom Patentinhaber oder *Senyô*-Lizenzinhaber eingeleitet werden, wobei üblicherweise beide gemein-

---

462 »Jeanne Lanvin vs. K. K. Kotobuki«, Bezirksgericht Osaka, 28.6.1985, 567 *Hanrei Times* 290.
463 »Tanaka vs. Sanyo Plastic Kogyôjô« (»Bojen-Fall«), Bezirksgericht Yamaguchi, 28.2.1963; 142 *Hanrei Times* 184. Hier konnte der Patentinhaber selbst Klage auf Unterlassung und Schadensersatz einreichen, obwohl es einen *Senyô*-Lizenzinhaber gab.
464 In »K. K. Okamoto vs. M. Tsuchida« entschied das Bezirksgericht Nagoya am 25.7.1974, dass ein Patentinhaber auch nach der Registrierung eines *Senyô*-Lizenzinhaber eine einstweilige Verfügung gegen patentverletzende Aktivitäten erhalten kann, da der bloße Erhalt von Schadensersatz den Patentinhaber nicht genügend schütze; 6 *Mutaishû* 202.

sam Klage einreichen[465]. Der *Senyô*-Lizenzinhaber kann somit auch ohne Zustimmung oder Teilnahme des Patentinhabers eine Verletzungsklage einreichen.

Die Frage nach der Klageberechtigung für sonstige Lizenznehmer wird in der Rechtsprechung nicht einheitlich beurteilt. Die Rechtsprechung hat die Regel entwickelt, dass der Inhaber einer nicht eingetragenen exklusiven Lizenz (exklusive *Tsûjô*-Lizenz) zwar zur Forderung von Schadenersatz berechtigt ist[466, 467], aber keinen Anspruch auf Unterlassung hat.[468] 1031

Der Inhaber einer nichtausschließlichen Lizenz (*Tsûjô*-Lizenzinhaber) ist im Allgemeinen nicht zur Einleitung eines Verletzungsprozesses, d.h. zu Anträgen auf Schadensersatz[469] oder Unterlassung, berechtigt, unabhängig davon, ob diese Lizenz beim JPA gemäß § 27 JPatG registriert ist oder nicht. Er kann nur den Patentinhaber oder *Senyô*-Lizenzinhaber (falls dieser die nichtausschließliche Lizenz vergeben hat) zur Klage auffordern, wenn der Lizenzvertrag dies vorsieht. Allerdings wird manchmal eine auf Schadensersatz abzielende Verletzungsklage eines registrierten *Tsûjô*-Lizenzinhabers zugelassen. Reicht der Patentinhaber die Klage ein, kann der *Tsûjô*-Lizenzinhaber dem Verfahren beitreten. Es ist möglich, in einem späteren Verfahrensstadium als Partei an die Stelle einer gegenwärtigen Partei mit gleichem Interesse zu treten (§ 30 JZPO). 1032

Zur Frage, ob der Patentinhaber nicht registrierte oder nichtausschließliche Lizenznehmer zur Klage auf Unterlassung und Schadensersatz ermächtigen kann, gibt es weder Rechtsprechung noch akademische Schriften. 1033

---

465 »Andoreas and Yokoyama Tekko K.K. vs. Hayakawa Tekko« (»Zertrümmerungsmaschine«); Bezirksgericht Tokyo, 24.7.1968.

466 »Nihon Filing K.K. et al. vs. K.K. Naito Seitetsujo« (»Bücherregal«-Fall); Bezirksgericht Tokyo, 20.11.1961. Hier reichten der Inhaber einer nicht registrierten ausschließlichen Lizenz (*Tsûjô*- Exklusivlizenzinhaber) und Patentinhaber gemeinsam Klage ein. Das Gericht wies die Klage zurück:»Die Wirkung einer nichtausschließlichen Lizenz besteht darin, dass der Patentinhaber dem Lizenzinhaber die Benutzung des Patentes gestattet. Der Inhaber einer nichtausschließlichen Lizenz hat daher kein Recht, eine dritte Partei von der Benutzung des Patentes auszuschließen. Im Fall einer exklusiven *Tsûjô*-Lizenz kann der Lizenznehmer sein exklusives Recht dadurch schützen, dass er den Patentinhaber auffordert, eine Verletzungsklage einzureichen«; 12 *Kakyu Minshû* 2808.

467 Vgl. »K.K. Shinei vs. Tsukisaka«, Obergericht Tokyo, 20.11.1961, 12 *Mutaishû* 1–33.

468 Vgl. »K.K. Taiyo Shokai vs. Hashimoto Sash Kogyo K.K.«, Obergericht Osaka, 20.6.1986; 18 *Mutaishû* 2–210.

469 Vgl. »Tajima vs. K.K. Naito Tekkosho«, Bezirksgericht Tokyo, 20.11.1961; 12 *Kaminshû* 11–2808.

1034 **8.2.2 Gerichtliche Zuständigkeit**

1035 Für Patentverletzungsklagen sind sachlich in erster Instanz die Bezirksgerichte (*Chihô saibansho*) zuständig. Die Amtsgerichte (*Kan'i saibansho*) sind in der Gerichtshierarchie unterhalb der Bezirksgerichte angesiedelt und für Streitwerte von bis zu 900.000 Yen zuständig.

1036 **Nationale Zuständigkeit**

1037 Grundlage für die Bestimmung des örtlich zuständigen Bezirksgerichts kann Wohnort oder Hauptgeschäftssitz des Beklagten[470] oder der Ort, an dem die Verletzungshandlung stattfindet[471], sein. Schließlich kann das Gericht zuständig sein, das die gerichtliche Zuständigkeit für ein den Wohnort oder den Hauptgeschäftssitz des Klägers umfassendes geographisches Gebiet hat[472].

1038 Bei einer Klage auf Unterlassung liegt die örtliche Zuständigkeit gemäß den allgemeinen Zuständigkeitsregeln am Wohnort des Beklagten[473], während eine Schadensersatzklage auch bei dem Bezirksgericht des Ortes erhoben werden kann, wo der Beklagte seine Verpflichtungen erfüllen muss, also am Sitz des Klägers, oder dem Ort der Verletzungshandlung.

1039 Wird die Unterlassungsklage zusammen mit der Schadensersatzklage eingelegt, kann die Klage entweder beim Gericht des Ortes erhoben werden, wo Kläger oder Beklagter Sitz oder Niederlassung haben oder wo die Verletzungshandlung begangen wurde. Bei einem ausländischen Kläger ist der Gerichtsstand sowohl bei Klagen auf Unterlassung wie auch auf Schadensersatz

---

470 §§ 1, 2 und 4 JZPO sind einschlägig. § 1 sieht vor, dass für Klagen das Gericht des Ortes zuständig ist, an dem der Beklagte seinen allgemeinen Gerichtsstand hat. Dieser wird in § 2 (Wohnort einer Person) und § 4 (Sitz der Hauptbüro- oder Geschäftsräume bei einer juristischen Person) näher definiert.

471 § 15 JZPO bestimmt, dass Klagen aus unerlaubter Handlung bei dem Gericht erhoben werden, in dessen Bezirk die Handlung begangen wurde. Diese Grundlage für den Gerichtsstand wird typischerweise gefunden, wenn auch die erste oder zweite Grundlage anwendbar ist, weil die Verletzung durch Verkauf eines Produktes im Allgemeinen überall in Japan erfolgt.

472 § 5 JZPO bestimmt, dass Klagen wegen vermögensrechtlicher Ansprüche bei dem Gericht des Ortes erhoben werden können, an dem die Schuld zu erfüllen ist (Besonderer Gerichtsstand des Erfüllungsortes). Wenn der Kläger Schadenersatz wegen Patentverletzung nachsucht, ist der Ort, an dem sich der Hauptsitz des Klägers befindet, der Ort, an dem der Beklagte Schadenersatz zu zahlen hat. Es ist daher für den Kläger üblich, das Gericht an seinem Hauptsitz zu wählen. Diese Wahl ist jedoch nur dann angemessen, wenn das Verfahren nur Schadenersatz beinhaltet. Wenn der Kläger Unterlassung begehrt, wird der Ort, an dem der Beklagte seiner Verpflichtung nachkommen muss, wahrscheinlich dessen Geschäftssitz sein und nicht Wohnort oder Hauptgeschäftssitz des Klägers.

473 Im Falle eines Unternehmens ist dies normalerweise der Ort, an dem es registriert ist. Es kann jedoch auch der Ort der tatsächlichen Geschäftsausübung sein (vgl. »Zylindrische Schneidemaschine«, Obergericht Tokyo, 9.9.1993, 1485 *Hanrei Jihô* 116 (1994)).

in der Regel der Ort des Sitzes oder einer Niederlassung des Beklagten in Japan, es sei denn, der ausländische Kläger hat eine im Handelsregister eingetragene inländische Zweigniederlassung, in welchem Fall die Klage auf Schadensersatz oder, wenn die Klage auf Schadensersatz und die Klage auf Unterlassung zusammengelegt werden, die kombinierte Klage ggf. auch bei dem Gericht eingelegt werden kann, wo der Ort der inländischen Niederlassung des Klägers ist.

Klagt ein ausländisches Unternehmen in Japan auf Verletzung seines Patentes, so kann die Klage auch dann am Ort der japanischen Niederlassung des ausländischen Unternehmens anhängig gemacht werden, wenn dieser nicht Hauptsitz des Unternehmens und nicht im Handelsregister eingetragen ist[474].   **1040**

Seit 1.1.1998 kann der Kläger als weiterer Gerichtsstand zwischen den Bezirksgerichten (*Chihô saibansho*) in Tokyo oder Osaka und dem ansonsten zuständigen Bezirksgericht wählen; dies gilt für Fälle betreffend Patente, Gebrauchsmuster, Registrierungen von integrierten Schaltkreisen und Copyright für Computersoftware[475]. Die Wahl zwischen den Bezirksgerichten in Tokyo und Osaka hängt davon ab, ob die normale gerichtliche Zuständigkeit nördlich von Nagoya oder südlich von Osaka liegt. Die Bezirksgerichte in Tokyo, Osaka und Nagoya bieten den Vorteil einer spezialisierten Kammer für geistiges Eigentum. Darüber hinaus gibt es an den Bezirksgerichten (bzw. Obergerichten) in Tokyo und Osaka technische Experten des JPA. Es ist somit nun möglich, dass Richter mit mehr Spezialwissen Verletzungsfälle prüfen.   **1041**

---

474 »Zylindrische Schneidemaschine«, Obergericht Tokyo, 9.9.1993; vgl. *GRUR Int.* 1994, Seiten 1052–1053. Die US-amerikanische Patentinhaberin machte eine Verletzung ihres Patentrechts an einer zylindrischen Schneidemaschine durch eine Papierschneidemaschine der Beklagten geltend und beantragte Unterlassung des Gebrauchs sowie Schadensersatz. Das Bezirksgericht Yokohama war von der ausschließlichen Zuständigkeit des Bezirksgerichtes Takamatsu ausgegangen, in dessen Zuständigkeitsbereich der Wohnsitz der Beklagten liegt. Das Gericht führte zu der Frage aus, ob das vorinstanzliche Gericht für die anhängig gemachte Klage zuständig ist: »Nach § 484 JBGB ist eine Leistung dort zu erbringen, wo der Gläubiger seinen gegenwärtigen Wohnsitz hat. In diesem Fall besteht Zuständigkeit des Gerichtes des Ortes, an dem die Schuld zu erbringen wäre. Nach § 54(2) JHGB ist Sitz der Gesellschaft der Ort von deren Hauptniederlassung, soweit diese als solche eingetragen ist. Findet diese Bestimmung hingegen keine Anwendung, so besteht eine an den Leistungsort anknüpfende gerichtliche Zuständigkeit in Japan gegenwärtig nicht. Allerdings ist eine nach § 484 JBGB zu erfüllende Schuld in der Regel als Bringschuld zu verstehen. Diese Schuld ist am Wohnort des Gläubigers, im Falle einer juristischen Person an deren Geschäftsadresse zu erfüllen. Soweit die Antragstellerin als juristische Person nicht ihren Hauptsitz, sondern nur eine Zweigniederlassung in Japan hat, ist dies doch eine in Japan befindliche geschäftliche Basis, bei der der Schuldner seine Schuld zu erfüllen vermag; denn es geht in diesem Zusammenhang vornehmlich um die Hauptfunktion der Schuld, nämlich deren Erfüllung.«

475 § 6 JZPO.

1042 Jedes der 50 Bezirksgerichte in den 47 Präfekturen Japans kann Patentverletzungsklagen annehmen. Der Kläger kann zwar die Klage überall dort einreichen, wo er einen Gerichtsstand begründen kann. Das Gericht kann jedoch auf Antrag des Beklagten oder auf eigene Initiative die Übertragung des Falles auf ein anderes Gericht anordnen.

1043 **Internationale Zuständigkeit**

1044 Für Patentfälle kann eine Klage in Japan nur auf der Grundlage eines japanischen Patentes eingereicht werden. Ein ausländisches Patent kann nicht die Zuständigkeit eines japanischen Gerichts begründen.[476, 477]

1045 In »Fujimoto Akira vs. Kabushiki Kaisha Newlon« versuchte der japanische Inhaber eines US-Patentes für eine Vorrichtung zur Demodulation eines FM-Signals (kein entsprechendes japanisches Patent) vergeblich dessen Durchsetzung vor japanischen Gerichten. Der Kläger ist Hersteller eines Kartenlesegerätes. Die dem Beklagten gehörende Newlon Electronics Inc. importierte und verkaufte die Kartenlesegeräte des Beklagten in den USA. Der Unterlassungsantrag des Klägers war von Bezirks- und Obergericht Tokyo zurückgewiesen worden, da nach § 33 *Hôrei*[478] die Anwendung von US-Recht auf Verhalten in Japan gegen die japanische Rechtsordnung verstößt[479]. Der Anspruch auf Schadensersatz wurde vom Obergericht Tokyo unter § 11 *Hôrei*[480] zurückgewiesen, nach dem unerlaubte Handlungen in Japan unter japanischem Recht

---

476 »Nihon Musen Tsushin vs. Matsushita Ind., Co.Ltd.«, Bezirksgericht Tokyo, 12.6.1953, 4–6 *Kakyu Minshû* 847: Eine Patentverletzung in der Mandschurei kann nicht als unerlaubte Handlung in Japan angesehen werden. Der Beklagte baute Komponenten, die er von einem Lizenznehmer am japanischen Patent des Klägers in Japan gekauft hatte, in seine Vakuumröhrenprodukte ein und importierte sie in die Mandschurei. Die Klage auf Schadensersatz unter dem Patent in der Mandschurei wurde vom japanischen Gericht zurückgewiesen.

477 Bezirksgericht Tokyo, 22.4.1999, 1691 *Hanrei Jihô* 131 (2000) (bestätigt durch das Obergericht Tokyo, 27.1.2000): Ein US-Patent, zu dem es kein entsprechendes japanisches Patent gab, wurde durch die Produkte des Beklagten verletzt, die in Japan für den Export in die USA produzierte. Das Gericht entschied, dass dieses Verhalten als »active inducement or contributory infringement« unter Sec. 271 (b) und (c) des U.S.-Patentgesetzes angesehen werden könnte, diese Verletzung aber in Japan nicht verfolgt werden könne.

478 Das *Hôrei* legt Regeln und Prozeduren für die Bestimmung des anwendbaren Rechts dar: § 33 *Hôrei*: Wenn ein ausländisches Gesetz anwendbar wäre, aber die Anwendung dieses ausländischen Gesetzes in Hinblick auf die öffentliche Ordnung oder den guten Glauben unangemessen wäre, soll ein solches ausländisches Gesetz nicht angewandt werden.

479 »Signal Feedback Vorrichtung«, Obergericht Tokyo, 27.1.2000, vgl. *IIC*, Vol. 33 (April 2002), Seiten 522–524.

480 *Hôrei* § 11:
(1) Erzeugung und Effekt der Verpflichtung, die durch Geschäftsführung ohne Auftrag und unangemessene Gewinne oder unerlaubte Handlungen hervorgerufen wurde, sollen durch das Recht des Staates bestimmt werden, in dem die unerlaubte Handlung stattgefunden hat.
(2) Wenn Handlungen im Ausland unter japanischem Recht nicht unerlaubt sind, ist Absatz 1 nicht anwendbar.

behandelt werden sollten. Der OGH bestätigte die Entscheidung des Obergerichts[481]:

1. Anwendbares Recht bei einem Anspruch auf Unterlassung und Zerstörung von patentverletzenden Waren unter einem Patentrecht ist das Recht des Staates, in dem das Patent erteilt wurde[482].
2. Die Anwendung eines US-Patentes zur Unterbindung von Handlungen in Japan, die aktiv die Verletzung eines US-Patentes bewirken, oder zur Zerstörung von mutmaßlich verletzenden Produkten in Japan verstößt gegen die »Öffentliche Ordnung« wie sie in § 33 *Hôrei* definiert ist.
3. Der Schadensersatzanspruch aufgrund von Handlungen in Japan, die aktiv die Verletzung eines US-Patentes bewirken, sollte unter US-Recht entschieden werden.
4. Handlungen in Japan, die aktiv die Verletzung eines US-Patents bewirken, sind »Handlungen im Ausland, die unter japanischem Recht nicht unerlaubt sind«.

Probleme der doppelten Zuständigkeit tauchen in Japan kaum auf. Im Allgemeinen fühlen sich die japanischen Gerichte nicht an der Erklärung der eigenen Zuständigkeit gehindert, wenn bei einem ausländischen Gericht zum gleichen Streitgegenstand ein Gerichtsverfahren anhängig ist.[483]   1046

In Lizenzvereinbarungen bezüglich eines japanischen Rechts kann die gerichtliche Zuständigkeit zwischen den Vertragsparteien vereinbart werden.[484]   1047

Mit Urteil vom 8.6.2001 in der Sache »Tsuburaya Production vs. Sangen Chai« interpretierte der OGH die Vorschrift in der JZPO breit, wonach japanische Gerichte für Streitigkeiten zwischen ausländischen Parteien zuständig sind[485].   1048

Eine Klage wegen Patentverletzung kann gegen einen Importeur und Verteiler von verletzenden Waren gerichtet werden, jedoch nicht gegen die ausländische Muttergesellschaft oder den ausländischen Entwickler der Waren, wenn es den   1049

---

481 »Fujimoto Akira vs. Kabushiki Kaisha Newlon«, OGH, 26.9.2002, Fall Nr. Hei 12/580; vgl. Jinzo Fujino, in *AIPPI Journal* Vol. 28, No. 1 (January 2003), Seiten 38–42.
482 S.a. OGH, 1.7.1997, Fall Nr. Hei 7 Wo 1988.
483 »Herstellung von beschichtetem Kupfer«, Bezirksgericht Tokyo, 24.9.1991; vgl. *GRUR Int.* 1998, Seiten 63–69: Soweit ein japanisches Unternehmen das Know-how eines amerikanischen Unternehmens verletzt und der Schwerpunkt der Verletzungshandlung in Japan liegt, ist der Fall nach japanischem Recht zu beurteilen.
484 »Flüssige Treibstoffkomponente«, Obergericht Tokyo, 16.9.1991; *IIC*, Vol. 24 (1994), Seite 391 bzw. »*Hanrei licence hô*«, 521 (Tokyo 2000).
485 Vgl. Toshiko Takenaka in *CASRIP Newsletter* Spring/Summer 2001: Für die internationale Zuständigkeit japanischer Gerichte ist es danach nicht erforderlich, dass es offensichtlich in Japan eine gesetzeswidrige Handlung gegeben hat. Es genügt, wenn eine Handlung in Japan nachgewiesen ist, die zu einem Schaden der rechtlichen Interessen des Klägers führte.

ausländischen Firmen jeglicher Verbindungen zum japanischen Forum ermangelt[486]. Im zugrunde liegenden Fall ist die Klägerin Inhaber eines Patents für ein Medikament zur Verringerung des Augendrucks. Die dritte Beklagte importiert verletzende Waren in Japan, die von der zweiten Beklagten, einer schwedischen Firma, entwickelt wurden. Die erste Beklagte ist die Muttergesellschaft der Importeurin. Die Klägerin legte dar, dass Japan das korrekte Forum für die Patentverletzungsklage sei, da die drei Beklagten gemeinsame unerlaubt Handelnde seien, die unter § 5(9) JZPO am Ort der verletzenden Handlung verklagt werden können. Das Gericht untersuchte, ob internationale Zuständigkeit vorliegt. Zwar sei es gerecht, angemessen und diene der schnellen Rechtfindung, alle drei Beklagten zusammen zu verklagen. Das Gericht verneinte allerdings die internationale Zuständigkeit für den ersten und zweiten Beklagten, da es keinen Beweis für deren direkte Beteiligung an der Verletzungshandlung gab und sie keine Geschäftskontakte nach Japan hatten. Die bloße Verbindung der dritten Beklagten mit der ersten Beklagten als der Muttergesellschaft und der zweiten Beklagten als der Entwicklerin der verletzenden Waren reichte hierzu nicht aus.

1050 ### 8.2.3 Ermittlung von Beweismitteln und deren Sicherung

1051 In Japan ist wie in Deutschland kein »pre-trial discovery«-Verfahren gemäß US-amerikanischen Recht vorgesehen. Die Ermittlung von Beweismitteln und deren Sicherung kann daher mit erheblichen Problemen verbunden sein. Urkunden- und Zeugenbeweis sind neben einer Vernehmung der Parteien die am häufigsten verwendeten Beweismittel. Zur Aufklärung komplizierter Sachverhalte werden oft auch Sachverständige herangezogen. Um die bislang langwierige Beweisaufnahme zu straffen, wurde zum 1.1.1998 das »Prinzip der konzentrierten Beweisaufnahme« (§ 182 JZPO) und eine erweiterte Pflicht zur Vorlage von Urkunden[487] und eine wechselseitige Auskunftspflicht der Parteien eingeführt.

1052 Die Verpflichtung zur Vorlegung von Schriftstücken war vor 1998 sehr eingeschränkt, was die Ermittlung von Urkundenbeweisen oft schwierig gestaltete. § 220 JZPO sieht jetzt eine allgemeine Pflicht zur Vorlage von Urkunden vor[488]. Der Besitzer einer Urkunde ist jetzt im Allgemeinen verpflichtet, diese vorzulegen, wenn er dazu vom Gericht aufgefordert wird. In § 220(4) JZPO

---

486 »Ueno Seiyaku K.K. vs. Farmacia und Upjohn« (Arznei zur Verringerung des Augendrucks), Bezirksgericht Tokyo, 14.5.2001, Fall Nr. 11 Wa 16175; 13 *Law & Technology* 70.
487 Vgl. »Neuere Tendenzen im Zivilverfahrensrecht«, von Toshiyuki Kano, in *ZJapanR* 1998, Heft 6, Seiten 174–184.
488 § 220 JZPO: Der Besitzer einer Urkunde darf die Vorlegung nicht verweigern,
(1) wenn er im Prozess auf die Urkunde, die sich in seinem Besitz befindet, Bezug genommen hat;

bedeutet a) die Vermeidung von Selbstbelastung und die Belastung von nahen Familienangehörigen, b) die Geheimhaltung von Tatsachen, von denen bestimmte Berufsangehörige wie Ärzte und Anwälte bei der Ausübung ihrer beruflichen Pflichten Kenntnis erlangt haben, und c), dass ein Besitzer von persönlichen Tagebüchern oder Memos für den internen Gebrauch innerhalb einer Firma deren Vorlage verweigern kann. Spezielle Umstände, bei deren Vorliegen keine Pflicht besteht, sind in §§ 197 und 220(4) JZPO aufgeführt. Nicht am Streit beteiligte Parteien unterliegen ebenfalls dieser Vorlagepflicht.

Wird der gerichtlichen Anordnung zur Vorlegung von Urkunden nicht nachgekommen, kann es gerichtliche Sanktionen nach sich ziehen. Die von der anderen Partei in Zusammenhang mit dem Inhalt dieser Schriftstücke gemachten Behauptungen wie auch Tatsachen, die durch diese Dokumente gestützt werden sollen, können vom Gericht als wahr angesehen werden (§ 224(1) JZPO). Im Falle der Nichtbeachtung der Anordnung kann eine Geldstrafe von bis zu 200.000 Yen verhängt werden (§ 192 JZPO).

Die Partei, welche die Vorlage bestimmter Schriftstücke beantragt, muss ein diese Schriftstücke identifizierendes Gesuch einreichen (§ 221 JZPO). Ist die Identifikation eines bestimmten Schriftstückes zum Zeitpunkt der Antragstellung schwierig, genügt die Angabe von Hinweisen, die dem Besitzer des Schriftstückes dessen Identifikation ermöglichen (§ 222 JZPO). **1053**

Wechselseitige Auskunftspflicht der Parteien **1054**

§ 163 JZPO definiert ein Parteienanfrageverfahren *(Tôjisha shokaisho)*, nach dem die Parteien ohne Einschaltung der Gerichte direkt Anfragen austauschen und Informationen und Schriftstücke anfordern können[489]. Von der anderen Partei kann unmittelbar die Beantwortung bestimmter Fragen oder Anfragen verlangt werden. Für den Fall der Weigerung sind keine Sanktionen vorgesehen. Jedoch kann dann das Gericht aus der Weigerung Schlussfolgerungen ziehen. **1055**

---

489 § 163 JZPO: Die Parteien können während der Anhängigkeit eines Gerichtsverfahrens unter Einräumung einer angemessenen Frist für die schriftliche Beantwortung schriftliche Anfragen an die gegnerische Partei richten, betreffend Angelegenheiten, die notwendig sind zur Vorbereitung von Beweisen oder Argumenten, vorausgesetzt, dass solche Nachforschungen unter keine der folgenden Kategorien fallen:
i) Anfragen, die weder spezifisch noch individuell sind;
ii) Anfragen, welche die gegnerische Partei beleidigen oder beschämen;
iii) Anfragen, die bereits vorgebrachte Anfragen wiederholen;
iv) Anfragen, mit denen die gegnerische Partei nach Meinungen gefragt wird;
v) Anfragen, die einen unmäßigen Kosten- und Zeitaufwand für die Beantwortung durch die gegnerische Partei verlangen; und
vi) Anfragen, die sich auf ähnliche Gegenstände beziehen, für welche die Partei sich unter den Vorschriften von § 196 oder 197 auf ein Zeugnisverweigerungsrecht berufen kann«.

1056 **Prüfung von Schriftstücken durch Richter unter Ausschluss der Öffentlichkeit/Schutz von Geheimnissen**

1057 Zur Klärung der Frage, ob die Vorlage bestimmter Dokumente angeordnet werden soll oder ob diese unter eine der in § 220(4) JZPO geregelten Ausnahmen fallen, kann das Gericht sich die Urkunden zur Einsichtnahme vorlegen lassen, um zu bestimmen, ob die Geheimhaltung der Urkunde gerechtfertigt ist und was vor Gericht vorgelegt werden sollte.[490] In solchen Fällen findet die Untersuchung des Gerichts unter Ausschluss der Öffentlichkeit statt, wobei nur die Richter Zugang zu den vorgelegten Urkunden haben, also weder die gegnerischen Parteien noch deren Rechtsbeistände.

1058 Gemäß § 92 JZPO kann der Zugang zu Gerichtsakten auf die Parteien beschränkt werden. Eine Partei kann eine Entscheidung[491] beantragen, den Zugang der Öffentlichkeit zu bestimmten Teilen der Gerichtsakten zu beschränken, falls bei deren Bekanntwerden ihre Interessen signifikant geschädigt würden. Wird der Antrag auf Schutz gewährt, kann nur die gegnerische Partei um Einsichtnahme oder Kopien der von der Anordnung umfassten Teile der Gerichtsakten nachsuchen. Eine dritte Partei kann die Aufhebung einer solchen Entscheidung beantragen.

1059 Ein Antrag auf Sicherung von Beweismitteln kann bei Gericht vor oder während des Verletzungsprozesses gestellt werden. § 343 JZPO bestimmt, dass das Gericht auf Antrag eines Beteiligten die Prüfung von prozessrelevanten Beweismitteln durchführen kann, falls das Gericht die Verwendung der Beweismittel im Verletzungsverfahren ohne vorherige Beweissicherung aufgrund der gegebenen Umstände für schwierig hält. Die Untersuchung von Beweismitteln umfasst Zeugenbefragungen, Vorlegung bzw. Untersuchung von Dokumenten und Gegenständen, Fabrikinspektionen und Expertengutachten.

1060 Wenn ein Dokument ausschließlich zur Verwendung für den Beklagten bestimmt war und nicht »als Ergebnis der Rechtsbeziehung zwischen der beweispflichtigen Partei und dem Besitzer der Dokumente erstellt worden war«, handelt es sich um ein Dokument zur eigenen Verwendung, für welches es keine Verpflichtung zur Vorlage gibt«[492]. Der Begriff »Dokumente zur eigenen Benutzung« wird in der geltenden JZPO nahezu unverändert interpretiert[493].

---

490 § 223(4) JZPO.

491 Der Ausdruck »Entscheidung« entspricht dem Begriff »*Kettei*« im Japanischen. »*Kettei*« kann ohne den Weg über ein formale Gerichtsverhandlung oder eine mündliche Verhandlung getroffen werden.

492 Obergericht Sendai, 29.11.1956.

493 Hideki Matsui, in *NBL* No. 609, 15.1.1997, »Studium des Umfanges von technischen und Handelsgeheimnissen«.

Die Einsicht in Dokumente kann auch über ein Verfahren erfolgen, das in 1061
§ 23bis JAnwG vorgesehen ist[494]. Das Bezirksgericht Tokyo gewährte hier den
Klageantrag auf Vorlage von Dokumenten, welche der Beklagte beim Gesundheitsministerium (*Koseishô*) im Rahmen des Genehmigungsverfahrens für das
mutmaßlich patentverletzende Produkt eingereicht hat[495].

8.2.4 Klageschrift (Sojô)   1062

Die japanische Klageschrift muss folgende Angaben enthalten (§ 133 JZPO):   1063

   a) Name und Anschrift des Klägers (bei einer juristischen Person auch der
   Name ihres Repräsentanten)
   b) Name und Anschrift der Anwälte des Klägers
   c) Name und Anschrift des Beklagten (bei einer juristischen Person auch
   der Name ihres Repräsentanten)
   d) Wert des Anspruchsgegenstandes (Streitwert)
   e) Klagebegehren, Anträge (Beantragte Abhilfen bzw. Wesen des Anspruchs) (*Seikyû no shushi*)
   f) Klagegründe (*Seikyû no genin*)

Zu a) bis c):   1064
Der Klageschrift muss eine notariell beurkundete Anwaltsvollmacht mit einer
Feststellung des Notars über die Nationalität des Klägers beigefügt sein. Wenn
die Klägerin eine juristische Person ist, muss ein notariell beglaubigtes Firmenzertifikat, aus der auch der Staat ihrer Niederlassung und der Name und
Titel des Repräsentanten hervorgeht, beigefügt sein. Ist die Beklagte eine japanische Firma, muss eine beglaubigte Kopie der geschäftlichen Registrierung
der Beklagten, die auch Namen und Titel ihres repräsentativen Direktors
enthält, eingereicht werden.

Zu d):   1065
Auf der Klageschrift muss eine Gebührenmarke (*Inshi zei*) angebracht sein.
Der Betrag der Gebührenmarke wird auf der Basis eines abgeschätzten Streit-

---

494 § 23bis JAnwG:
     (1) Ein Rechtsanwalt kann in Zusammenhang mit jedem Fall, mit dem er beauftragt ist, bei
     einer Anwaltsvereinigung, welcher er angehört, beantragen, öffentliche Ämter oder öffent-
     liche oder private Organisationen zu kontaktieren und Berichte über beliebige notwendige
     Angelegenheiten anzufordern. Die Anwaltsvereinigung kann diesen Antrag zurückweisen,
     wenn er als ungeeignet angesehen wird.
     (2) Auf jeden geeigneten Antrag gemäß (1) kann die Anwaltsvereinigung von öffentlichen
     Ämtern oder öffentlichen oder privaten Organisationen die Berichterstattung über jegliche
     notwendige Angelegenheiten fordern.
495 *I.P. Japan* von Shusaku Yamamoto Patent Law Offices, Ausgabe 7, Frühjahr/Sommer 1998.

wertes berechnet. Der Streitwert wird gemäß einer am Bezirksgericht angewandten Formel berechnet.

1066 Zu e):
Die Klageschrift muss Anträge enthalten, welche die nachgesuchten Abhilfen bezeichnen und die Basis für die Entscheidung des Gerichtes sein können. Bei einer Schadenersatzforderung muss der Betrag spezifiziert sein und die Berechnungsgrundlage für diesen Betrag angegeben sein. Schadenersatzansprüche können jederzeit nach Einreichung der Klage hinzugefügt werden. In diesem Fall ist dann die hierfür notwendige Gebühr zusätzlich zu entrichten.

1067 Zu f):
In den Klagegründen muss eine Übersicht über die Geschäfte der strittigen Parteien enthalten sein. Außerdem muss das verletzte Patent identifiziert sein, wobei Titel der Erfindung, Einreichungsnummer und -datum, Veröffentlichungsnummer und -datum, Registrierungsnummer und Erteilungsdatum und falls anwendbar Prioritätsdatum sowie ggf. Datum und Nummer der Auslegeschrift anzugeben sind.

Die patentierte Erfindung muss erläutert werden, wobei Zweck, technische Zusammensetzung und Effekt der Erfindung, zusammen mit einer Erklärung der im Patent verwendeten technischen Ausdrücke, dargelegt werden sollten.

Der mutmaßlich patentverletzende Gegenstand (Stoff, Vorrichtung, Verfahren etc.) des Beklagten ist zu identifizieren. Dazu gehört eine Beschreibung des beschuldigten Produktes oder Verfahrens etc., ggf. mit Zeichnungen zur Erläuterung der Ähnlichkeit zwischen der beschuldigten Vorrichtung etc. und den in der Patentbeschreibung beschriebenen Ausführungsformen.

Die mutmaßlich verletzten Patentansprüche müssen identifiziert werden. Die Gerichte verlangen weiterhin, dass die Ansprüche in konstituierende Elemente aufgespalten werden. Dann können die konstituierenden Elemente mit korrespondierenden Merkmalen in der Verletzungsform des Beklagten verglichen werden. Das Gericht verlangt einen Vergleich jedes Elementes des Patentanspruchs mit dem entsprechenden Teil der mutmaßlich patentverletzenden Vorrichtung oder Verfahrens, aus dem hervorgeht, dass die mutmaßlich patentverletzende Vorrichtung oder das mutmaßlich patentverletzende Verfahren unter den Patentanspruch fallen. Wenn der Patentinhaber in seinem Fall auf die Anwendung der Äquivalenzdoktrin durch das Gericht abzielt, sollte er bei dieser Analyse seine Argumente in Hinblick auf Äquivalente darlegen. Diese Methode ist gesetzlich nicht vorgeschrieben, wird aber den Klägern von den Gerichten empfohlen.

Jedes urkundliche Beweismittel, auf das der Kläger sich beziehen möchte, wie   1068
beispielsweise die beglaubigte Registrierung des Patentes oder die Auslegeschrift, muss zum frühestmöglichen Zeitpunkt bei Gericht vorgelegt werden. Nach § 74 JGerG müssen sämtliche urkundlichen Beweismittel oder
Zeugenaussagen in japanischer Sprache vorliegen.

Für die Klageschrift ist eine umfassende Beschreibung von Tatsachen und   1069
Beweismitteln erforderlich, sodass strittige Themen in einem sehr frühen
Stadium erkannt werden. Eine Klageschrift sollte in Ergänzung zu Ansprüchen und Tatsachen, welche zur Bestimmung der Ansprüche notwendig sind,
die eingehende Darlegung von Tatsachen enthalten, welche die Ansprüche
unterstützen, sowie die Diskussion von Beweismitteln und wichtigen Umständen, die sich auf solche Tatsachen beziehen. Wenn der Vorsitzende Richter der Auffassung ist, dass eine Klageschrift ungenügende Angaben enthält,
kann der Kläger zur Änderung der Klageschrift aufgefordert werden.

8.2.5   Verfahren auf Erlass einer einstweiligen Verfügung (Karishobun)[496]   1070

Um eine schnelle Abhilfe bei Vorliegen einer Patentverletzung zu erlangen,   1071
wird häufig beim zuständigen Bezirksgericht eine einstweilige Verfügung beantragt. Dieses Verfahren ist nur dann zulässig, wenn ein besonderes Dring-
lichkeitsbedürfnis nachweislich vorliegt, z. B. wenn zu befürchten ist, dass der
Kläger durch die Vollstreckung aus dem Urteil im Hauptverfahren nicht völlig
entschädigt wird oder die Vollstreckung des Urteils im Hauptverfahren nur
erschwert oder überhaupt nicht möglich ist[497].

Der Antrag auf einstweilige Verfügung kann vor Einreichung der Hauptklage   1072
gestellt werden, jedoch muss für diesen Fall das Gericht auf Wunsch des Beklagten den Kläger auffordern, ebenfalls eine Hauptklage einzulegen. Ein Verwarnungsschreiben ist für ein Verfahren auf einstweilige Verfügung nicht notwendig, je nach Inhalt kann dieses sogar schädlich sein. Wegen der kompakten
Natur des Verfahrens müssen die Beweismittel sofort verifizierbar sein (§ 188
JZPO). Der Antragsteller sollte daher die Anzahl der strittigen Themen mini-
mieren (durch die Beschränkung auf klare Verletzungsformen, wenige mutmaßlich verletzte Schutzrechte). Die örtliche Zuständigkeit liegt »bei dem für das
Hauptverfahren zuständigen Gericht« bzw. dem »Bezirksgericht, das für den
Ort des strittigen Eigentums zuständig ist« (§ 12 JGEV). Wenn keine Haupt-
klage eingereicht wurde, ist das zuletzt genannte Gericht zuständig.

---

496 Toshiaki Iimura und Shin Sano, »Current State of Preliminary Injunction Cases Involving
   Intellectual Property Rights«, in *AIPPI Journal*, Vol. 28, No. 1 (January 2003), Seiten 12–22.
497 § 23(2) JGEV.

1073 In Patentverletzungsverfahren muss das Gericht im Gegensatz zu anderen Verfahren auf einstweilige Anordnung den Antragsgegner anhören[498]. In der Praxis finden mündliche Verhandlungen aber selten statt. Bei Anträgen auf einstweilige Verfügungen, mit denen Herstellung oder Verkauf patentgeschützter Waren unterbunden werden soll, ist es häufig schwierig, den technischen Gehalt der patentierten Erfindung oder des Produktes des Antragsgegners zu erfassen. Dem Antragsgegner wird daher zur Äußerung üblicherweise eine Frist von drei Wochen ab dem Tag des Antrags eingeräumt. Bei einer unstrittigen Patentverletzung soll es prinzipiell auch ohne Anhörung des Antragsgegners gehen[499]. Eine Hinterlegung von Schutzschriften bei verschiedenen Bezirksgerichten ist daher nicht erforderlich. Es wird aber zunehmend vom Antragsgegner erwartet, prinzipiell mit einem Antrag auf einstweilige Verfügung zu rechnen und rasch reagieren zu können. Früher konnte das betreffende Gericht einem Antrag auf einstweilige Verfügung aufgrund der Behauptungen und Beweise des Klägers sowie Hinterlegung einer Sicherheit von Seiten des Klägers stattgeben, ohne vor der Entscheidung eine mündliche Verhandlung anzuberaumen und den Beklagten anzuhören.

1074 Je nach Schwierigkeitsgrad kann das Verfahren auf einstweilige Verfügung 6 Monate[500] bis mehrere Jahre dauern. Insbesondere bei einer Verletzung unter dem JUWG kann eine einstweilige Verfügung sehr rasch erhalten werden[501]. Manchmal ist das Verfahren auf einstweilige Verfügung somit nur unwesentlich kürzer als das Hauptverfahren. Der entscheidende Vorteil ist die sofortige Vollstreckbarkeit des Urteils, während beim Hauptverfahren vor Vollstreckung des Urteils ein mögliches Berufungsverfahren vor dem Obergericht bzw. ein Revisionsverfahren vor dem OGH abgeschlossen sein muss.

1075 Für den Fall, dass die Verletzung nicht glaubhaft gemacht werden kann, verweist das Gericht die Parteien auf das Hauptverfahren.

1076 In einem Verfahren auf einstweilige Verfügung kann die mögliche Nichtigkeit des Patentes das Gericht davon abhalten, eine einstweilige Verfügung zu erteilen[502].

---

498 § 23(4) JGEV.
499 *AIPPI Journal*, Vol. 28, No. 1 (January 2003), Seite 16.
500 Im Pentoxifyllin-Fall gewährte das Bezirksgericht Toyama im Juli 1984 nach ca. 8 Monaten eine einstweilige Verfügung.
501 »Apple Computer vs. SOTEC«, Bezirksgericht Tokyo, 20.9.1999; vgl. YUASA AND HARA, *Intellectual Property News,* Vol. 7 (August 2000), Seite 7ff.). Einstweilige Verfügung nach drei Wochen.
502 Vgl. »Research Institute for Medecine and Chemistry Inc. vs. Sawai & Green Cross«, Bezirksgericht Osaka, 26.3.1992, Fall Nr. Heisei 2 Yo 2112.

Wenn das Gericht vom Vorliegen einer Verletzung sowie der Dringlichkeit 1077
des Antrages überzeugt ist, gibt es dem Antrag unter der Bedingung statt, dass
der Kläger eine Sicherheitsleistung in Höhe von in der Regel ⅓ eines dem
Beklagten eventuell aus der einstweiligen Verfügung erwachsenden Schadens
hinterlegt, und zwar für den Fall, dass sich später im Hauptverfahren herausstellen sollte, dass die einstweilige Verfügung zu Unrecht erfolgte.

Wenn dem Antrag auf einstweilige Verfügung stattgegeben wird, ist diese 1078
sofort vollstreckbar. Die Vollstreckbarkeit der Verfügung kann nicht durch
Einlegung eines Einspruchs beim stattgebenden Gericht oder Berufung beim
nächsthöheren Gericht ausgesetzt werden. Die Voraussetzungen für die Aussetzung einer einstweiligen Anordnung (§ 27(1) JGEV) sind strikter als für die
Aussetzung eines vorläufig vollstreckbaren Urteils im Hauptverfahren
(§ 398(1) JZPO). Eine Aussetzung der einstweiligen Verfügung ist im Allgemeinen auch durch Hinterlegung eines Geldbetrages durch den Beklagten
bei Gericht in Höhe des dem Kläger durch die Verletzung entstandenen
Schadens nicht möglich.

Bei einem Verfahren auf einstweilige Verfügung kann der Antrag von einem 1079
oder von drei Richtern entschieden werden. Bei der Entscheidung durch einen
Richter kann sich dieser mit zwei anderen Richtern beraten. Die Verfahren auf
einstweilige Verfügung finden normalerweise unter Ausschluß der Öffentlichkeit statt. Es können zwei Arten von Entscheidungen ergehen. Eine *Kettei*
liegt vor, wenn die Gerichtsentscheidung ohne vorherige mündliche Verhandlungen (*Koto benron*) gefällt worden ist. Eine *Hanketsu* liegt vor, wenn die
Entscheidung nach mündlichen Verhandlungen gefällt wurde. Es liegt im
Ermessen des Richters/der Richter, ob eine mündliche Verhandlung stattfindet
und die Fallakten somit öffentlich einsehbar werden. Bei Erlass einer einstweiligen Verfügung müssen keine Gründe angegeben sein, jedoch bei einer
Zurückweisung des Antrages. Ungeachtet des Antragsumfangs kann das Gericht den Umfang der einstweiligen Verfügung nach eigenem Ermessen bestimmen.

Die Art der Entscheidung bestimmt bei einer dem Antrag auf einstweilige 1080
Verfügung stattgebenden Entscheidung die Art des Rechtsbehelfs. Bei einer
Kettei muss die Erinnerung gegen den Erlass einer einstweiligen Verfügung
beim gleichen Bezirksgericht eingelegt werden, wo sie von drei Richtern
behandelt wird, während bei einer *Hanketsu* Beschwerde zum entsprechenden
Obergericht eingelegt werden muss. Die Beschwerde hat allerdings keine
aufschiebende Wirkung und der Erlass einer einstweiligen Verfügung ist nur
schwer aufzuheben. Bei einer Zurückweisung des Antrages auf einstweilige
Verfügung findet die Beschwerde zum Obergericht statt.

1081 Diese Erinnnerungs- bzw. Beschwerdeverfahren sind langwierig und enden häufig erst kurz vor Ausgang des Hauptverfahrens. Ein Bezirksgericht hebt selten seine *Kettei*-Entscheidung auf, insbesondere, wenn beim selben Gericht auch das Hauptverfahren anhängig ist. In diesem Fall kann von einer vorher abgestimmten Entscheidung des Einzelrichters ausgegangen werden.

1082 Für den Beklagten (Antragsgegner, Schuldner) bei einem Antrag auf einstweilige Verfügung ist daher in der Regel eine *Hanketsu*-Entscheidung günstiger. Es gibt allerdings keine Möglichkeit für die Parteien, die Art der Entscheidung zu beeinflussen[503].

1083 Der Beklagte kann während des Verfahrens wie auch nach Erlass einer einstweiligen Verfügung für die gesellschaftlich notwendige Fortführung der mutmaßlich patentverletzenden Handlungen argumentieren. Gegen Zahlung eines bestimmten Geldbetrages kann theoretisch die Wirkung der Verfügung ausgesetzt werden. Dies ist jedoch extrem selten.

1084 Die Verfahren können sich an den einzelnen Bezirksgerichten etwas unterscheiden. Wenn beispielsweise das Bezirksgericht Tokyo bereit ist, dem Antrag auf einstweilige Verfügung zu entsprechen, wird sich der Richter mit dem Anwalt des Klägers in Verbindung setzen und den Betrag der vom Kläger zu hinterlegenden Sicherheitsleistung besprechen[504]. Dieser Betrag wird von der Stärke des Falles, dem Wert der jährlichen Verkäufe und dem Betrag zukünftiger Schäden abhängen. Bei einem 100-Millionen-Yen-Fall wird die Sicherheitsleistung auf ca. 25 Millionen Yen festgesetzt (also ⅓ bis ¼ in kleineren Fällen). Wenn dieser Betrag bestimmt ist und die Zahlungsmodalitäten geregelt sind, ergeht umgehend (am gleichen oder nächsten Tag) die Entscheidung. Die eigentliche Zahlung kann in begründeten Fällen auch erst nach Erlass der Entscheidung vorgenommen werden. Zur Umsetzung der Verfügung werden Kläger und zuständiger Gerichtsvollzieher den Beklagten aufsuchen und die betreffenden Waren beschlagnahmen. Dies kann beispielsweise dadurch geschehen, dass der Gerichtsvollzieher die entsprechenden Waren versiegelt und mit einem entsprechenden Hinweis versieht (z. B. »Die versiegelten Waren unterstehen der Verfügung durch den Gerichtsvollzieher. Es ist nicht erlaubt, diese Waren zu berühren bzw. an einen anderen Ort zu bringen«). Alternativ können die Waren auf Kosten des Antragstellers abtransportiert und an anderer Stelle gelagert werden. Dies liegt im Ermessen des Antragstellers. Die beschlagnahmten Waren dürfen jedoch nicht zerstört werden. Der Beklagte erfährt also von der Gewäh-

---

503 Die Art der Entscheidung hängt vom jeweiligen Bezirksgericht ab. Am Bezirksgericht Tokyo ist der Erlass einer *Kettei*-Entscheidung üblich.

504 § 14 *Minji Hozen Hô* (Gesetz über einstweilige Verfahren, Civil Preservation Law, JGEV) bestimmt, dass das Gericht auf eigenes Ermessen eine Sicherheitsleistung fordern und festlegen kann. Nahezu alle japanischen Gerichte machen von dieser Möglichkeit Gebrauch.

rung der einstweiligen Verfügung erst, wenn Gerichtsvollzieher und Antragsteller zur Umsetzung der Anordnung bereits vor der Tür stehen.

8.2.6 Hauptverfahren (Honso)   1085

Parallel oder dem Antrag auf einstweilige Verfügung folgend sollte die Klage im   1086
Hauptverfahren eingereicht werden. Im Hauptverfahren vor einem japanischen
Bezirksgericht ist die Verletzung das Hauptthema. Nach der Entscheidung des
OGH vom April 2000 hat das Verletzungsgericht die mögliche Nichtigkeit des
Patentes zu berücksichtigen, obwohl das JPA nach wie vor die einzige Stelle ist,
die über die Gültigkeit eines japanischen Patentes zu entscheiden hat. Bislang
war es allerdings bereits üblich, dass zur Anspruchsauslegung auch die Nichtigkeit des Patentes von beiden Parteien diskutiert wurde. Unbilliges Verhalten,
Missbrauch und andere Einreden, wie sie aus den USA bekannt sind, sollten vom
Gericht theoretisch nicht berücksichtigt werden. Stattdessen kann der Beklagte
eine Anzahl von Einreden anführen, z. B. das Vorhandensein einer gesetzlichen
nichtausschließlichen kostenfreien Lizenz aufgrund einer Vorbenutzung oder
die Nichtbenutzung des Patentes in Japan durch den Patentinhaber. Vom mutmaßlich verletzten Patent abhängige eigene Verbesserungspatente können nicht
angeführt werden, um eine positive Nutzungserlaubnis zu erhalten und dem
Vorwurf einer Patentverletzung zu entgehen.

Das Hauptverfahren dient dem Rechtsinhaber dazu, Schadensersatz wegen   1087
Patentverletzung und eine permanente Verfügung gegen weitere verletzende
Handlungen zu erwirken. Das Urteil des zuständigen Bezirksgerichts wird
allerdings erst vollstreckt, wenn es nach Ausschöpfung des Instanzenzugs
Rechtskraft erlangt hat.

Die Klärung der strittigen Themen erfolgt durch die Vorlegung von Schrift-   1088
stücken bei kurzen öffentlichen formalen Anhörungen (»mündliche Verhandlungen«), wobei die strittigen Themen bei nicht öffentlichen informellen Treffen näher geklärt und gelöst werden. Das Verfahren in Japan steht nicht so
sehr unter der Kontrolle der Streitparteien, da es den Richtern freisteht,
unabhängige Untersuchungen beliebiger Zeugen durchzuführen. Diese Vorbereitung der abschließenden mündlichen Verhandlung zerfällt in zwei Teile:
die Verletzungserörterung und die Schadenserörterung[505].

Die an die Gerichte abgeordneten technischen Spezialisten des JPA unterstüt-   1089
zen die Richter, indem sie technische Einzelheiten erklären. Die Meinung
dieser Spezialisten wird weder veröffentlicht noch vor Gericht dargelegt.

1090

---

505 Vgl. Guntrahm Rahn, *Mitteilungen*, 2001, 201.

Vorbereitendes Verfahren

1091 Die vom Gericht erhaltene Klageschrift wird auf Formalitäten untersucht und dann der Beklagten innerhalb einer Woche zugestellt. Damit einhergehend beraumt der Vorsitzende Richter einen ersten Verhandlungstermin (in der Regel innerhalb von 1–3 Monaten) an und lädt die Parteien hierzu vor. Spätestens zu diesem Verhandlungstermin soll der Beklagte eine schriftliche Antwort auf die Klagegründe einreichen.

1092 Weil ein Patentverletzungsverfahren in der Regel kompliziert ist, wird vor den so genannten »mündlichen Verhandlungsterminen« ein »vorbereitendes Verfahren« durchgeführt. Hierbei werden im Rahmen zahlreicher Treffen die strittigen Themen geklärt und die Beweismittel arrangiert. Im Verlauf dieses »vorbereitenden Verfahrens« werden im allgemeinen »Treffen zur Erklärung der technologischen Sachverhalte« (*Gijutsu Setsumei Kikai*) durchgeführt, in welchen die technischen Experten der Streitparteien den Richtern die technologischen Aspekte der patentierten Erfindung und der beschuldigten Produkte/Verfahren erläutern.

1093 Während des vorbereitenden Verfahrens finden in Zeitabständen von 1 bis 3 Monaten regelmäßig kurze (in der Regel nur 5–10 Minuten lang) formelle Anhörungen statt, bei denen die Parteien Beweismittel formal anbieten sowie abwechselnd Schriftsätze einreichen können, in denen sie ihre Argumente ergänzen bzw. gegenseitig widerlegen können. Außerdem können von beiden Seiten gutachtliche Äußerungen zur Stützung der vorgetragenen Argumente vorgelegt werden. Das Gericht kann im Zweifelsfall einen Obergutachter bestellen. Abgesehen vom allgemeinen Vertrauen auf Experten der Parteien benennen die Bezirksgerichte in Tokyo und Osaka häufig eigene unabhängige Experten, um dem Gericht bei der Ermittlung des Sachverhaltes zu helfen. Die Richter können Fragen stellen oder die Themen angeben, die in einem weiteren Schriftsatz bis zur nächsten Anhörung abgehandelt werden sollen. Die Öffentlichkeit ist unter Art. 82 der Japanischen Verfassung bei formellen Anhörungen zugelassen.

1094 Jeder Schriftsatz behandelt somit üblicherweise nur einen engen Aspekt des Falles. Schriftsätze können nur 2–3 Seiten lang sein, aber in ihrer Gesamtheit sollen sie eine komplette schriftliche Aufzeichnung des Falles darstellen, als Basis für ein mögliches Berufungsverfahren wie auch für den Fall von Änderungen in der Zusammensetzung der Richter. Verletzungsverfahren in Japan laufen daher in kleinen Schritten ab, wobei nacheinander verschiedene, das Gericht interessierende Themen aufgegriffen werden.

1095 Die Beweislast für die Patentverletzung liegt beim Kläger. Nur bei einem Verfahren zur Herstellung eines zum Anmelde- bzw. Prioritätszeitpunkt neuen Stoffes kehrt sich die Beweislast um (§ 104 JPatG)[506]. Für diesen Fall obliegt es dem Beklagten, zu beweisen, dass sein Verfahren sich vom patentierten Verfahren unterscheidet.

«Vor der Anmeldung des Patentes» in § 104 JPatG bedeutet bei japanischen Patenten mit ausländischen Prioritätsanmeldungen »vor dem Anmeldetag der prioritätsbegründenden Anmeldung« und nicht »vor dem Anmeldetag in Japan«[507].   1096

Die Frage der Identität zwischen einem nach einem patentierten Verfahren erhaltenen Produkt und einem unter § 104 JPatG mutmaßlich patentverletzenden Produkt kann nicht lediglich auf der Basis von Struktur, Eigenschaften und vorteilhaften Effekten entschieden werden; die detaillierte Beschreibung der Erfindung muss ebenfalls berücksichtigt werden[508].   1097

Die Annahme unter § 104 JPatG, dass ein Produkt nach einem patentierten Verfahren hergestellt worden ist, ist nur zulässig, wenn dieses Produkt vor dem Einreichungsdatum der Anmeldung nicht öffentlich bekannt war[509]. Im zugrunde liegenden Fall besitzt der Kläger ein Verfahrenspatent für die Herstellung von elektrischen Pumpen zur Verwendung in Ölheizungen. Der wegen Patentverletzung Beklagte stellt ähnliche Pumpen her. Wäre die Vermutung unter § 104 JPatG anwendbar, d. h., wären die nach dem patentierten Verfahren erhaltenen Produkte identisch oder ähnlich den mutmaßlich patentverletzenden, dann hätte der Beklagte die Benutzung eines unterschiedlichen Verfahrens zu beweisen. Vorliegend war die Annahme unzulässig, da die Produkte bekannt waren.   1098

Seit Einführung von § 104bis JPatG zum 1.1.2000 ist der Beklagte in einem Patentverletzungsprozess verpflichtet, seine relevanten Handlungen auf konkrete Weise darzulegen, wenn er eine vom Patentinhaber oder Exklusivlizenznehmer behauptete Verletzung zurückweist. Außerdem gibt es gemäß § 105(1) JPatG eine Verpflichtung zur Vorlage von Dokumenten, wenn das Gericht diese auf Antrag einer Partei anordnet. Die Vorlage darf nur verweigert   1099

---

506 Diese Bestimmung hatte große Bedeutung, als es in Japan für chemische Substanzen noch keinen Produktschutz sondern nur Verfahrensschutz gab. Da nach dem JPatG für neue chemische Substanzen Produktpatentschutz erhalten werden kann, ist diese Beweislastumkehr heute von geringer Bedeutung.

507 »Vitamin B 6-disulphide«, »Merck Anlagen GmbH vs. Advance Kasei K. K. und Nippon Kayaku K. K.«, Bezirksgericht Osaka, 26.11.1971; vgl. *IIC*, Vol. 3 (1972), Seiten 374–385.

508 »trans-AMCHA«, »Daiichi Seiyaku Co., Ltd. vs. Asahi Chemical Industry Co., Ltd. und Toyo Jozo Co., Ltd.«, Bezirksgericht Tokyo, 10.2.1978, Fall Nr. 1974 Wa 5716; vgl. *IIC*, Vol. 6 (1978), Seiten 565–569.

509 »Silver K. K. vs. Nippon Control Kogyo K. K.« (Elektrische Pumpe), Obergericht Osaka, 21.6.2001, Fall Nr. 12 Ne 3836; 13 *Law & Technology* 68; zugrunde liegende Entscheidung: Bezirksgericht Osaka, 19.10.2000, Fall Nr. 9 Wa 11617.

werden, wenn ein rechtfertigender Grund vorliegt. Wird sie verweigert, kann das Gericht anordnen, dass die Rechtfertigung der Weigerung schriftlich begründet wird. Andernfalls kann das Gericht den Tatsachenvortrag als wahr unterstellen.

1100   Wenn der Kläger überzeugend die Wahrscheinlichkeit einer Patentverletzung dargelegt hat, kann das Gericht den Beklagten auffordern, freiwillig sein Produkt oder Verfahren zu offenbaren, wozu dieser allerdings nicht verpflichtet ist.

1101   Üblicherweise legt der Beklagte Beweismittel vor, welche sich auf relevante Unterschiede zwischen der beanspruchten Erfindung und seiner Technologie beziehen, sodass es häufig notwendig sein wird, eine spezifischere und detailliertere Beschreibung vorzulegen. Es ist nicht unüblich, dass viel Zeit für Anhörungen zur genauen Beschreibung des beschuldigten Produktes oder des Verfahrens in der Klageschrift benötigt wird. Das Gericht wird üblicherweise nicht zu anderen Themen übergehen, bevor nicht eine Übereinkunft über die technischen Merkmale des patentverletzenden Gegenstandes (Vorrichtung, Produkt oder Verfahren) erzielt ist.

1102   Die Beantragung eines Beweissicherungsverfahrens ist nur dann zulässig, wenn nachweislich die Gefahr besteht, dass die Beweismittel über den Tatbestand der Verletzung vernichtet, beschädigt oder verändert werden können. Der mutmaßliche Verletzer kann die Beweisaufnahme durch das Gericht aus wichtigem Grund verweigern, z. B. wenn er darlegen kann, dass durch die Beweisaufnahme ggf. Betriebsgeheimnisse preisgegeben werden können. Bei wiederholter Verweigerung kann das Gericht in freier Beweiswürdigung eine Verletzung annehmen. Der Antrag auf Beweissicherung kann auch vor Einlegung einer Verletzungsklage gestellt werden.

1103   Sind die Parteien nicht in der Lage, sich auf Struktur oder Funktion der angegriffenen Benutzungsform (Produkt, Verfahren) zu einigen, der Patentinhaber aber in der Lage, genügend Beweismittel vorzulegen, um das Gericht von der Wahrscheinlichkeit der Patentverletzung zu überzeugen, kann das Gericht eine Inspektion in der Fabrik des Beklagten anordnen. Oft beauftragt das Gericht dann einen neutralen Experten, sodass die Inspektion unter Teilnahme der drei Richter, dem Gerichtsdiener, den Anwälten, dem Gutachter und den technischen Ratgebern des JPA stattfindet. Die Durchführung der Inspektion kann anhand von Fotografien oder Videoaufnahmen aufgezeichnet werden. Es können auch Produktproben entnommen und später durch den Experten analysiert werden. Der Gerichtsdiener wird einen Bericht über die Inspektion vorbereiten, einschließlich einer Zusammenfassung der Prozeduren mit den Namen der Teilnehmer und ggf. Fotografien, Proben. Der Bericht wird dann als Beweismittel in der formalen Anhörung vorgelegt.

Zeitliche Beschränkungen für das Vorbringen von Angriffs- oder Verteidigungsmitteln

1104

Zum 1.1.1998 wurde in die JZPO das Prinzip der Rechtzeitigkeit des Vorbringens eingeführt (§ 156 JZPO). Ein Gericht kann bestimmte zeitliche Beschränkungen festlegen, innerhalb der jede Partei ihre für die strittigen Themen relevanten Argumente und unterstützenden Beweismittel vorlegen muss. § 156 JZPO bestimmt: »Mittel für den Angriff oder die Verteidigung müssen entsprechend dem Fortschritt des Gerichtsverfahrens rechtzeitig vorgelegt werden.« Was »rechtzeitig« ist, bestimmt sich nach den Umständen des jeweiligen Falles. Bezugspunkt ist dabei regelmäßig der nächste Termin zur Fortsetzung der mündlichen Verhandlung, dessen Vorbereitung das Vorbringen dient. Erfolgt das Parteivorbringen nicht rechtzeitig, können die neu vorgebrachten Angriffs- oder Verteidigungsmittel nach § 157(1) JZPO bei vorsätzlichen oder fahrlässigen Verzögerungen zurückgewiesen werden. Früher konnten die Parteien bisher jederzeit vor Abschluss der mündlichen Verhandlung Angriffs- oder Verteidigungsmittel vor das Gericht bringen.

1105

Das Prinzip des zeitigen Vorbringens von Angriffs- oder Verteidigungsmitteln ist in vielen JZPO-Bestimmungen ausgedrückt. Nach Abschluss der Vorverhandlung sind der weiteren Vorlage von Angriffs- oder Verteidigungsmitteln einige Beschränkungen auferlegt. Das Gleiche ist im Wesentlichen auf die Vorbereitungsverhandlung (*Benron Junbi Tetsuzuki*) und das schriftliche vorbereitende Verfahren anwendbar.[510]

1106

Die JZPO sieht Maßnahmen vor, um die Auffindung der entscheidungserheblichen Fragen zeitlich zu straffen. Beispielsweise sieht § 182 JZPO vor: »Die Vernehmung von Zeugen und Parteien soll möglichst intensiv durchgeführt werden, nachdem die strittigen Themen und Beweismittel aussortiert worden sind«.

1107

In japanischen Zivilprozessen gibt es zur Klärung von Tatsachen und umstrittenen Themen die eigentlichen mündlichen Verhandlungen (*Koto Benron*), Vorverhandlungen (*Junbiteki Koto Benron*) sowie gemäß der seit dem 1.1.1998 geltenden JZPO so genannte »Vorbereitungsverhandlungen« (*Benron Junbi Tetsuzuki*), welche die früheren *Junbitetsuzuki* ersetzen. Zusätzlich gibt es ein »schriftliches vorbereitendes Verfahren« (*Shomen-ni yoru Junbi Tetsuzuki*).

1108

Vorverhandlung (Junbiteki Koto Benron)

1109

Die in §§ 164–167 JZPO geregelte Vorverhandlung (Vorverfahren) ist deutlich unterscheidbar von der in den §§ 148–163 JZPO geregelten mündlichen Ver-

---

510 §§ 171 und 178 JZPO.

handlung. Beispielsweise werden Terminplanung und Dauer vom Richter fest-gelegt. Wenn eine Partei nach Abschluss der Vorverhandlung neue Angriffs-oder Verteidigungsmittel einführen möchte, muss sie auf Antrag der anderen Partei die Verspätung begründen[511]. Dieses Verfahren konzentriert sich auf die frühe Festlegung von Themen und relevanten Beweismitteln durch beide Parteien.[512] Die öffentliche Vorverhandlung wird in einem informellen Rahmen abgehalten, wo beispielsweise die Parteien und ein Richter in einen konstruktiven Dialog treten können, um zu bestimmen, welche Themen während mündlicher Verhandlungen diskutiert und welche Zeugen vernommen werden sollen. Ausgangspunkt war, dass sich die streitigen Fragen eines Falles schneller und effizienter herausarbeiten lassen, wenn die Parteien zunächst gemeinsam an einem Tisch auf der Grundlage schriftlich vorgelegter Beweismittel die einzelnen Aspekte des Falles diskutieren. Es wurde daher der präkludierende Effekt der bisherigen *Junbitetsuzuki* abgeschafft. Nach Abschluss des Vorverfahrens kann die Vorlage von neuen Angriffs- und Verteidigungsmitteln gemäß § 157 JZPO zurückgewiesen werden. Der Richter kann im Vorverfahren eine Beweisaufnahme über eine Urkunde ggf. auch mittels einer Telefonkonferenz mit den Parteien durchführen (§ 170 JZPO).

Das Vorverfahren ist allerdings nach wie vor ein von der mündlichen Verhandlung in der Hauptsache separates Verfahren. Es kann daher unter Ausschluss der Öffentlichkeit auch im Büro des Richters durchgeführt werden. Auch wenn der Öffentlichkeitsgrundsatz für das Vorverfahren nicht gilt, so können die Parteien doch verlangen, dass bestimmte Zuhörer zugelassen werden.

Das Gericht kann das Vorverfahren erst nach Befragung der beteiligten Parteien einleiten (§ 168 JZPO), wobei die Zustimmung der beiden Parteien nicht erforderlich ist. Der Termin für die Vorverhandlung ist so zu bestimmen, dass beide Parteien teilnehmen können (§ 169 JZPO).

1110 Vorbereitungsverhandlung (Benron Junbi Tetsuzuki)

1111 Die in den §§ 168–174 JZPO geregelte »Vorbereitungsverhandlung« erlaubt es Richtern und Parteien, sich informell zur Vorbereitung der mündlichen Verhandlung zu treffen. Dabei können Urkundenbeweise untersucht und dis-

---

511 § 167 JZPO.
512 § 164 JZPO: Das Gericht kann eine Vorverhandlung (*Junbiteki Koto Benron*) in Übereinstimmung mit den Vorschriften in dieser Sektion durchführen, wenn das Gericht es für die Bestimmung von strittigen Themen und Beweismitteln für nötig erachtet.
      § 165 JZPO: (1) Das Gericht bestätigt, wenn es die Vorverhandlung beschließt, Tatsachen, die im Folgenden durch Prüfung von Beweismitteln bewiesen werden sollen. (2) Der Vorsitzende Richter kann, wenn es bei Abschluss der Vorverhandlung angemessen erscheint, die Parteien Schriftsätze einreichen lassen, in denen die Ergebnisse des Ordnens von strittigen Themen und Beweismitteln während der Vorverhandlung zusammengefasst sind.

kutiert werden, welche Beweismittel oder Zeugen während der mündlichen Verhandlungen geprüft werden sollen. Vorbereitungsverhandlungen finden zwar grundsätzlich nichtöffentlich statt – nur in Anwesenheit des Richters und beider Parteien. Dritte Parteien können mit Erlaubnis des Gerichtes jedoch ebenfalls anwesend sein.[513].

Schriftliches vorbereitendes Verfahren (Shomen-ni yoru Junbi Tetsuzuki) 1112

Das in §§ 175–178 JZPO geregelte Verfahren zielt auf die Beschleunigung der 1113 Vorbereitung von mündlichen Verhandlungen ab, insbesondere in Fällen, in denen eine oder mehrere Parteien weit entfernt vom Gericht wohnen. In diesem Verfahren wird die Verhandlung vorbereitet, indem man sich auf den Austausch von schriftlichem Vorbringen und Antworten, auf Telefonkonferenzsysteme und andere derartige Mittel beschränkt. Die Vorbereitung kann ohne persönliches Erscheinen einer oder aller Parteien abgeschlossen werden.

Informelle vorbereitende Anhörungen (Gijutsu Setsumei Kikai) 1114

In Patentverletzungsverfahren gehen den formalen Anhörungen häufig infor- 1115 melle vorbereitende Anhörungen zur »technischen Erklärung« voran, in denen unklare oder strittige Themen geklärt werden. Diese informellen Anhörungen dienen der Unterrichtung der Richter. In diesen Treffen, die bei komplexen Technologien aus einer Abfolge von derartigen Treffen bestehen können, hat einer der Richter den Vorsitz. Er wird den Fall und die Argumente der Beteiligten wie auch die vorgelegten Beweismittel prüfen, die für wesentlich erachteten Fragen stellen und die Parteien auffordern, ihre Behauptungen, Verteidigungs- und Angriffsmittel und Beweismittel zu ergänzen oder weitere Themen behandeln.

Diese informellen Anhörungen werden von dem Gericht außerhalb des Ge- 1116 richtssaales durchgeführt. An diesen Treffen nehmen die Richter, Gerichtsdiener, Rechtsanwälte, die ihnen assistierenden Patentanwälte und technisches Personal aus den Laboratorien und Patentabteilungen der klagenden und beklagten Firmen teil. Da die Ergebnisse später in den prinzipiell der Öffentlichkeit zugänglichen öffentlichen Verhandlungsterminen präsentiert werden und in den ebenfalls der Öffentlichkeit zugänglichen Verfahrensakten enthalten sind, wird der in der Verfassung geforderten Öffentlichkeit von Gerichtsverfahren entsprochen.

Der Rechtsanwalt für den Patentinhaber, dem von einem Patentanwalt assis- 1117 tiert wird, erklärt dem Gericht die Erfindung, beispielsweise anhand von Fotografien, Videobändern, Grafiken und Zeichnungen, Vorführungen und Produktproben. Die Erklärungen und Vorführungen können später als doku-

---

513 § 169 JZPO.

mentarische Beweismittel bei einer formalen Anhörung eingereicht werden. Dieses ist die beste Gelegenheit für den Kläger, die Richter zu unterrichten und vom Vorliegen einer Patentverletzung zu überzeugen. Die Gegenseite verfügt über die gleichen Möglichkeiten. In diesen vorbereitenden Anhörungen findet somit die Hauptarbeit eines Verletzungsverfahrens statt.

1118 Formelle Anhörungen (Kôtô Benron)

1119 Wenn das Gericht der Auffassung ist, dass die Themen genügend entwickelt sind, werden die vorbereitenden Treffen abgeschlossen und deren Ergebnisse in formellen Anhörungen oder Treffen, den sog. »mündlichen Verhandlungen« (*Kôtô Benron*) präsentiert. Sofern die Ergebnisse der vorbereitenden Treffen nicht zusammengefasst und bei einem formalen Treffen präsentiert werden, können sie für die Urteilsfindung nicht berücksichtigt werden. Tatsachen sowie Beweise, die im vorbereitenden Verfahren nicht angegeben bzw. vorgelegt wurden, können von den Parteien nicht mehr geltend gemacht werden, es sei denn, es bestünden besondere Gründe dafür. In diesen mündlichen Verhandlungen findet eine Beweisaufnahme der Art statt, dass Zeugen, Parteien, Sachverständige vernommen oder durch Inspektionen erhaltene Beweismittel untersucht werden.

1120 Es gibt praktisch keine Beweisaufnahmeregeln. Beliebige mündliche oder dokumentarische Beweismittel können von den Richtern berücksichtigt werden, die einen erheblichen Ermessensspielraum haben, die Qualifikationen der Zeugen und die Verlässlichkeit der Beweismittel zu bestimmen, wie auch die Notwendigkeit der Befragung von Zeugen oder die Durchführung von Firmeninspektionen. Beweismittel haben hauptsächlich die Form von eidesstattlichen Versicherungen.

1121 Das Gericht entscheidet über die Vorladung von Zeugen. Die Zeugen werden bei den der Öffentlichkeit zugänglichen Anhörungen vernommen. Der Zeuge wird zunächst von der anbietenden Partei vernommen, dann von der gegnerischen Partei und abschließend vom Richter. Üblicherweise gibt es Gelegenheit für sowohl eine direkte Befragung als auch ein Kreuzverhör.

1122 In vielen Fällen sind die Streitparteien zu einer außergerichtlichen Einigung imstande. Im Ergebnis wird dann der Kläger mit dem Einverständnis des Beklagten die Klage zurückziehen. Die Streitparteien können sich auch jederzeit vor Gericht einigen. Beispielsweise besteht während des vorbereitenden Verfahrens in Sachen der Verletzungsklage jederzeit die Möglichkeit zur Schließung eines Vergleichs zwischen den Parteien. In der Regel wird das Gericht die Parteien vor Schließung des vorbereitenden Verfahrens und Eintritt in die Schadenserörterung nochmals ausdrücklich fragen, ob sie nicht vergleichsbereit sind. Ist dies der Fall, unterbreitet das Gericht einen konkreten Vergleichsvorschlag, der aufgrund getrennter Gespräche mit den Parteien abgeändert werden kann. Das Gericht wird dann einen Gerichtsdiener mit der Niederschrift des Vergleichs beauftragen. Diese Niederschrift im Gerichtsprotokoll ist für beide Parteien bindend; es hat die Wirkung eines rechtskräftigen Gerichtsurteils. Aus demselben Grund können die Parteien nicht mehr Klage erheben.

Gerichtsurteil 1123

Wenn der Fall in den Augen des Gerichts für eine Entscheidung reif ist, wird 1124 es ein abschließendes Urteil fällen. Die Urteilsverkündung erfolgt etwa drei Monate nach der abschließenden mündlichen Verhandlung. Es kann aber auch eine Zwischenentscheidung bezüglich bestimmter Aspekte ergehen. Beispielsweise kann in einer Patentverletzungsklage auf Schadensersatz und Herausgabe ungerechtfertigter Bereicherung durch Patentverletzung das Gericht zunächst mit einer Entscheidung das Vorliegen einer Patentverletzung feststellen. Nach weiteren Sitzungen kann dann ein Urteil bezüglich Schadensersatz und/ oder Herausgabe ungerechtfertigter Bereicherung ergehen. Für den Fall, dass um mehrere Abhilfen nachgesucht wird, können Urteile jeweils zu einzelnen Abhilfen ergehen und das Gerichtsverfahren bezüglich der anderen weitergeführt werden.

Das Gericht kann das Urteil als vorläufig vollstreckbar erklären. Für den Fall, 1125 dass das bezirksgerichtliche Urteil später durch eine höhere Instanz aufgehoben oder das Patent in einem Nichtigkeitsverfahren für nichtig erklärt werden sollte, ist der Kläger zur Zurückerstattung von erhaltenen Schadensersatzleistungen sowie zur Erstattung eines eventuell aus der vorläufigen Vollstreckung erlittenen Schadens verpflichtet. In der Regel ist folglich die Vollstreckung von der Hinterlegung einer Sicherheit abhängig.

8.2.7 Berufungs- und Revisionsmöglichkeiten[514] 1126

Berufung (Kôso) zum Obergericht 1127

Gegen das bezirksgerichtliche Urteil ist innerhalb von 14 Tagen (ggf. plus 90 1128 Tage Verlängerung für Ausländer) nach Zustellung des Urteils die Berufung zum Obergericht statthaft. Diese Frist ist nicht verlängerbar. Das Obergericht kann dann auf Antrag die vorläufige Vollstreckbarkeit aussetzen. Dies kann von der Hinterlegung einer Sicherheitsleistung abhängig sein.

Beim Obergericht wird das Urteil in rechtlicher und sachlicher Hinsicht auf 1129 Richtigkeit überprüft. Das Verfahren beim Obergericht ist in der Regel etwas

---

514 »Justice in Japan«, ©1996 – Edited and Published by the General Secretariat, Supreme Court of Japan.

kürzer als das Verfahren beim Bezirksgericht. In den Verfahren vor dem Obergericht werden neue Beweismittel akzeptiert.

1130 Revision (Jôkoku) zum Obersten Gerichtshof (OGH)

1131 Gegen das Urteil des Obergerichtes ist innerhalb von 14 Tagen nach Zustellung des Urteils die Revision zum OGH (*Saiko Saibansho*) statthaft, jedoch nur dann, wenn das Urteil mit gesetzlichen Unzulänglichkeiten behaftet ist bzw. die japanische Verfassung verletzt. Die Revision eröffnet keine weitere Tatsacheninstanz, sondern dient lediglich der Überprüfung von Rechtsfragen. Die Partei, welche die Revision einlegt, muss einen Fehler verfahrens-, materiell- oder verfassungsrechtlicher Art darlegen. Der OGH wird keine neuen Beweismittel zulassen und den Fall nur vom rechtlichen Standpunkt erneut prüfen. Der OGH hält sehr selten eine formelle Anhörung in einer Patentverletzungssache ab. Im Allgemeinen prüft das Gericht die Schriftsätze und Argumente und benachrichtigt die Parteien ohne Anhörung von seinem Urteil.

1132 Als absolute Revisionsgründe gelten ein Verstoß gegen die Verfassung und ein schwerer Verstoß gegen Verfahrensvorschriften. Machen die Parteien in ihrer Revision andere Gründe geltend, wird gemäß § 318 JZPO dem Antrag auf Annahme der Revision stattgegeben, wenn die angegriffene Gerichtsentscheidung von der bisherigen Rechtsprechung des OGH abweicht oder wichtige Interpretationsfragen aufwirft. Letzteres ist dann der Fall, wenn es um die Auslegung einer gesetzlichen Vorschrift geht, zu der es bislang keine Rechtsprechung des OGH gibt, oder wenn der OGH von seiner bisherigen Rechtsprechung abweichen will.

1133 Während die gewöhnliche Revision, die sich auf einen absoluten Revisionsgrund stützt, stets bei demjenigen Gericht einzureichen ist, welcher das angegriffene Urteil erlassen hat, kann der Revisionskläger bei Vorliegen anderer Gründe seine Klage direkt beim OGH einreichen. Der OGH entscheidet selber, ob die Revision zugelassen wird. Ein Revisionskläger hat die Möglichkeit, gleichzeitig beim Obergericht Revision gegen das Urteil einzulegen und einen gesonderten Antrag auf Annahme zur Revision beim OGH zu stellen.

1134 Der OGH kann die Revision ohne Verhandlung und Sachurteil durch Beschluß abweisen, wenn der Revisionskläger weder einen Verfassungsverstoß noch andere absolute Revisionsgründe vorträgt. Verstößt das Urteil eines Obergerichtes gegen die Verfassung oder liegt ein sonstiger absoluter Revisionsgrund vor, muss der OGH das Urteil aufheben. Liegt ein Fehler verfahrensrechtlicher Art vor, der das angegriffene Urteil der Vorinstanz möglicherweise beeinflusst hat, kann der OGH von Amts wegen die Anwendung des Gesetzes durch die Instanzgerichte überprüfen und das Urteil aufheben (§§ 322, 425 JZPO).

Vor dem 1.1.1998 gab es drei Revisionsgründe: Verstoß gegen die Verfassung, 1135
schwerer Verstoß gegen Verfahrensvorschriften und »Fehler verfahrensrechtlicher Art, der das angegriffene Urteil der Vorinstanz möglicherweise beeinflusst hat«. Der letzte Grund ist von den Parteien oft weit ausgelegt worden.
Nach der JZPOaF war der OGH zu einer umfassenden Untersuchung verpflichtet. Sämtliche vom Revisionskläger vorgetragenen Gründe waren zu
berücksichtigen und ein Sachurteil zu erlassen, solange die eingelegte Revision
nur den gesetzlichen Formvorschriften entsprach. Um missbräuchlichen Revisionen und der daraus resultierenden Arbeitsbelastung des OGH entgegen-
zutreten, wurde der Revisionsgrund »Fehler verfahrensrechtlicher Art, der das
angegriffene Urteil der Vorinstanz möglicherweise beeinflusst hat« mit Wirkung ab 1.4.1998 ersatzlos gestrichen.

8.2.8 Parallele Karishobun- und Honso-Verfahren 1136

Der Kläger wird im Allgemeinen beide Gerichtsverfahren parallel führen. Das 1137
wesentliche Geschehen findet dann im *Karishobun*-Verfahren vor einem Richter solange statt, bis die Verletzungsargumente ausreichend erörtert wurden.
Das *Honso*-Verfahren wird dagegen von drei Richtern durchgeführt, von
denen üblicherweise einer der Richter aus dem parallelen *Karishobun*-Verfah-
ren ist. Die Anhörungen im *Honso*-Verfahren finden im Anschluss an die im
Karishobun-Verfahren statt. Es wird hierbei im Wesentlichen der Verlauf des
Karishobun-Verfahrens bestätigt. Wenn die Richter vom Vorliegen einer Patentverletzung überzeugt sind, beginnt die Schadenserörterung. Im *Karishobun*-Verfahren findet ungefähr einmal pro Monat eine Anhörung statt.

8.2.9 Einreden des mutmaßlichen Patentverletzers 1138

Vorbenutzung 1139

Das in § 79 JPatG[515] geregelte Vorbenutzungsrecht beinhaltet eine gesetzlich 1140
vorgeschriebene, nicht ausschließliche, kostenfreie Lizenz[516]. Ein Vorbenutzungsrecht in Japan ist grundsätzlich nur gegeben, wenn eine Vorbenutzung in

---

515 § 79 JPatG: Wer in Japan zum Zeitpunkt der Einreichung einer Patentanmeldung aufgrund
   einer eigenen Erfindung ohne Kenntnis der Erfindung, die der Patentanmeldung zugrunde
   liegt, oder auf Grund der Vermittlung der Kenntnisse durch einen Dritten, der eine derartige
   Erfindung ohne Kenntnis des Inhaltes der Erfindung, die den Gegenstand der Patentanmeldung bildet, gemacht hat, diese Erfindung ausübt oder Vorbereitungen hierzu trifft, besitzt
   ein Recht zur nicht ausschließlichen Lizenz an dem Patentrecht, das auf einer derartigen
   Patentanmeldung beruht. Eine solche Lizenz ist beschränkt auf die auf diese Weise ausgeübte
   oder zur Ausübung vorbereitete Erfindung und auf den Zweck einer solchen Ausübung oder
   den Vorbereitungen hierfür.
516 »K. K. Ace Denken vs. K. K. Tokai Cosmo«, Bezirksgericht Nagoya, 31.7.1991, 1432 *Hanrei
   Jihô* 116: gesetzliche Lizenz basierend auf Vorbenutzung.

Japan stattgefunden hat, die in Herstellung als auch Import[517] des patentierten Produktes vor dem Prioritätszeitpunkt der fraglichen Patentanmeldung bestehen kann. Derjenige, der vor dem Prioritätsdatum den patentierten Gegenstand importiert hat, darf den fraglichen Gegenstand auch weiterhin importieren. Diese gesetzliche Lizenz erlaubt es ihm aber nicht, den Gegenstand (oder die chemische Substanz etc.) selbst zu produzieren. Gleichfalls ist einem Produzenten der Import nicht erlaubt. Diese Lizenz kann nicht veräußert werden, d.h. sie kann von Dritten nur zusammen mit dem gesamten Betrieb erworben werden, in welchem die Vorbenutzung stattgefunden hat. Eine Hinterlegung von Unterlagen zur Vorbenutzung beim Notar, unabhängig vom Zeitpunkt, begründet kein Vorbenutzungsrecht. Vielmehr dient eine Hinterlegung beim Notar vor dem Prioritätsdatum der einschlägigen Patentanmeldung dazu, die Vorbenutzung zur Beweissicherung zu dokumentieren.

Das Bezirksgericht Osaka erkannte am 30.5.1995 in Hinblick auf die Verletzung des Gebrauchsmusters »Stab zum Drücken und Ziehen von Draht« auf Vorbenutzungsrechte unter § 79 JPatG (§ 26 JGebMG)[518]. Es wurde nicht nur für eine zum Anmeldedatum praktizierte oder in Vorbereitung hierzu befindliche Ausführungsform ein Vorbenutzungsrecht bejaht, sondern auch für später modifizierte, in den Identitätsbereich der vom Vorbenutzer benutzten Erfindung fallende Ausführungsformen.

In einem Verletzungsverfahren betreffend ein Gebrauchsmuster für Sushi wurde sowohl vom Bezirksgericht Osaka als auch vom Obergericht Osaka das Vorliegen eines Vorbenutzungsrechtes des Beklagten anerkannt[519].

---

517 Dies ist die herrschende Meinung; allerdings gibt es zum Import als Vorbenutzungsform noch keine Gerichtsentscheidung.

518 »Kensuke Shima et al. vs. Minoru Kogyo K.K. et al.«, Bezirksgericht Osaka, 30.5.1995, Fall Nr. Hei 5 Wa 7332; vgl. Shoichi Okuyama in *AIPPI Journal*, Vol. 21, März 1996, Seiten 75–79. Das Gebrauchsmuster war vom JPA unter Berufung auf § 40 JPatG aF bzw. § 9 JGebMGaF für nichtig erklärt worden und nun Gegenstand eines Beschwerdeverfahrens vor dem Obergericht Tokyo. Eine vom Anmelder während des Prüfungsverfahrens vorgenommene Änderung hatte das Wesen der Erfindung geändert. Der Tag der eingereichten Änderung wurde daher als der neue Anmeldetag angesehen, und die Anmeldung war in Hinblick auf die offen gelegte Gebrauchsmusteranmeldung nicht mehr neu.

519 »K.K. Sennichi Sôhonsha vs. K.K. Daihan«; Bezirksgericht Osaka, 14.2.1995, Fall Nr. 1994 Wa 3083 bzw. Obergericht Osaka, 18.7.1995, Fall Nr. 1995 Ne 515: Bezirks- und Obergericht Osaka fanden keine Verletzung der Gebrauchsmusterregistrierung des Klägers betreffend ein Set von Sushi-Zutaten, da der Beklagte ein Vorbenutzungsrecht hat. Das Bezirksgericht Osaka bezweifelte die Gültigkeit der Gebrauchsmusterregistrierung; vgl. V. Vanbellingen-Hinkelmann, K. Hinkelmann, in *AIPPI Journal*, Vol. 21, No. 6 (1996), Seiten 301–306.

Eine Verletzungsklage kann zurückgewiesen werden, wenn entweder das zu- 1141
grundeliegende Recht wegen offenkundiger Vorbenutzung als nicht rechtsbeständig gilt oder der Beklagte aufgrund der Vorbenutzung ein Vorbenutzungsrecht erworben hat[520].

Nichtigkeit des Patentes 1142

Das Verletzungsgericht kann prinzipiell nicht über die Nichtigkeit eines Pa- 1143
tentes entscheiden. Um die Nichtigerklärung eines Patentes zu erreichen, muss
beim JPA ein Nichtigkeitsverfahren eingeleitet werden. Gegen die Entscheidung des JPA über den Nichtigkeitsantrag ist die Beschwerde zum Obergericht Tokyo zulässig. Das Patent wird bis zur Entscheidung über die Nichtigkeitsklage im vollen Umfang als rechtsgültig angesehen. Mutmaßliche
Verletzer strengen normalerweise getrennte Nichtigkeitsverfahren vor dem
JPA an, obwohl sie auch im Verletzungsverfahren die Nichtigkeit des Patentes
oder Gebrauchsmusters herausstellen, um eine enge Interpretation der Patentansprüche zu erreichen. Die enge Auslegung der Patentansprüche, bei welcher
der Patentanspruch auf die ausdrücklich in der Patentbeschreibung aufgeführten Ausführungsbeispiele begrenzt wird, wird häufig angewandt[521].

Das mit der Verletzungsklage befasste Gericht kann das Verletzungsverfahren 1144
unter Umständen aussetzen, bis über die Nichtigkeitsklage entschieden ist
(vgl. § 168(2) JPatG). Die Gerichte warten üblicherweise jedoch nicht auf
den Ausgang des Nichtigkeitsverfahrens[522]. Der OGH hat nun in seinem
Urteil vom 11.4.2000[523] festgestellt, dass das mit der Patentverletzung befasste
Gericht zu prüfen hat, ob offensichtliche Gründe für die Nichtigkeit des
Patentes vorliegen. Ist dies der Fall, sollte die Verletzungsklage wegen Rechtsmissbrauch (*Kenri no ranyô*) im Sinne von § 1a JBGB zurückgewiesen werden[524]. Seither haben sich die Verletzungsgerichte zunehmend zur Rechts-

---

520 »Hitzeleitendes Austauschrohr«, Obergericht Tokyo, 27.3.2002, 16 *Law&Technology.*
521 Vgl. »K.K. Kobayashi Seisakusho vs. Taian Kinzoku K.K.«, Bezirksgericht Osaka,
     17.6.1986, 1206 *Hanrei Jihô* 106; »K.K. Ace Denken vs. Y.K. Yuai Shoji«, Bezirksgericht
     Osaka, 19.7.1990, 1390 *Hanrei Jihô* 113.
522 Der zweite Fall betreffend α-Vitamin D-Derivate beinhaltete 7–8 Verletzungsklagen. In
     einem Fall entschied das Bezirksgericht Shizuoka nach 3 Jahren, dass eine Patentverletzung
     vorliegt. Das Nichtigkeitsverfahren wurde begonnen, und eine Kopie ging an das Gericht.
     Zwei Wochen später wurde jedoch das Patent für nichtig erklärt. Die Erfahrung zeigt, dass
     der überwiegende Teil der Nichtigkeitsanträge nicht erfolgreich ist. Da außerdem Nichtig-
     keitsverfahren lange dauern, wartet das Gericht normalerweise nicht die Entscheidung des
     Patentamtes ab.
523 K. Hinkelmann, in *ZJapanR* Nr. 10 (2000) Seite 266ff.
524 »Sasaki Glass K.K. vs. Soga Glass K.K.«, Bezirksgericht Nagoya, 26.11.1976, 852 *Hanrei
     Jihô* 95; »K.K. Ace Denken vs. K.K. Tokai Cosmo«, Bezirksgericht Nagoya, 31.7.1991, 1432
     Hanrei Jihô 116; vgl. *Suzuye Report, Japan Patents&Trademarks*, No. 111 (2002), Seiten
     6–12.

319

beständigkeit der Streitpatente geäußert[525]. Der Kläger muss sich daher im Verletzungsverfahren noch häufiger als früher mit Nichtigkeitsargumenten auseinander setzen.

1145 **8.2.10 Negative Feststellungsklage (Kakunin Hanketsu)**

1146 Eine negative Feststellungsklage kann mit dem Ziel eingereicht werden, dass im Urteil das Nichtvorliegen der Verletzung des Patentes eines Dritten oder das Nichtvorliegen eines Rechts auf eine Unterlassungsverfügung festgestellt wird. Hierzu muss eine Klageberechtigung vorliegen und das Gericht der Ansicht sein, dass der mutmaßliche Streit für eine solche Feststellung reif ist. Negative Feststellungsklagen sind jedoch in der Praxis sehr selten[526]. Dies liegt teilweise an der fehlenden Zuständigkeit der Gerichte hinsichtlich der Rechtsbeständigkeit von Patenten, aber zum größeren Teil an der konventionell engen Interpretation der Entscheidungsreife eines Streitfalles. Im Polyester II-Fall gab das Bezirksgericht Kyoto[527] der Klage des Patentinhabers auf Feststellung des Vorliegens einer Patentverletzung statt. Wenn der Patentinhaber eine Patentverletzungsklage einreicht, werden beide Verfahren miteinander kombiniert.

1147 **8.2.11 Strafverfahren wegen Patentverletzung**

1148 Nach § 196 JPatG kann ein mutwilliger Verletzer eines Patentes zu einer Gefängnisstrafe (mit Arbeit) von bis zu fünf Jahren oder zu einer Geldstrafe von bis zu 5 Millionen Yen verurteilt werden. Findet diese Patentverletzung für eine juristische oder natürliche Person statt, kann diese zu einer Geldstrafe von bis zu 150 Millionen Yen verurteilt werden (vgl. § 201 JPatG)[528]. Ein Strafverfahren durch einen Staatsanwalt muss nicht mittels Strafanzeige durch die verletzte Person eingeleitet werden. Wegen der technischen Schwierigkeiten für Polizei und Staatsanwälte, das Zutreffen der Klagegründe im Falle

---

525 »Patent Validity Challenges in Japanese Infringement Case In consideration of Current Court Decisions«, Y. Akai, M. Ide, T. Deguchi, T. Nibun, T. Miyaura, H. Morita, in *AIPPI Journal*, Vol. 27 (No. 4), July 2002, Seiten 224–249.

526 »Fujitsu Ltd. vs. Texas Instruments Incorporated«, Bezirksgericht Tokyo, 31.8.1994, 1510 *Hanrei Jihô* 35: Das Gericht erklärte, dass Fujitsus Produkte nicht das jap. Patent Nr. 320,275 (»Kilby-Patent«) von Texas Instruments (TI) betreffend Integrierte Schaltkreise verletzen. Mit Urteil vom 10.9.1997 hielt das Obergericht Tokyo das Urteil des Bezirksgerichtes Tokyo aufrecht; vgl. David W. Hill und Louis J. Levy, in *IPAsia*, Dezember 1997, Seiten 26–27. Der OGH wies die hiergegen von TI eingelegte Revision am 11.4.2000 zurück.

527 »Calico Printers Association vs. Nihon Rayon K.K.« (Polyester II), Bezirksgericht Kyoto, 24.3.1968; 218 *Hanrei Times* 153, 521 *Hanrei Jihô* 38.

528 Zum 1.1.1999 wurde in § 201 JPatG der Höchstbetrag für die Geldstrafe von 5 auf 150 Millionen Yen erhöht. Außerdem wurde das bisherige Erfordernis einer Strafanzeige durch den Verletzten abgeschafft.

einer Patentverletzung zu überprüfen, ist im Gegensatz zum einfachem Kopieren eines urheberrechtlich geschützten Phonogramms oder Videogramms die Androhung mit einem Strafverfahren üblicherweise keine sinnvolle Maßnahme gegen Patentverletzer, wenn ein entsprechendes Zivilverfahren nicht beendet ist[529]. Strafverfahren wegen Patentverletzung finden in der Praxis nur selten statt[530].

8.2.12 Einschaltung der Zollbehörden   1149

Der Direktor einer örtlichen Zollbehörde ist gemäß § 21 Customs Tariff   1150
Act[531] ermächtigt, in Japan importierte Artikel zu beschlagnahmen und zu zerstören, oder diese abzuweisen, wenn diese ein Patent-, Gebrauchsmuster-, Geschmacksmuster-, Marken-, Urheberrecht, ein angrenzendes Recht oder ein Topografie-Recht verletzen[532]. Während die Beschlagnahme zur Zerstörung oder die Anordnung zur Abweisung unter § 21 vom Direktor einer örtlichen Zollbehörde von Amts wegen angeordnet wird und daher nur angeregt werden kann, ist der Inhaber eines Marken-, Urheber- oder eines angrenzenden Rechtes berechtigt, beim Direktor der örtlichen Zollbehörde unter § 21(2) Customs Tariff Act, der gemäß TRIPS-Vereinbarung geändert wurde, einen Antrag für eine Anordnung von Beschlagnahme und Zerstörung oder Abweisung (Wiederausfuhr) einzureichen.

Die Durchsetzung an der Grenze durch die Zollbehörden ist im Falle von   1151
Patentrechten an von Amtswegen eingeleitete Verfahren gebunden. Ein Patentinhaber kann von einer Zollbehörde keine Maßnahmen gegen den Import von patentverletzenden Waren verlangen. Die Untersuchung und folgende Beschlagnahme oder Abweisung (Wiederausfuhr) durch eine Zollbehörde wird im Falle von patentverletzenden Artikeln nicht aus einer rechtlichen Verpflichtung der Zollbehörden heraus eingeleitet. Die Einreichung eines Antrages beim Direktor der Zollbehörde durch den Patentinhaber auf eine Beschlagnahme oder Abweisung ist daher lediglich die Bereitstellung von

---

529 Anders bei Verletzungen betreffend Marken, Geschmacksmuster, oder bei unlauterem Wettbewerb, wo die Verletzung selten strittig und der Fall für den Staatsanwalt leichter zu verstehen ist.

530 S. Ishikawa, »*Tokkyo hô*« (Patentgesetz) in: Hirano et al., »*Shukai tokubetsu keihô*«, 19(2nd ed., Tokyo 1991), Teil 4. Die zitierten Fälle stammen zumeist von vor 1945; vgl. »Criminal Law Sanctions with Regard to the Infringement of Intellectual Property Rights«, von Keiji Kondo, in *AIPPI Journal*, Vol. 27, No. 3 (2002), Seiten 174–192.

531 Customs Tariff Act (Gesetz Nr. 54 von 1910), zuletzt in der durch das Gesetz zur teilweisen Änderung des Zollgesetzes etc. geänderten Fassung etc. (Gesetz Nr. 128 von 1994).

532 K. Muraki, »Controls against Counterfeit Goods in Japan«, in *AIPPI Journal*, Vol. 27, No. 4 (July 2002), Seiten 250–258.

Informationen, die den Direktor zur Einleitung von Maßnahmen im eigenen Ermessen veranlassen soll.

1152 Allerdings kann eine solche Bereitstellung von Informationen nach § 21 nicht wie bei einem Antrag unter § 21–2 zu einer Anordnung des Direktors der Zollbehörde zur Hinterlegung einer finanziellen Sicherheit für mögliche Schäden beim Importeur aufgrund eines leichtfertigen Vorwurfes einer Rechtsverletzung führen.

1153 Die Durchsetzung ist im Falle von Patentrechten vernachlässigbar. Die letzte Beschlagnahme erfolgte 1997, vermutlich aufgrund der Änderungen in den Zollbestimmungen, die keine Unterbindung von Parallelimport mehr zulassen[533]. Es gibt mittlerweile 11 Zolloffiziere, davon 4 in Tokyo, die speziell für die Durchsetzung von geistigen Eigentumsrechten an der Grenze zuständig sind.[534]

1154 Das Customs Intellectual Property Information Center (CIPIC) ist eine Organisation, deren Zweck die Unterrichtung von in- und ausländischen Inhabern von geistigen Eigentumsrechten über das japanische System der Zollkontrollen von geistige Eigentumsrechte verletzenden Waren ist. Das CIPIC gewährt außerdem Hilfestellung bei konkreten Problemen.

1155 8.3. Schlichtung/Schiedsverfahren

1156 Internationale Streitschlichtung wird in Japan im Wesentlichen von der Japan Commercial Arbitration Association (JCAA) und dem zum 1.4.1998 gegründeten Japan Industrial Property Arbitration Center (JIPAC) durchgeführt, das von der Vereinigung der japanischen Anwaltsverbände (*Nichibenren*) und der Vereinigung der japanischen Patentanwälte (*Benrishikai*) gemeinsam errichtet wurde. Die JCAA war kritisiert worden, weil sie japanische Parteien bevorzugt haben soll und es ihr an Erfahrung und Kompetenz mangelte, eine selbsterfüllende Prophezeiung, weil die JCAA selten benutzt wurde. In den letzen Jahren gab es trotz der großen wirtschaftlichen Bedeutung Japans weniger als 10 Schlichtungsfälle pro Jahr.

Mit dem JIPAC gibt es jedoch seit 1.4.1998 ein spezialisiertes Schlichtungszentrum. JIPAC-Schlichter verfügen über besondere rechtliche und akademische Hintergründe. Schlichtung könnte interessant sein, da es den Parteien die

---

533 *Kurakan* (Richtlinie) 257 vom 26. März 1998.
534 Zu Details, vgl. CIPIC (Hrsg.), *Protection of Intellectual Property Rights by Japanese Customs* (Tokyo 1995); N. Takatori, »The Status Quo of Japanese Customs Regulations on Unfair Goods«, 75 *Japan Patents and Trademarks* 5 (1993).

Geheimhaltung ihrer Handelsgeheimnisse während Streitigkeiten ermöglicht und weil die Fälle unter Ausschluss der Öffentlichkeit gehört werden und es keine Verpflichtung zur Enthüllung der Schlichtungsbedingungen gibt. Da IP-Spezialisten in die Fälle einbezogen sind, wird davon ausgegangen, dass Entscheidungen rascher getroffen werden als in Gerichten. Außerdem müssen Beweismittel nicht in japanischer Sprache vorgelegt werden, sodass Übersetzungskosten geringer sein können. Die JIPAC behandelt Streitigkeiten betreffend geistige Eigentumsrechte, d. h. Patente, Gebrauchsmuster, Geschmacksmuster und Marken. Die Anfangskosten für einen Antrag auf Schlichtung betragen 50.000 Yen sowie zusätzlich eine Untersuchungsgebühr von 100.000 bis 200.000 Yen. Zusätzliche Gebühren sind bei Anhörungen fällig. In erfolgreichen Fällen werden 1½ bis 10 % des finanziellen Wertes von Vergleichen berechnet. Es wird erwartet, dass die Kosten geringer sind und die Zeitdauer von Streitigkeiten kürzer als bei Gerichtsverfahren.

Schließlich gibt es am Bezirksgericht Tokyo seit 1998 und am Bezirksgericht Osaka seit 1999 sog. Fachschlichtungsausschüsse (*Senmon chôtei iinkai*), die mit Richtern der Patentstreitkammern als Vorsitzenden und Patent- und Rechtsanwälten als Ausschussmitgliedern besetzt sind und angerufen werden können, um Patentstreitigkeiten zu schlichten[535].   1157

---

535 Guntram Rahn, *Mitteilungen*, 2001, Seite 205.

Teil 2 – Gebrauchsmusterrecht

Inhaltsübersicht

Mit Wirkung zum 1.1.1994 wurde das Japanische Gebrauchsmusterrecht 1 grundlegend geändert[1, 2]. Die Sachprüfung auf das Vorliegen der materiellen Eintragungserfordernisse für den beanspruchten Gegenstand wurde abgeschafft. Ab 1.1.1994 eingereichte Gebrauchsmusteranmeldungen werden nach einer Formalprüfung eingetragen. Außerdem wurde die Schutzdauer von 10 Jahren ab Auslegung (bzw. 15 Jahren ab Anmeldung) auf 6 Jahre ab Einreichung der Anmeldung (vgl. § 15 JGebrMG) verkürzt. Diese Gesetzesänderung führte zu einem drastischen Rückgang der Attraktivität des Gebrauchsmusters. Während 1987 noch mehr als 200.000 und 1991 noch 115.000 Gebrauchsmusteranmeldungen eingereicht wurden, waren es 1995 14.886, 2000 9.587, 2001 8.806 und im Jahre 2002 noch 8.603 Gebrauchsmusteranmeldungen. Es hat insbesondere die Zahl von Gebrauchsmusteranmeldungen durch japanische Anmelder nachgelassen. Generell sind Gebrauchsmuster in Hinblick auf die Anmelde- und Aufrechterhaltungskosten etwas günstiger als Patente. Ein wesentlicher Kostenfaktor für ausländische Anmelder sind jedoch die Kosten für die Übersetzung der Beschreibung. Die mit dem Gebrauchsmuster verbundenen Vorteile sind daher für ausländische Anmelder eher geringer als für japanische Anmelder. Der wesentliche Vorteil eines Gebrauchsmusters nach neuem Recht ist die rasche Eintragung und damit der

---

1 Den Ausführungen in diesem Kapitel liegt das japanische Gebrauchsmustergesetz in der Fassung nach den Gesetzesänderungen durch Gesetz Nr. 51 von 1998 und Gesetze Nr. 41, 160 und 220 von 1999 zugrunde. Eine deutsche Übersetzung des japanischen Gebrauchsmustergesetzes in der Fassung nach der Änderung durch Gesetz Nr. 68 von 1996 ist veröffentlicht in BlPMZ 1997, 375–389.

2 Für einen geschichtlichen Überblick: Vgl. Christopher Heath, III. Utility Model Law, in Röhl (Hrsg.), *Encyclopedia of Japanese Law from 1868*, Brill Publishing, The Netherlands, im Druck.

rasche Erhalt eines vor Gericht durchsetzbaren Rechtes. Dieser Vorteil wird aber durch das Verbot des Doppelschutzes teilweise aufgehoben. Außerdem sind Patentprüfungsverfahren mittlerweile deutlich schneller als früher, insbesondere auch als Ergebnis eines verbesserten Verfahrens zur beschleunigten Prüfung von Patentanmeldungen.

Im Folgenden wird auf die Besonderheiten von Gebrauchsmustern gegenüber Patenten eingegangen. Im Allgemeinen sind aber zahlreiche Bestimmungen des Patentgesetzes auf Gebrauchsmuster und Gebrauchsmusteranmeldungen unmittelbar anwendbar. Die Anforderungen an die Neuheit eines zum Gebrauchsmuster angemeldeten Gegenstandes entsprechen denen für die Neuheit eines zum Patent angemeldeten Gegenstandes. Die Ausnahmen vom Verlust der Neuheit gelten entsprechend. Anwendbar sind unmittelbar bspw. auch die Bestimmungen zu Arbeitnehmererfindungen (vgl. § 35 JPatG), dem Vorbenutzungsrecht[3] (§ 79 JPatG) und zur gemeinsamen Inhaberschaft (§ 73 JPatG, § 132 JPatG). Identische Regelungen finden sich darüber hinaus im JGebrMG zu exklusiven (§ 18 JGebrMG) und nicht exklusiven Lizenzen (§ 19 JGebrMG).

---

3 Vgl. Shoichi Okuyama, in *AIPPI Journal*, Vol. 21, März 1996, Seiten 75–79.

1 Schutzgegenstand und Laufzeit

Das Japanische Gebrauchsmustergesetz betrifft gemäß § 1 JGebrMG Vorrich- 2
tungen bezüglich Form oder Gestaltung von Gegenständen oder einer Verbindung von Gegenständen, wobei nach § 2(1) JGebrMG eine »Vorrichtung«
(*Kôan*) die Schöpfung von technischen Gedanken unter Anwendung eines
Naturgesetzes ist. Es gilt das aus dem früheren deutschen Gebrauchsmusterrecht bekannte »Raumformerfordernis«[4].

»Gegenstände« in diesem Sinne sind Dinge, die bestimmte Formen haben, für
den Handel geeignet sind, frei transportierbar sind und einen klaren Bestim-
mungszweck haben. In der Praxis werden jedoch Gestaltungen wie Straßen
und Gebäude als Strukturen in Bezug auf Gegenstände angesehen. Außerdem
werden Teile von Maschinen oder Instrumenten als »Gegenstände« angesehen,
wenn diese Teile getrennt von Maschinen oder Instrumenten gehandhabt
werden.

»Form« ist eine Erscheinung, die mit Linien oder Oberflächen ausgedrückt
wird. Beispiele sind Muster einer Nocke, Zähne eines Getriebes und die Kante
eines Schneidwerkzeuges. Nicht schutzfähig sind Dinge, die keine bestimmte
Gestalt aufweisen, z. B. flüssiger Ballast oder rutschfester Split, der auf Straßen
verwendet wird.

»Gestaltung« ist eine dreidimensionale oder körperliche Komposition, wie sie
mit ebenen oder räumlichen Ansichten ausgedrückt wird, manchmal erweitert
um Seitenansichten oder Querschnittsansichten.

»Verbindung von Gegenständen« bedeutet eine Anordnung von zwei oder
mehr trennbaren Gegenständen, die jeweils ihre eigene Gestaltung oder Form
haben und bei ihrer Verwendung funktional zusammenwirken, um einen
Nutzwert zu produzieren; beispielsweise ein Befestigungswerkzeug, das eine
Schraube und eine Schraubenmutter umfasst.

Gebrauchsmuster sind somit weder für Verfahren noch für chemische Substanzen erhältlich, allerdings beispielsweise für Lebensmittel[5]. In der Praxis
werden bisweilen Erfindungen, die elektrische Schaltkreise betreffen, als Ge-

---

4 Die folgenden Erläuterungen stammen aus *Implementing Guidelines under 1993-revised Patent
   and Utility Model Laws in Japan,* Japanese Patent Office, 1994, veröffentlicht von *AIPPI Japan.*
5 Gebrauchsmuster für Sushi-Zutaten, vgl. V. Vanbellingen-Hinkelmann, K. Hinkelmann, *AIPPI
   Journal,* Vol. 21, No. 6, (1996) Seiten 301–306.

brauchsmuster zugelassen. Tier- oder Pflanzenarten und Computerprogramme (auch in Verbindung mit Aufzeichnungsträgern) sind dem Gebrauchsmusterschutz nicht zugänglich.

3 Die Laufzeit beträgt sechs Jahre ab dem Tag der Anmeldung (§ 15 JGebrMG). Die zum 1.1.1994 eingeführte neue Laufzeitregelung gilt nicht rückwirkend. Dies bedeutet beispielsweise, dass eine am 31.12.1993 eingereichte Gebrauchsmusteranmeldung eine Laufzeit bis zum 31.12.2008 haben kann. Die Zahl der nach dem JGebrMGalt von vor 1994 registrierten geprüften Gebrauchsmuster hat in den letzten Jahren allerdings drastisch abgenommen (1999: 12.027; 2000: 3.575; 2001: 679; 2002: 142).

2 Anmeldung und Registrierung – Eintragungsverfahren

Ein Gebrauchsmuster tritt mit seiner Registrierung (§ 14(1) JGebrMG) in 4
Kraft.

Hierzu ist die Einreichung einer Gebrauchsmusteranmeldung beim JPA er- 5
forderlich, die online[6], mittels Diskette oder in Papierform eingereicht werden
kann[7]. Die Online-Anmeldung ist kostengünstig, da zusätzliche Amtsgebühren für die Konvertierung der auf Papier vorliegenden Daten in die kodierten
Daten des JPA nicht anfallen.

Die Anmeldeerfordernisse entsprechen denen für Patente. Zeichnungen können zunächst auch als klare Fotokopien von formalen Zeichnungen eingereicht
werden. Diese sind allerdings nachzureichen. Dem Anmelder ist die Verwendung von Bezugszeichen in den Ansprüchen freigestellt.

Bei Einreichung der Gebrauchsmusteranmeldung kann die Priorität einer 6
früheren Anmeldung (Patent-, Gebrauchsmuster- oder Geschmacksmusteranmeldung) in Anspruch genommen werden. Innerhalb von 16 Monaten ab
Prioritätsdatum ist eine beglaubigte Kopie der Prioritätsanmeldung einzureichen. Bei Nichteinhaltung dieser Frist kann die Priorität nicht in Anspruch
genommen werden.

Beim Registrierungssystem ohne Sachprüfung für nach dem 1.1.1994 einge- 7
reichte Gebrauchsanmeldungen erfolgt die Eintragung ohne Prüfung auf das
Vorliegen der materiellen Schutzvoraussetzungen (Neuheit[8], erfinderische Tä-

---

6 Von Montag bis Freitag in der Zeit von 9 bis 22 Uhr.
7 Die direkte Einreichung beim JPA hat am Annahmeschalter zu erfolgen, der von Montag bis
   Freitag zwischen 9 und 17 Uhr geöffnet ist. Eine gute Alternative ist daher die Einreichung per
   Post, da viele große Postämter bis Mitternacht geöffnet sind. Bei der Einreichung per Post wird
   der Poststempel als Einreichungsdatum angesehen.
8 § 3(1) JGebrMG:
   Wer eine Vorrichtung gemacht hat, die gewerblich anwendbar ist und die sich auf die Form und
   Gestaltung von Gegenständen oder auf eine Verbindung von Gegenständen bezieht, kann
   hierfür eine Gebrauchsmustereintragung erhalten; ausgenommen sind die nachstehend genannten Vorrichtungen:
   (i) Vorrichtungen, die in Japan oder sonstwo vor Einreichung der Gebrauchsmusteranmeldung
   allgemein bekannt waren;
   (ii) Vorrichtungen, die in Japan oder sonstwo vor Einreichung der Gebrauchsmusteranmeldung
   offenkundig vorbenutzt worden sind;
   (iii) Vorrichtungen, die vor Einreichung der Gebrauchsmusteranmeldung in einer öffentlichen
   Druckschrift, die in Japan oder im Ausland verbreitet wurde, beschrieben worden sind, oder

tigkeit[9], Doppelschutz[10] etc.) (§ 14(2) JGebrMG). Es findet lediglich eine Prüfung der Anmeldung auf die Erfüllung bestimmter formaler und grundlegender Erfordernisse statt (§ 6bis JGebrMG):

a) die Erfindung soll einen Gegenstand betreffen, der als Gebrauchsmuster geschützt werden kann;
b) die Erfindung darf nicht gegen die öffentliche Ordnung oder die guten Sitten verstoßen oder die öffentliche Gesundheit beeinträchtigen (§ 4 JGebrMG);
c) das Erfordernis der Einheitlichkeit muss erfüllt sein (§ 6 JGebrMG);

---

der Öffentlichkeit in Japan oder sonstwo durch elektrische Kommunikationslinien zugänglich gemacht worden sind.

9 § 3(2) JGebrMG: Unbeschadet der Vorschrift im vorstehenden Absatz kann die Eintragung eines Gebrauchsmusters für eine Vorrichtung nicht erfolgen, wenn ein Durchschnittsfachmann auf dem technischen Gebiet, zu dem die Vorrichtung gehört, vor der Einreichung der Gebrauchsmusteranmeldung ohne weiteres in der Lage gewesen wäre, diese Vorrichtung auf Grund der in jeder der Ziffern des vorstehenden Absatzes genannten Vorrichtung oder Vorrichtungen zu machen.

10 § 7 JGebrMG:
(1) Wenn zwei oder mehrere Gebrauchsmusteranmeldungen für dieselbe Vorrichtung an verschiedenen Tagen eingereicht werden, kann lediglich der erste Anmelder eine Gebrauchsmustereintragung für die Vorrichtung erlangen.
(2) Wenn zwei oder mehrere Gebrauchsmusteranmeldungen für dieselbe Vorrichtung am gleichen Tag eingereicht werden, hat keiner der Anmelder Anspruch auf Eintragung eines Gebrauchsmusters für diese Vorrichtung.
(3) Wenn eine Vorrichtung, die in einer Gebrauchsmusteranmeldung beansprucht wird, mit einer Erfindung identisch ist, die in einer Patentanmeldung beansprucht wird, und die Anmeldungen an verschiedenen Tagen eingereicht werden, hat der Gebrauchsmusteranmelder nur dann einen Anspruch auf Eintragung, wenn seine Anmeldung vor der Patentanmeldung eingereicht worden ist.
(4) Wenn eine Gebrauchsmusteranmeldung oder eine Patentanmeldung aufgegeben, zurückgezogen oder zurückgewiesen worden ist, gilt die Anmeldung für die Zwecke der drei vorstehenden Absätze als nie eingereicht.
(5) Wenn die Entscheidung eines Prüfers oder eine *Shimpan*-Entscheidung, wonach die Patentanmeldung zurückgewiesen wird, rechtskräftig geworden ist, gilt eine solche Anmeldung für den Zweck von Absatz (3) als nie eingereicht. Diese Vorschrift ist jedoch nicht anwendbar, wenn eine Entscheidung eines Prüfers oder eine *Shimpan*-Entscheidung, wonach die Patentanmeldung unter der Vorschrift des letzten Satzes von § 39(2) JPatG zurückgewiesen wird, rechtskräftig wird.
(6) Eine Gebrauchsmusteranmeldung oder eine Patentanmeldung, die von einer Person eingereicht wird, die weder der Schöpfer, der Erfinder oder der Rechtsnachfolger in das Recht auf Erteilung einer Gebrauchsmustereintragung oder eines Patentes ist, gilt für die Zwecke der Absätze 1 bis 3 weder als Gebrauchsmusteranmeldung noch als Patentanmeldung.
(7) Wenn nach § 39(4) JPatG weder eine Einigung zustande gekommen ist noch Verhandlungen möglich sind, kann der Gebrauchsmusteranmelder keine Eintragung für diese Vorrichtung erhalten.

d) die Beschreibung und/oder die Zeichnungen dürfen keine erheblichen Mängel aufweisen. (Fehlen notwendiger Dinge, sehr unklare Beschreibung oder Zeichnungen).

Wenn diese Erfordernisse nicht erfüllt sind, ergeht vom JPA eine Aufforderung zur Änderung innerhalb einer bestimmten Frist (§ 6bis JGebrMG).

Wenn in einem Prüfungsbescheid eine Gebrauchsmusteranmeldung aufgrund mangelnder Einheitlichkeit der Erfindung beanstandet wird, kann eine Teilanmeldung eingereicht werden.

Bei Vorliegen der formellen Erfordernisse erfolgt die Registrierung (5–6 Monate nach Anmeldung), die im Gebrauchsmusterblatt veröffentlicht wird (§ 14(3) JGebrMG).

Das Neuheitserfordernis für Geschmacksmuster entspricht dem für Patente. Allerdings kann eine Vorrichtung nach § 3(2) JGebrMG dann nicht als Gebrauchsmuster eingetragen werden, wenn sie basierend auf dem vor dem Anmeldetag bekannten Stand der Technik von einem Durchschnittsfachmann sehr leicht (ohne weiteres) hätte gefunden werden können. »Sehr leicht« bedeutet hierbei, dass die Anforderung bezüglich der erfinderischen Tätigkeit für Gebrauchsmuster geringer sind als für Patente.

3 Änderungen von Gebrauchsmustern

8 Die Anmelder von Gebrauchsmustern können Änderungen bzw. Korrekturen nur innerhalb einer Frist von zwei Monaten nach Anmeldung einreichen. Nach der Registrierung können nur noch Patentansprüche gestrichen werden (§ 14bis(1) JGebrMG). Eine Anpassung der Beschreibung an die neue Anspruchsfassung findet nicht statt. Die Änderung/Korrektur bzw. Streichung von Ansprüchen wirkt rückwirkend auf den Zeitpunkt der Anmeldung (§ 14bis(3) JGebrMG). Auf diese wird im Gebrauchsmusterblatt hingewiesen (§ 14bis(4) JGebrMG). Durch die Beschreibung gestützte Ansprüche sollten somit in genügender Anzahl eingereicht werden, damit bereits durch Streichung von Ansprüchen eine Abgrenzung gegenüber dem Stand der Technik vorgenommen werden kann.

9 Wenn kein Löschungsverfahren anhängig ist, kann der Gebrauchsmusterinhaber jederzeit das Gebrauchsmuster durch Streichung von ein oder mehreren Ansprüchen mit Wirkung ab dem Anmeldetag ändern.

4 Das Gebrauchsmusterrecht – Inhalt und Durchsetzung

Der Inhaber des Gebrauchsmusters hat gemäß § 16 JGebrMG das ausschließ- 10
liche Recht zur gewerbsmäßigen Verwertung des eingetragenen Gebrauchsmusters. »Verwertung« (einer Vorrichtung) bedeutet hierbei (vgl. § 2(3)
JGebrMG) Herstellung, Benutzung, Übertragung, Leasing, Einfuhr oder Anbieten zum Zwecke der Übertragung oder des Leasings (einschließlich des
Zurschaustellens zum Zwecke der Übertragung oder des Leasings) der Gegenstände, welche die Vorrichtung verkörpern.

Unzulässig ist außerdem analog zur Verletzung von Patenten die indirekte 11
Verletzung (§ 28 JGebrMG). Danach gilt die Herstellung, die Abtretung, das
Leasing, die gewerbsmäßige Einfuhr oder das Anbieten zum Zwecke der
Abtretung oder des Leasings eines Gegenstandes, der ausschließlich zur Herstellung eines Gegenstandes verwendet werden soll, der durch ein eingetragenes Gebrauchsmuster geschützt ist, als Verletzung des Gebrauchsmusterrechts
oder der ausschließlichen Lizenz.

Der Gebrauchsmusterinhaber oder Exklusivlizenznehmer kann vom Verletzer 12
die Unterlassung der Gebrauchsmusterverletzung[11] (§ 27(1) JGebrMG) und
zusätzlich die Zerstörung der verletzenden Produkte oder der dafür verwendeten Maschinen etc. verlangen (§ 27(2) JGebrMG).

Zusätzlich ist er zum Erhalt von Schadensersatz aufgrund der Gebrauchsmusterverletzung berechtigt. Die Vorschriften zu Höhe und Ermittlung von
Schadensersatzansprüchen entsprechen denen im Patentgesetz (§ 29
JGebrMG), ebenso wie die hierauf Bezug nehmenden Vorschriften zur Vorlegung von Dokumenten, Anfertigung von Gutachten zum Beweis des Schadensersatzbetrages etc.

Zur Durchsetzung des Gebrauchsmusters, d.h. der Ansprüche auf Unter- 13
lassung, Schadensersatz etc., muss der Gebrauchsmusterinhaber oder sein
Exklusivlizenznehmer dem mutmaßlichen Verletzer zusammen mit einem
Abmahnungsschreiben ein vom JPA erstelltes Gutachten zur Registrierbarkeit
des Gebrauchsmusters vorlegen (§ 29bis JGebrMG). Jedermann kann ein solches Gutachten (vgl. § 12 JGebrMG) beim JPA beantragen, in dem der Stand
der Technik zum Gegenstand des Gebrauchsmuster angegeben und bewertet
wird.

---

11 Vgl. Jinzo Fujino, *AIPPI Journal*, Vol. 22, März 1997, Seiten 91–94.

14 Für den Fall der unzulässigen Durchsetzung des Gebrauchsmusterrechts bestimmt sich die Haftung des Inhabers des Gebrauchsmusterrechts nach § 29ter JGebrMG. Wenn ein Gebrauchsmuster durchgesetzt wird, das anschließend gelöscht oder im Rahmen einer Korrektur gemäß § 14bis(1) JGebrMG so eingeschränkt wird, dass der mutmaßlich verletzende Gegenstand nicht mehr darunter fällt, wird unterstellt, dass der Gebrauchsmusterinhaber fahrlässig gehandelt hat. Der Inhaber des Gebrauchsmusters wird folglich für Schäden beim vermeintlichen Verletzer haftbar gemacht, die dieser aufgrund der Durchsetzung des Gebrauchsmusters erlitten hat, sofern nicht der Gebrauchsmusterinhaber beweisen kann, dass er nicht fahrlässig gehandelt hat (§ 29ter(1) JGebrMG).

Wenn ein Gebrauchsmuster aufgrund eines Standes der Technik gelöscht wird, der im Gutachten gemäß § 12 JGebrMG nicht genannt wurde, der aber auf dem technischen Gebiet liegt, das von der Recherche abgedeckt war, wird kein fahrlässiges Handeln des Gebrauchsmusterinhabers hinsichtlich seines Verhaltens vor Bekanntwerden dieses Standes der Technik unterstellt.

Bei der Geltendmachung von Schadensersatz aus einer Gebrauchsmusterverletzung liegt die Beweislast beim Gebrauchsmusterinhaber. Dieser muss nachweisen, dass der angebliche Verletzer bei der Verletzung des Gebrauchsmusters fahrlässig gehandelt hat.

15 § 64 JGebrMG schreibt zwar vor, dass der Inhaber eines Gebrauchsmusters oder sein Exklusivlizenznehmer Gegenstände, die unter ein eingetragenes Gebrauchsmuster fallen, entsprechend kennzeichnen soll. Die Unterlassung der Kennzeichnung hat allerdings keinen Einfluss auf die Durchsetzbarkeit des Gebrauchsmusters gegen mutmaßliche Verletzer.

5 Technisches Gutachten über die Registrierbarkeit als Gebrauchsmuster (*Jitsuyoshinan Gijutsu Hyokasho*) (§ 12 JGebrMG)[12]

Um der Öffentlichkeit die Beurteilung der Rechtsbeständigkeit eines Ge- 16
brauchsmusters zu erleichtern, kann das JPA ein technisches Gutachten über die Registrierbarkeit als Gebrauchsmuster erstellen. Dieses Gutachten (bisweilen auch »Recherchebericht« genannt) wird nur auf Antrag angefertigt, der jederzeit, auch nach Ablauf des Gebrauchsmusters[13], vom Gebrauchsmusterinhaber oder jedem Dritten gestellt werden kann. Der Antrag auf Erstellung des Gutachtens kann auf jeden Anspruch gerichtet sein. Der Antrag kann nicht zurückgezogen werden (§ 12(5) JGebrMG). Im Amtsblatt wird ein Hinweis auf den Rechercheantrag veröffentlicht.

Das Gutachten wird von einem Patentprüfer erstellt und basiert auf einer Recherche des Standes der Technik aufgrund von Vorrichtungen, auf die in den §§ 3(1)(iii), 3bis(1) bis (3) und (7) JGebrMG Bezug genommen ist. »Öffentliche Bekanntheit« (§ 3(1)(i)) JGebrMG) und »Öffentliche Benutzung« (§ 3(1)(ii) JGebrMG) werden in diesem Gutachten nicht geprüft. Das Gutachten soll für jeden Anspruch den relevanten Stand der Technik sowie die Meinung des Prüfers über den Rechtsbestand des Anspruches wiedergeben. Interviews mit dem Patentprüfer sind nicht erlaubt. Ein solches Gutachten kann ggf. mehrere Male angefordert werden. Mitteilung von relevantem Stand der Technik durch Dritte ist möglich. Das Gutachten ist nicht mit einer Entscheidung des JPA gleichzusetzen und hat keinen Einfluss auf die Rechtsgültigkeit des Gebrauchsmusters.

Wenn das Gutachten bei der Anmeldung beantragt wird, dauert es bis zu seiner Erstellung im Durchschnitt 3–4 Monate. Bei Antragstellung nach der Registrierung des Gebrauchsmusters dauert es bis zur Erstellung des Gutachtens im Durchschnitt nur 2–3 Monate.

---

12 Vgl. »Implementing Guidelines for Preparation of Report on Registrability of a Utility Model« in *Implementing Guidelines under 1993-revised Patent and Utility Model Laws in Japan,* Japanese Patent Office, 1994, veröffentlicht von AIPPI Japan.
13 Außer wenn die Eintragung des Gebrauchsmusters auf Grund eines Löschungsantrages gemäß § 37(1) JGebrMG für rechtsunwirksam erklärt worden ist (vgl. § 12(3) JGebrMG).

6   Überprüfung der Rechtsbeständigkeit des
     Gebrauchsmusters – Löschungsverfahren

17   Die Rechtsbeständigkeit eines Gebrauchsmusters kann für jeden Anspruch in
     einem Löschungsverfahren gemäß § 37 JGebrMG[14] vor dem JPA (*Shimpan*-
     Abteilung) überprüft werden. Das Löschungsverfahren kann nur von einer
     Partei mit Rechtsschutzinteresse eingeleitet werden. Der Gebrauchsmuster-
     inhaber selbst kann die Überprüfung der Rechtsbeständigkeit seines Ge-
     brauchsmusters nicht veranlassen. Ein Löschungsverfahren kann jederzeit,
     auch nach Ablauf der Laufzeit des Gebrauchsmusters eingeleitet werden.
     Der Exklusivlizenznehmer wird von Amts wegen hierüber informiert. Im
     Antrag muss der Antragsteller identifiziert werden (§ 38(1) JGebrMG). Auf-
     grund der kurzen Laufzeit von Gebrauchsmustern ist bei diesem Verfahren
     kaum eine Möglichkeit zur Ergänzung des Löschungsantrags gegeben. Ein
     unzureichend begründeter Löschungsantrag wird zurückgewiesen (§ 41
     JGebrMG i.V.m. § 135 JPatG). Dem Gebrauchsmusterinhaber wird der An-
     trag zugestellt und eine Frist für eine Stellungnahme eingeräumt (§ 39
     JGebrMG), die 30 Tage für in Japan wohnende und 60 Tage für im Ausland
     wohnhafte Gebrauchsmusterinhaber beträgt[15]. Das Löschungsverfahren soll
     innerhalb von sechs Monaten abgeschlossen sein.

18   Die Löschungsgründe sind in § 37(1) JGebrMG aufgeführt; sie entsprechen
     den Nichtigkeitsgründen für ein Patent. Insbesondere ist auch widerrechtliche
     Entnahme ein Löschungsgrund (§ 37(1)(v) JGebrMG).

---

14   Bei Gebrauchsmustern, die gemäß dem ab 1.1.1994 geltenden JGebrMG eingetragen wurden.
15   Oberster Gerichtshof von 1967 (*Sho* 42, *Gyo-tsu* 28): »Die Nichtigkeits(Löschungs)gründe,
     über die im Nichtigkeits(Löschungs)verfahren entschieden werden soll, sollten deutlich an-
     gegeben sein. Die Behauptung der Nichtigkeit aufgrund bestimmter öffentlich bekannter
     Fakten sollte verstanden werden als ein von einem anderen Nichtigkeitsgrund auf der Basis
     von anderen öffentlich bekannten Fakten getrennter und unterschiedlicher Grund, selbst
     wenn beide sich auf die Neuheit der gleichen Erfindung beziehen«. Dies wird vom JPA so
     interpretiert, dass die Nichtigkeitsgründe nicht nur anwendbare Vorschriften enthalten, son-
     dern sich auch auf bestimmte vorher bekannte Fakten beziehen. Daher würde im Antrag die
     Hinzufügung oder Änderung von wesentlichen, öffentlich bekannten Fakten den Nichtig-
     keitsgrund und damit das Wesen des Antrags ändern. Die Hinzufügung oder Änderung von
     spezifischen Fakten oder Beweismitteln, welche Gründe für den Löschungsantrag sind, kann
     unabhängig davon, ob es sich um eine Änderung der relevanten Vorschriften betreffend die
     Nichtigkeitsgründe handelt, unter Änderung der Nichtigkeitsgründe fallen.

In »Krabbenkochvorrichtung«[16] hatte der Beklagte eine Krabbenkochvorrichtung zum Gebrauchsmuster angemeldet. Das Gericht sah den Kläger als alleinigen Erfinder der Vorrichtung, da der Beklagte nur Vorbereitungshandlungen vorgenommen hatte. Das ohne Berechtigung angemeldete Gebrauchsmuster war somit zu löschen, ohne dass der Kläger das Muster selbst erlangen konnte.

Im Löschungsverfahren kann der Gebrauchsmusterinhaber auf das Streichen von Ansprüchen beschränkte Änderungen am Gebrauchsmuster vornehmen. Eine Anpassung der Beschreibung an die geänderte Anspruchsfassung findet nicht statt.

In einem Verletzungsverfahren kann das Gericht grundsätzlich eine Aussetzung des Verfahrens anordnen, wenn vom Beklagten ein Löschungsverfahren eingeleitet wird (§ 40(2) JGebrMG). Dies wird nicht der Fall sein, wenn die Rechtsbeständigkeit des Gebrauchsmusters offensichtlich ist oder wenn der Beklagte lediglich in der Hoffnung, das Gerichtsverfahren zu verzögern, mehrmals Löschungsverfahren einleitet.   19

Im Falle mehrerer Löschungsanträge sollten diese in der Reihenfolge des Eingangs bearbeitet und nicht kombiniert werden, außer wenn aufgrund gemeinsamer Beweismittel und ungefähr zu gleicher Zeit eingereichter Löschungsanträge von einem zügigen und genauen Verfahren ausgegangen werden kann.   20

---

16 Obergericht Tokyo, 24.12.1991, *Tokkyo Kanri* Nr. 2/1993, 187; Revision zurückgewiesen durch Urteil des OGH vom 20.11.1992, *AIPPI Journal*, Vol. 18, 1993, Seite 98.

7 Verhältnis von Gebrauchsmustern zu anderen Schutzrechten

21 Der Doppelschutz einer Erfindung durch ein Patent und ein Gebrauchsmuster und/oder Geschmacksmuster ist nicht zulässig. Doppelanmeldungen eines Gebrauchsmusters vom selben Tag resultieren in der Zurückweisung beider Schutzrechtsanmeldungen (§ 7(2) JGebrMG), wohingegen im Falle von Doppelanmeldungen an verschiedenen Tagen die später eingereichte Anmeldung zurückgewiesen wird (§ 7(1) JGebrMG).

22 Möglich ist allerdings nach § 10 GebrMG die Umwandlung von Anmeldungen. Eine Patentanmeldung (§ 10(1) JGebrMG) oder eine Geschmacksmusteranmeldung (§ 10(2) JGebrMG) können in eine Gebrauchsmusteranmeldung umgewandelt werden, sofern seit Einreichung der Patent- bzw. Geschmacksmusteranmeldung nicht fünfeinhalb Jahre bzw. nach Erhalt eines Prüfungsbescheides, mit dem die Patent- bzw. Geschmacksmusteranmeldung zum ersten Mal zurückgewiesen wurde, nicht 30 Tage verstrichen sind. Bis zum 31.12.1993 eingereichte (»alte«) Patentanmeldungen können in Gebrauchsmusteranmeldungen nach altem Recht umgewandelt werden[17]. Die zugrunde liegende Anmeldung gilt nach § 10(5) JGebrMG als zurückgezogen. Möglich ist außerdem die Umwandlung einer Gebrauchsmusteranmeldung in eine Patentanmeldung.

Die nach deutschem Recht mögliche Abzweigung einer Gebrauchsmusteranmeldung aus einer anhängigen Patentanmeldung gibt es im japanischen Recht nicht.

---

17 Außerdem konnten bis zum 31.12.1993 eingereichte (sog. »alte«) Patent- und Gebrauchsmusteranmeldungen in Anmeldungen für eine Gebrauchsmusterregistrierung nach dem ab 1.1.1994 geltenden Gesetz umgewandelt werden.

8 Gebühren – Jahresgebühren

Die amtlichen Gebühren im Zusammenhang mit Gebrauchsmustern sind im 23 Einzelnen in § 54 JGebrMG geregelt[18], dem eine Tabelle angehängt ist.

Außerdem sind für die Aufrechterhaltung eines Gebrauchsmusters Jahres- 24 gebühren zu zahlen (§ 31 JGebrMG). Für das 1.–3. Jahr sind dies jährlich 7.600 Yen und zusätzlich 700 Yen pro Anspruch, und für das 4.–6. Jahr jährlich 15.100 Yen und zusätzlich 1.400 Yen pro Anspruch. Die Jahresgebühren für das 1.–3. Jahr sollen in einem Betrag gleichzeitig mit der Gebrauchsmusteranmeldung entrichtet werden (§ 32(1) JGebrMG), wohingegen die Jahresgebühren für das 4.–6. Jahr jeweils im vorhergehenden Jahr oder davor entrichtet werden müssen (§ 32(2) JGebrMG). Die Frist kann nach § 32(3) JGebrMG auf Antrag um maximal 30 Tage verlängert werden. Die 1.–3. Jahresgebühr können bei Bedürftigkeit gestundet oder erlassen werden (§ 32bis JGebrMG). Wenn die Jahresgebühren für das 4.-6. Jahr nach § 32(2) JGebrMG nicht innerhalb der dort angegebenen Frist oder innerhalb der Frist für die aufgeschobene Zahlung gemäß § 32bis JGebrMG gezahlt werden können, kann diese Gebühr noch innerhalb einer Frist von 6 Monaten nach Ablauf dieser Frist entrichtet werden (§ 33(1) JGebrMG). In diesem Fall ist ein Zuschlag in Höhe der Jahresgebühr zu entrichten (§ 33(2) JGebrMG). Das JPA benachrichtigt den Anmelder nicht über den Fristablauf bzw. einen drohenden Rechtsverlust. Werden die Gebühren für das 4.-6. einschließlich der Zuschlagsgebühr nicht entsprechend entrichtet, gilt das Gebrauchsmuster rückwirkend auf den Zeitpunkt des Ablaufs der Frist nach § 32(2) JGebrMG als erloschen (§ 33(4) JGebrMG). Wird dagegen die aufgeschobene Gebühr für das 1.–3. Jahr gemäß § 32bis JGebrMG sowie die Zuschlagsgebühr nicht rechtzeitig entrichtet, gilt das Gebrauchsmuster als nie eingereicht (§ 33(5) JGebrMG).

---

18 Einreichung einer Gebrauchsmusteranmeldung: ¥ 14.000
Verfahren unter § 48^{quinquies}(1) JGebrMG (Nationalisierung einer internationalen Anmeldung): ¥ 14.000
Beantragung eines *Shimpan*-Verfahrens oder Wiederaufnahmeverfahrens: ¥ 49.500 + ¥ 5.500 pro Anspruch
Beantragung des Beitritts (Intervention) zu einem *Shimpan*-Verfahren bzw. Wiederaufnahmeverfahren: ¥ 55.000
Antrag auf Gutachten zur Registrierbarkeit (§ 12 JGebrMG): ¥ 42.000 + ¥ 1.300 pro Anspruch
Antrag auf Interpretation des Schutzumfangs (§ 71(1) JPatG i. V. m. § 26 JGebrMG): ¥ 40.000.

25   Es gibt eine Wiedereinsetzung in die Frist für die Zahlung der Jahresgebühren (§ 33bis JGebrMG), wenn die Nichteinhaltung der Frist außerhalb der Kontrolle durch den Inhaber war. Diese kann innerhalb von 14 Tagen nach Wegfall des Hindernisses (bei im Ausland Ansässigen innerhalb von zwei Monaten), aber nicht länger als sechs Monate nach Ablauf der besagten Frist beantragt werden. Die Wiedereinsetzung setzt gemäß § 33bis JGebrMG das Gebrauchsmuster retroaktiv wieder ein. Der die Erfindung in der Zwischenzeit benutzende oder hierzu Vorkehrungen treffende Dritte erlangt jedoch ein Weiterbenutzungsrecht (§ 33ter JGebrMG).

Das JPA erlässt keine Zahlungserinnerungen, außer in Hinblick auf die Anmeldegebühr. Der Anmelder sollte sich jedoch hierauf nicht verlassen.

Teil 3 – Geschmacksmusterrecht

Das japanische Geschmacksmustergesetz bezweckt gemäß § 1 JGeschmMG 1
durch den Schutz von Mustern und deren Nutzbarmachung zur Schöpfung
von Mustern anzuregen, um hierdurch zur Entwicklung der Industrie beizutragen. Der Schutz von industriellen Designs in Form eingetragener Geschmacksmuster hat in Japan seit Langem große Bedeutung[1]. Es gab jedoch die
Befürchtung, dass japanische Produkte ihre Wettbewerbsfähigkeit einbüßen
könnten. Japan könne nicht länger auf Kostenvorteile setzen, sondern solle
sich auf Produkte konzentrieren, die sich durch ihre Originalität auszeichnen.
Das bislang geltende Geschmacksmustergesetz sowie die Praxis des JPA wurden als nicht geeignet angesehen, registrierbare Geschmacksmuster angemessen zu schützen und den Grad an Kreativität zu fördern, der zur Sicherung der
Wettbewerbsfähigkeit japanischer Produkte notwendig sei. Mit dem seit
1.1.1999 in Kraft befindlichen neuen Geschmacksmustergesetz[2] wurde das
japanische Geschmacksmusterrecht das erste Mal seit 1959 einer grundlegenden Reform unterzogen[3].

---

1 Dies wird durch die hohen Anmeldezahlen illustriert: 1998: 39.352; 1999: 37.368, 2000: 38.496,
  2001: 39.423, 2002: 37.230. Im Jahre 1993 wurde mit 40,759 Geschmacksmusteranmeldungen
  die bislang höchste Zahl erreicht.
2 Vgl. »A Comparison of Design Protection Requirements throughout the World«, von Minako
  Mizuno und Toshiji Morimoto, in *AIPPI Journal*, Vol. 27, No. 2 (March 2002), Seiten 75–111;
  »Better Design Protection by Registration-Principal Features of 1998 Amendment to Design
  Act«, von Teruo Doi; Teil 1, »*Patents&Licensing*«, Vol. 28, No. 3, Seiten 13–15; Teil 2,
  »*Patents&Licensing*«, Vol. 28, No. 4, Seiten 7–17; Teil 3, »*Patents&Licensing*«, Vol. 28, No.
  5, Seiten 17–25; Teil 4, »*Patents&Licensing*«, Vol. 28, No. 6, Seiten 11–22.
3 Der vollständige Text des japanischen Geschmacksmustergesetzes nach der Änderung durch
  Gesetz Nr. 68 von 1996 findet sich in *BlfPMZ* 1997, 418–429. Die Änderungen durch Gesetz
  Nr. 51 von 1998 sind abgedruckt *BlfPMZ* 2000, Seiten 128–132. Die Ausführungen in diesem

2 Das japanische Geschmacksmustergesetz (JGeschmMG) enthält keine Bestimmungen zum Schutz von nicht registrierten Geschmacksmustern. Allerdings bestimmt das JUWG, dass die Konfiguration von Waren innerhalb von drei Jahren ab Zeitpunkt des ersten Verkaufs vor Kopien geschützt ist (§ 2(1)(iii) JUWG). Im Folgenden werden nur zur Eintragung angemeldete Geschmacksmuster behandelt.

3 Japanische Geschmacksmuster betreffen Gegenstände, die eine Gestalt haben, eine visuelle Charakteristik aufweisen und einen ästhetischen Eindruck hervorrufen.

4 Zwischen Geschmacksmustern (Designs) und Marken gibt es zahlreiche Berührungspunkte. Oft wird es sich daher anbieten, einen Schutz sowohl durch Geschmacksmuster als auch durch Marken zu erhalten. Hierbei empfiehlt es sich wegen des Neuheitserfordernisses, die Geschmacksmusteranmeldung vor der Markenanmeldung einzureichen, wenn nicht um eine Ausnahme vom Verlust der Neuheit nachgesucht wird.

5 Die Beispiele in diesem Kapitel sind den »Prüfungsrichtlinien für Geschmacksmuster nach dem 1998 geänderten Geschmacksmustergesetz« des JPA vom Dezember 1998 entnommen.

Kapitel berücksichtigen das japanische Geschmacksmustergesetz in der Fassung nach den Änderungen durch Gesetz Nr. 51 von 1998 sowie durch die Gesetze Nr. 41, 43, 160 und 220 von 1999.

1   Schutzgegenstand

Ein Geschmacksmuster bedeutet eine Form, ein Muster (pattern) oder eine   6
Farbe oder eine Kombination derselben in einem Gegenstand, einschließlich
eines Teils eines Gegenstandes, der auf visuelle Weise einen ästhetischen
Eindruck hervorruft (§ 1(1) JGeschmMG).

Ein Geschmacksmuster wird als Erscheinung eines bestimmten Gegenstandes   7
verstanden. Ein Muster oder eine Verzierung eines Gegenstandes (ein zweidi-
mensionales Design) kann wegen fehlender Gegenständlichkeit nicht registriert werden. Somit können Muster als solche, Icons (auf einem Computer-
bildschirm), Schriftbilder, Bildsymbole und graphische Symbole nicht
geschützt werden.

Ein Design für einen Teil eines Artikels kann als Geschmacksmuster registriert   8
werden (Teil einer Verpackung, Teil eines T-Shirts). Somit kann auch die
Form eines Teils eines Gegenstandes oder ein Muster in Verbindung mit
dem Teil eines Gegenstands geschützt werden. Vor 1999 musste immer für
das Aussehen des ganzen Artikels ein Geschmacksmuster angemeldet werden,
selbst wenn nur ein charakteristischer Teil dieses Gegenstandes geschützt
werden sollte. Bei der Anmeldung eines Teil-Geschmacksmusters kann der
zu schützende Teil in voll ausgezogenen Linien und der restliche Gegenstand
mit gestrichelten Linien dargestellt werden. Beispiele für eintragungsfähige
Teil-Geschmacksmuster sind die Linsenanordnung an einer Kamera, der Griff
einer Schere und ein Türgriff. Für Ersatzteile sind prinzipiell Geschmacksmuster erhältlich.

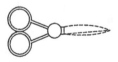

Linsenanordnung an einer Kamera   Griff einer Schere   Türgriff

Auch Muster auf Kleidungsstücken und Verzierungen auf Essgeschirr können,
wenn sie zusammen mit der Gestalt des Gegenstandes als Teil-Geschmacksmuster angemeldet werden, eingetragen werden.

Einzelmuster auf einem T-Shirt   Bildmuster auf einem Becher

Wird zuerst ein Geschmacksmuster für den ganzen Gegenstand angemeldet, kann eine nachfolgende Teil-Geschmacksmusteranmeldung – selbst wenn sie vom gleichen Erfinder oder Anmelder stammt – nicht eingetragen werden, weil ihr das ältere Geschmacksmuster für den ganzen Gegenstand entgegensteht. Beide können jedoch eingetragen werden, wenn die Anmeldung für das Teil-Geschmacksmuster vor oder gleichzeitig mit der Anmeldung für das Gesamt-Geschmacksmuster eingereicht wird.

9 Nach dem JGeschmMG dürfen Form, Muster oder Farbe nur in Verbindung mit einem bestimmten Gegenstand geschützt werden. Verzierungen u. ä. lassen sich nicht unabhängig von diesem Gegenstand schützen. Daher müssen Lage und Umfang des Geschmacksmusters gegenüber dem ganzen Gegenstand dargestellt werden. Beispiele nicht eintragbarer Teil-Geschmacksmuster sind der Umriss eines Personenwagens, der Teil einer Flasche oder eine T-Shirt-Verzierung. Der Gegenstand muss beweglich sein (Gebäude sind somit ausgenommen) und fest sein (keine Gegenstände in Pulverform). Eine eigenständige Sichtbarkeit während des üblichen Gebrauchs ist nicht notwendig. Daher sind Geschmacksmustereintragungen auch für Druckerpatronen, Motoren und Auspuffrohre erhältlich. Allerdings können Gegenstände nicht geschützt werden, deren Gestalt an sich visuell nur schlecht wahrnehmbar ist.

10 Das Muster an zwei oder mehreren Gegenständen, die als Satz von Gegenständen (*Kumimono*) benutzt werden und Gegenstände bilden, die in einer Verordnung des Ministeriums für Wirtschaft, Handel und Industrie[4] festgesetzt sind, kann in einer Anmeldung für eine Mustereintragung beantragt werden, vorausgesetzt, der Satz von Gegenständen bildet ein zusammengefasstes Ganzes[5] (§ 8 JGeschmMG). Die Eintragungserfordernisse werden nicht

---

4 METI: Ministry of Economy, Trade and Industry
5 Das vor dem 1.1.1999 geltende Geschmacksmustergesetz ermöglichte die Registrierung von Mustern an einem Satz von Gegenständen, wenn jedes der Muster an Gegenständen zweier oder mehrerer Arten für sich eintragbar war (vgl. den mittlerweile gestrichenen § 8(2) JGeschmM-Galt). Daher wurde mit der Streichung von § 11 JGeschmMGalt auch die Möglichkeit der

mehr jedem der Gegenstände auferlegt, sondern nur dem Ganzen des Geschmacksmusters. Für die Anzahl von Gegenständen im Satz gibt es keine Obergrenze, jedoch verschiedene Vorschriften für die Mindestanzahl.

Mit der Änderung des JGeschmMG wurde die Anzahl der Warengruppen, für die es die Möglichkeit eines Geschmacksmusters für zusammengehörende Gegenstände (System-Designs) gibt, von bislang 13 auf 56 erweitert (s. Tabelle 2, JAusfGeschmMG). Die jetzt zugänglichen Warengruppen fallen unter die Kategorien Schmuckwaren; Gegenstände des täglichen Bedarfs; Haushaltsgegenstände; Essgeschirre; Möbel; Spielzeug; Büroeinrichtungen; Kraftfahrzeugeinrichtungen; Elektrogeräte; und Sonstiges (Golfschlägergarnituren, Trommelgarnituren, Set von Röntgenaufnahmegeräten für den medizinischen Gebrauch, Garnituren für Gartenumzäunung und -türen).

Teilung einer solchen Geschmacksmusteranmeldung abgeschafft. Eine Teilung ist bei Anmeldungen für einen Satz von Gegenständen bei fehlender Einheitlichkeit möglich oder wenn der Satz nicht unter die zugänglichen Warengruppen fällt.

2   Eintragbarkeit von Mustern (§ 3 ff. JGeschmMG)

11   Nach § 3(1) JGeschmMG können Muster eingetragen werden, sofern es sich nicht handelt um

> (i) Muster, die innerhalb Japans oder im Ausland vor dem Zeitpunkt der Anmeldung auf Eintragung eines Musters allgemein bekannt waren;
> (ii) Muster, die vor dem Zeitpunkt der Einreichung der Anmeldung auf Eintragung eines Musters in einer öffentlichen Druckschrift, die in Japan oder im Ausland verbreitet wurde, beschrieben worden sind; sowie
> (iii) Muster, die diesen Mustern ähnlich sind.

Eine Geschmacksmusterregistrierung kann unter § 3(1) JGeschmMG nur verweigert werden, wenn das vorbekannte Geschmacksmuster einen identischen oder ähnlichen Gegenstand betrifft und beide Designs identisch oder ähnlich sind[6].

Keine Mustereintragung erfolgt (§ 3bis JGeschmMG), wenn ein Muster in einer Anmeldung für eine Mustereintragung identisch oder ähnlich mit einem Teil eines Musters ist, das in einer anderen Anmeldung auf Mustereintragung angegeben ist oder in einer der anderen Anmeldung beigefügten Zeichnung, Fotografie, Modell oder Probestück dargestellt ist, welche vor dem Anmeldedatum dieser Musteranmeldung eingereicht und gemäß § 20(3) oder § 66(3) im Geschmacksmusterblatt nach dem Anmeldedatum dieser Anmeldung veröffentlicht wurde.

Wenn die ältere Musteranmeldung veröffentlicht wird, wird somit die später angemeldete zurückgewiesen, wenn die Form eines später angemeldeten Musters mit einem früher angemeldeten zum Teil identisch, oder auch nur ähnlich ist, selbst wenn Anmelder und Urheber der beiden Muster dieselben Personen sind. Dies gilt auch dann, wenn das früher angemeldete Muster noch nicht eingetragen wurde.

Wurde daher die Geschmacksmusteranmeldung für einen einzelnen Gegenstand vor der Anmeldung für einen Satz von Gegenständen (*Kumimono*), in dem dieser Gegenstand enthalten ist, eingereicht, wird die später eingereichte Geschmacksmusteranmeldung in Hinblick auf § 3bis JGeschmMG zurückgewiesen. Ein Anmelder, der Geschmacksmusterrechte für einen Satz von Gegenständen wie auch für einzelne Gegenstände aus dem Satz erhalten

---

6 OGH, 19.3.1974, Fall Nr. 1970 Gyo-Tsu 45.

möchte, sollte daher die Anmeldungen für die einzelnen Gegenstände vor oder gleichzeitig mit der Anmeldung für den Satz von Gegenständen einreichen.

Ausnahmen von der mangelnden Neuheit eines Musters bei neuheitsschädli- 12
chen Handlungen des zum Geschmacksmuster Berechtigten oder gegen seinen Willen sind in § 4 JGeschmMG geregelt.

So kann ein zum Geschmacksmuster Berechtigter innerhalb von sechs Monaten nach dem Zeitpunkt, zu dem das Muster aufgrund seiner Handlungen keine Neuheit gemäß § 3(1)(i) oder (ii) JGeschmMG aufweist, eine Anmeldung für das Muster einreichen (§ 4(2) JGeschmMG). Für diesen Fall ist gleichzeitig mit der Musteranmeldung ein entsprechender Antrag zu stellen und innerhalb von 14 Tagen nach Einreichung der Musteranmeldung eine Urkunde vorzulegen, die belegt, dass das angemeldete Muster ein Muster im Sinne von § 4(2) JGeschmMG ist (§ 4(3) JGeschmMG).

Für die Neuheit unschädlich ist es außerdem, wenn ein Muster gegen den Willen des Berechtigten die Neuheit gemäß § 3(1)(i)(ii) JGeschmMG verloren hat, sofern der Berechtigte seine Musteranmeldung innerhalb von sechs Monaten ab Eintritt dieser Voraussetzungen eingereicht hat (§ 4(1) JGeschmMG).

Zudem kann eine Mustereintragung nicht erhalten werden, wenn ein Durch- 13
schnittsfachmann auf dem Gebiet, zu dem das Geschmacksmuster gehört, ohne weiteres in der Lage gewesen wäre, ein derartiges Muster zu schaffen (§ 3(2) JGeschmMG), ausgehend von einer Form, einem Muster (»pattern«) oder einer Farbe, oder einer Kombination derselben, die in Japan oder im Ausland vor dem Zeitpunkt der Einreichung der Musteranmeldung allgemein bekannt waren. Vor dem 1.1.1999 genügte es, wenn das angemeldete Geschmacksmuster in Hinblick auf in Japan gut bekannte Geschmacksmuster nicht nahegelegen hatte.

Unter § 3(2) JGeschmMG können Geschmacksmuster für eine Aggregation 14
von öffentlich bekannten Designs, die in der Industrie bekannt sind oder auf der Konversion eines öffentlich bekannten Motivs beruhen, nicht registriert werden.

Gemäß § 5 JGeschmMG können folgende Muster ebenfalls nicht eingetragen 15
werden:

(i) Muster, die geeignet sind, gegen die öffentliche Ordnung oder gegen die guten Sitten zu verstoßen;
(ii) Muster, die mit Gegenständen, die aus dem Geschäftsbetrieb eines Dritten stammen, verwechselt werden können;
(iii) Muster, die lediglich aus Formen zusammengesetzt sind, die für die Funktion eines Gegenstandes unerlässlich sind.

347

3 Anmeldegrundsatz; Anmeldung für die Mustereintragung

16 Auf die patentamtlichen Verfahren hinsichtlich Geschmacksmusteranmeldungen sind gemäß § 68 JGeschmMG zahlreiche Vorschriften des JPatG entsprechend anwendbar.

17 **Anmeldegrundsatz (Erstanmelderprinzip) (§ 9 JGeschmMG)**

18 Sind zwei oder mehr Anmeldungen auf Eintragung von identischen oder ähnlichen Mustern an verschiedenen Tagen eingereicht worden, kann lediglich der erste Anmelder die Mustereintragung für das Muster erlangen (§ 9(1) JGeschmMG).

19 Wenn zwei oder mehrere Anmeldungen auf Eintragung eines identischen oder ähnlichen Musters am gleichen Tag eingegangen sind, kann lediglich der Anmelder, der durch gemeinsame Vereinbarung zwischen allen Musteranmeldern dazu bestimmt wird, die Eintragung dieses Musters erlangen. Wenn weder eine gemeinsame Vereinbarung erreicht werden kann noch gemeinsame Verhandlungen möglich sind, hat keiner der Anmelder Anspruch auf Eintragung eines Musters (§ 9(2) JGeschmMG). Der Präsident des JPA hat die Anmelder zu diesen Verhandlungen und zur Mitteilung des Ergebnisses innerhalb einer von ihm zu bestimmenden angemessenen Frist aufzufordern. Ist diese Mitteilung nicht fristgerecht eingegangen, kann er unterstellen, dass die gemeinsame Vereinbarung nicht zustande gekommen ist (§ 9(5)(6) JGeschmMG).

20 Wenn eine Musteranmeldung aufgegeben, zurückgenommen oder zurückgewiesen wird oder die Entscheidung des Prüfers oder die *Shimpan*-Entscheidung über die Versagung der Musteranmeldung rechtskräftig geworden ist, dann gilt die Anmeldung für den Zweck von Abs. 2 von Anfang an als nicht eingereicht (und kann daher nachfolgenden Geschmacksmusteranmeldungen nicht entgegengehalten werden), außer, wenn die Anmeldung aufgrund einer fehlenden gemeinsamen Vereinbarung (Einigung auf einen Anmelder) rechtskräftig zurückgewiesen worden ist (§ 9(3) JGeschmMG). Unter dem vor 1.1.1999 geltenden JGeschmMGalt blieb das Recht der Voranmeldung bestehen, wenn die ältere Musteranmeldung zurückgewiesen oder fallengelassen wurde.

21 Eine Anmeldung auf Eintragung eines Musters, die von einer Person eingereicht wird, die weder der Schöpfer des Musters noch der Rechtsnachfolger in

das Recht auf Eintragung eines Musters ist, gilt nicht als Anmeldung auf Eintragung eines Musters (§ 9(4) JGeschmMG).

Anmeldung für die Mustereintragung (§ 6 JGeschmMG)   22

Zur Eintragung eines Musters ist beim JPA eine schriftliche Anmeldung in   23
japanischer Sprache unter Beifügung einer Zeichnung des Musters, dessen Eintragung beantragt wird, einzureichen und dabei Folgendes anzugeben (§ 6(1) JGeschmMG):

(i) Name, Wohnsitz oder Aufenthaltsort des Anmelders;
(ii) Name des Schöpfers des Musters sowie sein Wohnsitz oder Aufenthaltsort;
(iii) den Gegenstand oder die Gegenstände, bei denen das Muster verwendet wird.

Bei Personen, die in Japan weder Wohnsitz noch Adresse haben (Geschäftsniederlassung bei juristischen Personen), muss die Anmeldung über eine Person erfolgen, die in Japan Wohnsitz oder Adresse hat (Patentadministrator, z.B. japanischer Patentanwalt) (§ 68(2) JGeschmMG i.V.m. § 8 JPatG).

Die Anmeldung auf Eintragung eines Musters hat sich auf ein einziges Muster   24
zu beschränken, das einem Gegenstand in dem Klassenverzeichnis entspricht, das vom METI erlassen wird (§ 7 JGeschmMG). Im Anmeldeantrag ist somit die Bezeichnung eines Gegenstandes anzugeben, auf dem das Geschmacksmuster angebracht werden soll. Die Bezeichnung kann der Liste von Gegenständen entnommen werden, die in Tabelle 1 JAusfGeschmMG aufgeführt sind (ca. 2.500 Gegenstände). Zusätzlich wird eine japanische Geschmacksmusterklassifizierungsliste mit ca. 5.000 Gegenständen verwendet. Japan ist dem Abkommen von Locarno über die Klassifizierung von Geschmacksmustern nicht beigetreten. Es wird eine engere japanische Klasssifizierung verwendet. Ein allgemeiner Begriff wie Schreibinstrument, Handgriff oder Süßwaren ist nicht zulässig. Der Anmelder kann allerdings die Bezeichnung abändern, vorliegend zu Kugelschreiber, Handgriff für Putzbürsten, oder Schokolade.

Im Geschmacksmusterblatt sind die japanische Klassifizierung und die entsprechende internationale Klassifizierung nach dem Locarno-Abkommen angegeben.

Eine Priorität nach der Pariser Verbandsübereinkunft (PVÜ) kann innerhalb   25
von 6 Monaten nach der Erstanmeldung beansprucht werden (§ 15 JGeschmMG i.V.m. § 43(1)–(4) JPatG). Hierzu sind bei der Einreichung der japanischen Geschmacksmusteranmeldung Einreichungsdatum, Nummer und Name des Landes der Erstanmeldung anzugeben.

26 Für die Geschmacksmusteranmeldung sind im Einzelnen folgende Dokumente erforderlich:

(1) Ein Satz formaler Zeichnungen des Geschmacksmusters im gleichen Maßstab, wobei im Prinzip Vorderansicht, Rückansicht, linke Seitenansicht, rechte Seitenansicht, Draufsicht und Bodenansicht vorhanden sein sollten (insgesamt sechs Ansichten). Wenn zwei Ansichten identisch oder symmetrisch sind, kann hiervon eine weggelassen werden. Zusätzliche Ansichten wie Perspektiven und Querschnitte können ebenfalls benutzt werden, um das Geschmacksmuster vollständig zu offenbaren.

(2) Bei Beanspruchung einer Priorität nach der PVÜ eine beglaubigte Kopie der Erstanmeldung, die innerhalb einer nicht verlängerbaren Frist von drei Monaten nach dem japanischen Einreichungsdatum eingereicht werden muss. Bei Nichteinhaltung kann keine Priorität nach der PVÜ beansprucht werden.

Für eine Teil-Geschmacksmusteranmeldung kann nicht die Priorität einer Gesamt-Geschmacksmusteranmeldung beansprucht werden und umgekehrt.

(3) Die folgenden Dokumente sind nur auf Anforderung durch das JPA vorzulegen, wobei in der Ursprungssprache vorliegende Dokumente eingereicht werden können, die allerdings von einer japanischen Übersetzung begleitet sein müssen:

a) eine ausgefertigte Anwaltsvollmacht,
b) eine Übertragungserklärung,
c) Zertifikat über die Nationalität,
d) Zertifikat über das Unternehmen.

27 Zu (1):

In Geschmacksmusteranmeldungen sind Zeichnungen zugelassen, die das Muster in Schrägansicht darstellen. Die auf dieser Schrägansicht sichtbaren Seiten brauchen dann nicht mehr gesondert dargestellt zu werden. Die darauf nicht sichtbaren Seiten müssen auf gesonderten Seiten oder wiederum in einer Schrägansicht dargestellt werden.

Wenn die Gestaltung eines Geschmacksmusters nicht aufgrund der sechs grundlegenden Ansichten erkannt werden kann, können Schattierungen, Punkte etc. verwendet werden, um die Gestalt der Oberfläche eines dreidimensionalen Körpers in den Zeichnungen zu verdeutlichen. In der Anmeldung ist auf die Verwendung dieser Mittel hinzuweisen. Disclaimer von Elementen in den Zeichnungen sind nicht möglich.

In bestimmten Fällen, wenn beispielsweise die Anfertigung der Zeichnungen sich als zu kompliziert erweist, kann an Stelle der Zeichnungen eine Fotografie[7], ein Modell oder ein sonstiges Probestück des Musters eingereicht werden. In der Anmeldung ist dies anzugeben.

Ist es für einen Durchschnittsfachmann auf dem Gebiet des Musters nicht möglich, aufgrund dieses Musters das Material oder die Gestalt eines Gegenstandes, an dem dieses Muster verwendet wird, allein aufgrund der Angabe des Gegenstandes oder auf Grund der Zeichnung, Fotografie oder des Modells, die der Anmeldung beigefügt sind, zu erkennen, ist das Material oder die Gestalt des Gegenstandes, an dem dieses Muster verwendet wird, in der Anmeldung zu beschreiben (§ 6(3) JGeschmMG).

Gestalt, Form oder Farbe eines Gegenstandes, an dem ein Muster verwendet wird, kann sich auf Grund der diesem Gegenstand zukommenden Funktionen verändern. Wird in diesen Fällen die Eintragung eines Musters für die Gestalt, Form oder Farbe oder eine Kombination von ihnen, die der Gegenstand vor, bei und nach einer derartigen Veränderung besitzt, beantragt, ist der Anmeldung eine entsprechende Erklärung und eine Erläuterung dieser Funktionen des Gegenstandes beizufügen (§ 6(4) JGeschmMG).

Wenn in der Zeichnung oder der Fotografie oder dem Modell des Musters, die nach Abs. 1 oder 2 eingereicht werden, Farben vorhanden sind, brauchen die schwarzen oder weißen Teile nicht gefärbt zu werden (§ 6(5) JGeschmMG). Sind Teile nicht gefärbt, so hat die Anmeldung eine entsprechende Erklärung zu enthalten (§ 6(6) JGeschmMG).

Ist im Falle einer nach Abs. 1 eingereichten Zeichnung des Musters oder einer nach Abs. 2 eingereichten Fotografie oder eines Modells der Gegenstand, an dem das Muster verwendet wird, ganz oder teilweise durchsichtig, so hat die Anmeldung eine entsprechende Erklärung zu enthalten (§ 6(7) JGeschmMG).

Bei der Anmeldung eines Teil-Geschmacksmusters kann der zu schützende   28
Teil in voll ausgezogenen Linien und der restliche Gegenstand mit gestrichelten Linien dargestellt werden. Das »Muster« (pattern) oder jegliches Designelement muss in Hinblick auf seine Position und Größe in dem Artikel, an dem es verwendet werden soll, angegeben sein. Allerdings ist auch bei Teil-Geschmacksmusteranmeldungen der vollständige Artikel als Bezeichnung für das Geschmacksmuster zu benutzen.

Änderungen von Teil- zu Gesamt-Geschmacksmusteranmeldungen und umgekehrt sind nicht zulässig.

In der Anmeldung können die Merkmale des Musters herausgestellt werden,   29
z.B. durch vergleichende Schrägansichten und durch Erläuterung der Unter-

---

7 Seit 1.1.1997 ist die Verwendung von Fotografien, die mit Digitalkameras aufgenommen wurden, möglich; vgl. *AIPPI Journal*, Vol. 22, Nr. 3, Mai 1997, Seiten 133–134.

schiede zwischen bekannten Mustern und dem Muster der Anmeldung (§ 5(2) JAusfGeschmMG). Diese freiwillige Merkmalserklärung, die bei Verletzungsstreitigkeiten zur Auslegung des Schutzbereiches herangezogen werden kann, kann jederzeit im Prüfungs-, Beschwerde- oder Nichtigkeitsverfahren nachgereicht und geändert werden. Die Merkmalserklärung dient nur zur Information des Prüfers. Sie ist nicht Gegenstand der Prüfung und kann nicht Grundlage für eine Zurückweisung durch den Prüfer sein. Desgleichen kann der Gegenstand, an dem das Design benutzt wird, näher erklärt werden, bspw. durch Angabe von Details zur Benutzung.

30 Mit Wirkung ab 1.1.1999 wurde das System der »ähnlichen« Geschmacksmuster abgeschafft und stattdessen das System der »verwandten« Geschmacksmuster (*Kanren ishô*) eingeführt (§ 10 JGeschmMG)[8]. Anmeldungen für verwandte Geschmacksmuster müssen am selben Tag vom gleichen Anmelder eingereicht werden, wobei im Antrag die Beziehung zwischen Hauptgeschmacksmuster und verwandtem Geschmacksmuster angegeben werden muss. Unter dem System der ähnlichen Geschmacksmuster konnten auch nach Anmeldung des Hauptmusters Anmeldungen für ähnliche Geschmacksmuster eingereicht werden[9]. Die Schutzdauer des verwandten Geschmacksmusters beträgt 15 Jahre ab dem Zeitpunkt der Eintragung des Rechts für das Hauptmuster (§ 21 JGeschmMG). Beide Rechte sind ansonsten voneinander unabhängig und haben dieselbe Wirkung. Wenn das Geschmacksmusterrecht an einem Hauptmuster aus anderen Gründen als durch Zeitablauf erlischt, bleibt das Geschmacksmusterrecht an einem verwandten Muster erhalten.

---

8 § 10 JGeschmMG (Verwandte Muster):
(1) Ungeachtet § 9(2) kann der Anmelder für eine Mustereintragung eine Eintragung für ein Muster, das dem Hauptmuster (d.h. ein aus den Mustern seiner eigenen Anmeldungen ausgewähltes Muster) (nachstehend »verwandte Muster« genannt) ähnlich ist, erlangen, wenn das Anmeldedatum der Anmeldung für das Hauptmuster identisch ist mit dem Anmeldedatum der Anmeldung für die Eintragung dieses verwandten Musters (bei einer Musteranmeldung mit einer Priorität gemäß § 43^bis(1) oder § 43^bis(1)(2) JPatG..., das Anmeldedatum der ersten Anmeldung bzw. der als erste Anmeldung geltenden Anmeldung gemäß Art. 4 C (4) oder A (2) der PVÜ... oder eine als erste Anmeldung anerkannte Anmeldung gemäß Art. A (2)).
(2) Eine Musteranmeldung erfolgt nicht für ein Muster, das lediglich einem nach dem vorstehenden Absatz einzutragenden verwandten Muster ähnlich ist.
(3) Bei zwei oder mehreren Musteranmeldungen von mit dem Hauptmuster verwandten Mustern findet die Vorschrift in § 9(2) für diese verwandten Muster keine Anwendung.
9 »Versenkte Deckenlampe«, OGH, 24.2.1995; vgl. *GRUR Int.* 1997, Seiten 265–267 (hier wird allerdings der Begriff »verwandte Muster« verwendet). Der OGH entschied, dass eine durch einen Dritten erfolgte Geschmacksmusteranmeldung dem Anmelder eines ähnlichen Geschmacksmusters auch dann entgegengehalten werden kann, wenn sie letztendlich zurückgewiesen wird. Die Eintragung eines ähnlichen Musters ist danach nicht möglich, wenn zwischen der Anmeldung des Hauptmusters und des verwandten Musters ein Dritter eine Anmeldung vorgenommen hat, die zwar nicht dem Hauptmuster, wohl aber dem ähnlichen Muster ähnlich ist.

4   Prüfung von Geschmacksmusteranmeldungen

Geschmacksmusteranmeldungen werden auf das Vorliegen der in § 17   31
JGeschmMG angegebenen materiellen und formellen Eintragungserfordernisse geprüft[10]. Nach § 19 JGeschmMG sind hierbei die Vorschriften des JPatG
zu Befähigungsvoraussetzungen der Prüfer, Ausschluss von Prüfern, Mitteilung der Zurückweisungsgründe, Form der Entscheidung und Verhältnis zum
Klageverfahren entsprechend anzuwenden.

Formalprüfung   32

Zunächst wird die Geschmacksmusteranmeldung daraufhin überprüft, ob sie
die gesetzlich notwendigen Verfahrens- und physikalischen Erfordernisse erfüllt. Bei Mängeln wird der Anmelder zur Änderung aufgefordert.

Prüfung auf Erfüllung der materiellen Schutzerfordernisse   33

Nach der Formalprüfung wird geprüft, ob die Anmeldung die materiellen   34
Eintragungserfordernisse wie Neuheit und Erfindungshöhe (§ 3), Registrierbarkeit (§ 5) und Erstanmelderregel (§ 9) erfüllt.

Findet der Prüfer einen oder mehrere Zurückweisungsgründe, erläßt er einen   35
Bescheid, in dem er dem Anmelder die Zurückweisungsgründe mitteilt und
ihm die Möglichkeit zu einer Äußerung und Änderung der Anmeldung innerhalb einer bestimmten Frist einräumt. Wenn er hierauf innerhalb der Frist
keine Antwort erhält oder die Zurückweisungsgründe nicht durch die Stellungnahme bzw. Änderung ausgeräumt sind, erlässt der Prüfer eine Zurückweisungsentscheidung, gegen die der Anmelder Beschwerde zur *Shimpan*-Ab-
teilung innerhalb des JPA einlegen kann.

Während des Prüfungs-, Beschwerde- oder Wiederaufnahmeverfahrens kann   36
der Anmelder für eine Mustereintragung die Musteranmeldung, die zwei oder
mehr Muster enthält, in eine oder mehrere neue Musteranmeldungen teilen

---

10   § 17 JGeschmMG:
     Der Prüfer hat die Musteranmeldung durch einen Beschluss zurückzuweisen, wenn sie unter
     eine der folgenden Ziffern fällt:
     (i) wenn das Muster in der Musteranmeldung nach Maßgabe der Vorschriften der §§ 3, 5, 8(2),
     9(1)(2), 10(1) dieses Gesetzes oder des § 38 JPatG ... oder des § 25 JPatG ... nicht eintragbar ist;
     (ii) wenn das Muster in der Musteranmeldung nach Maßgabe eines Vertrages nicht eintragbar
     ist;
     (iii) wenn die Musteranmeldung nicht die Voraussetzungen des § 7 erfüllt;
     (iv) wenn, sofern der Anmelder auf Eintragung eines Musters nicht der Schöpfer dieses Musters
     ist, er nicht das Recht auf Eintragung dieses Musters erlangt hat.

(§ 10bis(1) JGeschmMG). Für die Teilanmeldungen gilt der ursprüngliche Anmeldetag (§ 10bis(2) JGeschmMG). Für die Anmeldung der Teilanmeldung erforderliche, aber bereits mit der Stammanmeldung eingereichte Unterlagen oder abgegebene Stellungnahmen werden als mit der neuen Anmeldung eingereicht angesehen (§ 10bis(3) JGeschmMG).

Eine prioritätswahrende Teilung einer Geschmacksmusteranmeldung mit mehr als einem Anspruch ist dann nicht möglich, wenn beide Anspruchsgegenstände einer einheitlichen Warenklasse zugeordnet sind und der Anspruchsgegenstand zur Teilung auseinandergenommen werden müsste[11].

37 Wenn durch Änderung der im Antrag enthaltenen Erklärungen oder der beigefügten Zeichnungen, Fotografien, Modelle oder Probestücke der wesentliche Inhalt des Antrags verändert würde, lehnt der Prüfer die Änderung durch eine schriftliche, mit Gründen versehene Entscheidung ab (§ 17bis(1)(2) JGeschmMG). Ist eine Entscheidung über die Ablehnung einer Änderung getroffen worden, darf die Entscheidung des Prüfers bezüglich der Musteranmeldung nicht vor dem Ablauf von 30 Tagen ab dem Zeitpunkt der Zustellung jener Entscheidung ergehen (§ 17bis(3) JGeschmMG). Ist von einem Anmelder Beschwerde nach § 47(1) JGeschmMG gegen eine Entscheidung über die Ablehnung einer Änderung eingelegt worden, hat der Prüfer die Prüfung der Musteranmeldung auszusetzen, bis eine rechtskräftige Entscheidung zur Beschwerde vorliegt (§ 17bis(4) JGeschmMG).

Hat der Anmelder innerhalb von 30 Tagen[12] nach Zustellung des Bescheids über die Ablehnung einer Änderung nach § 17bis(1) JGeschmMG eine neue Musteranmeldung für ein geändertes Muster eingereicht, so gilt die Musteranmeldung als am Tage des Eingangs der Änderungen eingereicht und die ursprüngliche Musteranmeldung als zurückgenommen, sofern der Anmelder gleichzeitig mit der neuen Musteranmeldung seinen Wunsch auf Anwendung dieser gesetzlichen Fiktion erklärt (§ 17ter JGeschmMG).

38 Wenn der Prüfer keinen Grund zur Zurückweisung einer Musteranmeldung feststellt, hat er einen Beschluss zu erlassen, dass das Muster einzutragen ist (§ 18 JGeschmMG).

Die Registrierung des Geschmacksmusters erfolgt nach Entrichtung der ersten Jahresgebühr (§ 20(2) JGeschmMG). Der Inhalt der Geschmacksmusterregistrierung wird im Geschmacksmusterblatt (§ 66 JGeschmMG) veröffentlicht. Eine Offenlegung der Geschmacksmusteranmeldung findet nicht statt.

---

11 Obergericht Tokyo, 27.4.1989; OGH, 29.9.1991; vgl. *GRUR Int.* 1993, Seiten 259–260.

12 Der Präsident des Patentamtes kann zugunsten einer in einem entfernt gelegenen oder schwer erreichbaren Ort wohnenden Person auf Antrag oder von Amts wegen diese Frist verlängern (§ 17ter JGeschmMG).

Für die Änderungen der Angaben in einem Antrag, oder in Zeichnungen, usw. 39
und die Veränderung des wesentlichen Inhalts gilt ($ 9bis$ JGeschmMG):

Wird nach Eintragung des Musterrechts festgestellt, dass durch eine Änderung
der Angaben im Antrag (mit Ausnahme der in $ 6(1)(i)(ii)$ und in $ 6(2)$
genannten Angaben – in den $$ 17bis(1)$ und 24 als »die im Antrag enthaltenen
Angaben« bezeichnet) – oder der dem Antrag beigefügten Zeichnungen, Fo-
tografien, Modelle oder Probestücke der wesentliche Inhalt des Antrags ver-
ändert worden ist, gilt die Musteranmeldung als zu dem Zeitpunkt eingereicht,
in dem die schriftliche Änderung eingereicht worden ist.

Wer eine Entscheidung des Prüfers auf Zurückweisung erhalten hat, kann 40
innerhalb von 30 Tagen ab dem Zeitpunkt der Zustellung der Entscheidung
Beschwerde einlegen ($ 46(1)$ JGeschmMG). Wer diese Beschwerde aus Grün-
den, die er nicht zu vertreten hat, nicht fristgerecht einlegen kann, kann dies
noch innerhalb von 14 Tagen nach Wegfall des Hinderungsgrundes, jedoch
spätestens innerhalb von sechs Monaten nach Ablauf dieser Frist, nachholen
($ 46(2)$ JGeschmMG).

Entsprechendes gilt für die Einlegung einer Beschwerde gegen die Ablehnung
von Änderungen gemäß $ 17bis(1)$ ($ 47$ JGeschmMG). Für die Beschwerde ist
die *Shimpan*-Abteilung des JPA zuständig.

Wird einer Beschwerde nach $ 47(1)$ JGeschmMG mit der Folge stattgegeben,
dass die Entscheidung aufgehoben wird, so ist dies für den Prüfer im Hinblick
auf den betreffenden Fall bindend ($ 51$ JGeschmMG).

Im Beschwerdeverfahren sind Vorschriften über die Prüfung ($ 50$
JGeschmMG) sowie Vorschriften des Patentgesetzes entsprechend anzuwen-
den ($ 52$ JGeschmMG).

Hinsichtlich eines Verfahrens betreffend eine Musteranmeldung, eine Be- 41
schwerde oder ein anderes die Mustereintragung betreffendes Verfahren kön-
nen Änderungen von demjenigen, der das Verfahren betreibt, nur so lange
vorgenommen werden, als das Prüfungs-, Beschwerde- oder Wiederaufnahme-
verfahren noch anhängig ist ($ 60ter$ JGeschmMG).

Für Geschmacksmuster-Verfahren vor dem JPA und den Gerichten gelten 42
folgende Strafbestimmungen, die in der Praxis aber selten angewandt werden:

Wer die Eintragung eines Musters oder eine *Shimpan*-Entscheidung durch
betrügerische Handlungen erschlichen hat, wird mit Zwangsarbeit bis zu
einem Jahr oder einer Geldstrafe bis zu 1 Million Yen bestraft ($ 70$
JGeschmMG).

Wer unter Eid als Zeuge, Sachverständiger oder Dolmetscher falsch aussagt, falsche Gutachten oder Übersetzungen vor dem JPA oder vor einem von dem JPA ersuchten Gericht erstattet, wird mit Zwangsarbeit von drei Monaten bis zu zehn Jahren bestraft (§ 72(1) JGeschmMG). Wenn jemand sich eines solchen Vergehens schuldig gemacht und selbst Anzeige erstattet hat, bevor eine Entscheidung oder ein gerichtliches Urteil in dieser Sache in Rechtskraft erwachsen ist, kann die Strafe herabgesetzt oder erlassen werden (§ 72(2) JGeschmMG).

Wer nach Maßgabe von § 207(1) JZPO unter Eid eine falsche Erklärung vor dem JPA oder vor einem vom JPA ersuchten Gericht abgegeben hat, wird mit einer Geldstrafe bis zu 100.000 Yen bestraft (§ 75 JGeschmMG).

Wer von dem JPA oder von einem von dem JPA ersuchten Gericht geladen worden ist und ohne hinreichenden Grund nicht erscheint, den Eid verweigert, es ablehnt, eine Erklärung abzugeben oder eine Aussage, ein Sachverständigengutachten oder eine Übersetzung zu erstatten, wird mit einer Geldstrafe bis zu 100.000 Yen bestraft (§ 76 JGeschmMG).

Wer vor dem JPA oder einem von dem JPA ersuchten Gericht aufgefordert wird, Urkunden oder andere Beweismittel nach Maßgabe der Vorschriften dieses Gesetzes zur Erhebung oder Sicherung eines Beweises vorzulegen oder einzureichen und dieser Aufforderung ohne hinreichenden Grund nicht nachkommt, wird mit einer Geldstrafe bis zu 100.000 Yen bestraft (§ 77 JGeschmMG).

Wer Beamter des JPA ist oder war und ein angemeldetes Muster, von dem er aufgrund seiner amtlichen Tätigkeit Kenntnis erlangt hat, bekannt gibt oder von ihm unrechtmäßig Gebrauch macht, wird mit Zwangsarbeit bis zu einem Jahr oder mit einer Geldstrafe bis zu 500.000 Yen bestraft (§ 73 JGeschmMG).

5   Wiederaufnahmeverfahren und Klagen

Wiederaufnahmeverfahren   43

Gegen eine rechtskräftige Entscheidung der *Shimpan*-Kammer kann die be-   44
treffende Partei oder ein Intervenient beim JPA die Wiederaufnahme des
Verfahrens beantragen, wobei die Vorschriften der §§ 338(1)(2) und 339 (Wie-
deraufnahmegründe) der JZPO entsprechend anwendbar sind (§ 53
JGeschmMG). Wenn Antragsteller und -gegner in einem *Shimpan*-Verfahren
einverständlich eine Entscheidung in der Absicht herbeigeführt haben, einen
Dritten in seinen Rechten oder Interessen zu benachteiligen, kann dieser
Dritte die Wiederaufnahme des Verfahrens gegen diese rechtskräftige
Entscheidung beantragen. Der Wiederaufnahmeantrag ist gegen die ur-
sprünglichen Antragsteller und -gegner als Streitgenossen zu richten (§ 54
JGeschmMG).

Wenn ein Musterrecht an einer für nichtig erklärten Mustereintragung im   45
Wege des Wiederaufnahmeverfahrens wiederhergestellt worden ist, erstrecken
sich die Rechtswirkungen dieses Musterrechts nicht auf Gegenstände, an
denen das betreffende eingetragene Muster oder ein mit diesem ähnliches
Muster verwendet wird, wenn diese vor der Eintragung des Antrags auf
Wiederaufnahme des Verfahrens und nach Eintritt der Rechtskraft der *Shimpan*-Entscheidung in Japan gutgläubig eingeführt, hergestellt oder erworben
worden sind (§ 55(1) JGeschmMG).

Das Musterrecht erstreckt sich nach Rechtskraft dieser Entscheidung, jedoch
vor Eintragung des Wiederaufnahmeantrags, insbesondere nicht auf folgende
Handlungen (§ 55(2) JGeschmMG):

> (i) die gutgläubige Ausübung dieses Musters oder von hierzu ähnlichen
> Mustern;
> (ii) die gutgläubige Herstellung, Übertragung, Überlassung, Einfuhr oder
> das Angebot zur Übertragung oder Überlassung von Gegenständen, die
> ausschließlich für die Herstellung eines Gegenstandes verwendet werden,
> der mit diesem eingetragenen Muster oder mit einem diesem ähnlichen
> Muster versehen ist.

Wenn im Wege des Wiederaufnahmeverfahrens ein Musterrecht an einer für
nichtig erklärten Mustereintragung wiederhergestellt worden ist oder die Eintragung eines Musterrechtes für eine Musteranmeldung, die durch *Shimpan*-
Entscheidung zurückgewiesen worden ist, gewährt worden ist, hat derjenige,

der sich nach Rechtskraft der Entscheidung, jedoch vor dem Zeitpunkt der Eintragung des Wiederaufnahmeantrages mit der Ausübung dieses Musters innerhalb Japans gutgläubig befasst oder Vorbereitungen hierzu trifft, ein Recht zur nichtausschließlichen Ausübung an dem Musterrecht in dem Umfang des auf diese Weise ausgeübten oder zur Ausübung vorbereiteten Musters (§ 56 JGeschmMG).

Die Verfahrensvorschriften sind entsprechend anzuwenden (§ 57 JGeschmMG). So ist § 50(1)(3) JGeschmMG auf das Wiederaufnahmeverfahren gegen eine rechtskräftige Entscheidung nach § 46(1) JGeschmMG entsprechend anzuwenden (§ 57(1) JGeschmMG). Die Entscheidung im Wiederaufnahmeverfahren ist für die Vorinstanzen bindend (§ 57(2) i.V.m. § 51 JGeschmMG). Auf Wiederaufnahmeverfahren sind außerdem die §§ 173 (Frist für die Beantragung eines Wiederaufnahmeverfahrens) und 174(5) (Umfang der Prüfung gemäß § 348(1) JZPO) JPatG entsprechend anzuwenden.

46 Klagen gegen Entscheidungen der Shimpan-Abteilungen (§ 59 JGeschmMG)

Das Obergericht Tokyo ist ausschließlich zuständig für Klagen gegen Entscheidungen der *Shimpan*-Abteilungen des JPA, für Klagen gegen die Ablehnung von Änderungen gemäß § 17bis(1), der gemäß § 50(1) entsprechend anwendbar ist (einschließlich seiner Anwendung nach § 57(1)) sowie für Klagen gegen die Zurückweisung von Anträgen auf *Shimpan*- oder Wiederaufnahmeverfahren (§ 59(1) JGeschmMG). §§ 178(2)-(6) JPatG (Klagefristen) und §§ 179–182 JPatG (Beklagter, Benachrichtigung über die Klageerhebung, Aufhebung von *Shimpan*-Entscheidungen sowie Übersendung einer beglaubigten Abschrift der Entscheidung) sind auf diese Klagen entsprechend anzuwenden (§ 59(2) JGeschmMG).

47 Klage gegen die Höhe der Entschädigung (§ 60 JGeschmMG)

Wer einem Schiedsspruch nach Maßgabe des § 33(3) oder (4) [Gewährung nicht ausschließlicher Lizenzen] unterworfen ist, kann, wenn er mit der Höhe der in diesem Schiedsspruch festgesetzten Entschädigung nicht einverstanden ist, Klage auf Erhöhung oder Herabsetzung der Entschädigung erheben (§ 60(1) JGeschmMG). Die Vorschriften von §§ 183(2) (Klage gegen die Höhe der Entschädigung) und 184 (Beklagter) JPatG sind entsprechend anwendbar (§ 60(2) JGeschmMG).

§ 184bis JPatG (Beziehung zwischen Verwaltungsbeschwerde und Klage) ist auf Klagen betreffend die Aufhebung von Maßnahmen (ausgenommen die Maßnahmen nach § 68(7)) aufgrund des JGeschmMG oder einer hierauf beruhenden Verordnung oder Anweisung entsprechend anzuwenden (§ 60bis JGeschmMG).

6   Geheimhaltung von Geschmacksmustern

Ein Anmelder für eine Eintragung eines Musters kann die Geheimhaltung   48
seines Musters für einen zu bestimmenden, drei Jahre vom Tag der Eintragung
seines Musterrechts an nicht übersteigenden Zeitraum beantragen (§ 14(1)
JGeschmMG). Im Antrag sind Name und Wohnsitz oder Aufenthaltsort des
Musteranmelders und der Zeitraum, für den die Geheimhaltung beantragt
wird, anzugeben (§ 14(2) JGeschmMG). Der Musteranmelder oder der Musterrechtsinhaber können diesen Zeitraum in den obigen Grenzen verlängern
oder verkürzen (§ 14 (3) JGeschmMG).

Der Präsident des JPA hat bei Vorliegen der Zustimmung des Musterrechts-   49
inhabers oder eines gerichtlichen Ersuchens jedem Dritten in das Muster,
dessen Geheimhaltung beantragt worden ist, Einsicht zu gewähren. Einsicht
ist auch zu gewähren, wenn dies von den Parteien oder Nebenintervenienten
eines Prüfungs-, Beschwerde-, Wiederaufnahme- oder gerichtlichen Klagever-
fahrens, die dieses Muster betreffen, beantragt wird. Akteneinsicht wird auch
gewährt, wenn ein interessierter Dritter hierzu beim Präsidenten des JPA ein
Schriftstück einreicht, in dem der Name des Musterrechtsinhabers sowie die
Eintragungsnummer enthalten ist und andere Schriftstücke, die vom METI
durch Rechtsverordnung vorgeschrieben werden.

Nach § 20(4) JGeschmMG sind unverzüglich nach Ablauf der in § 14(1)   50
JGeschmMG bestimmten Frist die in § 20(3)(iv) JGeschmMG genannten, das
geheimgehaltene Muster betreffenden Tatsachen (Inhalt des Antrags sowie
Zeichnung, Fotografie, Modell oder Probestück, die dem Antrag beigefügt
sind) bekannt zu machen.

7   Entstehung des Musterrechts

51   Ein Musterrecht entsteht durch Eintragung in das Musterregister (§ 20(1) JGeschmMG). Wenn die Gebühren für das erste Jahr gemäß § 42(1)(i) JGeschmMG entrichtet worden sind, wird die Eintragung des Musterrechts vorgenommen (§ 20(2) JGeschmMG)[13]. Ist die Entstehung eines Musterrechts eingetragen, ist dem Musterinhaber vom JPA eine Musterurkunde auszustellen (§ 62(1) JGeschmMG). Nach der Eintragung sollen folgende Tatsachen im Musterblatt bekannt gemacht werden (§ 20(3) JGeschmMG)[14]:

---

13   Eintragungen in das Musterregister (§ 61 JGeschmMG):
(1) Die nachstehenden Tatsachen sind in das vom Patentamt geführte Musterregister einzutragen:
(i) Entstehung, Übertragung, Erlöschen eines Musterrechts sowie Beschränkungen in der Verfügung über ein Musterrecht;
(ii) Entstehung, Aufrechterhaltung, Übertragung, Änderung sowie das Erlöschen eines Rechts zur ausschließlichen oder nicht ausschließlichen Ausübung sowie Beschränkungen in der Verfügung über diese Rechte;
(iii) Entstehung, Übertragung, Änderung sowie das Erlöschen eines Pfandrechts an einem Musterrecht, einem Recht zur ausschließlichen oder nicht ausschließlichen Ausübung sowie Beschränkungen in der Verfügung über diese Rechte.
(2) Das Musterregister kann ganz oder teilweise in Form von Magnetbändern geführt werden (einschließlich sonstiger Datenträger, auf denen Daten mit einer ähnlichen Methode genau gespeichert werden können).
(3) In Ergänzung der in diesem Gesetz vorgeschriebenen Tatsachen können andere für die Eintragung notwendige Tatsachen durch Kabinettsverordnung bestimmt werden.
14   § 66 JGeschmMG:
(1) Das JPA veröffentlicht ein Musterblatt (*Ishô Kôhô*).
(2) In Ergänzung zu den in diesem Gesetz vorgeschriebenen Tatsachen wird bekannt gemacht:
(i) Das Erlöschen eines Musterrechts (mit Ausnahme des Erlöschens wegen Ablaufs der Schutzdauer und des Erlöschens wegen Ablaufs der Schutzdauer und des Erlöschens gemäß § 44(4);
(ii) Klage und Wiederaufnahmeaufträge sowie die Zurücknahme dieser Anträge und rechtskräftige Entscheidungen im *Shimpan*-Verfahren oder im Wiederaufnahmeverfahren (beschränkt auf eingetragene Musterrechte);
(iii) Anträge auf Erlass von Schiedssprüchen sowie ihre Zurückziehung und der Erlass von Schiedssprüchen;
(iv) Rechtskräftige Entscheidungen in einem Klageverfahren nach § 59(1) (beschränkt auf eingetragene Musterrechte).
(3) Ist eine Prüfer- oder *Shimpan*-Entscheidung, wonach eine Musteranmeldung gemäß den Vorschriften des letzten Satzes von § 9(2) [fehlende Einigung bei mehreren Anmeldungen von unterschiedlichen Anmeldern] abzulehnen ist, rechtskräftig geworden, sind die nachstehend genannten Angaben in Bezug auf die Musteranmeldung im Musterblatt zu veröffentlichen, und zwar zusätzlich zu den in den Ziffern im vorstehenden Abs. genannten Angaben. Ist für

360

(i) Name sowie Wohnsitz oder Aufenthaltsort des Musterrechtsinhabers;
(ii) Nummer und Zeitpunkt der Musteranmeldung;
(iii) Eintragungsnummer und Zeitpunkt der Eintragung;
(iv) Inhalt des Antrags und Zeichnung, Fotografie, Modell oder Probestück, die dem Antrag beigefügt sind;
(v) sonstige erforderliche Angaben, die nicht in den vorstehenden Absätzen aufgeführt sind.

Den Umfang der Erteilung von Akteneinsicht und Bescheinigungen regelt § 63 JGeschmG[15].

---

diese Musteranmeldung Geheimhaltung nach § 14(1) beantragt worden, sind alle Angaben in Ziff. iii unverzüglich nach Ablauf der im selben Absatz genannten Frist (bei zwei oder mehreren Musteranmeldungen, für die Geheimhaltung beantragt worden ist, ist die jeweils längere Frist maßgebend) nach dem Datum, an dem die Prüferentscheidung oder die *Shimpan*-Entscheidung über die Zurückweisung der Musteranmeldung rechtskräftig geworden ist, zu veröffentlichen:
(i) Name und Wohnsitz oder Aufenthaltsort des Anmelders einer Musteranmeldung;
(ii) Anmeldenummer und Anmeldedatum der Anmeldung;
(iii) Antrag und Inhalt der beigefügten Zeichnungen, Fotografien, Modelle oder Probestücke;
(iv) Erforderliche Angaben über die in der vorstehenden Ziff. iii hinaus genannten.
15 § 63 JGeschmMG:
(1) Jedermann kann bei dem Präsidenten des JPA hinsichtlich einer Mustereintragung die Erteilung von Bescheinigungen, Abschriften von Urkunden oder von Auszügen hieraus oder die Einsicht in und die Abschrift von Urkunden, Probemustern, oder sonstigen Probestücken oder die Ausgabe von Dokumenten, deren Inhalt im Musterregister in Form von Magnetbändern gespeichert ist, beantragen. Dies gilt jedoch nicht für die Fälle, in denen es der Präsident des JPA als notwendig erachtet, die nachstehend genannten Urkunden, Probemuster oder sonstigen Probestücke geheimzuhalten:
(i) Anmeldungsunterlagen oder eine Zeichnung, Fotografie, ein Modell oder sonstiges Probestück oder Unterlagen für die Prüfung einer Musteranmeldung, wenn die betreffende Mustereintragung nicht vorgenommen worden ist;
(ii) Schriftstücke, Probemuster oder sonstige Probestücke hinsichtlich des Musters, für das nach Maßgabe der Vorschriften des § 14(1) ein Antrag auf Geheimhaltung gestellt worden ist;
(iii) Schriftstücke in Verfahren nach Maßgabe der §§ 46(1) oder 47(1), in denen in der betreffenden Sache eine Musteranmeldung nicht zur Eintragung eines Musters geführt hat;
(iv) Schriftstücke in einem Verfahren nach Maßgabe von § 48(1) oder in einem Wiederaufnahmeverfahren einer rechtskräftigen *Shimpan*-Entscheidung, in denen die betreffenden Parteien oder Intervenienten mitgeteilt haben, dass darin ein Geschäftsgeheimnis beschrieben worden ist (Geschäftsgeheimnis gemäß § 2(4) JUWG), das den betreffenden Parteien oder Intervenienten gehört;
(v) Angelegenheiten, die den Ruf oder die friedliche Existenz einer Einzelperson beschädigen;
(vi) Schriftstücke, die geeignet sind, die öffentliche Ordnung oder die guten Sitten zu verletzen.
(2) Wird ein Antrag hinsichtlich der in den Ziffern des vorstehenden Absatzes genannten Unterlagen, Modelle oder Probestücke angenommen, so hat der Präsident des JPA die Person, die diese Unterlagen, Modelle oder Probestücke eingereicht hat, davon unter Angabe von Gründen zu unterrichten.

8   Dauer und Inhalt des Musterrechts

52 Dauer des Musterrechts (§ 21 JGeschmMG)

Die Schutzdauer eines Musterrechts beträgt 15 Jahre ab dem Zeitpunkt der Eintragung des Rechts (§ 21(1) JGeschmMG). Die Schutzdauer eines Musterrechts an einem verwandten Muster beträgt 15 Jahre ab dem Zeitpunkt der Eintragung des Rechts für das Hauptmuster (§ 21(2) JGeschmMG).

53 Inhalt des Musterrechts (§ 23 JGeschmMG)

54   Der Inhaber eines Musterrechts hat das ausschließliche Recht zur gewerbsmäßigen Ausübung des eingetragenen Musters und des mit diesem Muster ähnlichen Musters. Wenn ein Recht zur ausschließlichen Ausübung an dem Musterrecht entstanden ist, gilt dies jedoch in dem Umfang nicht, in dem ein zur ausschließlichen Ausübung Berechtigter das Recht zur ausschließlichen Ausübung des eingetragenen Musters und des mit diesem Muster ähnlichen Musters besitzt (§ 23 JGeschmMG).

55   Die Ausübung eines Geschmacksmusters im Sinne des JGeschmMG umfasst jede Handlung der Herstellung, Benutzung, Übertragung, Überlassung sowie das Zurschaustellen zum Zwecke der Übertragung oder Überlassung sowie die Einfuhr von mit Mustern gekennzeichneten Gegenständen (§ 2(3) JGeschmMG).

56   Bei mehreren gemeinsamen Geschmacksmusterinhabern gilt gemäß § 36 JGeschmMG i. V. m. § 73 JPatG, dass keiner der gemeinsamen Inhaber ohne Einverständnis der anderen Mitinhaber seinen Anteil übertragen oder ein Pfandrecht daran einrichten kann. Jeder der gemeinsamen Inhaber kann das Muster ohne das Einverständnis der anderen Mitinhaber selber benutzen, sofern vertraglich nichts anderes geregelt ist. Vertraglich kann für den Fall der Nutzung durch die Miteigentümer auch eine Nutzungsgebühr vereinbart werden. Ohne das Einverständnis der Mitinhaber kann weder eine ausschließliche noch nichtausschließliche Lizenz an dem Muster eingeräumt werden.

57   Der Schutzumfang eines eingetragenen Musters bestimmt sich auf der Grundlage der im Antrag enthaltenen Erklärungen sowie auf Grund der Musterdarstellung, die in der beigefügten Zeichnung, Fotografie, Modell oder Probestück enthalten ist (§ 24 JGeschmMG).

Der Umfang ähnlicher Produkte wird anhand der Verwendung und der Funktion eines Gegenstandes bestimmt. Selbst wenn die Funktionen der Gegenstände unterschiedlich sind, kann es sich um ähnliche Gegenstände handeln, sofern die Verwendung der Gegenstände gleich ist. So haben ein Bleistift und ein Füllfederhalter unterschiedliche Funktionen, aber beide werden für Notizen verwendet. Es handelt sich daher um ähnliche Gegenstände.

Ein Geschmacksmuster für ein Tapetenmuster erstreckt sich somit nicht auf Packpapier, Textilvorhänge, Tischdecken oder Tafeln, die dasselbe Muster aufweisen.

Ein Geschmacksmuster für ein Automobildesign erstreckt sich nicht auf Spielzeugautos, T-Shirts mit dem aufgedruckten Automobildesign, Videospiele mit Automobil-Fahrsimulationen und Filme, in denen das Automobil benutzt wird.

Ein Geschmacksmuster für eine Fotokamera mit einem Linsensystem, das zuvor als Geschmacksmuster registriert wurde, ist von diesem abhängig.

Bei einem Geschmacksmuster für einen Satz von Gegenständen wird die Benutzung des Designs nur eines dieser Gegenstände nicht als Verletzung angesehen, sofern das beschuldigte Design nicht ähnlich ist mit dem Geschmacksmuster des gesamten Satzes von Gegenständen.

Über den Schutzumfang eines eingetragenen Musters und eines mit diesem Muster ähnlichen Musters kann das JPA um Auslegung gebeten werden, die von drei Prüfern vorgenommen wird (§ 25 JGeschmMG). Ein solches Gutachten (*»Hantei«*) wird auch als Expertengutachten im Auftrag eines Gerichts erstellt (§ 25bis JGeschmMG). 58

Beziehung zum Musterrecht für verwandte Muster (§ 22 JGeschmMG) 59

Rechte an einem Hauptmuster und einem damit verwandten Muster können nicht unabhängig voneinander übertragen werden (§ 22(1) JGeschmMG). Ist ein Hauptmusterrecht gemäß § 44(4) JGeschmMG erloschen, aufgegeben worden oder ist das Muster aufgrund einer rechtskräftigen *Shimpan*-Entscheidung für ungültig erklärt worden, so kann das Recht an dem mit dem Hauptmuster verwandten Muster nicht unabhängig davon übertragen werden (§ 22(2) JGeschmMG).

Einschränkung durch Vorbenutzungsrecht (§ 29 JGeschmMG) 60

Eine nichtausschließliche Lizenz an dem Musterrecht hat gemäß § 29 61 JGeschmMG, wer in Japan im Zeitpunkt der Einreichung einer Musteranmeldung oder im Zeitpunkt der ursprünglichen Musteranmeldung oder der Einreichung einer Änderung[16], ohne Kenntnis des angemeldeten Musters, dieses

---

16 Wenn die Musteranmeldung als im Zeitpunkt der Einreichung der Änderung gemäß § 9bis oder § 17ter(1) (Einreichung einer neuen geänderten Geschmacksmusteranmeldung im Prüfungsverfahren) als eingereicht gilt. Dies gilt nach § 50(1) JGeschmMG entsprechend für das Beschwerdeverfahren und nach § 57(1) JGeschmMG für das Wiederaufnahmeverfahren.

Muster oder ein mit diesem ähnliches Muster aufgrund eigener Schöpfung geschaffen hat oder aufgrund der Vermittlung der Kenntnisse durch einen Dritten, der ein derartiges Muster oder ein ähnliches Muster geschaffen hat, davon erfahren hat und das Muster oder ein mit diesem Muster ähnliches Muster gewerblich ausgeübt oder Vorbereitungen hierzu getroffen hat. Die Lizenz beschränkt sich auf das Muster, das ausgeübt wird, oder für das Vorbereitungen zur Ausübung getroffen wurden und auf den Zweck der Ausübung oder die Vorbereitungen hierzu.

62 Nach § 29bis JGeschmMG hat ein solches Vorbenutzungsrecht auch der Anmelder einer zurückgewiesenen Geschmacksmusteranmeldung, der in Japan im Zeitpunkt der Eintragung eines Geschmacksmusterrechts aufgrund der späteren Musteranmeldung eines Dritten die gewerbliche Benutzung des von ihm angemeldeten Musters oder eines ähnlichen Musters aufgenommen oder hierzu Vorbereitungen getroffen hat. In diesem Fall hat der Anmelder für seine Musteranmeldung eine rechtskräftige Zurückweisungsentscheidung durch den Prüfer oder die Beschwerdekammer erhalten, weil das der Musteranmeldung zugrunde liegende Muster nicht neu gemäß § 3(1) JGeschmMG ist. Die Benutzung des Musters sollte vorzugsweise vor der rechtskräftigen Zurückweisung der Anmeldung aufgenommen worden sein.

63 Ferner kann nach § 30 JGeschmMG der ursprüngliche Musterrechtsinhaber oder sein ausschließlicher bzw. nichtausschließlicher[17] Lizenznehmer aufgrund einer gewerbsmäßigen Ausübung des Musters oder eines mit diesem Muster ähnlichen Musters innerhalb Japans oder Vorbereitungen hierzu vor Einleitung eines Nichtigkeitsverfahrens nach § 48(1) JGeschmMG eine nichtausschließliche Lizenz haben, wenn eine von zwei oder mehreren Eintragungen für das identische Muster oder ein mit diesem ähnliches Muster für nichtig erklärt worden ist; oder seine ursprüngliche Mustereintragung für nichtig erklärt worden ist und die Eintragung des identischen Musters oder eines mit diesem ähnlichen Musters für den wirklichen Berechtigten erfolgt ist. Das Vorliegen der in § 48(1) JGeschmMG angegebenen Nichtigkeitsgründe darf dem ursprünglichen Musterinhaber nicht bekannt gewesen sein.

64 Die nichtausschließliche Lizenz besteht an dem betreffenden Muster oder an der ausschließlichen Lizenz, die in dem Zeitpunkt besteht, in dem diese Mustereintragung für nichtig erklärt wurde, und zwar in dem Umfang, in dem das Muster ausgeübt wird bzw. Vorbereitungen zur gewerbsmäßigen Ausübung getroffen werden. Der Musterrechtsinhaber oder derjenige, der ein Recht zur ausschließlichen Ausübung besitzt, hat in Anbetracht dieser nicht ausschließlichen Lizenz einen Anspruch auf angemessene Entschädigung.

---

17 Die nicht ausschließliche Lizenz an diesem Musterrecht oder am Recht zu dessen ausschließlicher Ausübung muss gemäß § 99(1) JPatG i.V.m. § 28(3) JGeschmMG eingetragen sein.

Darüber hinaus sind für die Fälle von kollidierenden Geschmacksmuster-, 65
Gebrauchsmuster- und Patentrechten nichtausschließliche Lizenzen für den
Inhaber bzw. Lizenznehmer des älteren Schutzrechts bei Ablauf von dessen
Schutzdauer vorgesehen.

So besitzt nach § 31 JGeschmMG der ursprüngliche Musterrechtsinhaber
(oder der Inhaber an einem Recht zur ausschließlichen Ausübung, das im
Zeitpunkt des Ablauf der Schutzdauer an diesem Musterrecht besteht) nach
Ablauf seines Musterrechts in dem Umfang des ursprünglichen Musterrechts
eine Lizenz zur nicht ausschließlichen Ausübung des kollidierenden späteren
Musterrechtes, wenn seine Musteranmeldung spätestens am gleichen Tag wie
die Anmeldung für das kollidierende Muster eingereicht worden ist. Dies gilt
entsprechend bei einem kollidierenden Patent- oder Gebrauchsmusterrecht,
dessen Anmeldung spätestens am gleichen Tag wie die Musteranmeldung
eingereicht worden ist, wenn deren Schutzdauer abgelaufen ist (§ 31(2)
JGeschmMG).

Nach § 32 JGeschmMG hat auch der Inhaber eines beim JPA eingetragenen
Rechtes zur ausschließlichen oder nicht ausschließlichen Ausübung an dem
Muster-, Patent- oder Gebrauchsmusterrecht, dessen Schutzdauer abgelaufen
ist, ein Recht auf eine solche nicht ausschließliche Lizenz. Der Inhaber des
fortbestehenden Musterrechts oder des Rechts zur ausschließlichen Ausübung
hat in Anbetracht der nicht ausschließlichen Lizenz einen Anspruch auf angemessene Vergütung.

Abhängigkeit von Mustern 66

Das Verhältnis zu gleichzeitig bestehenden Musterrechten Dritter regelt § 26
JGeschmMG:

»(1) Ein Musterrechtsinhaber sowie ein zur ausschließlichen oder nicht ausschließlichen Ausübung
Berechtigter können das eingetragene Muster nicht gewerbsmäßig ausüben, wenn dieses eingetragene Muster das eingetragene Muster eines Dritten oder ein ähnliches Muster, eine patentierte
Erfindung oder ein eingetragenes Gebrauchsmuster benutzt, für die eine Anmeldung vor dem
Zeitpunkt der Anmeldung auf Eintragung des Musters eingereicht worden ist, oder wenn der Teil
des Musters, der von dem Musterrecht des eingetragenen Musters umfasst wird, mit dem Patentrecht, dem Gebrauchsmusterrecht oder dem Markenrecht eines Dritten, für die eine Anmeldung
vor dem Zeitpunkt der Anmeldung auf Eintragung eines Musters eingereicht worden ist, oder mit
dem Urheberrecht eines Dritten, das vor dem Zeitpunkt der Anmeldung auf Eintragung des
Musters entstanden ist, kollidiert.«

Entsprechendes gilt nach § 26(2) JGeschmMG für die gewerbsmäßige Ausübung von einem mit dem eingetragenen Muster ähnlichen Muster.

Bei abhängigen Geschmacksmusterrechten wird dem Inhaber des Musterrechts oder des Rechts zur ausschließlichen Ausübung gesetzlich die Aufnah-

me von Lizenzverhandlungen eingeräumt (§ 33(1)(2) JGeschmMG[18]), bei deren Fehlschlag er beim Präsidenten des JPA den Erlass eines Schiedsspruchs über die Einräumung einer nicht ausschließlichen Lizenz beantragen kann (§ 33(3) JGeschmMG).

Ist eine Vereinbarung nicht zustande gekommen oder war es nach § 33(2) JGeschmMG nicht möglich, in Verhandlungen einzutreten und wurde der Erlass eines Schiedsspruches nach § 33(3) beantragt, kann der in § 26 erwähnte Dritte seinerseits den Erlass eines Schiedsspruches nur innerhalb der Frist beantragen, die der Präsident des JPA ihm zur Einreichung einer schriftlichen Stellungnahme einräumt (§ 33(4) JGeschmMG).

Ein Schiedsspruch über die Einräumung einer nichtausschließlichen Lizenz darf nicht erlassen werden, wenn bei Einräumung einer nichtausschließlichen Lizenz die Interessen des Dritten, des Musterrechtsinhabers oder des ausschließlichen Lizenznehmers unangemessen beeinträchtigt würden (§ 33(5) JGeschmMG). Der Präsident des JPA darf keinen Schiedsspruch über die Einräumung einer nichtausschließlichen Lizenz an den in § 26 JGeschmMG erwähnten Dritten erlassen, wenn ein Schiedsspruch über die Einräumung einer nichtausschließlichen Lizenz in Bezug auf den ursprünglichen Antrag auf Erlass eines Schiedsspruchs nicht ergangen ist (§ 33(6) JGeschmMG).

Die §§ 84, 85(1) und 86 bis 91bis JPatG (Schiedsverfahren usw.) sind auf die vorgenannten Schiedsverfahren entsprechend anzuwenden (§ 33(7) JGeschmMG).

67 Die Übertragung einer nicht ausschließlichen Lizenz und die Bestellung eines Pfandrechts hieran ist in § 34 JGeschmMG geregelt[19]. Pfandrechte an Ge-

---

18 § 33(1)(2) JGeschmMG:
(1) Trifft auf ein eingetragenes Muster oder auf ein ähnliches Muster eine der in § 26 genannten Voraussetzungen zu, so kann der Musterrechtsinhaber oder der ausschließliche Lizenznehmer den Dritten bitten, in Verhandlungen über die Einräumung einer nicht ausschließlichen Lizenz zur Ausübung des eingetragenen Musters oder des ähnlichen Musters oder über die Gewährung einer nichtausschließlichen Lizenz an dem Patentrecht oder dem Gebrauchsmusterrecht einzutreten.
(2) Der in § 26 erwähnte Dritte, der gemäß dem vorherigen Absatz gebeten wurde, in Verhandlungen einzutreten, kann seinerseits den Inhaber des Musterrechts oder des Rechts zur ausschließlichen Ausübung, der um Verhandlungen ersucht hat, um Verhandlungen über die Gewährung einer nicht ausschließlichen Lizenz im Umfang des eingetragenen Musters bitten, das der Musterrechtsinhaber oder der ausschließliche Lizenznehmer durch die Erlangung des Rechts zur nicht ausschließlichen Ausübung an dem Musterrecht, dem Patentrecht oder dem Gebrauchsmusterrecht durch die vom Musterrechtsinhaber oder vom ausschließlichen Lizenznehmer beantragten Verhandlungen auszuüben beabsichtigt.
19 § 34 JGeschmMG:
(1) Ein Recht zur nicht ausschließlichen Ausübung kann nur zusammen mit dem Geschäftsbetrieb, in dem es ausgeübt wird, übertragen werden oder wenn der Musterrechtinhaber (oder

schmacksmustern sind ansonsten in § 35 JGeschmMG geregelt[20]. Die Bestimmungen des Patentgesetzes zur Beschränkung des Patentrechts (§ 69(1)(2)), gemeinsamen Inhabern (§ 73), Erlöschen des Patentrechts mangels Erben (§ 76), Verzicht auf das Patentrecht (§ 97(1)) und Wirkungen der Eintragung (§ 98(1)(i) und (2)) sind auf Musterrechte entsprechend anzuwenden (§ 36 JGeschmMG).

hinsichtlich eines Rechts zur nicht ausschließlichen Ausübung, das aus einem Recht zur ausschließlichen Ausübung hergeleitet wird, der Musterinhaber und derjenige, der das Recht zur ausschließlichen Ausübung besitzt) zugestimmt hat; das gleiche gilt für den Fall der Erbfolge oder einer anderen Gesamtrechtnachfolge; ausgenommen sind jedoch Rechte der nicht ausschließlichen Ausübung, die auf einem Schiedsspruch nach Maßgabe des § 33(3) oder (4) dieses Gesetzes, des § 92(3) JPatG oder des § 22(3) JGebrMG beruhen.

(2) Derjenige, der ein Recht zur nicht ausschließlichen Ausübung besitzt, kann ein Pfandrecht an seinem Recht auf nicht ausschließliche Ausübung nur bestellen, wenn er die Zustimmung des Musterrechtsinhabers (oder hinsichtlich eines Rechts auf nicht ausschließliche Ausübung, das sich aus einem Recht auf ausschließliche Ausübung herleitet, des Musterinhabers und desjenigen, dem das Recht zur ausschließlichen Ausübung zusteht) erhalten hat. Ausgenommen sind Rechte zur nicht ausschließlichen Ausübung, die auf einem Schiedsspruch nach Maßgabe des § 33(3) oder (4) dieses Gesetzes, des § 92(3) JPatG oder des § 22 (3) JGebrMG beruhen.

(3) Das Recht zur nicht ausschließlichen Ausübung, das auf einem Schiedsspruch nach Maßgabe des § 33(3) dieses Gesetzes, des § 92(3) JPatG oder des § 22 (3) JGebrMG beruht, muss mit dem Geschmacksmusterrecht, dem Patentrecht oder dem Gebrauchsmusterrecht übertragen werden, auf das der nicht ausschließliche Lizenznehmer einen Anspruch hat, und das zusammen mit dem Geschäftsbetrieb, in dem es ausgeübt wird, übertragen wird. Das Recht zur nicht ausschließlichen Ausübung erlischt zum gleichen Zeitpunkt, in dem das Geschmacksmusterrecht, Patentrecht oder Gebrauchsmusterrecht erlischt, oder in dem es getrennt vom Geschäftsbetrieb, in dem es ausgeübt wird, übertragen wird.

(4) Das Recht zur nicht ausschließlichen Ausübung, das auf einem Schiedsspruch nach Maßgabe des § 33(4) dieses Gesetzes beruht, muss mit dem Geschmacksmusterrecht, dem Patentrecht oder dem Gebrauchsmusterrecht, auf das der nicht ausschließliche Lizenznehmer einen Anspruch hat, übertragen werden und erlischt zum gleichen Zeitpunkt, in dem das Geschmacksmusterrecht, das Patentrecht oder das Gebrauchsmusterrecht erlischt.

20 § 35 JGeschmMG:
(1) Wenn ein Pfandrecht an einem Musterrecht oder an einem Recht zur ausschließlichen oder zur nicht ausschließlichen Ausübung besteht, kann der Pfandgläubiger das betreffende eingetragene Muster oder ähnliche Muster nicht ausüben, sofern nicht vertraglich etwas anderes vereinbart worden ist.
(2) Die Vorschriften des § 96 (Pfandrechte) JPatG sind auf Pfandrechte an Musterrechten oder an Rechten zur ausschließlichen oder nicht ausschließlichen Ausübung entsprechend anwendbar.
(3) Die Vorschriften des § 98(1)(iii) und (2) (Wirkungen der Eintragung) JPatG sind auf Pfandrechte an Musterrechten oder an Rechten zur ausschließlichen Ausübung entsprechend anzuwenden.
(4) Die Vorschriften des § 99(3) (Wirkungen der Eintragung) JPatG sind auf Pfandrechte an Rechten zur nicht ausschließlichen Ausübung entsprechend anzuwenden.

9 Übertragung und Lizenzierung von Musterrechten

68 Übertragung von Musterrechten

Rechte an einem Hauptmuster und einem hiermit verwandten Muster können nicht unabhängig voneinander übertragen werden (§ 22(1) JGeschmMG).

Jeder der gemeinsamen Inhaber an einem Geschmacksmusterrecht kann seinen Anteil ohne das Einverständnis sämtlicher anderen gemeinsamen Inhaber weder übertragen noch ein Pfandrecht daran einrichten (§ 73(1) JPatG i. V. m. § 28(3) JGeschmMG).

69 Ausschließliche und nicht ausschließliche Lizenzen

Der Musterrechtsinhaber kann an seinem Musterrecht eine ausschließliche (§ 27 JGeschmMG) oder nicht ausschließliche Lizenz (§ 28 JGeschmMG) erteilen.

Der zur ausschließlichen Ausübung Berechtigte hat das ausschließliche Recht zur gewerbsmäßigen Ausübung des eingetragenen Musters in dem Umfang, der im Lizenzvertrag festgelegt ist (§ 27(2) JGeschmMG).

70 Die ausschließliche Lizenz für ein Hauptmusterrecht oder Recht an verwandten Mustern kann nur dann eingeräumt werden, wenn die ausschließlichen Lizenzen an dem Hauptmusterrecht und an den Rechten aller hiermit verwandten Muster gleichzeitig ein und derselben Partei eingeräumt werden (§ 27(1) JGeschmMG).

Ist das Musterrecht an einem Hauptmuster gemäß § 44(4) JGeschmMG erloschen, aufgegeben worden oder ist eine *Shimpan*-Entscheidung zur Nichtigkeitserklärung rechtskräftig geworden, so kann die ausschließliche Lizenz für die Rechte an verwandten Mustern nur eingeräumt werden, wenn die ausschließlichen Lizenzen an den Rechten aller verwandten Muster gleichzeitig ein und derselben Partei eingeräumt werden (§ 27(3) JGeschmMG).

71 Eine ausschließliche Lizenz kann nur zusammen mit dem Geschäftsbetrieb, in dem das Muster ausgeübt wird, übertragen werden, außer wenn die Zustimmung des Musterinhabers vorliegt oder wenn es sich um eine Erbfolge oder eine andere Gesamtrechtsnachfolge handelt (§ 27(4) JGeschmMG i. V. m. § 77(3) JPatG).

72 Ein zur ausschließlichen Lizenz Berechtigter kann an seinem Recht nur mit Zustimmung des Musterinhabers ein Pfandrecht bestellen oder eine nicht

ausschließliche Lizenz erteilen (§ 27(4) JGeschmMG i.V.m. § 77(4) JPatG). Wenn ein Pfandgläubiger oder eine Person, die ein Recht zur nicht ausschließlichen Lizenz besitzt, vorhanden sind, kann er auf sein Recht nur mit Zustimmung dieser Personen verzichten (§ 27(4) JGeschmMG i.V.m. § 97(2) JPatG).

Erst nach Eintragung beim JPA rechtswirksam sind die Entstehung eines   73
Rechts zur ausschließlichen Lizenz, dessen Übertragung (mit Ausnahme des Übergangs im Wege der Erbfolge oder einer anderen Gesamtrechtsnachfolge), Änderung, Erlöschen (mit Ausnahme des Erlöschens durch Zusammenschluss oder beim Erlöschen des Musterrechts) sowie Beschränkungen in der Verfügung über ein derartiges Recht (§ 27(4) JGeschmMG i.V.m. § 98(1)(ii) JPatG). Der Eintritt der Erbfolge oder einer anderen Gesamtrechtsnachfolge ist unverzüglich dem JPA mitzuteilen (§ 27(4) JGeschmMG i.V.m. § 98(2) JPatG).

Der zur nicht ausschließlichen Ausübung Berechtigte hat das nicht ausschließ-   74
liche Recht zur gewerbsmäßigen Ausübung des eingetragenen Musters und des mit diesem Muster ähnlichen Musters in dem Umfang, der im Lizenzvertrag festgelegt ist oder nach Maßgabe der Vorschriften dieses Gesetzes (§ 28(2) JGeschmMG).

Bei gemeinsamer Inhaberschaft an einem Geschmacksmusterrecht kann eine ausschließliche oder nicht ausschließliche Lizenz nur von allen gemeinsamen Inhabern eingeräumt werden (§ 36 JGeschmMG i.V.m. § 73 JPatG).

Derjenige, der ein Recht zur nichtausschließlichen Lizenz besitzt, kann, wenn ein Pfandgläubiger vorhanden ist, auf sein Recht nur mit Zustimmung dieser Personen verzichten (§ 28(3) JGeschmMG i.V.m. § 97(3) JPatG).

Eine im JPA registrierte nicht-ausschließliche Lizenz wirkt gegen jeden, der   75
nach dieser Registrierung das Geschmacksmusterrecht oder eine ausschließliche oder nicht ausschließliche Lizenz daran erwirbt (§ 28(3) JGeschmMG i.V.m. § 99(1) JPatG).

Für bestimmte nicht ausschließliche Lizenzen (aufgrund von Vorbenutzung, bei Arbeitnehmererfindungen, Zwangslizenzen) ist hierzu eine Registrierung nicht notwendig (§ 28(3) JGeschmMG i.V.m. § 99(2) JPatG).

Übertragung, Modifizierung, Erlöschen oder Einschränkung der Verfügungsmöglichkeiten einer nichtausschließlichen Lizenz; oder Einräumung, Übertragung, Modifizierung, Erlöschen oder Einschränkungen der Verfügungsmöglichkeiten an einem Pfandrecht an einer nicht ausschließlichen Lizenz sind gegenüber einem Dritten nur wirksam, wenn sie registriert sind (§ 99 JPatG i.V.m. § 28(3) JGeschmMG).

10   Bekämpfung von Musterrechten

76   Bei der *Shimpan*-Abteilung des JPA kann ein Antrag auf Nichtigerklärung der Mustereintragung aus den in § 48(1) JGeschmMG angegebenen Gründen gestellt werden[21]. Zu den Nichtigkeitsgründen zählen insbesondere Verstöße gegen die Erfordernisse der Neuheit und Erfindungshöhe (§ 3), der Registrierbarkeit (§ 5) und gegen das Erstanmelderprinzip (§ 9(1)). Nichtigkeitsgründe sind auch gegeben, wenn es bei mehreren Anmeldern, die am gleichen Tag eine Musteranmeldung eingereicht haben, keine Einigung auf einen einzigen Anmelder gab (§ 9(2)), oder wenn die Registrierung für ein Muster erfolgt ist, das nur einem verwandten Muster, aber nicht dem Hauptmuster ähnlich ist (§ 10(2)).

77   Der Antrag kann auch nach Erlöschen des Musterrechts gestellt werden (§ 48(2) JGeschmMG). Von Amts wegen wird der ausschließliche Lizenznehmer oder jeder andere Dritte, der ein eingetragenes Recht an dem Musterrecht besitzt, vom Nichtigkeitsantrag benachrichtigt (§ 48(3) JGeschmMG).

78   Gemäß § 49 JGeschmMG gilt das Musterrecht als von Anfang an nicht entstanden, wenn durch eine rechtskräftige *Shimpan*-Entscheidung eine Mustereintragung für nichtig erklärt worden ist[22].

79   Gegen die Entscheidung des JPA im Nichtigkeitsverfahren steht den Beteiligten die Beschwerde zum Obergericht Tokyo (§ 59 JGeschmMG) und in Ausnahmefällen die Rechtsbeschwerde zum Obersten Gerichtshof zur Verfügung.

---

21   § 48(1) JGeschmMG: In den nachstehenden Fällen kann ein Antrag auf Nichtigerklärung einer Mustereintragung gestellt werden:
(i) Wenn die Mustereintragung unter Verletzung der Vorschriften der §§ 3, 3bis, 5, 9(1) oder (2), 10(1) JGeschmMG oder des § 38 JPatG i. V. m. § 15(1) JGeschmMG, oder des § 25 JPatG i. V. m. § 68(3) JGeschmMG erfolgt ist;
(ii) Wenn die Mustereintragung unter Verletzung eines Vertrags erfolgt ist;
(iii) Wenn die Eintragung eines Musters auf eine Musteranmeldung für eine Person erfolgt ist, die weder der Schöpfer des Musters noch der Nachfolger in das Recht auf Eintragung des Musters ist;
(iv) Wenn nach der Eintragung eines Musters der Musterrechtsinhaber nicht mehr in der Lage ist, das Musterrecht nach Maßgabe der Vorschriften des § 25 JPatG i. V. m. § 68(3) JGeschmMG auszuüben oder das Muster nachträglich gegen einen Vertrag verstößt.
22   § 49 JGeschmMG: Wenn jedoch in den Fällen, in denen auf die Mustereintragung die Voraussetzungen des § 48(1)(iv) JGeschmMG zutreffen, eine *Shimpan*-Entscheidung, durch welche die Mustereintragung für nichtig erklärt worden ist, in Rechtskraft erwachsen ist, gilt das Musterrecht von dem Zeitpunkt an, in dem auf diese Mustereintragung die Voraussetzungen dieser Ziffer zugetroffen haben, als ungültig.

11   Durchsetzung von Musterrechten

Gerichtliche Durchsetzung von Ansprüchen wegen   80
Geschmacksmusterverletzung[23]

Gemäß § 23 JGeschmMG sind ausschließlich dem Inhaber die in § 2(3)   81
JGeschmMG aufgeführten Benutzungshandlungen (Herstellung, Benutzung,
Übertragung, Überlassung sowie das Zurschaustellen zum Zwecke der Übertragung oder Überlassung sowie Einfuhr von mit Mustern gekennzeichneten
Gegenständen) erlaubt. Als Verletzung des Musterrechts oder der ausschließlichen Lizenz daran gelten gemäß § 38 JGeschmMG außerdem alle Handlungen der Herstellung, Übertragung, Überlassung, des Zurschaustellens
zum Zwecke der Übertragung und der Überlassung sowie die gewerbsmäßige
Einfuhr von Gegenständen, die lediglich für die Herstellung eines Gegenstandes verwendet werden, der mit einem eingetragenen Muster oder mit
einem diesem ähnlichen Muster versehen ist (indirekte Verletzung).

Mit der Ausnahme von Mustern, für die gemäß § 14(1) JGeschmMG ein   82
Antrag auf Geheimhaltung gestellt worden war, wird vermutet, dass derjenige,
der das Musterrecht oder das Recht zur ausschließlichen Ausübung verletzt
hat, die Verletzungshandlung fahrlässig begangen hat (§ 40 JGeschmMG).

Nach § 41 JGeschmMG sind für die Vorlage von Unterlagen und Maßnahmen   83
zur Wiederherstellung des Ansehens §§ 105 bzw. 106 JPatG entsprechend
anwendbar.

Bei der Durchsetzung eines Rechts auf ein Teilgeschmacksmuster gilt, dass die   84
Durchsetzung in Hinblick auf jeden Artikel möglich ist, der einen Teil aufweist, der identisch oder ähnlich dem registrierten Teilgeschmacksmuster ist,
selbst wenn die anderen Teile des Artikels (in der Registrierung z. B. durch
gestrichelte Linien gekennzeichnet) eine unterschiedliche Erscheinungsform
haben.

---

23   Leider gibt es nur wenige in westlichen Sprachen besprochene Gerichtsentscheidungen; z. B.
     J.D. Hughes, in *AIPPI Journal,* Vol. 26, No. 6 (November) 2000, Seiten 346–349: In »Ka-
     bushiki Kaisha Lost Arrow vs. K. Itoh« hob das Obergericht Tokyo mit Urteil vom 7.3.2000
     die Entscheidung des Bezirksgerichts Niigata auf, das auf Verletzung des für Karabinerhaken
     eingetragenen Geschmacksmusters des Berufungsbeklagten Itoh erkannt hatte. Die Muster
     wurden aufgrund ästhetischer Unterschiede als einander nicht ähnlich befunden.

85 § 64 JGeschmMG sieht einen Hinweis auf die Mustereintragung auf den mit dem Muster versehenen Gegenständen vor[24]. Die Unterlassung einer solchen Kennzeichnung hat jedoch auf die Durchsetzung des Geschmacksmusterrechts keinen Einfluss. Strafbar ist im Übrigen die widerrechtliche Kennzeichnung von Artikeln und Verpackungen mit einem Hinweis auf eine nicht vorhandene Mustereintragung u. ä. (§§ 65, 71 JGeschmMG)[25].

86 Für die gerichtliche Durchsetzung der Ansprüche wegen Musterverletzung sind wie bei der Verletzung von Patentrechten in erster Instanz die Bezirksgerichte, in zweiter Instanz die Obergerichte und als Revisionsinstanz der Oberste Gerichtshof zuständig. Zu Details wird auf das Kapitel »Durchsetzung von Patentrechten« verwiesen.

87 **Anspruch auf Unterlassung, Zerstörung der verletzenden Gegenstände**

88 Der Inhaber eines Musterrechts oder derjenige, der ein Recht zur ausschließlichen Ausübung besitzt, kann von jedem Dritten, der das Musterrecht oder das Recht zur ausschließlichen Ausübung verletzt oder zu verletzen versucht, die Einstellung oder Unterlassung der Verletzung verlangen (§ 37(1) JGeschmMG). Es können alle Handlungen verlangt werden, die zur Verhinderung der Verletzung erforderlich sind, einschließlich der Vernichtung der Gegenstände, die aufgrund der Verletzungshandlung hergestellt worden sind, sowie der Beseitigung der bei der Verletzungshandlung benutzten Vorrichtungen (§ 37(2) JGeschmMG).

---

24 § 64 JGeschmMG: Ein Musterrechtsinhaber sowie der Inhaber einer ausschließlichen oder nichtausschließlichen Lizenz haben nach Maßgabe der durch Verordnung des METI erlassenen Vorschriften dafür Sorge zu tragen, dass auf den Gegenständen, für die ein eingetragenes Muster oder ein mit diesem Muster ähnliches Muster verwendet wird, oder auf ihrer Verpackung ein Hinweis angebracht wird, dass der Gegenstand durch ein eingetragenes Muster oder ein diesem Muster ähnliches Muster (nachfolgend als »Hinweis auf eine Mustereintragung« bezeichnet) geschützt ist.

25 Nach § 65 JGeschmMG sind folgende Handlungen bzw. Hinweise ungesetzlich:
(i) Das Kennzeichnen von Artikeln, bei denen ein eingetragenes Muster oder ein diesem ähnliches Muster nicht verwendet wurde, oder entsprechenden Verpackungen mit Hinweisen auf eine Mustereintragung oder hiermit verwechslungsfähigen Hinweisen;
(ii) Das Übertragen, Überlassen oder Zurschaustellen zu diesen Zwecken von Artikeln, bei denen ein eingetragenes Muster oder ein diesem ähnliches Muster nicht verwendet wurde, wenn diese Artikel oder ihre Verpackung mit einem Hinweis auf eine Mustereintragung oder einen ähnlichen täuschenden Hinweis versehen sind;
(iii) Die Aufnahme von Hinweisen in die Werbung, ein Artikel sei durch ein eingetragenes Muster oder ein diesem Muster ähnliches Muster geschützt, oder von ähnlichen, täuschenden Hinweisen, um andere zu veranlassen, den Gegenstand herzustellen, zu gebrauchen, zu übertragen oder zu überlassen, bei dem ein eingetragenes Muster oder ein diesem Muster ähnliches Muster nicht verwendet wurde.
§ 71 JGeschmMG: Wer entgegen der Vorschrift des § 65 JGeschmMG ein Vergehen der falschen Bezeichnung begangen hat, wird mit Zwangsarbeit bis zu einem Jahr oder einer Geldstrafe bis zu 1.000.000 Yen bestraft.

Bei Mustern, für die gemäß § 14(1) ein Antrag auf Geheimhaltung gestellt worden ist, muss dem Verletzer zuvor eine Verwarnung unter Vorlage eines von dem Präsidenten des JPA beglaubigten Schriftstücks, in dem alle in § 20(3)(i)-(iv) genannten Tatsachen hinsichtlich dieses Musters angegeben sind, zugestellt worden sein (§ 37(3) JGeschmMG).

Anspruch auf Schadensersatz
89

Der Inhaber eines Musterrechts oder sein ausschließlicher Lizenznehmer kann für die Verletzung des Musterrechts Schadensersatz verlangen. Die Regelung zur vermuteten Schadenshöhe im § 39 JGeschmMG entspricht der Regelung im Patentgesetz[26].

Strafmaßnahmen bei Musterverletzungen
90

Das JGeschmMG sieht bei Musterverletzungen auch Strafen vor. Die Strafvorschriften werden jedoch sehr selten angewandt. So wird auf Antrag mit Zwangsarbeit bis zu drei Jahren oder mit einer Geldstrafe bis zu 3.000.000 Yen bestraft, wer ein Musterrecht oder ein Recht zur ausschließlichen Lizenz verletzt hat (§ 69 JGeschmMG). Bei Tätern, die Angestellte etc. einer juristi-

---

26 § 39 JGeschmMG:
(1) Verlangt der Musterrechtsinhaber oder der ausschließliche Lizenznehmer von jemandem, der vorsätzlich oder fahrlässig das Musterrecht oder die ausschließliche Lizenz verletzt hat, den Ersatz des Schadens, der durch die Verletzung entstanden ist, und die Person überträgt die Gegenstände, mit denen die Verletzung begangen worden ist, so kann der Geldbetrag berechnet aus dem Einheitspreis dieser Gegenstände multipliziert mit der Anzahl dieser Gegenstände (nachstehend in diesem Absatz als »Anzahl der übertragenen Gegenstände« bezeichnet), welche der Inhaber des Musterrechts oder der ausschließlichen Lizenz ohne die Verletzung hätten verkaufen können, als Höhe des dem Inhaber des Musterrechts oder der ausschließlichen Lizenz entstandenen Schadens angesehen werden. Dieser Betrag darf jedoch den im Hinblick auf das Ausübungspotential des Inhabers des Musters oder der ausschließ-lichen Lizenz erreichbaren Betrag nicht übersteigen. Können der Inhaber des Musterrechts oder der ausschließlichen Lizenz aus irgendwelchen Gründen einen Teil oder alle der über-tragenen Gegenstände nicht verkaufen, so ist ein Betrag entsprechend der Anzahl der be-troffenen übertragenen Gegenstände abzuziehen.
(2) Verlangt der Musterrechtsinhaber oder der ausschließliche Lizenznehmer von jemandem, der vorsätzlich oder fahrlässig das Musterrecht oder die ausschließliche Lizenz verletzt hat, den Ersatz des Schadens, der durch die Verletzung entstanden ist, so gilt der vom Verletzer durch die Verletzung erzielte Gewinn als der Schaden, der dem Inhaber oder dem ausschließ-lichen Lizenznehmer entstanden ist.
(3) Der Musterrechtsinhaber oder der ausschließliche Lizenznehmer kann von demjenigen, der vorsätzlich oder fahrlässig das Musterrecht oder das Recht zur ausschließlichen Ausübung verletzt hat, als Schadensersatz den Geldbetrag verlangen, den er üblicherweise für die Ausübung des eingetragenen Musters oder eines ähnlichen Musters erhalten hätte.
(4) Der vorhergehende Absatz schließt die Geltendmachung eines weitergehenden Schadens-ersatzanspruches nicht aus. In diesen Fällen hat das Gericht, soweit der Verletzer des Muster-rechts oder der ausschließlichen Lizenz weder vorsätzlich noch grob fahrlässig gehandelt hat, dies bei der Festsetzung des Schadensersatzes zu berücksichtigen.

schen Person sind, wird von einer Mitverantwortung der juristischen Person ausgegangen (§ 74 JGeschmMG)[27].

---

27 § 74 JGeschmMG: Wenn ein leitender Angestellter einer juristischen Person oder ein Bevoll-
mächtigter, Angestellter oder sonstiger Beschäftigter einer juristischen Person oder einer
natürlichen Person gegen die Vorschriften der in den folgenden Absätzen genannten Paragraphen hinsichtlich der Angelegenheiten der juristischen oder natürlichen Person verstoßen
hat, wird zusätzlich zum Täter auch die juristische oder natürliche Person mit den jeweils in
diesen Absätzen bestimmten Geldstrafen bestraft:
(i) § 69, mit einer Geldstrafe bis 100 Millionen Yen;
(ii) § 70 oder 71, mit einer Geldstrafe bis 30 Millionen Yen.

12 Kosten von Geschmacksmusteranmeldungen (Gebühren, Jahresgebühren)

Für Geschmacksmusteranmeldungen sind Gebühren und nach der Registrie-   91
rung für die Aufrechterhaltung der Geschmacksmusterregistrierung Jahres-
gebühren zu entrichten. Für Musterrechte, die ausschließlich dem japanischen
Staat oder bestimmten Organisationen gehören, sind weder Gebühren noch
Jahresgebühren zu entrichten. Sind daneben sonstige Personen gemeinsame
Inhaber, so haben diese Gebühren und Jahresgebühren entsprechend ihrem
Anteil am Recht zu entrichten. Die Zahlung der Gebühr oder Jahresgebühr
(einschl. Verspätungszuschläge) kann durch Patentgebührenmarken, durch
Bareinzahlung bei einer Bank unter Verwendung patentamtlicher Zahlungs-
vordrucke oder mittels dem JPA erteilter Einzugsermächtigung für ein beim
JPA geführtes Konto erfolgen. Die Zahlung von Gebühren mittels Scheck ist
nicht möglich.

Gebühren für Geschmacksmusteranmeldungen   92

Für Geschmacksmusteranmeldungen sind gemäß § 67(1) JGeschmMG[28] Gebühren für den Antrag auf Akteneinsicht (i), für die Mitteilung der Rechtsnachfolge (außer bei Gesamtrechtsnachfolge und Erbfall) (ii), für Fristverlängerungen und Datumsänderungen (iii), für die erneute Ausstellung einer
Mustereintragungsurkunde (iv) sowie für Bescheinigungen, Abschriften oder
die Einsicht in die in § 63 bezeichneten Unterlagen etc. (v–viii) zu zahlen[29].

---

28 § 67(1) JGeschmMG: (1) Die unten bezeichneten Gebühren, die durch Kabinettsverordnung
    unter Berücksichtigung der tatsächlichen Kosten festgesetzt werden, sind vom jeweiligen
    Antragsteller zu entrichten:
    (i) für den Antrag auf Akteneinsicht nach § 14(4);
    (ii) für die Mitteilung der Rechtsnachfolge nach § 34(4) JPatG i. V. m. § 15(2);
    (iii) für den Antrag auf Verlängerung der Frist nach § 4 und 5(1) JPatG i. V. m. § 17^{quater}, 43(3)
    oder 68(1) oder den Antrag auf Änderung des Datums nach § 5(2) JPatG i. V. m. § 68(1) dieses
    Gesetzes;
    (iv) für den Antrag auf erneute Ausstellung einer Mustereintragungsurkunde;
    (v) für den Antrag auf Erteilung einer Bescheinigung nach § 63(1);
    (vi) für den Antrag auf Abschrift oder Auszug von Unterlagen nach § 63(1);
    (vii) für den Antrag auf Einsicht oder Abschrift von Unterlagen, Modellen oder Probestücken
    nach § 63(1);
    (viii) für den Antrag gemäß § 63(1) auf Erteilung von Unterlagen, die Angaben enthalten, die
    im Magnetband geführten Teil des Musterregisters enthalten sind.
29 Einreichung einer Geschmacksmusteranmeldung: ¥ 16.000
    Antrag auf Geheimhaltung des Musters gemäß § 14(1) JGeschmMG: ¥ 5.100
    Antrag auf Interpretation gemäß § 25(1) JGeschmMG: ¥ 40.000

Auf Antrag des Einzahlers werden zu viel oder irrtümlich entrichtete Gebühren erstattet, sofern nach der Zahlung nicht bereits ein Jahr vergangen ist (§ 67(8)(9) JGeschmMG).

93   **Jahresgebühren (§ 42 JGeschmMG)**

94   Für eingetragene Muster sind als Jahresgebühr für jedes Muster und Jahr bis zum Ablauf des Musterrechts die nachstehend genannten Beträge zu entrichten (§ 42(1) JGeschmMG):

   (i)   für das erste bis zum dritten Jahr: jährlich 8.500 Yen;
   (ii) für das vierte bis zum zehnten Jahr: jährlich 16.900 Yen;
   (iii) für das elfte bis zum fünfzehnten Jahr: jährlich 33.800 Yen.

95   Hinsichtlich der Frist zur Zahlung der Jahresgebühren bestimmt § 43 JGeschmMG, dass die Gebühr für das erste Jahr innerhalb von 30 Tagen nach Zustellung der Prüfer- oder *Shimpan*-Entscheidung, dass die Mustereintragung zu erfolgen hat, zu entrichten (§ 43(1) JGeschmMG) ist. Die Gebühr für das zweite und die folgenden Jahre sind spätestens jeweils im vorhergehenden Jahr zu entrichten (§ 43(2) JGeschmMG). Die Jahresgebühren für einige oder alle Jahre können zusammen entrichtet werden. Der Präsident des JPA kann die Frist auf Antrag des zur Entrichtung der Jahres- oder Eintragungsgebühr Verpflichteten lediglich um 30 Tage verlängern (§ 43(3) JGeschmMG).

Eine verspätete Zahlung von Jahresgebühren ist innerhalb von 6 Monaten nach Ablauf der Zahlungsfrist unter Entrichtung eines Zuschlages in gleicher Höhe wie die Jahresgebühr möglich (§ 44 JGeschmMG). Erfolgt die Zahlung von Jahresgebühr und Zuschlag nicht fristgerecht, gilt das Musterrecht rückwirkend von dem Zeitpunkt an als erloschen, in dem die in § 43(2) JGeschmMG genannte Frist abgelaufen ist. Ist der ursprüngliche Inhaber eines Musterrechts, das nach § 44(4) JGeschmMG als erloschen gilt, infolge von Gründen außerhalb seines Einflussbereiches nicht in der Lage, die in § 44(4) vorgeschriebene Jahresgebühr und den Zuschlag zu zahlen, kann er die Jahresgebühr und den Zuschlag noch verspätet entrichten, jedoch nur innerhalb von 14 Tagen (falls er im Ausland wohnhaft ist, innerhalb von zwei Monaten) und innerhalb eines Zeitraums von sechs Monaten nach Ablauf der Frist (§ 44bis(1) JGeschmMG). Das Musterrecht gilt dann rückwirkend ab dem Zeitpunkt des Ablaufs der in § 43(2) vorgeschriebenen Frist als aufrechterhalten.

Antrag auf Schlichtungsentscheidung: ¥ 55.000
Antrag auf Löschung der Schlichtungsentscheidung: ¥ 27.500
Antrag auf *Shimpan*-Verfahren oder Wiederaufnahmeverfahren: ¥ 55.000
Antrag auf Beitritt zum *Shimpan*-Verfahren oder Wiederaufnahmeverfahren: ¥ 55.000

Bei einem nach § 44bis(2) JGeschmMG wiederhergestellten Musterrecht erstre- 96
cken sich die Rechtswirkungen des Musterrechts nicht auf Gegenstände, bei
denen das eingetragene Muster oder ein hierzu ähnliches Muster verwendet
worden ist und die nach Ablauf der Frist, innerhalb welcher der Musterrechtsinhaber noch die Jahresgebühr gemäß § 44(1) JGeschmMG entrichten kann,
jedoch vor der Eintragung der Wiederherstellung des Musterrechts, nach Japan
eingeführt, in Japan hergestellt oder erworben worden sind (§ 44ter(1)
JGeschmMG).

Die Zahlung der Jahresgebühren kann auch durch einen Dritten erfolgen, der 97
anschließend vom Rechtsinhaber, sofern dieser wirtschaftlich dazu in der Lage
ist, die Erstattung verlangen kann (§ 45 JGeschmMG i.V.m. § 110 JPatG).
Irrtümlich oder zu viel gezahlte Jahresgebühren können innerhalb eines Jahres
zurückgezahlt werden; die Gebühren für die auf eine rechtskräftige Entscheidung über den Widerruf oder die Nichtigerklärung der Geschmacksmuster-
eintragung folgenden Jahre können innerhalb von 6 Monaten nach Rechtskraft
der Entscheidung zurückgezahlt werden (§ 45 JGeschmMG i.V.m.
§ 111(1)(i)(ii)(2) JGeschmMG).

13 Umwandlung von Patent- und Gebrauchsmuster- anmeldungen

98 Eine Patent- oder Gebrauchsmusteranmeldung kann in eine Geschmacksmusteranmeldung umgewandelt werden (§ 13 JGeschmMG). Dies ist jedoch bei einer Patentanmeldung nicht möglich, wenn seit dem Zeitpunkt der Zustellung der ersten Entscheidung des Prüfers, dass die Patentanmeldung zurückgewiesen wird, 30 Tage vergangen sind. Für an schwierig zu erreichenden oder entfernten Plätzen wohnende Anmelder (z. B. im Ausland ansässige Anmelder) beträgt diese Frist in Anwendung von § 4 JPatG 90 Tage. Die ursprüngliche Anmeldung gilt als zurückgenommen. Auf die Umwandlung einer Anmeldung ist § 10bis(2) JGeschmMG (Teilanmeldungen) entsprechend anzuwenden. Es können auch PCT-Anmeldungen umgewandelt werden (§ 13bis JGeschmMG).

Teil 4 – Markenrecht

Inhaltsübersicht

1   Einführung

Das erste japanische Markengesetz geht auf das Jahr 1884 zurück. Marken   1
können in Japan allerdings auf eine wesentlich längere Geschichte zurück-
blicken; der älteste Markenfall in Japan, wenn nicht überhaupt, ist der *Rokuseimon*-Fall aus dem Jahre 1478[1]. In *Rokuseimon* (wörtlich: Sechs-Sterne-
Wappen) war das Wappen auf Sake benutzt und in Kyoto als Hinweis auf
ein Qualitätsprodukt bekannt geworden. Als ein Wettbewerber das gleiche
Wappen als Marke auf denselben Waren zu benutzen begann, beantragte der
Erstbenutzer beim *Muromachi-Bakufu,* der damaligen Regierungsgewalt, eine
Unterlassungsanordnung. Diese wurde ihm gewährt.

Jedem Japanreisenden drängt sich der Eindruck auf, dass Marken in Japan eine
noch größere Bedeutung zu haben scheinen als im Westen. Dies wird durch
die hohen japanischen Anmeldezahlen unterstrichen. Im Jahr 1998 112.469;
1999 121.861 (davon nur 17.609 von ausländischen Anmeldern), 2000 145.668;
2001 123.754 und 2002 117.406 Markenanmeldungen. Die folgende Darstellung beruht auf dem japanischen Markengesetz (JMarkenG) in der Fassung
nach der Änderung durch Gesetz Nr. 220 aus 1999[2].

Nach § 1 JMarkenG ist es der Zweck des JMarkenG, durch den Schutz von   2
Marken die geschäftliche Reputation von Personen zu sichern, die Marken
benutzen und hierdurch zur Entwicklung der Industrie beizutragen und die
Interessen der Verbraucher zu schützen.

Das JMarkenG betrifft Marken im engeren Sinne. Geschäftliche Bezeichnun-   3
gen (Unternehmenskennzeichen und Werktitel) sind im JMarkenG nicht geregelt. Der Markenschutz entsteht durch Eintragung eines Zeichens als Marke
in das vom JPA geführte Register und nicht bereits durch die Benutzung eines
Zeichens im geschäftlichen Verkehr. Nicht eingetragene Marken, die gemäß
japanischer Bezeichnung »weithin bekannt« sind und somit Verkehrsgeltung
erlangt haben, können unter bestimmten Voraussetzungen unter dem JMar-

---

1 Für einen geschichtlichen Überblick siehe Kenneth L. Port *Japanese Trademark Jurisprudence,*
   Kluwer Law International, 1998; Seiten 10–17.
2 Das JMarkenG wurde in den letzten Jahren geändert durch Gesetz Nr. 68 aus 1996, Gesetz
   Nr. 51 aus 1998, sowie Gesetze Nr. 41, 43, 160 und 220 aus 1999. Eine deutsche Übersetzung
   des JMarkenG in der Fassung nach der Änderung durch Gesetz Nr. 68 von 1996 findet sich in
   BlfPMZ, 1998, Seiten 57–75. Eine deutsche Übersetzung der Änderungen durch Gesetz Nr. 51
   aus 1998, sowie Gesetze Nr. 41, 43, 160 und 220 aus 1999 findet sich in *BlfPMZ,* 2002, Seiten
   242–249.

kenG ein Recht zur Weiterbenutzung gegenüber einer später angemeldeten Marke begründen. Der Schutz von nicht eingetragenen weithin bekannten Marken ist unter dem JUWG möglich.

4 Die Marke hat vier Funktionen, von denen mindestens eine vorliegen muss, damit von einer Benutzung der Marke im Sinne von § 2 JMarkenG gesprochen werden kann:

> 1) Hinweis auf die Herkunft und die Inhaberschaft (*Shusshohyôji kinô*)
> 2) Qualitätsgarantie (*Hinshitsuhoshô kinô*)
> 3) Werbung (*Kôkoku kinô*)
> 4) Unterscheidung der eigenen Produkte von den Produkten eines anderen (*Jitashôhinshibetsu no kinô*).

5 Seit 1990 gilt das internationale Klassifizierungssystem (Nizzaer Klassifikationsabkommen). Seit 1992 ist die Eintragung von Dienstleistungsmarken möglich.

6 Zum 1.4.1997 traten mehrere wesentliche Änderungen in Kraft. Mit einer einzigen Anmeldung können mehrere Klassen des Waren- und Dienstleistungsverzeichnisses abgedeckt werden; dreidimensionale Marken und Kollektivmarken sind eintragungsfähig.

Das System der assoziierten Marken wurde abgeschafft. Vor der Änderung von 1996 basierte das japanische System auf der Prämisse, dass Marken, die ähnlich zu bereits registrierten Marken sind, und Marken, welche auf ähnlichen Waren benutzt werden sollten, von der Inhaberin der früheren Registrierung nicht registriert werden konnten[3]. Jedoch konnten diese Marken als mit der Hauptmarke assoziiert (verbunden) angesehen und als »assoziierte Marken« registriert werden. Sie wurden durch das JPA vollständig geprüft und gewährten den gleichen Schutz wie eine unabhängig registrierte (reguläre) Marke. Markeninhaber benutzten dieses System, um den Umfang des Markenschutzes beträchtlich zu erweitern. Marken müssen in Japan innerhalb von drei Jahren nach der Registrierung benutzt werden, da sie sonst Gegenstand von Löschungsverfahren sein können. Jedoch waren assoziierte Marken von diesem Benutzungszwang ausgenommen. Daher konnte die assoziierte Marke selbst bei fehlender Benutzung noch registriert bleiben, solange die ursprüngliche Marke in genügendem Umfang benutzt wurde.

7 Durch die Änderung des JMarkenG von 1999 wurde der Schutz auf Markenanmeldungen erweitert, um die Diskriminierung gegenüber ausländischen Markenanmeldungen nach dem PMMA zu vermeiden. Außerdem wurde die

---

3 § 7(1) JMarkenG.

Offenlegung von ungeprüften Markenanmeldungen ca. zwei bis drei Wochen nach dem Einreichungsdatum eingeführt.

Das JMarkenG kennt vergleichbare Eintragungshindernisse wie das deutsche 8
Markenrecht, unterscheidet aber begrifflich nicht zwischen absoluten und relativen Schutzhindernissen. Das JPA prüft Markenanmeldungen auf absolute und relative Schutzhindernisse. Es gibt somit bei der patentamtlichen Prüfung keine Beschränkung auf absolute Schutzhindernisse. In dem der Markenregistrierung nachgeschalteten Einspruchsverfahren kann der Einsprechende ebenfalls absolute und relative Schutzhindernisse als Widerrufsgrund anführen.

Japanische Richter ermitteln den Bekanntheitsgrad von Marken oder die Auf- 9
fassung des Verbrauchers von Marken nicht durch Verkehrsbefragungen. Sie verlassen sich nahezu ausschließlich auf das direkte Vorbringen vor Gericht, ggf. gestützt durch Zeugenaussagen und Dokumente, und ihr eigenes Verständnis der relevanten Märkte.

2   Definition von Marken; besondere Markenformen

10   **2.1   Definition**

11   Marken sind nach der Definition von § 2(1) JMarkenG Schriftzeichen, Abbildungen, Zeichen, dreidimensionale Formen oder jede Kombination hiervon, oder jede Kombination hiervon mit Farben, die

> (i) von einer Person in Zusammenhang mit Waren benutzt werden, die solche Waren gewerblich produziert, mit einem Gütezeichen versieht oder überträgt;

> (ii) von einer Person in Zusammenhang mit Dienstleistungen (die nicht unter Ziffer (i) fallen) benutzt werden, die solche Dienstleistungen gewerblich erbringt oder mit einem Gütezeichen versieht.

Das japanische Markenrecht kennt somit neben den üblichen Wort- und Bildmarken auch dreidimensionale Marken, aber keine Positionierungs-, Geruchs-, Geschmacks-, Hör- oder Bewegungsmarken[4]. Der Schutz von Farben oder Farbkombinationen als solchen wird ebenfalls nicht anerkannt.

Eine Dienstleistung unter dem JMarkenG wird als Arbeit oder Annehmlichkeit interpretiert, die für eine andere Person erbracht wird und ein unabhängiges Objekt wirtschaftlicher Transaktionen sein kann, aber nicht ein begleitendes Objekt. Begleiten Leistungen lediglich den Verkauf von Waren, z.B. Bestellungsdienstleistungen, handelt es sich um keine Dienstleistungen im Sinne des JMarkenG. Das Obergericht Tokyo wies daher die Anmeldung der Marke SHADI in Katakana für die Verteilung von Katalogen an eine unspezifizierte Anzahl Menschen, denen die Gelegenheit gegeben wird, sich zu Hause ein Produkt auszusuchen, in Hinblick auf § 6(1) JMarkenG zurück[5].

12   **2.2   Kollektivmarken (§ 7 JMarkenG)**

13   Eine gemäß § 34 JBGB gegründete juristische Person oder ein Wirtschaftsverband oder andere Vereinigungen, die aufgrund spezieller Gesetze gegründet wurden (mit Ausnahme derjenigen, die keine juristischen Personen sind), oder

---

4   *Shôhyô shinsa kijun* (Prüfungsrichtlinien für Marken), JPA, 7. Ausgabe, 2000, Seite 2.
5   Obergericht Tokyo, 29.8.2000, Fall Nr. 99 Gyo-Ke 390; vgl. *Suzuye Report, Japan Patents & Trademarks*, No. 109, August 2001, Seiten 1–2.

ausländische juristische Personen, die diesen entsprechen, sind zur Eintragung einer Kollektivmarke in Bezug auf eine Marke berechtigt, die durch ihre Mitglieder benutzt wird (§ 7(1) JMarkenG). Der Nachweis für das Vorliegen einer solchen rechtlichen Einheit muss erbracht werden. Eine Markensatzung muss jedoch nicht vorgelegt werden. Die Mitglieder einer zu einer Kollektivmarke berechtigten juristischen Person oder eines Verbandes haben gemäß der durch die juristische Person oder den Verband festgelegten Satzung das Recht zur Benutzung der Kollektivmarke in Verbindung mit den bezeichneten Waren oder Dienstleistungen, wobei dieses Recht nicht übertragbar ist (§ 31bis JMarkenG).

2.3 Defensivmarken (§§ 64 bis 68 JMarkenG) 14

Über die Registrierung von Defensivmarken können »weithin bekannte« Marken für weitere Waren und Dienstleistungen als in der ursprünglichen Registrierung benannt sind, registriert werden[6]. Diese zusätzlichen Waren oder Dienstleistungen müssen den ursprünglich benannten nicht ähnlich sein. Außerdem muss der Anmelder eine Defensivmarke für diese zusätzlichen Waren oder Dienstleistungen weder benutzen noch hierzu eine Absicht haben. Erforderlich ist lediglich, dass die Marke »weithin vom Konsumenten erkannt wird« (*hiroku ninshiki sareta*) und es eine Verwechslungsgefahr (*Kondô no osore*) gibt, wenn ein Dritter die Marke auf diesen zusätzlichen Waren oder Dienstleistungen benutzt. Ob eine Marke »weithin bekannt« (oder »berühmt«) ist, wird anhand der Richtlinien des JPA für die Prüfung von Marken bestimmt. Danach wird der Grad der Berühmtheit einer Marke anhand folgender Kriterien bestimmt:

(1) Dauer und Gebiet der Benutzung; der Bereich der Waren, auf denen die Marke benutzt wird;
(2) Umfang der Werbung oder andere Methoden zur Publizierung der Marke;
(3) Natur des Geschäfts des Nutzers und Benutzungsumfang der Marke;

15

---

6 § 64(1) JMarkenG: Der Inhaber eines Markenrechts kann, wenn seine eingetragene Marke bei den Verbrauchern als Hinweis auf die bezeichneten Waren, die mit seinem Geschäftsbetrieb verbunden sind, bekannt geworden ist und wenn die Benutzung der eingetragenen Marke durch Dritte für andere als die bezeichneten Waren, welche durch die eingetragene Marke geschützt werden und hierzu gleichartiger Waren oder Dienstleistungen geeignet ist, eine Verwechslung zwischen diesen Waren oder Dienstleistungen und den bezeichneten Waren in Verbindung mit seinem Geschäftsbetrieb hervorzurufen, die Eintragung einer mit der eingetragenen Marke identischen Marke hinsichtlich der Waren oder Dienstleistungen, für welche diese Verwechslungsgefahr besteht, als Defensivmarke erlangen.
§ 64(2) regelt entsprechend Defensivmarken für Dienstleistungen.

(4) Grad der Anerkennung, welche die Marke innerhalb des JPA bereits innehat[7].

16 Bislang sind – vermutlich wegen der strikten Erfordernisse für den Nachweis, dass eine Marke weithin bekannt ist – nur wenige Marken als Defensivmarken registriert. JPA und Gerichte gewähren Defensivmarkenregistrierungen nur sehr restriktiv und leiten aus § 64 JMarkenG das Erfordernis ab, dass die Defensivmarke »identisch« mit der primär registrierten Marke ist. So bestätigte das Obergericht Tokyo die Zurückweisung von »Mercedes Benz« als Defensivmarkenanmeldung für Schnüre (Faden), Seile oder Geflechte durch das JPA, weil sie nicht identisch mit ihrer Hauptmarke MERCEDES-BENZ ist, wie sie für die Verwendung auf Automobilen registriert war[8]. Das Gericht regte die Registrierung als assoziierte Marke an: »Wenn die Klägerin die Benutzung ihrer Marke auf diese Weise verhindern wollte, sollte sie wählen, die Marke als eine assoziierte Marke zu registrieren. Der Versuch einer Registrierung als Defensivmarke ist absurd (*sujichigai*)(!)«[9]. Das Gericht sah zudem das strikte Erfordernis, dass etwas Verwechslungsgefahr in Hinblick auf den Ursprung in der Warenklasse, für welche Defensivmarkenregistrierung nachgesucht wird, vorliegen müsse. Weil dies nicht der Fall war, sah das Gericht in einer assoziierten Marke den besten Schutz für Mercedes-Benz.

17 Die Prüfungsrichtlinien für Marken enthalten Kriterien für die Bestimmung, ob es die Gefahr einer Herkunftstäuschung gibt, und die Defensivmarke daher registriert werden sollte. Nach den Richtlinien liegt die Gefahr einer Herkunftstäuschung vor, wenn es allgemein bekannt ist, dass zwei verschiedene Waren (oder Dienstleistungen) den gleichen Ursprung haben. Für die Bestimmung der Gefahr der Herkunftstäuschung ist es von Bedeutung, wer die Waren oder Rohmaterialien herstellt oder verkauft und wer die Waren verwendet. Diese Kriterien tragen jedoch nicht bei zur Bestimmung dessen, was weithin bekannt ist oder was in Hinblick auf die Registrierung von Defensivmarken Verwirrung bedeutet.

Das JPA führt eine abschließende **Liste aller weltweit bekannten Marken**. Nur wenn eine Marke auf der Liste erscheint, wird sie als bekannt vermutet. Markeninhaber sollten sich dieses Standards bewusst sein.

18 Mit der Entscheidung »Minnesota Mining and Manufacturing Company (3M) vs. Präsident des JPA« vom 30.1.1996 lockerte das Obergericht Tokyo die Anforderungen für eine Defensivmarkenregistrierung gemäß § 64 JMarkenG,

---

7 Kanji Kudo, »*Shinsa kijun no kaisetsu*« (»Erklärung der Prüfungsrichtlinien für Marken«) (1996), Seite 306.
8 Obergericht Tokyo, 27.7.1989; 1326 *Hanrei Jihô* 145.
9 1326 *Hanrei Jihô* 147.

die 1989 im Mercedes-Benz-Fall noch strikt angewandt worden waren. Nun ist die tatsächliche Benutzung der Marke zu berücksichtigen.

Das JPA hatte 3M die Registrierung ihrer Marke SCOTCH (registriert für die Verwendung auf Audio/Video-Bändern, Klebebändern und anderen Klebe-mitteln) als Defensivmarke für Küchenutensilien und andere Küchenprodukte verweigert. Der Prüfer behauptete, dass keine Verwechslungsgefahr vorliege, weil 3M auf einigen Waren SCOTCH in Großbuchstaben und auf einigen anderen Waren in Kleinbuchstaben verwendete und daher die Marken nicht identisch waren. Außerdem seien die in der Ursprungsanmeldung und der Anmeldung für die Defensivmarke benannten Waren vollkommen unter-schiedlich, mit unterschiedlichen Marktplätzen und Verwendungen, und daher Verwechslungsgefahr nicht gegeben. Im Übrigen sei »Scotch« als Hinweis auf (Produkte aus) Schottland beschreibend.

Das Obergericht Tokyo hob die Entscheidung des JPA auf[10]. Das Gericht hielt SCOTCH für eine weithin bekannte Marke. Es sei unwahrscheinlich, dass der geringe Unterschied zwischen Groß- und Kleinbuchstaben Kon-sumenten und Händler zu der Annahme verleiten könnte, die Marken seien unterschiedlich. Das Gericht bestimmte, dass der angemessene Standard eine Analyse der Marke sein sollte, wie sie tatsächlich benutzt wird. Wenn Kon-sumenten annähmen, dass Hauptmarke und Marke der Defensivmarkenanmel-dung die gleiche Quelle identifizieren, wäre die Marke identisch und für die Registrierung als Defensivmarke geeignet. Im Übrigen sah das Gericht wegen des breiten Produktsortiments des Klägers, das u. a. auch Haushaltsprodukte umfasst, eine Verwechslungsgefahr für gegeben.

2.4   Besondere Markenformen – Dreidimensionale Marken,   19
Farbmarken

Seit dem 1.4.1997 sind gemäß § 2(1) JMarkenG dreidimensionale Marken   20
(*Rittaishôhyô*) unter dem japanischen Markengesetz schutzfähig. Davor war ihr Schutz nur als Warenkennzeichnung (Aufmachung) unter dem JUWG (*Fusei kyôsô boshihô*)[11] und dem JGeschmG möglich[12].

---

10   »Minnesota Mining and Manufacturing Company vs. Präsident des JPA«, Obergericht To-kyo, 30.1.1996, 1563 *Hanrei Jihô* 134; vgl. Misao Toba, in *AIPPI Journal*, Vol. 22, No. 5, 1997, Seiten 223–229.

11   Vgl. Minoru Takeda »*Shôhinhyôji to eigyôhyôji no hogo*« (»Schutz von Geschäftsdarstel-lungen und von Produktdarstellungen«). (1993) 90 *The Invention* 3, Seite 102.

12   »Three-dimensional Marks: the Borderline between Trademarks and Industrial Designs«, von N. Matsubara, in *AIPPI Journal*, Vol. 25, No. 1, 2000, Seiten 3–9.

21 Farben an sich fallen nicht unter die Definition einer Marke im JMarkenG. Markenrechtlich ist lediglich eine Farbkombination in ihrer konkreten Erscheinungsform geschützt (vgl. § 2(1) JMarkenG). Eine Farbe oder Farbkombination genießt aber unter bestimmten Voraussetzungen Ausstattungsschutz über das JUWG. Unter dem JUWG kann auch einer einzelnen Farbe losgelöst von ihrer konkreten Erscheinungsform Schutz gewährt werden[13]. Hinsichtlich des Schutzes von Farben als Ausstattung gibt es nur wenige Gerichtsentscheidungen[14]. Danach wurde die Farbe als grundsätzlich ausstattungsfähig gehalten, nicht jedoch in den vorliegenden Fällen.

---

13 Maria Cristina Caldarola, *Farbenschutz in Deutschland, den Vereinigten Staaten und Japan,* Carl Heymanns Verlag, 2001, Kapitel 3, Farbenschutz in Japan, Seiten 123–132.
14 »Sanyo vs. Twin Bird Manufacturing Co.«, Bezirksgericht Osaka, 30.5.1995; 1545 *Hanrei Jihô* 84; »Shimomura Shoten Co. Inc. vs. Hirao Kaken Co.Inc.«, Bezirksgericht Osaka, 29.6.1966, 17 *Kaminshû* 562; »Apple vs. Sotec Co. Ltd.«, Einstweilige Verfügung, Heisei 11 (1999)(Yo) No. 22125; »Tank AG vs. Taiyo Sensui«, Bezirksgericht Osaka, 23.12.1983, *Mutaishû* 15-3-894.

3   Möglichkeiten zur Erlangung von Markenrechten

Registrierung   22

Markenverfahren vor dem JPA, Obergericht Tokyo und OGH

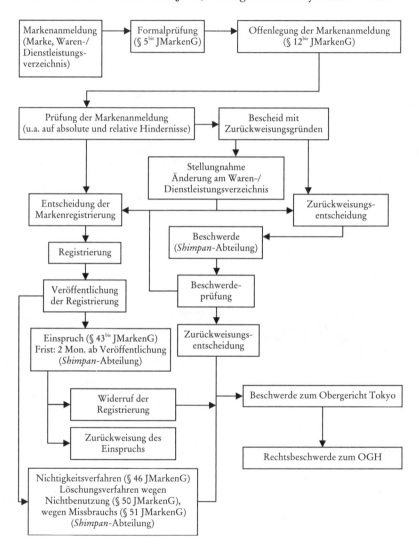

389

23 Anspruch auf Eintragung einer Marke gemäß § 5 JMarkenG hat grundsätzlich die Person, welche die betreffende Marke auf Waren benutzt, die sie herstellt, bearbeitet, vertreibt und anbietet. Es gilt das »Anmelderprinzip«, d. h. jeder kann ein Zeichen als Marke registrieren lassen, selbst wenn er es nicht erfunden oder als Erster verwendet hat.

Vorsichtshalber sollte daher zum Beispiel in einem Vertriebsvertrag vorgesehen werden, dass eine Marke nur im Namen des Geschäftsherrn einzutragen oder jedenfalls auf seinen Wunsch und insbesondere bei Beendigung des Vertrages auf ihn zu übertragen ist. Marken des ausländischen Exporteurs, die ein japanischer Vertreter ohne Erlaubnis für sich hat eintragen lassen, können auf Antrag des Exporteurs binnen fünf Jahren nach Eintragung gelöscht werden.

24 Verkehrsdurchsetzung bei fehlender Registrierung (§ 32 JMarkenG[15])

25 § 32(1) JMarkenG bestimmt, dass die früheren Benutzer von Marken, die weithin bekannt wurden, die Marken auf oder in Verbindung mit denselben Waren oder Dienstleistungen weiter benutzen dürfen, wenn die Marke trotz der vorherigen Benutzung (vgl. § 4(1)(x) JMarkenG) registriert wird. Der Markeninhaber kann dann vom früheren Benutzer verlangen, dass geeignete Maßnahmen ergriffen werden, um sicherzustellen, dass auf dem Markt keine Verwechslung geschieht (§ 32(2) JMarkenG).

26 Das Obergericht Tokyo hat Marken, die weithin bei Konsumenten bekannt sind, als Marken definiert, die landesweit von den primären Käufern derselben

---

15 § 32 [Recht zur Benutzung einer Marke aufgrund von Vorbenutzung]:
(1) Wer innerhalb Japans ohne die Absicht des unlauteren Wettbewerbs eine Marke, die mit der Marke eines Dritten identisch oder dieser ähnlich ist, die Gegenstand einer Anmeldung zur Eintragung für gleiche oder gleichartige Waren oder Dienstleistungen ist, vor Einreichung dieser Anmeldung benutzt hat und die Marke im Zeitpunkt der genannten Anmeldung durch den Dritten (oder im Zeitpunkt der Einreichung der ursprünglichen Anmeldung der Marke oder der Einreichung einer Änderung, falls eine derartige Markenanmeldung als im Zeitpunkt der Einreichung der Änderung gemäß § 9^{quater} dieses Gesetzes oder gemäß § 17ter(1) JGeschmMG, der nach § 17bis(1) oder § 55bis(3) – einschließlich dessen Anwendung nach § 60bis(2) dieses Gesetzes – entsprechend anwendbar ist, als eingereicht gilt) als Folge dieser Benutzung unter den Verbrauchern allgemein als Hinweis dahin bekannt geworden ist, dass die Waren oder Dienstleistungen aus seinem Geschäftsbetrieb stammen, hat das Recht, die Marke für diese Waren oder Dienstleistungen weiter zu benutzen, wenn er die Marke fortgesetzt für diese Waren oder Dienstleistungen benutzt. Dies gilt auch für den Rechtsnachfolger des betreffenden Gewerbetreibenden.
(2) Der Inhaber des Markenrechts oder einer ausschließlichen Lizenz kann von demjenigen, der ein Recht auf Benutzung der Marke gemäß dem vorhergehenden Absatz besitzt, verlangen, dass er seine Waren oder Dienstleistungen mit einer geeigneten Angabe kennzeichnet, um eine Verwechslung zwischen den Waren oder Dienstleistungen, die mit dem Geschäftsbetrieb des Inhabers verbunden sind, und denen, die aus dem Geschäftsbetrieb des anderen stammen, zu verhindern.

Waren erkannt werden, oder zumindest regional durch mindestens die Hälfte der primären Käufer derselben Waren[16].

Im DCC-Kaffee-Fall[17] war für das Gericht zwar ein Anerkennungsgrad von 27
30 % innerhalb einer bestimmten Region für die Anwendung der Bestimmung
von § 32 JMarkenG nicht ausreichend. Der Versuch, die kontinuierliche Benutzung der Marke während 23 Jahren durch einen Vorbenutzer zu untersagen, wurde aber als unzulässiger Missbrauch (*Ranyô*) des Markenrechts angesehen.

Im DCC-Kaffee-Fall klagte der Hersteller und Verkäufer einer berühmten
Kaffeemarke, die als U.C.C. bekannt ist. Der Beklagte verkaufte Kaffee der
Marke DCC. Nachdem der Beklagte offensichtlich die Verkaufstechniken des
Klägers kopierte, ohne dass etwas dagegen unternommen werden konnte,
registrierte der spätere Kläger die Marke DCC für die Benutzung auf Kaffee
und Tee, weil der Beklagte versäumt hatte, diese selbst zu registrieren. Der
Kläger erhob dann Klage auf Unterlassung der Benutzung der Marke DCC
durch den Beklagten, der diese regional bereits seit 23 Jahren benutzt hatte.

Angesichts dieser Tatsachen folgerte das Gericht, dass die regionale Verwendung der Marke diese nicht »gut bekannt« werden ließ und der Beklagte daher
kein Recht gemäß § 32 JMarkenG hatte, die Benutzung fortzusetzen. Das
Gericht entschied jedoch, dass das Verhalten des Kläger ein Missbrauch des
Markenrechts war und der Beklagte daher die Marke weiter benutzen durfte.

Im Ginrei-Sandalen-Fall[18] erkannte das Gericht, dass die Benutzung der Mar- 28
ke GINREI durch den Beklagten für Fußbekleidung für die Zwecke von § 32
JMarkenG »weithin bekannt« war und lehnte es ab, dem klagenden Markeninhaber Schadensersatz in Hinblick auf dessen identische Marke auf ähnlichen
Waren zu gewähren. Weil der Beklagte bereits freiwillig die Benutzung der
Marke GINREI beendet hatte und stattdessen eine andere Marke zu benutzen
begann, wurde die vom Kläger beantragte Unterlassung verweigert. Durch die
freiwillige Beendigung der Benutzung der Marke konnte der Beklagte jedoch
nicht länger behaupten, dass die Benutzung kontinuierlich war. Daher ver-
wirkte er jegliches Recht, die Benutzung wieder aufzunehmen. Im Ginrei-
Sandalen-Fall hatte der Kläger seine Marke 1958 registriert. Der Beklagte
begann die Benutzung seiner Marke 1964 und beendete die Benutzung 1966,
nachdem er vom Kläger eine schriftliche Unterlassungsaufforderung erhalten
hatte. Der Kläger klagte dann auf Schadensersatz für den Zeitraum von
1964–1966, in dem der Beklagte die Marke benutzt hatte. Das Gericht ent-

---

16 Obergericht Tokyo, 16.6.1983, 15 *Mutai Zaisan Hanreishû* 501.
17 Bezirksgericht Hiroshima, 30.9.1982, 499 *Hanrei Times* 211.
18 Bezirksgericht Shizuoka, 25.3.1971, 3 *Mutai Zaisan Hanreishû* 140.

schied, dass der Kläger nicht geschädigt worden sein konnte, weil die Verwendung der Marke durch den Beklagten im Jahre 1964 bereits weithin bekannt war. Der Test für eine »gut bekannte« Marke sei nicht, dass die Marke auf allen Märkten überall in Japan bekannt sei, sondern dass sie vermutlich erkannt würde (*suininshieru teido wo motte tariru*).

29 Dieser Test wurde kaum angewandt und als zu unbestimmt kritisiert[19]. Der OGH forderte, dass eine »gut bekannte« Marke landesweit und nicht nur regional bekannt sein muss[20]. Dies trifft so nicht mehr zu.

---

19 Kazuko Matsuo, »*Sakishôhyôken no yokendearu hiroku ninshi seraretaru' (kyûshôhyôhô daikyûjôikko, genkohô daisanjûnijôikko) no igi*« (»Die Bedeutung von »gut bekannt« als Voraussetzung für Vorbenutzungsrechte unter § 32(1) des Markengesetzes (§ 9(1) unter dem früheren Markengesetz)« in *Hanrei Shôhyôhô* (Rechtsprechung zum Markengesetz) (Vereinigung zum Andenken an Prof. Ryuichi Murabayashi (Hrsg.), 1991) auf Seiten 849, 853 und 860.
20 OGH, 12.11.1980, 36 *Minshû* 2233.

4 Eintragungsverfahren

4.1 Anmeldeerfordernisse 30

Für die Anmeldung einer Marke ist seit dem 1.1.1997 ein Geschäftsbetrieb 31
nicht mehr erforderlich. Ausländer, die in Japan weder einen Wohnsitz noch
eine Niederlassung haben, müssen für die Verfahren vor dem JPA einen
Inlandsvertreter bestellen und bevollmächtigen.

Die Anmeldung zur Eintragung einer Marke hat mit einem Antragsvordruck
zu erfolgen und muss Folgendes enthalten (§ 5 ff. JMarkenG):

– Name, Wohnort bzw. Sitz oder Niederlassung mit genauer Anschrift des
  Anmelders oder seines bevollmächtigten Vertreters; Angabe des Tätigkeits-
  bereichs des Anmelders;
– Datum der Einreichung der Anmeldung;
– Sechs Darstellungen der Marke, erforderlichenfalls mit einer Erläuterung;
– Das Verzeichnis der Waren bzw. Dienstleistungen, für welche die Marke
  bestimmt ist, mit Zuordnung zu dem patentamtlichen Waren- und Dienst-
  leistungsklassenverzeichnis;
– eine Bescheinigung über die Staatsangehörigkeit des Anmelders, wenn dieser ein Ausländer ist;
– eine Vollmacht für den Inlandsvertreter;
– eine Prioritätserklärung und den Prioritätsbeleg bei Inanspruchnahme der
  Priorität einer Erstanmeldung;
– ein Nachweis über die Zahlung der Anmeldegebühr.

Insbesondere bestimmt § 5(1) JMarkenG, dass jeder, der eine Markenregis- 32
trierung wünscht, einen Antrag zusammen mit den notwendigen Dokumenten
beim JPA (Präsidenten des JPA) einreichen muss, wobei der Antrag folgende
Angaben enthalten muss:

(i) Name und Sitz oder Wohnort des Anmelders für die Registrierung
einer Marke;
(ii) die Marke, für welche die Registrierung nachgesucht wird;
(iii) die benannten Waren oder benannten Dienstleistungen und die Klassen der Waren oder Dienstleistungen wie es in der in § 6(2) JMarkenG
genannten Regierungsverordnung vorgeschrieben ist.

Wer die Eintragung einer Marke wünscht, die aus dreidimensionalen Formen
besteht (einschließlich ihrer Kombination mit Schriftzeichen, Bildern, Zeichen

oder Farben oder einer Kombination daraus, nachfolgend als »dreidimensionale Marke« bezeichnet), hat im Antrag eine Erklärung dieses Inhalts abzugeben (§ 5(2) JMarkenG).

Wer die Eintragung einer Marke wünscht, die Schriftzeichen enthält, die vom Präsidenten des JPA als üblich festgelegt worden sind (»übliche Schriftzeichen«), hat im Antrag eine Erklärung dieses Inhalts abzugeben (§ 5(3) JMarkenG).

Bei der Darstellung der Marke, deren Eintragung beantragt wird, gelten Bestandteile, die dieselbe Farbe haben wie ein Element der darzustellenden Marke, nicht als Bestandteil der Marke. Diese Bestimmung findet jedoch keine Anwendung, wenn ein Teil bezeichnet wird, der gefärbt werden soll, und in der Anlage angegeben wird, dass die Farbe, die verwendet werden soll, dieselbe ist, wie diejenige des Markenteils (§ 5(4) JMarkenG).

33   Eine Markenanmeldung soll sich nur auf eine einzige Marke beziehen und ein oder mehrere Waren oder Dienstleistungen bestimmen, für welche die Marke benutzt werden soll, wobei diese Bestimmung gemäß den Klassen der in einer Regierungsverordnung bestimmten Klassenanteilung von Waren und Dienstleistungen erfolgen soll (§ 6 JMarkenG).

34   Das JPA ermutigt Anmelder, die Waren oder Dienstleistungen unter Verwendung von offiziellen Gruppenüberschriften zu identifizieren, die in den »Richtlinien für die Prüfung der Ähnlichkeit von Waren und Dienstleistungen und annehmbare Identifizierung von Waren und Dienstleistungen« angegeben sind. In diesen Richtlinien sind Waren oder Dienstleistungen nach Gruppen von ähnlichen Waren oder Dienstleistungen in jeder internationalen Klasse eingeteilt. Gruppenüberschriften und die unter jede Überschrift fallenden speziellen Waren oder Dienstleistungen sind aufgelistet. Jeder Gruppe wird ein Gruppenähnlichkeitscode aus fünf alphanumerischen Zeichen zugeordnet, der bei der Bestimmung der Ähnlichkeit von Waren oder Dienstleistungen in verschiedenen Klassen verwendet werden kann. Die Gruppenüberschriften sollten in einer Anmeldung aufgelistet werden, wenn die Waren oder Dienstleistungen unter einer bestimmten Gruppe aufgelistet sind oder diesen ähnlich erscheinen. Wenn die Waren oder Dienstleistungen in den Richtlinien nicht aufgeführt sind, sollten diese unter Beifügung ihrer detaillierten Erklärung aufgelistet werden. Unklare Beschreibungen können zu einer Zurückweisung führen.

35   Es gilt das Erstanmelderprinzip (§ 8 JMarkenG). Wenn zwei oder mehr Markenanmeldungen, die sich auf identische oder ähnliche Marken beziehen, die auf identischen oder ähnlichen Waren oder Dienstleistungen benutzt werden sollen, an verschiedenen Tagen eingereicht wurden, kann nur der erste An-

melder für die betreffende Marke eine Registrierung erlangen (§ 8(1) JMarkenG). Wenn diese Anmeldungen dagegen am gleichen Tag eingereicht werden, kann nur ein Anmelder, auf den sich alle Anmelder nach gegenseitiger Konsultation geeinigt haben, für die Marke eine Markenregistrierung erlangen (§ 8(2) JMarkenG). In diesem Fall fordert das JPA die Anmelder unter Fristsetzung zu einer Konsultation über eine Vereinbarung und einer Mitteilung über das Ergebnis an das JPA auf (§ 8(4) JMarkenG). Wird keine Einigung erzielt oder innerhalb der gesetzten Frist kein Bericht angefertigt, kann eine Markenregistrierung nur für einen Anmelder erhalten werden, der durch Losziehung unter Aufsicht des JPA bestimmt wird (§ 8(5) JMarkenG).

Wenn eine Markenanmeldung aufgegeben, zurückgezogen oder zurückgewiesen ist oder die Entscheidung eines Prüfers oder eine *Shimpan*-Entscheidung über eine Markenanmeldung bestandskräftig geworden ist, soll eine solche Anmeldung für die Zwecke von § 8(1)(2) JMarkenG als nie eingereicht angesehen werden (§ 8(3) JMarkenG).

Wer die Eintragung einer Kollektivmarke gemäß § 7(1) JMarkenG wünscht, 36 hat für die Anmeldung der Marke beim Präsidenten des JPA einen Nachweis einzureichen, der belegt, dass der Anmelder eine juristische Person im Sinne des § 7(1) ist (§ 7(3) JMarkenG). Eine Markensatzung muss nicht vorgelegt werden.

Seit Januar 2000 können Markenanmeldungen beim JPO online eingereicht 37 werden. Für den Fall der Einreichung per Post ist das Datum des Poststempels maßgeblich und nicht der tatsächliche Eingang beim JPA.

4.2   Anmeldetag, Inanspruchnahme von Prioritätsrechten   38

Das JPA wird den Eingang des Antrags als Anmeldetag anerkennen sofern aus 39 dem Antrag hervorgeht, dass um eine Markenregistrierung nachgesucht wird, der Name des Anmelders so bestimmt ist, dass seine Identifikation möglich ist, eine Marke, für welche die Registration nachgesucht wird, angegeben ist und Waren oder Dienstleistungen benannt sind (§ 5bis(1) JMarkenG).

Japanische Staatsangehörige sowie Staatsangehörige von Mitgliedsstaaten der 40 Pariser Verbandsübereinkunft (PVÜ) (oder als solche gemäß Art. 3 PVÜ angesehenen Staatsangehörigen), der Welthandelsorganisation (WTO) oder des Trademark Law Treaty können innerhalb von sechs Monaten nach der Einreichung einer Markenanmeldung in einem Mitgliedsstaat des Trademark Law Treaty, einem PVÜ- oder WTO-Staat die Priorität dieser Markenanmeldung gemäß Art. 4 PVÜ in Anspruch nehmen (§ 9ter JMarkenG).

Ist mit der Anmeldung zur Eintragung einer Marke keine frühere Priorität in Anspruch genommen, z. B. Unionspriorität gemäß der Pariser Verbandsübereinkunft (PVÜ) gemäß § 9bis JMarkenG, bestimmt der Tag der ordnungsgemäßen Anmeldung beim JPA in Tokyo die Priorität der Anmeldung (§§ 5bis, 9bis, 9ter JMarkenG). Die Inanspruchnahme einer Unionspriorität unter Angabe von Zeitpunkt und Land der Erstanmeldung muss ausdrücklich zugleich mit der Anmeldung zur Eintragung der Marke erklärt werden (Prioritätserklärung). Der Prioritätsbeleg kann innerhalb von drei Monaten seit dem Einreichungsdatum der Anmeldung beim JPA nachgereicht werden (§ 13 JMarkenG i. V. m. § 43 JPatG). Bei Nichteinhaltung dieser Frist erlischt der Prioritätsanspruch.

41 Im Falle der Verwendung einer Marke auf einer Ware oder Dienstleistung, die auf einer von der Regierung veranstalteten Messe oder bestimmten anderen Messen zur Schau gestellt bzw. erbracht wurde, kann der Anmelder dieser Marke den Tag der Zurschaustellung der Waren bzw. des Anbietens der Dienstleistungen als Anmeldetag in Anspruch nehmen (Ausstellungspriorität), wenn die Anmeldung der Marke unter Bestimmung dieser Waren oder Dienstleistungen innerhalb von sechs Monaten nach diesem Zeitpunkt erfolgt (§ 9(1) JMarkenG).

Soll die Ausstellungspriorität in Anspruch genommen werden, muss vom Anmelder gleichzeitig mit der Markenanmeldung eine schriftliche Erklärung diesen Inhaltes abgegeben werden. Innerhalb von 30 Tagen nach Einreichung der Markenanmeldung muss er eine Bescheinigung vorlegen, die beweist, dass die Marke und die Waren oder Dienstleistungen in der Markenanmeldung eine Marke sind, und dass die Waren oder Dienstleistungen unter § 9(1) JMarkenG fallen (§ 9(2) JMarkenG).

42 Eine in einer europäischen Sprache abgefasste Marke muss bei der Anmeldung auch darauf untersucht werden, ob sie sich in der japanischen Lautung bzw. Umschrift nicht so verändert, dass sie mit bestehenden japanischen Bezeichnungen verwechselt werden kann.

43 Eine Markenanmeldung, in der zwei oder mehr Waren oder Dienstleistungen bestimmt sind, kann unter Beibehaltung des ursprünglichen Anmeldetages geteilt werden, solange sie vor dem JPA oder einem Gericht anhängig ist (§ 10 JMarkenG).

44 Die Umwandlung einer Anmeldung für eine Kollektivmarke in eine Anmeldung zur Eintragung einer Einzelmarke und umgekehrt ist unter Wahrung des ursprünglichen Anmeldetages bis zu dem Zeitpunkt möglich, zudem die Entscheidung des Prüfers oder der Beschwerdekammer (*Shimpan*-Abteilung) über die Anmeldung Bestandskraft erlangt hat (§ 11 JMarkenG).

Ein Anmelder kann seine Anmeldung zur Eintragung einer Defensivmarke in   45
eine Anmeldung zur Eintragung einer Marke umwandeln. Diese Umwandlung
ist nicht mehr möglich, nachdem die Entscheidung des Prüfers oder die
gerichtliche Entscheidung im Hinblick auf die Anmeldung zur Eintragung
einer Defensivmarke rechtskräftig geworden ist (§ 12 JMarkenG). Die Umwandlung einer Anmeldung für eine Marke in eine Defensivmarkenanmeldung
ist jedoch nicht möglich.

Die Anmeldung von »Defensivmarken« ist in anderen Klassen als denen der
Hauptmarke möglich, wenn die Hauptmarke besondere Bekanntheit erlangt
hat. Dabei besteht eine Bindung an die Hauptmarke.

4.3   Klassifizierung und Umklassifizierung von Waren und   46
Dienstleistungen

Japan hat das Abkommen von Nizza über die internationale Klassifizierung   47
von Waren und Dienstleistungen für die Zwecke der Registrierung von Marken am 5.12.1990 unterzeichnet. Seit dem 1.4.1992 gilt die Internationale
Klassifikation als wesentliche Klassifikation von Waren und Dienstleistungen
unter dem JMarkenG, welche die existierenden vier älteren japanischen Klassifizierungen von 1899, 1909, 1921 und 1959 ersetzen wird. Da die Koexistenz
der verschiedenen Klassifizierungen bei Markenrecherchen, Prüfung und
Durchsetzung von Markenrechten zu Verwirrung und Problemen führt, weil
gleiche Waren unterschiedlich zugeordnet sein können, wurde eine Umklassifizierung von Marken beschlossen[21].

Alle Markeninhaber, die vor dem 1.4.1992 Anmeldungen einreichten, müssen   48
seit 1.4.1998 die Umklassifizierung der Waren beantragen. Hierfür sind keine
Amtsgebühren zu entrichten. Geschieht dies nicht, wird die Marke zum
nächsten Ablaufdatum gelöscht.

Eine Anmeldung für eine Umklassifizierung kann 6 Monate vor dem Ablauf   49
der Markenregistrierung und bis zu einem Jahr nach dem Ablauf der Registrierung vorgenommen werden. Das JPA wird Markeninhaber 2 oder 3 Monate vor dem Akzeptanzdatum für die Abänderung der Klassifizierung von
deren Notwendigkeit informieren. Wenn Markeninhaber Erneuerungsanträge
ohne Umklassifizierungsanträge einreichen, wird das JPA diese 3 oder 4
Monate vor Ablauf der Frist für die Einreichung von Umklassifizierungs-
anträgen informieren. Für die Einreichung des Antrags ist das Einverständnis
von evtl. Lizenznehmern und Pfandgläubigern erforderlich.

---

21   Vgl. »Reclassification System under the Trademark Law« von Nami Togawa, *AIPPI Journal,*
Vol. 25, No. 5, 2000, Seiten 272–275.

50 Die Umklassifizierungsanmeldungen werden von einem Prüfer am JPA untersucht. Wenn der Umfang der Waren in einer Umklassifizierungsanmeldung den Umfang der in der ursprünglichen Registrierung benannten Waren wesentlich erweitert oder ändert, wird die Anmeldung zur Umklassifizierung zurückgewiesen. In diesem Fall ergeht ein Bescheid an den Markeninhaber, der sich hierzu äußern und Änderungen vornehmen kann. Bei Zurückweisungsentscheidungen kann der Markeninhaber ein Verfahren vor der *Shimpan*-Abteilung des JPA anstrengen.

51 Wenn der Prüfer keinen Zurückweisungsgrund findet, soll er die Registrierung der Umklassifizierung gewähren, die nach ihrer Registrierung wirksam wird. Die Registrierung der Umklassifizierung wird im Amtsblatt veröffentlicht.

52 Wenn eine Zurückweisungsentscheidung oder eine *Shimpan*-Entscheidung, mit der eine Umklassifizierungsanmeldung zurückgewiesen wird, bestandskräftig oder rechtskräftig wird, oder Anmeldungen zurückgewiesen werden, wird die betreffende Markenregistrierung zum nächsten Ablaufdatum gelöscht. Gegen die Umklassifizierung gibt es keinen Einspruch, allerdings ist eine unvorschriftsmäßige Registrierung der Umklassifizierung ein Nichtigkeitsgrund.

53 4.4 Registrierbarkeit von Marken – Eintragungshindernisse

54 Das Gesetz definiert den Begriff *Hyôshô* als Gattungsbegriff für eine nicht registrierte Marke und *Shôhyô* als Begriff für eine registrierte Marke. Eine weithin bekannte *Hyôshô* kann unter dem JUWG geschützt werden. Die der Eintragung einer Marke entgegenstehenden gesetzlich vorgesehenen Eintragungshindernisse sind in den §§ 3 und 4 JMarkenG aufgeführt und in der folgenden Übersicht stichpunktartig aufgeführt. Marken sind jeweils nicht eintragbar, die mit den in §§ 3(1) und 4(1) JMarkenG angeführten Marken oder Zeichen identisch oder ähnlich sind:

§ 3(1) JMarkenG

    i. Übliche Bezeichnung von Waren und Dienstleistungen
    ii. Üblicherweise auf Waren oder Dienstleistungen benutzte Bezeichnungen
    iii. Beschreibende Marken
    iv. Nachnamen, Firmennamen
    v. Marken aus sehr vereinfachten alltäglichen Zeichen
    vi. Zur Herkunftskennzeichnung ungeeignete täuschende Zeichen

§ 4(1) JMarkenG

    i. Flaggen, Medaillen

398

ii. Wappenschilder oder andere Embleme
iii. UNO oder andere Organisationen
iv. Rotes Kreuz
v. Offizielle Siegel oder Zeichen
vi. Berühmte Zeichen von Behörden, gemeinnützigen Organisationen
vii. Verstoß gegen die öffentliche Ordnung oder Moral
viii. Porträts, Namen, Pseudonyme etc. von berühmten lebenden Personen
ix. Preise, Auszeichnungen
x. Weithin bekannte Marken Dritter
xi. Registrierte Marken Dritter
xii. Defensivmarken Dritter
xiii. Jahresfrist
xiv. Pflanzensorten
xv. Verwechslung mit den Waren eines anderen
xvi. Irreführung über die Qualität der Waren/Dienstleistungen
xvii. Wein, Spirituosen
xviii. Dreidimensionale Formen, die für die Funktionsweise wichtig sind

Die in § 3(1)(i)-(vi) sowie § 4(1)(i)-(ix), (xiv) und (xvi)-(xviii) JMarkenG aufgeführten Eintragungshindernisse entsprechen in etwa den absoluten Schutzhindernissen nach deutschem Markenrecht, wohingegen die in § 4(1)(x)-(xiii) sowie (xv) JMarkenG aufgeführten Eintragungshindernisse in etwa den relativen Schutzhindernissen nach deutschem Markenrecht entsprechen. Gemäß § 3(2) JMarkenG können durch umfangreiche Benutzung der Marke die in § 3(1)(iii)-(v) JMarkenG angegebenen Eintragungshindernisse überwunden werden.

4.4.1 Üblicher Name von Waren und Dienstleistungen (Futsûmeishô)   55 (§ 3(1)(i) JMarkenG)

Eine registrierbare Marke darf nicht lediglich »den üblichen Namen von 56 Waren oder Dienstleistungen (*Futsûmeishô*)« angeben (§ 3(1)(i) JMarkenG). Eine *Futsûmeishô*-Zurückweisung kann überwunden werden, wenn dargelegt wird, dass der Name in der Auffassung der Verbraucher im Sinne einer Marke funktioniert. Diese Doktrin wird von den Gerichten uneinheitlich angewandt, abhängig von den Vorstellungen und Erfahrungen des jeweiligen Gerichtes, und davon, welche Funktion des Markenschutzes das Gericht im jeweiligen Fall als die wichtigste ansieht.

Eine Marke, die aus einem der Inhaltsstoffe des Produktes besteht, auf dem sie 57 angebracht ist, wird als nicht eintragungsfähiger allgemeiner Name angesehen. Daher ist die Marke SUPIRURINA GEITORAA (Spirulina Geitler) – die auch die übliche Bezeichnung für eine Kräutersubstanz ist – für die Verwendung bei Lebensmitteln, welche diese Substanz enthalten, nicht gültig.[22]

58 Der OGH entschied, dass die Marke KAMINARI OKOSHI für Reiskuchen der übliche Name für Reiskuchen geworden ist, die im Tokyoter Stadtteil Akasaka in der Nähe des Kaminari-Tores verkauft werden[23]. In diesem Fall hatte der Revisionskläger die Marke KAMINARI OKOSHI im Jahre 1936 für die Verwendung auf Reiskuchen registriert. Als er im Jahre 1960 die Registrierung zu erneuern versuchte, beantragten zwei Firmen, die seit langer Zeit die Bezeichnung *Kaminari Okoshi* auf ihren in Akasaka verkauften Reiskuchen verwendeten, die Zurückweisung der Erneuerung. Während das JPA diesen Antrag zurückwies, ordnete das Obergericht Tokyo die Löschung der Marke an. Der OGH ging allerdings nicht auf den Standard für die Beschränkung aufgrund des üblichen Namens (*Futsûmeishô*) gemäß § 3(1)(i) JMarkenG ein.[24]

59 Der *Kaki Cha*-Fall illustriert, dass die Bestimmung als »üblicher Namen« einer Ware oder einer Dienstleistung überwunden werden kann, wenn die Marke vom Verkehr als Hinweis auf den Warenursprung und nicht die Ware selbst verstanden wird [vgl. jedoch § 3(2) JMarkenG]. Hier hatte das Bezirksgericht Tokyo entschieden, dass der Teil in einer Marke, der die Wörter KAKI CHA (Kakitee) enthält, für die Verwendung im Zusammenhang mit dem Verkauf von Kakitee ungültig war, weil die Marke auch die übliche Bezeichnung der Waren war[25]: »Selbst wenn eine durchschnittliche Person nicht wüsste, worauf sich speziell die Marke KAKI CHA bezieht, weil CHA auf ein Getränk und KAKI auf den Kakibaum deutet, würde sie erkennen, dass es ein aus Kakibaumblättern zubereitetes Getränk ist«. Auf der Grundlage der gleichen Fakten kam das Obergericht Tokyo zum gegenteiligen Ergebnis.[26] Das Obergericht Tokyo entschied, dass die Marke KAKI CHA des Klägers aufgrund ihrer Berühmtheit rechtsbeständig registriert war, obwohl die meisten Leute sie mit einer Beschreibung der Waren, auf denen sie verwendet wurde, in Verbindung bringen würden. Das Gericht fand daher, dass die Marke KYO NO KAKI CHA (Kakitee aus Kyoto) die Marke KAKI CHA verletzte. Für die Auffassung des Gerichts schien es von Bedeutung zu sein, dass der Tee der Beklagten in Wirklichkeit nicht in Kyoto hergestellt wurde.

---

22 Obergericht Tokyo, 20.4.1989, 1328 *Hanrei Jihô* 106.
23 OGH, 8.4.1975, 779 *Hanrei Jihô* 56.
24 Vgl. Mutsuo Oya, »*Shôhyô no tokubetsu kenchôsei*«, (»Die Besonderheiten von Marken«) in *Hanrei Shohyoho* (Markengesetz Präzedenzfälle), 1991, Seite 321 ff.
25 Bezirksgericht Tokyo, 30.11.1994, 1521 *Hanrei Jihô* 139.
26 Obergericht Tokyo, 18.1.1996, 1563 *Hanrei Jihô* 116.

4.4.2 Üblicherweise auf Waren oder Dienstleistungen benutzte Bezeichnungen (Marken) (§ 3(1)(ii) JMarkenG)

§ 3(1)(ii) JMarkenG bestimmt, dass Marken, »die üblicherweise in Verbindung mit den jeweiligen Waren oder Dienstleistungen benutzt werden«, nicht als Marke registrierbar sind. Gewöhnlich benutzte (*Kanyô*) Marken sind Marken, die Unternehmen im Wettbewerb benötigen, um ähnliche Produkte auf ähnliche Weise zu beschreiben. Üblicherweise benutzte Marken resultieren, wenn eine Marke innerhalb des gleichen Industriezweiges auf verwandten Waren benutzt wird und eine solche Nutzung die Unterscheidungskraft dieser Marke zerstört[27]. Ein Verbot der Monopolisierung von gewöhnlich benutzten Marken wird als notwendig angesehen, um den Wettbewerb zwischen Unternehmen in einem bestimmten Markt zu fördern[28].

Das Bezirksgericht Tokyo entschied daher, dass Begriffe wie GENUINE oder GENUINE PARTS oder ihre japanischen Äquivalente keine gültigen Marken sein können, weil sie üblicherweise von Herstellern von Kraftfahrzeugteilen genutzt werden, um die Vorstellung zu vermitteln, dass sie hinter der Qualität der Teile stehen, die sie benutzen[29]. Der Fall basierte auf einer Markenregistrierung für Fahrradteile, die der Kläger 1952 für das japanische Wort *junsei* (deutsche Bedeutung: »original«) in römischen Schriftzeichen wie auch in *Kanji*-Schriftzeichen erlangte. Die Beklagte Daihatsu produziert und verkauft Kraftfahrzeuge und Kraftfahrzeugteile. Der Kläger trug vor, dass die Wörter »genuine« in Englisch, sein Äquivalent in Katakana und das Wort *junsei* ihre registrierte Marke verletzten. Dies wurde vom Obergericht Tokyo zurückgewiesen, weil das Wort »original« und jegliche Ableitungen davon lediglich zu einem von Automobilunternehmen üblicherweise verwendeten Begriff wurden, um ihre eigenen Ersatzteile von denen anderer zu unterscheiden. Aufgrund von § 26(1)(iv) JMarkenG, der die Erstreckung von Markenrechten auf den Schutz von üblicherweise benutzten Marken untersagt, fühlte sich das Gericht offensichtlich nicht durch die ältere gültige Markenregistrierung beschränkt. Das Gericht folgerte außerdem, dass sich die Rechte aufgrund der Registrierung der Klagemarke für Fahrradteile nicht darauf erstrecken, einen anderen von der Verwendung der Marke für Kfz-Teile auszuschließen.

---

27 Bezirksgericht Tokyo, 31.1.1962, 4 *Mutai Zaisan Hanreishû* 1.
28 Kazuo Morika, *Kogyoshoyukenho Gaisetsu* (Übersicht über industrielle Eigentumsrechtsgesetze) (1985), Seite 179.
29 »M. Takagi vs. Daihatsu«, Bezirksgericht Tokyo, 19.7.1976, 8 *Mutai Zaisan Hanreishû* 262.

63 **4.4.3 Beschreibende Marken, geographische Herkunftsangaben (§ 3(1)(iii) JMarkenG)**

64 Nicht registrierbar sind nach § 3(1)(iii) JMarkenG auch Marken, welche die relevanten Waren oder Dienstleistungen oder Attribute hiervon beschreiben[30]. Derartige Marken können jedoch dann registriert werden, wenn »als ein Ergebnis der Benutzung dieser Marke die Verbraucher erkennen können, dass die Waren oder Dienstleistungen mit dem Geschäftsbetrieb einer bestimmten Person in Verbindung stehen« (§ 3(2) JMarkenG).

65 Das Obergericht Tokyo entschied daher, dass die Marke DAIJESUCHIBU in *Katakana*-Schriftzeichen oder DIGESTIVE in römischen Buchstaben nicht unterscheidungsfähig für Kekse ist und daher die Registrierung abzulehnen war[31].

66 Ebenso wurde die Marke JUN SHÔCHÛ (mit der Bedeutung »purer« bzw. »reiner« Alkohol) als für alkoholische Getränke nicht eintragungsfähig bestimmt, weil sie lediglich die Qualität der Waren beschreibt.[32] Das Gericht kam zu diesem Ergebnis, obwohl es die Marke bei Benutzung zusammen mit anderen Marken des Anmelders als unterscheidungsfähig ansah.

67 Jedoch wurde die Marke JUSHII (abgeleitet von »juicy«) für Fruchtgetränke vom Obergericht Tokyo als registrierfähig angesehen[33]. Die Marke sei zwar beschreibend für die benannten Waren, aber bei Konsumenten wie auch Geschäftsleuten auf diesem Gebiet als Hinweis auf den Anmelder als Herkunft des Saftes weithin bekannt geworden. Da die Marke den Anmelder als Quelle der benannten Waren angab, war für das Gericht § 3(2) JMarkenG anwendbar.

---

30 § 3(1)(iii) JMarkenG:
»(1) Jede Person kann die Eintragung einer Marke erhalten, die für Waren oder Dienstleistungen in Verbindung mit ihrem Geschäftsbetrieb benutzt werden soll. Hiervon ausgenommen sind die folgenden Marken:
...
(iii) Marken, die lediglich aus einer Marke bestehen, die in einer üblichen Weise die Herkunft, den Ort des Verkaufs, die Beschaffenheit, das Rohmaterial, die Wirkung, die Benutzung, die Menge, die Form (einschließlich der Form der Verpackung) oder den Preis der Waren bezeichnet oder die Art oder Zeit ihrer Herstellung oder ihrer Benutzung wiedergibt bzw. den Erbringungsort der Dienstleistung, die Beschaffenheit, die bei der Erbringung benutzten Gegenstände, die Wirkung, die Nutzung, den Umfang, die Art, den Preis der Dienstleistungen oder die Art oder Zeit ihrer Erbringung;
...«

31 Obergericht Tokyo, 29.1.1991, 1379 *Hanrei Jihô* 130.
32 Obergericht Tokyo, 24.12.1992, 1471 *Hanrei Jihô* 143.
33 Obergericht Tokyo, 31.10.1984, 1152 *Hanrei Jihô* 159.

Im Soba-Ziegel-Fall[34] besaß der Kläger die Marke KAWARA SOBA (»Ziegel   68
Soba«) für die Verwendung in Zusammenhang mit Soba(nudeln), welche in
gebogenen keramischen Dachziegeln serviert wurden. Als benachbarte Soba-
Restaurants begannen, auf ihren Speisekarten die Wörter »*kawara soba*« zu
verwenden, wurde einer von ihnen vom Kläger verklagt. Das Obergericht
Tokyo entschied, dass das JPA sich bei der Eintragung irrte, weil die Marke
nicht den in § 3(2) JMarkenG geforderten Grad der Anerkennung (*ninshiki
sareta*) erreichte. Das Gericht fand, dass die Marke nicht nur lediglich das
Produkt als solches beschreibt, sondern auch die Qualität der Soba und die Art
ihrer Zubereitung. Hierbei beurteilte das Gericht die Anerkennung der Marke
bei den Konsumenten zum Zeitpunkt der Anmeldung. Das Gericht verwies
auf verschiedene Beispiele für die Verwendung der Wörter »*kawara soba*« in
anderen Restaurants in der Nähe des Geschäfts des Klägers zum Anmeldezeitpunkt. Weil die Marke zum Zeitpunkt der Registrierung nicht ausreichend
unterscheidungsfähig war, befand das Obergericht Tokyo die Marke ungeachtet ihrer späteren Verwendung als ungültig.

Obwohl im Krispies-Fall[35] Kelloggs das Wort KRISPIES verwendete, um den   69
Einwand zu vermeiden, dass es sich lediglich um die Bezeichnung der Waren
und ihrer Eigenschaften in Englisch sprechenden Ländern handele, ist der
Name des Produktes in japanischer Sprache KURISUPII (das japanische
Äquivalent zu »crispy«). Da dieses Wort in den Augen der japanischen Kon-
sumenten die Bedeutung »crispy« erlangt hat, fungiert es nicht länger als
Ursprungshinweis, sondern als Beschreibung der Merkmale des Produktes.
Die Marke konnte daher nicht geschützt werden.

In »Nisshin Cisco K.K. vs. Kellogg Company & K.K. Kellogg Japan« be-   70
stätigte das Obergericht Osaka die vom Bezirksgericht Osaka gewährte Unterlassungsverfügung gegen Herstellung und Verkauf von Frühstückszerealien,
die von der Berufungsklägerin Nisshin Cisco K.K. unter Verwendung des
Wortes »Crispy« in japanischen Katakana verkauft wurden[36]. Die Klage von
K.K. Kellogg Japan erfolgte auf der Basis des JUWG und die von Kellogg
Company auf der Basis des JUWG und des JMarkenG, wobei sich Kellogg
Co. auf ihre Marke KRISPIES in römischen Schriftzeichen berief (die entsprechende Marke in Katakana war untergegangen und eine Neuanmeldung
noch anhängig). Das Obergericht Osaka sah das Zeichen der Berufungsklägerin als Marke benutzt und ähnlich mit der Marke KRISPIES an. Das Wort war
nach Auffassung des Gerichtes nicht zum unverzichtbaren Ausdruck für die
Angabe von Produktqualitäten im Sinne von § 26(1)(ii) JMarkenG angesehen

---

34 Obergericht Tokyo, 26.1.1993, 25 *Mutai Zaisan Hanreishû* 1.
35 Obergericht Osaka, 30.9.1992, 24 *Mutai Zaisan Hanreishû* 757.
36 Obergericht Osaka, 21.6.1996; vgl. J. Hughes, in *AIPPI Journal*, Vol. 22, Nr. 5, 1997, Seiten
    230–232.

worden. Für das Gericht war von Bedeutung, dass die Marke zum Zeitpunkt der ursprünglichen Einreichung im Jahre 1957 in Japan nicht als Qualitätsangabe bekannt war.

71 Für den Inhaber einer unter § 3(1)(iii) JMarkenG fallenden Marke scheint es eine Schutzlücke zu geben, weil das Markenrecht erst durch die Registrierung geschaffen wird. Ein Markeninhaber muss die Marke zunächst benutzen, um das öffentliche Bewusstsein für die Marke anzuheben, damit die ansonsten beschreibende Marke in einem Ausmass bekannt wird, das für die Registrierung unter § 3(2) JMarkenG ausreichend ist.

Diese Verwendung vor der Registrierung kann jedoch gefährlich sein. § 4(1)(x) JMarkenG bestimmt, dass Marken nicht registriert werden können, die weithin als Hinweis auf Waren oder Dienstleistungen eines anderen bekannt sind. Jedoch ist für die Erfordernisse von § 3(2) JMarkenG eine geringere Benutzung der Marke erforderlich als für die Anwendung des Zurückweisungsgrundes von § 4(1)(x) JMarkenG. § 3(2) JMarkenG verlangt nämlich nur Bekanntheit (*Ninshiki*) während § 4(1)(x) JMarkenG voraussetzt, dass die Marke weithin bekannt ist (*Hiroku ninshiki sareta*). Wenn daher jemand eine beschreibende Marke in der Absicht benutzt, den Grad der Bekanntheit zu erzeugen, der für eine Registrierung der Marke erforderlich ist, riskiert er, seine Marke an einen früheren Markeninhaber zu verlieren, wenn die Marke zwar bekannt ist, aber zur Stützung des Zurückweisungsgrundes nach § 4(1)(x) JMarkenG nicht weithin bekannt ist.

72 Die Bestimmung, ob eine Marke bekannt ist, wurde bei einigen Gerichten auf der Grundlage der Anerkennung in Japan vorgenommen. Beispielsweise wurde die Marke »AIRBUS A300 B« unter § 3 JMarkenG bemängelt und als nicht genügend bekannt bei Konsumenten angesehen, um die Vermutung einer bloßen Beschreibung zu entkräften, weil sie in Japan nicht erkennbar war (*Wagakuni ni oite*)[37].

73 Seit 1.4.1997 bestimmt § 4(1)(xix) JMarkenG, dass Benutzungshandlungen im Ausland herangezogen werden können, um zu bestimmen, ob eine Marke für die Zwecke des Angriffs auf registrierte Marken gut bekannt ist. Es wurde offen gelassen, ob die Benutzung im Ausland auch für die Erfüllung der Erfordernisse von § 3(2) JMarkenG verwendet werden kann, um eine Zurückweisung der Marke aufgrund ihrer Funktion zur Bezeichnung der Waren oder Dienstleistungen der Marke zu überwinden.

---

37 Obergericht Tokyo, 27.6.1979, 11 *Mutai Zaisan Hanreishû* 361, 367; vgl. *GRUR Int.* 1980, Seite 61.

Die Marke COPIER in römischen Schriftzeichen fällt unter § 3(1)(iii) JMar- 74
kenG, weil sie die Qualität oder Natur der Waren als solche repräsentiert,
nämlich die Verwendung auf Fotokopiermaschinen[38].

Marken, die lediglich eine geographische Bedeutung haben, können nicht 75
registriert werden[39]. Die Prüfungsrichtlinien des JPA bestimmen, dass der
vergangene oder gegenwärtige Name eines Staates oder eine sehr bekannte
geographische Bezeichnung, einschließlich Unterhaltungs- oder Geschäftsvier-
tel oder Ähnliches in der Regel als Hinweis auf den Ursprung oder den
Verkaufsort der Waren angesehen werden sollen. Einer Marke mangelt es an
Unterscheidungskraft, wenn die als Marke benutzte geographische Bezeich-
nung irgendwann von jemand anderem an diesem Ort als Hinweis auf einen
Herstellungs- oder Verkaufsort seiner in der Markenanmeldung benannten
Waren benutzt werden kann. Dies trifft zu, selbst wenn die geographische
Bezeichnung bislang nicht als Hinweis auf den Ort der Herstellung oder des
Verkaufs benutzt worden ist.

Im »Georgia Kaffee«-Fall[40] bestätigte daher der OGH die Zurückweisung der 76
Marke GEORGIA der Firma Coca-Cola für die Verwendung auf Kaffeepro-
dukten in Dosen. Das JPA hatte die Registrierung ursprünglich mit der Begründung zurückgewiesen, dass die Marke an sich der Name eines gut bekannten Ortes war und der Antragsteller Coca-Cola in Georgia beheimatet
war. Außerdem bestimmte das JPA, dass die Marke auf diesen Waren auf
übliche Weise benutzt wurde. Das JPA vermutete, dass der Antragsteller
versuchte, sich ein die geographische Herkunft seiner Waren beschreibendes
Wort registrieren zu lassen. Der OGH hielt mit einer anderen Begründung die
Zurückweisung der Anmeldung aufrecht. Wenn der Verbraucher nicht zwischen dem Wort als Marke oder geographischen Ausdruck unterscheiden
könne, sollte eine Registrierung verweigert werden. Könne dagegen der Verbraucher eine solche Unterscheidung vornehmen, sollte die Registrierung
erlaubt werden. Im vorliegenden Fall war der OGH der Auffassung, dass
der japanische Verbraucher nicht zwischen dem Wort Georgia als Ortsnamen
und als Marke, die den Ursprung einer Reihe von Getränken angeben soll,
unterscheiden kann.

Im Waikiki-Fall[41] war die Marke WAIKIKI in *Katakana* für die Verwendung 77
auf Seife, Zahnpasta, Make-up und Parfum registriert worden. Beim JPA
wurde die Löschung dieser Marke mit der Begründung beantragt, dass WAI-
KIKI nicht nur der Name eines geographischen Ortes sondern auch eines

---

38 Obergericht Tokyo, 18.6.1996; 1579 *Hanrei Jihô* 133.
39 § 3(1)(iii) JMarkenG.
40 OGH, 23.1.1986; 593 *Hanrei Times* 71.
41 OGH, 10.4.1979, 927 *Hanrei Jihô* 233.

berühmten Einkaufszentrums sei, in dem Parfum und andere benannte Waren gekauft werden konnten. Daher verletze die Registrierung nicht nur das Verbot von § 3(1)(iii) JMarkenG der Registrierung von geographischen Marken sondern auch das Verbot von § 4(1)(xvi) JMarkenG der Registrierung »von Marken, welche eine falsche Auffassung von der Qualität der Waren oder Dienstleistungen hervorrufen können«.

Der Antragsteller hatte vor dem Obergericht Tokyo und dem OGH Erfolg. Der OGH entschied, dass geographische Marken nicht mehr als Marken funktionieren, wenn Käufer aufgrund der Verwendung solcher Marken die Waren einer Firma nicht von denen einer anderen Firma unterscheiden können. Wenn dies geschieht, mag die Registrierung zwar nicht § 3(1)(iii) JMarkenG verletzen, aber § 4(1)(xvi) JMarkenG, weil sie Konsumenten basierend auf deren Vorstellung vom geographischen Ort, der in den Marken angegeben ist, zur Annahme bestimmter Qualitäten bezüglich der Produkte verleitet.

78   Die Marke LORELEY konnte für japanische alkoholische Getränke eingetragen werden. Im Einspruchsverfahren entschied das JPA allerdings, dass es zu Missverständnissen über die Beschaffenheit des Weines führen kann, wenn für Wein eine Bezeichnung gewählt wird, die auf ein bestimmtes und berühmtes Weinanbaugebiet hinweist[42].

79   Die Analyse von »geographischen Marken« sollte daher immer berücksichtigen

> (1) ob die Marke einen geographischen Ort identifiziert, den Konsumenten nicht als Symbol, das auf die Quelle von Gütern oder Dienstleistungen hinweist, unterscheiden können, und
> (2) ob die Verwendung einer solchen Marke Konsumenten nicht zu der Annahme verleitet, dass die Marke zugleich bestimmte Qualitäten dieser Güter bezeichnet.

80   **4.4.4   Erwerb von Unterscheidungskraft**

81   Eine Marke, der es an Unterscheidungskraft ermangelt, kann registriert werden, wenn die Benutzung der Marke die Konsumenten in die Lage versetzt zu erkennen, dass die markierten Waren mit dem Geschäft des Anmelders verbunden sind (§ 3(2) JMarkenG).

82   Der Erwerb von Unterscheidungskraft durch Benutzung ist strikt auf die tatsächliche Marke und Waren, auf denen die Marke benutzt wurde, beschränkt. Daher fand das Obergericht Tokyo 1967, dass die Marke GOLF

---

42   JPA, 23.10.1991; vgl. *IIC*, Vol. 24 (1993), Seiten 409–410 sowie *GRUR Int.* 1992, S. 465.

in Hinblick auf Hemden, Strickmäntel, Unterwäsche, Strickjacken und Socken seit 1950 Unterscheidungskraft erlangt hat und in Hinblick auf Schlafanzüge und Damenkleider durch Benutzung seit 1965. Das Gericht hielt jedoch die Zurückweisung des JPA aufrecht, weil die Anmeldung für sämtliche Kleidung in der alten Klasse 36 eingereicht wurde und damit Kleidungsstücke umfasste, auf denen die Marke keine Unterscheidungskraft erlangt hatte[43].

Die Anmeldung der Bildmarke mit einer Abbildung der berühmten Plastikbausteine des Anmelders (siehe Figur 1) war vom JPA zunächst zurückgewiesen worden, weil die Marke nur aus einer Marke bestehe, die auf übliche Weise Ursprung, Qualität und Form der benannten Waren angebe und daher in Hinblick auf § 3(1)(iii) JMarkenG nicht registrierbar sei.

Figur 1

Nach Auffassung des JPA habe die Benutzung der Marke durch den Markenanmelder nicht dazu geführt, dass die Marke die Konsumenten in die Lage versetzte, die Waren des Anmelders von denen anderer zu unterscheiden. Das Obergericht Tokyo sah zwar die Marke ebenfalls als beschreibend an, war aber aufgrund der vom Anmelder vorgelegten Dokumente davon überzeugt, dass § 3(2) JMarkenG anwendbar sei, weil die Marke in einem solchen Umfang benutzt wurde, dass die Konsumenten erkennen konnten, dass die Waren mit dem Geschäft des Anmelders verbunden sind[44]. Die Behauptung des Anmelders, dass die angemeldete Marke auf gleiche Weise wirke wie seine Hausmarke LEGO (siehe Figur 2) wurde vom Gericht zurückgewiesen.

---

43 »Marubeni Iida vs. Präsident des JPA«, Obergericht Tokyo, 14.5.1970, 2 *Mutai Shû* 315.
44 »Lego System A/S vs. Präsident des JPA«, Obergericht Tokyo, 28.2.2001; vgl. V. Vanbellingen-Hinkelmann, K. Hinkelmann, in *AIPPI Journal*, Vol. 26, Nr. 5, 2001, Seiten 113–118.

Figur 2

Die rechteckige Umrahmung, die gelbe Umrandung des Blocks und der rote Hintergrund wurden so interpretiert, dass die Blockform hervorgehoben wird. Für die Beurteilung des Gerichts waren die vorgelegten Angaben zum Marktanteil des Anmelders (ca. 80 %), der Zahl der Verkaufsstellen und der umfangreichen Werbung ausreichend. Umfragen unter Verbrauchern zur Bestimmung der Verkehrsgeltung wurden nicht herangezogen.

83 Die Marke KAKUBIN (»quadratische Flasche«) für Whiskey wurde vom Obergericht Tokyo nach Vorlegung umfassender Materialien zur Benutzung (Werbeanzeigen, TV-Werbespots, Verbraucherumfragen) als unterscheidungskräftig anerkannt[45]. Die Zurückweisung der Markenanmeldung durch das JPA wurde aufgehoben.

84 Diese neueren Fälle belegen, dass das Obergericht Tokyo bereitwilliger die Registrierbarkeit von beschreibenden Marken anerkennt als das JPA. Dies steht im Gegensatz zum Soba-Ziegel-Fall, den das Obergericht Tokyo am 26. 1. 1993 entschied. Hier hatte das Gericht die Registrierung der Marke durch das JPA als ungültig erachtet, weil die Marke nicht den von § 3(2) JMarkenG geforderten Grad der Anerkennung erreicht hatte[46].

85 **4.4.5   Nachnamen, Firmennamen (§ 3(1)(iv) JMarkenG)**

86 Die Registrierung von Nachnamen und Firmennamen wird durch § 3(1)(iv) JMarkenG beschränkt. § 3(1)(iv) JMarkenG untersagt die Registrierung einer Marken, welche lediglich aus einem Zeichen besteht, das auf übliche Weise einen gewöhnlichen Nachnamen oder Namen einer juristischen Person wiedergibt.

---

45 »Suntory K. K. vs. Präsident des JPA«, Obergericht Tokyo, 30. 1. 2002; 16 *Law & Technology* 81.
46 Vgl. *Japanese Trademark Jurisprudence*, von Kenneth L. Port, Kluwer Law International, 1998, Seite 55.

Eine Entscheidung des Obergerichtes Tokyo betrifft den komplizierten Fall, 87
dass der Nachname nur einen Teil der Marke ausmacht[47]. Im Allgemeinen
wird von Markenprüfern erwartet, dass sie nicht unterscheidungskräftige
Markenbestandteile ignorieren und nur Markenbestandteile mit einer her-
kunftshinweisenden Funktion vergleichen. Wenn jedoch der nicht unterscheidungskräftige Markenbestandteil einen Nachnamen umfasst und gerade dieses
Wort zuvor für einen Dritten registriert wurde, sollte dies an sich die Registrierung des Namens eines späteren Anmelders verhindern, wenn die Marken
auf ähnlichen Waren verwendet werden.

Daher fand das Obergericht Tokyo, dass die Marke MARUI CHINA (ein-
schließlich einer Abbildung) dem *Kanji*-Schriftzeichen »marui« (und Design)
zu ähnlich war, obwohl die beiden Designs vollkommen verschieden waren.
Das Gericht konzentrierte sich auf den Umstand, dass der Nachzügler bei der
Nutzung von MARUI CHINA das Wort »Marui« in seiner Marke betonte.
Da Marui ein Nachname ist und es zwei vorgängige Registrierungen für
Porzellan oder Töpferwaren gab, welche als »marui« gelesen werden konnten,
konnte MARUI CHINA nicht registriert werden.

§ 26(1)(i) JMarkenG könnte auch hier angewandt werden, um den Umfang des 88
Benutzungsrechts des Inhabers einer eingetragenen Marke zu beschränken, da
diese Vorschrift die Erweiterung des Markenrechts auf den Namen eines
anderen verbietet, wenn dieser nur im Sinne eines Nachnamens benutzt
wird[48].

4.4.6 Marken aus sehr einfachen und üblichen Zeichen   89
(§ 3(1)(v) JMarkenG)

Eine Marke, die nur aus einem sehr einfachen und üblichen Zeichen besteht, 90
kann gemäß § 3(1)(v) JMarkenG nicht registriert werden.

Beispiele hierfür sind Marken, die nur aus ein oder zwei römischen Buchstaben, aus einem Katakana- oder Hiraganazeichen, einer geraden oder ge-
wellten Linie, einem Lorbeer oder einem Schild o. ä. bestehen. Außerdem
gehören hierzu Marken, die aus einem römischen Buchstaben bestehen, der
von einem Katakana- oder Hiraganazeichen begleitet ist, das seine Aussprache
darstellt, oder aus einem Katakana- oder Hiraganazeichen, das die Aussprache
eines römischen Buchstabens darstellt.

Eine Marke, die nur aus zwei mit einem Bindestrich verbundenen römischen
Buchstaben besteht, oder aus ein oder zwei römischen Buchstaben, die von

---

47 Obergericht Tokyo, 29.11.1989; 21 *Mutai Zaisan Hanreishû* 944, 962.
48 Bezirksgericht Tokyo, 16.6.1982; 14 *Mutai Zaisan Hanreishû* 418.

einer die Rechtsform eines Unternehmens angebenden Endung (z.B Co., Ltd., AG, GmbH oder K.K) begleitet werden, kann aus diesem Grund ebenfalls nicht registriert werden. Dies gilt jedoch nicht für zwei römische Buchstaben, die durch ein »&« verbunden sind.

Nur aus Zahlen bestehende Marken sind ebenfalls im Allgemeinen für die Registrierbarkeit zu einfach und üblich. Wenn eine Marke nur aus einem ein- oder zweistelligen Zahlwort besteht, z.B. »one two« oder »twelve« (in Japanisch oder Englisch), soll sie, unabhängig davon, ob sie von der Zahl in Ziffern begleitet ist oder nicht, als zu einfach und üblich für die Registrierung angesehen werden.

Wenn eine Marke nur drei oder mehr in Japanisch oder Englisch geschriebene Zahlwörter umfasst, gilt die Marke als für die Registrierung zu einfach und üblich, wenn sie als Menge aufgefasst würde, z.B. »one hundred and twenty three«. Wenn die Zahl als Abfolge von Zahlwörtern geschrieben ist, z.B. »one two three«, ist die Marke dagegen registrierbar.

Das Verbot der Registrierung von sehr einfachen und üblichen Marken soll aber nicht zur Zurückweisung von Monogrammen von zwei oder mehr römischen Schriftzeichen führen.

91 Dieses Eintragungshindernis kann prinzipiell durch intensive Benutzung der Marke überwunden werden. Wenn die Verbraucher als ein Ergebnis der Benutzung dieser Marke erkennen können, dass die Waren oder Dienstleistungen mit dem Geschäftsbetrieb einer bestimmten Person in Verbindung stehen, kann die Markeneintragung erfolgen (§ 3(2) JMarkenG).

92 ### 4.4.7 Täuschende Marken (§ 3(1)(vi) JMarkenG)

93 § 3(1)(vi) JMarkenG verbietet nicht zur Herkunftskennzeichnung geeignete täuschende Marken. »Marken, bei denen die Verbraucher nicht erkennen können, dass die Waren oder Dienstleistungen mit dem Geschäftsbetrieb einer bestimmten Person verbunden sind« sind danach nicht registrierbar. Dieses Eintragungshindernis hat eine enge Beziehung zum Eintragungshindernis von § 4(1)(xvi) JMarkenG, wonach Marken nicht registriert werden können, die eine falsche Auffassung von Waren oder Dienstleistungen hervorrufen.

94 Wegen fehlender Unterscheidungskraft wurde die für zahlreiche Waren angemeldete Marke T-SYSTEM vom JPA zurückgewiesen. Die Beschwerde des Anmelders wurde vom Obergericht Tokyo zurückgewiesen[49]. Das Oberge-

---

49 »Deutsche Telekom Aktiengesellschaft vs. Präsident des JPA«, Obergericht Tokyo, 29.6.2000; Fall Nr. Hei 12 Gyo-Ke 11; vgl. V. Vanbellingen-Hinkelmann, K.Hinkelmann, *AIPPI Journal*, Vol. 28, No. 1, Januar 2003, Seiten 43–47.

richt Tokyo befand, dass Marken aus einem römischen Buchstaben und dem Wort »System« von Verbrauchern und Händlern als Hinweis auf unterschiedliche Typen von Vorrichtungen aufgefasst werden und nicht als Hinweis auf den Ursprung von Waren oder Dienstleistungen.

4.4.8 Zeichen von Organisationen, Staaten, Behörden etc.; Preise 95

Das JMarkenG kennt auch die üblichen absoluten Eintragungshindernisse in Form von Zeichen von Organisationen, Staaten, Behörden etc. Diese Eintragungshindernisse sind in § 4(1)(i)-(vi) und (ix) JMarkenG näher bezeichnet. Hierzu gehören z.B. Marken, die identisch oder ähnlich sind mit der japanischen oder einer ausländischen Staatsflagge oder einem sonstigen Emblem, einem die Vereinten Nationen oder irgendeine andere internationale Organisation angebenden Zeichen gemäß einer Bekanntmachung des METI, dem Zeichen des Roten Kreuzes oder einem in- oder ausländischen offiziellen Siegel oder Zeichen, sowie Preise. 96

4.4.9 Öffentliche Ordnung und Moral schädigende Marken (§ 4(1)(vii) JMarkenG) 97

Unter der Bestimmung von § 4(1)(vii) JMarkenG sind folgende Marken nicht eintragungsfähig: 98

(a) Charaktere oder Figuren, die aufgrund ihrer strukturellen Natur anderen gegenüber einen radikalen, obszönen, diskriminierenden oder unangenehmen Eindruck erzeugen;
(b) Marken, die das soziale und öffentliche Interesse und das allgemeine moralische Empfinden der Gesellschaft beleidigen würden, wenn sie für die benannten Waren oder Dienstleistungen benutzt werden;
(c) Marken, deren Benutzung durch ein anderes Gesetz verboten ist;
(d) Marken, die ein bestimmtes Land oder die Einwohner eines bestimmten Landes beleidigen, oder internationales Vertrauen und Treue im Allgemeinen verletzen.

Hiermit sind beispielsweise obszöne oder die Gewalt verherrlichende Marken gemeint, oder Wörter, die für eine angemessene Beschreibung von öffentlichen Systemen oder Methodiken benötigt werden. Beispielsweise entschied im »Dr. der Patentarchitektur«-Fall[50] das Obergericht Tokyo, dass willkürlich gebildete Titel wie »Dr. der Patentarchitektur«, »Dr. der Patentmedizin«, »Dr. der Patentökonomie« und »Dr. der Verteidigungsstudien« usw. nicht registrierbar sind, weil solche Marken das »Ziel der Erhaltung der Methodik der Handels- 99

50 Obergericht Tokyo, 31.8.1981, 13 *Mutai Zaisan Hanreishû* 608.

kanäle für Güter verletzen, das der Zweck des Markengesetzes ist, da es Marken und die Interessen von Konsumenten schützt ...«.

100 Auf die Bestimmung von § 4(1)(vii) JMarkenG wird auch zum Schutz der Namen etc. von berühmten Personen, die bereits verstorben sind, zurück-gegriffen.

101 So war der Einspruch der Hebrew University of Jerusalem, Inhaberin der Rechte am Namen und Bild von Albert Einstein, gegen die Registrierung der Marke »einstein« in kleiner stilisierter Schreibweise für die Waren »Beklei-dung« und alle anderen Waren von Klasse 25 erfolgreich. Weil die nicht genehmigte Markenanmeldung gegen die öffentliche Ordnung und Moral unter dem JMarkenG verstößt, widerrief das JPA die Markenregistrierung am 12.12.2000[51]. Desgleichen wurden vom JPA Markenanmeldungen für die Namen von Marilyn Monroe, John Lennon, Marc Chagall und Joan Miro zurückgewiesen.

102 § 4(1)(vii) JMarkenG verlangt, dass die mutmaßlich beleidigende Marke ähn-lich dem berühmten Namen der verstorbenen Person ist. Daher wies die *Shimpan*-Abteilung des JPA in »Roger Richman Agency Inc. vs. Yoshiko Mori« am 24.3.1998 den Antrag auf Löschung der Marke MMONROE für Bekleidung zurück. Die Roger Richman Agency Inc. war eine zur Gewährung von Lizenzen an Namen, Bild, Stimme und Portrait von Marilyn Monroe autorisierte Agentur. MMONROE in *Katakana* muss als erfundenes Wort angesehen werden, da alle Buchstaben kontinuierlich mit derselben Type, in gleicher Größe und mit demselben Abstand geschrieben sind. Daher sei MMONROE unterscheidbar von dem berühmten Namen »Marilyn Monroe«.

Die Registrierung einer Marke, die aus Merkmalen besteht, für welche eine dritte Partei Urheberrechtsschutz besitzt, verstößt nicht automatisch gegen § 4(1)(vii) JMarkenG; ihre Benutzung verstößt auch nicht notwendigerweise gegen § 2(1)(ii) JUWG[52].

103 ### 4.4.10 Portrait, Name, Pseudonym etc. berühmter Personen (§ 4(1)(viii) JMarkenG)

104 Gemäß § 4(1)(viii) JMarkenG dürfen Portraits, Namen, weithin bekannte Abkürzungen von Namen, Titel etc. von berühmten Personen ohne deren

---

51 Vgl. J.A. Tessensohn, S. Yamamoto, in *World Intellectual Property Report*, Vol. 15, 2001, Seiten 10–11.
52 »Q.P. II«, »Kitagawa vs. Q.P. K.K.«, Obergericht Tokyo, 30.5.2001, Fall Nr. 12 Gyo-Ke 387.

Einverständnis nicht als Marken registriert werden. Diese Bestimmung betrifft den Schutz von lebenden Berühmtheiten, aber nicht von deren Erben.

§ 4(1)(viii) JMarkenG untersagt ohne Einverständnis der betreffenden Person   105
Marken, welche aus dem Porträt, Namen, Titel, bekanntem Pseudonym, usw. einer anderen Person bestehen[53]. Beispielsweise konnte Pierre Cardin auf der Grundlage von § 4(1)(viii) JMarkenG in einem Einspruchsverfahren erfolgreich die nicht genehmigte Registrierung von CARDIN für die Verwendung auf industriellen Gleit- bzw. Schmiermitteln und Textilien unterbinden (Entscheidung vom 19.5.1970).

Die Prüfungsrichtlinien bestimmen, dass der Prüfer für die Bestimmung, ob   106
die Abkürzung des Namens einer Person berühmt ist, die Beziehung zwischen dem Namen und den benannten Waren berücksichtigen muss.

Beispielsweise wurde die Registrierung der Marke HILTON für ein Fischerei-   107
Unternehmen für nichtig erklärt, weil sie den Namen einer weltberühmten Hotelkette enthielt[54]. Das JPA hatte 1983 für den Anmelder eine Marke für die Verwendung auf Getreide, Bohnen, Mehl und Futter registriert. 1984 beantragte Hilton International Co. beim JPA die Nichtigerklärung der Registrierung, woraufhin das JPA 1988 die Marke Hilton für die Verwendung durch das Fischerei-Unternehmen löschte. Das Obergericht Tokyo bestätigte die Nichtigerklärung der Markenregistrierung. Die Argumente des Klägers wurden zurückgewiesen, dass Hilton International erst nach der Registrierung der Marke in Japan geschäftlich aktiv wurde und es außerdem in Japan viele Bezeichnungen mit dem Wort »Hilton« gebe. Das Obergericht Tokyo folgerte, dass die Marke HILTON ein »Persönlichkeitsrecht« (*Jinkakuken*) von Hilton International betraf und daher in Japan schutzfähig war, zusätzlich zu seinem Schutz als Marke. Außerdem sei die Marke HILTON eine weithin bekannte Abkürzung für Hilton International Co.

Die General Electric Company erreichte basierend auf seiner für elektrische   108
und elektronische Maschinen und Vorrichtungen registrierten Marke (siehe Figur 4) und unter Berufung auf die Vorschriften von § 4(1)(viii) und (xv) JMarkenG vor dem Obergericht Tokyo die Aufhebung einer Entscheidung

---

53 Vgl. Riichi Toshigi, »*Shôhyôhô ni okeru chomeishisha no hogo*« (»Der Schutz von verstorbenen Berühmtheiten«).

54 Obergericht Tokyo, 9.11.1989; 1338 *Hanrei Jihô* 144. Für weitere Diskussionen vgl. Akira Ishikawa, »*Shôhyôtoroku mukoshinpan seikyû no rieki*« (»Der Nutzen eines Antrages auf Nichtigerklärung einer registrierten Marke«), (1991) 748 *Hanrei Times* 4, Seite 17.

des JPA in einem Nichtigkeitsverfahren und die Nichtigerklärung der für Kosmetika u. ä. eingetragenen Marke des Beklagten[55] (siehe Figur 3).

GENERAL ELECTRIC

Figur 3   Figur 4

Das JPA hatte einen Teil der angegriffenen Marke als den Buchstaben »J« interpretiert und daher entschieden, dass diese Marke deutlich verschieden von der entgegengehaltenen Marke gesehen und gelesen wird. Das Obergericht Tokyo fasste dagegen das »J« lediglich als Verlängerung des »G« und nicht als gesonderten Buchstaben auf. Das Gericht sah die vertikale Linie in der unteren linken Hälfte als vergleichsweise dünn an und war von den vom Kläger vorgelegten älteren Fonts für die Buchstaben G und E überzeugt. Außerdem sah es »GE« als berühmte Abkürzung für den Namen des Klägers bereits vor der Anmeldung der strittigen Marken: »Die Figur im Zentrum der zitierten Marke ist eine unabhängige Marke, welche dazu dient, die Waren des Klägers von den Waren Dritter zu unterscheiden«. Ohne gesondert auf einzelne Bestimmungen im JMarkenG einzugehen, hob das Gericht die Entscheidung des JPA auf.

109 ### 4.4.11 Weithin bekannte Marken eines Dritten (§ 4(1)(x) JMarkenG)[56]

110 Nach § 4(1)(x) JMarkenG sind sehr gut bekannte Marken eines Dritten und hierzu ähnliche Marken, die für dieselben Waren oder Dienstleistungen benutzt werden, nicht registrierbar. Die Berühmtheit der Marke in einem Teil Japans genügt, landesweite Berühmtheit ist nicht erforderlich.

111 Die Berühmtheit (sehr gute Bekanntheit) der Marke soll laut Richtlinien im Allgemeinen durch bezeugte Erklärungen dargelegt werden, gestützt durch gegenständliche Beweismittel wie Proben und Geschäftsunterlagen, die erstellt wurden von staatlichen oder regionalen Behörden, Industrie- und Handelskammern, Kunden oder Agenten, Benutzern, Werbeagenturen, Herausgebern, Handelsvereinigungen sowie durch Rechnungen, Lieferscheine, Bestellscheine oder Abrechnungsunterlagen. Diese Erklärungen sollen die tatsächlich benutz-

---

55 »General Electric Company vs. K.K. Naka Nihon Company«, Obergericht Tokyo, 9.12.1997; in V. Vanbellingen-Hinkelmann, K. Hinkelmann, *AIPPI Journal*, Vol. 23, Nr. 4, Juli 1998, Seiten 152–155.
56 *The Protection of Well-Known Marks in Asia,* Eds. Christopher Heath & Kung-Chung Liu, Chapter 4. Japan (Christopher Heath), Kluwer Law International, 2000.

te Erscheinung der Marke und die Waren, auf denen sie benutzt wurde, Benutzungsanfang, -dauer und -ende, Anzahl der hergestellten oder verkauften Waren, Benutzungsgebiet etc., Werbemedien und – häufigkeit etc. angeben.

Diese Voraussetzung ist für den früheren Markenbenutzter, der seine Marke   112 nicht registriert hat, schwierig zu erfüllen. Im DCC-Kaffee-Fall entschied das Gericht, dass die Marke DCC, wie sie auf Kaffee und verwandten Waren verwendet wurde, nicht sehr gut bekannt war, obwohl die Marke seit 23 Jahren in Benutzung war und von mindestens 30 % des Zielmarkts als Marke erkannt war[57]. Das Erfordernis »weithin bekannt« ist daher nur schwierig zu erfüllen, was für regionale Verkäufer von Massenkonsumartikeln für die allgemeine Bevölkerung schwierig ist[58].

Im Ginrei-Sandalen-Fall[59] war es für das Gericht dagegen beim Test auf   113 »weithin bekannte« Marken »ausreichend, wenn sie vermutlich erkannt wurde« (*suininshieru teido wo motte tariru*). Hier führte das Gericht zahlreiche Geschäftsbücher über die Verwendung der Marke GINREI auf Fußbekleidung durch den Beklagten auf, und seine spezielle Erkennung durch Zeugen.

Zur allgemeinen Regel, dass es für die Zwecke von § 4(1)(x) JMarkenG nur   114 wichtig ist, wenn die Marke in Japan weithin bekannt ist, gibt es gelegentlich Ausnahmen, wenn die Marke bei den Fachleuten auf dem Gebiet sehr bekannt wird, auf dem die relevanten Waren oder Dienstleistungen angeboten werden, selbst wenn diese Güter oder Dienstleistungen in Japan nie zum Kauf angeboten wurden. So war zwar die ausländische Zeitschrift »Computerworld« nie in Japan zum Verkauf angeboten, aber in den Augen von Computerfachleuten in Japan berühmt und mithin eine »weithin bekannte« Marke für die Zwecke von § 4(1)(x) JMarkenG[60].

Das Gericht nahm damit die Änderung des Markengesetzes von 1996 vorweg,   115 wo im neuen § 4(1)(xix) JMarkenG festgestellt ist, dass Marken, die mit Marken identisch oder mit ihnen ähnlich sind, die entweder in Japan oder im Ausland bei Konsumenten weithin bekannt sind dafür, dass sie die Waren oder Dienstleistungen als mit dem Geschäftsbetrieb eines Dritten verbunden ausweisen, nicht registriert werden können.

---

57 Bezirksgericht Hiroshima, 30.9.1982; 499 *Hanrei Times* 211.
58 Tatsuki Shibuya, »*Shôhyôhô 4-1-10 ni iu juyoshano aidani hiroku ninshisareteirushôhyô' no igi*«, (»Die Bedeutung von »einer bei Konsumenten weithin bekannten Marke« in § 4(1)(x) des Markengesetzes«), (1987) 878 *Juristo* 110.
59 Bezirksgericht Shizuoka, 25.3.1971; 3 *Mutai Zaisan Hanreishû* 140.
60 Obergericht Tokyo, 26.2.1992, 1430 *Hanrei Jihô* 116.

116 In der Entscheidung betreffend die Marke ISLAND SNOW für Freizeit-bekleidung wurde ebenfalls festgestellt, dass eine Benutzung der Marke in Japan nicht notwendig ist[61].

117 Die einfache Bezeugung, dass eine Marke unter Verbrauchern und Händlern weithin bekannt ist, ohne dass jedoch irgendwelche konkreten Angaben gemacht wurden, genügt nicht zum Nachweis dafür, dass die Marke berühmt ist[62]. Im Folgenden sind weitere Beispiele für Art und Umfang des Beweises der Benutzung angegeben.

118 Die Marke NEW YORKER wurde als vor dem 11.5.1954 weithin bekannt angesehen (dem Tag der Anmeldung eines Dritten), weil NEW YORKER von der Chrysler Corporation seit 1938 als Marke für Automobile benutzt worden war und Autos mit dieser Marke seit 1949 in Japan eingeführt wurden. Wegen der japanischen Importbeschränkungen gab es zwischen 1950 und 1954 nur 1500 von Chrysler importierte Autos, aber ein Drittel davon waren NEW YORKER-Autos. Kataloge waren in Japan verteilt worden und die Marke mit der exzellenten Qualität und dem hohen Preis solcher Autos in Verbindung gebracht worden. JPA und Obergericht sahen die Marke NEW YORKER daher als in Japan weithin bekannt an und hielten sie einer Anmeldung für die Verwendung auf Fahrrädern entgegen[63].

119 Andererseits wurde die Marke ARROW für Hemden als in Japan vor dem Anmeldetag eines Dritten (25.4.1955) nicht weithin bekannt angesehen, obwohl ARROW vor diesem Datum in den USA eine berühmte Marke war[64]. Die Verkäufe zwischen 1922 und 1941 bzw. 1949 und 1954 wurden als zu geringfügig angesehen. Außerdem wurden keine Nachweise zu Werbung vor dem Stichtag vorgelegt.

120 4.4.12 Registrierte (Defensiv-)Marken Dritter (§ 4(1)(xi)(xii) JMarkenG)

121 Nach § 4(1)(xi) JMarkenG sind Marken nicht registrierbar, die mit der zuvor für einen Dritten für die gleichen oder ähnliche Waren oder Dienstleistungen registrierten Marke identisch oder ähnlich sind. § 4(1)(xii) JMarkenG regelt dies für den Fall zuvor registrierter Defensivmarkenanmeldungen.

---

61 Obergericht Tokyo, 14.12.1999, Fall Nr. Hei 11 Gyo-Ke 108.
62 Elizabeth-Kosmetik-Fall, Obergericht Tokyo, 16.1.1972, 252 *Hanrei Times* 184.
63 »Umber A. Garmia vs. Präsident des JPA«, Obergericht Tokyo, 26.1.1967, 204 *Hanrei Times* 156.
64 Obergericht Tokyo, 22.1.1969, 234 *Hanrei Times* 233.

Selbst bei identischer Aussprache kann auf fehlender Ähnlichkeit der Marken erkannt werden[65].

4.4.13 Wortmarken 122

Die Registrierung von japanischen Marken bereitet ausländischen Anmeldern 123 insbesondere wegen der Besonderheiten der japanischen Sprache Schwierigkeiten. In der japanischen Sprache gibt es drei verschiedene Arten von Schriftzeichen: die phonetischen Silbenalphabete *Katakana* und *Hiragana* sowie die bildhaften *Kanji* (chinesische Schriftzeichen). Im Gegensatz zu *Katakana* und *Hiragana* hat jedes *Kanji* seine eigene Bedeutung. Eine in einer Schriftart geschriebene Marke kann in einer separaten Marke in einem anderen Typ von Schriftsymbolen verwendet werden.

Die Analyse von Wortmarken erfolgt unter Kapitel 4.4.14 zusammen mit der Analyse von zusammengesetzten Marken.

4.4.14 Zusammengesetzte Marken 124

a) Zwei oder mehr verschiedene Schriftarten 125

Die Praxis des JPA erlaubt die Wiedergabe einer Marke in mehreren verschie- 126 denen Schriftarten (z. B. in lateinischen Buchstaben und hierzu äquivalenten *Katakana*) oder in Schriftzeichen und einem Bild oder Ziffern. Da sich viele Japaner japanische Schriftzeichen besser als lateinische Buchstaben merken können, empfehlen sich häufig solche Marken.

Aus mehreren verschiedenen Schriftarten zusammengesetzte Marken weisen 127 jedoch auch Nachteile auf. Insbesondere können ausländische Marken, die in lateinischen Buchstaben geschrieben sind, von verschiedenen Japanern unterschiedlich ausgesprochen werden, wobei jede dieser Aussprachen in *Katakana* unterschiedlich geschrieben würde. Wenn die Marke aus lateinischen Buchstaben als zusammengesetzte Marke in Kombination mit nur einem ausgewählten *Katakana*-Äquivalent registriert wird, ist seine japanische Ausspra-

---

65 »Hô-ô«, Obergericht Tokyo, 19. März 2002, Fall Nr. 13 Gyo-Ke 363; 16 *Law & Technology* 81: Im zugrundeliegenden Fall hatte das JPA eine Markenregistrierung aufgrund der Ähnlichkeit mit einer vorhandenen Marke zurückgewiesen. Die beiden identisch »hô-ô« ausgesprochenen Marken waren für traditionelle japanische Textilien (*orimono*) registriert. Die angemeldete Marke in japanischen Kanji bedeutet »mythischer Pfauen-ähnlicher Vogel, der erscheint, wenn Frieden und Heiligkeit sich durchsetzen« und die entgegengehaltene Marke »Kirschbaumschatz«. Die strittige Marke wurde seit 1989 benutzt und im Dezember 1996 zur Registrierung angemeldet. Die entgegengehaltene Marke war kaum benutzt worden und sogar im September 1999 zur Löschung vorgeschlagen worden. Unabhängig hiervon gebe es jedoch keine Verwechslungsgefahr.

che gewöhnlich auf dieses *Katakana*-Äquivalent beschränkt. Bisweilen ist es daher fraglich, ob eine zusammengesetzte Marke durch eine Marke verletzt wird, die ähnlich ist der Marke, die in einer Schriftart geschrieben ist, aber unähnlich der Marke in einer anderen Schriftart.

128 In der Regel wird bei zusammengesetzten Marken die alleinige Benutzung der Version in lateinischen Buchstaben oder der *Katakana*-Version nicht als gesetzlich erforderliche Benutzung angesehen. Eine Ausnahme liegt vor, wenn beide Versionen in der Öffentlichkeit üblich und beliebt sind und daher beim Betrachten einer Version die Öffentlichkeit die andere Version sofort »mitsieht«. Beispielsweise kann der Durchschnittsjapaner im Allgemeinen die *Katakana*-Äquivalente der englischen Wörter »General« (Zeneraru), »Natural« (Nachuraru) und »Cap« (Kappu) erkennen.

129 Wegen der Möglichkeit von zahlreichen *Katakana*-Äquivalenten für eine einzige Marke in lateinischen Buchstaben und der Schwierigkeit, vor der Benutzung der Marke auf dem japanischen Markt das am besten geeignete *Katakana*-Äquivalent auszuwählen, kann die Registrierung von zusammengesetzten Marken wenig sinnvoll sein. Es kann sich aufgrund der bei der Vermarktung gewonnenen Erkenntnisse anbieten, eine *Katakana*-Version zu wählen, die sich von der ursprünglich in der registrierten zusammengesetzten Marke verwendeten unterscheidet.

130 Für die Erzielung eines umfassenden Schutzes ist es daher bei ausländischen Marken immer angebracht, getrennte Anmeldungen für die Marke in lateinischen Buchstaben und in japanischen Schriftzeichen einzureichen.

131 Im Falle von pharmazeutischen oder kosmetischen Produkten ist zu beachten, dass die japanischen Bestimmungen, die den Verkauf solcher Produkte kontrollieren, erfordern, dass solche Produkte mit einer Marke in japanischer Schrift versehen werden, die in der Anmeldung beim Gesundheitsministerium für die Genehmigung des Verkaufs des Produktes in Japan aufgeführt ist.

132 Die Farbe hat keinen Einfluss auf den Schutzumfang einer Marke. Eine registrierte Marke umfasst jede ähnliche Marke, die bei identischer Farbe identisch zu der registrierten Marke wäre. Die Benutzung der Marke ist daher unabhängig von der Farbe. Eine Marke kann allerdings eine einzigartige Farbe aufweisen, welche die Aufmerksamkeit der Öffentlichkeit auf die Marke zieht. Aufgrund einer lang andauernden, umfassenden Benutzung einer Marke in einer bestimmten Farbe kann diese daher Unterscheidungskraft erlangen[66].

---

66 »Shimizu Shokuhin K.K. vs. Präsident des JPA«, Obergericht Tokyo, 8.12.1957, 8 *Gyosei Shû* 12, 2199.

Bei der Bestimmung der Markenähnlichkeit ergeben sich bei zusammenge-   133
setzten Marken aufgrund von Unterschieden in der Beziehung und im Gewicht der einzelnen Bestandteile der Marken weitere Schwierigkeiten beim
Vergleich, wie beispielsweise Unterschiede in Größe, Stil, Farbe oder Unterscheidbarkeit unter den Versionen der zusammengesetzten Marke.

Für die Bestimmung der Ähnlichkeit werden die drei üblichen Hauptkriterien   134
herangezogen. Zwei Marken werden als miteinander ähnlich angesehen, wenn
sie in einem der drei Kriterien ähnlich sind. Die relative Bedeutung der
Kriterien unterscheidet sich in Abhängigkeit von den Waren, auf denen die
Marke benutzt wird. Bei der Prüfung auf Ähnlichkeit ist der Personenkreis zu
berücksichtigen, dem die wesentlichen Konsumenten der mit der Marke versehenen Waren angehören (z.B. Kinder, Frauen, Spezialisten, ältere Leute).

Bei der Prüfung wird insbesondere der unterscheidungskräftige Teil der Marke   135
berücksichtigt, also der Teil der Marke, der die Aufmerksamkeit einer Person
hauptsächlich anzieht, wie beispielsweise der Anfang einer Marke, die *Katakana*-Schriftzeichen in einer zusammengesetzten Marke, die in *Katakana* und
in lateinischen Schriftzeichen gezeigt wird, und die *Katakana* oder üblichen
Bildbestandteile einer komplexen Wort-Bild-Marke.

Wenn z.B. eine Marke aus lateinischen Buchstaben von einer japanischen   136
Katakana-Version der Marke begleitet ist, wird die Aussprache der lateinischen Buchstaben auf die besondere *Katakana*-Version begrenzt, sofern die
Katakana nicht außergewöhnlich unnatürlich sind. Daher wurde in Hinblick
auf Plastikbecher STYROCUP als unähnlich mit STYRON, begleitet von
einer »su-ta-ee-ron« ausgesprochenen *Katakana*-Version, angesehen.

Die Marke SUN-S mit einem begleitenden Symbol wurde in Hinblick auf   137
Kleidung als ähnlich mit der Marke »SSS«, begleitet von einer »sanes« aus-
gesprochenen *Katakana*-Version, angesehen. Hier bewirkte die *Katakana*-
Aussprache die Assoziation san=3 und es=S, somit: 3S.

Da Japaner nicht geläufige Buchstaben bei der Ähnlichkeitsprüfung wahr-   138
scheinlich unberücksichtigt lassen, können die unterscheidungs- und nicht
unterscheidungskräftigen Teile in einer ausländischen Marke in Japan und im
Heimatland verschieden sein.

Der Prüfer isoliert häufig einen Teil der angemeldeten Marke als unterschei-   139
dungskräftiges Element und findet dann eine entgegenstehende frühere Registrierung[67].

---

67 Obergericht Tokyo, 30.4.1963; 14 *Gyosei Shû* 835.

140 Bei zusammengesetzten Marken muss besonderes Augenmerk auf die Ähnlichkeitsprüfung gelegt werden, wobei die Nähe und Beziehung der Komponententeile berücksichtigt werden sollte. Im Allgemeinen wird eine zusammengesetzte Marke nicht als einzelne Einheit geprüft, sofern die Bestandteile nicht in Hinblick auf Erscheinung, Aussprache oder Bedeutung untrennbar miteinander verbunden sind.

141 So wurde die Marke PEARL für die Verwendung auf Kosmetika in Hinblick auf die frühere Registrierung von PEARLQUEEN zurückgewiesen[68]. Der Wortanfang von PEARLQUEEN in *Katakana* wurde so angesehen, dass dadurch die vollständige Marke ähnlich der Marke PEARL in *Katakana* wurde. Andererseits wurde WORLDCUP für Kleidung in der Beschwerde als unähnlich zu CUP angesehen, weil WORLDCUP ein einzelnes Wort mit eigenständiger Bedeutung war[69].

142 Eine zusammengesetzte Marke, die ein Adjektiv enthält, das die Qualität, verwendete Rohmaterialien etc. angibt, ist mit einer anderen Marke ähnlich, die solch ein Adjektiv nicht aufweist. LUMISUPER in *Katakana* wurde in Hinblick auf LUMIDELUXE zurückgewiesen, weil »super« und »deluxe« beliebte englische Adjektive sind[70].

143 Im Falle von zusammengesetzten Marken, deren Teile sich in der Größe unterscheiden, kann die Aussprache jeden Teiles für die Bestimmung der Ähnlichkeit mit anderen Marken herangezogen werden. Daher sei die Marke SUNMoon ähnlich den beiden Marken SUN und MOON. Ebenso kann bei einem genügend großen räumlichen Abstand zwischen den beiden Marken bei der Ähnlichkeitsprüfung jeder Teil unabhängig betrachtet werden.

144 Manchmal wird die Öffentlichkeit eine Abkürzung einer längeren zusammengesetzten Marke oder einer zusammengesetzten Marke, deren Bestandteile unterschiedliche Unterscheidungskraft aufweisen, benutzen. In solchen Fällen wird die nicht abgekürzte, vollständige Marke nicht registrierbar sein, wenn die abgekürzte Marke ähnlich einer anderen registrierten Marke angesehen wird, die nur aus der Abkürzung besteht. So entschied das Obergericht Tokyo, dass die Öffentlichkeit DUO-DECADRON mit der besser aussprechbaren Abkürzung DUO bezeichnen würde. DUO-DECADRON sei daher als ähnlich mit der früheren Registrierung von DUO für Chemikalien und Arzneimittel zurückzuweisen[71].

---

68 »K. K. Sankodo vs. Präsident des JPA«, Obergericht Tokyo, 16.2.1977; 361 *Hanrei Times* 323.
69 »K. K. Miyakodai vs. Mizuno«, Obergericht Tokyo, 9.6.1977; 361 *Hanrei Times* 325.
70 »Mitsubishi Electric Co. vs. Präsident des JPA«, Obergericht Tokyo, 21.3.1975, 7 *Mutai Shû* 1, 56.
71 »Merck & Co., Inc. vs. Präsident des JPA«, 27.2.1975, 324, *Hanrei Times* 232.

Wenn einer der Bestandteile ein üblicher Name, ein üblicherweise mit den benannten Waren benutzter Name, eine geographische Herkunftsangabe oder eine Zahl ist, wird ein solcher Bestandteil üblicherweise bei der Ähnlichkeitsprüfung unbeachtlich sein. Daher wird eine zusammengesetzte Marke, die sich von einer früheren Marke nur durch solche üblichen Bestandteile unterscheidet, als ähnlich mit der früheren Marke angesehen[72]. SWING CUSTOM für Sportartikel wurde daher in Hinblick auf die registrierte Marke SWING zurückgewiesen, weil »custom« häufig »high class« oder »speziell angefertigt« bedeutet, insbesondere für Golfausrüstung[73].

Das JMarkenG unterscheidet hinsichtlich des Verbots von Marken zwischen   145 ähnlichen Marken[74] und solchen, die eine Verwechslungsgefahr hervorrufen[75]. Die Beibehaltung dieser beiden unterschiedlichen Zurückweisungsgründe – Ähnlichkeit (*Ruiji*)[76] und Verwechslung (*Kondô*) – sollte die Registrierung der Marken verhindern, die auf den ersten Blick nicht ähnlich sind, aber als Folge ihrer Benutzung beim Konsumenten immer noch Verwirrung hinsichtlich des Warenursprungs hervorrufen können. So sind beispielsweise die Marken TOKYO DENON KABUSHIKI KAISHA und DENON nicht ähnlich. Weil aber die erste Marke umgangssprachlich häufig auf DENON verkürzt wird und beide beim Verkauf von elektronischen Waren verwendet werden, entsteht bei den Konsumenten Verwirrung[77].

Die Richtlinien und die Gerichte erfordern einen umfassenden Vergleich von   146 Klang, Erscheinung und Bedeutung der beiden Marken[78]. Zum Nachweis der Ähnlichkeit genügt es, wenn eines dieser Elemente in beiden Marken identisch

---

72 Obergericht Tokyo, 18.11.1991; 1410 *Hanrei Jihô* 107; wenn eine Marke aus zwei Wörtern zusammengesetzt ist, von denen eines Unterscheidungskraft hat und das andere eine geographische Bezeichnung oder ein Nachname ist, oder eine andere generische Funktion hat, sollen Prüfer den nicht unterscheidungsfähigen Teil ignorieren. Daher sind die auf ähnlichen Süßigkeiten verwendeten Marken UNRYU und HAKUSAN UNRYU ähnlich, weil HAKUSAN eine geographische Bezeichnung ist.

73 »Maruman Golf K.K. vs. Präsident des JPA«, Obergericht Tokyo, 14.6.1978, 10 *Mutai Shû* 1, 228.

74 § 4(1)(xi) JMarkenG.

75 § 4(1)(xv) JMarkenG.

76 Für eine detaillierte Analyse vgl. Yoshiyuki Tamura, »*Shôhyô no ruiji*« (»Markenähnlichkeit«)

77 Obergericht Tokyo, 23.1.1990; 1346 *Hanrei Jihô* 145.

78 Vgl. Kanji Kudo, *Shinsa Kijun No Kaisetsu* (Erläuterung der Prüfungsrichtlinien für Marken) (1996), unter 120. Gerichte verlangen, dass die Prüfer eine Vielzahl von anderen Faktoren berücksichtigen, einschließlich des Vergleichs von Klang, Erscheinung und Bedeutung der relevanten Marken und des Ausmaßes, zu dem beide Marken gut bekannt sind. Obergericht Tokyo, 15.10.1991; 1415 *Hanrei Jihô* 124 (LANVAN und RURBAN sind nicht ähnlich im Klang, weil LANVAN so gut bekannt ist).

ist[79]. Diese Prüfung soll nach Zergliederung der jeweiligen Marken in ihre konstituierenden Bestandteile einschließlich Silben durchgeführt werden[80].

147 Das in den Richtlinien bestimmte Erfordernis einer umfassenden (*sôgôtekini*) Analyse ist allerdings bei einer zergliedernden Betrachtungsweise der Marken nur schwierig durchzuführen.

148 Dieser Zwiespalt war Gegenstand einer Entscheidung des Obergerichtes Tokyo, als es eine Beschwerdeentscheidung des JPA aufhob, das die Zurückweisung des Prüfers der Marke GIBELTY (in lateinischen Schriftzeichen und *Katakana*) aufgrund von Verwechslungsgefahr (irreführende Ähnlichkeit) mit der Marke GIBALTI (in lateinischen Schriftzeichen und *Katakana*) aufrechterhalten hatte[81]. Beide Marken werden in Zusammenhang mit Kleidung benutzt. Zwar war das Gericht nach einer zergliedernden Betrachtung der Aussprache jeder Marke und Vergleich der jeweiligen Silben der Auffassung, dass sich die Marken sehr ähnlich anhörten. Weil Bedeutung und Erscheinung der Marken unterscheidbar waren, sollte GIBELTY aber registriert werden. Das Gericht entschied somit, dass für die Ergebnisfindung eine umfassende Überprüfung stattfinden sollte, die einen spezifischen phonetischen Vergleich der beiden Marken und der anderen Elemente der Ähnlichkeitsanalyse (Erscheinung und Bedeutung) umfasst[82].

149 Der OGH hatte bereits entschieden, dass Markenprüfer ihre Analyse fallweise durchführen sollen und die Gesamtheit der Umstände des Verkaufs der fraglichen Güter berücksichtigen sollen[83]. In einigen Entscheidungen wurde über-

---

79 »Daishinrin«, OGH, 22.9.1992; vgl. 800 *Hanrei Times* 169.

80 OGH, 10.9.1993; 1474 *Hanrei Jihô* 138 (Wenn eine Marke zusammengesetzt ist aus einer Kombination aus einer gut bekannten Marke und einem beschreibenden Ausdruck, soll zur Bestimmung der Ähnlichkeit nur der unterscheidungskräftige Teil der Marke verwendet werden, weil nur dieser Teil eine auf die Herkunft weisende Funktion hat. Daher sind EYE und SEIKO-EYE für Brillen nicht ähnlich). Aber vgl. Obergericht Tokyo vom 30.8.1994; 1519 *Hanrei Jihô* 111 (wenn jedes Element einer zusammengesetzten Marke für sich Unterscheidbarkeit aufweist, kann die Marke als zwei getrennt unterscheidbare Marken angesehen werden. Daher sind sowohl KENKÔKAGAKU (»Wissenschaft für Gesundheit«) und YAKURUTO (Yakult, eine berühmte Hausmarke) geprägte (erfundene) Marken und unterscheidbar, und daher kann KENKÔKAGAKU YAKURUTO als zwei getrennte Marken angesehen werden).

81 Obergericht Tokyo, 29.3.1995; 1565 *Hanrei Jihô* 131.

82 Dies war erneut von Bedeutung für das Urteil des Obergerichts Tokyo vom 6.12.1995, 1560 *Hanrei Jihô* 136: »Der korrekte Test für die Bestimmung von Ähnlichkeit unter § 4(1)(xi) JMarkenG besteht in der Berücksichtigung sämtlicher Faktoren. Selbst wenn eines der drei Elemente (Klang, Bedeutung oder Erscheinung) auf eine Nichtähnlichkeit hinzuweisen scheint, müssen für eine Entscheidung über die Ähnlichkeit alle Faktoren in Betracht gezogen werden«.

83 OGH, 27.2.1968, 516 *Hanrei Jihô* 36: »Bei der Durchführung einer Analyse der Ähnlichkeit müssen Gesamteindruck auf Verbraucher, Bild und Idee der Marke, wie sie auf den relevan-

einstimmend verlangt, dass der Prüfer auch die Natur des betroffenen tatsächlichen Geschäftszweiges berücksichtige, wenn bestimmt werden soll, ob zwei Marken zueinander ähnlich sind[84].

Die Rechtsprechung der Gerichte und die Richtlinien des JPA bestimmen, dass für die Bestimmung der Ähnlichkeit von Marken deren Klang, Bedeutung und Erscheinung berücksichtigt werden müssen: 150

a) Analyse des Klanges   151

Der Klang einer Marke ist die Aussprache einer Marke wie sie vom durchschnittlichen japanischen Betrachter verstanden wird[85]. Dies beinhaltet die natürliche Leseweise der in *Kanji* geschriebenen Marke wie auch der Marke zufällig zugeordnete Lesungen. Wenn der Klang von zwei Marken verglichen wird, erfolgt dies auf der Basis der japanischen Aussprache, unabhängig davon, ob sie in *Kanji, Kana* oder in lateinischen Schriftzeichen geschrieben sind. Es gibt nur wenige Marken, die sich auf Japanisch anhören wie in ihrer Herkunftssprache. Die Gerichte sind sich allerdings nicht einig darüber, ob der Gesamtklang einer Marke oder seiner Bestandteile nach einer Zergliederung zu vergleichen ist[86].   152

In Japan wird der Wortteil einer aus lateinischen Buchstaben bestehenden Marke üblicherweise unter Verwendung des japanischen Silbenalphabets *Katakana* ins Japanische übertragen. Jedoch gibt es zu vielen westlichen Lauten keine entsprechenden japanischen Laute. In diesen Fällen gibt die Transkription Anlass zu einer besonderen japanischen Aussprache, die sich mehr oder   153

---

    ten Waren benutzt werden, basierend auf Klang, Bedeutung und Erscheinung berücksichtigt werden. Weiterhin ist es angebracht, möglichst die genaue Natur des relevanten Geschäfts zu klären und die Entscheidung über die Ähnlichkeit ebenfalls auf diese konkreten Geschäftsbesonderheiten zu gründen.«

84   Obergericht Tokyo, 9.6.1977, 361 *Hanrei Times* 178; Obergericht Tokyo, 1.1.1979, 11 *Mutai Zaisan Hanreishû* 41 (die Marken MOONPEARL und PEARL auf Kosmetika sind in Klang und Erscheinung nicht ähnlich, wenn die Gesamtheit der Geschäftsumstände berücksichtigt wird); Obergericht Tokyo, 25.10.1979, 11 *Mutai Zaisan Hanreishû* 505 (Aufhebung einer Entscheidung des JPA, wonach Q-TIPS und CHIPS sich identisch anhörten); Obergericht Tokyo, 30.1.1980, 12 *Mutai Zaisan Hanreishû* 24 (die Marke NISSHIN ist »in der Geschäftswelt in unserem Land« nicht ähnlich mit NISSHIN FOODS); Obergericht Tokyo, 31.7.1979, 11 *Mutai Zaisan Hanreishû* 407 (Für die Benutzung auf Zeitungen und Zeitschriften wurde YÛGATA NICHIYÔ (»Abend Sonntag«), das vertikal in Kanji geschrieben ist, als ähnlich mit NICHIYÔ YÛGATA (»Sonntag Abend«) angesehen); und Obergericht Tokyo, 24.12.1979; 11 *Mutai Zaisan Hanreishû* 659 (die japanisch ausgesprochenen Marken JAVA und JABBER, die auf Kleidung und Schlafbekleidung verwendet werden, sind ähnlich).

85   Shoen Ono, *Shôhyô* (Markengesetz) (1994) auf Seite 194.

86   Im YAKULT-Fall fand das Obergericht Tokyo, dass die Wörter »kenkôkagaku« (»Gesundheitswissenschaft«) als Teil eines Handelsnamens sich ähnlich anhören wie »Kenkôkagaku Yakuruto« (»Health Science-Yakult«); Obergericht Tokyo, 30.8.1994; 1519 *Hanrei Jihô* 111.

weniger von der ursprünglichen westlichen Aussprache unterscheiden kann. Daher kann die Aussprache einiger Marken in Japan als ähnlich erachtet werden, selbst wenn dies in westlichen Ländern nicht der Fall ist.

154 Marken, die aus lateinischen Schriftzeichen bestehen, oder ausländische Wörter werden immer auf japanische Weise ausgesprochen. Es ist daher wichtig, sich die Besonderheiten der japanischen Sprache vor Augen zu führen. Englisch ist mit Abstand die beliebteste ausländische Sprache in Japan. Daher werden lateinische Buchstaben in ausländischen Wörtern üblicherweise unter Verwendung der nächstkommenden japanischen Silben in einem »japanischen Englisch« ausgesprochen (z.B. L'Air du Temps). Die Regeln für die Aussprache der beiden Silbenalphabete sind weit einfacher als die Regeln für die Aussprache von Buchstaben in Englisch.

155 Die japanische Aussprache ist um fünf grundlegende Vokaltöne gebaut (a, i, u, e, o), wobei die Aussprache dieser Vokale der deutschen Aussprache entspricht. Die hervorstechendste Eigenschaft der japanischen Sprache ist, dass jede Silbe mit einem dieser Vokale oder mit »n« endet. Daher wird »song« als »so-n-gu« und »ham« als »hamu« ausgesprochen. Es gibt allerdings keine Unterscheidung zwischen R und L, B und V, S und TH, Z und TH, und F und H. Es gibt im Japanischen auch nicht die abschließenden Laute K, T und S. Der Anmelder einer Marke in Japan sollte daher auf Zweideutigkeiten in der japanischen Aussprache wie V und B sowie L und R achten.

156 Aufgrund des relativ engen Bereiches der japanischen phonetischen Transkription wird der phonetische Unterschied zwischen unterschiedlich ausgesprochenen Marken häufig herabgesetzt oder geht vollständig verloren. Beispielsweise ist die japanische Aussprache für PAMEX identisch mit PERMEX; SELLOGEN hört sich ähnlich an wie SEROGAN.

157 Zur Prüfung auf Ähnlichkeit der Aussprache müssen Natur, Lautstärke, Ton und Silbengehalt der Laute berücksichtigt werden.

158 Zunächst werden Unterschiede in der Art des Lautes aufgrund der Unterschiede in Vokallauten und in Konsonantenlauten beurteilt. Wenn sich zwei Marken in einem Konsonanten unterscheiden, aber identische oder ähnliche Vokallaute haben, werden diese beiden Marken wahrscheinlich als miteinander ähnlich angesehen. Dies trifft insbesondere zu, wenn der unterscheidende Konsonant in der Mitte oder im hinteren Teil der Marke auftritt oder wenn er eine ähnliche Position im Ton in beiden Marken einnimmt. Daher ist MILASTOR ähnlich mit MIMASTOR, aber LASOL wurde als nicht ähnlich mit MASTOR angesehen. Weiterhin werden alle Silben, die in dieselbe Silbengruppe (gleicher Konsonant) klassifiziert werden, als sehr ähnlich miteinander angesehen. Daher ähnelt die Marke ELEX der Marke ELAX (wobei LE und

LA als RE und RA angesehen werden). MALICOT ähnelt MERICOT (LI wird als RI angesehen). Hinsichtlich der Silben der Laute werden sich zwei Marken ähneln, wenn sie die gleiche Silbenzahl enthalten und die Silben eine ähnliche Zergliederung aufweisen.

Marken werden als miteinander ähnlich angesehen, wenn sich die Marken nur   159
in der Lautlänge voneinander unterscheiden (z.B. LEHMAN vs. LEMAN) oder assimilierte Laute existieren (z.B. CORONEET vs. CORONET).

In Hinblick auf den Ton des Lautes (Stärke, Akzent oder Betonung) gilt, dass   160
bei Unterschieden zwischen zwei Marken in einem schwachen Laut oder in der Lautlänge, insbesondere in der Mitte oder dem letzten Teil, die beiden Marken nicht unterscheidbar sein können. Wenn derselbe starke Laut oder Akzent in den beiden Marken an ähnlicher Stelle platziert ist, insbesondere am Anfang oder Ende, werden die Marken im Allgemeinen als miteinander ähnlich angesehen.

Wenn zwei Marken in unterschiedlichen Sprachen miteinander verglichen   161
werden, ist die klangliche Ähnlichkeit entscheidend. Daher wird COPAN in lateinischen Buchstaben als ähnlich einem Wort in *Kanji* angesehen, das »koban« ausgesprochen wird und eine alte japanische Goldmünze bezeichnet.

Die Besonderheiten bei der Aussprache von Markennamen in Japan werden   162
durch die Entscheidung KV33 Corporation vs. Präsident des JPA illustriert[87]. Hier bestätigte das Obergericht Tokyo die Zurückweisung der angemeldeten Marke VERTEX in Hinblick auf die ähnliche Aussprache der für identische Apparate registrierten Marke »bahdekkusu« in *Katakana*-Schriftzeichen. VERTEX wird »bahtekkusu« ausgesprochen, was sich nur in den Lauten »te« und »de«, von der entgegengehaltenen Marke unterscheidet. Beide Marken seien daher zum Verwechseln ähnlich.

Der Anmelder hatte vor dem JPA vergeblich behauptet, dass VERTEX »vahtekkusu« statt »bahtekkusu« ausgesprochen wird und daher von der entgegengehaltenen Marke anhand der Aussprache und der Intonation unterschieden werden könne. Japaner könnten aufgrund der Beliebtheit der englischen Erziehung zwischen »va« und »ba« unterscheiden. Die benannten Waren werden am menschlichen Körper angewandt. Die Kunden, hauptsächlich medizinische Fachleute, seien bei der Produktauswahl sehr sorgfältig, sodass der Unterschied zwischen »va« und »ba« zur Unterscheidung der beiden Marken ausreichend wäre. VERTEX habe außerdem die Bedeutung »höchster Punkt« und

---

87   Obergericht Tokyo, 14.10.1993; vgl. Mitsue Dairaku, *AIPPI Journal*, Vol. 19, No.1, 1994 , Seiten 29–30.

»Gipfel« und unterscheide sich somit deutlich von der Bedeutung der zitierten Marke.

Das JPA hielt dagegen, dass VERTEX in Japan auch »bahtekkusu« ausgesprochen werden könnte, wie im Falle von »bahjinia« für »Virginia« und »baiorin« für das englische Wort »violin«, die dementsprechend im Allgemeinen in Katakana geschrieben sind, weil »ba« für Japaner leichter auszusprechen sei als »va«. Händler und Kunden seien nicht so vertraut mit VERTEX, um es oft mit der Bedeutung in Verbindung zu bringen, die KV33 seiner Marke verlieh. Daher würde seine Bedeutung sie nicht ausreichend von der zitierten Marke unterscheiden. Selbst wenn VERTEX bei Händlern und Konsumenten diese Bedeutung hervorriefe, würde dies die Marke nicht unterscheidungskräftig machen, weil die Bedeutung lediglich die Qualität (Art) der Waren nahelege.

Das Obergericht Tokyo bestätigte die Entscheidung des JPA. VERTEX habe die Aussprachen »vahtekkusu« und »bahtekkusu« und könne daher in Katakana auf zwei Arten geschrieben sein, die Letztere als übliche Art der Aussprache und der Schreibweise, die vorhergehende als den ursprünglichen Laut genauer wiedergebend. Die für VERTEX übliche Aussprache »bahtekkusu« sei mit der zitierten Marke »bahdekkusu« ähnlich, weil bei der Aussprache der Unterschied in den dritten Lauten »te« und »de« gering sei und sich Akzent und Intonation zwischen beiden kaum unterschieden.

163 Die Anmeldung der Marke DAYTONA in römischen Buchstaben für Bekleidung, mit der Ausnahme von Sportbekleidung, persönliche Tuchaccessoires und Bettwäsche, wurde vom JPA gemäß § 4(1)(xi) JMarkenG aufgrund der registrierten Marke DATONA (in römischen Buchstaben und japanischen Katakana) zurückgewiesen[88]. Der Anmelder behauptete, dass DAYTONA unter Verwendung der vier Silben bzw. Vokale »de«, »e«, »to« und »na« (in Katakana) ausgesprochen würde, die vom JPA herangezogene Marke dagegen nur aus den drei Silben »di«, »to« und »na« bestehe. Silbenanzahl und Zusammensetzung führten somit zu unterschiedlichen Aussprachen. Der Kläger argumentierte mit dem Ruhm des Konzeptes der vorliegenden Marke, dem 24-stündigen Autorennen von Daytona in Florida, einer monatlichen Autozeitschrift seit Juni 1991 mit einer Auflage von 300.000, Daytona TV von April 1992 bis September 1993, sowie dem Themenpark Daytona Park. Im Gegensatz hierzu weise die entgegengehaltene Marke DATONA kein spezielles Konzept auf. Selbst bei ähnlicher Aussprache würden die Verbraucher daher die Marken nicht miteinander verwechseln.

---

88 »K. K. Neko Publishing vs. JPA«, Obergericht Tokyo, 26.6.1997; vgl. J.D. Hughes, in *AIPPI Journal*, Vol. 23, No. 1 (1998), Seiten 27–29.

Das Gericht folgte dieser Auffassung nicht. Bei normaler Aussprache würden die beiden ersten Silben bzw. Vokale »de« und »i« miteinander verschmelzen und die Unterschiede in der Aussprache beider Marken verwischen. In Hinblick auf das vom Kläger vorgebrachte Argument des hinter der Marke stehenden berühmten Konzeptes bemerkte das Gericht, dass die meisten Durchschnittsverbraucher der in der Anmeldung benannten Waren nicht an Motorsport, und insbesondere nicht an einem Sportwagenrennen im Ausland, das nur einmal im Jahr stattfindet, interessiert wären. Bei der Begegnung mit dieser Marke würden die meisten Verbraucher daher nicht an Autorennen denken. Der Ruhm der Zeitschrift sei auf eine sehr spezielle Leserschaft beschränkt, selbst unter Autoenthusiasten, weil die Mehrzahl seiner Artikel ausländische, insbesondere US-amerikanische Autos, betraf und japanischen Marken nur wenig Raum gewidmet sei.

Die unterschiedliche Aussprache zwischen den Versionen mit römischen und Katakana-Schriftzeichen der zitierten Marke wurden nicht berücksichtigt. »Datona« würde wohl kaum als »ditona« ausgesprochen werden. Dieser Fall illustriert daher, dass die Merkmale des japanischen Silbensystems von ausländischen Anmeldern immer berücksichtigt werden müssen. In den Prüfungsrichtlinien für § 3(2) JMarkenG ist festgehalten, dass eine in römischen Buchstaben geschriebene Marke nicht mit ihrer Katakana-Version identisch ist.

Eine zweideutige Schreibweise der Marke kann zu Unklarheiten bezüglich der 164 Aussprache führen. So waren die auf mehrdeutige Weise in Handschrift geschriebene Marke LAVE und einige assoziierte Marken für Kosmetika registriert. In einer der Registrierungen konnte nicht erkannt werden, ob der zweite Buchstabe ein »a« oder »o« war. Der Markeninhaber verklagte eine Firma, welche die Wörter LOVE und LOVE IS HERE in lateinischen Buchstaben für Kosmetika verwendete. Das Gericht befand, dass die Marke des Klägers hinsichtlich der Aussprache, Erscheinung und Bedeutung von »love« geschützt werden sollte, wenn der Kläger seine registrierte Marke unter der Aussprache »love« benutzte und bewarb und Käufer sich deswegen der Marken des Klägers als »love« erinnerten. Das Gericht folgerte, dass den Marken aufgrund der Benutzung durch den Kläger keine bestimmte Aussprache oder Bedeutung verliehen wurde[89].

Weil die Mehrzahl der Marken Wortmarken sind und zur Prüfung auf Ähn- 165 lichkeit eine komplexe Analyse erforderlich ist, verlangt das JPA von den Prüfern einen detaillierten phonetischen Vergleich der betreffenden Marken. Da Prüfer nicht speziell in Phonetik ausgebildet sind, sind ihre Schlussfolgerungen zu »ähnlichen« Marken bisweilen uneinheitlich.

---

89 »K.K. Club Cosmetic vs. Smith, Klein and French Overseas Co.«, Bezirksgericht Osaka, 21.12.1973, 5 *Mutai Zaisan Hanreishû* 510.

166   Daher wurde SAMMY als ähnlich zu SUNNY angesehen[90], während HO-
       NEY BELL (in *Katakana*) und FUNNY BELL (ebenfalls in *Katakana*) als
       nicht ähnlich angesehen wurden[91]. MICROLON wurde ebenfalls als nicht
       ähnlich mit MAKROLON angesehen[92].

167   Für die Bestimmung, ob die Marke PLEROSSETTI die auf identischen Klei-
       dungsartikeln verwendete Marke FELI ROSSETTI verletzt, analysierte das
       Obergericht Tokyo im Detail die Ähnlichkeit der japanischen Laute »ri« und
       »re« und ob die Laute »f« und »p« genügend verschieden sind, um auf fehlende
       Ähnlichkeit zu erkennen. Das Gericht folgerte schließlich, dass die Marken
       einen ähnlichen Klang haben und hob die Entscheidungen des JPA auf[93].

168   **b) Analyse der Erscheinung**

169   Selbst wenn zwei Marken sehr ähnlich klingen, kann es keine Verwechslung
       geben, wenn die Marken vollkommen unterschiedliche Bedeutungen haben
       und in wesentlichen Aspekten verschieden erscheinen. Daher entschied das
       Obergericht Tokyo nach einer detaillierten phonetischen Analyse beim Ver-
       gleich der Marke ROGERS für Süßigkeiten und Brot mit der Marke DOD-
       GERS für ein amerikanisches Baseball-Team, dass die Marken nicht ähnlich
       sind, weil deren Erscheinung deutlich unterschiedlich ist[94]. Das Gericht hat
       den Umstand nicht berücksichtigt, dass die Marke ROGERS nichts mit Base-
       ball zu tun hat. Außerdem hatte das JPA ursprünglich dem Antrag des Base-
       ball-Teams stattgegeben und ROGERS gelöscht, weil der Klang gemäß deren
       phonetischer Analyse sehr ähnlich war.

170   SINGLE (einmal quer über einem stilisierten Kreis; einmal quer über einem
       Stern) wurde als ähnlich mit der Wortmarke SINGER für die Verwendung auf
       Nähmaschinen angesehen[95]. Da SINGLE gegenüber dem Hintergrund als
       dominierend angesehen wurde, waren die Wörter miteinander zu vergleichen.
       Hierbei war entscheidend, dass im Japanischen nicht zwischen »r« und »l«
       unterschieden wird.

171   KIMISU in Katakana wurde als ähnlich mit KISUMII in *Katakana* und seiner
       englischen Übersetzung »Kiss me« für Farbstoffe, Pigmente und Schminke
       angesehen[96].

---

90   Obergericht Tokyo, 23.7.1991; 273 *Tokkyo to Kigyo* 42.
91   Obergericht Tokyo, 18.4.1990; 22 *Mutai Zaisan Hanreishû* 299.
92   Obergericht Tokyo, 24.1.1991, 24 *Mutai Zaisan Hanreishû* 25.
93   Obergericht Tokyo, 29.8.1995, 27 *Mutai Zaisan Hanreishû* 698.
94   Obergericht Tokyo, 10.3.1992, 24 *Mutai Zaisan Hanreishû* 384.
95   Obergericht Tokyo, 17.2.1970; 247 *Hanrei Times* 212; das JPA hatte den Nichtigkeitsantrag
      in erster Instanz abgewiesen.
96   »Isehan et al. vs. Kimigayo«, Obergericht Tokyo, 30.3.1971; 3 *Mutai Zaisan Hanreishû* 156.

Die Marken KII und K II wurden vom Bezirksgericht Tokyo als nicht ähnlich   172
miteinander angesehen. Die Marke des Klägers (KII) sei eine zusammenhän-
gende »Monogramm«-Marke mit nur einer Komponente. Dagegen habe die
Marke des Beklagten (K II) offensichtlich zwei Komponenten, den Buchstaben »K« und die römische Zahl »II«. Das Gericht erlaubte daher die Benutzung der Marke des Beklagten auf Rasierklingen[97].

Das JPA erkennt selten aufgrund von Ähnlichkeit in der allgemeinen Erschei-   173
nung auf Ähnlichkeit der Marken. Im Allgemeinen wird eine Marke in lateinischen Buchstaben nicht als ähnlich in der Erscheinung mit der entsprechenden Marke in *Katakana* oder einer aus den entsprechenden *Katakana* und
lateinischen Buchstaben zusammengesetzten Marke angesehen. Anders bei
langen komplizierten Marken; so wurde PERENDALE als ähnlich in der
Erscheinung mit PERMADALA für gewobene Textilien angesehen.

c) Analyse der Bedeutung   174

Für den Vergleich der Bedeutung von Marken ist das Verständnis des durch-   175
schnittlichen japanischen Verbrauchers entscheidend. Wenn dieser glaubt, dass
die beiden Marken synonym sind, besteht die Gefahr, dass die Ursprünge der
beiden Marken durcheinander gebracht werden[98]. Daher werden unabhängig
von der verwendeten Sprache und Schrift die Bedeutungen der relevanten
Marken verglichen[99].

So sah das Gericht die Betonung bei der Aussprache der beiden Marken   176
MICROLON und MAKROLON auf der ersten Silbe und folgerte daraus,
dass beide Marken in der Auffassung der Verbraucher gegensätzliche Bedeutung haben. Somit würde der Verbraucher beide Wörter unterscheiden und
beide Marken als unähnlich ansehen[100].

In der gerichtlichen Praxis werden statt der eigentlichen »Bedeutung« der   177
Marken eher deren jeweilige »Idee« oder »Konzept« (*Kannen*) miteinander
verglichen. Die Idee von der Marke umfasst die Bedeutung (*Imi*) und den
Inhalt (*Naiyô*). Daher könnten zwei Marken technisch die gleiche »Bedeutung«, aber unterschiedliche »Ideen« verkörpern und wären somit nicht ähnlich. § 4(1)(xi) JMarkenG wäre dann nicht anwendbar.

So haben ARROW (in Englisch) und die Abbildung eines Pfeils eine ähnliche   178
Bedeutung[101]. KENKÔ (Gesundheit) wurde als ähnlich zu HERUSU (der

---

97 Bezirksgericht Tokyo, 29.6.1994; 1511 *Hanrei Jihô* 135.
98 Obergericht Tokyo, 14.11.1974; 6 *Mutai Zaisan Hanreishû* 321.
99 Obergericht Tokyo, 20.4.1987; 1243 *Hanrei Jihô* 160.
100 Obergericht Tokyo, 24.1.1991; 24 *Mutai Zaisan Hanreishû* 25.
101 Obergericht Tokyo, 5.3.1974; 49 *Torikeshishû* 493.

japanischen Transkription des Wortes »health«) angesehen[102]. Jedoch wurde CHERRY GOLD als nicht ähnlich mit SAKURA für Gummi und Guttapercha angesehen, obwohl »sakura« (Kirsche) die japanische Übersetzung von »cherry« ist[103].

179 Wenn ein ausländisches Wort unter Verbrauchern und Händlern in Japan sehr beliebt ist, wird vermutlich auf Ähnlichkeit zwischen dem ausländischen Wort und seinem japanischen Gegenstück erkannt. Daher wurde das englische Wort SPRING als ähnlich mit seinem »haru« ausgesprochenen Kanji aufgefasst und RHEUMAZON in Katakana ähnlich mit RHEUMASON in Katakana für Arzneimittel gegen Rheuma[104].

180 Da die deutsche Sprache Japanern weniger bekannt ist, wurde EISBÄR für Kleidung als unähnlich mit den Kanji für »weißer Bär« (ausgesprochen shi-ro-ku-ma) angesehen. Da die französische Sprache ebenfalls nicht weit verbreitet ist, konnte die englische Wortmarke BECAUSE trotz eines Einspruchs aufgrund der Marke PARCE QUE für Kosmetika und Seifen registriert werden.

181 Die Marke 7UP für kohlensäurehaltige Fruchtsaftgetränke wurde als unähnlich mit FIVE UP und EIGHT UP für frische Getränke und Fruchtgetränke angesehen.

182 Die Marken LADYBIRD und TENTÔMUSHI, die beide die Bedeutung Marienkäfer haben, sind nicht ähnlich; die Eintragung als verbundene Marken (§ 7 JMarkenGalt; assoziierte Marken) ist deshalb unzulässig[105]. Die Ähnlichkeit von Marken setzt voraus, dass die begriffliche Übereinstimmung des fremdsprachlichen und des japanischen Wortes allgemein bekannt ist. Für die Beurteilung der Ähnlichkeit ist nicht die Meinung der interessierten Fachkreise entscheidend, sondern die Auffassung der Endabnehmer.

183 Bei der Analyse der Ähnlichkeit müssen miteinander in Beziehung stehende Komponenten und deren Wechselwirkung berücksichtigt werden[106]. Obwohl daher die Marken GAST (ein Kunstwort) und GASUTÔ (Gaslampe) bei der Aussprache durch einen Japaner nahezu identisch klingen, fand das Gericht

---

102 Obergericht Tokyo, 16.12.1969; 44 *Torikeshishû* 633.
103 »Sagami Rubber Kogyo vs. Präsident des JPA«, Obergericht Tokyo, 28.8.1962; 37 *Torikeshishû* 347.
104 OGH, 13.12.1968, 782 *Shinketsu Kohô* 113.
105 »LADYBIRD«/«tentômushi«, Obergericht Tokyo, 20.7.1987; vgl. *GRUR Int.* 1988, Seite 784.
106 Obergericht Tokyo, 20.4.1995; 1535 *Hanrei Jihô* 32: Bei einer Gesamtschau könnte Motorolas charakteristisches »M« in einem Kreis mit der Marke des Beklagten (ähnlicher Buchstabe »M« in einem Kreis), die auf ähnlichen Waren benutzt wird, verwechselt werden.

keine Verwirrung, weil sie bei der Benutzung auf den relevanten Waren (Getränken) für den Verbraucher unterschiedliche Dinge bedeuten[107].

In einem anderen Fall hatte der Nichtigkeitskläger die Wortmarke KOZÔ (Lehrling) für die Verwendung auf Lebensmitteln und Gewürzen registriert. Der angegriffene Markeninhaber hatte das Bild eines japanischen Jungen in traditioneller Lehrlingskleidung für die Waren Fleisch, Meeresfrüchte, Gemüse, Obst usw. registriert (siehe Fig. 5), der in Japan sofort als Lehrling in der Gastronomie erkannt würde. Das Obergericht Tokyo bestätigte die Auffassung des JPA, dass beide Marken nicht ähnlich seien, weil Gesamtklang, Bedeutung und Erscheinung der beiden Marken nicht ähnlich sind[108]. Zwar denke ein Japaner bei der Betrachtung des Bildes des Jungen an einen Lehrling, das Bild bedeute aber nicht nur einen Lehrling. Darüber hinaus könnte das Wort »kozô« (Lehrling) auch etwas anderes bedeuten als einen Jungen in Tracht, der eine diminuitive Haltung einnimmt. 184

Fig. 5

Der Grad der Berühmtheit einer Marke wirkt sich auf die Bestimmung aus, ob Marken ähnlich miteinander sind, wobei bisweilen eine berühmte Marke aufgrund ihrer Berühmtheit einen geringeren Schutz erhält. 185

So war es für das Obergericht Tokyo bei der Prüfung, ob die Marken KODAK und KOZAKKU ähnlich sind, weniger wichtig, dass beide Marken ähnlich klingen. Weil KODAK für die Benutzung auf Filmen und KOZAKKU (»Cossack«) für die Verwendung auf Arzneimitteln gut bekannt seien, liege keine Markenähnlichkeit vor[109]. 186

Im »PUMA«-Fall bestätigte das Obergericht Tokyo, dass für die Beurteilung der Ähnlichkeit zweier Marken deren Aussehen, deren genaue Bezeichnung 187

---

107 Obergericht Tokyo, 31.10.1991; 1416 *Hanrei Jihô* 124.
108 Obergericht Tokyo, 27.6.1989; 21 *Mutai Zaisan Hanreishû* 574. Vgl. auch Obergericht Tokyo, 31.7.1996; 1592 *Hanrei Jihô* 124 (*Kabe no ana*, »Hole in the wall«, wurde als Darstellung einer unterschiedlichen Bedeutung oder *kannen* angesehen als die englische Marke »Hole in the wall«); Obergericht Tokyo, 17.4.1997, 28; *Mutai Zaisan Hanreishû* 406.
109 Obergericht Tokyo, 10.9.1990; 1382 *Hanrei Jihô* 116.

sowie deren Konzept miteinander zu vergleichen ist. Nach diesen Kriterien ist die Wort/Bildmarke »Panther – springende Wildkatze« nicht mit dem Bildzeichen einer springenden Wildkatze verwechslungsfähig[110].

Fig. 6

Der Schriftzug »Panther« sei für das Wort/Bildzeichen bestimmend, da es den ganzen oberen Teil des Zeichens ausmache. Aus diesem Grunde könnten Schriftzug und Bild nicht getrennt gesehen werden, sondern bildeten eine Einheit. Zu dieser trage auch die gleiche Farbe von Schrift und Bild bei.

188   Die Prüfungsrichtlinien bestimmen, dass der Prüfer die Art der Verbraucher, welche die benutzte Marke sehen (z.B. Fachmann oder Laie), die gesamte Natur des betreffenden Geschäftszweiges und die Fähigkeit der Konsumenten, zwischen den Produzenten der Waren zu unterscheiden, berücksichtigen soll. Anspruchsvolle, gut unterrichtete Verbraucher werden weniger der Gefahr unterliegen, ähnliche Marken miteinander zu verwechseln.

189   In einer Reihe von Urteilen des Obergerichtes Tokyo wurden Zurückweisungen von Markenanmeldungen durch das JPA aufgehoben, weil dieses aufgrund einer unzulässigen Zergliederung der angemeldeten Marken und Herausgreifen einzelner Bestandteile vorschnell auf eine Ähnlichkeit der angemeldeten Marke mit der älteren Marke eines Dritten geschlossen hatte[111].

190   Ein gutes Beispiel für eine umfassende Berücksichtigung sämtlicher Umstände ist der Fall der Wort-Bild-Marken SPA vs. SPAR (siehe Fig. 7). Das JPA hatte ursprünglich die Anmeldung der Marke SPA für Mineralwasser u. ä. nichtalkoholische Getränke (Klasse 29) in Hinblick auf die für Kaffee, Tee, Fruchtsäfte etc. (Klasse 29) eingetragene Marke SPAR zurückgewiesen. Das JPA war der Auffassung, dass in der SPA-Marke der Bild- vom Wortteil getrennt werden müsse. Es gebe keine besonderen Umstände für die Betrachtung als untrennbare Einheit, die Verkehrskreise seien vielmehr von dem leicht lesbaren Wortteil gefangengenommen. Folglich verglich das JPA die Aussprache

---

110 Obergericht Tokyo, 25.10.1994; vgl. *GRUR Int.* 1995, Seiten 988–989.
111 »Mikron-Fall«, Obergericht Tokyo, 15.3.1995; »Gibelty«-Fall, Obergericht Tokyo, 29.3.1995; »Spa«-Fall, Obergericht Tokyo, 17.4.1996; zum letzten Fall und einer Diskussion dieser drei Entscheidungen vgl. V. Vanbellingen-Hinkelmann, K. Hinkelmann, in *AIPPI Journal*, Vol. 21, No. 5, 1996, Seiten 235–241.

beider Marken. Die in römischen Buchstaben geschriebene Marke SPA führt zur Aussprache »spa« neben der englischen Aussprache »s-p-a«. Demgegenüber zeigt die entgegengehaltene Marke die römischen Buchstaben SPAR über den *Katakana* »su-pâ«, wodurch es zur Aussprache »spâ« kommt. Das JPA stellte fest, dass die Laute »pa« und »pâ« aufgrund ihrer Stellung im Wort nur schwer auseinander zu halten sind. Weil die Aussprache der Marken ähnlich ist und beide Marke auf identischen oder ähnlichen Waren benutzt werden, sei die Anmeldung von SPA aufgrund von § 4(1((xi) JMarkenG zurückzuweisen.

Fig. 7

Das Obergericht Tokyo sah zwar ebenfalls die Aussprache beider Wörter als verwechselbar an, wies aber die zergliedernde Betrachtung der Wort-Bild-Marke SPA zurück. Es müssten in einer Gesamtbetrachtung der Marken sämtliche Faktoren berücksichtig werden. Die äußere Erscheinung der Wort-Bild-Marke SPA sei eine unteilbare Einheit aus der Figur eines chinesischen Trommlers und Buchstaben, in der die Figur die oberen 2/3 der Marke ausmache. Zudem erzeuge SPA die Bedeutung oder das Konzept einer Mineralwasserquelle oder eines Badeortes. SPAR werde dagegen, falls überhaupt, bestenfalls mit Boxen in Verbindung gebracht. Daher hob das Obergericht Tokyo die Zurückweisung der Anmeldung für die Wort-Bild-Marke SPA auf[112].

Das Obergericht Tokyo folgte hiermit seiner bereits im Mikron-Fall[113] ausgedrückten Meinung: 191

»Die Analogie in äußerer Erscheinung, Konzept und Aussprache der Marken ist nicht mehr als ein grobes Kriterium, anhand dessen man bei Verwendung der fraglichen Marken die Verwechslungsgefahr hinsichtlich des Warenursprungs bestimmt. Selbst wenn es daher bei einem der drei wichtigen Kriterien eine Ähnlichkeit gibt, die beiden Marken aber hinsichtlich der beiden anderen Kriterien sehr unterschiedlich sind und es in Anbetracht der realen Geschäftsumstände schwierig

---

112 »Société Anonyme Spa Monopole, Compagnie Fermière de Spa vs. Präsident des Patentamtes«; Obergericht Tokyo, 17.4.1996; vgl. V. Vanbellingen-Hinkelmann, K. Hinkelmann, in *AIPPI Journal*, Vol. 21, No. 5, 1996, Seiten 235–241.
113 Obergericht Tokyo, 15.3.1995.

ist, die Gefahr von Verwechslungen und Missverständnissen hinsichtlich des Warenursprungs zu erkennen, sollte man diese nicht als ähnliche Marken interpretieren.«

192 Da im Japanischen die Aussprache von R und L sowie von B und V identisch ist, gibt es keinen wesentlichen Unterschied zwischen Marken wie FLABBY und FRAVY. Allerdings kann in seltenen Fällen bei ähnlicher Aussprache eine Registrierung erreicht werden, wenn die Marken ansonsten merklich unterschiedlich sind und keine Verwechslungsgefahr entstehen kann. So erkannte beim Vergleich der Wort-Bild-Marke KOOL (zusammen mit einer Figur) mit der registrierten Marke COOL die *Shimpan*-Abteilung im Beschwerdeverfahren einen Unterschied im Konzept und ließ die Registrierung der Wort-Bild-Marke zu. Die Marke COOL erwecke als englisches Wort klare Assoziationen und enthalte ausserdem keine Figur.

193 Der Ähnlichkeitsbereich hinsichtlich der Bedeutung oder des Konzeptes einer Marke ist vergleichsweise eng. Nur wenn eine Marke ohne Nachdenken sofort an eine andere Marke denken lässt, werden diese als miteinander ähnlich angesehen.

194 **4.4.15 Nachwirkung gelöschter (erloschener) Marken im folgenden Jahr (§ 4(1)(xiii) JMarkenG)**

195 § 4(1)(xiii) JMarkenG verbietet es jedermann, innerhalb eines Jahres nach Erledigung (Beendigung) einer Registrierung eine Marke zu registrieren, wenn die Marke des nachfolgenden Anmelders identisch oder ähnlich zu der Marke des ursprünglichen Anmelders ist und ihre Benutzung für identische oder ähnliche Waren oder Dienstleistungen vorgesehen ist[114]. Eine nicht erneuerte Markenregistrierung führt also eine Art Schattenexistenz. Während eines Jahres nach dem Beendigungsdatum kann kein Anmelder eine Marke für die Benutzung auf identischen oder ähnlichen Waren oder Dienstleistungen registrieren, sofern die registrierte Marke weder gelöscht noch für nichtig erklärt wurde, außer wenn der ursprüngliche Anmelder es versäumte, die Marke im letzten Jahr der Gültigkeit der Registrierung zu benutzen.

196 Jedoch könnte binnen Jahresfrist seit Erlöschen der Registrierung mehr als eine Partei die gleiche Marke auf denselben Produkten verwenden. Keine Partei hätte während dieses Zeitraums einen Rückgriff gegen die andere, sofern nicht die Benutzung durch eine Partei weithin bekannt wurde. Während dieser Periode wäre eine Abhilfe nur unter dem JUWG möglich, nicht aber unter dem JMarkenG.

---

114 § 4(1)(xiii) JMarkenG.

4.4.16 Marken, die Verwirrung verursachen können (§ 4(1)(xv) JMarkenG)

197

Nach § 4(1)(xv) JMarkenG sind Marken von der Registrierung ausgeschlossen, die eine Verwechslung in Hinblick auf Waren oder Dienstleistungen hervorrufen können, die mit dem Geschäftsbetrieb eines Dritten verbunden sind[115].

198

Diese Vorschrift wird nicht zwingend ausschließlich auf unähnliche Marken angewandt, die Verwechslungsgefahr hervorrufen. Marken können entweder ähnlich, verwechselbar oder beides sein.

199

Die Prüfungsrichtlinien legen die zur Bestimmung der Verwechslungsgefahr vom Prüfer zu berücksichtigenden Kriterien dar:

200

(1) Grad der Berühmtheit der früheren Marke, bestimmt durch den Umfang an Werbung oder Veröffentlichung, welcher der Marke zuteil wurde;
(2) ob die frühere Marke ein geprägter, künstlicher Ausdruck ist;
(3) ob die frühere Marke eine Hausmarke ist;
(4) Fähigkeit zur Diversifikation in der Industrie;
(5) Benutzungsdauer für Waren oder Dienstleistungen.

Die Waren oder Dienstleistungen können verschieden sein, sodass die Parteien nicht im Wettbewerb miteinander stehen müssen.

Die Richtlinien erfordern, dass Prüfer ihre Analyse der Verwechslungsgefahr umfassend (*sôgôtekini*) durchführen und nicht einen Bestandteil der Marke als bedeutender als die anderen auswählen. Die Gerichte haben im Allgemeinen ebenfalls einen solchen umfassenden Vergleich gefordert[116]. Für die meisten Gerichte ist eine Verwechslungsgefahr (*Kondô no osore*) ausreichend für eine Unterlassungsverfügung. Zur Prüfung auf Verwechslung beginnen (*Shimpan-*)Prüfer anhand der folgenden Faktoren mit der Bestimmung des Ausmaßes, zu dem eine Marke gut bekannt ist:

(1) Natur der tatsächlichen Verwendung der Marke;
(2) Dauer der Verwendung;
(3) Geographischer Umfang der Verwendung;
(4) Volumen der Verkäufe;
(5) Methodiken und Inhalte der Werbung.

---

115 § 4(1)(xv) JMarkenG.
116 Obergericht Tokyo, 14.3.1991, 1420 *Hanrei Jihô* 116: »Ein Markenprüfer sollte nicht sein Ermessen benutzen und einen besonderen Teil einer zusammengesetzten Marke ignorieren und sich auf irgendeinen Teil konzentrieren, sondern sollte den gesamten Effekt der Marke berücksichtigen«.

201 Wenn eine Marke während eines längeren Zeitraumes national benutzt wurde und erhebliche Verkäufe getätigt wurden, werden (*Shimpan-*)Prüfer vermuten, dass die fragliche Marke gut bekannt ist. Die bloße Behauptung der Berühmtheit des Anmelders ohne spezifische Beweise genügt nicht[117].

202 Um ein Eintragungshindernis gemäß § 4(1)(xv) JMarkenG sein zu können, muss die entgegengehaltene Marke landesweit sehr gut bekannt sein[118].

203 Die Analyse durch die Gerichte zeigt, dass Berühmtheit sowohl für eine Feststellung von Verwechslungsgefahr verwendet wird als auch zur Stützung der Feststellung einer nicht vorhandenen Verwechslungsgefahr, weil die Marke des Inhabers derart berühmt ist, dass es keine Verwechslungsgefahr gibt.

Daher wurde der Ausdruck »Columbia« in den Marken COLUMBIA PICTURES INDUSTRIES und COLUMBIA RECORDS als nicht verwirrend bestimmt, weil beide Marken und ihre jeweiligen Unternehmen in Japan seit vielen Jahren berühmt waren[119].

Desgleichen wurde eine aus nur einem Stern (ähnlich dem Converse-Stern) bestehende Bildmarke, als nicht verwechselbar mit der berühmten Marke CONVERSE ALL STAR angesehen, weil Letztere für Schuhe derart berühmt war, dass in der Öffentlichkeit die bloße Bedeutung als Stern aufgehoben wurde[120].

Diese durch die Rechtsprechung geschaffene Doktrin wird jedoch nicht einheitlich angewandt. Im Polo Club-Fall[121] entschied das Obergericht Tokyo, dass aufgrund der früher registrierten und berühmten POLO-Marke durch die Verwendung von POLO CLUB auf Kleidung eine Verwechslung hinsichtlich des Ursprungs resultieren würde.

204 Die Gerichte erfordern, dass Verbraucher verwirrt sein müssen, bevor eine Anmeldung für eine Registrierung aufgrund von § 4(1)(xv) JMarkenG zurückgewiesen werden sollte. Manchmal ist der Endverbraucher für die Zwecke der Markenanalyse nicht der Verbraucher, auf den sich Verwirrung in § 4(1)(xv) JMarkenG bezieht. Beispielsweise wurden hinsichtlich Marken für verschreibungspflichtige Arzneimittel die verschreibenden Ärzte für die Zwecke von § 4(1)(xv) JMarkenG als »Verbraucher« angesehen und nicht die Patienten,

---

117 Obergericht Tokyo, 16.6.1970; 252 *Hanrei Times* 184.
118 »Daewoo-Kaffee«, Obergericht Tokyo, 16.6.1983, 15–2 *Mutaishû* 501 [1983].
119 Obergericht Tokyo, 24.10.1991; 1428 *Hanrei Jihô* 131.
120 Obergericht Tokyo, 31.3.1994; 1503 *Hanrei Jihô* 116.
121 Obergericht Tokyo, 11.7.1991; 1420 *Hanrei Jihô* 116.

denn diese hatten keine Gelegenheit, auszusuchen oder zu entscheiden, welche Medizin verschrieben werden sollte[122].

In »Tanino Crisci S.R.L. vs. K. K. Wakabayashi« versuchte der Inhaber der 205
berühmten italienischen Schuhmarke TANINO CRISCI unter Bezugnahme
auf § 4(1)(xv) JMarkenG die Nichtigerklärung der am 13.12.1973 zur Anmeldung eingereichten und am 27.10.1982 eingetragenen Marke TANINO CRIS-
CI für Bekleidung zu erreichen. Das JPA hatte den am 23.3.1984 eingereichten Nichtigkeitsantrag am 22.12.1994 als unbegründet zurückgewiesen. Das
Obergericht Tokyo hob die Entscheidung des JPA jedoch auf. Zum Zeitpunkt
der strittigen Markenanmeldung war TANINO CRISCI bereits eine sehr
bekannte Marke[123]. Bei Benutzung der Marke für Bekleidung würde daher
eine ökonomische Verbindung mit dem Kläger vermutet. Somit liege Verwechslungsgefahr über den Warenursprung vor.

Der Verkauf von 11.000 »Stefano Ricci«-Krawatten in einem Jahr durch den 206
Kläger war jedoch keine ausreichende Grundlage für die Anerkennung der
großen Bekanntheit der Marke[124].

Im Fall der sehr bekannten Marke AMEX für Kreditkarten war es dem Kläger 207
möglich, einen Schutz gegen die Benutzung der Marke AMEKKUSU in
Katakana vor der tatsächlichen Herausgabe von Kreditkarten zu erhalten,
weil aufgrund der Benutzung der Marke in Zeitungen und Wörterbüchern
die Bekanntheit bestätigt wurde[125].

In einem Nichtigkeitsverfahren erkannte das Obergericht Tokyo am 208
12.10.1998, dass die Benutzung der registrierten Marke MEIVOGUE für
Kleidung Verwechslungsgefahr mit dem älteren Titel des Modemagazins
VOGUE hervorrufe, weil beide Gebiete miteinander verwandt sind. Die
Registrierung von MEIVOGUE wurde daher für nichtig erklärt.

Die für Mineralwasser registrierten Marken WATER Π (in Katakana) und
VR Π WATER sind einander nicht ähnlich[126].

---

122 Obergericht Tokyo, 30.3.1993, 25 *Mutai Zaisan Hanreishû* 125.
123 Obergericht Tokyo, 12.12.1996, 1596 *Hanrei Jihô* 102 [1997]:
     »... in Hinblick auf die vom Kläger dargelegten Umsatzzahlen wurden die Schuhe des Klägers
     von Schuhgeschäften als teure Schuhe von hoher Qualität an zahlungskräftige Kunden ver-
     kauft. Dies hat natürlich die Zahl der verkauften Schuhpaare begrenzt, aber ... zum Zeitpunkt
     der Anmeldung (13.12.1973) war die Marke unter Einzelhändlern und dem relevanten
     Kundensektor eine sehr bekannte Marke geworden ...«;
     vgl. Ch. Heath, in *IIC*, Vol. 30 (1999), Seiten 461–464.
124 Bezirksgericht Osaka, 13.11.1987, 229 *Tokkyo to kigyô* 83 [1988].
125 OGH, 16.12.1993, 835 *Hanrei Times* 248 [1994].
126 Obergericht Tokyo, 28.6.2001; 13 *Law&Technology* 68.

437

209 **4.4.17 Marken, die eine falsche Auffassung von Waren und Dienstleistungen hervorrufen können (§ 4(1)(xvi) JMarkenG)[127]**

210 Marken, welche die Konsumenten in Hinblick auf die Qualität der Güter oder Dienstleistungen irreführen, sind ebenfalls ungültig und nicht registrierbar[128]. Eine Marke kann nicht eingetragen werden, wenn sie wahrscheinlich Anlass für ein Missverständnis hinsichtlich der Qualität der Waren ist, auf denen sie benutzt wird.

211 Die Marke SILVERHIN für Küchenutensilien und Waren des täglichen Gebrauchs wurde zurückgewiesen, weil die Benutzung von SILVERHIN auf Waren, die keine Silberwaren sind, die Öffentlichkeit wahrscheinlich dazu verleiten würde zu glauben, dass die Waren aus Silber hergestellt sind (*hin* bedeutet im Japanischen »Artikel«). Selbst wenn die Marke nur auf Silberwaren benutzt würde, wäre die Marke immer noch nicht registrierbar, weil der *hin*-Teil die nicht unterscheidungskräftige Bedeutung Artikel hat[129].

212 Allerdings kann eine Zurückweisung der Markenanmeldung aus diesem Grund durch eine entsprechende Einschränkung des Waren- und Dienstleistungsverzeichnisses umgangen werden. Bei der Marke AMIWOOL würden z.B. keine Probleme entstehen, wenn die benannten Waren nur Wollbekleidung beträfen. Wenn aber die Waren Kleidung von Wolle aus verschiedenen Materialien sind, würde eine Zurückweisung aufgrund des irreführenden Hinweises auf Wolle erfolgen.

213 Ob eine Marke wahrscheinlich eine falsche Auffassung von der Qualität (*hinshitsu*) der Waren oder Dienstleistungen hervorruft, wird durch Betrachtung von Klang, Bedeutung und Erscheinung der Marke, wie sie auf der benannten Ware oder Dienstleistung benutzt wird, bestimmt. Entscheidend ist, ob der durchschnittliche Verbraucher bei der Konfrontation mit der Marke über die Qualität der Waren oder Dienstleistungen getäuscht würde[130].

»Qualität« bedeutet hier nicht, dass der Verbraucher lediglich mehr oder weniger wahrscheinlich glauben würde, dass Ware oder Dienstleistung von höherer oder geringerer Qualität sind. »Qualität« wird umfassender im Sinne der Natur der Waren oder Dienstleistungen interpretiert, einschließlich positiver oder negativer Attribute der Ware oder Dienstleistung. Außerdem ist eine tatsächliche falsche Auffassung nicht notwendig. Es genügt eine bloße Besorgnis (*Osore*) durch durchschnittliche Verbraucher[131]. Maßgeblich ist hier

---

127 TRAPPISTINE, Obergericht Tokyo, 18.7.1996, 1580 *Hanrei Jihô* 131.
128 § 4(1)(xvi) JMarkenG.
129 »Silver Kogyo K.K. vs. Präsident des JPA«, Obergericht Tokyo, 7.5.1975, 7 *Mutai Shû* 120.
130 Bezirksgericht Nagano, 26.6.1986; 18 *Mutai Zaisan Hanreishû* 239.
131 Obergericht Tokyo, 20.7.1989, 1328 *Hanrei Jihô* 111.

wiederum die japanische Orientierung und das japanische Verständnis eines Wortes, selbst wenn dieses ausländischen Ursprungs ist. Dies gilt unabhängig von seiner ursprünglichen Bedeutung in der jeweiligen Sprache.

Der von den japanischen Gerichten angewandte Test besteht wiederum darin, zu ermitteln, was der durchschnittliche japanische Konsument glaubt, wenn er mit der Marke konfrontiert wird, wobei im Allgemeinen Umfrageergebnisse nicht berücksichtigt werden.   214

So wurde von der Marke ALLROUND (in Englisch) für die Benutzung auf Skiern angenommen, dass sie Japaner zum Glauben verleite, dass die Skier für Slalom wie auch für Springen verwendet werden können. Da dies unmöglich war, implizierte dies eine nicht vorhandene Eigenschaft der Waren. Die Marke verletze daher § 4(1)(xvi) JMarkenG[132].   215

Das Verbot von § 4(1)(xvi) JMarkenG verlangt von den Prüfern eine eingehende Überprüfung und ein Verständnis der Marke. Beispielsweise war die Marke CABINET zu einer Kennzeichnung von hochwertigen deutschen Weinen geworden. Daher wurde seine Verwendung auf billigem »Traubensake« als wahrscheinlich eine falsche Auffassung über die Qualität der Waren hervorrufend angesehen[133].   216

Die Anmeldungen für die Marken ANOZINC und UNICHROME für die Verwendung auf Metallprodukten wurden zurückgewiesen, weil Zink und Chrom metallische Elemente sind und der Käufer daher missverstehen würde, dass diese Waren alle einen Bezug zu Zink oder Chrom hätten, z.B. mit Chrom plattiert wären, was in Wirklichkeit nicht der Fall war[134].   217

Im Mizore-Fall[135] formulierte das Gericht den Standard für die Anwendung des Verbots von Marken, die eine falsche Auffassung hinsichtlich der Qualität der Waren oder Dienstleistungen hervorrufen können: 218

»§ 4(1)(xvi) JMarkenG zielt auf die Verhinderung von falschen Auffassungen über die Qualität der Waren durch den durchschnittlichen Verbraucher. Zu diesem Zweck muss der angemessene Standard sein, Klang, Bedeutung und Erscheinung der Marke zu berücksichtigen und zu bestimmen, inwieweit bei der Benutzung auf den benannten Waren oder Dienstleistungen der durchschnittliche Verbraucher annehmen würde, dass die Waren basierend auf der Marke einige Qualitäten oder Charakteristika besitzen, die sie nicht haben. Für diese Bestimmung muss der spezifische Eindruck durch diese Marke in Hinblick auf die Charakteristik der Waren interpretiert werden.«

---

132 Obergericht Tokyo, 3.12.1987; 19 *Mutai Zaisan Hanreishû* 505.
133 Obergericht Tokyo, 30.1.1980; 2621 *Hanrei Times* 45.
134 »M&T Chemicals, Inc. vs. Präsident des JPA«, Obergericht Tokyo, 2.9.1969, 241 *Hanrei Times* 251 & 252.
135 Bezirksgericht Nagano, 26.6.1986; 18 *Mutai Zaisan Hanreishû* 239.

Auf der Basis dieser Analyse folgerte das Gericht, dass die für Süßigkeiten benutzte Marke MIZORE (Graupel) keine falsche Auffassung von der Warenqualität hervorrufen würde.

219 **4.4.18 Marken, die den Ursprung von Wein und Spirituosen angeben**

220 1995 wurde das JMarkenG in Hinblick auf geographische Marken geändert. Nun wird jede Anmeldung für eine Marke zurückgewiesen, die auf Wein und alkoholischen Getränken verwendet wird und einen geographischen Ort angibt, der sich verbotenerweise vom tatsächlichen Ursprung Waren unterscheidet (§ 4(1)(xvii) JMarkenG).

221 Bereits 1991 entschied das JPA hinsichtlich der Marke LORELEY, dass es zu Missverständnissen über die Beschaffenheit des Weines führen kann, wenn für Wein eine Bezeichnung gewählt wird, die auf ein bestimmtes und berühmtes Weinanbaugebiet hinweist[136].

222 **4.4.19 Dreidimensionale Marken**

223 Dreidimensionale Marken, d.h. Marken, die nur aus der dreidimensionalen Form von Waren bzw. ihrer Verpackung bestehen, sind seit dem 1.4.1997 unter § 2(1) JMarkenG schutzfähig.

224 Die erste Entscheidung des Obergerichtes Tokyo zum Schutz von dreidimensionalen Marken erging am 21.12.2000[137]. In diesem Fall hatte der Kläger eine Anmeldung für eine dreidimensionale Marke für Schreibutensilien (ein Füller für den Spielstand in Golf, »golf score pen«, mit einem rechtwinkligen Clip am Ende des Körpers, an dem »score cards« befestigt werden können). Das Gericht akzeptierte, dass »der Füller als Ganzes in gewissem Ausmaß die Charakteristik einer gut balancierten Form hat«, verneinte aber Unterscheidungskraft und Einzigartigkeit der Form, die im Rahmen dessen bleibe, was gewöhnliche Händler und Konsumenten üblicherweise in Hinblick auf Funktionalität und ästhetische Elemente erkennen. Das Gericht befand, dass die Form des Füllers für den Stand des Golfspiels nicht als Marke funktioniert, welche die eigenen Waren von den Waren eines anderen unterscheidet.

225 Dieser Fall wie auch einige Zurückweisungen der Beschwerdekammern des JPA illustrieren, dass dreidimensionale Marken nur dann registriert werden können, wenn sie einzigartige und eindrucksvolle Merkmale aufweisen. Dreidimensionale Produktkonfigurationen oder Verpackungen werden in aller

---

136 JPA, 23.10.1991; vgl. *IIC*, Vol. 24 (1993), Seiten 409–410 sowie *GRUR Int.* 1992, S. 465.
137 Vgl. A. Ishikawa, K. Yano, »Expanding Range of Trademarks – A Comparative Study« in *ZJapanR*, Heft 11, 2001, Seiten 141–152; insbes. Seiten 150–152.

Regel vom JPA als nicht registrierbar zurückgewiesen. Das Obergericht To-kyo entschied 2001, dass die Registrierung eines dreidimensionalen Yoghurt-bechers wegen fehlender Unterscheidbarkeit versagt werden muss[138].

Die Form einer patentierbaren Erfindung kann nur dann als dreidimensionale   226
Marke registriert werden, wenn Unterscheidbarkeit hinsichtlich Merkmalen erhalten wurde, die keine Beziehung zum Patent haben[139].

Einer Fischwaage, die für die Ware »Fischwaage« registriert werden soll,   227
ermangelt es der zur Registrierung notwendigen Unterscheidbarkeit[140]. Ein Schwimmer, welcher die Position des Hakens am Ende der Fischleine anzeigt, kann die Waren einer Person nicht von den Waren eines anderen unterschei-den und ist daher gemäß § 3(1)(iii)(2) JMarkenG nicht als Marke eintragbar, zumindest wenn sie für die Waren Schwimmer oder Angeln eingetragen werden soll[141].

4.4.20 Sehr gut bekannte Marken, die in unlauterer Weise kopiert werden   228

§ 4(1)(xix) JMarkenG bestimmt, dass Marken, die identisch oder ähnlich sind   229
mit in Japan oder im Ausland bei den Verbrauchern bekannten Marken, die Waren oder Dienstleistungen als mit dem Geschäftsbetrieb eines Dritten ver-bunden ausweisen, und die für solche Waren oder Dienstleistungen vom Anmelder in missbräuchlicher Absicht benutzt werden (Absicht der miss-bräuchlichen Gewinnerzielung, Absicht der Schadenszufügung bei Dritten sowie sonstige missbräuchliche Absichten), nicht registriert werden können. Der Unterschied zur Vorschrift von § 4(1)(xi) JMarkenG besteht darin, dass auf die Benutzung in Japan **oder dem Ausland** und die **unlauteren Absichten des Anmelders** abgestellt wird.

---

138 »Yakult«, Obergericht Tokyo, 12.7.2001; 13 *Law & Technology* 68
139 »Dübel«, Obergericht Tokyo, 27.11.2001; 15 *Law & Technology* 82: Der Kläger wollte die
   Form eines Dübels für Plastikbefestigungsvorrichtungen in Klasse 20 registrieren. Die Zu-rückweisung der Anmeldung durch das JPA wurde vom Obergericht Tokyo bestätigt, obwohl dieses die Erlangung von Unterscheidbarkeit aufgrund von Benutzung nicht bestritt: »In dem Umfang, in dem die zu registrierende Form eines Gegenstandes eine patentierbare Erfindung umfasst, würde dies die Einbeziehung des Patentmonopols in die Marke bedeuten, wodurch das Patentmonopol für unbestimmte Zeit verlängert wird. Selbst wenn die Form aufgrund von Benutzung unterscheidungsfähig geworden wäre, würde die Registrierung dem Prinzip zuwiderlaufen, dass unter dem Patentgesetz Monopole nur für eine bestimmte Zeit gewährt werden. Eine Markenregistrierung für eine solche Erfindung würde der Absicht des Patentgesetzes widersprechen. Daher könnte eine Registrierung nur für solche Merkmale erhalten werden, die keinen Bezug zur patentierten Erfindung haben, selbst wenn der Anmelder Unterscheidbarkeit nachweisen könnte.«
140 »Fischwaage«, Obergericht Tokyo, 28.12.2001; 15 *Law & Technology* 87.
141 »Schwimmer«, Obergericht Tokyo, 28.12.2001; 15 *Law & Technology* 88.

230 Die bekannte Marke eines ausländischen Markeninhabers kann somit von einem Dritten nicht registriert werden, sofern dieser bei der Anmeldung nicht gutgläubig war. So wurde die Markenregistrierung für ETNIES in einem Nichtigkeitsverfahren vom JPO gelöscht[142].

231 Marken können auf ausländische Benutzer übertragen werden, wenn diese sich zur Stützung ihrer Ansprüche in Japan auf Bestimmungen in einem (Lizenz-)Vertrag stützen können[143].

232 **4.4.21 Warenähnlichkeit**

233 Für die Warenähnlichkeit gelten in Japan im Wesentlichen die gleichen Erwägungen wie nach deutschem Markenrecht. Im Allgemeinen werden Waren oder Dienstleistungen in unterschiedlichen Klassen als unähnlich angesehen. Der Prüfer wird eine Ähnlichkeitsrecherche nur innerhalb einer Klasse durchführen, sofern in den Prüfungsrichtlinien für diese Klasse nicht ausdrücklich eine Ausnahme angegeben ist. Bei der Prüfung auf Warenähnlichkeit orientieren sich die Richter nicht so strikt an den Prüfungsrichtlinien des JPA, wie es die Prüfer tun.

234 Als der Inhaber der Marke THE SANYO TYRE für verschiedene Reifen den Beklagten von der Benutzung der Marke SANYO für Fahrräder und Fahrradteile abhalten wollte, erkannte das Obergericht Osaka auf Ähnlichkeit zwischen Reifen, Fahrrädern und Fahrradteilen, weil diese Waren sämtlich eine enge Beziehung in ihrer Benutzung haben und gewöhnlich in den gleichen Geschäften an gleiche Kunden verkauft werden. Der OGH hob diese Entscheidung jedoch auf, da die Verwechslungsgefahr in Hinblick auf den Warenursprung unter Berücksichtigung der Umstände im Einzelfall untersucht werden sollte. Nur einige Fahrradteile würden ähnlich mit Reifen sein[144].

---

142 Die von K.K. Yumaryô eingelegte Beschwerde wurde in »K.K. Yumaryô vs. Pierre-André Senizergues« vom Obergericht Tokyo am 26.2.2001 zurückgewiesen, weil die Klage nur von einem der gemeinsamen Inhaber der Marke ETNIES eingereicht worden war; vgl. K. Hinkelmann in *AIPPI Journal*, Vol. 26, No. 6, November 2001, Seiten 350–353.

143 Registrierung durch Vertreter: »Hisataka Taniguchi vs. Hastings Manufacturing Co.«, Obergericht Tokyo, 22.12.1983, *Hanrei Jihô* (Nr. 1115) 121.

144 »Sanyo Denki K.K. vs. Sanyo Bicycle K.K.«, OGH, 4.10.1963, 17 OGH *Hanrei Shû* 1154.

4.5 Prüfung der Markenanmeldung (§§ 14 bis 17bis JMarkenG)   235

Verfahren vor dem Markenprüfer   236

Nach der Einreichung der Markenanmeldung prüft das JPA, ob die Voraus-   237
setzungen für die Anerkennung eines Anmeldetages gemäß § 5bis(1) JMarkenG
vorliegen. Ist dies nicht der Fall, fordert das JPA den Anmelder unter Fristsetzung zu einer Korrektur auf (§ 5bis(2) JMarkenG). Sofern der Anmelder die
Korrektur innerhalb dieser Frist vornimmt, wird der Eingang der Korrektur
als Anmeldetag der Markenanmeldung angesehen (§ 5bis(4) JMarkenG). Wird
der Aufforderung zur Korrektur nicht innerhalb der Frist Folge geleistet, kann
die Anmeldung vom JPA zurückgewiesen werden (§ 5bis(5) JMarkenG).

Der Markenprüfer soll die Markenanmeldung nach § 15 JMarkenG zurück-   238
weisen, wenn die Marke nach den §§ 3, 4(1) [absolute und relative Eintra-
gungshindernisse], 8(2) oder (5) [Erstanmelderprinzip], 51(2) (einschl. seiner
Anwendung unter § 52bis(2)) oder 53(2) JMarkenG oder § 25 PatG i.V.m.
§ 77(3) JMarkenG [Genuß von Rechten durch Ausländer] nicht registrierbar
ist. Die Markenanmeldung soll außerdem bei Verstößen gegen die Erfordernisse von § 6(1) und (2) JMarkenG [Einheitlichkeit der Anmeldung] oder bei
Nichtregistrierbarkeit der Marke in Übereinstimmung mit den Bestimmungen
eines Vertrages zurückgewiesen werden. Die Markenanmeldung wird somit
auf das Vorliegen aller absoluten und relativen Eintragungshindernisse der
§§ 3, 4(1) JMarkenG geprüft, mit Ausnahme von älteren **Anmeldungen** identischer oder ähnlicher Marken gemäß § 8(1) JMarkenG.

Der Prüfer teilt dem Anmelder unter Gewährung einer Frist (40 Tage für in   239
Japan ansässige Anmelder; 3 Monate für im Ausland ansässige Anmelder) für
die Einreichung einer Stellungnahme das Vorliegen von Zurückweisungsgründen mit (§ 15bis JMarkenG). Der Prüfer kann den Anmelder auch darüber
informieren, dass seine Markenanmeldung unter den Zurückweisungsgrund
von § 15(i) JMarkenG fallen könnte, falls die für eine identische oder ähnliche
Marke eingereichte ältere Markenanmeldung eines Dritten, in der identische
oder ähnliche Waren oder Dienstleistungen benannt sind, eingetragen wird
(§ 15ter (1) JMarkenG). Hierbei kann er dem Anmelder unter Fristsetzung
Gelegenheit für eine Stellungnahme geben.

Der Anmelder kann im Rahmen des Prüfungsverfahrens Änderungen am   240
Waren- und Dienstleistungsverzeichnis seiner Markenanmeldung vornehmen,
die vom Prüfer zurückgewiesen werden kann, wenn hierdurch deren Wesen
verändert wird (§ 16bis(1) JMarkenG). Wenn eine solche Zurückweisung einer
Änderung erfolgt, darf der Prüfer vor Ablauf von 30 Tagen nach Übersendung
dieser Entscheidung keinen Beschluss über die Markenanmeldung erlassen
(§ 16bis JMarkenG). Gegen die Zurückweisung der Änderung findet die Be-

schwerde nach § 45(1) JMarkenG statt, die eine aufschiebende Wirkung auf die Prüfung der Markenanmeldung hat (§ 16bis(4) JMarkenG).

241 Im Rahmen der Prüfung wird es schwierig sein, den Prüfer davon zu überzeugen, dass Waren sehr entfernt sind, die in derselben Unterklasse oder Gruppe sind, selbst wenn auf verschiedene Unterscheidungsmerkmale, z.B. Unterschiede hinsichtlich Herstellung, Verteilung und Marketing hingewiesen wird. Ein Gestattungsschreiben (Letter of Consent) eines vorgängigen Markenanmelders oder das Ergebnis einer gütlichen Einigung werden nicht zu einer Registrierung führen, sofern der Prüfer seine Bedenken aufrechterhält.

242 Hinsichtlich der Änderungsmöglichkeiten am Waren- bzw. Dienstleistungsverzeichnis hält sich der Anmelder durch die Angabe der Klassenbezeichnung oder durch Verwendung der Formulierung »und alle Waren in dieser Klasse« alle Möglichkeiten für eine Einschränkung seines Waren- bzw. Dienstleistungsverzeichnisses offen. Während der Prüfung können dann zusätzliche einzelne Waren oder Dienstleistungen in der Klasse auf dem Wege einer Änderung spezifisch aufgezählt werden, vorausgesetzt, dass diese Waren unter die ursprüngliche Klasse der Anmeldung fallen. Ohne diese Formulierung wird eine Hinzufügung von Waren nicht akzeptiert, aber eine Änderung, mit der die Warenanzahl reduziert wird, ist zulässig. Beispielsweise können zur Vermeidung eines Konfliktes mit einer entgegengehaltenen Marke mit einem überlappenden Waren/Dienstleistungsverzeichnis die überlappenden Waren/Dienstleistungen aus dem Verzeichnis gestrichen werden.

243 Liegen keine Gründe für die Zurückweisung der Markenanmeldung vor, erlässt der Prüfer eine Entscheidung, dass die Marke registriert werden soll (§ 16 JMarkenG).

244 Hinsichtlich des Schutzes berühmter Marken wurden Anfang 1999 die Prüfungsrichtlinien zu §§ 4(1)(x), 4(1)(xi) und 4(1)(xv) JMarkenG geändert. Zu § 4(1)(x) JMarkenG, der bestimmt, dass Marken nicht eingetragen werden können, die beim Verbraucher gut bekannt sind als Marken, welche die Waren einer anderen Person angeben, oder Marken, die hierzu ähnlich sind, wurde eingefügt:

> »Marken, welche die gut bekannte, nicht registrierte Marke einer anderen Person enthalten, ... in Kombination mit anderen Buchstaben oder Vorrichtungen, werden als ähnlich mit der weithin bekannten Marke angesehen, selbst wenn sie sichtbar als Ganzes in einen Block integriert sind und/oder konzeptionell als Ganzes gut verbunden sind. Jedoch soll diese Regel nicht angewandt werden, wenn eine Marke hinsichtlich Klang, Erscheinung und Bedeutung deutlich verschieden ist, wie in dem Fall, dass die weithin bekannte Marke einen Teil eines existierenden Wortes darstellt.«

245 Hinsichtlich § 4(1)(xi) JMarkenG, der bestimmt, dass Marken nicht registriert werden können, die ähnlich oder identisch mit zuvor registrierten Marken sind, und für Waren benutzt werden, die mit den in den zuvor registrierten

Marken benannten Waren identisch oder ähnlich sind, wurde hinzugefügt, wie die Ähnlichkeit bestimmt werden soll, wenn Marken aus mehrfach kombinierten Elementen bestehen:

»Marken, welche die unter Verbrauchern für die benannten Waren oder Dienstleistungen weithin bekannte, für eine andere Person registrierte Marke beinhalten, in Kombination mit anderen Buchstaben oder Vorrichtungen, selbst wenn sie sichtbar als Ganzes in einen Block integriert sind und/oder konzeptionell als Ganzes gut verbunden sind, werden als mit der gut bekannten Marke ähnlich angesehen.«

Der Prüfer übersetzt ein ausländisches Wort in einer ausländischen Sprache in einer Marke, die sowohl in römischen Schriftzeichen und in *Katakana* angegeben ist, immer ins Japanische. Hierbei wird bisweilen entschieden, dass die übersetzte Marke beschreibend ist. Beispielsweise wurde WELTONE als für Bettzeug beschreibend angesehen und WALLUMEN beschreibend für elektrische Maschinen, Kommunikationseinrichtungen und -materialien, HAICHIIM in Katakana (ausgesprochen wie »high-teem«) für ein Enzym wurde als Beschreibung für die hohe Qualität des Enzyms angesehen und HAICHIOOR (ausgesprochen wie »highthiol«) für die hohe Qualität von Thiol. Aber auf die Beschwerde zur *Shimpan*-Abteilung des JPO oder zum Obergericht Tokyo wurden sämtliche dieser Feststellungen aufgehoben und die Marken für unterscheidungsfähig befunden[145].   246

Wenn eine Marke Herkunft, Qualität, Gestalt, Herstellungsprozess oder Endverwendung der Waren bezeichnet, ist es schwierig, eine doppelte Zurückweisung wegen fehlender Unterscheidungskraft und Verwirrung hinsichtlich der Qualität der Waren zu vermeiden. Beispielsweise wird in Japan »Hollywood« als ein Quell der Mode überall in der Welt angesehen. »Hollywood« für Kosmetika wurde daher als lediglich üblicher Indikator ohne Unterscheidungskraft für den Ursprung der benannten Waren angesehen[146]. Weiterhin würde die Marke Verwirrung in Hinblick auf die Qualität der Kosmetika hervorrufen, weil viele Konsumenten vermutlich folgern würden, dass die benannten Waren entweder in Hollywood hergestellt oder aus Hollywood importiert wurden.   247

Für die Prüfung, ob eine Marke unter die Bestimmungen von § 3 JMarkenG fällt, ist nicht der Anmeldetag, sondern der Tag der Entscheidung des Prüfers bzw. *Shimpan*-Prüfers über die Eintragbarkeit maßgebend.   248

Weitere Details zur Prüfung sind im Markenprüfungshandbuch (The Trademark Examination Manual; www.jpo.go/infoe/1308–029.htm) oder in den   249

---

145 »Chugai Seiyaku vs. Präsident des JPA«, High-teem case, Obergericht Tokyo, 24.12.1971, 3 *Mutai Shû* 445, High-thiol Fall, »SS Seiyaku vs. Takeda Yakuhin«, Obergericht Tokyo, 20.6.1977, 9 *Mutai Shû* 529.
146 Obergericht Tokyo, 29.6.1967.

Richtlinien zur Prüfung von Marken (Trademark Examination Standards) enthalten.

250 **Beschwerdeverfahren**

251 Gegen die Zurückweisung einer Markenanmeldung durch den Markenprüfer kann innerhalb von 30 Tagen nach Übersendung der Entscheidung des Prüfers Beschwerde zur *Shimpan*-Abteilung des JPA eingelegt werden (§ 44(1) JMarkenG). In diese Frist findet Wiedereinsetzung statt, wenn der Anmelder aus Gründen, die außerhalb seiner Kontrolle waren, die Beschwerde nicht einlegen konnte. Er kann dann innerhalb von 14 Tagen (bei im Ausland ansässigen Anmeldern: innerhalb von zwei Monaten) nach Wegfall des Hindernisses, aber nicht später als 6 Monate nach Fristablauf, Wiedereinsetzung beantragen (§ 44(2) JMarkenG).

252 Eine Beschwerde findet auch gegen Entscheidungen über die Zurückweisung von Änderungen statt (§ 45 JMarkenG), ebenfalls innerhalb von 30 Tagen nach Übersendung der Entscheidung.

253 Für im Ausland ansässige Anmelder gilt jeweils eine Beschwerdefrist von drei Monaten.

254 Eine weitere Beschwerdemöglichkeit gibt es zum Obergericht Tokyo (§ 63(1) JMarkenG). Die Einlegung der Beschwerde hat innerhalb einer Frist von 30 Tagen für im Inland ansässige Anmelder und innerhalb von 30 Tagen +3 Monate für im Ausland ansässige Anmelder zu erfolgen. Prinzipiell ist auch die Rechtsbeschwerde zum OGH gegeben.

255 **4.6   Offenlegung der Markenanmeldung**

256 Nach § 12bis JMarkenG wird eine Markenanmeldung vom JPA im Marken-blatt (*Shôhyô Kôhô*) unter Angabe von Namen und Wohnsitz oder Aufent-haltsort des Anmelders, Nummer und Anmeldetag der Markenanmeldung, der angemeldeten Marke sowie den benannten Waren und Dienstleistungen ver-öffentlicht[147]. Bei Verstößen gegen die öffentliche Ordnung oder Moral kann das JPA allerdings von einer Veröffentlichung der Marke und der benannten Waren und Dienstleistungen absehen.

---

147 Ab 1.1.2000 eingereichte Markenanmeldungen werden offengelegt. Dies gilt auch für interna-tionale Markenanmeldungen, in denen Japan als Bestimmungsland genannt ist.

4.7 Registrierung der Marke; Markenregister   257

Das Markenrecht entsteht mit seiner Registrierung (§ 18(1) JMarkenG). So-   258
bald die Registrierungsgebühr entrichtet ist, wird das Entstehen des Markenrechts vom JPA im Register eingetragen und die Eintragung im Markenblatt
bekannt gemacht. Zur Registrierung unter dem PMMA siehe Kap. 15.

Die Registrierung soll erfolgen, wenn die Registrierungsgebühr gemäß § 40(1)   259
JMarkenG oder § 41^bis(1) JMarkenG gezahlt worden ist (§ 18(2) JMarkenG).
Die Veröffentlichung der Marke erfolgt gemäß § 18(3) JMarkenG im Marken-
blatt. Während zwei Monaten nach Veröffentlichung sind die Anmeldeakten
und ihre Anlagen zur öffentlichen Einsichtnahme im JPA ausgelegt (§ 18(4)
JMarkenG).

Die Registrierungsgebühr soll innerhalb von 30 Tagen nach Übermittlung der   260
Entscheidung des Prüfers oder einer *Shimpan*-Entscheidung, dass die Registrierung vorgenommen werden soll, gezahlt werden (§§ 41(1), 41bis JMarkenG). Auf Antrag kann diese Frist um einen Zeitraum von nicht mehr als
30 Tagen verlängert werden (§ 41(3) JMarkenG).

Nach § 40(1) JMarkenG muss für die Registrierung einer Marke eine Regis-   261
trierungsgebühr in Höhe von 66.000 Yen pro Fall, multipliziert mit der Zahl
der Klassen der Klassifizierung, entrichtet werden. Bei der Erneuerung der
Markenregistrierung (§ 40(2) MarkenG) muss ein Betrag von 151.000 Yen pro
Fall, multipliziert mit der Zahl der Klassen der Klassifizierung, entrichtet
werden.

Die Zahlung von Gebühren und Zuschlägen kann in Form von Gebühren-   262
marken oder bar erfolgen (§ 40(7), 43(4) JMarkenG).

Registrierungsgebühr und Erneuerungsgebühr können in Raten entrichtet   263
werden (§ 41bis JMarkenG). Hierzu ist zunächst eine Registrierungsgebühr in
Höhe von 44.000 Yen bzw. eine Erneuerungsgebühr in Höhe von 101.000
Yen, jeweils multipliziert mit der Anzahl der Klassen, zu entrichten
(§ 41^bis(1)(2) JMarkenG). Fünf Jahre vor Ablauf der Laufzeit der Marke ist
ein Betrag in gleicher Höhe zu entrichten.

Wenn der Markeninhaber nicht in der Lage ist, die nach fünf Jahren fällige   264
Gebühr zu entrichten, kann er dies innerhalb von 6 Monaten nach Ablauf
dieser fünf Jahre nachholen (§ 41^bis(3) JMarkenG). Wird diese Frist ebenfalls
versäumt, gilt das Markenrecht rückwirkend als 5 Jahre vor seinem Ablauf
gelöscht (§ 41^bis(3) JMarkenG). Für die Ratenzahlung kann ebenfalls eine
Fristverlängerung von bis zu 30 Tagen gewährt werden (§ 41^bis(6) JMarkenG).

265 Wenn nach der Registrierung der Marke festgestellt wird, dass eine Änderung der in der Anmeldung benannten Waren oder Dienstleistungen oder der zur Registrierung angemeldeten Marke deren Wesen geändert hat, wird die Markenanmeldung als zum Zeitpunkt der Einreichung der Änderung eingereicht angesehen (§ 9^{quater} JMarkenG).

266 Wenn das Markenrecht für zwei oder mehr Waren oder Dienstleistungen registriert wurde, kann es entsprechend geteilt werden (§ 24(1) JMarkenG. Eine solche Teilung ist auch während der Anhängigkeit eines Nichtigkeitsverfahrens, das nach § 46(2) JMarkenG nach Erlöschen der Marke eingeleitet wurde, möglich (§ 24(2) JMarkenG).

267 Eine zu viel oder irrtümlich gezahlte gezahlte Eintragungsgebühr kann auf Antrag, der innerhalb eines Jahres gestellt werden muss, zurückerhalten werden (§ 42 JMarkenG)[148].

268 Bei verspäteter Stellung des Antrags auf Erneuerung nach § 20(3) JMarkenG oder auf Erneuerung nach Wiederherstellung des Markenrechts nach § 21(1) JMarkenG kann die Zahlung unter Zahlung eines Zuschlages in Höhe der Registrierungsgebühr nachgeholt werden. Gleichgroße Zuschläge sind jeweils bei Anwendung von § 43bis(2) und (3) JMarkenG zu entrichten.

269 Die Zahlung der Registrierungsgebühr kann von jeder interessierten Person vorgenommen werden, auch gegen den Willen des Zahlungspflichtigen (§ 41ter(1) JMarkenG). Diese interessierte Person kann eine Erstattung der Ausgabe in dem Umfang verlangen, indem der Zahlungspflichtige tatsächlich Gewinn macht (§ 41ter JMarkenG).

270 Die Gebühr für die Erneuerung der Markenregistrierung soll bei Antragstellung entrichtet werden (§ 41(3) JMarkenG).

271 Gleichzeitig mit der Zahlung der Registrierungsgebühr gemäß § 40(1) oder § 41bis JMarkenG kann die Zahl der Klassen des Verzeichnisses der Waren/Dienstleistungen reduziert werden (§ 68^{quadragies}(2) JMarkenG).

272 Wenn ein Markenrecht oder ein Defensivmarkenrecht registriert wurde, erhält der Inhaber vom JPA ein Zertifikat hierüber (§ 71bis JMarkenG).

---

148 Ebenso kann eine Registrierungsgebühr, die nach § 41bis(1) oder (2) JMarkenG fünf Jahre vor Ablauf des Markenrechts zur Zahlung fällig war, auf Antrag, der innerhalb von 6 Monaten nach Rechtskraft einer Entscheidung über die Nichtigerklärung der Marke zu stellen ist, zurückerhalten werden (§ 42 JMarkenG). Dies gilt nur für den Fall, dass ein Widerrufsbeschluss nach § 43ter (2) JMarkenG (Einspruchsverfahren) oder eine gerichtliche Entscheidung oder eine Entscheidung im Wiederaufnahmeverfahren, wonach eine Markeneintragung für nichtig erklärt wird, fünf Jahre vor Ablauf der Schutzdauer des Markenrechts rechtskräftig geworden ist.

Jedermann hat ein Recht auf Akteneinsicht, das nur unter bestimmten Um- 273
ständen eingeschränkt ist (§ 72 JMarkenG). Derjenige, der diese Dokumente
eingereicht hatte, wird hiervon von Amts wegen informiert.

Im JPA wird ein Markenregister geführt, in dem folgende Angaben enthalten 274
sind (§ 71(1) JMarkenG):

(i) Entstehung, Verlängerung der Schutzdauer, Teilung, Übertragung, Änderung, Löschung, Wiederherstellung oder Verfügungsbeschränkung eines
Markenrechts;
(ii) Entstehung, Verlängerung der Schutzdauer, Übertragung oder Löschung eines auf einer Defensivmarkenregistrierung basierenden Rechtes;
(iii) Entstehung, Übertragung, Aufrechterhaltung, Übertragung, Änderung, Löschung oder Verfügungsbeschränkungen hinsichtlich eines Rechts
auf ausschließliche oder nichtausschließliche Benutzung;
(iv) Entstehung, Übertragung, Modifikation, Löschung oder Verfügungsbeschränkungen hinsichtlich eines Pfandrechts an einem Markenrecht oder
einem Recht auf ausschließliche oder nichtausschließliche Benutzung.

Das Register kann teilweise oder vollständig mittels Magnetbändern oder 275
anderer Materialien, auf denen Aufnahmen auf exakte Weise mit einer äquivalenten Methode vorgenommen werden können, hergestellt werden (§ 71(2)
JMarkenG).

Bezugnahmen auf eine registrierte Marke (oder registrierte Defensivmarke) 276
umfassen Marken, die diesen ähnlich sind und bei gleicher Farbgestaltung als
identisch angesehen würden (§ 70 JMarkenG).

4.8   Besonderheiten bei Defensivmarken   277

Ein Anmelder kann seine Markenanmeldung in eine Anmeldung für die Re- 278
gistrierung einer Defensivmarke umwandeln (§ 65(1) JMarkenG). Dies ist
nicht mehr möglich, wenn die Entscheidung des Prüfers oder die *Shimpan*-
Entscheidung hinsichtlich der Anmeldung Rechtskraft erlangt hat (§ 65(2)
JMarkenG). Defensivmarken haben ebenfalls eine Schutzdauer von 10 Jahren
ab ihrer Registrierung, die um jeweils weitere 10 Jahre verlängert werden kann
(§ 65bis JMarkenG). Die Anmeldung für die Erneuerung der Registrierung soll
innerhalb von sechs Monaten vor Ablauf der Laufzeit vorgenommen werden
(§ 65ter(2) JMarkenG). Bei Umständen, die außerhalb der Kontrolle des Anmelders liegen, kann eine solche Anmeldung auch innerhalb von 14 Tagen (bei
im Ausland Ansässigen innerhalb von zwei Monaten) nach dem Wegfall des
Hinderungsgrundes vorgenommen werden, aber nicht später als sechs Monate
nach Ablauf der Laufzeit (§ 65ter(3) JMarkenG).

279 Für die Registrierung der Laufzeiterneuerung einer Defensivmarke sowie Gebührenhöhe und Zahlungsfristen gelten die Bestimmungen für Marken entsprechend ($ 65^{sexies}, $ 65^{septies} JMarkenG).

280 Für die Registrierung einer Defensivmarke ist wie bei einer Markenanmeldung ebenfalls eine Gebühr in Höhe von 66.000 Yen pro Fall, multipliziert mit der Zahl der Klassen der Waren/Dienstleistungen, zu entrichten. Allerdings ist der Betrag für die Erneuerung niedriger als bei einer Marke. Für die Erneuerung sind 130.000 Yen pro Fall, multipliziert mit der Zahl der Klassen der Waren/Dienstleistungen, zu entrichten ($ 65^{septies} JMarkenG). Es gelten die für Marken entsprechenden Zahlungsfristen ($ 65^{octies} JMarkenG). Die Gebühren können von jeder interessierten Person bezahlt werden, welche im Falle der Gewinnerzielung vom Defensivmarkeninhaber die Rückerstattung verlangen kann ($ 65^{novies} JMarkenG). Desgleichen kann die Rückzahlung von zu viel oder irrtümlich gezahlten Registrierungsgebühren beantragt werden, nicht jedoch, wenn seit der Zahlung mehr als ein Jahr vergangen ist ($ 65^{decies} JMarkenG).

281 Wenn das Markenrecht geteilt oder gelöscht wird, erlöscht das Recht basierend auf der Defensivmarkenregistrierung ($ 66(1) bzw. (3) JMarkenG). Die Marke soll zusammen mit der Defensivmarke übertragen werden (66(2) JMarkenG). Wenn das Markenrecht für eine bestimmte Zeit als gelöscht gilt, entfällt für diesen Zeitraum die Schutzwirkung durch die Defensivmarke ($ 66(4) JMarkenG).

282 **4.9   Amtsgebühren**

283 Entsprechend der Tabelle zu $ 76 JMarkenG gelten folgende Amtsgebühren:

Markenanmeldung: 6.000 Yen pro Fall plus 15.000 Yen für jede Klasse

Defensivmarkenanmeldung oder
Erneuerung der Defensiv-
markenregistrierung: 12.000 Yen pro Fall plus 30.000 Yen für jede Klasse

Teilung einer Marke: 30.000 Yen pro Fall

Interpretation gemäß $ 28(1) JMarkenG (incl. seiner
Anwendung unter $ 68(3) JMarkenG):   40.000 Yen pro Fall

Einspruch gegen
Markenregistrierung: 3.000 Yen pro Fall plus 8.000 Yen für jede Klasse

Intervention in einer *Shimpan*-Prüfung
eines Einspruchs: 11.000 Yen pro Fall

Shimpan- oder Wieder-
aufnahme-Verfahren: 15.000 Yen pro Fall plus 40.000 Yen für jede Klasse

Intervention in einem *Shimpan*-Verfahren oder einer
Verfahrenswiederaufnahme: 55.000 Yen

5 Maßnahmen gegen Markenrechte (Einspruch, Löschung, Nichtigkeit)

284 **5.1 Einspruchsverfahren (§§ 43bis–43^{quaterdecies} JMarkenG)**

285 Im Rahmen des Einspruchsverfahrens können gegen die eingetragene Marke alle absoluten und relativen Schutzhindernisse angeführt werden. Ältere Markenanmeldungen (§ 8(1) JMarkenG) und nicht eingetragene Marken sind nicht Gegenstand des Prüfungsverfahrens, sondern des Einspruchsverfahrens.

286 Nach § 43bis JMarkenG kann jede Person innerhalb von zwei Monaten nach Veröffentlichung der die Marke enthaltenden Gazette in Hinblick auf jede der benannten Waren/Dienstleistungen Einspruch gegen die Registrierung einlegen. Der Einspruch kann darauf gestützt werden, dass die Markenregistrierung entgegen den Bestimmungen der §§ 3, 4(1), 8(1)(2)(5), 51(2) JMarkenG (einschließlich seiner Anwendung gemäß der §§ 52bis(2), 53(2) oder 25 JPatG wie es nach § 77(3) JMarkenG angewendet werden soll) oder unter Verstoß gegen einen Vertrag vorgenommen worden war.

287 Das Einspruchsverfahren wird von drei oder fünf *Shimpan*-Prüfern durchgeführt (§ 43ter(1) JMarkenG). Wenn die Widerrufsgründe zutreffen, wird die Markenregistrierung bei Rechts-bzw. Bestandskraft der Entscheidung rückwirkend gelöscht (§ 43ter(2)(3) JMarkenG). Gegen die Entscheidung über die Aufrechterhaltung der Markenregistrierung findet im Gegensatz zur Entscheidung über den Widerruf der Markenregistrierung keine Beschwerde statt (§ 43ter(4)(5) JMarkenG).

288 Nach § 43^{quater}(1) JMarkenG ist ein Einspruchsschriftsatz unter Angabe von Namen und Vertreter des Einsprechenden, der Identifizierung der Marke, den Gründen des Einspruchs und der Angabe der stützenden Beweismittel einzureichen.

289 Eine Änderung des Einspruchs darf dessen Wesen nicht ändern; dies trifft jedoch nicht für die Änderung von Einspruchsgründen und die Angabe von Beweismitteln zu, die noch innerhalb von 30 Tagen nach Ablauf der Einspruchsfrist vorgenommen werden können (§ 43^{quater}(2) JMarkenG). Diese Frist kann für Personen an weit entfernten oder schwierig erreichbaren Orten auf Antrag oder von Amts wegen verlängert werden (§ 43^{quater}(3) JMarkenG).

290 Dem Markeninhaber wird eine Kopie des Einspruchsschriftsatzes zugestellt (§ 43^{quater}(4) JMarkenG). Von Amts wegen werden auch alle registrierten

Inhaber von Rechten an der angegriffenen Marke (z. B. Lizenzen) vom Einspruch in Kenntnis gesetzt (§ 43^{quater}(5) i. V. m. § 46(3) MarkenG).

Die Prüfung des Einspruchs soll auf schriftlichem Wege durchgeführt werden 291 (§ 43^{sexies}(1) JMarkenG). Jedoch kann der Vorsitzende *Shimpan*-Prüfer auf Antrag des Markeninhabers, Einsprechenden oder Intervenienten oder von Amts wegen eine mündliche Verhandlung durchführen.

Eine Intervention ist nur auf Seiten des Markeninhabers möglich (§ 43^{septies}(1) 292 JMarkenG). Danach kann jede Person, die ein Recht oder ein Interesse an dem angegriffenen Markenrecht hat, zur Unterstützung des Markeninhabers dem Verfahren beitreten.

Die Prüfung des Einspruchs erfolgt von Amts wegen. Nach § 43^{novies}(1) 293 JMarkenG können auch Gründe geprüft werden, die nicht vom Inhaber der Marke, einem Einsprechenden oder einem Intervenienten vorgebracht wurden. Allerdings darf die Prüfung nur für die vom Einsprechenden angegriffenen Waren und Dienstleistungen durchgeführt werden (§ 43^{novies}(2) JMarkenG). Mehrere die gleiche Marke betreffende Einsprüche können zusammengefasst werden, sofern keine besonderen Umstände existieren (§ 43^{decies} JMarkenG).

Bei Vorliegen von Widerrufsgründen ergeht von Amts wegen eine entspre- 294 chende Mitteilung an den Markeninhaber und den Intervenienten über die Gründe für den Widerruf der Markenregistrierung, wobei ihnen Gelegenheit zu einer Stellungnahme innerhalb eines bestimmten Zeitraumes gegeben wird (§ 43^{duodecies} JMarkenG). Der Einspruch kann nach Erlass dieser Mitteilung nicht mehr zurückgezogen werden (§ 43^{undecies} JMarkenG).

Die Entscheidung über den Einspruch wird mit Gründen versehen und dem 295 Markeninhaber, Einsprechenden, Intervenienten und Personen zugestellt, deren Antrag auf Intervention zurückgewiesen worden war (§ 43^{decies} JMarkenG)

5.2   Nichtigkeitsverfahren (§ 46 JMarkenG)   296

Die Markeneintragung kann nach § 46(1) JMarkenG auf Antrag vom JPA für 297 nichtig erklärt werden. Ein Nichtigkeitsverfahren kann auch nach Löschung des Markenrechtes beantragt werden (§ 46(2) JMarkenG). Ein Nichtigkeitsverfahren kann für jede oder einzelne der benannten Waren und Dienstleistungen eingeleitet werden. Nichtigkeitsgründe liegen vor, wenn die Registrierung der Marke entgegen der Bestimmungen der §§ 3, 4(1), 8(1),(2)(5), 51(2) (einschließlich seiner Anwendung gemäß 52bis(2), 53(2) oder 25 des Patentgesetzes, wie es nach § 77(3) JMarkenG angewendet werden soll) oder unter Verstoß gegen einen Vertrag vorgenommen worden war.

298 Zusätzlich zu diesen, den Einspruchsgründen entsprechenden Gründen, kann eine Markenregistrierung außerdem für nichtig erklärt werden, wenn die Anmeldung nicht vom Rechtsnachfolger eingereicht wurde. Da sich das Einspruchsverfahren durch die Berücksichtigung angemeldeter, noch nicht eingetragener Marken sowie von nicht angemeldeten Marken vom Eintragungsverfahren unterscheidet, werden vom Eintragungsverfahren über das Einspruchsverfahren bis zum Nichtigkeitsverfahren zunehmend Eintragungshindernisse berücksichtigt.

299 Außerdem kann nach § 46(1)(v) JMarkenG eine Marke für nichtig erklärt werden, wenn die Marke nach der Registrierung unter § 4(1)(i) bis (iii), (v) und (vii) bis (xvi) JMarkenG fällt.

300 Von Amts wegen werden alle diejenigen informiert, die an der angegriffenen Marke ein registriertes Recht haben (§ 46(3) JMarkenG).

301 Das Gesetz enthält keine Angaben darüber, wer zur Antragstellung berechtigt ist. Die Gerichte setzen ein Interesse des Antragstellers am Ausgang des Verfahrens zum Zeitpunkt der Antragstellung voraus[149]. Wenn daher der Antragsteller anschließend seine Rechte an einer Marke – die sein Interesse begründeten – übertrug und dann starb, hat der Rechtsnachfolger immer noch ein Interesse an der Nichtigerklärung[150].

302 Ein nach dem Gesetz »jedermann« zustehender Antrag auf Löschung (Nichtigerklärung) einer eingetragenen Marke kann wegen eines zwischen Antragsteller und Antragsgegner früher geschlossenen Vergleichs gegen Treu und Glauben verstoßen und daher unzulässig sein[151].

303 Bei Nichtigerklärung der Markenregistrierung gilt diese als von Anfang an ungültig, sofern sie nicht unter die Bestimmungen von § 46(1)(iv) oder (v) JMarkenG fällt (vgl. § 46bis JMarkenG). Falls bei der Ausnahmebestimmung für die Nichtigkeit kein Zeitpunkt bestimmt werden kann, wird der Tag der Antragstellung als dieser Tag angesehen (vgl § 46[bis](2) JMarkenG).

304 § 47 JMarkenG bestimmt, dass fünf Jahre nach der Registrierung kein Nichtigkeitsverfahren mehr eingeleitet werden kann, wenn es darauf basiert, dass die Markenregistrierung entgegen den Vorschriften der §§ 3, 4(1)(viii) oder (xi) bis (xiv) oder 8(1), (2) oder (5), entgegen § 4(1)(x) oder (xvii) (außer wenn die Registrierung mit der Absicht der Verletzung der Regeln des lauteren Wett-

---

149 Vgl. *GRUR Int.* 1992, Seiten 927–929, zu OGH, 23.6.1991.
150 Obergericht Tokyo, 19.10.1989, 1334 *Hanrei Jihô* 219.
151 »Juchheim«, OGH, 22.4.1986; vgl. *GRUR Int.* 1987, Seiten 431–432.

bewerbs erhalten wurde) JMarkenG erfolgt ist oder entgegen § 4(1)(xv) JMarkenG (außer wenn die Registrierung aufgrund unlauterer Absichten erhalten wurde) oder wenn eine Markenregistrierung unter § 46(1) JMarkenG (fehlende Berechtigung) fällt.

Wenn eine Marke mehrere gemeinsame Inhaber hat, ist es nach der Rechtsprechung des OGH vom Februar 2002 für die Zulässigkeit einer Klage gegen die Nichtigerklärung einer Markenregistrierung durch das JPA ausreichend, wenn nur einer der Inhaber Klage erhebt[152]. Zuvor hatte das Obergericht Tokyo als ausschließlich für Beschwerden gegen Entscheidungen des JPA unter Verweis auf das JMarkenG, das wiederum auf das JPatG verweist (§ 56 JMarkenG i. V. m. § 132 JPatG), entschieden, dass eine Beschwerde von sämtlichen Rechtsinhabern einzulegen sei[153]. 305

Die Marke des italienischen Modeschöpfers Tanino Crisci war in Japan 1973 von einem Dritten für die Verwendung auf teuren Schuhen registriert worden. Crisci stellte daher beim JPA basierend auf § 4(1)(xv) JMarkenG einen Antrag auf Nichtigerklärung mit der Begründung, dass diese Registrierung in der Öffentlichkeit eine Verwechslungsgefahr hervorrufe. Nachdem der Antrag vom JPA zurückgewiesen wurde, siegte Tanino Crisci schließlich vor dem Obergericht Tokyo und die für Schuhe registrierte Marke TANINO CRISCI wurde 1996 für nichtig erklärt[154]. 306

Ein Nichtigkeitsverfahren kann mittels eines gerichtlichen Vergleichs beigelegt werden. Ein Beispiel hierfür ist der gerichtliche Vergleich, der im Rahmen des Nichtigkeitsverfahrens »The Economist Newspaper Ltd. vs. K. K. Mainichi Shimbun Sha« vor dem Obergericht Tokyo abgeschlossen wurde. Das Verfahren betreffend die von *Mainichi Shimbun* in *Katakana* registrierte Marke »The Economist« wurde durch Schiedsurteil vom 16.3.2000 beendet, in dem sich die Parteien darauf einigten, dass ihre einander ähnlichen Marken im japanischen Register koexistieren können[155]. 307

---

152 »Tamaruya K. K. vs. Maki Shoji Y. K.«, OGH, 28.2.2002; vgl. J. Fujino, in *AIPPI Journal*, Vol. 27, No. 5, September 2002, Seiten 341–343. Der OGH begründete dies damit, dass sich die Interessen von gemeinsamen Rechtsinhabern unterscheiden können. Erforderlich sei in Hinblick auf § 32(1) JVerwPO, dass die Entscheidung für alle Rechtsinhaber gleich sei (Regel der gleichen Wirksamkeit, *Goitsu Kakutei no Yosei*). Darüberhinaus wäre es aber ungerecht, wenn Rechtsinhaber nicht deshalb wirksam Beschwerde einreichen könnten, weil einer der Mitinhaber kein Interesse am Recht mehr habe oder aus örtlichen und/oder sonstigen physischen Gründen an der Beschwerdeeinreichung verhindert sei.

153 »K. K. Komaryô vs. Pierre-André Senizergues«, Obergericht Tokyo, 26.2.2001; vgl. K. Hinkelmann in *AIPPI Journal*, Vol. 26, No. 6, November 2001, Seiten 350–353; aufgehoben durch Urteil des OGH vom 22.2.2002.

154 Obergericht Tokyo, 12.12.1996, 1596 *Hanrei Jihô* 102; vgl. *IIC*, Vol. 30 (1999), Seiten 461–464.

155 Vgl. Misao Toba, *AIPPI Journal*, Vol. 25, Nr. 5, 2000, Seiten 276–277.

Das Nichtigkeitsverfahren basierte auf der nicht registrierten, weithin bekannten Marke für das Wochenmagazin »The Economist« (§ 4(1)(x) JMarkenG) sowie Verwechslungsgefahr basierend auf dem weltweiten Ruhm von sowohl dem Titel des Magazins wie auch dem Namen des Herausgebers (§ 4(1)(xv)(viii) JMarkenG) und dem bösen Glauben von Mainichi Shimbun (§ 4(1)(vii) JMarkenG).

308 Die Koexistenz von zwei ähnlichen Marken im Register kann durch eine zweiseitige Übertragung der Marken erreicht werden. Da das Einverständnis des Markeninhabers in Japan nicht die Wirkung hat, amtliche Einwände zu überwinden, musste zur Registrierung von »The Economist« die Marke von Mainichi zunächst an British Economist übertragen werden. Danach konnte die *Katakana*-Marke wieder an Mainichi übertragen werden.

309 Die gerichtlichen Vorschriften über Vergleich, Verzicht und Kenntnisnahme sind im patentamtlichen Nichtigkeitsverfahren nicht anwendbar. Die *Shimpan*-Prüfer des JPA, die keine Rechtskundigen sind, dürfen keinen Vergleich vorschlagen, sondern müssen eine Entscheidung über den Nichtigkeitsantrag erlassen.

310 **5.3 Löschungsverfahren wegen Nichtbenutzung (§ 50 JMarkenG)**

311 Wenn der Markeninhaber oder sein exklusiver bzw. nichtexklusiver Lizenznehmer die eingetragene Marke in den drei Jahren vor der Registrierung eines Löschungsantrags nicht benutzt hat und keine ausreichenden Gründe für die Nichtbenutzung darlegen kann, wird die Marke gemäß § 50(1)(2) JMarkenG gelöscht. Eine Benutzung in dem Zeitraum beginnend mit dem Zeitpunkt drei Monate vor der Einreichung des Antrags bis zur Eintragung des Antrags bleibt unbeachtlich, wenn sie mit dem Wissen um den Antrag geschah und keine Entschuldigungsgründe vorliegen (§ 50(3) JMarkenG).

312 Vor der Konkretisierung von § 50 JMarkenG wurde die Bestimmung so ausgelegt, dass für den Löschungsantrag ein Interesse vorliegen musste (*Rigaikankeisha*)[156]. Beispielsweise wurde eine Partei, deren Markenanmeldung wegen der zuvor registrierten, aber mutmaßlich nicht benutzten Marke zurückgewiesen wurde, als interessiert in diesem Sinne angesehen. Eine Partei, deren Markenregistrierung nicht verlängert worden war, wurde dagegen als nicht interessiert angesehen[157]. Seit der Änderung durch die Einführung von

---

156 Obergericht Tokyo, 25.3.1992, 1439 *Hanrei Jihô* 147, bestätigt durch das Urteil des OGH vom 20.11.1992, 1442 *Hanrei Jiho* 143; s.a. *GRUR Int.* 1992, Seiten 927–929, zu OGH, 23.6.1991.
157 Obergericht Tokyo, 30.7.1991, 1402 *Hanrei Jihô* 110.

»jedermann« (*nanibitomo*) kann nun jeder einen Löschungsantrag stellen, ohne dass es dazu eines besonderen rechtlichen Interesses bedarf.

Die Gerichte haben jedoch selbst bei dargelegtem Interesse die Interessen des   313
Markeninhabers deutlich in den Vordergrund gestellt[158]. Selbst wenn zur registrierten Marke Worte hinzugefügt wurden, um im Wesentlichen eine neue Marke zu schaffen, hat das Obergericht Tokyo dies noch als Benutzung der Marke angesehen[159]. Anders dagegen das Obergericht Tokyo, als es in der Benutzung des Zeichens LOUIS VUITTON keine rechtserhaltende Benutzung des Zeichens VUITTON sah[160].

In einer anderen Entscheidung wurde der Umstand, dass eine Marke für Teile   314
eines Endproduktes benutzt wurde, nicht als Benutzung der Marke für das Endprodukt als solches angesehen[161].

Marken, die einander in Klang, Bedeutung und Erscheinung ähnlich sind,   315
wurden für die Zwecke von § 50 JMarkenG als Markenbenutzung angesehen, selbst wenn der Markeninhaber für die Registrierung und gerichtliche Durchsetzung zur Anmeldung der neuen Markenversion gezwungen gewesen wäre[162].

Behälter für Lebensmittel, die auf Verlangen der Kunden aus einem Restaurant   316
entfernt werden, stellten für die Zwecke von § 50 JMarkenG Markenbenutzung dar, wenn eine solche Verwendung für die Zwecke von § 2 JMarkenG nicht ausreichend gewesen wäre[163].

Die Benutzung einer ähnlichen Marke stellt eine Benutzung im Sinne von § 50   317
JMarkenG dar, wenn die herkunftshinweisende Wirkung der Marke erhalten

---

158 A) Kazue Kuriuma, »*Shohyoho 50(2) no togaitorokushohyo no shiyo no shomei' toha*« (»Was ist Beweis der Benutzung einer registrierten Marke von § 50(2) des Markengesetzes?«), (1992) 45 Patent 5, 34; B) Urteil des Obergerichtes Tokyo vom 30.11.1987, 1385 *Hanrei Jihô* 117 (zum Beweis der Benutzung für die Zwecke von § 50(2) JMarkenG genügt ein minimaler Nachweis).
159 Obergericht Tokyo, 26.10.1989, 1369 *Hanrei Jihô* 147.
160 Obergericht Tokyo, 30.11.1993; *GRUR Int.* 1996, Seiten 70–71.
161 Obergericht Tokyo, 29.10.1990, 1383 *Hanrei Jihô* 157.
162 Obergericht Tokyo, 20.2.1990, 1350 *Hanrei Jihô* 134 (»Little World« in *Katakana* und »Little World« in lateinischen Buchstaben wurden für die Zwecke von § 50 JMarkenG als identische Marken angesehen).
163 Obergericht Tokyo, 28.3.1990, 1358 *Hanrei Jihô* 132; Kenzo Fukuda, »*Torokushôhyôno fushiyo torikeshishimpandeno shinketsu torikeshi sosho ni oite, shôhyôhô 2–3–1 ni yori ninyosaretajirei*« (»Akzeptanz von § 2(3)(i) in einem Verfahren auf Löschung einer administrativen Rechtsmittelentscheidung, die eine registrierte Marke wegen fehlender Benutzung löschte«), (1992) 45 *Patent* 10, Seite 66.

geblieben ist[164]. Die Löschung wird nur für die Waren oder Dienstleistungen bewirkt, für die keine markenmäßige Benutzung stattgefunden hat[165].

318   Bei einer Löschungsklage gibt es für eine Stellungnahme eine Frist von 40 Tagen (40 Tage plus 2 Monate für im Ausland Wohnhafte) ab Erhalt des schriftlichen Antrages.

319   **5.4   Löschungsverfahren wegen Missbrauch (§ 51 JMarkenG)**

320   Nach § 51(1) JMarkenG kann jedermann die Löschung einer registrierten Marke beantragen, wenn der Markeninhaber vorsätzlich eine zur registrierten Marke ähnliche Marke für die benannten Waren/Dienstleistungen benutzt, oder die registrierte oder eine hierzu ähnliche Marke für Waren/Dienstleistungen, die ähnlich den benannten Waren/Dienstleistungen sind, auf eine Weise benutzt, die hinsichtlich der Qualität der Waren/Dienstleistungen irreführend ist oder die Verwirrung mit den Waren und Dienstleistungen, die mit dem Geschäft eines anderen verbunden sind, hervorrufen kann.

321   Als daher der Inhaber der für Kekse registrierten Marke TRAPPISTINES ein Geschäft am selben Ort eröffnete wie der Inhaber einer ähnlichen Marke für ähnliche Waren und durch seine vorsätzliche Benutzung der Marke Verwirrung in Hinblick auf den Warenursprung hervorrief, weil Verbraucher zu der Annahme verleitet wurden, dass die Waren beider Parteien den gleichen Ursprung haben, ordnete das Obergericht Tokyo die Löschung der Registrierung von TRAPPISTINES an[166].

322   Wenn die registrierte Marke aus diesem Grund gelöscht wurde, kann der frühere Inhaber die erneute Registrierung dieser Marke oder einer ähnlichen Marke erst nach Ablauf von fünf Jahren nach der Rechts- bzw. Bestandskraft der die Löschung der Marke anordnenden Entscheidung verlangen (§ 51(2) JMarkenG).

323   Das Löschungsverfahren unter § 51(1) JMarkenG kann nach einem Zeitraum von mehr als fünf Jahren nach Beendigung dieser missbräuchlichen Benutzung nicht mehr beantragt werden.

324   Wenn es als Ergebnis der Übertragung eines Markenrechts dazu kommt, dass das Markenrecht an einer ähnlichen registrierten Marke für identische Waren/Dienstleistungen oder einer identischen oder ähnlichen registrierten Marke für

---

164 Obergericht Tokyo, 28.2.1991, 1389 *Hanrei Jihô* 128.
165 Obergericht Tokyo, 27.2.1991, 1387 *Hanrei Jihô* 130.
166 Obergericht Tokyo, 18.7.1996, 1580 *Hanrei Jihô* 131.

ähnliche Waren/Dienstleistungen einem unterschiedlichen Markeninhaber gehört, und wenn die Benutzung einer registrierten Marke durch ihren Inhaber
für die benannten Waren/Dienstleistungen mit der Absicht des unlauteren
Wettbewerbs geschieht, und auf eine Weise erfolgt, die Verwirrung mit den
Waren/Dienstleistungen hervorruft, die mit dem Geschäft des Inhabers der
anderen registrierten Marke oder seinem exklusiven oder nichtexklusiven
Lizenznehmer verbunden ist, kann jede Person ein Verfahren zur Löschung
der Markenregistrierung beantragen (§ 52bis(1) JMarkenG). Auf dieses Verfahren sind nach § 52(2) JMarkenG die §§ 51(2) und 52 JMarkenG anwendbar.

Die eingetragene Marke kann auch bei einer entsprechenden missbräuchlichen   325
Benutzung der Marke oder einer hierzu ähnlichen Marke durch den Inhaber
einer exklusiven oder nicht exklusiven Lizenz auf Antrag gelöscht werden
(§ 53(1) JMarkenG). Hiernach kann jedermann die Löschung der registrierten
Marke beantragen, wenn der Inhaber einer exklusiven oder nicht exklusiven
Lizenz die registrierte oder eine hierzu ähnliche Marke für die benannten oder
diesen ähnliche Waren/Dienstleistungen auf eine Weise benutzt, die hinsichtlich der Qualität der Waren/Dienstleistungen irreführend ist oder die Verwirrung hervorrufen kann mit Waren/Dienstleistungen, die mit dem Geschäft
eines anderen verbunden sind. Diese Vorschrift ist jedoch nicht anwendbar,
wenn der Inhaber des Markenrechts bei Beachtung der erforderlichen Sorgfalt
von diesem Umstand nichts gewusst hat. Die aus diesem Grund gelöschte
Marke kann vom früheren Markeninhaber erst wieder nach Ablauf von fünf
Jahren erhalten werden (§ 53(2) JMarkenG). Das Löschungsverfahren kann
nicht mehr beantragt werden, wenn seit der missbräuchlichen Benutzung mehr
als fünf Jahre vergangen sind (§ 53(3) i. V. m. § 52 JMarkenG).

Die nicht vom Markeninhaber autorisierte Registrierung einer Marke für eine   326
Person, die während des Jahres vor der Markenanmeldung sein Vertreter oder
Agent war, kann auf Antrag gelöscht werden (§ 53bis JMarkenG). Wenn seit
der Registrierung der Marke mehr als fünf Jahre vergangen sind, kann dieser
Löschungsantrag nicht mehr gestellt werden (§ 53ter JMarkenG).

Wenn die Entscheidung über die Löschung einer eingetragenen Marke be-   327
stands- oder rechtskräftig wird, erlischt das Markenrecht ex nunc (§ 54(1)
JMarkenG). Wird die eingetragene Marke jedoch aufgrund eines Verfahrens
unter § 50(1) JMarkenG gelöscht, gilt die Marke mit dem Zeitpunkt der
Registrierung des Löschungsantrags als erloschen (§ 54(2) JMarkenG).

6   Inhalt des Markenrechts (§§ 18 bis 43 JMarkenG)

328   Mit der Eintragung der Marke in das Register entsteht das Markenrecht. Der Inhaber eines Markenrechts hat ein ausschließliches Recht auf Benutzung der eingetragenen Marke im Hinblick auf die in der Eintragung bezeichneten Waren oder Dienstleistungen (§ 25 JMarkenG). Dies gilt jedoch in dem Umfang nicht, zu dem der Inhaber des Rechts an der ausschließlichen Benutzung ein ausschließliches Recht zur Benutzung der registrierten Marke hat.

Der Markeninhaber kann dieses Recht unabhängig von seinem Geschäftsbetrieb übertragen, aber auch ganz oder teilweise und für einen bestimmten Zeitraum im Wege der Vergabe einer ausschließlichen oder nicht ausschließlichen Lizenz auf einen Dritten übertragen.

329   Die Verletzung eines Handelsmarkenrechts oder des Rechts auf oder aus einer ausschließlichen Lizenz kann zivilrechtlich oder/und strafrechtlich verfolgt und geahndet werden (siehe Kapitel 9: Verletzung von Markenrechten).

330   Das Markenrecht unterliegt den in § 26(1) JMarkenG aufgeführten Beschränkungen. Danach erstreckt es sich nicht auf die folgenden Marken:

(i) Marken, die auf übliche Weise das eigene Bildnis, den Namen, ein berühmtes Pseudonym, einen Künstler- oder Schriftstellernamen oder eine berühmte Abkürzung davon angeben,

(ii) Marken, die auf übliche Weise den gebräuchlichen Namen, die Herkunft, den Verkaufsort, die Beschaffenheit, das Rohmaterial, die Wirkung, die Benutzung, Menge, Form (einschließlich der Verpackung, im Folgenden Paragraphen als »Form« bezeichnet) oder Preis oder die Methode oder Zeit der Herstellung oder Verwendung der betreffenden benannten Waren oder dazu ähnlicher Waren oder den üblichen Namen von Dienstleistungen, die ähnlich den benannten Waren sind, Erbringungsort der Dienstleistungen, die Beschaffenheit, die bei der Erbringung benutzten Gegenstände, die Wirkung, Verwendung, Menge, Arten, Preis oder Methoden oder Zeiten solcher Bereitstellung angeben;

(iii) Marken, die auf übliche Weise die übliche Bezeichnung von benannten oder diesen ähnlichen Dienstleistungen, den Ort der Bereitstellung der Dienstleistungen, Qualität, für die Verwendung bei dieser Bereitstellung gelieferte Artikel, Effizienz, Verwendung, Menge, Arten, Preis oder Methode oder Zeit einer solchen Bereitstellung oder den üblichen Namen, Ursprung, Verkaufsort, Qualität, Rohmaterialien, Effizienz, Verwendung, Menge, Form oder Preis, oder Methode oder Zeit der Herstellung oder

Verwendung von Waren, die den benannten Dienstleistungen ähnlich sind, angeben;

(iv) Marken, die üblicherweise auf den benannten Waren oder Dienstleistungen, oder diesen ähnlichen Waren oder Dienstleistungen benutzt werden;

(v) Marken, die ausschließlich aus der dreidimensionalen Form von Waren oder ihrer Verpackung bestehen, wobei die Form unverzichtbar für die Sicherstellung der Funktion der Waren oder ihrer Verpackung ist.

Dies gilt jedoch nicht, wenn nach der Registrierung des Markenrechts das eigene Portrait, der eigene Name, berühmtes Pseudonym, Berufsname oder Schriftstellername oder eine berühmte Abkürzung davon in der Absicht benutzt worden ist, die Regeln eines fairen Wettbewerbs zu verletzen (§ 26(2) JMarkenG).

Die im Antrag aufgeführte Marke bestimmt den Schutzumfang der registrier- 331 ten Marke und das Waren/Dienstleistungsverzeichnis im Antrag den Umfang der benannten Waren und Dienstleistungen (§ 27 JMarkenG).

Auf Antrag interpretiert das JPA die Wirkungen eines Markenrechts (§ 28 332 JMarkenG). Auf Ersuchen eines Gerichts kann das JPA ein Sachverständigengutachten über die Wirkungen eines Markenrechts erstellen (§ 28bis JMarkenG). Diese Aufgaben werden jeweils von drei *Shimpan*-Prüfern wahrgenommen.

Wenn die Benutzung einer Marke für die benannten Waren und Dienstleis- 333 tungen in Konflikt ist mit dem Patent-, Gebrauchsmuster- oder Geschmacksmusterrecht eines Dritten, das vor der Einreichung der Markenanmeldung entstand, oder mit dem Copyright eines anderen, das vor der Anmeldung entstanden ist, so soll der Markeninhaber oder der Inhaber einer ausschließlichen oder nicht ausschließlichen Lizenz daran die registrierte Marke nicht auf solche Weise auf dem Teil der benannten Waren oder Dienstleistungen nutzen, die zu diesem Konflikt Anlass geben (§ 29 JMarkenG).

Zur Interpretation von § 18 JMarkenG illustrieren zwei wichtige Fälle, dass 334 das Markenrecht bei einem anderen liegen kann, wenn die Registrierung unter einem Vertrag mit einem ausländischen Markeninhaber erfolgte und die Lizenzvereinbarung zwischen ausländischem Inhaber und japanischem Lizenznehmer (Inhaber der japanischen Marke) beendet ist.

Das Obergericht Osaka anerkannte 1985 das Recht eines ausländischen Mar- 335 keninhabers auf Rückgabe des Markenrechts, nachdem die Marke für den Lizenznehmer registriert und der Lizenzvertrag abgelaufen war[167]. Hiermit

---

167 »Troy of California International, Ltd. vs. K. K. Troy«, Obergericht Osaka, 20. 12. 1985, 17 *Mutai Zaisan Hanreishû* 614.

461

wurde die Entscheidung des Bezirksgerichts Osaka bestätigt, wonach KK Troy an Troy of California Marken zurückübertragen muss, die KK Troy als Lizenznehmer in Japan registriert hatte. KK Troy wurde außerdem dazu verurteilt, die Benutzung dieser Marken in Japan einzustellen, denn das Markenrecht war Troy of California und nicht KK Troy verliehen worden. Die Lizenzvereinbarung zwischen den Parteien bestimmte eindeutig, dass der Lizenznehmer »die Benutzung von »Troy of California oder irgendwelchem anderen Eigentum, das es von [Troy of California] erhalten hatte, beenden« und KK Troy zum Schutz der Marken in Japan die Marken in Japan registrieren würde. Jedoch erwähnt die Lizenz nicht besonders, welche Marken lizenziert würden oder was mit Marken zu geschehen sei, die für die Benutzung auf oder in Verbindung mit den Sportartikeln von Troy of California in Japan geschaffen wurden.

Daher entschied das Gericht, dass Troy of California an den von ihr besessenen Marken sowie an von diesen abgeleiteten Marken für jetzt und die Zukunft das Benutzungsrecht hatte. Das Gericht definierte diese »abgeleiteten Marken« als Marken, die das gleiche Bild, Bezeichnung mit Buchstaben oder Konzept verwendeten und Teil der Marken von Troy of California waren. Das Gericht entschied, dass in diese Kategorie fallende Marken an Troy of California zurückgegeben werden müssen. KK Troy konnte die Marken, die sie von sich aus für die Verwendung auf Sportartikeln entwickelte, behalten. Das Gericht erklärte die Natur des Markenrechts wie folgt:

»In unserem Land wird das auf Registrierung basierende System (*Torokushugi*) angewandt, wo alle Markenrechte aufgrund der Registrierung bestehen. Die Person, die solch ein Recht innehat, kontrolliert die Marke, und weder der Person, die die Marke vor der Registrierung der Marke schuf noch der Benutzerin der Marke wird ein spezieller Schutz gewährt ... Mit anderen Worten bestimmt sich das Markenrecht in unserem Land danach, wer die Marke zuerst registrierte, ohne Bezug darauf, wer die Marke schuf oder wer die Marke benutzte.«

Das Gericht befand, dass in diesem Fall das Markenrecht vertraglich bei Troy of California liegt. Da Japan ebenfalls dem Prinzip der Vertragsfreiheit folgt, muss das Gericht diesen Vertrag achten.

336 Im Hummel-Fall bestätigte 1987 das Bezirksgericht Osaka, dass dem japanischen Lizenznehmer das Markenrecht gehört, weil dieser die Marke in Japan mit dem ausdrücklichen Einverständnis des deutschen Lizenzgebers registriert hatte[168]. Das Gericht kam hier aus mehreren Gründen zum entgegengesetzten Urteil als im Troy-Fall. Zunächst erklärte der ausländische Lizenzgeber Hummel ausdrücklich, dass er in Japan keine Marke registrieren würde und dem Lizenznehmer ausdrücklich gestatte, dies an seiner Stelle zu tun. Außerdem gab Hummel offenbar ausdrücklich alle seine japanischen Marken auf. Dieser Fall

---

168 Bezirksgericht Osaka, 9.12.1987, 1268 *Hanrei Jihô* 130.

kann daher leicht vom Troy-Fall unterschieden werden, indem die Markenrechte als beim ausländischen Lizenzgeber angesiedelt angesehen wurden[169].

Die Eintragung einer Agentenmarke durch den Agenten soll noch vor der 337 ersten Lieferung der zu vertreibenden Waren an den Agenten zulässig sein[170].

In Hinblick auf diese Entscheidungen sollte der ausländische Markeninhaber 338 vertraglich eindeutig regeln, dass er Inhaber des Markenrechts wie auch der Marke selbst ist und die Marke für ihn in Japan registriert werden kann. Die Lizenzvereinbarung sollte eine explizite Regelung darüber enthalten, dass der Lizenznehmer bei Beendigung der Lizenzvereinbarung nicht mehr zur Weiterbenutzung der Marke befugt ist und die Markenrechte an den Markeninhaber zurückübertragen werden. Sonst wird auch das amtliche Register nicht korrigiert.

Im Fall der Registrierung der Marken einer Gesellschaft durch deren Direktor 339 auf seinen Namen entschied das Bezirksgericht Sendai, dass die Gesellschaft den Direktor auf Rückübertragung dieser Marken in Anspruch nehmen kann[171]:

»… weil der Beklagte die Marke nicht für eigene Zwecke registrierte, für die Benutzung im eigenen Geschäft, sondern die Marke EMPEROR zum Nutzen der Gesellschaft des Klägers registrierte, ist das Markenrecht in Wirklichkeit Eigentum des Klägers. Es existieren daher Gründe für den Kläger, auf Wiedererlangung der Registrierung vom Beklagten zu klagen …«

Das Markenrecht kann Gegenstand eines Pfandrechtes sein. Wenn das Mar- 340 kenrecht oder das Recht auf eine ausschließliche oder nicht ausschließliche Benutzung Gegenstand eines Pfandrechts werden, darf der Pfandgläubiger die registrierte Marke für die angegebenen Waren und Dienstleistungen nicht benutzen, außer im Falle einer anderweitigen vertraglichen Regelung (§ 34(1) JMarkenG). § 96 JPatG[172] [Anordnung der Pfändung] gilt entsprechend für das Pfandrecht am Markenrecht oder einer ausschließlichen oder nicht ausschließlichen Lizenz daran (34(2) JMarkenG). § 98(1)(iii)(2) und § 99(3) JPatG [Effekte der Registrierung] sind entsprechend auf das Pfand am Markenrecht oder einem Recht auf dessen ausschließliche Benutzung bzw. nicht ausschließliche Benutzung anwendbar.

---

169 Vgl. Kazuo Morioka, »*Licensor no shôhyô ga licensee meigi de torokusareta baai no kenriki-zoku*« (»Übertragung von Markenrechten, wenn die Marke des Lizenzgebers vom Lizenznehmer registriert wurde«), in *Hanrei Shôhyôhô* (Markenrechtsprechung), 1991, Seite 371.

170 Obergericht Tokyo, 22.12.1983; *Mutaishû* 15–3, 832.

171 Bezirksgericht Sendai, 18.10.1980.

172 § 96 JPatG: Ein Pfand an einem Patentrecht oder einer exklusiven oder nicht exklusiven Lizenz kann gegen die Vergütung ausgeübt werden, die als Berücksichtigung des Patentrechts oder der Lizenz oder gegen Geld oder Waren, zu deren Erhalt der Patentinhaber oder Exklusivlizenznehmer für die Benutzung der patentierten Erfindung berechtigt wäre, erhalten wurde. Jedoch soll vor der Zahlung oder Übermittlung von Geld oder Eigentum eine Anordnung der Pfändung erhalten werden.

7 Schutz von Handelsnamen (*Shôgô*) und geschäftlichen Bezeichnungen[173, 174]

341 Handelsname (Firmenname) bedeutet im Folgenden den offiziellen Namen einer juristischen Person, der manchmal auch zu einer Marke werden kann, beispielsweise SONY. Geschäftliche Bezeichnungen sind die von Unternehmen angenommenen Namen, die aber nicht offiziellen Namen von juristischen Personen entsprechen.

342 Das JMarkenG sieht keine Registrierung von Handelsnamen (*Shôgô*) vor. Diese werden insbesondere durch das JHGB (*Shô Hô*), im Falle ihrer Bekanntheit oder Berühmtheit aber auch durch das JUWG (*Fusei Kyôsô Bôshi Hô*) und das JMarkenG geschützt[175].

343 An dieser Stelle geht es nur um den Schutz des Handelsnamens, wenn er in einer anderen als auf die Herkunft hinweisenden Funktion benutzt wird. Wenn der Handelsname zu einer Bezeichnung für den Ursprung wird, könnte er bei Benutzung auf Waren/Dienstleistungen als Marke registriert werden. Der OGH entschied, dass nichts im JMarkenG eine dritte Partei daran hindere, einen nicht weithin bekannten Handelsnamen als ihre Marke zu registrieren[176]. Ähnlich hierzu sah es das Bezirksgericht Sendai nicht als Markenverletzung an, dass der Beklagte den zum Namen des Klägers identischen Handelsnamen KABUSHIKI KAISHA TOHOKU AICHI angenommen hatte[177]. Weil das Geschäft des Klägers nicht geschädigt wurde, gewährte das Gericht keine Unterlassungsverfügung.

344 Handelsnamen sind in den §§ 16–31 JHGB geregelt. Das JHGB sieht die Pflicht zur lokalen Registrierung am Sitz des Hauptbüros des Unternehmens und seiner Zweigstellen vor (§§ 9, 10 JHGB). Bei Nichtbeachtung greifen die Strafbestimmungen von § 498(1) JHGB [Bußgeldtatbestände] und § 81(1) JGmbHG. Es ist verboten, einen identischen Handelsnamen zu registrieren

---

173 Vgl. Yoshiyuki Tamura, »*Kaisha no shôgô to torokushôhyôken*« (Handelsnamen und das registrierte Markenrecht), (1994), 91 *The Invention* 9, Seite 106; Nobuyuki Matsubara, *AIPPI Journal*, Vol. 26, Nr. 1, Januar 2001, Seiten 4–11.

174 Christopher Heath, *The System of Unfair Competition Prevention in Japan*, Kluwer Law International, 2001; Kliesow, Eisele, Bälz, *Das japanische Handelsgesetz*, Carl Heymanns Verlag, 2002.

175 »Fushiman Kabushiki Kaisha vs. Kabushiki Kaisha Fushiman Valve«, Bezirksgericht Tokyo, 19.3.1969; *GRUR Int.* 1971, 517–518; *IIC*, Vol. 1 (1971), Seiten 109–112.

176 OGH, 12.11.1982; 36 *Minshû* 2233.

177 Bezirksgericht Sendai, 28.7.1995; 1547 *Hanrei Jihô* 121.

oder einen Handelsnamen zu benutzen, der wahrscheinlich Verwirrung mit dem Geschäft eines anderen hervorrufen kann[178].

Verboten ist somit die Registrierung eines Handelsnamens, der sich nicht deutlich von einem früher von anderen in der gleichen Stadt oder Dorf und für die gleiche Art von Geschäft registrierten Handelsnamen unterscheidet. Es gibt keine regionale Beschränkung hinsichtlich registrierter Rechte an Handelsnamen. Jeder Inhaber eines Rechtes an einem Handelsnamen kann überall in Japan von jedem, der einen identischen oder ähnlichen Handelsnamen »für die Zwecke unlauteren Wettbewerbs« benutzt, die Unterlassung der Verwendung des Handelsnamens und/oder Schadensersatz verlangen (§ 20 JHGB).

Bei nicht registrierten Handelsnamen gewährt § 21 JHGB Schutz gegen die Benutzung durch einen Dritten, wenn dieser verwechselbar ähnlich ist und sich eine Gefahr einer Verletzung von Geschäftsinteressen ergibt[179]. Der Inhaber eines nicht registrierten Handelsnamens kann von jedem Unterlassung der Verwendung des Handelsnamens oder Schadensersatz verlangen, wenn dessen Benutzung des Firmennamens für unlautere Zwecke den falschen Eindruck erweckt, dass das Geschäft von einer anderen Person betrieben wird (§ 21 JHGB). § 21 JHGB verbietet die Annahme eines Firmennamens oder einer Geschäftsbezeichnung, welcher wahrscheinlich Verwirrung mit dem Inhaber einer früheren Markenrechts hervorrufen wird.

Das JHGB würde nicht verhindern, dass zwei Unternehmen im gleichen Ort 345 den gleichen Handelsnamen verwenden, wenn deren Geschäfte unterschiedlich wären. Es schützt nur Verkörperungen von Geschäftsbezeichnungen und

---

178 § 19 JHGB [Ausschließlichkeit der Firmeneintragung]:
Eine von einer anderen Person eingetragene Firma kann innerhalb derselben Großstadt, Stadt oder Gemeinde nicht für den gleichen Geschäftszweig eingetragen werden.
§ 20 JHGB [Wirkungen der Eintragung der Firma]:
(1) Wer eine Firma eingetragen hat, kann von Personen, die zum Zwecke des unlauteren Wettbewerbs die gleiche oder eine ähnliche Firma gebrauchen, die Unterlassung des Gebrauchs verlangen; der Anspruch auf Schadensersatz bleibt hiervon jedoch unberührt.
(2) Es wird vermutet, dass derjenige, der innerhalb derselben Großstadt, Stadt oder Gemeinde im selben Geschäftszweig die von einem anderen eingetragene Firma gebraucht, diese zum Zwecke des unlauteren Wettbewerbs gebraucht.
§ 21 JHGB [Verbot des Gebrauchs verwechselbarer Firmen]:
(1) Niemand darf eine Firma zu unlauteren Zwecken gebrauchen, die den Eindruck zu erwecken geeignet ist, es handele sich um das Geschäft eines anderen.
(2) Hat jemand entgegen den Bestimmungen des vorhergehenden Absatzes eine unzulässige Firma gebraucht, so kann jede Person, deren Interessen dadurch beeinträchtigt zu werden drohen, die Unterlassung des Gebrauchs verlangen; der Anspruch auf Schadensersatz bleibt hiervon jedoch unberührt.
179 »Tokyo Gas«, OGH, 29.9.1961, 15–8 *Minshû* 2256; »Settsu Reizo«, OGH, 13.11.1970; 582 *Hanrei Jihô* 92. Es ist unklar, ob § 21 JHGB den bösen Glauben der dritten Partei voraussetzt.

nicht die Verwendung von Marken auf Gütern. Bevor eine Bezeichnung als Handelsname erkannt werden kann, erfordert das JHGB, dass die Wörter von einem Hinweis auf die Unternehmensform begleitet sein müssen (*Kabushiki-kaisha*, *gomeikaisha* oder *goshigaisha* sind die drei wichtigsten Unternehmensformen). Die Hinweise auf die Rechtsform müssen aber von den Gerichten ausgeschlossen werden, wenn es darum geht, zu bestimmen, ob der Handelsname die Bedeutung einer Marke erlangt hat[180].

346   Ein Handelsname könnte zunächst von einer dritten Partei als Marke registriert sein, sodass ein Unternehmen gezwungen sein könnte, in Japan unter einem unterschiedlichen Namen aufzutreten oder seinen eigenen Handelsnamen zurückzukaufen.

347   Die Benutzer von Handelsnamen in Japan sollten diesen daher als Marke registrieren lassen, wobei beachtet werden sollte, dass die tatsächliche Benutzung auf Waren oder Dienstleistungen innerhalb von drei Jahren nach der Registrierung beginnen wird (§ 50 JMarkenG).

Hat eine Person eine von ihr eingetragene Firma ohne berechtigten Grund zwei Jahre lang nicht gebraucht, so gilt die Firma [Handelsname] als aufgegeben (§ 30 JHGB).

348   Für den Fall, dass eine Marke den bekannten Handelsnamen oder dessen berühmte Abkürzung beinhaltet, könnte eine solche Markenregistrierung über ein von der interessierten Person eingeleitetes Nichtigkeitsverfahren für nichtig erklärt werden (§ 4(1)(viii) JMarkenG). Hierzu werden die Identität oder Ähnlichkeit der Waren/Dienstleistungen der Marke und der unter dem Firmen- oder Geschäftsnamen unternommenen Aktivitäten oder andere Kriterien wie Verwässerung oder Gefahr der gedanklichen Assoziation wie auch Ansehen oder Notorietät des Handelsnamens berücksichtigt.

Wenn der ältere Handelsname oder die ältere Geschäftsbezeichnung sehr bekannt oder berühmt ist, wird die spätere Markenregistrierung aus dem Grund für nichtig erklärt, dass die Markenregistrierung wahrscheinlich Verwechslung mit den Waren oder Dienstleistungen hinsichtlich des älteren Handelnamens hervorruft (§ 4(1)(xv) JMarkenG).

349   Die Benutzung einer Marke ist untersagt, wenn sie der Benutzung eines Handelsnamens entspricht und auf unfaire Weise den falschen Eindruck erweckt, dass das Geschäft von einer anderen Person betrieben wird (§ 21(1) JHGB).

---

180 Obergericht Tokyo, 12.4.1990, 1352 *Hanrei Jihô* 141.

Wenn Handelsname bzw. Geschäftsbezeichnung gut bekannt sind, ist die Benutzung einer hierzu identischen oder ähnlichen Marke verboten, vorausgesetzt, dass Verwirrung und Verletzung von Geschäftsinteressen wahrscheinlich sind (§§ 2(1)(i), 3 JUWG). Wenn die Bezeichnung sogar berühmt ist, verletzt die Marke die etablierten Geschäftsinteressen oder Ähnliches, selbst wenn eine Wahrscheinlichkeit für Verwechslung nicht vorliegt (§ 2(1)(ii) und § 3 JUWG).

Die Benutzung eines Handelsnamens oder einer Geschäftsbezeichnung, die 350 der Verwendung einer älteren identischen oder ähnlichen Marke einer anderen Person entspricht, ist verboten (§ 36 JMarkenG).

Wurde eine Geschäftsbezeichnung verwendet, bevor ein anderer landesweiter 351 Handelsname oder Geschäftsbezeichnung gut bekannt oder berühmt geworden ist, kann die Geschäftsbezeichnung weiter benutzt werden (§ 11(3)(4) JUWG). Dies gilt nicht, wenn die Benutzung der Geschäftsbezeichnung erst danach begann (§ 2(1)(i), § 2(1)(ii) JUWG). Die Identität oder Ähnlichkeit der Waren/Dienstleistungen der Marke und die Aktivitäten, die unter einem Firmen- oder Geschäftsnamen unternommen werden oder andere Kriterien wie Verwässerung oder Gefahr des gedanklichen In-Verbindung-Bringens wie auch Reputation oder Notorietät der Marke sind die Kriterien für eine Entscheidung unter §§ 2(1)(i) und § 2(1)(ii) JUWG.

Häufig können Handelsnamen unter dem JUWG geschützt werden. In »Jaccs 352 Co vs. Nihonkai Pakuto« erreichte die in Japan weithin für Verbraucherkredite bekannte Firma Jaccs Co, dass der Beklagten, einem Hersteller für tragbare Toiletten, wegen Verletzung von § 2(1)(i)(ii) JUWG die Benutzung des Domainnamens »jaccs.co.jp« untersagt wurde[181].

Mit Wirkung ab November 2002 wurden die Bestimmungen zur Registrierung 353 von Handelsnamen bzw. Geschäftsbezeichnungen geändert. Es ist seither möglich, zur Registrierung römische Buchstaben, arabische Ziffern und andere

---

181 »Jaccs Co. vs. Nihonkai Pakuto«, Fall Nr. Heisei 10 Wa 323, Bezirksgericht Toyama, 6.12.2000; erste japanische Gerichtsentscheidung, die einem Unternehmen die Benutzung eines Domainnamens untersagt; vgl. *Suzuye Report, Japan Patents&Trademarks*, Nr. 107, Februar 2001, Seiten 4–8, bestätigt durch Obergericht Nagoya, 10.9.2001. Der Inhaber der weithin bekannten Marke JACCS verklagte den Inhaber des Domainnamens »JACCS.co.jp« unter dem JUWG, da es Verwechslung im weiteren Sinne trotz der Unterschiede zwischen den von beiden Unternehmen angebotenen Waren gebe. Der Kläger war auf dem Gebiet der Finanzdienstleistungen tätig, der Beklagte verkaufte und leaste vorfabrizierte Toiletten. Das Gericht entschied, dass Domainnamen Hinweise/Kennzeichen (indications) unter dem JUWG sind. Der Beklagte hat diese Kennzeichen durch die Bewerbung von Waren benutzt. Seine Erklärung für den Domainnamen als eine Abkürzung für »Japan Associated Cosy Cradel Society« sei sehr gestelzt. Darüber hinaus belege das schriftliche Angebot des Beklagten zum Verkauf des Domainnamens an den Kläger die Bösgläubigkeit des Beklagten.

spezifizierte Symbole (& ' , . - ·) zu verwenden. Die Symbole dürfen nur zur Trennung von Worten verwendet werden. Zuvor konnten ausländische Handelsnamen bzw. Geschäftsbezeichnungen nur mittels *Katakana*-Schriftzeichen registriert werden. Zur Änderung der Bezeichnungsweise ist lediglich ein Antrag einzureichen.

8   Domainnamen[182, 183]

Der Schutz von Domainnamen vor Cybersquatting ist seit der Änderung des   354
JUWG vom 29.6.2001 verbessert. Cybersquatting ist als unlautere Wettbewerbshandlung aufgenommen[184]. Die Abhilfe beschränkt sich jedoch auf
die Löschung des Domainnamens. Die Übertragung des Domainnamens ist
nicht eingeschlossen. Unter dem bisherigen JUWGalt musste der Kläger zum
Schutz vor Cybersquatting nachweisen, dass seine Marke oder eine andere
Angabe von Waren oder Dienstleistungen weithin bekannt ist, sowie Verwirrung (Verwechslung) in Hinblick auf den strittigen Domainnamen besteht,
oder aber Berühmtheit seiner Marke oder eines anderen Hinweises auf Waren
oder Dienstleistungen gegeben ist.

Die Übertragung des Domainnamens kann in einem Streitschlichtungsverfah-   355
ren nach den Regeln des Japan Network Information Center (JPNIC) erreicht
werden. Das JPNIC ist in Japan das Register für JP-Domainnamen. Gegenwärtig ist das von der japanischen Patentanwaltsvereinigung und der japanischen Vereinigung von Rechtsanwaltsvereinigungen (»Japan Federation of
Bar Associations«) am 1.4.1998 gegründete Japan Intellectual Property Arbitration Center die einzige von JPNIC benannte Stelle für Streitschlichtung.
Domainnameninhaber und Antragsteller sind nicht an die Entscheidung gebunden. Jede Partei kann innerhalb von 10 Tagen Berufung zum Gericht
einlegen, woraufhin das JPNIC die Entscheidung nicht umsetzt. Eine Entscheidung soll innerhalb von 55 Tagen nach Antragstellung erfolgen und im
Internet zusammen mit der Begründung veröffentlicht werden. Die Kosten
betragen bei einem Ausschussmitglied 180.000 Yen und bei drei Ausschuß-
mitgliedern 360.000 Yen. Die Untersuchung erfolgt im Wesentlichen anhand

---

182 »Recent Developments Concerning Domain Names in Japan«, von Chiaki Kawai, *Pa-
      tents&Licensing*, August 2001, Seiten 25–27.
183 »Issues of Co-existence of Trademarks and Domain Names: Public versus Private Interna-
      tional Registration Systems«, Eiji Katayama und Kozo Takeuchi, *AIPPI Journal*, Vol. 28, No.
      2 (2003), Seiten 104–118.
184 § 2 JUWG: »(1) In diesem Gesetz bedeutet »unlauterer Wettbewerb die folgenden Hand-
      lungen: ...
      (xii) Eine Handlung des Erhaltens oder Besitzens eines Rechts zur Benutzung eines Domain-
      namens, der identisch oder ähnlich ist mit einer Angabe von Waren, usw. von anderen
      (Namen, Handelsnamen, Marken, Zeichen, und andere Angaben von Waren oder
      Dienstleistungen, die das Geschäft einer anderen Person betreffen), oder die Verwen-
      dung eines solchen Domainnamens zum Zweck der Erzielung eines unlauteren Gewinns
      oder zur Zufügung eines Schadens an andere.«

von Dokumenten. Es kann Löschung oder Übertragung des Domainnamens erreicht werden. Der Antragsteller muss drei Elemente nachweisen:

a) der Domainname ist identisch oder verwechselbar ähnlich mit einer Marke oder einer anderen Angabe, an welcher der Antragsteller Rechte oder legitime Interessen hat;
b) der Antragsgegner hat kein Recht oder legitimes Interesse in Hinblick auf den Domainnamen; und
c) der Domainname wurde bösgläubig registriert oder benutzt.

Der Antragsteller kann somit seinen Antrag nicht nur auf seine Marken basieren sondern auch auf jede andere Angabe von Waren und/oder Dienstleistungen wie z.B. Personenname, geographische Herkunftsangabe, Geschäftsname, Handelsname etc.

Das Bezirksgericht Tokyo entschied in »Sonybank« kürzlich, dass ein Domainnameninhaber eine die Übertragung des Domainnamens anordnende Schlichtungsentscheidung, die nach den Regeln der JPNIC ergangen ist, vor Gericht nicht mehr angreifen kann[185]. Die Entscheidung, den Domainnamen »sonybank.co.jp« an die Firma Sony zu übertragen, wurde vom Kläger mit der Begründung angegriffen, dass Enteignungshandlungen nur von einem Gericht angeordnet werden könnten. Das Gericht entschied, dass der Kläger bei der Registrierung seines Domainnamens dem obigen Verfahren zugestimmt habe und daher nicht klagebefugt sei. Das Gericht hatte allerdings die Entscheidung überprüft und keine Verfahrensfehler gefunden.

Im Gegensatz hierzu hob das Bezirksgericht Tokyo am 10. 9. 2002 in der Sache »System KJ vs. MP3.com Inc.« die Anordnung der Übertragung des Domainnamens »mp3.co.jp« durch die JIPAC auf[186]. Zwar war das Gericht der Auffassung, dass MP3.com weithin bekannt war, als System KJ seinen Domainnamen registrierte. Nichtsdestotrotz hatte System KJ den Domainnamen ohne böswillige Absichten erhalten, (i) andere zu veranlassen, Waren zu einem ungerecht hohen Preis zu kaufen, oder (ii) sich die Kunden der anderen Firma anzueignen. MP3.com war daher nicht zu einem Unterlassungsantrag berechtigt.

---

185 »Sonybank«, Bezirksgericht Tokyo, 29. 11. 2001; 15 *Law & Technology* 93.
186 »System KJ vs. MP3.com Inc.«, Bezirksgericht Tokyo, 10. 9. 2002.

9 Verletzung von Markenrechten – Ansprüche gegen den Verletzer einer Marke

9.1 Verletzungshandlungen – Berücksichtigung der geschäftlichen Umstände einschließlich der Funktionen der Marke   356

Das JMarkenG enthält Vorschriften zu Unterlassungsansprüchen (§ 36 JMar-   357
kenG), mutmaßlich markenverletzenden Handlungen (§ 37 JMarkenG[187]),

---

[187] § 37 JMarkenG: Folgende Handlungen werden als Verletzung des Markenrechts oder eines Rechts auf ausschließliche Benutzung angesehen:
(i) die Benutzung einer Marke, die einer registrierten Marke ähnlich ist, für die benannten Waren oder benannten Dienstleistungen, oder die Benutzung der registrierten Marke oder einer ihr ähnlichen Marke für Waren oder Dienstleistungen, die ähnlich den benannten Waren oder Dienstleistungen sind;
(ii) der Besitz zum Zwecke der Veräußerung oder Lieferung von benannten Waren, oder Waren, die ähnlich den benannten Waren oder benannten Dienstleistungen sind, und auf denen oder auf deren Verpackung die registrierte Marke oder eine hierzu ähnliche Marke angebracht worden ist;
(iii) der Besitz oder die Einfuhr von Gegenständen, die zur Verwendung von Personen sind, denen die Dienstleistungen erbracht werden, und auf denen die registrierte Marke oder eine hierzu ähnliche Marke angebracht wurde, bei der Erbringung der benannten Dienstleistungen, oder von zu den benannten Dienstleistungen oder benannten Waren ähnlichen Dienstleistungen, zum Zweck der Verwendung dieser Artikel für die Erbringung dieser Dienstleistungen;
(iv) die Veräußerung und Lieferung von Gegenständen zur Verwendung durch Personen, denen die Dienstleistungen erbracht werden und auf denen die registrierte Marke oder eine hierzu ähnliche Marke angebracht worden ist, bei der Erbringung der benannten Dienstleistungen, oder zu den benannten Dienstleistungen oder benannten Waren ähnlichen Dienstleistungen, zu dem Zweck der Veranlassung der Verwendung solcher Artikel zur Erbringung von solchen Dienstleistungen, oder der Besitz oder Import solcher Gegenstände zum Zweck ihrer Zuordnung oder Lieferung;
(v) der Besitz von Gegenständen, die eine Reproduktion der registrierten Marke oder einer hierzu ähnlichen Marke aufweisen, für den Zweck der Benutzung dieser Marke für die benannten Waren oder Dienstleistungen oder hierzu ähnlichen Waren oder Dienstleistungen;
(vi) die Veräußerung oder Lieferung, oder der Besitz, zum Zweck der Veräußerung oder Lieferung von Gegenständen, die eine Wiedergabe der registrierten Marke oder einer hierzu ähnlichen Marke aufweisen, zum Zweck der Veranlassung der Benutzung dieser Marke für die benannten Waren oder benannten Dienstleistungen oder von hierzu ähnlichen Waren oder Dienstleistungen;
(vii) die Herstellung oder die Einfuhr von Gegenständen, die eine Reproduktion der registrierten Marke oder einer hierzu ähnlichen Marke tragen, zum Zweck der Benutzung einer solchen Marke, oder zur Veranlassung ihrer Benutzung für die benannten Waren oder benannten Dienstleistungen oder von hierzu ähnlichen Waren oder Dienstleistungen;
(viii) die Herstellung, Veräußerung, Lieferung oder die Einfuhr von Gegenständen im Handelsverkehr, die ausschließlich für die Herstellung von Waren verwendet werden sollen, die eine Reproduktion der registrierten Marke oder einer ähnlichen Marke tragen.

Schadenshöhevermutungen (§ 38 JMarkenG) und Strafbestimmungen (§§ 78 bis 85 JMarkenG).

358 Vor der Registrierung der Marke hat der Markenanmelder nach einer Abmahnung des mutmaßlichen Benutzers der angemeldeten Marke für die benannten Waren und/oder Dienstleistungen einen geldlichen Anspruch (§ 13bis(1) JMarkenG). Die Veröffentlichung der Markenanmeldung ist nicht notwendig. Diese seit 1.1.2000 geltende Regelung setzt voraus, dass der Anmelder den mutmaßlichen Benutzer der angemeldeten Marke durch Vorlage von Dokumenten, welche Details bezüglich dieser Anmeldung enthalten, verwarnt. Der geldliche Anspruch entspricht dem durch die Benutzung nach der Verwarnung verursachten geschäftlichen Verlust. Dieser Anspruch kann erst nach Registrierung der Marke geltend gemacht werden (§ 13bis(2) JMarkenG). Bei Aufgabe, Rücknahme oder Zurückweisung der Markenanmeldung oder bei Widerruf der Markenregistrierung gilt der geldliche Anspruch nach § 13bis(1) JMarkenG als nie entstanden (§ 13bis(4) JMarkenG).

359 Nach § 13bis(5) JMarkenG sind die Bestimmungen von §§ 105 (Expertengutachten für den Nachweis des Schadens), 105bis (Gewährung eines angemessenen Schadensersatzes bei schwieriger Beweislage) und 106 (Wiederherstellung des geschäftlichen Ansehens) JPatG entsprechend anwendbar.

360 Bei der Prüfung auf Markenverletzung müssen die Gerichte nicht nur Klang, Bedeutung und Erscheinung der betreffenden Marken erwägen, sondern auch die gesamten geschäftlichen Umstände für die relevanten Waren oder Dienstleistungen berücksichtigen[188].

361 Die Verletzungsgerichte können überprüfen, ob eine Marke einen Hinweis auf die Warenherkunft angibt. Eine Marke, die während eines langen Zeitraumes von mehreren Unternehmen benutzt wurde, kann keinen Ursprung angeben[189].

---

188 OGH, 22.9.1992, 1437 *Hanrei Jihô* 139.
189 »Lächeln-Marke«, Bezirksgericht Osaka, 25.10.2001. Der Kläger verkauft Schreibwaren mit einer »Lächeln«-Marke. Der Beklagte, Inhaber der »Lächeln«-Marke in Japan, setzte Käufer der Waren des Klägers davon in Kenntnis, dass die Benutzung der Marke durch den Kläger Markenverletzung darstelle. Der Kläger klagte daher auf unrechtmäßige Denigration. Nach Auffassung des Gerichts waren in Japan seit langer Zeit verschiedene »Lächeln«-Marken in Benutzung. Hierdurch wurde in der Öffentlichkeit der Eindruck erzeugt, dass eine solche Marke keine spezifische Herkunft bezeichne. Zumindest zum Zeitpunkt der Registrierung besass die Marke keine Unterscheidbarkeit oder Funktion zur Herkunftsangabe. Außerdem unterscheide sich die Erscheinung der Marke des Klägers von der für den Beklagten registrierten Marke. Der Klage wurde daher stattgegeben.

Es ist nicht geklärt, ob der Standard für die Beurteilung von Ähnlichkeit sich 362
von dem Standard für die Beurteilung von Verwirrung, wie er in JUWG-
Fällen angewendet werden muss, unterscheidet[190].

Im »Asahi Beer K. K. vs. Asax K. K.«[191] bestätigte das Obergericht Tokyo die 363
Zurückweisung der auf Markenverletzung und unlauteren Wettbewerb gestützten Klage des berühmten Bierproduzenten Asahi Beer K. K. durch das
Bezirksgericht Tokyo[192]. Der Kläger benutzte seine Marke ASAHI seit 1986
für den Verkauf seiner Getränke, wohingegen die beklagte Reishandelsfirma
die Marke ASAX u. a. auf Reisverpackungen verwendete (siehe Figur 8).

Figur 8

Die drei ersten der vier Buchstaben in der Marke des Beklagten sind eine
exakte Kopie der drei ersten von fünf Buchstaben in der Klagemarke. Außerdem ähnelt die Schreibweise des vierten Buchstaben »X« in der Marke des
Beklagten der Schreibweise der drei ersten Buchstaben, wobei die Breite des
»X« der Breite der beiden letzten Buchstaben in der Klagemarke entspricht.
Trotzdem sahen beide Gerichte die Marken als nicht miteinander ähnlich an.
Die Unähnlichkeit wurde vom Obergericht Tokyo, das keine Veranlassung
sah, bestimmte Teile der Marken als wesentlich zu betrachten, wie folgt
begründet:

»Obwohl die drei ersten Buchstaben der Marke des Beklagten der Marke 1 des Klägers extrem
ähnlich sind, sind die Gesamterscheinungen beider Marken nicht ähnlich, weil
i)   die Marke 1 des Klägers aus fünf Buchstaben besteht, die Marke des Beklagten dagegen aus
     vier Buchstaben;

---

190 Die erste Ansicht wird vom Bezirksgericht Tokyo vertreten, in »Seiko« vom 3. 8. 1981, 1042
     Hanrei Jihô 155, die zweite vom Bezirksgericht Tokyo, 27. 10. 1966, in »Waikiki Pearl«, *Fusei
     Kyôgyohô Hanreishû* 945.
191 Obergericht Tokyo, 25. 1. 1996, 1568 *Hanrei Jihô* 119; vgl. K. Yoshida, in *AIPPI Journal*, Vol.
     21, No. 3, 1996; Seiten 120–125.
192 Bezirksgericht Tokyo, 28. 3. 1994, 1498 *Hanrei Jihô* 121; das Bezirksgericht analysierte die
     Aussprache der beiden Marken und folgerte, dass aufgrund der unterschiedlichen Silbenzahl
     und der Betonung des Endes in ASAX die Aussprachen der Marken nicht identisch sind.
     Außerdem seien die Marken nicht ähnlich in ihrer Bedeutung, weil die Marke des Klägers auf
     japanisch »Morgensonne« bedeute und die Marke des Beklagten ein geprägter Begriff sei.
     Schließlich wiesen die beiden Geschäftsgebiete keine Beziehung auf, da Bier und Reis nicht
     von derselben Stelle gekauft würden.

ii) »hi« in Marke 1 des Klägers besteht aus zwei Buchstaben von gleicher Größe wie die vorhergehenden Buchstaben »sa«, wohingegen »X« in der Marke des Beklagten aus einem Buchstaben in einer von der der vorhergehenden Buchstaben »sa« verschiedenen Größe besteht;

iii) in Hinblick auf »hi« in Marke 1 des Klägers sind die folgenden Merkmale bemerkenswert: drei dicke, vertikale, parallele Linien mit oberen und unteren Seiten, die sich nach rechts oben neigen; andererseits sind in Hinblick auf das »X« in der Marke des Beklagten folgende Merkmale bemerkenswert: eine dicke, sich nach links oben biegende Linie und eine dünne, sich nach rechts oben neigende Linie, um ein Kreuz zu bilden. Daher sind die von beiden Marken hervorgerufenen Eindrücke sehr unterschiedlich ...«

364 In deutlichem Unterschied hierzu entschied das Bezirksgericht Osaka in Hinblick auf weniger ähnliche Marken für Kleidung, dass das Etikett des Klägers, bei dem in einem kreisförmigen Stempel die Worte »100 % Polyester Textured Silk Bosky« angeben waren, durch das hierzu ähnliche Etikett des Beklagten, das bei ähnlichem Stil die Worte »Superior Quality Boski« aufwies, verletzt wurde (siehe Fig. 9)[193].

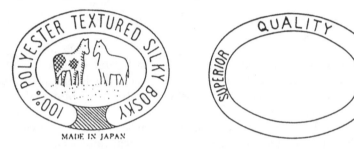

Figur 9

365 Obwohl das JMarkenG explizit als markenrechtsverletzend angesehene Handlungen angibt, erkennt ein Gericht nur auf Verletzung, wenn eine dieser Handlungen einen (vermutlich) negativen Effekt auf mindestens eine der Funktionen der Marke hat. Dann wird ein japanisches Gericht auf verletzende Handlung erkennen, unabhängig davon, ob es unter eine der obigen Definitionen von verletzenden Handlungen fällt.

366 Dies wird durch zwei Fälle illustriert[194], in denen der Beklagte die Produkte des Klägers erwarb, umfüllte und die umgepackten Waren sowohl mit den Marken des Klägers wie auch denen des Beklagten auf der Ware verkaufte. In beiden Fällen entschieden die Gerichte auf Verletzung, weil die herkunfts-

---

193 Bezirksgericht Osaka, 31.1.1984, 16 *Mutai Zaisan Hanreishû* 56.
194 Bezirksgericht Tokyo, 27.5.1992, 24 *Mutai Zaisan Hanreishû* 24; Bezirksgericht Osaka, 24.2.1994, 1522 *Hanrei Jihô* 139.

hinweisende Wirkung gestört worden war, obwohl die Waren nicht geändert worden waren und die ursprünglichen Qualitäten aufwiesen.

Der Popeye Unterhemden-Fall[195] ist ein Beispiel für Nichterkennung auf Verletzung, wenn das Verhalten nicht eine der Funktionen der Marke beeinflusst. Der Kläger hatte eine Marke registriert, die aus den Worten »Popeye« in lateinischen Buchstaben und *Katakana* und einer rudimentären Zeichnung eines Charakters, der wie Popeye aussieht, besteht. Als Waren oder Dienstleistungen waren Bekleidung, Knöpfe und persönlicher Schmuck benannt. Der Beklagte, ein Lizenznehmer des Inhabers am Copyright der Popeye-Comics, platzierte zwei Bilder von Popeye und den Schriftzug POPEYE auf der Vorderseite von Sweatshirts für Kinder und verkaufte diese. Obwohl das Gericht die Marke des Beklagten als ähnlich in Klang, Bedeutung und Erscheinung ansah, entschied das Gericht, dass keine Verletzung vorlag, weil der Beklagte den Popeye-Charakter und die Wörter nicht zur Unterscheidung seiner Waren verwendete. | 367

Als Markenverletzung wird es nicht angesehen, wenn ähnliche Waren ohne Marke getrennt von mit der Marke versehenen Etiketten und mit der Marke versehenen verzierten Schachteln, die dazu bestimmt sind, diese ähnlichen Waren zu enthalten, aus Japan versandt werden. Da die Etiketten und verzierten Schachteln noch nicht zum Verpacken der Waren benutzt worden waren, waren sie keine »Verpackung« im Sinne von § 2 JMarkenG[196]. | 368

In § 67 JMarkenG sind Handlungen in Bezug auf eine Defensivmarke aufgeführt, die als Verletzung des Hauptmarkenrechts oder eines Rechts auf dessen exklusive Benutzung angesehen werden[197]. | 369

---

195 »Osaka Sanki K.K. vs. Ox K.K.«, Bezirksgericht Osaka, 24.2.1976, 8 *Mutai Zaisan Hanreishû* 102.

196 Markierfüller-Fall; »Ace Suppliers Japan K.K. vs. Tsukahara Kogyo K.K.«, Bezirksgericht Tokyo, 17.2.1978; 1 *Mutai Zaisan Hanreishû* 18.

197 § 67 JPatG: Die folgenden Handlungen werden als Verletzung des Rechts an der Hauptmarke oder des Rechts an der ausschließlichen Benutzung angesehen:
i. die Benutzung einer eingetragenen Defensivmarke für die benannten Waren oder Dienstleistungen;
ii. der Besitz der bezeichneten Waren zum Zweck der Veräußerung oder Lieferung, auf denen oder auf deren Verpackung die eingetragene Defensivmarke angebracht worden ist;
iii. der Besitz oder die Einfuhr von Gegenständen, die von den Empfängern der Dienstleistungen benutzt werden sollen, und auf denen bei der Erbringung der bezeichneten Dienstleistungen die eingetragene Defensivmarke angebracht worden ist, zu dem Zweck, diese Gegenstände bei der Erbringung dieser Dienstleistungen zu benutzen;
iv. die Veräußerung oder Lieferung von Gegenständen, die von den Empfängern der Dienstleistungen benutzt werden sollen, und auf denen bei der Erbringung der bezeichneten Dienstleistungen die eingetragene Defensivmarke angebracht worden ist, zu dem Zweck, dass diese Gegenstände bei der Erbringung der Dienstleistungen benutzt werden, oder der Besitz oder die Einfuhr dieser Gegenstände zum Zweck ihrer Veräußerung oder Lieferung;

370 Nach § 39 JMarkenG sind die Bestimmungen von §§ 103 (Vermutung der Fahrlässigkeit), 104bis bis 106 (Pflicht zur Klärung der relevanten Handlungen, Vorlegung von Dokumenten, Expertengutachten zum Nachweis eines angemessenen Schadensersatzes, Maßnahmen zur Wiederherstellung des Ansehens) JPatG entsprechend auf Verletzungen des Markenrechts oder einer ausschließlichen Lizenz daran anwendbar.

371 **9.2 Unterlassungsanspruch**

372 Der Inhaber eines Markenrechts oder eines Rechts zur ausschließlichen Benutzung der Marke kann von einer Person, die das Markenrecht oder das Recht auf ausschließliche Benutzung der Marke verletzt oder wahrscheinlich verletzen wird, verlangen, diese Verletzung zu beenden oder zu unterlassen (§ 36(1) JMarkenG). Der Markeninhaber oder ausschließliche Lizenznehmer, der die Unterlassung begehrt, kann die Zerstörung der Artikel verlangen, durch welche die Verletzung begangen wurde, sowie die Entfernung von Einrichtungen, die für die Verletzungshandlungen verwendet wurden, oder andere Maßnahmen, die zur Verhinderung der Verletzung notwendig sind (§ 36(2) JMarkenG).

373 **9.3 Schadensersatzanspruch**

374 Der in seinem Markenrecht verletzte Markeninhaber hat einen Anspruch auf Schadensersatz, dessen Umfang in § 38 JMarkenG geregelt ist[198].

---

198 § 38 JMarkenG:
   (1) Wenn der Inhaber eines Markenrechts oder einer exklusiven Lizenz von einer Person, die vorsätzlich oder fahrlässig das Markenrecht oder die exklusive Lizenz verletzt, Ersatz des Schadens verlangt, der ihm durch die Verletzung entstanden ist, und die Handlung der Person in der Zuordnung von Artikeln besteht, durch welche die Verletzungshandlung begangen wurde, kann die Geldsumme, die sich ergibt durch Multiplikation des Einheitspreises solcher Artikel mit der Anzahl der Artikel (im Folgenden in diesem Paragraphen als »Anzahl der zugeordneten Artikel« bezeichnet), die der Inhaber des Markenrechts oder Exklusivlizenznehmer in Abwesenheit der Verletzung hätte verkaufen können, als Schadensbetrag abgeschätzt werden, den der Inhaber des Markenrechts oder der Exklusivlizenznehmer erlitten hat, innerhalb einer Grenze, die nicht die in Abhängigkeit von der Arbeitskapazität des Inhabers des Markenrechts oder Exklusivlizenznehmers erreichbare Menge überschreitet. Wenn es Umstände gibt, die den Inhaber des Markenrechts oder den Exklusivlizenznehmer am Verkauf eines Teiles oder aller zugeordneten Artikel hindern, kann eine Summe, die dieser Anzahl zugeordneter Artikel entspricht, abgezogen werden.
   (2) Wenn der Inhaber eines Markenrechts oder eines Rechts auf ausschließliche Benutzung von demjenigen, der vorsätzlich oder fahrlässig das Markenrecht oder das Recht auf ausschließliche Benutzung verletzt hat, Schadensersatz für den Schaden verlangt, der durch die Verletzung verursacht worden ist, so gilt der Gewinn, der vom Verletzer durch die Verlet-

Der Kläger kann Schadensersatz für die Markenverletzung erhalten, wenn der 375
Beklagte vorsätzlich oder fahrlässig das Markenrecht verletzte, wobei dies
nach § 39 JMarkenG widerlegbar vermutet wird. Hierbei wird auch angenommen, dass beim Kläger ein Schaden entstanden ist (§ 38(1) JMarkenG).

Schadensersatz ist im JMarkenG somit definiert als a) der Betrag, der sich 376
durch Multiplikation des vom Markeninhaber pro Artikel erzielten Gewinnes
mit der vom mutmaßlichen Verletzer verkauften Anzahl verletzender Artikel
(maximal die vom Markeninhaber bzw. Exklusivlizenznehmer verkaufbare
Artikelanzahl) ergibt, b) als Gewinn, den der Beklagte beim Verkauf der die
verletzende Marke tragenden Waren erzielte, oder c) als angemessene Lizenzgebühr, die der Kläger durch das Lizenzieren des Markenrechts erhalten hätte
(§ 38(1)(2)(3) JMarkenG).

Die Schadensersatzvermutungen von § 38(1)(2) JMarkenG sind für den Kläger 377
sehr vorteilhaft. Die Position des Markeninhabers bzw. Exklusivlizenznehmers wurde vor allem durch die zum 1.1.1999 in das JMarkenG neu auf-
genommene Schadensersatzvermutung von § 38(1) JMarkenG verbessert. Die
Schadensersatzvermutung von § 38(2) JMarkenG ist für den Kläger insbesondere dann nützlich, wenn der unterlegene Beklagte durch den Verkauf von
Waren, welche die verletzende Marke aufweisen, einen Gewinn erzielte. Das
Gericht wird dem Kläger den Gewinn des Beklagten zugestehen, unabhängig
davon, ob der Kläger einen tatsächlichen Schadensbetrag nachweisen kann[199].

Trotz der gesetzlichen Vermutung, dass der Schaden des Klägers der Gewinn 378
des Beklagten ist, verlangen einige Gerichte vom Kläger den Nachweis, dass
sein Schaden einen Bezug zu den Verkäufen des Beklagten hatte. Im Mizore-
Fall[200] verlangte das Gericht den Nachweis, dass das verletzende Verhalten in
einem gewissen Umfang verantwortlich für den vom Beklagten erzielten
Gewinn ist:

»In Anbetracht des Umstandes, dass der Kläger hier nicht exakt den seinem Geschäft aufgrund des
verletzenden Verhaltens entstandenen Schaden angeben kann ..., ist der Kläger hinsichtlich der

---

zung erzielt worden ist, als die Höhe des Schadens, den der Inhaber erlitten hat.
(3) Der Inhaber eines Markenrechts oder eines Rechts auf ausschließliche Benutzung kann
von demjenigen, der vorsätzlich oder fahrlässig das Markenrecht oder das Recht auf ausschließliche Benutzung verletzt hat, einen Geldbetrag, den er für die Benutzung der eingetragenen Marke erhalten hätte, als Ersatz für den Schaden verlangen, den er erlitten hat.
(4) Der vorhergehende Abschnitt schließt nicht den Schadensersatzanspruch aus, der den im
vorhergehenden Abschnitt genannten Betrag übersteigt. In diesem Fall kann das Gericht,
wenn der Verletzer des Markenrechts oder des Rechts auf ausschließliche Benutzung weder
bösgläubig noch grob fahrlässig gehandelt hat, diese Tatsache bei der Festsetzung des Scha-
densbetrags berücksichtigen.
199 Bezirksgericht Osaka, 21.10.1985, 1217 *Hanrei Jihô* 121.
200 Bezirksgericht Nagano, 26.6.1986, 18 *Mutai Zaisan Hanreishû* 239, 258–59.

Annahme des ihm entstandenen Schadens begrenzt. Jedoch gibt es in diesem Fall keine Vermutung, dass der dem Rechtsinhaber entstandene Schaden gleich sein sollte dem vom Verletzer aufgrund des verletzenden Verhaltens erzielten Gewinn, weil der Kläger nicht zeigen kann, dass der Schaden einen Bezug zur Verletzung hatte. Bevor der Kläger die gesetzliche Vermutung anwenden kann, muss er die registrierte Marke selbst als Teil seines Geschäftsbetriebes verwenden, und er muss weiterhin beweisen, dass der seinem Geschäftsbetrieb entstandene Schaden aufgrund der Verletzung seines Markenrechts entstanden ist.«

379 Die Vermutung von § 38(2) JMarkenG (Verletzergewinn als Schadensersatz) ist nicht anwendbar, wenn der Markeninhaber die Marke nicht benutzt hat[201]. Der die Marke nicht benutzende Markeninhaber kann nur eine angemessene Lizenzgebühr verlangen[202]. Wenn ein Kläger seine Marke dagegen aktiv benutzt, ist er zum Schadensersatz in Höhe des Verletzergewinns berechtigt[203].

380 Wenn der Markt mit verschiedenen im Wettbewerb stehenden, austauschbaren Waren beliefert wird, kann der Markeninhaber als Schadensersatz weder die Herausgabe des Verletzergewinns gemäß § 38(2) JMarkenG noch den Betrag verlangen, der sich durch Multiplikation der vom Verletzer verkauften Anzahl an Waren mit dem Einheitspreis, den der Markeninhaber verlangt hätte, ergibt[204].

381 Als Gewinn zur Bestimmung des Schadensbetrages gemäß § 38(2) JMarkenG kann der Netto- oder Bruttogewinn des Verletzers herangezogen werden. Die meisten Gerichte sehen den Nettogewinn als Gewinn gemäß § 38(2) JMarkenG[205].

---

201 »Typ Chanel No. 5«, Bezirksgericht Tokyo, 24.3.1993, vgl. *GRUR Int.* 1994, Seiten 352–357.
202 »M. Tanaka vs. K.K. Morimitsu et al«, Bezirksgericht Tokyo, 27.3.1978, 10 *Mutai Zaisan Hanreishû* 102.
203 »K.K. Asahi vs. Asahi Tsusho K.K.«, Bezirksgericht Tokyo, 31.8.1973, 5 *Mutai Zaisan Hanreishû* 261.
204 »Ahornsirup«, Bezirksgericht Osaka, 31.10.2001; 15 *Law&Technology* 92. Der klagende Inhaber der für Lebensmittel registrierten Marke importiert unter anderem kanadischen Ahornsirup, den er an Hotels, Restaurants und andere Verpflegungsunternehmen verkauft. Der Beklagte, ein großes Reiseunternehmen, verkauft unter anderem online ausländische Waren. Per Katalog verkaufte er ohne Bezug zum Produkt des Klägers Ahornsirup, verwendete jedoch im Katalogangebot ein Foto mit dem Ahornsirup des Klägers. Da die Markenverletzung unstrittig war, ging es um die Berechnung des Schadensersatzes. Das Gericht befand, dass es auf dem japanischen Markt viele unterschiedliche Ahornsirup-Produkte gebe und sich die Verkaufsmethoden von Kläger und Beklagtem erheblich unterscheiden. Aus diesem Grund sei daher die § 38(1) und (2) JMarkenG zugrundeliegende Annahme, dass der Umsatz des Beklagten den entgangenen Verkäufen des Klägers entspreche, hier nicht anwendbar. Der Kläger habe daher nur einen Anspruch auf eine übliche Lizenzgebühr.
205 Bezirksgericht Osaka, 28.6.1985, 17 *Mutai Zaisan Hanreishû* 311.

9.4 Wiederherstellung des geschäftlichen Ansehens des Markeninhabers

382

Der Verletzer des Markenrechts kann in Anwendung von § 35 JMarkenG 383 i.V.m. § 106 PatG dazu verurteilt werden, anstelle oder zusätzlich zu Schadensersatz, Maßnahmen zur Wiederherstellung des geschäftlichen Ansehens des Markeninhabers durchzuführen[206]. Dies ist beispielsweise der Fall, wenn die Qualität der Waren des Verletzers gering oder seine Werbemaßnahmen minderwertig sind. Das Gericht ordnet dann üblicherweise die Veröffentlichung einer Entschuldigung in einer Zeitung an und überprüft die Wortwahl daraufhin, dass der Beklagte keine unnötigen Lasten erleidet oder Werbung für die Marke des Klägers gemacht wird.

9.5 Einreden des mutmaßlichen Verletzers

384

a) Die Benutzung des Beklagten hat keine Markensignifikanz

385

Für das Vorliegen einer Markenverletzung muss die mutmaßlich verletzende 386 Marke im Markensinn verwendet worden sein. Dies ist eine durch die Rechtsprechung geschaffene Einrede ohne Basis im Markengesetz.

Im Chanel Nr. 5-Fall erkannte das Gericht auf Verletzung, obwohl der Be- 387 klagte die Marke in einem beschreibenden Sinn verwendete:

»Damit ein Markeninhaber eine Unterlassung unter § 36 JMarkenG erhalten kann, reicht es nicht aus, dass die Benutzung der Marke durch einen Dritten lediglich die Waren an sich angibt. Es ist stattdessen notwendig, dass [die dritte Partei] die Marke benutzt, um ihre Waren von anderen Waren zu unterscheiden. Weiterhin müssen zur Bestimmung, ob die dritte Partei die Marke zur Unterscheidung ihrer Waren von anderen Waren benutzt hat, alle Umstände des Verkaufs der relevanten Waren berücksichtigt werden«[207].

Im Chanel Nr. 5-Fall hatte der Beklagte die Wörter CHANEL NO. 5 Type (in *Katakana*) im Fettdruck verwendet, um sein Parfum, für das er die Marke CINQ 5 hatte, mit dem Satz »Wenn Sie den Duft von CHANEL NO. 5 mögen, werden sie CINQ 5 lieben« zu beschreiben. Weil die Marke CHANEL NO. 5 sehr bekannt war, die Etiketten des Beklagten in Englisch gedruckt waren und nur CHANEL NO. 5 fett gedruckt war, entschied das Gericht, dass die Handlung des Beklagten Benutzung im Markensinne und daher Markenverletzung sei. Der Verbraucher konnte vermuten, dass die Herkunft gemeint war.

---

206 Bezirksgericht Osaka, 20.7.1993, 1481 *Hanrei Jihô* 154.
207 Bezirksgericht Tokyo, 24.3.1993, 1457 *Hanrei Jihô* 137, 140; vgl. *GRUR Int.* 1994, Seiten 352–357.

In »Sweet Lover« hatte das Bezirksgericht Tokyo eine andere Entscheidung gefällt[208]. Hier hatte die Beklagte eine Reihe von Parfums angeboten, die laut Werbung mit dem Duft berühmter ausländischer Parfums wie u. a. »Sweet Lover« und »Chanel No. 5« übereinstimmten. Die Klage wurde abgewiesen, da keine Verletzungsgefahr vorlag. Die Berufung blieb erfolglos[209].

388 Weil der Beklagte die Marke CAMEL GRAND PRIX RACING TEAM als Namen seines Teams verwendete, diese Verwendung aber keine herkunftshinweisende Wirkung für irgendwelche Waren hatte, entschied das Gericht, dass diese Verwendung keine Verletzung der Marke CAMEL darstelle[210].

389 Die Verwendung der Marke UNDER THE SUN als Titel für eine CD ist keine markenmäßige Benutzung[211]. Diese Verwendung habe nicht die Funktion der Angabe von Ursprung und Inhaberschaft, denn die Verwendung einer solchen Bezeichnung schließe nicht die Plattenfirma als Quelle der CD ein.

390 Ebenso würde die Verwendung der Marke eines anderen im Titel einer Computersoftware nicht die registrierte Marke verletzen, weil diese Benutzung nicht die Quelle der Waren identifizieren würde[212].

391 Bisweilen wird zur Zurückweisung einer Markenverletzungsklage auf § 26(1)(ii) JMarkenG zurückgegriffen, nach der sich der Markenschutz nicht auf Marken erstreckt, welche übliche Namen, Verkaufsplätze, Rohmaterialien usw. angeben. In »Takara Honmirin« bestätigte das Obergericht Tokyo die Zurückweisung der Klage durch das Bezirksgericht Tokyo, da der Beklagte den Markennamen nur zur Inhaltsbeschreibung seines Produktes benutzte und es keine Verwechslungsgefahr hinsichtlich des Warenursprungs gab[213].

392 b) Unähnlichkeit der Marken, Waren und Dienstleistungen

393 Eine weitere Einrede gegen einen Vorwurf der Markenverletzung ist, dass die Marke des Beklagten oder die in Rede stehenden Waren und Dienstleistungen nicht ausreichend ähnlich sind, um bei der Benutzung der strittigen Marke eine Verwechslung oder die Gefahr einer Verwechslung zu bewirken. Für die Bestimmung der Verwechselbarkeit wird die gleiche Prüfung vorgenommen

---

208 »Sweet Lover«, Bezirksgericht Tokyo, 28.1.1980; vgl. *GRUR Int.* 1980, Seiten 526–528.
209 Obergericht Tokyo, 25.2.1981, *Mutaishû* 13–1 (1981), Seite 134.
210 Bezirksgericht Osaka, 30.1.1992, 1419 *Hanrei Jihô* 101.
211 Bezirksgericht Tokyo, 22.2.1995, 1526 *Hanrei Jihô* 141; *GRUR Int.* 1995, Seiten 607–609.
212 Obergericht Tokyo, 23.8.1994, 26 *Mutai Zaisan Hanreishû* 1076.
213 Obergericht Tokyo, 29.5.2001; 13 *Law & Technology* 66: Der Kläger ist Inhaber der registrierten Marke »Takara Honmirin«, einem hochwertigen Sake. Der Beklagte verkauft alkoholische Getränke mit dem Etikett »enthält Takara Honmirin«. Da dies zutraf und Konsumenten das Etikett nicht als Hinweis für das gesamte Produkt missverstehen würden, und es schließlich auch keine Gefahr für die Unterscheidbarkeit der Marke gebe, wurde die Markenverletzungsklage zurückgewiesen.

wie bei der Prüfung auf Registrierbarkeit. Die Gerichte berücksichtigen hierbei die Art der Käufer.

Das Obergericht Tokyo entschied 1994, dass die für Videospiele benutzte   394
Marke SANGOKU-SHI (»Dynasty Warriors«, nach dem berühmten chinesischen Epos »Die Romanze der drei Königreiche«) durch die Benutzung der gleichen oder einer ähnlichen Marke auf elektronischen Schaltkreisen in Rechnern, Magnetbändern und Platten nicht verletzt ist[214]. Das Gericht verneinte das Vorliegen einer Markenverletzung, weil die Benutzung nicht die Unterscheidungsfunktion der relevanten Marke beeinträchtigt, weil die Käufer in vollkommen unterschiedlichen Industriezweigen sind.

Der Exklusivlizenznehmer kann den Markeninhaber auf Markenverletzung   395
gemäß § 25 JMarkenG in Anspruch nehmen, wenn der Markeninhaber Waren verkauft, die denen zum Verwechseln ähnlich sind, die Gegenstand der Exklusivlizenzvereinbarung sind[215].

c) Vorbenutzung[216] und Weiterbenutzung   396

Vorbenutzung ist zwar in Japan im Allgemeinen keine Einrede in einem   397
Markenverletzungsverfahren. § 32 JMarkenG bestimmt allerdings für den Fall, dass der Beklagte belegen kann, dass seine Marke bereits vor Anmeldung der Marke des Klägers sehr bekannt war, er das Recht hat, die Benutzung fortzuführen (§ 32 JMarkenG[217]). Der Markeninhaber kann dann vom Beklagten

---

214 Obergericht Tokyo, 23.8.1994, 26 *Mutai Zaisan Hanreishû* 1076.

215 Obergericht Tokyo, 23.8.1994, 26 *Mutai Zaisan Hanreishû* 1076.

216 »Mutsugu Shibata vs. K.K. Camerart-sha«, *Hanrei Times* No. 133, Bezirksgericht Tokyo, 30.6.1962; Eizuke Abe vs. K.K. Keiba Fun, Bezirksgericht Osaka, 7.6.1975, 7 *Mutai Zaisan Hanreishû* 175; Nojigiku-Fall, K.K. »Shibata Seisho-do vs. S. Ishibashi«, Obergericht Osaka, 29. März 1972, 4 *Mutai Zaisan Hanreishû* 116.

217 § 32 JMarkenG:
(1) Wer innerhalb Japans ohne die Absicht des unlauteren Wettbewerbs eine Marke, die mit der Marke eines Dritten identisch oder dieser ähnlich ist, die Gegenstand einer Anmeldung zur Eintragung für gleiche oder gleichartige Waren oder Dienstleistungen ist, vor Einreichung dieser Anmeldung benutzt hat und die Marke im Zeitpunkt der genannten Anmeldung durch den Dritten (oder im Zeitpunkt der Einreichung der ursprünglichen Anmeldung der Marke oder der Einreichung einer Änderung, falls eine derartige Markenanmeldung als im Zeitpunkt der Einreichung der Änderunge gemäß § 9[quater] dieses Gesetzes oder gemäß § 17ter Abs. 1 JGeschmMG, der nach § 17[bis](1) oder § 55[bis](2) – einschließlich dessen Anwendung nach § 60[bis](1) dieses Gesetzes – entsprechend anwendbar ist, als eingereicht gilt) als Folge dieser Benutzung unter den Verbrauchern allgemein als Hinweis darauf bekannt geworden ist, dass die Waren oder Dienstleistungen aus seinem Geschäftsbetrieb stammen, hat das Recht, die Marke für diese Waren oder Dienstleistungen weiterzubenutzen, wenn er die Marke fortgesetzt für diese Waren oder Dienstleistungen benutzt. Dies gilt auch für den Rechtsnachfolger des betreffenden Gewerbetreibenden.
(2) Der Inhaber eines Markenrechts oder eines Rechts auf ausschließliche Benutzung kann von demjenigen, der ein Recht auf Benutzung der Marke gemäß dem vorhergehenden Absatz

Maßnahmen verlangen, die notwendig sind, um eine Verwechslung zu vermeiden.

398 Ein Vorbenutzungsrecht hat auch der Markeninhaber aufgrund der Benutzung vor der Registrierung eines gegen diese Marke gerichteten Nichtigkeitsantrages[218].

399 Für den Fall, dass ein Patentrecht erlischt, das auf eine Patentanmeldung zurückgeht, die vor oder am Tage der Markenanmeldung eingereicht wurde, hat der Patentinhaber nach § 33bis JMarkenG ein Weiterbenutzungsrecht. Dies gilt entsprechend bei Konflikten mit erloschenen Gebrauchsmuster- oder Geschmacksmusterrechten. § 33ter JMarkenG erweitert diese Rechte auf ausschließliche und nichtausschließliche Lizenznehmer an solchen Patent-, Gebrauchsmuster- oder Geschmacksmusterrechten.

---

besitzt, verlangen, dass er seine Waren oder Dienstleistungen mit einer geeigneten Angabe kennzeichnet, um eine Verwechslung zwischen den Waren oder Dienstleistungen, die mit dem Geschäftsbetrieb des Inhabers verbunden sind, und denen, die aus dem Geschäftsbetrieb des anderen stammen, zu verhindern.

218 § 33 JMarkenG:
(1) Wenn eine Person, auf welche die Voraussetzungen der nachstehenden Ziffern zutreffen, eine eingetragene Marke oder eine Marke, die dieser ähnlich ist, für die eingetragene Marke oder eine Marke, die dieser ähnlich ist, für die eingetragenen oder mit diesen gleichartigen Waren oder Dienstleistungen innerhalb Japans ohne Kenntnis davon, dass auf die Eintragung dieser Marke die Voraussetzungen des § 46(1) [Vorliegen von Nichtigkeitsgründen] zutreffen, benutzt hat und als Folge dieser Benutzung die Marke vor dem Zeitpunkt der Registrierung einer Klageerhebung gemäß § 46(1) unter den Verbrauchern allgemein als Hinweis dahin bekannt geworden ist, dass die Waren oder Dienstleistungen aus ihrem Geschäftsbetrieb stammen, so hat diese das Recht, die Marke zu benutzen, wenn sie die Marke für die betreffenden Waren oder Dienstleistungen fortgesetzt benutzt. Dies gilt auch für den Rechtsnachfolger des betreffenden Gewerbetreibenden:
(i) der ursprüngliche Inhaber des Markenrechts, wenn eine von zwei oder mehreren Markeneintragungen, die für identische oder ähnliche Marken zur Benutzung für gleiche oder gleichartige Waren oder Dienstleistungen erteilt worden ist, für nichtig erklärt worden ist;
(ii) der ursprüngliche Inhaber des Markenrechts, wenn seine Markeneintragung für nichtig erklärt worden ist und dem Berechtigen eine Markeneintragung für identische oder ähnliche Marken, die für gleiche oder gleichartige Waren oder Dienstleistungen benutzt werden, gewährt worden ist;
(iii) wer in den genannten Fällen der Ziffern i und ii im Zeitpunkt der Registrierung einer Klageerhebung gemäß § 46(1) ein Recht auf ausschließliche Benutzung der für nichtig erklärten Marke oder ein Recht auf nicht ausschließliche Benutzung hat, das nach § 99(1) JPatG, der gemäß § 31(4) JMarkenG entsprechend anzuwenden ist, gegenüber dem Markenrecht oder dem Recht auf ausschließliche Benutzung rechtswirksam ist.
(2) Der Inhaber des Markenrechts oder des Rechts auf ausschließliche Benutzung kann von demjenigen, der das Recht auf nicht ausschließliche Benutzung der Marke nach Maßgabe des vorhergehenden Absatzes besitzt, eine angemessene Entschädigung verlangen.
(3) § 32(2) ist entsprechend auf Absatz (1) anwendbar.

d) Anmeldetag 400

Nach § 29 JMarkenG kann das Markenrecht nicht gegen eine Partei durch- 401
gesetzt werden, die vor dem Anmeldetag der Marke ihr Design nach dem
Geschmacksmustergesetz registrierte, oder gegen das Copyright eines anderen,
wenn das Copyright vor dem Anmeldetag der Markenanmeldung wirksam
wurde. Selbst wenn der Markeninhaber seine eigene gültig registrierte Marke
auf den benannten Waren oder Dienstleistungen benutzt, kann er also nicht
die Benutzung durch den Inhaber eines Copyright oder eines Geschmacksmusterrechts unterbinden, wenn diese Rechte vor dem Tag der Markenanmeldung entstanden sind[219].

Im Popeye-Schal-Fall befand das Obergericht Osaka jedoch, dass sich der 402
Lizenznehmer des Urheberrechtsinhabers nicht auf § 29 JMarkenG berufen
könne, weil der Popeye-Charakter in der Form, wie er unabhängig von seinem
ursprünglichen Ausdruck ausgedrückt ist, kein Copyright-fähiges Werk sei.

e) Einverständnis des Markeninhabers 403

Das Vorliegen einer expliziten oder impliziten Genehmigung der Markenbe- 404
nutzung durch den Markeninhaber kann eine wirksame Einrede sein, die
jedoch bisweilen schwierig durchsetzbar ist. Im Öladditiv-Fall[220] hatte die
beklagte japanische Firma große Trommeln mit dem in den USA hergestellten
Originalprodukt gekauft, welche die Marke des US-Klägers aufwiesen, und sie
in kleinen, mit der Marke versehenen Dosen, die von einer anderen japanischen Firma hergestellt wurden, verkauft. Diese Dosen waren identisch
mit den Dosen, die vom US-Kläger durch einen japanischen Zwischenhändler
in Japan verkauft wurden. Die Beklagte behauptete erfolglos, dass die Endverbraucher das Öladditiv nicht auf einmal in großer Menge benutzen könnten
und daher beim Verkauf der großen Trommeln mit einem Umpacken unter
der gleichen Marke und dem selben Dosendesign zu rechnen war. Das Bezirksgericht Osaka gewährte eine einstweilige Verfügung.

f) Erschöpfung des Markenrechts (siehe Kapitel 11) 405

g) Missbrauch des Markenrechts 406

Die Doktrin vom Rechtsmissbrauch[221] wird in Markenfällen angewandt, wenn 407
es bei einer wörtlichen Anwendung des JMarkenG zu unhaltbaren Ergeb-

---

219 Bezirksgericht Osaka, 28.2.1984, 16 *Mutai Zaisan Hanreishû* 138, 155–56, bestätigt durch
    Obergericht Osaka, 26.9.1985, 17 *Mutai Zaisan Hanreishû* 411; Bezirksgericht Tokyo,
    16.6.1982, 14 *Mutai Zaisan Hanreishû* 418.

220 »S.T.P. Corporation vs. National Shoji K.K. und Kansei Seikan K.K.«, Bezirksgericht Osaka,
    4.8.1976, 8 *Mutai Shû* 324.

221 § 1(2) JBGB; Art. 12 der japanischen Verfassung: »Die von dieser Verfassung garantierten
    Freiheiten und Rechte sollen durch das konstante Bestreben des Volkes, das sich dem Miss-

nissen kommen würde[222]. Daher haben Gerichte die Doktrin vom Rechtsmissbrauch angewandt, um zu verhindern, dass große Unternehmen Marken
kaufen, die mit den Marken ihrer Wettbewerber identisch oder ähnlich sind,
und dann ihren Wettbewerber wegen Markenverletzung verklagen, wie es das
JMarkenG an sich erlauben würde[223]. Seit 1996 § 4(1)(xix) JMarkenG eingeführt wurde, gehört es zu den Pflichten des JPA, weithin bekannte Marken vor
bösgläubig eingereichten Markenanmeldungen zu schützen.

408   Diese Doktrin wird auch in Fällen der Verwirkung des Markenrechts benutzt,
um z.B. Markeninhaber, die mit der Benutzung ihrer registrierten Marke
durch eine dritte Partei einverstanden sind oder diese Benutzung stillschwei-
gend hinnehmen, davon abzuhalten, ihr Markenrecht mit Unterlassungs- oder
Schadensersatzforderungen etc. dann durchzusetzen, wenn die Marke aufgrund der Benutzung durch die dritte Partei sehr bekannt geworden ist[224].

409   Die Entscheidung des OGH in der Sache »K.K. Alps vs. K.K. Matsudera« ist
die erste höchstrichterliche Entscheidung in Japan, die in einem Markenverletzungsverfahren die Einrede des Rechtsmissbrauchs zuließ. Hier war der
erstinstanzliche Kläger, Osaka Sankei K.K., Inhaber einer 1962 registrierten
Marke, die aus den Buchstaben »POPEYE« und Popeye's stehender Figur
bestand (Figur 10), für die Waren Bekleidung, Taschentücher, Knöpfe und
Nadeln. Osaka Sankei reichte Klage wegen Markenverletzung gegen Kawamura Shoji K.K. ein, die Schals verkaufte, die jeweils in einer Ecke die Buchstaben POPEYE (B-Marke; Figur 11) aufwiesen und ein Etikett, welches das
Wort POPEYE und Popeye's obere Körperhälfte zeigt (C-Marke; Figur 11).

Figur 10   Figur 11

---

brauch dieser Freiheiten und Rechte enthalten soll und immer verantwortlich für deren
   Verwendung zum öffentlichem Wohl sein soll, erhalten bleiben.«
222 Vgl. T. Doi, »Abuse of Right Defense in Trademark Infringement Actions«, *Patents &
   Licensing*, Vol. 30, Nr. 6, Dezember 2000, S. 17–20; Vol. 31, Nr. 2, 2001, Seiten 15–20.
223 Bezirksgericht Tokyo, 16.6.1982, 14 *Mutai Zaisan Hanreishû* 418; Bezirksgericht Hiroshima,
   30.9.1982, 499 *Hanrei Times* 211.
224 Obergericht Osaka, 22.1.1965, 407 *Hanrei Jihô* 34.

Die Schals wurden unter Lizenz von King Features Syndicate aus den USA hergestellt, die das Copyright an den Popeye-Comics innehatte. Kawamura Shoji argumentierte, dass keine Markenverletzung vorliege, weil (1) die Benutzung der Zeichen B und C nur zu dekorativen Zwecken erfolge und keine Markenbenutzung sei, (2) die Verwendung der B- und C-Marken durch den Inhaber des Copyrights am Popeye-Comics lizenziert sei (da dieses Copyright vor Einreichung der Markenanmeldung des Klägers geschaffen sei, erstrecke sich das Markenrecht des Klägers gemäß § 29 JMarkenG nicht auf eine solche Benutzung) und (3) die Ausübung des Markenrechts durch den Markeninhaber Rechtsmissbrauch sei.

Das Bezirksgericht Osaka entschied, dass die Benutzung der Marke B Markenverletzung sei[225]. Die hiergegen von Kawamura Shoji eingelegte Berufung wurde vom Obergericht Osaka zurückgewiesen[226]. Der Copyright-Schutz für die Popeye-Comics erstrecke sich nicht auf den Namen POPEYE. Die Einrede mit dem Copyright basierend auf bereits existierenden Werken gemäß § 29 JMarkenG sei daher nicht zulässig und die Benutzung der B-Marke somit Markenverletzung.

Der OGH gab der eingelegten Revision statt. Der OGH führte aus, dass zum Zeitpunkt der Einreichung der Markenanmeldung des Klägers im Jahre 1958 der Hauptcharakter der Popeye-Comics bereits weltweit sehr beliebt war, einschließlich Japan, und die Öffentlichkeit daher die Buchstaben PO-PEYE sofort mit dem Hauptcharakter in Verbindung brachte. Die für den Kläger registrierte Marke erzeuge nichts anderes als die Bedeutung (*Kannen*) und die Bezeichnung (*Shôko*) des Hauptcharakters der Popeye-Comics. Ausgehend von dieser Feststellung entschied der OGH, dass Rechtsmissbrauch vorliege[227]:

»Die Marke des Revisionsbeklagten wurde zum Zweck der Ausnutzung des Publizitätswertes des Popeye-Charakters angenommen ... In Hinblick auf einen der Grundsätze des Markengesetzes, eine faire Wettbewerbsordnung aufrechtzuerhalten, ist der Anspruch des Revisionsbeklagten aufgrund Verletzung seiner Marke gegen eine Person, die unter einer Lizenz des Inhabers am Copyright des Popeye-Comics Waren verkauft, welche die B-Marke aufweisen, als Verletzung einer solchen fairen Ordnung Rechtsmissbrauch«.

---

225 »Osaka Sankei K.K. vs. Kawamura Shoji K.K.«, 16 *Mutai Zaisan Hanreishû* 138, Bezirksgericht Osaka, 28.2.1984.

226 »Kawamura Shoji K.K. vs. K.K. Matsudera«, 17 *Mutai Zaisan Hanreishû* 411, Obergericht Osaka, 26.9.1985.

227 »K.K. Alps Kawamura vs. K.K. Matsudera«, OGH, 20.6.1990, 44 *Minshû* 876; vgl. *IIC*, Vol. 1 (1994), Seiten 118–125, sowie *GRUR Int.* 1993, Seiten 495–498. 1984 hatte K.K. Matsudera die Marke von Osaka Sankei erworben; Kawamura Shoji hatte seinen Handelsnamen in Alps Kawamura abgeändert.

410 Die Namen und Symbole von Sportclubs sind für die Verkaufsförderung für damit versehene Produkte in Japan sehr beliebt. Diese werden daher häufig von den Sportclubs lizenziert, wobei jedoch Hersteller und Verteiler dieser lizenzierten Produkte manchmal von Personen wegen mutmaßlicher Markenverletzung verklagt werden, die ohne Genehmigung durch den Sportclub für dessen Namen und Symbole Markenregistrierungen erlangt haben.

411 In »National Shoji K. K. vs. K. K. Nippon Sports Vision«[228] war die Beklagte KK Nippon Sports Vision mit Import und Verteilung von Waren befasst, die das Logo »Juventus« und eine ovale Marke, bei der sich innerhalb des Ovals der Schriftzug Juventus sowie eine Krone und ein Tier befindet, aufwiesen. Diese Waren waren im Ausland unter einer Lizenz des italienischen Fußballclubs Juventus hergestellt worden. Der klagende Bekleidungsgroßhändler National Shoji K. K. hatte zwei Markenanmeldungen eingereicht, um JUVENTUS für Bekleidung, Textilwaren, Accessoires, Knöpfe etc. zu registrieren. Die Anmeldungen wurden 1985 registriert und vom Kläger unter Vergabe von ausschließlichen und nichtausschließlichen Lizenzen umfangreich lizenziert. Mit der 1996 eingereichten Klage begehrte der Markeninhaber Unterlassung und Schadensersatz. Der Beklagte bestritt eine Markenverletzung aus zwei Gründen: (1) die auf den Waren des Beklagten angebrachten Streitmarken haben keine herkunftshinweisende Funktion und werden nicht als Marken benutzt; und (2) die Ausübung der Markenrechte des Klägers gegen den Beklagten sei Rechtsmissbrauch. Das Gericht wies die Klage wegen Rechtsmissbrauchs zurück:

> »Während Fußball in Japan zunehmend populär geworden ist, hat der Kläger mit dem Wissen, dass seine Marke vom Namen des JUVENTUS-Teams abgeleitet ist, und unter Vorteilsnahme aus seiner Position als Inhaber der Markenrechte versucht, sein Markenrecht gegen Personen durchzusetzen, welche die Marken nach Erhalt von Lizenzen rechtmäßig benutzen, und dadurch die Benutzung durch solche Personen blockiert. Die Ausübung der Markenrechte des Klägers auf solche Weise verstößt gegen das Prinzip von Gerechtigkeit und Gleichberechtigung und verletzt die internationale Markenordnung. Daher müssen die Ansprüche des Klägers in diesem Fall als Rechtsmissbrauch, der die Ordnung des lauteren Wettbewerbs hindert, angesehen werden.«

412 In »K. K. Kotobuki Golf vs. Accinet Japan, Inc.«[229] erhob der Markeninhaber K. K. Kotobuki Golf Klage wegen Markenverletzung gegen einen früheren Geschäftspartner und verlangte Unterlassung, Zerstörung des Inventars und Schadensersatz. Für die Prüfung auf das Vorliegen von Bösgläubigkeit auf Seiten des Klägers war hier eine genaue Untersuchung aller Fakten notwendig. Der Kläger ist Inhaber von drei für Sportartikel eingetragenen Marken, die aus den Buchstaben KING COBRA, der Zeichnung einer Schlange mit einer Krone auf ihrem Kopf, einer Kombination von beiden oder dem Wort »Co-

---

228 Bezirksgericht Tokyo, 23.3.2000, 1717 *Hanrei Jihô* 132.
229 Bezirksgericht Tokyo, 31.5.1999, 1006 *Hanrei Times* 245.

bra« bestehen (Figur 12). Die Beklagte, Accinet Japan, Inc., ist eine amerikanische Firma, die als Generalvertreter für in den USA von ihrer Muttergesellschaft, Cobra Golf, Inc., hergestellte Golfschläger fungierte. Die Golfschläger der Beklagten wiesen Marken auf (Figur 13), die aus einer Kombination der Buchstaben King Cobra und der Zeichnung einer Schlange mit einer Krone auf ihrem Kopf, oder der Zeichnung einer Schlange alleine bestanden, und würden daher die drei eingetragenen Marken des Klägers verletzen.

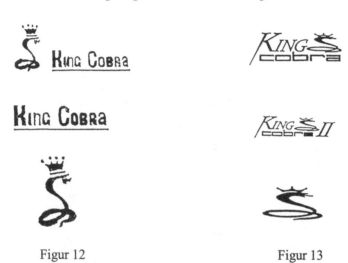

Figur 12   Figur 13

Das Gericht folgte jedoch der Behauptung des Beklagten, dass die King-Cobra-Marken als berühmte Marken verstanden wurden, die auf Cobra Golf als Ursprung hinweisen, aber nicht auf den Kläger. Daher sei die Ausübung des Markenrechts durch den Kläger gegen die Beklagte als Tochtergesellschaft von Cobra Golf in Hinblick auf Waren, auf denen die Marke King Cobra angebracht ist, unzulässiger Rechtsmissbrauch. Hinsichtlich der Einrede des Rechtsmissbrauchs untersuchte das Gericht die Geschäftsaktivitäten der beiden Parteien sowie deren Beziehungen untereinander. Bereits 1978 hatte Kotobuki Trading bei einem Rechtsvorgänger des Mutterunternehmens der Beklagten wegen Herstellung und Lieferung von Golfschlägern angefragt, wobei sich dieses schließlich entschloss, die Bezeichnung »King Cobra!« für die für Kotobuki Trading hergestellten Golfschläger zu verwenden. 1980 begann die Herstellung dieser Golfschläger für Kotobuki Trading, die von Cobra Golf II darüber informiert wurden, dass die Benutzung des Logos »COBRA« und des Namens »KING COBRA« nur während der Vertragslaufzeit gestattet sei und nur, wenn von Kotobuki die vereinbarte Menge gekauft wurde[230]. Das Gericht befand auf der Grundlage der gesamten Fakten:

»Es ist ein Verhalten unter Bruch des Prinzips von Treu und Glauben, dass .. (Vertreter von Kotobuki Trading) ohne Genehmigung von Cobra Golf II Anmeldungen einreichte, um King-Cobra-Marken zu registrieren, die für King-Cobra-Produkte verwendet werden sollten, die als Teil der Cobra-Produkte angesehen wurden« und
»Es ist Rechtsmissbrauch auf Seiten des Klägers, vom Beklagten, einer Tochtergesellschaft von Cobra Golf II, auf der Basis von Markenrechten, die unter Verletzung des Prinzips von Treu und Glauben erlangt wurden, Unterlassung und andere Abhilfen zu fordern..«

413 Die Einrede des Rechtsmissbrauchs gegen den Vorwurf einer Markenverletzung wurde zum ersten Mal in »Y.K. Ginga Shokai vs. Hiroshi Yamazoe« zugelassen[231]. Yamazoe eröffnete 1950 in Atami ein Geschäft zur Herstellung von Manju-Kuchen unter der Marke AMANOGAWA (Milchstraße). Aufgrund seiner beharrlichen Förderung wurden seine AMANOGAWA-Manju-Kuchen weithin bekannt, aber seine Marke wurde nicht registriert. Der Beklagte Ginga Shokai (*ginga* ist synonym mit *amanogawa*, beide Wörter bedeuten ausschließlich »Milchstraße«) verkaufte seine Manju-Kuchen in verwechselbar ähnlichen Verpackungen, welche die AMANOGAWA-Marke trugen. In einem anderen Fall hatte Yamazoe eine Unterlassung gegen Ginga Shokai erwirkt. Der Gründer von Ginga Shokai wollte ohne Genehmigung die AMANOGAWA-Marke registrieren, aber das JPA verweigerte in Hinblick auf die registrierte, früher angemeldete Marke GINGA die Registrierung. Er erwarb das Markenrecht an GINGA, woraufhin seine Firma vor dem Bezirksgericht Shizuoka vergeblich versuchte, eine Unterlassungsverfügung gegen die Benutzung der AMANOGAWA-Marke durch Yamazoe zu erwirken. Die Berufung von Ginga Shokai wies das Obergericht Tokyo wegen Rechtsmissbrauch zurück:

»Die als Berufungskläger auftretende Firma erwarb die registrierte Marke GINGA von einer dritten Partei, die sie nie benutzte, mit der Absicht, sich zu ihrem Vorteil die Reputation der Marke »Amanogawa«, die aufgrund der Investitionen des Berufungsbekl. in extensive Förderung und Werbung weithin bekannt wurde, anzueignen. Dadurch versuchte der Berufungskläger, den Berufungsbeklagten von der Benutzung seiner Marke »AMANOGAWA« abzuhalten. ... eine solche Handlung ist als Rechtsmissbrauch unzulässig.«

414 In »All Style K. K. vs. Aida Boeki K. K.« wurde die Doktrin vom Rechtsmissbrauch auch angewandt, um den Markeninhaber von Verhaltensweisen abzuhalten, welche »die soziale Natur der Rechte missbrauchen«[232]. Im Mai 1972 war All Style K. K. exklusiver Lizenznehmer und Großhändler für Dorothée-Bis-Kleider. Eine dritte Partei hatte unberechtigt die Registrierung der Marke DOROTHÉE BIS erlangt, die im Januar 1973 von All Style für 5 Millionen

---

230 Weitere Details in *Patents&Licensing*, April 2001, Seiten 16–18.
231 Obergericht Tokyo, 28.6.1955, 2 *Mutai Zaisan Hanreishû* 71, 58 *Hanrei Jihô* 8.
232 Bezirksgericht Kobe, 21.12.1982, 14 *Mutai Zaisan Hanreishû* 813, 827.

Yen gekauft wurde. Nach Ablauf des Vertrages mit All Style Ende 1978 gewährte die Firma Dorothée Bis Inc. dem Beklagten eine Exklusivlizenz für die Vermarktung von Dorothée-Bis-Produkten. Nach Beendigung des Vertrags mit Dorothée-Bis nahm All Style für seine Produkte eine neue Marke an, verklagte aber Aida Boeki aus der Marke DOROTHÉE BIS auf Unterlassung und Schadensersatz.

Das Gericht stellte zunächst fest, dass der Kläger All Style die registrierte Marke nicht benutzt und die Funktion der Marke als Hinweis auf den Ursprung daher nicht durch die Benutzung der DOROTHÉE BIS-Marke durch den Beklagten beeinträchtigt wird. Der Kläger erleide keinen signifikanten Schaden aufgrund der Benutzung der Marke durch den Beklagten. Das Gericht wies die Klage ab:

»Die von der Beklagten benutzte Marke DOROTHÉE BIS ist ähnlich der für den Kläger registrierten Marke und verletzt dessen Markenrecht, aber die auf diesem Markenrecht basierenden Ansprüche auf Unterlassung, Schadensersatz und ein Entschuldigungsschreiben aufgrund der Benutzung der DOROTHÉE-BIS-Marke müssen im Lichte der sozialen Einwirkung des betreffenden Rechtes als mißbräuchliche Handlungen angesehen werden.«

In »Network Associates K. K. vs. Trend Micro K. K.«[233] betrieb die Beklagte, 415 Trend Micro K. K., seit 1991 Herstellung und Verkauf von Disketten und CD-ROMs mit Antiviren-Software in Verpackungen unter Marken bestehend aus »*uirusubasuta*« in sieben *Katakana*-Schriftzeichen und/oder VIRUS BUSTER in lateinischen Buchstaben. Der Kläger, Network Associates, erhielt eine Markenregistrierung für »*uirusubasuta*« mit den gleichen *Katakana*-Schriftzeichen für Computer-Dienstleistungen betreffende Computerprogramme. 1997 klagte der Kläger auf Unterlassung der Benutzung der Marke »*uirusubasuta*« durch den Beklagten.

Das Gericht stellte fest, dass beide Marken ähnlich sind und die Antiviren- 416 Software-Produkte des Beklagten den vom Kläger benannten Dienstleistungen in Klasse 42 ähnlich sind. Daher sei die Benutzung der Marke durch den Beklagten eine Verletzung der Marke des Klägers unter § 37(vii) JMarkenG. Das Gericht gab jedoch der Einrede des Rechtsmissbrauchs durch den Beklagten statt und wies die Klage zurück:

»Der Beklagte begann die Benutzung seiner Marke, bevor der Kläger seine Markenanmeldung einreichte, und hat sie kontinuierlich benutzt. Mittlerweile ist die Marke des Beklagten eine berühmte Marke geworden, durch welche die Verbraucher sofort die Waren des Beklagten identifizieren können. Wenn daher dem Beklagten aufgrund des Markenrechts des Klägers die Benutzung seiner Marke untersagt würde, wäre die herkunftsunterscheidende Funktion, die von der Marke des Beklagten in tatsächlichen Geschäftstransaktionen ausgeübt wird, ernstlich beschädigt. Dadurch würde das Vertrauen der Verbraucher in die Marke erheblich geschwächt, mit dem Ergebnis, dass dem Zweck des Markengesetzes, die ursprungshinweisende Funktion der Marke zu

---

233 Bezirksgericht Tokyo, 28.4.1999, 1006 *Hanrei Times* 252.

schützen, zuwidergehandelt wird. Daher ist dem Kläger die Ausübung seines Markenrechts gegen den Beklagten als Rechtsmissbrauch untersagt.«

417 **h) Benutzung des eigenen Namens**

418 Das Recht zur Benutzung des eigenen Namens ist nicht auf die National-sprache des Landes beschränkt, in welchem der Name registriert ist[234].

419 **9.6 Strafbestimmungen**

420 Die sehr selten angewandten Strafbestimmungen des JMarkenG betreffen Strafen wegen Markenverletzung oder betrügerischem Verhalten in verschie-den amtlichen Verfahren.

421 Jede Person, die ein Markenrecht oder eine Exklusivlizenz hieran verletzt hat, wird mit einer Haftstrafe mit Arbeit von nicht mehr als fünf Jahren oder einer Geldstrafe von nicht mehr als 5 Millionen Yen bestraft (§ 78 JMarkenG).

422 Wer durch betrügerische Handlungen eine Marken- oder Defensivmarken-registrierung oder die Registrierung der Erneuerung der Laufzeit eines Mar-

---

234 »Budweiser«, Bezirksgericht Tokyo, 15.10.2002: Der Kläger, die US-Firma Anheuser-Busch (AB) hat in Japan für Bier zwei Markenregistrierungen, BUDWEISER und BUD. Die Verkaufsaktivitäten begannen 1982, als ABs Bier durch die japanische Firma Suntory impor-tiert wurde. Der Beklagte Budweiser Budvar (BB) ist Inhaber von zwei danach registrierten nahezu identischen japanischen Marken, die aus den Worten »Budejovicky Budvar«. Der Einspruch von AB gegen die Registrierung dieser Marken wurde vom JPA am 4.6.2002 zurückgewiesen. Seit 1995 wurde BBs Bier unter verschiedenen Etiketten, oft durch nicht lizenzierte Importeure importiert. Die beiden ersten Etiketten sind identisch mit den von BB registrierten Marken und wurden als unähnlich zu ABs Marken angesehen. Das dritte Etikett bestand aus dem Wort »Budvar« und wurde ebenfalls für unähnlich gehalten. Das vierte Etikett enthielt die Worte »Budweiser Budvar, National Corporation«, mit dem Untertitel »brewed and bottled by the brewery Ceske Budejovice (Budweis) Czech Republic«. Das Gericht befand, dass die Erscheinung dieser Marken unähnlich den Marken des Klägers sei. Das Gericht entschied schließlich, dass die Nichtzulassung der Anwendbarkeit von § 26 JMarkenG auf englische Äquivalente eine Diskriminierung von Unternehmen aus nicht Englisch sprechenden Ländern sei, da der internationale Handel gewöhnlicherweise die Benutzung von englischen Namen oder Äquivalenten von ausländischen Namen in der englischen Sprache erfordere. BB benutze seinen Namen in gutem Glauben, da der Name »Budweis« seit dem 13. Jahrhundert bekannt sei und der offizielle Stadtname während der Habsburger Herrschaft von 1526 bis 1919 war. Die Bezeichnung »Budweiser« wurde von AB gewählt, um die Ähnlichkeit in Qualität, Farbe und Geschmack mit dem Bier aus der böhmischen Stadt Budweis zu dokumentieren. Das Gericht verneinte außerdem die Ähnlich-keit zwischen den Klagemarken und dem Etikett »Budweiser Bud Bräu«, geschrieben in einer Linie, wohingegen die Ähnlichkeit zwischen dem Etikett »Budweiser« (erste Linie) und »Budvar« (zweite Linie) und ABs »Budweiser« bestätigt wurde. Da mit diesem Etikett versehenes Bier von unabhängigen Bierimporteuren importiert worden war, war BB von jeglicher Verantwortung entbunden.

kenrechts oder eines Defensivmarkenrechts, eine Entscheidung über den Einspruch gegen eine Markenregistrierung oder eine *Shimpan*-Entscheidung erhalten hat, kann zu einer Haftstrafe mit Arbeit von nicht mehr als drei Jahren oder zu einer Geldstrafe von nicht mehr als 3 Millionen Yen verurteilt werden (§ 79 JMarkenG).

Jede Person, die gegen § 74 JMarkenG (Falsches Markieren) verstößt, kann zu 423
einer Haftstrafe von nicht mehr als drei Jahren oder zu einer Geldstrafe von nicht mehr als 3 Millionen Yen verurteilt werden (§ 80 JMarkenG).

Ein Zeuge, Gutachter oder Übersetzer, der unter diesem Gesetz einen Eid 424
abgelegt hat, und vor dem JPA oder einem von diesem angerufenen Gericht eine falsche Aussage gemacht oder ein falsches Gutachten erstellt oder falsch übersetzt hat, kann zu einer Haftstrafe für einen Zeitraum von nicht weniger als drei Monaten und nicht mehr als zehn Jahren verurteilt werden (§ 81(1) JMarkenG).

Diese Strafe kann herabgesetzt oder ausgesetzt werden, wenn die betreffende Person vor Übermittlung der Abschrift des Urteils über den Fall oder bevor eine Entscheidung über einen Einspruch gegen die Markenregistrierung Rechtskraft erlangt hat, ein freiwilliges Geständnis abgelegt hat (§ 81(2) JMarkenG).

Bei leitenden Angestellten, die eine juristische Person vertreten, oder bei 425
einem Vertreter, Angestellten oder irgendeinem anderen Bediensteten einer juristischen oder natürlichen Person, die in Hinblick auf das Geschäft der juristischen oder natürlichen Person eine Verletzung gemäß §§ 78–80 JMarkenG begangen hat, kann die juristische Person zusätzlich zu jenen wie folgt zu einer Geldstrafe verurteilt werden (§ 82 JMarkenG):

Verstoß unter § 78:	Geldstrafe von bis zu 150 Millionen Yen
Verstoß unter § 79 oder § 80:	Geldstrafe von bis zu 100 Millionen Yen

Bei Falschaussagen unter Eid gemäß § 207(1) JZPO vor dem JPA oder einem 426
durch dieses beauftragten Gericht können auch Verwaltungsstrafen von nicht mehr als 100.000 Yen verhängt werden (§ 83 JMarkenG). Wird einer Vorladung durch das JPA oder ein von diesem beauftragtes Gericht nicht Folge geleistet, oder die Ablegung eines Eids, die Abgabe einer Stellungnahme, einer Aussage, eines Gutachtens oder einer Übersetzung verweigert, ohne dass es hierfür einen legitimen Grund gibt, kann eine Verwaltungsstrafe von nicht mehr als 100.000 Yen verhängt werden (§ 84 JMarkenG). Diese kann auch verhängt werden, wenn ohne das hierfür ein legitimer Grund vorläge, der Aufforderung zur Vorlage von Dokumenten oder anderen Beweismitteln zur

Prüfung oder Sicherung von Beweismitteln nicht entsprochen wird (§ 84 JMarkenG).

Der OGH bestätigte am 24.2.2000 eine Entscheidung des Obergerichtes Osaka in einem strafrechtlichen Markenverletzungsverfahren, wonach eine Marke auf einer von außen nicht sichtbaren Komponente eine Markenverletzung darstellen kann. Der Besitz zum Zwecke des Verkaufs von IC-Chips, welche die verletzende Marke zeigen, und der Verkauf von Maschinen, welche derartige IC-Chips auf ihrem Motherboard enthalten, sei Markenverletzung, selbst wenn die verletzende Marke nur auf dem internen, von außen nicht sichtbaren Motherboard angebracht ist.

427 **9.7   Maßnahmen der Zollbehörden**

428   § 2(3) JMarkenG bestimmt, dass der Import von mit einer Marke versehenen Waren eine Benutzung der Marke ist. Nach § 37 JMarkenG ist der Import von verletzenden Gütern Markenverletzung. Daher kann der Markeninhaber oder der Inhaber einer Exklusivlizenz bei den Zollbehörden unter § 21 Zolltarifgesetz den Ausschluß der verletzenden Güter vom Import beantragen.

429   Im Falle des Parallelimports von mit der Marke versehenen Originalwaren oder Produkten des grauen Markts untersagen die Zollbehörden den Import nur, wenn der Inhaber des Markenrechts Schaden erleidet[235].

---

235 Direktive (*Kurakan*) des Finanzministeriums vom 5.6.1992, basierend auf einer Entscheidung des Bezirksgerichts Osaka vom 27.2.1970 in der Sache »NMC. K.K. vs. Shiro Trading Co.«, 2 *Mutai Zaisan Hanreishû* 71.

10   Schutz berühmter Marken[236]

Zum Schutz berühmter Marken kann auf das JMarkenG und das JUWG   430
zurückgegriffen werden[237, 238, 239, 240].

§ 4(1)(xv) JMarkenG verbietet die Registrierung von Marken, die Verwirrung   431
hervorrufen mit Waren oder Dienstleistungen, die mit dem Geschäft eines
anderen verbunden sind. Im Urteil des OGH vom 11.7.2000, mit dem ein
Urteil des Obergerichtes Tokyo aufgehoben und der Nichtigkeitsklage von
Nina Ricci gegen die nicht genehmigte Registrierung ihrer Marke L'AIR DU
TEMPS stattgegeben wurde, wurde § 4(1)(xv) JMarkenG breit interpretiert.
Das OGH anerkannte zum ersten Mal die Konzepte von Trittbrettfahren und
Verwässerung und verbesserte damit den Schutz bekannter und berühmter
Marken vor Verwässerung.

Ein Beispiel für den Schutz berühmter Marken ist der McDonald's-Fall. Die   432
japanische Firma K.K. Marushin hatte ab 1969 Anmeldungen für Marken
eingereicht, die mit den Marken von McDonald's identisch oder diesen zumindest ähnlich waren. McDonald's eröffnete ab 1971 in Japan Filialen und
begehrte mit der Behauptung, dass seine Marken berühmt seien, auf der
Grundlage des JUWG von K.K. Marushin Unterlassung und Schadensersatz,
obwohl diese Inhaberin von früheren Registrierungen war. Das Bezirksgericht
Tokyo wies die Forderungen von McDonald's zurück[241], da die Ausnahme für
»gut bekannte« Marken nur auf Marken anwendbar sei, die tatsächlich in
Japan gut bekannt seien und nicht nur in anderen Teilen der Welt.

---

236 *The Protection of Well-Known Marks in Asia*, Eds. Christopher Heath & Kung-Chung Liu,
     Chapter 4. Japan (Christopher Heath), Kluwer Law International, 2000.
237 »Louis Vuitton vs. S. Otsuka«, Bezirksgericht Tokyo, 9.9.1997: Der Beklagte hatte zwar mit
     dem Verkauf von mit Vuitton-Marken versehenen gefälschten Taschen und Schlüsselhaltern
     nur einen Gewinn von ca. 40,000 Yen erzielt, wurde aber zur Zahlung von insg. 1,83
     Millionen Yen (1,5 Millionen für Rufschädigung, 300,000 Yen Anwaltsgebühren (vollständig),
     40,000 Yen entgangener Gewinn) verurteilt; vgl. J.D. Hughes in *AIPPI Journal*, Vol. 23,
     Nr. 4, Juli 1998, Seiten 148–151.
238 »Hachette Filipacci Presse S.A. et al. Vs. K.K. Deco et al.«, Bezirksgericht Tokyo,
     27.11.1998; vgl. Misao Toba, in *AIPPI Journal*, Vol. 24, Nr. 2, 1999, Seiten 154–161.
239 »Nihon McDonald K.K. vs. MacSangyo K.K. et al.«, Bezirksgericht Tokyo, 21.7.1976; vgl.
     GRUR Int. 1977, Seiten 336–337, sowie *IIC*, Vol. 2 (1978), Seiten 175–178.
240 »Louis Vuitton S.A. vs. K.K. Bunshodo«, Bezirksgericht Tokyo, 23.12.1983; vgl. *GRUR Int.*
     1984, Seiten 640–641.
241 Bezirksgericht Tokyo, 21.7.1975.

Mac Burger

マックバーガー

Figur 14

Das Obergericht Tokyo hob diese Entscheidung teilweise auf und ordnete an, dass KK Marushin die Verwendung von MACBURGER in lateinischen Buchstaben und *Katakana* beenden soll[242] (Figur 14). Die Benutzung von K.K. Marushins MACBURGER (in lateinischen Buchstaben und *Katakana*) beim Verkauf von Hamburgerprodukten rufe Verwechslungsgefahr hervor und verleite Käufer zu der falschen Annahme, dass die Produkte in Wirklichkeit von McDonald's stammten. Der Umstand, dass die Verkaufskanäle sich unterscheiden – beim Berufungsbeklagten durch Verkaufsautomaten und beim Berufungskläger durch Ladenverkäufe –, mildere diese Verwechslungsgefahr nicht. Der OGH bestätigte die Entscheidung des Obergerichtes Tokyo[243].

433 Es muss dargelegt werden, dass die Marke der anderen Person derart gut bekannt ist, dass andere diese auch nicht für Waren benutzen sollten, die sich von den Waren des Warenverzeichnisses unterscheiden.

434 Wenn eine berühmte Marke als Handelsnamen benutzt wird und dabei eine der Funktionen einer Marke beeinträchtigt, erachten die Gerichte eine Unterlassung als angemessen. Hierbei ist ein Rückgriff auf das JUWG notwendig, da ein Schutz unter §§ 36, 37 JMarkenG nicht erhältlich ist, wenn der Handelsname nicht im Sinne einer Marke benutzt wurde.

Daher entschied in »SONY Corporation vs. Yugen Kaisha Walkman« das Bezirksgericht Chiba, dass die Beklagte Yugen Kaisha Walkman die Benutzung der Bezeichnung WALKMAN als Handelsnamen zu unterlassen, die Löschung ihres Firmennamens im Register zu veranlassen und an die Klägerin SONY Corporation Schadensersatz in Höhe von 3 Millionen Yen zu zahlen habe[244].

Ein 1985 gegründetes Geschäft für Sportschuhe und -bekleidung wurde unter dem Firmennamen »Yugen Kaisha [GmbH] Walkman« betrieben, wobei dieser Handelsname jedoch auf keinem ihrer Produkte verwendet wurde. Sony Corporation, Inhaberin der registrierten Marke WALKMAN für die Benut-

---

242 Obergericht Tokyo, 25.10.1978, 10 *Mutai Zaisan Hanreishû* 478.
243 OGH, 13.10.1981.
244 Bezirksgericht Chiba, 17.4.1996, 1598 *Hanrei Jihô* 142; vgl. K. Yoshida, in *AIPPI Journal*, Vol. 21, Nr. 4 (1996), Seiten 173–175.

zung auf Kassettenspielern, die seit 1979 unter dieser Bezeichnung vermarktet wurden, reichte Klage ein, da dieses Verhalten eine Verletzung seiner Rechte unter dem JMarkenG und JUWG darstelle. Yugen Kaisha Walkman hielt dagegen, dass sie die Bezeichnung Walkman als Handelsnamen hinsichtlich Waren verwendet, die keinerlei Beziehung zu denen im Warenverzeichnis von Sonys Registrierung haben; zwar erscheine sein Handelsname auf einigen Etiketten und Verkaufsbelegen, dies sei jedoch keine Benutzung im Markensinne und eine Unterlassung daher unangemessen.

Das Bezirksgericht Chiba untersagte der Beklagten die Benutzung der Marke als Handelsnamen, da die Benutzung der Marke WALKMAN durch die Beklagte die herkunftshinweisende Wirkung dieser berühmten Marke beeinträchtigte, unabhängig davon, ob die Benutzung des Beklagten absichtlich als Marke zur Bezeichnung des Ursprungs erfolgte oder nicht. Daher könnten Kunden der Gefahr einer Verwechslung unterliegen.

Der Inhaber der Marke SONY, die für elektrische und elektronische Maschi- 435 nen, Apparate und Zubehör registriert ist, erreichte auch die Nichtigerklärung der Registrierung eines Dritten für Süßwaren[245].

Der Inhaber der Marke ESSO für Petroleum und Erdölprodukte erreichte die 436 Nichtigerklärung der Registrierung der Marke für einen Dritten auf Textilwaren. Das JPA berücksichtigte, dass die Öffentlichkeit weiß, dass viele von der Textilindustrie benutzte Kunstfasern von der Erdölindustrie hergestellt werden[246].

Die Grenzen für den Schutz berühmter Marken zeigt der Fall »Daimler- 437 Chrysler Aktiengesellschaft vs. Yugen Kaisha Eight Point Star« auf. Das Obergericht Tokyo bestätigte die Zurückweisung des Nichtigkeitsantrags, die Marke BEN'S (mit drei *Katakana* in einer zweiten Zeile, welche ihre japanische Aussprache andeutet; registriert für Bekleidung, persönliche Dinge aus Tuch) in Hinblick auf die Marke MERCEDES BENZ[247] unter Berufung auf § 4(1)(xi)(xv) JMarkenG für nichtig zu erklären durch das JPA. Zwar sei die Marke weithin bekannt für erstklassige Kraftfahrzeuge, aber nicht für von Automobilen verschiedene Produkte. Außerdem würden aufgrund der Berühmtheit der Klagemarke die Verbraucher nicht über den Ursprung der Waren fehlgeleitet.

---

245 »Sony Corporation vs. Sony Food«, JPA, 20.10.1965, 468 *Shinketsu Koho* 27.
246 »Standard Oil Co. vs. Yukiko Noguchi«, JPA, 12.2.1966, 502 *Shinketsu Koho* 41.
247 »Daimler-Chrysler Aktiengesellschaft vs. Yugen Kaisha Eight Point Star«, Obergericht Tokyo, 27.1.2000; vgl. V. Vanbellingen-Hinkelmann, K. Hinkelmann, in *AIPPI Journal*, Vol. 26, Nr. 2, 2001, Seiten 113–115.

438 Der Schutz berühmter Marken wurde durch zwei im Sommer 2001 ergangene Urteile des OGH verbessert, in denen der OGH jeweils zugunsten des Inhabers der berühmten Marke entschied[248]. In beiden Fällen ging es um die berühmte Marke POLO von Ralph Lauren.

439 In »Zazahoraya vs. Semumarumatsu«[249] befand der OGH einen Kaufvertrag für Waren ungültig, die mit einer Marke versehen waren, die mit der weithin bekannten Marke »POLO by Ralph Lauren« verwechselbar ähnlich ist. Der Großhändler Zazahoraya hatte einen Einzelhändler auf Bezahlung von Kleidung verklagt, die mit illegalen »Polo«-Marken versehen war. Der Einzelhändler erfüllte die Verkaufsvereinbarung, ohne zu wissen, dass die Verkäufe der Kleidung die Marke von Ralph Lauren verletzen würden. Der Großhändler garantierte sogar, dass der Verkauf der Kleidungsstücke rechtmäßig sei. Dementsprechend argumentierte der Einzelhändler, dass die Durchsetzung der Verkaufsvereinbarung der öffentlichen Ordnung zuwiderlaufe und verlangte im Gegenzug vom Großhändler wegen Irreführung durch Vorspiegelung falscher Tatsachen Schadensersatz.

Das Obergericht Tokyo gab der Klage des Großhändlers statt. Auf die Revision hob der OGH das Urteil auf, da die Kaufvereinbarung gegen die öffentliche Ordnung unter § 90 JBGB verstoße. Das Gericht betonte den ernsten Schaden für die Marktordnung, der durch die Verteilung von Waren mit illegalen Marken hervorgerufen wird.

440 In Präsident des JPA vs. Heaven Corporation[250] sah der OGH die Marke PALM SPRINGS POLO CLUB als verwechselbar ähnlich mit der berühmten Marke POLO und bestätigte die Zurückweisung des JPA (aufgrund von § 4(1)(xv) JMarkenG), wonach das JPA keine Marken registrieren darf, die Verwechslung mit den Waren oder Dienstleistungen, die mit dem Geschäft eines anderen verbunden sind, hervorrufen können. Das Obergericht Tokyo hatte nach einer Untersuchung der angemeldeten Marke gefolgert, dass Konsumenten nicht darüber irregeführt werden könnten zu glauben, dass es zwischen beiden Marken einen Zusammenhang gebe. Das Obergericht Tokyo befand das Wort Polo als nicht sehr unterscheidungskräftig, weil es sich nur auf eine bestimmte Sportart bezog. Das OGH kam jedoch zum Ergebnis, dass Verbraucher und Käufer das Wort »Polo« vom Rest der Wörter isolieren, weil Polo am unterscheidungskräftigsten war. Verbraucher würden sich wahrscheinlich auf die Tatsache verlassen, dass das Wort Polo identisch mit der berühmten Marke ist und die Waren, auf denen die Marke benutzt werden sollte, die gleichen waren wie die Waren, auf welchen POLO benutzt wurde.

---

248 Vgl. Toshiko Takenaka, in *CASRIP Newsletter*, Spring/Summer 2001.
249 OGH, 11.6.2001.
250 OGH, 6.7.2001; vgl. Hiroshi Oda, *ZJapanR*, Heft 12, 2001, Seiten 261–262.

In »Parfum Nina Ricci vs. Madras K.K.« hatte das Obergericht Tokyo die   441
Beschwerde von Nina Ricci, dem Inhaber der seit 1964 für Parfum registrierten Marke L'AIR DU TEMPS in lateinischen Buchstaben, gegen die Zurückweisung seiner Nichtigkeitsklage gegen die Markenregistrierung für die
Transkription von L'Air du Temps in *Katakana* durch einen Dritten zurückgewiesen. Mit seiner auf §§ 4(1)(xi) und (xv) JMarkenG gestützten Nichtigkeitsklage vom 3.7.1992 hatte Nina Ricci die Nichtigerklärung der nicht
autorisierten Registrierung von L'Air du Temps in *Katakana* für die Waren
kosmetische Artikel, persönliche Accessoires, Haaraccessoires, Taschen und
Beutel beantragt[251].

JPA und Gericht verneinten das Vorliegen von Markenähnlichkeit unter
§ 4(1)(xi) JMarkenG. Da Englisch die beliebteste ausländische Sprache in
Japan sei, würde die Marke L'AIR DU TEMPS von japanischen Verbrauchern
Englisch ausgesprochen. Der Kläger hatte dagegen behauptet, dass auf dem
japanischen Markt französische Wörter für Modewaren, insbesondere Kosmetika, üblich sind und diese Französisch ausgesprochen werden, und dass auch
generische Wörter wie Parfum, Eau de Cologne etc. französische Wörter
seien.

In Hinblick auf das Eintragungshindernis der Verwechslungsgefahr mit einer
weithin bekannten Marke unter § 4(1)(xv) JMarkenG befand das Gericht, dass
die Beweismittel nur die Benutzung in Japan für Parfum belegten, nicht aber,
dass die Marke unter japanischen Verbrauchern weithin bekannt sei. Es verwies auf unzureichende Belege für Werbung, fehlende Angaben zu jährlichen
Verkaufszahlen etc. Die Marke sei wegen der Benutzung für Luxusartikel nur
in einer speziellen Personengruppe, aber nicht in der Öffentlichkeit berühmt[252].

Der OGH hob jedoch am 11.7.2000 das Urteil des Obergerichtes Tokyo
auf[253]. Es erkannte mit seiner breiten Interpretation von § 4(1)(xv) JMarkenG.
die Konzepte von Trittbrettfahren und Verwässerung in der japanischen Mar-

---

251 Obergericht Tokyo, 28.5.1998; vgl. Misao Toba, in *AIPPI Journal*, Vol. 23, No. 6, 1998,
    Seiten 247–254.

252 In der Rechtsprechung war bereits anerkannt, dass Bekanntheit bzw. Anerkennung unter den
    Käufern verwandter Waren genügt und Anerkennung unter der breiten Öffentlichkeit nicht
    erforderlich ist. Im OMEGA-Fall hob das Obergericht Tokyo am 17.6.1969 die Zurück-
    weisung einer Nichtigkeitsklage durch das JPA betreffend die Markenregistrierung eines
    Dritten für Omega in *Katakana* für die Ware Zigarettenanzünder auf; *Hanrei Times* Vol.
    238, Seite 273. Im PIAGE-Fall bestätigte das Obergericht Tokyo am 14.3.1989 die Zurück-
    weisung der Anmeldung für »Piage« in *Katakana* für die Waren Kleidung, Bettwäsche und
    persönliche Accessoires; *Mutai Zaisan Hanreishû* Vol. 21, Seite 172.

253 Vgl. Misao Toba, *AIPPI Journal*, Vol. 26, No. 6, November 2001, Seiten 331–335.

kenrechtsprechung und verbesserte damit den Schutz für Inhaber von weithin bekannten und berühmten Marken.

442 Bereits in »Snack Chanel« hatte der OGH am 10.9.1998 die Gefahr der Verwechslung im weiteren Sinne anerkannt, als er entschied, dass es eine inhärente Verwechslungsgefahr zwischen der berühmten Marke »Chanel« und der Verwendung von »Snack Chanel« als Name für ein Fast-Food-Restaurant gibt[254].

443 In »Hachette Filipacchi Presse S.A. et al. vs. K.K. Deco et al.« entschied das Bezirksgericht Tokyo am 27.11.1998, dass die Marke ELLECLUB der Marke ELLE ähnlich ist[255]. Die Klägerin konnte unter Berufung auf §§ 2(1)(i)(ii) JUWG seine berühmte Marke ELLE vor der Benutzung der Marke ELLE-CLUB durch die Beklagte KK Deco Japan schützen. Die Marke der Beklagten wurde in der registrierten Form (DM-1) sowie in vier nicht registrierten Abwandlungen benutzt (DM-2 bis DM-5) (vgl. Figur 15).

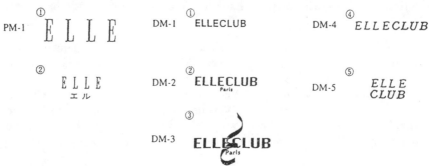

Figur 15

Die Einrede der Beklagten, dass die Benutzung berechtigt sei, weil es sich um eingetragene Marken handele, wurde als Rechtsmissbrauch zurückgewiesen. Obwohl die Beklagte zum Zeitpunkt der Übertragung der Marken (Dezember 1995) von der Berühmtheit der Marke ELLE gewusst habe, habe sie sich die ELLECLUB-Marken übertragen lassen, um als Trittbrettfahrer am Ruhm von ELLE teilzuhaben und unlautere Gewinne daraus zu ziehen.

Nachdem das Gericht aufgrund der dargelegten Fakten davon überzeugt war, dass die Marke ELLE spätestens 1995 weithin bekannt oder berühmt gewor-

---

254 OGH, 10.9.1998; vgl. *IIC*, Vol. 30 (1999), Seiten 466–467.
255 Vgl. Misao Toba, in *AIPPI Journal*, Vol. 24, Nr. 2, 1999, Seiten 154–161. Das Vorliegen von unlauterem Wettbewerb war von untergeordneter Bedeutung, obwohl der Beklagte mehr als 10 Registrierungen von bekannten Parfummarken hatte.

den war, untersuchte es, inwieweit die Marke des Beklagten mit der Marke des Klägers ähnlich ist:

»Die Marke des Klägers besteht aus dem französischen Wort ELLE, das in vertikal verlängerten Buchstaben gezeigt ist, die durch dickere vertikale Linien und übertriebene Serifen charakterisiert sind. Die Marke gibt Anlass zur Aussprache ›el‹«.

Die Marke des Beklagten DM-1 besteht aus zwei Worten, ELLE und CLUB, aber in einem Block dargestellt: ELLECLUB. Da das Wort CLUB von einem durchschnittlichen japanischen Konsumenten leicht als englisches Wort erkannt werden kann, wird die ELLECLUB-Marke als Kombination der beiden Wörter angesehen. Weiterhin ist der mit der berühmten Marke des Klägers identische Teil am Anfang der zusammengesetzten Marke platziert. Der hintere Teil CLUB wird üblicherweise zur Bezeichnung einer Gruppe von Leuten, die für einen sozialen Zweck miteinander verbunden sind, verwendet. Daher würde von den Konsumenten nur der vordere Teil der Marke als unterscheidungskräftig angesehen. Die Marke der Klägerin und der unterscheidungskräftige Teil der Marke der Beklagten werden beide »el« ausgesprochen und sind aufgrund ihrer gleichen Buchstabierung visuell ähnlich. Die Marke des Beklagten ist daher der Marke des Klägers ähnlich.

Die Marke DM-2 des Beklagten besteht aus den Worten ELLECLUB in Kombination mit einem darunter angefügten kleinen Hinweis auf Paris. Da diese geographische Namenskomponente in kleinen dünnen Buchstaben angegeben ist und die Aufmerksamkeit der Konsumenten nicht besonders erweckt, wird zu Recht angenommen, dass sie keine Funktion zur Angabe des Warenursprungs hat. Weiterhin … kann ELLE als das unterscheidungskräftige Element der gesamten Marke angesehen werden. Wenn daher die Marke des Klägers mit der des Beklagten verglichen wird, so sind beide ähnlich, weil sie identisch »el« ausgesprochen werden und visuell in ELLE dasselbe sind …«.

Ähnliche Betrachtungen des Gerichts führten für die Marken DM-3, DM-4 und DM-5 zum gleichen Ergebnis. Die Marken DM-2, DM-3 und DM-5 wurden übrigens wegen des zusätzlichen Bestandteils Paris, des bandähnlichen Elementes bzw. der geteilten Darstellung in zwei Linien nicht als Benutzung der registrierten Marke DM-1 angesehen. DM-1 und DM-4 wurden als identisch angesehen.

Diese Entscheidung war Anlass für das JPA, seine Prüfungspraxis in Hinblick   444
auf berühmte Marken zu ändern. Seither werden Anmeldungen für Marken zurückgewiesen, die aus einer weithin bekannten oder berühmten Marke in Kombination mit anderen Buchstaben oder Sinnbildern zusammengesetzt sind, selbst wenn dieser Teil ein untrennbarer Teil der Marke ist.

445 Dass Abkürzungen berühmter Marken in der Öffentlichkeit bekannt sein müssen, um die Eintragung von mit der Abkürzung identischen Marken für Dritte zu verhindern, wird durch den Fall »Shinobu Sougyou, Ltd. vs. Polaroid Corporation« illustriert[256]. Die Klägerin hatte die Marke POLA in lateinischen Buchstaben für die Waren optische Ausrüstung, Projektionsausrüstung und medizinische Ausrüstung registrieren lassen. Hiergegen hatte die Beklagte erfolgreich unter §§ 4(1)(viii), (xi) und (xv) JMarkenG vor dem JPA einen Nichtigkeitsantrag gestellt. POLA gebe Anlass zu den Aussprachen »Pola« und »Pôla«, was wegen der bekannten Abkürzung »Pola« für Polaroid eine Quelle für Verwechslung sei.

Das Obergericht Tokyo war dagegen der Auffassung, dass »Pola« keine allgemein benutzte Abkürzung für »Polaroid« und die benannten Waren geworden war. Die Abkürzung »pola« war nur in industriellen Magazinen benutzt. Vor Einreichung der strittigen Marke gab es keine Benutzung in allgemeinen Kamerazeitschriften oder Zeitungen. Der Umstand, dass dies danach geschah, kann nicht herangezogen werden. Daher hob das Obergericht Tokyo die Nichtigkeitsentscheidung des JPA auf.

---

256 Obergericht Tokyo, 7.2.1996; vgl. J. Hughes, in *AIPPI Journal*, Vol. 21, Nr. 6, 1996, Seiten 296–300.

11 Erschöpfung des Markenrechts

Das Recht an einer Marke erschöpft sich im Allgemeinen, wenn die mit der 446
Marke versehene Ware durch den Markeninhaber oder mit seinem Einverständnis auf den Markt gelangt ist. Parallelimport ist zulässig, solange die
Produkte echt sind und keine der Funktionen einer Marke beeinträchtigt ist.
Parallelimporte sind dann keine Verletzung des Markenrechts[257, 258].

Wenn dagegen die Waren ohne das Einverständnis des Markeninhabers durch 447
einen Dritten in den Handelsstrom gelangt sind, sind diese Waren keine
Originalwaren und deren Inverkehrbringen somit Markenverletzung.

So wurde in »K.K. Yohji Design Labs vs. K.K. Outlet Japan« der durch den 448
Kläger nicht genehmigte Verkauf von Kleidungsprobestücken und fehlerhaften Kleidungsstücken, die original mit den Marken Y und Y'S FOR MEN für
Waren des Modemachers Yohji Yamamoto versehen waren, durch seinen
Verteiler als Markenverletzung angesehen[259].

Dieser Fall illustriert die sich bei saisonal verkauften Modeartikeln häufig
stellende Frage der Erschöpfung des Markenrechts. Die Marketingstrategie
der Unternehmensgruppe, dessen Markenrechte der Kläger K.K. Yohji Design
Labs besitzt und verwaltet, besteht darin, besondere Konzepte für die Frühling-Sommer- bzw. Herbst-Winter-Mode zu entwerfen. Die Einwirkung des
Designs sollte in jeder Modesaison sehr stark sein, um das Markenimage
aufrecht zu erhalten. Nicht verkaufte Artikel sollten daher wieder eingesam-

---

257 »Lacoste-Parallelimport«, »La Chemise Lacoste u. Sanyo Seiko AG vs. Shinsei Boeki AG u.
Miura GmbH«, Bezirksgericht Tokyo, 7.12.1984; vgl. *GRUR Int.* 1986, Seiten 420–423.

258 »Parker-Füllfederhalter-Fall«, »N.M.C. K.K. vs. Shiro Trading Co.«, Bezirksgericht Osaka,
27.2.1970, 2 *Mutai Zaisan Hanreishû* 71; *GRUR Int.* 1971, 276–279: Der Kläger hatte
vergeblich versucht, in Hongkong gekaufte echte Parker-Füllfederhalter in Japan einzuführen. Das Zollamt Osaka verweigerte die Einfuhr unter Hinweis auf § 21 Zolltarifgesetz. Der
Kläger erhob Klage auf Feststellung, dass der Beklagte nicht das Recht habe, ihn vom Import
von Original-Parker-Füllfederhaltern abzuhalten. Das Gericht gab der Klage statt, da die
Funktionen der Marke nicht verletzt wurden und die Konsumenten über den Ursprung oder
die Qualität der Parker-Füller nicht irregeführt wurden. Vor diesem Urteil konnte selbst der
Import von Originalwaren unter Berufung auf das Markenrecht unterbunden werden; Bezirksgericht Osaka, 30.5.1996, 1591 *Hanrei Jihô* 99: Der Import von Kleidung mit der
berühmten Krokodil-Marke war kein legaler Parallelimport, weil die herkunftshinweisende
Funktion und die Qualitätsfunktion der Marke beeinträchtigt waren und daher die importierten Waren nicht original waren.

259 Bezirksgericht Osaka, 11.7.1995, 1544 *Hanrei Jihô* 110; vgl. J.D. Hughes, in *AIPPI Journal*,
Vol. 21, No. 2, 1996, Seiten 81–86.

melt und vernichtet werden. Im vorliegenden Fall war die Vernichtung offenbar unvollständig und eingesammelte, eigentlich zur Vernichtung bestimmte Ware gelangte zusammen mit beschädigter Ware und Probestücken (die jeweils die Originalmarken aufwiesen) gegen den Willen des Markeninhabers wieder auf den Markt. Dies wollte der Kläger mit seiner Klage unterbinden. Das Bezirksgericht Osaka entschied hierzu: »… obwohl die große Anzahl von Waren einmal mit dem Willen des Klägers in Verkehr gebracht wurde, wurde sie von ihm zur Zerstörung zurückgerufen. Es gibt keinen ausreichenden Nachweis dafür, dass er die Waren erneut mit Absicht in den Verkehr brachte. Daher waren die Verkaufshandlungen des Beklagten … nicht rechtmäßig, sondern eine Verletzung der Marken … des Klägers«.

449 Eine unterschiedliche Situation gab es im TECHNOS-Fall[260]. Der Beklagte hatte Original-Technos-Armbanduhren aus Hongkong importiert und in Japan verkauft. Der japanische Kläger, Inhaber der japanischen Registrierung für die Marke TECHNOS, baute und verkaufte mit der Marke TECHNOS versehene Uhren in Japan, wobei Gangwerke verwendet wurden, die von der Technos-Uhrenfirma aus der Schweiz importiert wurden, dem Inhaber der Marke TECHNOS in der Schweiz. Die Parallelimport-Einrede des Beklagten wurde vom Gericht zurückgewiesen. Import und Verkauf durch den Beklagten seien eine Verletzung der japanischen Markenregistrierung des Klägers, weil der Beklagte nicht nachgewiesen habe, dass der Kläger als die gleiche Person angesehen werden konnte wie der Schweizer Hersteller von TECHNOS-Uhren, der TECHNOS in der Schweiz registriert hatte.

450 In »Yugen Kaisha Marukatsu vs. K.K. Mini-Box«[261] ging es um den Verkauf von Automobilen der Marke BIRKIN7, die vom Kläger wie auch vom Beklagten in Japan eingeführt wurden. Der Kläger wollte die Paralleleinfuhr der Automobile durch die Beklagte verhindern, wurde aber vom Gericht abgewiesen. Interessanterweise gelang es dem Kläger gerade deswegen nicht, weil durch dessen Hinweise in der Werbung auf die Geschichte des Automobils und die Herstellerfirma der Verbraucher die Automobile nicht unbedingt mit dem Kläger identifizierte.

451 Zur Benutzung der FRED PERRY-Marke auf importierter Sportbekleidung entschied das Bezirksgericht Tokyo, dass Waren, die unter einer Lizenz her-

---

260 »Heiwado K.K. vs. K.K. Kenshodo«, Bezirksgericht Tokyo, 31.5.1978, 10 *Mutai Hanrei Zaisanshû* 216.
261 Bezirksgericht Osaka, 28.9.1995; Misao Toba, in *AIPPI Journal*, Vol. 22, Nr. 1, 1997, Seiten 14–23.

gestellt wurden, auch dann keine Fälschungen sind, wenn dies unter Bruch einer Klausel betreffend die Herstellungsstätte geschah[262].

Im Gegensatz hierzu entschied in einem ähnlich gelagerten Fall gegen einen anderen Importeur von Sportbekleidung mit der FRED PERRY-Marke das Obergericht Osaka, dass der Import von Waren, die von einem Lizenzinhaber unter Verstoß gegen Klauseln in einem Lizenzvertrag betreffend die Herstellungsstätten hergestellt wurden, als Import von verletzenden Waren und nicht von Originalwaren angesehen werden muss[263]. Die hiergegen eingelegte Revision wurde vom OGH am 27.2.2003 zurückgewiesen[264].   452

Das Umpacken von Originalwaren stellt sowohl eine Markenverletzung (§ 2(3) JMarkenG) als auch eine Verletzung unter dem JUWG (§ 3 JUWG) dar[265].   453

---

262 »Fred Perry Tokyo«, Bezirksgericht Tokyo, 25.10.2001; 15 *Law & Technology* 90: Der Kläger ist Parallelimporteur von Sportartikeln der Marke »Fred Perry« aus Singapur. Der Beklagte, Inhaber der Marke »Fred Perry«, benachrichtigte eine Anzahl von Supermärkten, dass die Waren des Klägers Fälschungen seien. Die Supermärkte hörten daher auf, beim Kläger einzukaufen. Vor Gericht versuchte der Kläger, Ersatz für den ihm daraus entstandenen Schaden zu erhalten. Das Gericht führte aus, dass in Japan der Parallelimport von Waren, die mit einer Marke versehen sind, erlaubt sei. Waren, die unter einer gültigen Lizenzvereinbarung, wenn auch unter Verstoß gegen eine Klausel, die den Herstellungsort begrenzt, hergestellt wurden, werden dadurch nicht zu Fälschungen, zumindest nicht bis zum Ablauf der Lizenzvereinbarung (bereits entschieden vom Bezirksgericht Tokyo am 28.1.1999 (1670 *Hanrei Jihô* 75) und dem Obergericht Tokyo am 19.4.2000. Die Handlungen des Beklagten seien daher ungesetzlicher Rufmord, die den Kläger zur Erlangung von Schadensersatz in Form von entgangenem Gewinn berechtigen.

263 »Fred Perry Osaka«, Obergericht Osaka, 29.3.2002; 16 *Law & Technology* 84.

264 »K.K. Three M vs. Hit Union K.K. u. K.K. Senken Shinbunsha«, OGH, 27.2.2003.

265 »Viagra-Tabletten«, Bezirksgericht Tokyo, 26.3.2002; 16 *Law & Technology* 95: Der Beklagte importiert aus den USA und verkauft in Japan Viagra-Tabletten. Vor dem Verkauf in Japan, werden die Waren vom Beklagten umverpackt und unter der Bezeichnung »Viagra-Tabletten« (in Japanisch) verkauft. Das Gericht entschied, dass das Umverpacken eine Markenverletzung sei, selbst wenn es sich um Originalwaren handelt.

12 Benutzung der Marke – Benutzungszwang

454 Marken müssen im geschäftlichen Verkehr benutzt werden, wenn sie nicht der Gefahr ihrer Löschung ausgesetzt werden sollen (Benutzungszwang)[266]. In § 2(3) JMarkenG sind die Benutzungshandlungen definiert[267].

Seit 1.1.2003 zählt zu den Benutzungshandlungen, die ausschließlich dem Markeninhaber bzw. Exklusivlizenznehmer vorbehalten sind, auch die Darstellung von Marken auf Bildschirmen (PC, Handy) in Zusammenhang mit Geschäftsaktivitäten wie Bereitstellung von Dienstleistungen, Warenverteilung, Werbung über Netzwerke. Damit gelten auch im Internet erscheinende Marken für Erzeugnisse als Markenbenutzung und insbesondere die Verwendung von Dienstleistungsmarken an einem Computer-Endgerät als Benutzung dieser Dienstleistungsmarke.

455 Ohne besonderes rechtliches Interesse kann jedermann nach § 50(1) JMarkenG die Löschung einer Marke beantragen, wenn diese Marke für die be-

---

266 Zum Einfluss von Werbebeschränkungen siehe S. Kimura, T. Katsube, in *AIPPI Journal*, Vol. 25, Nr. 1, 2000, Seiten 22–27.

267 § 2(3) JMarkenG:
»Benutzung« einer Marke im Sinne dieses Gesetzes bedeutet jede der folgenden Handlungen:
(i) das Anbringen der Marke auf den Waren oder ihrer Verpackung;
(ii) die Veräußerung, Lieferung, Ausstellung zum Zweck der Veräußerung oder Lieferung oder die Einfuhr von Waren, auf denen oder auf deren Verpackung eine Marke angebracht worden ist;
(iii) das Anbringen einer Marke auf Gegenständen, die im Rahmen der Erbringung von Dienstleistungen von den Empfängern der Dienstleistungen benutzt werden sollen (einschließlich veräußerter oder vermieteter Gegenstände – die im Folgenden gleich behandelt werden);
(iv) die Erbringung von Dienstleistungen durch die Benutzung von Gegenständen, auf denen die Marke angebracht worden ist, die von den Empfängern der Dienstleistungen im Rahmen der Erbringung der Dienstleistungen benutzt werden sollen;
(v) die Zurschaustellung von Gegenständen zum Zweck der Erbringung von Dienstleistungen, auf denen eine Marke angebracht worden ist und die zur Verwendung bei der Erbringung von Dienstleistungen geliefert worden sind (einschließlich der Gegenstände, die von den Empfängern der Dienstleistungen im Rahmen der Erbringung der Dienstleistungen benutzt werden sollen – die im Folgenden gleich behandelt werden);
(vi) das Anbringen einer Marke auf Gegenständen, die mit der Erbringung von Dienstleistungen verbunden sind und die Personen gehören, an die die Dienstleistungen erbracht werden;
(vii) der Aushang oder die Verteilung von Anzeigen bezüglich Waren oder Dienstleistungen sowie von Preislisten und Geschäftspapieren in Bezug auf Waren oder Gegenstände, auf denen eine Marke angebracht worden ist.

nannten Waren und Dienstleistungen drei Jahre lang nicht »kontinuierlich« benutzt worden ist. Der Begriff »Marke« umfasst hierbei Marken aus identischen Schriftzeichen in modifizierten Fonts, Marken, bei denen der gegenseitige Ersatz durch die japanischen phonetischen Schriftzeichen *Hiragana* und *Katakana* bzw. das lateinische Alphabet eine identische Aussprache und ein identisches Konzept implizieren kann, Marken, die in ihrer Erscheinung aus üblichen Figuren bestehen, und andere Marken, von denen im Allgemeinen angenommen wird, dass sie mit der registrierten Marke identisch sind. Hierbei stehen die Benutzung durch den Markeninhaber sowie einen ausschließlichen oder nicht ausschließlichen Lizenznehmer einander gleich.

Im Allgemeinen wird ein Anmelder bezeugte Stellungnahmen zum Nachweis heranziehen, dass aufgrund der Benutzung der Marke die Verbraucher erkennen können, dass die die Marke aufweisenden Waren zu seinem Geschäft gehören. Diese Stellungnahmen sollen die benutzte Version der Marke angeben, Art und Dauer der Benutzung und die auf diese Weise gekennzeichneten Waren. Oft wird es einen Unterschied zwischen der Version der Marke in der Anmeldung und den im Benutzungszertifikat gezeigten Versionen geben. 456

Die Richtlinien bestimmen, dass bei Unterschieden zwischen der angemeldeten Marke und der im Benutzungszertifikat angegebenen Marke die Benutzung für die angemeldete Marke unbeachtlich ist. Dies trifft in folgenden Fällen zu: 457

(1) Die angemeldete Marke besteht aus kursiven chinesischen Schriftzeichen, aber die im Benutzungszertifikat angegebene Marke ist im Blockstil oder semikursivem Stil.
(2) Die angemeldete Marke besteht aus *Hiragana*-Zeichen, aber die im Benutzungszertifikat angegebene Marke ist in *Katakana*-Zeichen, chinesischen Schriftzeichen oder lateinischen Buchstaben.
(3) Die angemeldete Marke benutzt arabische Zahlen, aber die im Zertifikat angegebene Marke benutzt japanische Zahlen.
(4) Die angemeldete Marke ist vertikal geschrieben, aber die im Zertifikat angegebene Marke ist horizontal geschrieben.
(5) Die angemeldete Marke ist in einer eingeschlossenen Form, aber die im Zertifikat angegebene Marke erscheint innerhalb einer anderen einhüllenden Form.

Wenn die Marken in lateinischen Buchstaben eingetragen wurden, wird die Benutzung in *Katakana* nicht als Benutzung der eingetragenen Marke angesehen. 458

Aufgrund der strikten Interpretation des Erfordernisses, dass eine identische Marke auf identischen Waren benutzt worden sein muss, gibt es nicht viele 459

Fälle, in denen eine Markenregistrierung durch den Nachweis des Erwerbs von Unterscheidungskraft aufgrund langer und intensiver Benutzung erhalten wurde[268].

460 Der Markeninhaber kann der Löschung der Marke entgehen, wenn er berechtigte Gründe für die Nichtbenutzung der Marke für die benannten Waren und Dienstleistungen darlegt (§ 50(2) MarkenG).

461 Seit dem 1.4.1997 ist eine Benutzung der Marke in dem Zeitraum von drei Monaten vor Einreichung eines Löschungsantrages wegen Nichtbenutzung bis zur Registrierung dieses Antrages, für die Waren oder Dienstleistungen, auf die sich der Antrag bezieht, unbeachtlich (d. h., keine Benutzung im Sinne von § 50(1) JMarkenG), sofern der Antragsteller beweisen kann, dass diese Benutzung der registrierten Marke mit dem Wissen um den Löschungsantrag stattfand (§ 50(3) JMarkenG). Diese Vorschrift ist nicht anwendbar, wenn der Markeninhaber berechtigte Gründe für diese Benutzung der registrierten Marke hatte.

462 Nach § 2(4) JMarkenG umfassen die Benutzungshandlungen eine solche Anbringung der Marke auf Waren oder anderen Artikeln gemäß § 2(3) JMarkenG, bei der die Waren oder deren Verpackung, Artikel, die für die Erbringung von Dienstleistungen geliefert werden, und Werbung in Bezug auf Waren oder Dienstleistungen als Marke geformt sind.

463 Das bloße Anbringen der Marke auf den Waren oder ihrer Verpackung, oder Preislisten, irgendeine Art der Werbung oder Zurschaustellung erfüllen das Benutzungserforderniss. Die Gerichte erfordern kein Mindestverkaufsvolumen oder sonstige Form der Mindestbenutzung. Für die Anerkennung als Markenbenutzung muss der Markeninhaber allerdings nachweisen, dass zumindest eine der Funktionen einer Marke erfüllt ist (herkunftshinweisende Funktion, Qualitätsfunktion oder Werbefunktion). Sofern nicht zumindest eine dieser Funktionen erfüllt ist, hat keine Benutzung im Sinne einer Marke stattgefunden.

464 Die Benutzung der Marke muss in Japan stattfinden. Wenn ein Beklagter Produkte exportiert, die denen des Klägers ähnlich sind, und getrennt Etiketten, Verpackungsmaterial und speziell entworfene Schachteln verschickt, die der Verpackung des Klägers ähnlich sind, in denen diese Produkte verpackt und in Westdeutschland verkauft werden, ist dies keine Benutzung der Marke im Sinne des Markengesetzes[269].

---

268 Ein Beispiel ist die Anmeldung einer beschreibenden Marke für Bausteine; vgl. »Lego System A/S vs. Präsident des JPA«, Obergericht Tokyo, 28.2.2001; V. Vanbellingen-Hinkelmann, K. Hinkelmann, in *AIPPI Journal*, Vol. 26, Nr. 5, 2001, Seiten 113–118.
269 Bezirksgericht Tokyo, 17.2.1978, 10 *Mutai Zaisan Hanreishû* 18, 25

Im POS-Fall entschied das Bezirksgericht Tokyo, dass die Benutzung der 465
registrierten Marke POS in den Buchtiteln des Beklagten keine Verletzung
darstelle. Eine solche Benutzung sei keine Benutzung im Sinne des Markengesetzes, weil sie nicht geschah, um den Beklagten als Ursprung einer besonderen Ware oder Dienstleistung zu identifizieren[270].

Die Anbringung der Marke KIÔ auf Lehrmaterialien, die in Vorlesungen 466
verwendet wurden, war Markenbenutzung, denn die Bereitstellung der Lehrmaterialien machte mehr als 90 % der Gesamtkosten der Vorlesung aus, selbst
wenn Zuhörer nur kamen, um die Vorlesung zu hören und nicht, um die
Lehrmaterialien zu erhalten[271].

In einem Fall mit nahezu identischen Fakten wie im POS-Fall wurde ent- 467
schieden, dass die Benutzung einer Marke auf Textbüchern eines Fernkurses
eine Benutzung gemäß § 2(1)(ii) JMarkenG ist, und anerkannt, dass ein Titel
als Herkunftshinweis dienen kann[272]. Ein Werktitel (Buch, Fernunterrichts-
kursus, Lied) wird wahrscheinlich als gültige Marke aufgefasst, wenn er Herkunft und Inhaberschaft (oder eine der anderen Funktionen) repräsentiert.

Zur Frage, ob in Restaurants verkaufte Lebensmittel und Getränke für die 468
Zwecke von § 2 JMarkenG »Waren« darstellen und ob daher die Anbringung
von Marken auf diesen »Waren« Benutzung sei, stellten die Gerichte auf die
Absicht des Verkäufers der Waren ab, diese in den Handelsstrom zu bringen,
und darauf, ob es eine Notwendigkeit für die Identifizierung des Warenursprungs gab[273]. Daher benutzten Restaurants, die sich nicht auf Lebens-

---

270 Bezirksgericht Tokyo, 16.9.1988, 1292 *Hanrei Jihô* 142.
271 Bezirksgericht Tokyo, 27.4.1994, 1510 *Hanrei Jihô* 150.
272 Bezirksgericht Tokyo, 4.4.1994, 1510 *Hanrei Jihô* 150: Obwohl Textbücher für die Verwendung in Fernunterrichtskursen »Waren« sein konnten, befand das Gericht in diesem Fall,
   dass sich das Markenrecht aufgrund von § 26(1)(ii) JMarkenG nicht auf den Werktitel der
   Publikation erstreckte, weil der Titel selbst ein üblicher beschreibender Ausdruck hinsichtlich
   traditioneller chinesischer Hygiene, Therapie und Disziplin war.
273 a) Bezirksgericht Osaka, 25.12.1986, 1223 *Hanrei Jihô* 130: Lebensmittel und Getränke, die
   in einem Restaurant serviert und verbraucht werden, fallen nicht unter das gesetzliche
   Konzept von »Waren«. Solche Waren gelangen nie in den Handelsstrom, sind jederzeit unter
   der Kontrolle des Lieferanten der Waren, und es besteht nie die Notwendigkeit, die Herkunft
   dieser Waren zu identifizieren. Daher ist die Anbringung einer solchen Marke keine Benutzung im Sinne von § 2 JMarkenG.
   b) Bezirksgericht Tokyo, 27.4.1987, 1229 *Hanrei Jihô* 138: Lebensmittel oder Getränke,
   unabhängig davon, ob sie in einem Restaurant verbraucht, auf Aufforderung durch den
   Kunden in einen Behälter getan und mitgenommen werden oder von den Geschäftsräumen
   als Überreste entfernt werden, stellen keine Benutzung im Sinne von § 2 JMarkenG dar, weil
   die Vermarktung der Waren nicht die Absicht des Bereitstellers der Waren ist, sondern
   vielmehr seine Dienstleistung darin besteht, diese Waren bereitzustellen.
   c) Obergericht Tokyo, 16.8.1989, 1333 *Hanrei Jihô* 151: Die Marke aufweisende Lebensmittel und Getränke, die in einem Schnellimbiss verkauft werden, erfüllen das Benutzungs-

mittel und Getränke »zum Mitnehmen« spezialisierten, für die Zwecke von § 2 JMarkenG ihre Marken nicht, dagegen ein »Fast-Food«-Restaurant.

469 Die Benutzung der Marken ORGANIC BEER HARVESTER und HARVESTER ORGANIC BEER von Japan Kentucky Fried Chicken auf Bier wurde nicht als Benutzung der für Bier eingetragenen Marke ORGANIC des Klägers angesehen[274]. Der Bestandteil ORGANIC BEER gebe nur die Qualität und das Rohmaterial von Bier an, sodass ihm keine Unterscheidungsfunktion zukomme.

470 Die Gerichte prüfen bei der Frage der Benutzung, ob Verkäufe der Waren stattfanden. Daher wurde das bloße Platzieren der Marke auf Proben nicht als Benutzung im Sinne von § 2 JMarkenG angesehen, weil dies nicht zeigt, dass der Benutzer sie als Handelsgüter in den Handelsstrom platzierte[275].

471 Für die Bestimmung der Verwechslungsgefahr ist es von Bedeutung, an wen sich die Marke richtet. So kann ein verschreibender Arzt vom Gericht als Konsument angesehen werden und nicht der Patient, weil nur der Arzt die Arzneimittel aussuchen kann[276].

472 Die Anbringung einer Marke, die ebenfalls den Namen eines Autoren darstellt, auf einem von diesem Autor geschriebenen Buch ist keine Benutzung gemäß § 2 MarkenG. Der Verleger und nicht der Autor werden als die kommerzielle Quelle dieses Buches angesehen[277].

473 Die Verwendung der registrierten Marke UNDER THE SUN des Klägers als Titel für die CD des japanischen Liedermachers Yosui Inoue ist keine markenmäßige Benutzung[278]. Diese Verwendung habe nicht die Funktion der Angabe von Ursprung und Inhaberschaft, denn die Verwendung einer solchen Bezeichnung schließe nicht die Plattenfirma als Quelle der CD ein.

474 Es liegt nicht automatisch Markenbenutzung vor, wenn eine Marke auf einem Produkt angebracht ist. Diese Anwendung muss auch dazu dienen, die Waren zu identifizieren und zu unterscheiden. Wenn daher der Inhaber eines Geschäftes seine Marke auf einem Zeichen platziert, das für das Geschäft wirbt, stellt dies eine Benutzung unter § 2 JMarkenG dar, weil die Marke die Voraus-

---

erfordernis von § 2 JMarkenG, unabhängig davon, ob sie im Restaurant verbraucht oder vom Kunden in einem Behälter mitgenommen werden, weil der Verkäufer solcher Waren beabsichtigt, Geld im Austausch für die Lebensmittel in den Behältern, welche die Marken tragen, zu erhalten.

274 Bezirksgericht Tokyo, 22.12.1998.
275 Obergericht Tokyo, 7.11.1989, 1340 *Hanrei Jihô* 128.
276 Obergericht Tokyo, 30.3.1993, 25 *Mutai Zaisan Hanreishû* 125.
277 Obergericht Tokyo, 27.3.1990, 1360 *Hanrei Jihô* 148.
278 Bezirksgericht Tokyo, 22.2.1995, 1526 *Hanrei Jihô* 141; *GRUR Int.* 1995, Seiten 607–609.

setzung der Funktion der Identifizierung der vom Geschäftsinhaber verkauften Waren erfüllt. Jedoch ist die Verteilung von Flugblättern, auf denen lediglich der Name des Geschäfts gedruckt ist, keine Benutzung unter § 2 JMarkenG, weil hier nur der Name des Geschäfts beschrieben ist[279].

Die zahlreichen Gerichtsentscheidungen zur Benutzung der Popeye-Figur illustrieren den Grundsatz, dass die Gerichte zur Interpretation von § 2 JMarkenG zusätzlich zu den gesetzlich vorgesehenen Beispielen für Benutzung untersuchen, ob eine Marke herkunftshinweisende Wirkung hat, bevor die Marke als benutzt angesehen wird. Es genügt nicht, die Marke lediglich auf der Ware anzubringen. Marken müssen zumindest eine der Funktionen einer Marke erfüllen, bevor deren Benutzung im Sinne einer Marke anerkannt wird.   475

Beispielsweise kann die Benutzung des Beklagten rein dekorativ sein. So war der Kläger Inhaber einer zusammengesetzten Marke der Cartoonfigur »Popeye« und der Marke POPEYE in lateinischen Buchstaben und *Katakana*. Der Beklagte benutzte aufgedruckt auf der Vorderseite von Hemden eine ähnliche Popeye-Figur zusammen mit dem Wort POPEYE. Das Bezirksgericht Osaka wies die Klage zurück, weil die Benutzung durch den Beklagten keine Markenbenutzung war und nur zur Verzierung diente, um Käufer anzulocken[280].

Häufig wird auch der sog. Popeye-Schal-Fall[281] herangezogen. In diesem Fall kam das Gericht zum Ergebnis, dass die Benutzung des Wortes Popeye auf Schals als Qualitätsgarantie und Hinweis auf den Ursprung und das Eigentum diente und daher eine Benutzung der Marke im Sinne von § 2 JMarkenG war.

Eine Benutzung einer Marke im Sinne von § 2 JMarkenG ist es, wenn ein Einzelhändler seine Marke zusätzlich zu den Marken des Herstellers auf allen von ihm verkauften Waren anbringt[282]. Ein solches Gebaren erfüllt die Qualitätsgarantiefunktion (*Hinshitsuhoshôkinô*) der Marke. Der Kauf von Getränken in großen Behältern, das Umfüllen und der Wiederverkauf in kleineren Behältern stellt eine Benutzung dar, weil auch dies die Garantiefunktion einer Marke betrifft[283].   476

Hinsichtlich der registrierten Marke STP auf Öladditiven entschied das Bezirksgericht Osaka, dass die Anbringung der Marke STP auf kleineren Behäl-   477

---

279 Bezirksgericht Urawa, 28.1.1991, 1394 *Hanrei Jihô* 144.
280 »Osaka Sanki K. K. vs. Ox K. K.«, Bezirksgericht Osaka, 24.2.1976, 8 *Mutai Zaisan Hanreishû* 102. Die Figur des Beklagten war von einer US-Firma lizenziert und abgeleitet vom ursprünglichen U.S.-Copyright von 1929, für das der amerikanische Lizenzgeber den Schutz nach der Universal Copyright Convention verlangte. Außerdem war die eigene Marke des Beklagten auf den Hemden angebracht.
281 Obergericht Osaka, 28.2.1984, 16 *Mutai Zaisan Hanreishû* 138.
282 Obergericht Tokyo, 30.6.1992, 1455 *Hanrei Jihô* 168.
283 Bezirksgericht Osaka, 24.2.1994, 1522 *Hanrei Jihô* 139.

tern (nach Umfüllung der vom Hersteller und Markeninhaber in großen Behältern bezogenen Öladditive in diese) und deren Verkauf eine nicht genehmigte und daher unzulässige Benutzung einer registrierten Marke auf Originalwaren ist[284]. Die Einrede, dass die Marke in Japan ein Hinweis auf den Hersteller und nicht auf den Verteiler sei, wurde vom Gericht zurückgewiesen. Eine registrierte Marke könne nur dann als Hinweis auf den Ursprung fungieren, wenn der Inhaber das ausschließliche Benutzungsrecht habe; die Benutzung auf Originalwaren durch unauthorisierte Dritte sei daher unzulässig.

478 Die Benutzung eines Zeichens zu Informationszwecken (z.B. als Richtungshinweis) stellt ebenfalls keine Benutzung im Markensinne dar. In einem Warenhaus war ein Hinweis mit der Beschriftung »Toyland« aufgestellt, um den Kunden den Weg zur Spielzeugabteilung des Kaufhauses zu zeigen. Weil diese Benutzung keine markenmäßige Benutzung war, wurde die Klage des Inhabers der registrierten Marke TOYLAND zurückgewiesen[285].

479 Wenn die registrierte Marke BO aus lateinischen Buchstaben und Katakana besteht, ist die bloße Benutzung von BO in lateinischen Buchstaben keine Benutzung, da die sehr einfache Marke nur wegen der Anhängung der Katakana registriert werden konnte. Bei der Marke BLUEBIRD in Großbuchstaben wird die Verwendung von Bluebird als Benutzung angesehen, weil beide Versionen im Wesentlichen identisch sind in Hinblick auf die gewöhnliche Erscheinung der Buchstaben, ihre Bedeutung und Aussprache.

480 Wenn die Marke MIKAZIN in lateinischen Buchstaben registriert ist, wird die Verwendung einer zu Mikazin äquivalenten Marke in *Katakana* nicht als Benutzung der registrierten Marke angesehen, weil die *Katakana*-Version Unterscheidungskraft aufweist.

481 Bei einer zusammengesetzten Marke (ein Wort in lateinischen Buchstaben und ein Wort in *Katakana* oder in *Kanji;* ein Wort aus lateinischen Buchstaben und ein Bild) ist die Benutzung von nur einem Bestandteil keine Benutzung der zusammengesetzten Marke, sofern nicht die Benutzung von nur einem Bestandteil als identisch mit der besagten zusammengesetzten Marke in Idee oder Bedeutung angesehen wird. Wenn dem Bestandteil, der ohne die begleitenden registrierten *Katakana*, *Hiragana* oder *Kanji* benutzt wird, wahrscheinlich mehr als eine Aussprache zugeordnet wird, ist die Benutzung von nur einem

---

284 Bezirksgericht Osaka, 4.8.1976; vgl. *IIC*, Vol. 9 (1978), Appendix 233, Seite 47.
285 »K.K. Fuji Seisakusho vs. K.K. Hankyu Department Store«, Obergericht Tokyo, 31.7.1973, 5 *Mutai Shû* 250; s.a. »Tatsumura Shokuho Honsha vs. Tatsumura Shokuho«, Bezirksgericht Tokyo, 29.9.1976, 8 *Mutai Shû* 400.

Bestandteil keine ordnungsgemäße Benutzung der registrierten Marke, selbst wenn der benutzte Teil die gleiche Idee übermittelt wie der fehlende Teil.

Eine die Regel bestätigende Ausnahme ist die Benutzung von Marken auf Arzneimittelverpackungen, wo die lateinische Version der Marke und die *Katakana*-Version üblicherweise auf unterschiedlichen Seiten der Packung angebracht werden. Eine solche getrennte Benutzung der beiden Bestandteile kann immer noch eine ordnungsgemäße Benutzung der registrierten zusammengesetzten Marke sein.

In »K. K. EPO vs. Yasuo Hikida« bestätigte das Obergericht Tokyo die Löschung einer eingetragenen Marke wegen Nichtbenutzung innerhalb von drei Jahren vor der Registrierung des Löschungsantrags[286].   482

Wenn das JPA aufgrund von § 50(1)(2) JMarkenG die Löschung einer eingetragenen Marke wegen Nichtbenutzung verfügt hat, weil der Markeninhaber die Benutzung nicht nachgewiesen hat, kann dieser die Benutzung der Marke bis zum Ende der letzten mündlichen Verhandlung in einer gegen die Entscheidung des JPA gerichteten Klage nachweisen[287].   483

Die Löschung der Marke DMS der Klägerin SONY K. K. wegen Nichtbenutzung gemäß § 50 JMarkenG wurde vom Obergericht Tokyo aufgehoben[288], obwohl Sony während des patentamtlichen Löschungsverfahrens nichts zu ihrer Verteidigung vorbrachte. Das Obergericht Tokyo ließ die Vorlage von neuen Beweismitteln (die SONY offensichtlich während des Löschungsverfahrens vorlagen) zu.   484

Vor dem Obergericht Tokyo legte Sony die Benutzung der strittigen Marke für »Digital Mass Storage Systems« dar. Demzufolge wurden die vier Typen DMS-700M, DMS-300 M, DMS-24 und DMS-56 produziert. Laut Pamphlet vom 20. 4. 1992 war das Produkt mit der Marke des Klägers verkäuflich. Am 21. 4. 1992 erschienen Zeitungsartikel, in denen diese neuen Produkte vorgestellt wurden. Es gab jedoch keine Nachweise für die breite Verteilung der Pamphlete durch den Kläger. Die Zeitungsartikel stellten keine Werbung dar, sondern informierten lediglich darüber, dass der Kläger die vier Typen entwickelt und hergestellt hat. Dies sei keine Markenbenutzung im Sinne von § 2(3)(vii) JMarkenG.

---

286 Vgl. Obergericht Tokyo, 21. 12. 1999; K. Hinkelmann, *AIPPI Journal*, Vol. 25, Nr. 5, 2000, Seiten 283–287.

287 OGH, 23. 6. 1991; vgl. *GRUR Int.* 1992, Seiten 927–929; dies war zuvor nicht strittig; neu war, dass der Markeninhaber im patentamtlichen Löschungsverfahren nichts darüber vorgetragen hat, dass er die strittige Marke benutzt hat.

288 »SONY K. K. vs. Northern Telecom Ltd. of Canada«, Obergericht Tokyo, 6. 6. 1994; vgl. J.D. Hughes, in *AIPPI Journal*, Vol. 20, No. 3 (1995), Seiten 146–152.

Eine markenmässige Benutzung wurde vom Gericht in der Zurschaustellung der Maschinen auf der Computer-Show vom 22.-24.4.1992 gesehen. Die Buchstaben DMS waren beiden ausgestellten Maschinen sowie den Maschinen, deren Herstellung angekündigt war, gemeinsam. Die Buchstaben stellen den Hauptteil der tatsächlich benutzten Marken dar und haben daher die Funktion, die Produkte des Klägers von den Produkten anderer Firmen zu unterscheiden. Diese Buchstaben sollten daher als Marke angesehen werden. Die über einen Bindestrich angefügten Bezeichnungen 700M, 300M, 24 und 16 müssen als Modellnummern angesehen werden. Ebenso entspricht die Verteilung von Katalogen, in denen die mit der strittigen Marke markierten Produkte enthalten sind, an eine unbeschränkte Personenzahl einer Benutzung gemäß § 2(3)(vii) JMarkenG. Das Gericht erkannte daher auf Benutzung der Marke innerhalb der drei Jahre vor Registrierung des Löschungsantrages und ordnete die Aufhebung der Löschungsentscheidung an.

485 Der Computerworld-Fall illustriert, dass die Benutzung einer Marke im Ausland dazu beitragen kann, dass die Marke in Japan gut bekannt wird[289].

---

289 Obergericht Tokyo, 26.2.1992, 1430 *Hanrei Jihô* 116.

13   Markenübertragung und Lizenz[290]

Die Übertragung des Zeichens kann auch ohne Übertragung des Geschäfts-   486
betriebes erfolgen. Eine Marke kann für einzelne oder alle der benannten
Waren oder Dienstleistungen übertragen werden (§ 24bis(1) JMarkenG).

Bei der Übertragung von Kollektivmarken werden diese als in eine individu-   487
elle Marke umgewandelt angesehen (§ 24ter(1) JMarkenG). Dies gilt jedoch
nicht, wenn der Inhaber der Kollektivmarke die Kollektivmarke übertragen
möchte und zu diesem Zweck eine Erklärung und ein Dokument gemäß § 7(3)
JMarkenG beim JPA zum Zeitpunkt der Anmeldung für eine Registrierung
der Übertragung vorlegt (§ 24ter(2) JMarkenG).

Nach § 13(2) JMarkenG i. V. m. §§ 33, 34(4)-(7) JPatG kann das Recht an der   488
Markenanmeldung übertragen werden, wobei bei einer gemeinschaftlichen
Markenanmeldung das Recht eines Anmelders nur mit dem Einverständnis
der anderen Anmelder übertragen werden kann. Die Rechtsnachfolge hinsichtlich der Markenanmeldung wird abgesehen von Vererbung oder einer anderen
Form von Gesamtrechtsnachfolge in Anwendung von § 34(4) JPatG nur dann
wirksam, wenn sie dem JPA mitgeteilt worden ist. Von einer Gesamtrechtsnachfolge ist das JPA unverzüglich zu informieren (vgl. § 34(5) JPatG). Nach
§ 24^{quater} JMarkenG können Maßnahmen zur Verhinderung von Verwirrung
aufgrund der Markenübertragung verlangt werden[291].

---

290 Christopher Heath, Chapter 6, »Technology Transfer in Japan«, Seiten 99–137, in *Legal Rules
of Technology Transfer in Asia*, Hrsg. Christopher Heath & Kung-Chung Liu, Kluwer Law
International, 2002; insbes. Seiten 124–127.
291 § 24^{quater} JMarkenG:
Wenn es als Folge der Übertragung des Markenrechts dazu kommt, dass das Markenrecht an
einer ähnlichen registrierten Marke, die für identische Waren oder Dienstleistungen benutzt
wird, oder einer identischen oder ähnlichen registrierten Marke, die für ähnliche Waren oder
Dienstleistungen benutzt wird, einer anderen Person gehört, und wenn die Verwendung einer
solchen registrierten Marke durch den Inhaber der Marke oder den Inhaber einer exklusiven
oder nichtexklusiven Lizenz an einer registrierten Marke für seine benannten Waren oder
benannten Dienstleistungen den Geschäftsinteressen des Inhabers am Markenrecht oder einer
exklusiven Lizenz an der anderen registrierten Marke (begrenzt auf die Geschäftsinteressen
betreffend die benannten Waren oder Dienstleistungen, für welche die andere registrierte
Marke benutzt wird) Schaden zufügen kann, kann der Inhaber des anderen Markenrechts
oder der Inhaber einer ausschließlichen Lizenz daran vom Inhaber des Markenrechts oder
dem Inhaber einer ausschließlichen oder nicht ausschließlichen Lizenz an der einen registrierten Marke) verlangen, bei ihrer Benutzung einen geeigneten Hinweis anzubringen, um
jegliche Verwechslung zwischen den Waren und Dienstleistungen, die mit dem anderen

513

489 Das Markenrecht kann Gegenstand einer ausschließlichen oder nicht ausschließlichen Lizenz sein, wobei diese Lizenzen abgesehen vom Erbfall oder einer sonstigen Gesamtrechtsnachfolge nur mit dem Einverständnis des Markeninhabers (und ggfs. des Inhabers der ausschließlichen Lizenz) übertragen werden können (§§ 30, 31 JMarkenG). Wenn im Lizenzvertrag keine Vertragslaufzeit festgelegt ist, endet die Vereinbarung zum nächsten Termin der Markenerneuerung.

490 Agenten oder Vertreter eines ausländischen Markeninhabers registrieren häufig die der Zusammenarbeit zugrunde liegenden Marken beim JPA. Bei unrechtmäßigen Agentenmarken ist der ausländische Markeninhaber zu einem Einspruchsverfahren oder einem Nichtigkeitsverfahren berechtigt, hat aber keinen Anspruch auf Übertragung der Marke. Hierzu sollte ein Vertrauensverhältnis zwischen Agent und ausländischem Markeninhaber nachgewiesen werden (z. B. durch Vorlage eines Markenlizenzvertrages mit entsprechenden klaren Bestimmungen zur Markenbenutzung)[292].

Unternehmen verbunden sind, und denen, die mit dem eigenen Geschäft verbunden sind, zu vermeiden.

292 »Casite«, Obergericht Tokyo, 22. 12. 1983, vgl. 15–3 *Mutaishû* 832.

14 Schutzdauer und Verlängerung

Die Laufzeit des Markenrechts (Schutzdauer) beträgt zehn Jahre ab dem   491
Datum der Eintragung ihres Entstehens; sie kann auf Antrag beliebig oft für
weitere zehn Jahre verlängert werden (§ 19 JMarkenG). Jede Person, die die
Registrierung der Verlängerung der Schutzdauer wünscht, soll dies beim JPA
beantragen und dabei angeben: Name des Antragstellers, Nr. der Markenregistrierung etc.. (§ 20(1) JMarkenG). Der Antrag soll innerhalb von 6 Monaten
vor dem Ablauf der Schutzdauer erfolgen (§ 20(2) JMarkenG). Wenn der
Markeninhaber innerhalb der Frist von § 20(2) JMarkenG den Antrag nicht
stellen kann, kann er dies noch innerhalb von sechs Monaten nach Ablauf
dieser Frist nachholen (§ 20(3) JMarkenG). Wenn auch innerhalb dieser Frist
kein Antrag auf Verlängerung der Schutzdauer gestellt wird, gilt das Markenrecht als mit Fristablauf rückwirkend erloschen (§ 20(4) JMarkenG).

Erlischt das Markenrecht nach § 20(4) JMarkenG, weil der Markeninhaber aus   492
Gründen außerhalb seiner Kontrolle den Antrag gemäß § 20(3) JMarkenG
nicht stellen konnte, kann er diesen Antrag noch innerhalb von 14 Tagen
(zwei Monate bei einem Wohnsitz außerhalb Japans) nach Wegfall dieser
Gründe stellen (§ 21(1) JMarkenG). Die Markenregistrierung gilt dann als
auf den Fristablauf rückwirkend verlängert (§ 21(2) JMarkenG). Die Auswirkungen des wiederhergestellten Markenrechts erstrecken sich nicht auf die
Verwendung der registrierten Marke für die benannten Waren oder Dienstleistungen sowie die Handlungen gemäß § 37 JMarkenG nach Ablauf der
sechsmonatigen Frist nach Ablauf der Schutzdauer gemäß § 20(3) JMarkenG.

Wenn die Registrierungsgebühr unter § 40(2) JMarkenG oder die Registrie-   493
rungsgebühr, die zum Zeitpunkt des Antrags auf Registrierung der Erneuerung unter § 41bis(2) JMarkenG fällig ist, bezahlt worden ist, wird die Erneuerung der Schutzdauer des Markenrechts registriert. Nach der Registrierung
wird im Markenblatt ein Hinweis auf die Verlängerung veröffentlicht.

15 Internationale Registrierung einer Marke nach dem PMMA

494 Seit dem 14.3.2000 ist es möglich, die internationale Registrierung von Marken nach dem Protokoll zum Madrider Markenabkommen (PMMA) zur Registrierung japanischer Marken zu verwenden. Das JPA prüft internationale Markenanmeldungen und muss den Anmelder innerhalb von 18 Monaten nach dem Datum der Mitteilung der internationalen Registrierung durch das Internationale Büro an das JPA über das Vorliegen möglicher Verweigerungsgründe informieren. Die Umsetzung der Vorschriften des PMMA in nationales japanisches Markenrecht ist mit den §§ 68bis bis 68^{undequadragies} JMarkenG erfolgt.

495 Das auf einer internationalen Registrierung basierende Markenrecht ist nicht gemäß § 24 JMarkenG teilbar (§ 68^{tervicies} JMarkenG). Internationale Markenanmeldungen können weder geteilt (§ 68^{duodecies} i.V.m. § 10 JMarkenG) noch in eine Anmeldung für eine Defensivmarke umgewandelt werden (§ 68^{terdecies} i.V.m. § 65 JMarkenG). Bei Inanspruchnahme einer Ausstellungspriorität gemäß § 9 JMarkenG gilt für die Einreichung einer entsprechenden schriftlichen Erklärung in Abweichung von § 9(2) JMarkenG eine Frist von 30 Tagen vom Tag der Einreichung der internationalen Anmeldung.

496 Wenn als Ergebnis der Änderung der Inhaberschaft an der internationalen Markenregistrierung alle oder einige Waren oder Dienstleistungen, die in der internationalen Registrierung aufgeführt sind, geteilt und übertragen wurden, wird die Anmeldung für die Registrierung einer internationalen Marke angesehen, als ob daraus nach der Änderung Markenanmeldungen in Hinblick auf jeden Inhaber geworden sind (§ 68^{septiesdecies} JMarkenG).

497 Übertragung, Erlöschen durch Aufgabe oder Verfügungsbeschränkungen von Markenrechten basierend auf der internationalen Registrierung werden erst mit ihrer Eintragung beim JPA wirksam (§ 68^{sevicies} JMarkenG).

498 Als »individuelle Gebühr« gemäß Art. 8(7)(a) PMMA ist an das Internationale Büro vor der Registrierung der Marke ein Betrag in Höhe von 4.800 Yen pro Fall sowie 81.000 Yen für jede Klasse des Waren- und Dienstleistungsverzeichnisses zu entrichten (§ 68^{tricies}(1) JMarkenG). Im Falle der Erneuerung der Markenlaufzeit beträgt diese Gebühr 151.000 Yen, multipliziert mit der Zahl der Klassen. Die §§ 40 bis 43 JMarkenG betreffend die Registrierungsgebühr ((Raten-)Zahlung, Zahlungsfristen, Zahlungen durch Dritte etc.) sind

für internationale Markenanmeldungen nicht anwendbar (§ 68^{tricies}(3) JMarkenG).

Bei Ausländern ist eine Heimateintragung auf Anfrage nachzuweisen, falls 499
eine solche erfolgt ist. Dies gilt nicht für Staatsangehörige aus PVÜ-Staaten.

Nach der Änderung des JMarkenG im Frühjahr 2002 sollen die Amtsgebühren 500
für Anmeldungen zur Internationalen Registrierung nach dem Madrider Protokoll (PMMA) abschlagsweise entrichtet werden (Änderung von § 68^{tricies}
JMarkenG zum 1.1.2003). Die Eintragungsgebühren sollen erst bezahlt werden, nachdem die Marke in Japan eingetragen ist. Hiermit wurde das ungerechte System beseitigt, dass vorausbezahlte Eintragungsgebühren nicht zurückerstattet werden, wenn der IR-Marke die Eintragung in Japan verweigert
wird.

Bei Anmeldungen unter dem PMMA sollte beachtet werden, dass Japan Eng- 501
lisch als Arbeitssprache verlangt und eine gesonderte Gebühr für die Bearbeitung der Anmeldung zu zahlen ist. Dies verringert den finanziellen Anreiz für
eine PMMA-Anmeldung.

Aus Anmeldungen unter dem PMMA entstehen in Japan Verbietungsrechte 502
erst mit der Registrierung der Marke.

16   Wiederaufnahme des Verfahrens und zivilgerichtliche Verfahren gegen Entscheidungen des JPA

503 Nach § 57(1) JMarkenG kann gegen eine rechtskräftige Entscheidung über den Widerruf oder eine rechtskräftige Entscheidung in einem *Shimpan*-Verfahren oder einem Wiederaufnahmeverfahren die betroffene Partei oder ein Intervenient eine Wiederaufnahme des Verfahrens beantragen. Nach § 57(2) JMarkenG sind § 338(1)(2) JZPO anwendbar.

504 Wenn der Antragsteller und der Beklagte in einem Verfahren unter Kollusion (geheimes oder betrügerisches Einverständnis) den Erlass einer Entscheidung bewirkt haben, in der Absicht, die Rechte oder Interessen einer dritten Person zu verletzen, kann eine solche Person die Wiederaufnahme eines Verfahrens gegen die rechtskräftige *Shimpan*-Entscheidung verlangen (§ 58(1) JMarkenG). In einem solchen Verfahren sind Antragsteller und Beklagter gemeinsame Beklagte (§ 58(2) JMarkenG).

505 Wenn eine widerrufene, gelöschte oder für nichtig erklärte Marke wiederhergestellt wird, besteht bei der gutgläubigen Benutzung der Marke für die benannten Waren/Dienstleistungen nach Rechtskraft der Entscheidung, jedoch vor Registrierung des Wiederaufnahmeantrages ein Weiterbenutzungsrecht (§ 59 JMarkenG). Ein solches Weiterbenutzungsrecht gibt es auch für mit dieser Marke identische oder ähnliche Marken, die in diesem Zeitraum aufgrund ihrer gutgläubigen Benutzung für mit den benannten Waren/Dienstleistungen identische oder ähnliche Waren/Dienstleistungen unter den Verbrauchern als Hinweis auf den gutgläubigen Benutzer gut bekannt geworden sind (§ 60 JMarkenG).

506 Handlungen gegen eine Widerrufsentscheidung, oder eine *Shimpan*-Entscheidung, oder eine Entscheidung über die Zurückweisung einer Änderung gemäß § 16bis JMarkenG, oder Handlungen gegen eine Zurückweisungsentscheidung zu einem schriftlichen Einspruch oder zu einem Antrag auf ein *Shimpan*-Verfahren oder Wiederaufnahmeverfahren unterliegen der ausschließlichen Zuständigkeit des Obergerichtes Tokyo (§ 63 JMarkenG). Die Klage ist in Anwendung der Vorschriften des JPatG von in Japan Ansässigen innerhalb von 30 Tagen (von im Ausland Ansässigen innerhalb von 3 Monaten) (§ 63(2) JMarkenG i. V. m. § 178(5) JPatG), berechnet ab dem Zeitpunkt der Übermittlung der Entscheidung, einzureichen.

Teil 5 – Schutz vor unlauterem Wettbewerb

1   Geistige Eigentumsrechte und unlauterer Wettbewerb[1]

1   Für einen umfassenden Schutz von geistigen Eigentumsrechten ist neben den eintragbaren Schutzrechten der ergänzende oder begleitende Schutz durch andere Gesetze wichtig. Beim JPA eingetragene, insbesondere aber nicht eingetragene geistige Schutzrechte können über verschiedene Gesetze und sonstige Vorschriften geschützt werden, die dem Schutz vor unlauterem Wettbewerb dienen. Von Bedeutung sind hierbei insbesondere das JUWG, das bürgerliche Gesetzbuch (JBGB), das Antimonopolgesetz[2, 3] (JAMG) und das Handelsgesetzbuch (JHGB)[4], die bereits zuvor verschiedentlich erwähnt wurden. Diese nebeneinander anwendbaren Gesetze unterscheiden sich in ihren (Anspruchs-)Voraussetzungen sowie Art und Umfang gewährbarer Abhilfen. Sie schützen insbesondere vor Herkunftstäuschungen, Passing-off, sklavischer Nachahmung, Piraterieanmeldungen von Domainnamen, und unberechtigten Schutzrechtsverwarnungen, und ermöglichen den Schutz von weithin bekannten und berühmten Marken, Aufmachungen sowie den Schutz von Know-how.

2   Das JUWG ist zwar das wichtigste, keinesfalls aber das einzige Gesetz zur Verhütung unlauterer Wettbewerbshandlungen. Neben dem JUWG dienen dem Schutz vor unlauterem Wettbewerb das JBGB mit seiner deliktischen Generalklausel (§ 709 JBGB), das JHGB mit seinen Vorschriften zum Schutz des Handelsnamens (§§ 16 bis 31 JHGB), das JAMG und das Prämiengesetz (JPrämienG). § 2(9) JAMG enthält einen umfangreichen Katalog mit unlauteren Handelsmethoden, die durch eine Richtlinie der JFTC von 1982 noch weiter konkretisiert werden.

3   JBGB

4   Die deliktische Generalklausel des § 709 JBGB kann als Anspruchsgrundlage gegen unlautere Wettbewerbshandlungen dienen. Ein solcher ergänzender Schutz wird indessen im Hinblick auf technische Schutzrechte überwiegend

---

1   Christopher Heath, *The System of Unfair Competition Prevention in Japan,* Kluwer Law International, 2001.
2   Abgedruckt in Iyori/Uesugi/Heath, *Das japanische Kartellrecht,* 2. Auflage 1994.
3   Kiminori Eguchi, *Das japanische* Kartellrecht und dessen neuere Entwicklungen (1)«, *ZJapanR,* Heft 13 (2002), Seiten 141–151.
4   *Das japanische Handelsgesetz (einschließlich des Gesetzes über die Ausnahmen von den Vorschriften des Handelsgesetzes über die Rechnungsprüfung etc. der Aktiengesellschaft),* übersetzt von Dr. Olaf Kliesow, Ursula Eisele und Moriz Bälz; Band 34 in der Reihe Japanisches Recht, Heymanns Verlag, 2002.

abgelehnt[5]. Beispiele sind die unbefugte Benutzung berühmter Marken durch Dritte[6], die Verletzung von Betriebsgeheimnissen[7], die sklavische Nachahmung von Tapetenmustern[8] sowie die unbefugte Benutzung urheberrechtlich nicht geschützter Datenbanken[9]. § 709 JBGB kann bei der Verletzung jedweder rechtlicher Interessen durch jegliche Art unlauteren Verhaltens herangezogen und von jedermann geltend gemacht werden, dessen Interessen beeinträchtigt sind. § 709 JBGB gewährt allerdings keinen Unterlassungsanspruch. Da die Gerichte ein quasi-dingliches Recht am eingerichteten und ausgeübten Gewerbebetrieb verneint haben[10], kommt bei der Verletzung allgemeiner gewerblicher Interessen nur ein Schadensersatzanspruch in Betracht. Nach § 417 JBGB ist nicht die Naturalrestitution, sondern der Geldersatz der Regelanspruch.

JHGB   5

Das JHGB enthält Vorschriften zum Schutz des Handelsnamens, auf die sich   6
der Inhaber eines eingetragenen oder nicht eingetragenen Handelsnamens berufen kann (siehe auch Teil 4, Kap. 7). § 19 und § 20 JHGB gewähren dem Inhaber eines eingetragenen Handelsnamens das Recht, die Eintragung eines gleichen oder ähnlichen Handelsnamens für ein Unternehmen mit gleicher oder ähnlicher Ausrichtung in demselben Verwaltungsbezirk zu untersagen. Der Schutz von nicht eingetragenen Handelsnamen unter § 21 JHGB erfordert verwechslungsfähige Namensähnlichkeit und die konkrete Gefahr eines Schadens. Ähnlichkeit der Geschäftsaktivitäten ist nicht erforderlich[11].

JUWG[12]   7

Das JUWG wurde in den letzten Jahren umfassend geändert, um den ver-   8
änderten wirtschaftlichen Verhältnissen Rechnung zu tragen. Im Jahre 1990 wurde eine Vorschrift zum Schutz von Betriebsgeheimnissen eingefügt[13] und im Jahre 1994[14] neue Vorschriften zum Schutz gegen sklavische Nachahmung und Ausbeutung des Rufes berühmter Marken. 1999 wurde das Verbot der

---

5   »Faltkisten«, Bezirksgericht Tokyo, 21.9.1994, 26–3 *Chizaishû* 1095.

6   »Yanmar Diesel«, Obergericht Osaka, 29.2.1972, 4–1 *Mutaishû* 66.

7   »Colm«, Obergericht Osaka, 3.3.1983, 1084 *Hanrei Jihô* 122; Bezirksgericht Osaka, 26.3.1998, 1999 *Chizai Kanri* 365.

8   »Dekorpapier«, Obergericht Tokyo, 17.12.1991; vgl. *IIC*, Vol. 25 (1994), 805.

9   Bezirksgericht Tokyo, 25.5.2001, 15 *Law & Technology* 61 [2002]; Bezirksgericht Tokyo, 28.3.2002, 16 *Law & Technology* 95 [2002].

10 »Parker«, Bezirksgericht Osaka, 27.2.1970; vgl. *IIC*, Vol. 2 (1971), 325.

11 »Tokyo Gas«, OGH, 29.9.1961, 15–8 *Minshû* 2256.

12 »Law of the Repression of Unfair Competition«, Haruo Goto, in *AIPPI Journal*, Vol. 27, No. 4 (2002), Seiten 265–275.

13 Gesetz Nr. 66/1990.

14 Gesetz Nr. 47/1993, in Kraft seit 1.5.1994.

Umgehung von Kopierschutzvorrichtungen (Mechanismen zur Umgehung von Kopiersperren) eingefügt, das Art. 11 des WIPO Copyright Treaty 1996 entspricht[15]. Das Verbot bezieht sich sowohl auf den Vertrieb von Hard- wie auch Software und umfasst die Umgehung absoluter Kopiersperren als auch solcher, die lediglich den Zugang z.B. durch Abonnement regeln sollen. Seit 2001 gilt die unbefugte Anmeldung von Domainnamen als wettbewerbswidrig[16].

9 Das JUWG enthält keine Generalklausel, sondern stattdessen eine Reihe von Verbotstatbeständen. Außerdem besteht keine Klagemöglichkeit für Unternehmens- oder Verbraucherverbände.

10 Das JUWG dient dem »lauteren Wettbewerb zwischen Unternehmern« und damit dem Schutz vor der Ausbeutung fremder Leistung durch Irreführung oder in anderer Weise. Das JUWG gewährt Schutz vor irreführender Benutzung fremder Ausstattungen, Schutz vor sklavischer Nachahmung, Schutz gegen die unbefugte Anmeldung von Domainnamen und Agentenmarken, Schutz berühmter Marken, Schutz von Betriebsgeheimnissen, Schutz vor Eingriffen in den Geschäftsbetrieb von Wettbewerbern durch rufschädigende Äußerungen (z.B. unberechtigte Schutzrechtsverwarnungen, falsche Behauptungen über die Qualität der Waren des Wettbewerbers[17], die unrechtmäßige Benutzung von IP-Rechten[18]), Schutz vor gewerblichen Handlungen zur Umgehung von Kopierschutzvorrichtungen sowie Schutz vor Irreführung durch falsche oder irreführende Angaben.

11 Der Schutz von Angaben unter dem JUWG erfordert, dass diese innerhalb der relevanten Handelskreise[19] weithin bekannt sind[20]. Schutz gegen Passing-off wird gewährt sofern Verwirrung (Verwechslung) im weiteren Sinne vorliegt. Dritten ist überdies die Benutzung berühmter Warenangaben untersagt. Hierzu ist landesweite Bekanntheit notwendig (regionale Bekanntheit genügt dagegen für den Schutz vor Passing-off). Dieser erweiterte Schutz für berühmte Marken erstreckt sich auf Fälle der Bezugnahme[21], obwohl vergleichende Werbung zulässig ist.

---

15 Gesetz Nr. 33/1999.
16 Gesetz Nr. 8/2001, in Kraft seit 22.6.2001.
17 »Yamaha Piano«, Bezirksgericht Nagoya, 29.1.1993; 1582 *Hanrei Jihô* 148.
18 Obergericht Osaka, 23.2.1993; vgl. *AIPPI Journal*, Vol. 19, Nr. 1 (1994) 23.
19 Die relevanten Kunden sollen von Fall zu Fall bestimmt werden und müssen nicht notwendigerweise Verbraucher sein: Bezirksgericht Tokyo, 30.10.1978; vgl. 10–2 *Mutaishû* 509.
20 Nicht unbedingt landesweit: OGH, 20.5.1959; 13–5 *Keishû* 755.
21 »Typ Nr. 5«, Bezirksgericht Tokyo, 24.3.1993; vgl. *IIC*, Vol. 26 (1995), 566. Chanel wurde nicht für einen Vergleich, sondern für eine Anspielung verwendet (»Wenn Sie Chanel Nr. 5 mögen, werden Sie Cinq lieben«).

Die Benutzung irreführender Angaben ist sowohl unter dem JUWG als auch 12
unter dem JAMG verboten. Klagen unter dem JUWG sind jedoch selten, da
Wettbewerber nur bei kleinen Märkten direkt beeinträchtigt sind.[22]

Das JUWG setzt nicht notwendigerweise ein Wettbewerbsverhältnis voraus, 13
schützt aber doch nur Wettbewerber. Nach dem Gesetzeswortlaut kann jeder
das JUWG in Anspruch nehmen, »dessen Geschäftsinteressen verletzt worden
sind oder verletzt zu werden drohen« (§ 3 JUWG). Die Gerichte legen diese
Vorschrift weit aus. Im Wesentlichen sollen Kläger ausgeschlossen werden, die
lediglich private Interessen verfolgen. So wurde die Klagebefugnis für Krankenhäuser[23], öffentliche Stellen[24], den Präsidenten eines Tanzklubs[25] und eine
buddhistische Tempelvereinigung[26] bejaht. Die »geschäftlichen Interessen«
(auch jene des Lizenznehmers) können Goodwill[27, 28], Kundenkreis[29] oder
den geschäftlichen Ruf betreffen[30]. Bei rechtsgeschäftlicher Übertragung kann
der neue Eigentümer klagen, wenn die nötigen Voraussetzungen (z. B. Bekanntheit) in seiner Person erfüllt sind[31].

Das JUWG gewährt Ansprüche auf Unterlassung, Beschlagnahme und Zer- 14
störung verletzender Güter, Schadensersatz sowie Maßnahmen zur Wiederherstellung des geschäftlichen Rufes.

§ 3(1) JUWG gibt dem Geschädigten einen Anspruch auf Unterlassung ver- 15
letzender Handlungen. Der Geschädigte hat dabei genau zu bezeichnen, was
dem Schädiger verboten werden soll[32]. Unter § 3(2) JUWG gibt es einen
Anspruch auf Beschlagnahme und Vernichtung verletzender Gegenstände.

---

22 OGH, 4.6.1965, 414 *Hanrei Jihô* 29: Hier hatten alle Bierhersteller gegen die Benutzung der
    Bezeichnung Bier für ein nichtalkoholisches Getränk durch einen Dritten geklagt.
23 »Kyôbashi-Krankenhaus«, Bezirksgericht Tokyo, 28.11.1962, 13–11 *Ge-Minshû* 2935.
24 »Tôyama«, Obergericht Osaka, 29.8.1979, 396 *Hanrei Times* 138.
25 »Karyô Schule«, Bezirksgericht Osaka, 30.3.1983, 1028 *Hanrei Jihô* 83.
26 »Sengakuji«, Obergericht Tokyo, 24.7.1996, 234 *Hanketsu Sokuhô* 9.
27 »Tatsumura«, Obergericht Tokyo, 14.11.1979, 11–2 *Mutaishû* 577; »Longchamps Design«,
    Bezirksgericht Osaka, 30.1.1983, 5668 *Tokkyo News* 1; Alleinimporteur.
28 »Kobe Steel«, Bezirksgericht Kobe, 30.6.1993, 841 *Hanrei Times* 248: angebliche Zugehörig-
    keit zu einer Keiretsu-Gruppe.
29 Bezirksgericht Tokyo, 30.1.1978, 111 *Tokkyo To Kiyô* 48.
30 »Yashica«, Bezirksgericht Tokyo, 30.8.1966, 17–8 *Kakyû Minshû* 1729.
31 »Butterkekskiste«, Obergericht Sapporo, 31.1.1981, 440 *Hanrei Times* 147.
32 Während Entscheidungen früher dem Beklagten gelegentlich aufgaben, auch die Verwendung
    »ähnlicher« Bezeichnungen zu unterlassen (Bezirksgericht Osaka, 29.5.1952, 3–5 *Minshû*
    719), geschieht das heute nicht mehr, z. B. »Tôsushi II«, Obergericht Sapporo, 27.3.1974,
    744 *Hanrei Jihô* 66: Weiterbenutzung mit Zusätzen kein Verstoß gegen die Anordnung.

16   § 4 JUWG gibt dem Geschädigten einen Schadensersatzanspruch (ohne strafende Funktion[33, 34]. § 5 JUWG erlaubt eine Berechnung des Schadensersatzes anhand des Verletzergewinnes (§ 5(1) JUWG), einer üblichen Lizenzgebühr (§ 5(2) JUWG oder anhand des entstandenen Schadens (§ 5(3) JUWG). Eine § 102(1) JPatG entsprechende Regelung, wonach der Geschädigte die Umsatzzahlen des Schädigers mit dem eigenen entgangenen Gewinn multiplizieren könnte, fehlt im JUWG. Mit der Schadensvermutung ist dem Kläger allerdings dann nicht geholfen, wenn sich die Kausalität des Schadens nicht nachweisen läßt[35]. Für die Lizenzgebühr berechnen die Gerichte maximal 10 % des Umsatzes bei berühmten Marken[36]. Als sonstige Schadensposten sind zum Teil Marktverwirrung[37], Rufschädigung[38] und die sonst nicht erstattungsfähigen Anwaltskosten[39] anerkannt worden.

17   In besonders schwerwiegenden Fällen der Rufschädigung gewährt das Gericht dem Geschädigten unter § 7 JUWG einen Anspruch auf Entschuldigung (Maßnahmen zur Wiederherstellung des geschäftlichen Rufes). Der Schädiger muss hierbei ein Entschuldigungsschreiben veröffentlichen, dessen Wortlaut, Schriftgröße und Veröffentlichungsmedien genau vorgegeben werden[40].

18   Vor den erstinstanzlichen Zivilgerichten werden pro Jahr etwa 150 JUWG-Fälle anhängig gemacht. Anders als in Patentsachen besteht dabei keine konzentrierte Zuständigkeit einzelner Gerichte. Im Marken- und Wettbewerbsrecht wird meistens das einstweilige Verfügungsverfahren gewählt, das regelmäßig *inter partes* durchgeführt wird und nur wenige Monate dauert. Obgleich im Verfahrensfortgang zwischen Verletzung und Rechtsfolge getrennt wird, sind Zwischenurteile über den Grund äußerst selten[41].

---

33   »Strafschadensersatz«, OGH, 11.7.1997, *IIC*, Vol. 30 (1999) 480.

34   »Miki Sports«, Bezirksgericht Osaka, 22.9.1992, 24–3 *Chizaishû* 607: Sowohl Umsatz wie erzielter Gewinn durch den Beklagten werden vom Gericht nicht näher erklärt.

35   »ICS«, Bezirksgericht Tokyo, 10.3.1987, 1265 *Hanrei Jihô* 103: Die Kausalität wurde als nicht bewiesen angesehen.

36   »Snoopy«, Bezirksgericht Tokyo, 22.12.1978, 378 *Hanrei Times* 152; »Louis Vuitton«, Bezirksgericht Tokyo, 27.4.1988, 20–1 *Mutaishû* 209; »Type Chanel No. 5«, Bezirksgericht Tokyo, 24.3.1993, *IIC*, Vol. 26 (1995) 566.

37   »Chanel Handtasche«, Bezirksgericht Yokohama, 22.3.1985, 566 *Hanrei Times* 275: eine Million Yen.

38   Z.B. »Love Hotel Chanel«, Bezirksgericht Kobe, 23.3.1987, 19–1 *Mutaishû* 72: eine Million Yen.

39   »American Football Symbolzeichen«, OGH, 29.5.1984, 530 *Hanrei Times* 97; *GRUR Int.* 1985, Seiten 588–590: eine Million Yen Erstattung.

40   Z.B. »Louis Vuitton«, Bezirksgericht Tokyo, 23.12.1983; vgl. *IIC*, Vol. 16 (1985) 493, sowie *GRUR Int.* 1984, Seiten 640–641.

41   »Zwischenurteile« im deutschen Sinne gibt es nicht. Werden sie erlassen, so hemmen sie die Verjährung nicht.

Zur Beweiserhebung erlaubt § 6 JUWG dem Richter, die Vorlage von Unter-   19
lagen anzuordnen, die zum Nachweis des Schadens erforderlich sind. Dem
Beklagten hilft die Berufung auf Betriebsgeheimnisse nur begrenzt[42]. Eine
§ 105(2) JPatG entsprechende Vorschrift, wonach in solchen Fällen Unterlagen erst dem Richter zur Einsicht vogelegt werden, der entscheidet, ob Betriebsgeheimnisse betroffen sind und die Unterlagen beweisrelevant sind, fehlt
im JUWG.

Obgleich die Ausbeutung fremder Leistung durch das Hervorrufen von Ver-   20
wechslungen und die Irreführung im Allgemeinen strafbewehrt ist, kommt es
hierbei zu wenigen Strafverfahren. Ermittlungen werden pro Jahr in etwa 100
Fällen geführt und zumeist eingestellt[43]. Vereinzelt wird auch der Bruch von
Betriebsgeheimnissen strafrechtlich verfolgt[44].

JAMG[45]   21

Das JAMG verfolgt wettbewerbs- und verbraucherschützende Ziele. Nach   22
§ 19 JAMG sind die in § 2(9) JAMG definierten unlauteren Handelsmethoden
verboten: Preisdiskriminierung und Diskriminierung in sonstiger Weise; Boy-
kott und Lieferungsverweigerung; Unterpreisverkäufe oder Überteuerung;
irreführende Verhaltensweisen; Lockvogelangebote und Koppelungsgeschäfte;
Ausschließlichkeitsbindungen oder andere Beschränkungen; Preisbindungen
zweiter Hand, Missbrauch einer überlegenen Verhandlungsposition oder Eingriffe in den Geschäftsbetrieb eines Wettbewerbers. Unzulässig ist auch die
Beeinträchtigung von Parallelimporten[46]. Irreführung und übermäßiges Anlo-
cken sind durch weitere Gesetze bzw. Verordnungen der FTC konkretisiert[47].

---

42   »Verkauf von Pharmazeutika«, Obergericht Tokyo, 20.5.1997, *IIC*, Vol. 30 (1999), 452.
43   Zahlen bei *S. Serita*, Chiteki zaisan kankei minji, keiji jiken ni okeru, tôkeihyô ni motozuku
     10 nen kan no gaikan (Statistiken zum Gewerblichen Rechtsschutz in den letzten zehn
     Jahren), *Chiteki zaisanken no gendaiteki kadai* (Honma-Festschrift), Tokyo 1995, 133.
44   Z.B. »Niigata Stahl«, Bezirksgericht Tokyo, 4.12.1985, 1150 *Hanrei Jihô* 143.
45   *Wettbewerbsrecht in Japan und Europa*, von Mareike Schaefer, in: Veröffentlichungen der
     Deutsch-Japanischen Juristenvereinigung, Band 17 (Juli 2003).
46   Parallelimport ist geregelt in den Richtlinien hinsichtlich Verteilungssystemen und Geschäfts-
     spraktiken vom 11.7.1991. Zu diesem Thema gibt es zahlreiche Entscheidungen der FTC.
     Gegen ungerechtfertigte Benachrichtigung von Lieferanten über behaupteten unrechtmäßigen
     Parallelimport kann ebenfalls über das JUWG vorgegangen werden: Bezirksgericht Tokyo,
     25.10.2001, 15 *Law & Technology* 90 [2002]: In »Fred Perry« versuchte der Markeninhaber,
     Supermärkte vom Kauf parallel importierter Waren abzuhalten. Der Parallelimporteur klagte
     erfolgreich auf Schadensersatz. Das Gericht verwarf das Argument, dass er bei der Beliefe-
     rung des japanischen Marktes den Lizenzvertrag brach. Ebenso in Bezirksgericht Tokyo,
     28.1.1999, 1670 *Hanrei Jihô* 75, bestätigt von Obergericht Tokyo, 19.4.2000. Unterschiedlich
     jedoch Bezirksgericht Osaka, 21.12.2000; 1063 *Hanrei Times* 248: Schadensersatz für den
     Markeninhaber.
47   Vgl. *Heath*, *The System of Unfair Competition Prevention in Japan*, Kluwer Law Interna-
     tional 2001; Iyori/Uesugi/Heath, *Das japanische Kartellrecht*, 2. A. Köln 1994.

Gerade im Hinblick auf Eingriffe in den Geschäftsbetrieb gehen die Vorschriften des JAMG weiter als jene des JUWG. Die Durchsetzung des JAMG und seiner Nebengesetze erfolgt im Allgemeinen auf dem Verwaltungswege durch die FTC. Der Einzelne hat keinen Anspruch auf Tätigwerden[48].

23 Verstöße gegen das JAMG und seine Nebengesetze konnten bis zum Jahre 2001 zwar privatrechtlich geltend gemacht werden, gaben aber nur Ansprüche auf Schadensersatz[49]. Seit einer zum 25.5.2001 in Kraft getretenen Gesetzesänderung[50] hat ein durch kartellrechtswidriges Verhalten Geschädigter einen eigenständigen Unterlassungsanspruch.

---

48 »Ebisu-Handelsgesellschaft«, OGH, 16.11.1972, 26–2 *Minshû* 1573; »Juice«, OGH, 1.3.1978, 360 *Hanrei Times* 132.
49 »Jeans«, Bezirksgericht Osaka, 21.6.1993, 829 *Hanrei Times* 232: Andernfalls, so die Begründung des Gerichts, würde die Monopolstellung der FTC zum Erlass von Unterlassungsanordnungen umgangen.
50 Gesetz Nr. 512/2000.

2   Schutz von Aufmachungen vor Nachahmung

Bevor zum 1.4.1997 gemäß § 2(1) JMarkenG dreidimensionale Marken (*Rit-*   24
taishôhyô) unter dem JMarkenG schutzfähig wurden, war ihr Schutz nur als
Warenkennzeichnung (Aufmachung) unter dem JUWG (*Fusei kyôsô boshihô*)[51] und dem JGeschmG möglich[52].

Für die Anwendung des JUWG muss die Verwendung der Aufmachung unter   25
die Definition von unlauterem Wettbewerb fallen. In § 2(1) JUWG ist unlauterer Wettbewerb definiert als »Verwendung eines Symbols, das ein Geschäft
identifiziert (hierin definiert als Geschäftsname, Handelsname, Marke, Zeichen einer Person, Behälter oder Verpackung von Waren, die eine Beziehung
zum Geschäft einer Person haben, oder beliebige andere Waren- oder Ge-
schäftsdarstellungen), welches identisch oder ähnlich ist mit dem Symbol eines
anderen, das ein Geschäft für Waren identifiziert, die von den Käufern weithin
erkannt werden …«. § 2(1) Nr. 3 JUWG verbietet für drei Jahre nach Markteinführung die sklavische Nachahmung der dreidimensionalen Aufmachung
der Ware eines Dritten (vgl. Kapitel 6).

Das Bezirksgericht Osaka entschied, dass nur ein weithin bekanntes Symbol,   26
das ein Unternehmen kennzeichnet, unter dem JUWG geschützt werden
kann[53]. In diesem Fall ging es um das Kopieren eines charakteristischen
Radgestells für einen Rennwagen. Der Kläger hatte das Gestelldesign nur für
wenige Jahre benutzt und über Katalogverkäufe nur einige hundert Gestelle
verkauft. Demgegenüber hatte der Beklagte mit dem Verkauf seines Konkur-
renzproduktes nahezu gleichzeitig begonnen. Das Gericht wies die Klage ab,
weil unter diesen Umständen nicht gefolgert werden konnte, dass das Gestell
des Klägers weithin bekannt war.

Bei einer weithin bekannten Produktkonfiguration kann der Schutz umfassend   27
sein. So schützte das Bezirksgericht Tokyo die Form einer für Valentinstags-
verkäufe hergestellten Schokoladenrose. Diese wurde als vom Kläger her-
rührend, weithin bekannt angesehen[54]. Das Ausmaß an Werbung, die
Verpackung, in der die Schokoladerosen verkauft wurden, und die Gesamt-

---

51   Vgl. Minoru Takeda »*Shôhinhyôji to eigyôhyôji no hogo*« (»Schutz von Geschäftsdarstel-
      lungen und von Produktdarstellungen«). (1993) 90 *The Invention* 3, Seite 102.
52   »Three-dimensional Marks: the Borderline between Trademarks and Industrial Designs«, von
      N. Matsubara, in *AIPPI Journal*, Vol. 25, No. 1, 2000, Seiten 3–9.
53   Bezirksgericht Osaka, 11.7.1995; 1549 *Hanrei Jihô* 116.
54   Bezirksgericht Tokyo, 27.2.1995; 1537 *Hanrei Jihô* 158.

erscheinung des Produktes für den relevanten Konsumenten trugen hier zur Feststellung von unlauterem Wettbewerb bei. Das Gericht erwähnte explizit Originalität, Neuheit, Anerkennung in der Industrie und Zunahme der Verkäufe auf Grund der Produktkonfiguration als Elemente für die Feststellung von Berühmtheit oder die herkunftshinweisende Wirkung der Produktkonfiguration.

28 Farben an sich fallen nicht unter die Definition einer Marke im JMarkenG. Markenrechtlich ist lediglich eine Farbkombination in ihrer konkreten Erscheinungsform geschützt (vgl. § 2(1) JMarkenG). Eine Farbe oder Farbkombination genießt aber unter bestimmten Voraussetzungen Schutz über das JUWG. Unter dem JUWG kann auch einer einzelnen Farbe losgelöst von ihrer konkreten Erscheinungsform Schutz gewährt werden[55].

29 Hierzu wird im JUWG der Begriff »Warenkennzeichnung« definiert, der dem deutschen Begriff der Ausstattung entspricht. § 2(1)(i) JUWG zählt einzelne Fälle von unlauterem Wettbewerb in Hinblick auf »Warenkennzeichnungen« auf. Mit Warenkennzeichnung ist ein Behältnis, die Verpackung oder eine andere Bezeichnung gemeint, die anzeigt, dass es sich um die Waren eines anderen handelt[56]. Als Warenkennzeichnung (Ausstattung) kann jedes Kennzeichen verwendet werden, das die Waren und Dienstleistungen von anderen unterscheidet. Dazu gehören dreidimensionale und akustische Zeichen wie auch Farbmarken. Voraussetzung für die Zuerkennung als Ausstattung ist, dass die Warengestaltung im Verkehr eine Herkunftsfunktion hat. Die Funktion muss nicht subjektiv gewollt sein. Ästhetische oder funktionale Gestaltungen sind als Ausstattung schutzfähig. Technisch funktionale Gestaltungen können als Ausstattung geschützt werden, wenn sie im Verkehr als Herkunftszeichen gelten und es Alternativen mit gleicher technischer Funktion gibt.

30 Die Warenkennzeichnung muss weithin bekannt sein, d. h. über Verkehrsgeltung verfügen. Die Rechtsprechung stellt hierbei auf die beteiligten Verkehrskreise ab, die im konkreten Einzelfall nach der Art der Waren und Dienstleistungen sowie den besonderen Umständen zu bestimmen sind. Von Bedeutung sind Art und Beschaffenheit der Ware oder Dienstleistung, die besonderen Umstände der betreffenden Gewerbepraxis, Dauer der Benutzung, Umfang der Geschäftstätigkeit, Zahl und Verbreitung der Geschäfte, Umsatz nach Anzahl, Wert, Art und Methode, Häufigkeit und Kosten der Werbung, Presseberichte, Bewertung der Geschäftstätigkeit und Bezeichnungen durch Dritte. Die Verkehrsdurchsetzung muss nicht in ganz Japan gegeben sein. Es genügt ein bestimmtes Gebiet, sofern sich die Parteien hier tatsächlich oder

---

55 Maria Cristina Caldarola, *Farbenschutz in Deutschland, den Vereinigten Staaten und Japan,* Carl Heymanns Verlag, 2001, Kapitel 3, Farbenschutz in Japan, Seiten 123–132.
56 Guntrahm Rahn, *Handbuch des Ausstattungsrechts* (Japan), S. 494, Rdn. 1.

potentiell als Mitbewerber gegenüberstehen. Sind die Parteien landesweit tätig, ist landesweite Verkehrsdurchsetzung für den Ausstattungsschutz notwendig.

Rohre und Verbindungsstücke, die in Heimwerkermärkten verkauft werden, können – selbst wenn sie nicht funktionell sind – nur dann einen Ursprung angeben, wenn sie seit langer Zeit mit einer unterscheidungsfähigen Aufmachung auf dem Markt gewesen sind[57].   31

In Japan wurde einer Farbe nie der Schutz für die Verwendung als »Symbol   32 zur Identifizierung eines Geschäftsbetriebes« gemäß der Definition im JUWG verwehrt. Obwohl Farben an sich nicht unter die Definition einer Marke im JMarkenG fallen, passen sie konzeptuell zur Definition eines Geschäftssymbols, das nach dem JUWG ein Geschäft identifiziert. Hinsichtlich des Schutzes von Farben als Ausstattung gibt es nur wenige Gerichtsentscheidungen[58], insbesondere keine bestätigenden Gerichtsentscheidungen für den Fall einzelner Farben[59].

In »Tank AG vs. Taiyo Sensui« bejahte das Gericht den Ausstattungsschutz   33 einer Farbkombination aus zwei Farben unter dem JUWG[60]. Die Tank AG stellte verschiedene Taucheranzugmodelle her, die jeweils in zwei unterschiedlichen Farbtönen gehalten waren. Der Beklagte, Taiyo Sensui, produzierte und verkaufte Taucheranzüge in derselben Zweifarbenkombination. Das Gericht bejahte für die jeweiligen Farbkombinationen einen Ausstattungsschutz unter dem JUWG, da sich die Farbkombinationen im Verkehr durchgesetzt hätten (Summe der von den Abnehmern mit einem Kennzeichen verbundenen Herkunftsvorstellungen). Das Gericht stützte sich dabei auf eine umfangreiche Benutzungsdauer, eine ausgedehnte Geschäftigtätigkeit des Klägers (weit verbreitetes Vertriebsnetz, hohe Werbekosten und hoher Umsatz).

---

57 Bezirksgericht Tokyo, 30.1.2002, 16 *Law & Technology* 88 [2002].
58 »Sanyo vs. Twin Bird Manufacturing Co.«, Bezirksgericht Osaka, 30.5.1995; 1545 *Hanrei Jihô* 84; »Shimomura Shoten Co. Inc. vs. Hirao Kaken Co.Inc.«, Bezirksgericht Osaka, 29.6.1966, 17 *Kaminshû* 562; »Apple vs. Sotec Co. Ltd.«, (Einstweilige Verfügung), Bezirksgericht Tokyo, 20.9.1999, Fall Nr. Heisei 11 (1999) Yo 22125; »Tank AG vs. Taiyo Sensui«, Bezirksgericht Osaka, 23.12.1983, *Mutaishû* 15-3-894.
59 Bezirksgericht Osaka, 29.6.1966, 17 *Kaminshû* 562: Die Verwendung von orangefarbenen Laufrollen am unteren Teil von Fenstern und Türverschlüssen (*amado*) ist kein unlauterer Wettbewerb. Das Gericht kam zum Ergebnis, dass der Kläger viele verschiedene Orangetöne für seine Produkte benutzte. Der Verbraucher könne daher keine Verbindung zwischen einer bestimmten Farbe und den Produkten des Klägers herstellen. Zwar habe der Kläger bereits seit 1958 mit der Farbe Orange für seine Produkte geworben. Mittlerweile haben aber andere Hersteller begonnen, die gleiche Farbe ebenfalls für ihre Produkte zu verwenden.
60 »Tank AG vs. Taiyo Sensui«, Bezirksgericht Osaka, 23.12.1983, *Mutaishû* 15-3-894.

34 In »Sanyo vs. Twin Bird Manufacturing Co.« lehnte das Gericht dagegen den Ausstattungsschutz einer Farbe ab[61]. Eine Farbe als solche könne selbst dann nicht unter dem JUWG geschützt werden, wenn eine spezifische Farbe für ein Produkt zur Identifizierung des Ursprungs eines hergestellten Produktes wurde. Der Kläger Sanyo fertigt und verkauft elektronische Haushaltsgeräte, die alle einheitlich in blauer Farbe gehalten sind. Der Beklagte, Twin Bird Manufacturing Co., produziert und vertreibt blaue Haushaltsgeräte. Das Gericht wies die Klage zurück, da die vom Kläger verwendete blaue Farbe weder Herkunftsfunktion noch Verkehrsgeltung aufweise. Das Gericht führte an, eine Farbe könne grundsätzlich auf die Herkunft hinweisen, da der Verbraucher zwischen einer Farbe und einer Firma eine Verbindung herstellen könne, wenn der Verbraucher die Farbe auf einer Ware sehe. Der Zusammenhang zwischen Farbe und Ware muss jedoch eng sein. Die Farbe war frei zugänglich und konnte von jedermann benutzt werden. Zwar war die blaue Farbe vom Kläger lange verwendet worden und daher möglicherweise herkunftshinweisend. Ein ausschließliches Recht für eine einzelne Farbe würde jedoch zu einer Störung im Wettbewerb führen, da die Farbenwahl anderer Wettbewerber eingeschränkt wäre. Das Gericht bemerkte, dass dies nicht für Farbkombinationen gelte.

35 In »Apple Computer Co. Ltd. vs. So-Tech Co. Ltd.« gewährte das Gericht dem Antragsteller Apple eine einstweilige Verfügung[62]. Apple Computer vertreibt in Japan iMac-Computer. Diese waren zunächst zweifarbig, zur Hälfte blau und zur anderen Hälfte durchsichtig. Später gab es in Kombination mit dem durchsichtigen Teil weitere Farben. Der Antragsgegner So-Tech hatte im August 1999 begonnen, unter der Bezeichnung »e-one« Computer zu verkaufen. Diese waren dem iMac in der Form sehr ähnlich und ebenfalls zweifarbig, jedoch im Unterschied zum iMac durchsichtig und weiß. Das Gericht führte aus, dass die Ausstattung sowohl auf die Herkunft schließen lasse als auch Verkehrsgeltung aufweise.

36 § 2(1)(i) JUWG schützt vor der verwechslungsfähigen Benutzung der eigenen bekannten Ausstattung durch einen Dritten. Anspruchsvoraussetzungen sind dabei:

   – als Gegenstand der Verwechslung die eigenen »Waren oder anderen Kennzeichen«, die im Weiteren als Handelsname, Geschäftsname, Handelsmarke, Kennzeichen, Ausstattung oder Verpackung von Waren definiert werden;

---

61 »Sanyo vs. Twin Bird Manufacturing Co.«, Bezirksgericht Osaka, 30.5.1995, 1545 *Hanrei Jihô* 84.
62 »Apple Computer Co. Ltd. vs. So-Tech Co. Ltd.«, Bezirksgericht Tokyo, 20.9.1999, Fall Heisei 11 (1999) Yo 22125; vgl. Hiroko Kanomata, *AIPPI Journal*, Vol. 24, No. 6 (1999), Seiten 279–280.

– die Bekanntheit der oben definierten Ausstattung und
– die Verwechslungsgefahr zwischen den beiden Ausstattungen durch deren Gebrauch.

Die Verwechslungsgefahr kann sich auf den Geschäftsbetrieb als solchen[63] 37
oder dessen in Verkehr gebrachte Waren oder Dienstleistungen[64] beziehen.
In letzterem Falle muss das Zeichen in irgendeiner Weise auf der Ware ver-
körpert sein[65]. Dem Schutz gegen Verwechslung nicht zugänglich sind rein
funktionelle Aufmachungen[66, 67, 68] oder solche, die auf eine Herkunft nicht
hinzuweisen vermögen[69, 70]. Oft ist bei den Entscheidungen unklar, warum
eine bestimmte Aufmachung für nicht schutzfähig gehalten wird: fehlende
Herkunftsfunktion, fehlende Bekanntheit oder fehlende Verwechslungsgefahr.
Entscheidend sind die einschlägigen Verkehrskreise. Dazu gehören nicht notwendig Verbraucher, sofern die Aufmachung vornehmlich unter Großhänd-
lern Abnehmer findet[71].

---

63 »Amex«, OGH, 16.12.1993, 1480 *Hanrei Jihô* 146.
64 »Manpower/ Womanpower«, OGH, 7.10.1983, 513 *Hanrei Times* 145.
65 Problematisch ist dies in Fällen lediglich computergenerierter Kennzeichnungen, z. B. Schrift-
    typen. Der Schutz wurde verneint in »Typos 45«, Obergericht Tokyo, 28.4.1982, 14–1
    Mutaishû 351, und bejaht in »Morizawa II«, Obergericht Tokyo, 24.12.1993, 439 *Hanrei
    Hyôron* 218: Computerprogramm als Ware, soweit es in Warenform verkauft werde. Eine
    Unterlassung wurde für die Benutzung der Namen bekannter Rennpferde in einem Compu-
    terspiel versagt, da es an der Warenform fehle: »Rennpferde«, Bezirksgericht Nagoya,
    19.1.2000, *Chizai Kanri* 2000, 1749.
66 »Faltkartons«, Bezirksgericht Tokyo, 21.9.1994, 26–3 *Chizaishû* 1095. Es genügt allerdings,
    wenn zur funktionalen auch die ästhetische Gestaltung hinzutritt: »Rubikwürfel I«, Bezirks-
    gericht Tokyo, 18.10.1982, 499 *Hanrei Times* 178.
67 »Faltbare Behälter«, Bezirksgericht Tokyo, 23.12.1993, 25–3 *Chizaishû* 546; für Regenmän-
    tel: Bezirksgericht Tokyo, 29.1.1993; 1994/4 *Patent* 119, oder für Luftmatrazen: Obergericht
    Osaka, 30.11.1995, 250 *Hanketsu Sokuhô* 8.
68 »Rubikwürfel II«, Obergericht Tokyo, 19.12.200; vgl. 15 *Law & Technology* 84 [2002]:
    Kläger ist der lizenzierte Hersteller eines Rubikwürfel, der in 27 Teile geteilt ist, deren
    Positionen sämtlich geändert werden können. Der Beklagte produziert ähnliche Würfel.
    Der Kläger behauptete »passing off« unter § 2(1) JUWG, der die Verwendung von weithin
    bekannten Verpackungen oder Aufmachungen untersagt. In dem Umfang, in dem die Wa-
    renmerkmale funktionell waren, waren sie notwendig, um ein technisches Resultat zu erzie-
    len, und konnten nicht als für ein bestimmtes Unternehmen unterscheidungsfähig angesehen
    werden.
69 Bezirksgericht Osaka, 18.1.1994, 1994/9 *Patent* 125. Die Unterscheidbarkeit wurde verneint
    für den Ausdruck »Japanische Übersetzervereinigung«.
70 Unterscheidungskraft aufgrund einer einzigen Farbe: »It's«, Bezirksgericht Osaka, 30.5.1995,
    1545 *Hanrei Jihô* 96. Andere Entscheidungen haben Unterscheidungskraft durch Gebrauch
    geprüft: »Orangefarbene Schiebetür«, Bezirksgericht Osaka, 29.6.1966, 477 *Hanrei Jihô* 32.
71 »Fischwaage«, Bezirksgericht Tokyo, 30.10.1978, 10–2 *Mutaishû* 509: Großhändler; »Brillen-
    gestell«, Bezirksgericht Tokyo, 9.3.1973, 5–1 *Mutaishû* 42: Optiker.

38 Für den Schutz ist erforderlich, dass die Bezeichnung oder Ausstattung eine gewisse Bekanntheit erlangt hat[72]. Ausreichend ist dabei die lokale Bekanntheit[73]. Im Konfliktfalle kann sich sogar ein regional für ein Unternehmen bekanntes Kennzeichen gegen ein gleiches oder ähnliches ansonsten landesweit für ein anderes Unternehmen bekanntes durchsetzen[74]. Die Ermittlung der Bekanntheit aufgrund von Verbraucherumfragen erfolgt nur gelegentlich[75]. Es wird als Parteivorbringen gewertet und nicht von Amts wegen angeordnet. Die Gerichte legen sich ungern fest, welche Kriterien für die Bekanntheit ausschlaggebend sind[76]. Verneint wird die Bekanntheit häufig mit der Begründung geringen Umsatzes, zeitlich kurzer Marktpräsenz oder unzureichender Werbeaktivitäten[77]. Die kürzeste Zeit, innerhalb deren Bekanntheit bejaht wurde, waren viereinhalb Monate bei einem Verkauf von 1,42 Millionen Schlüsselanhängern[78]. In einem Fall reichte der Verkauf von 11.000 Krawatten nicht aus[79]. Ausländische Bekanntheit ist zwar nicht ausreichend, kann aber indizielle Bedeutung zukommen[80].

39 Ein Anspruch auf »passing off« kann nur auf Merkmale gestützt werden, die weithin bekannt sind; unähnliche Merkmale können nicht als verletzend angesehen werden[81].

---

72 »Toilettenreiniger«, Bezirksgericht Tokyo, 19.9.1958, *Fusei kyôgôhô hanreishû* 69.

73 »Daewoo-Kaffee«, Obergericht Tokyo, 16.6.1983, 15–2 *Mutaishû* 501: Bekanntheit innerhalb der Provinz Hiroshima.

74 »Jet Slim Clinic«, Obergericht Tokyo, 4.7.1991, 23–2 *Chizaishû* 555.

75 »Walkman«, Bezirksgericht Chiba, 17.4.1996, 1598 *Hanrei Jihô* 142; »Technos«, Obergericht Tokyo, 27.10.1994, 234 *Hanketsu Sokuhô* 8.

76 »Tsubo Hatchi«, Bezirksgericht Tokyo, 23.6.1993, 825 *Hanrei Times* 247: Kriterien wie Umsatz, potentieller Kundenkreis, Kunden auf einem bestimmten Gebiet, Preis der Waren, Vermarktungs- und Werbeaktivitäten.

77 Bezirksgericht Osaka, 11.7.1995, 1549 *Hanrei Jihô* 116; »Schaltvorrichtung«, Bezirksgericht Osaka, 28.9.1995, 245 *Hanketsu Sokuhô* 11: »Wenig intensive Werbeaufwendungen«.

78 »Spitznamen-Schlüsselanhänger«, Bezirksgericht Tokyo, 31.5.1992, 1993 *Tokkyo Kanri* 309.

79 Bezirksgericht Osaka, 30.11.1987, 229 *Tokkyo To Kigyô* 83.

80 »Amex«, OGH, 16.12.1993, 1489 *Hanrei Jihô* 146: Bekanntheit auch aufgrund internationaler Publikationen bejaht.

81 »Levis 501«, Obergericht Tokyo, 26.12.2001, 15 *Law & Technology* 86: Der Kläger, Levi Strauss, produziert die »501«-Jeans mit einem besonderen Stichmuster, das an den hinteren Taschen angebracht ist. Der Beklagte verkauft »505«-Jeans und benutzt ebenfalls ein solches charakteristisches Stickmuster auf den hinteren Taschen. Der Kläger scheiterte in beiden Instanzen. Das Gericht befand zwar, dass die Merkmale des Klägers weithin bekannt seien, die Stickmuster von Kläger und Beklagtem waren jedoch unterschiedlich. Außerdem erstrecke sich die Bekanntheit der Jeans des Klägers lediglich auf die Nummer »501« und nicht »505«. Schließlich könne keine Verwechslung geschehen, da die Jeans des Beklagten ein kleines weißes Abzeichen an den Taschen aufwiesen, das auf die Firma des Beklagten hinweist.

Anders als im Markenrecht bedarf es einer konkreten Verwechslungsgefahr, 40
sodass andere Verkaufsmethoden[82], Vertriebskanäle[83] oder geographische Verbreitungsgebiete[84] zu berücksichtigen sind. Bereits 1966 wurde die »Verwechslungsgefahr im weiteren Sinne« bejaht. Danach ist es ausreichend, wenn der fragliche Personenkreis eine irgendwie geartete Verbindung zwischen den fraglichen Zeichen annimmt, mögen diese auch für völlig verschiedene Marken oder Dienstleistungen benutzt werden[85].

Die Verwechslungsgefahr setzt eine Ähnlichkeit beider Zeichen oder Ausstat- 41
tungen voraus. Diese wird ähnlich dem Markenrecht aufgrund der drei Faktoren Aussprache, Bedeutung und visueller Eindruck bestimmt, wobei Ähnlichkeit eines der Kriterien ausreicht und eine Gesamtbewertung vorzunehmen ist[86]. Insbesondere bei der Aussprache ist zu beachten, dass diese zum Teil nicht dem entspricht, was der deutsche Betrachter vermuten würde[87].

Nicht zuletzt aufgrund der Unschärfe der oben genannten Einzelkriterien 42
sollte beachtet werden, dass eine gewisse Wechselwirkung zwischen diesen Faktoren besteht: je stärker ein Zeichen, desto eher kann Marktbekanntheit bejaht werden. Umgekehrt kann eine eher beschreibende Angabe durch besondere Werbeaufwendungen zu Bekanntheit gelangen. Einer ganz ungewöhnlichen Formgebung wurde auch bei relativ geringen Verkaufszahlen Schutz zugesprochen[88].

---

82 »Naris Bio Queen«, Bezirksgericht Osaka, 27.8.1992, 1993 *Tokkyo Kanri* 1175: Verwechslungsgefahr verneint aufgrund des überwiegenden Vertriebes durch Haustürvertreter.

83 »MacDonalds I«, Bezirksgericht Tokyo, 21.7.1976, *IIC*, Vol. 9 (1978), 175; *GRUR Int.* 1977, Seiten 336–337: Das Gericht verneinte Verwechslung, da der Beklagte nur durch Verkaufsautomaten, der Kläger nur in Restaurants verkaufte.

84 »Honketa Nabeya«, Obergericht Osaka, 27.8.1963, 14–8 *Ge-Minshû* 1610: Verwechslungsgefahr verneint für die Märkte Osaka/Kyoto.

85 »Yashica«, Bezirksgericht Tokyo, 30.8.1966, 461 *Hanrei Jihô* 25: eine weithin für Kameras bekannte Angabe wurde für Parfum verwendet; OGH, »Snack Chanel«, 10.9.1998, *IIC*, Vol. 30 (1999) 466: eine weithin bekannte Bezeichnung für Parfum wurde für Fast-Food-Restaurants verwendet. »Pornoland Disney«, Bezirksgericht Tokyo, 18.1.1984, 515 *Hanrei Times* 210: Verbindung bejaht zwischen Kinder- und Erwachsenenträumen. »Love Hotel Chanel«, Bezirksgericht Kobe, 23.3.1987, 19–1 *Mutaishû* 72: Verbindung zwischen Parfums und erotischen Abenteuern. Die weithin bekannte Bezeichnung Chanel für Parfum wurde für Liebeshotels verwendet. Verwirrung wurde auch gefunden für den Fall von *Keiretsu*-Gruppen, deren weithin bekannte Bezeichnung für nicht mit ihnen verwandte Unternehmen verwendet wurde, z.B., »Tôkyû«, Bezirksgericht Tokyo, 13.3.1998, 1639 *Hanrei Jihô* 115.

86 »Daishinrin«, OGH, 22.9.1993, 800 *Hanrei Times* 169.

87 Die Gerichte haben die widerlegbare Vermutung aufgestellt, ausländische Namen würden englisch ausgesprochen: »LAir du Temps III«, OGH, 11.7.2000, 13 *Law & Technology* 58 [2001].

88 »iMAC«, Bezirksgericht Tokyo, 20.9.1999; vgl. Hiroko Kanomata, *AIPPI Journal*, Vol. 24, No. 6 (1999), Seiten 279–280.

43 Die Gerichte zeigen sich bei den Einwänden aus Verwirkung[89] und eigenem rechtswidrigen Verhalten[90] sehr zurückhaltend.

---

89 Abgelehnt z.B. in »Hankyû Denki«, Bezirksgericht Osaka, 27.7.1993, 828 *Jurist* 261. Die Beklagte hatte das angegriffene Zeichen fast 40 Jahre lang benutzt.
90 Abgelehnt z.B. in »Teddybären«, Bezirksgericht Osaka, 10.9.1998, 1659 *Hanrei Jihô* 105: Die Klägerin hatte ihre bekannte Ausstattung von Bärchenfiguren von einem Dritten kopiert.

3   Schutz berühmter Marken[91, 92]

Der Schutz (wenn auch nur regional) weithin bekannter Marken erfordert   44
Verwechslungsgefahr im weiteren Sinne (§ 2(1)(i) JUWG). Der Schutz der
(in ganz Japan) berühmten Marke wird nach § 2(1)(ii) JUWG auch ohne
Verwechslungsgefahr gewährt. Entscheidend ist daher, wann eine Marke nicht
nur weithin bekannt, sondern auch berühmt ist. Das JPA hat Listen mit
berühmten ausländischen und japanischen Marken zusammengestellt[93]. Im
Falle ausländischer Marken ist allerdings die Unterscheidung zwischen weithin bekannt und berühmt vernachlässigbar, da in Japan regional bekannte
ausländische Marken kaum vorkommen dürften. Beachtenswert ist indessen,
dass japanische Gerichte bisweilen nicht bereit sind, der Bösgläubigkeit einer
Benutzung oder Eintragung einer Marke durch Dritte großes Gewicht bei-
zumessen. Sich darauf zu berufen, der Beklagte habe mit seiner Eintragung
oder Benutzung eindeutig von dem guten Ruf einer ausländischen Marke
profitieren wollen, kann wenig nützen[94]. Entscheidend bei der Bekanntheit
oder Berühmtheit ist stets der Zeitpunkt der Anmeldung oder ersten Benutzung des strittigen Zeichens[95]. Dabei sollte nicht übersehen werden, dass selbst
große Werbeaufwendungen in Europa oder den USA für die Bekanntheit der
Marke im japanischen Markt oft wenig aussagekräftig sind.

Ein Anspruch unter JUWG darf zwar dazu benutzt werden, auch einem   45
eingetragenen Markeninhaber die Benutzung seines Zeichens zu versagen,
wenn jenes mit einer anderen Herkunft identifiziert wird[96]. Das Gericht kann
aber nicht die Löschung der Marke anordnen; hierzu bedarf es eines Löschungsverfahrens vor dem JPA.

---

91   *The Protection of Well-Known Marks in Asia,* Hrsg. Christopher Heath u. Kung-Chung Liu,
     Chapter 4. Japan (Christopher Heath), Kluwer Law International, 2000.
92   Siehe auch Teil 4 (Markenrecht), Kapitel 10.
93   Für japanische Marken z.B. AIPPI, *Famous Trade Marks in Japan,* Tokyo, 1998; für West-
     deutschland: AIPPI, *Foreign Well-Known and Trade Marks Unregistered in Japan,* Edition
     West Germany, Tokyo 1987.
94   »L'Air du Temps II«, Obergericht Tokyo, 28.5.1998, *AIPPI Journal,* Vol. 23 (1998) 247:
     Hier hatte der Beklagte eine ganze Reihe bekannter französischer Parfumnamen für sich
     eintragen lassen, ohne dass dieser Tatsache vom Gericht irgendeine Bedeutung für die Frage
     der Rechtmäßigkeit beigemessen worden wäre.
95   »Tanino Crisci«, Obergericht Tokyo, 12.12.1996; *IIC,* Vol. 30 (1999) 461.
96   »Dorothée Bis«, Bezirksgericht Kobe, 21.12.1982, 14–3 *Mutaishû* 813.

46 § 2(1)(xiv) JUWG verbietet die Eintragung einer Agentenmarke ohne Zustimmung des ausländischen Inhabers. Die Vorschrift hält sich eng an die Vorgaben von Art. 6^{septies} PVÜ und wird überdies eng ausgelegt[97].

---

97 »Casite«, Obergericht Tokyo, 22.12.1983, 15–3 *Mutaishû* 832: Es bedarf eines vertraglich abgesicherten Vertrauensverhältnisses zwischen den Parteien, das durch die unbefugte Eintragung gestört wird. Großzügiger für den ausländischen Inhaber: »Smile Mark«, Bezirksgericht Osaka, 25.10.2001, 15 *Law & Technology* 90 [2002].

4   Domainnamen[98]

Seit 2001 ist auch das unbefugte Horten von Domainnamen (»Grabbing«) in   47
§ 2(1)(xii) JUWG als unlautere Wettbewerbshandlung definiert[99]. Dies wohl
vor allem deshalb, um eine Übereinstimmung mit den für die Eintragung von
Domainnamen geltenden Vertragsbedingungen der JPNIC (auch NIFTIC
genannt) zu gewährleisten, die seit 19.10.2000 für alle Eintragungen verbindlich sind. Es ist unklar, ob Gerichte die Schiedssprüche der NIFTIC als
Schiedssprüche des JBGB auffassen, die lediglich auf Verfahrensverstöße überprüft werden können[100, 101].

Die Benutzung des Wortes »J-Phone« und des Domainnamens »J-Pho-   48
ne.co.jp« durch eine dritte Partei stellte eine unlautere Wettbewerbshandlung
dar gegen eine Firma, deren Firmenbezeichnung »J-Phone« weithin bekannt
geworden ist[102].

Das Vorliegen der Voraussetzung von § 2(1)(xii) JUWG wird streng ausgelegt;   49
es genügt nicht, wenn das andere Zeichen weithin bekannt ist[103].

---

98   Siehe auch Teil 4 (Markenrecht), Kap. 8.
 99   § 2(1) JUWG: Unlauterer Wettbewerb in diesem Gesetz bedeutet jede der folgenden Hand-
      lungen: ...
      (xii) Erhalt oder Halten eines Rechts zur Benutzung eines Domainnamens, der identisch oder
      ähnlich ist mit einer spezifischen Angabe von Waren, etc. (eine beliebige Angabe eines
      Personennamens, einer Marke, eines Zeichens und einer anderen Angabe von Waren oder
      Dienstleistungen) einer anderen Person zum Zweck der Erlangung unbilligen Gewinns oder
      zum Zweck der Zufügung von Schaden an eine andere Person, oder die Benutzung des
      Domainnamens.
100   »SONYBANK.co.jp«, Bezirksgericht Tokyo, 29.11.2001, 13 *Law & Technology* 92 [2002]:
      Die Entscheidung der JPNIC darf gerichtlich nicht angegriffen werden.
101   »System KJ vs. MP3.com Inc.«, Bezirksgericht Tokyo, 10.9.2002: Die Entscheidung der
      JPNIC wurde aufgehoben.
102   Bezirksgericht Tokyo, 24.4.2001.
103   Bezirksgericht Tokyo, 10.9.10, 2002: Die Eintragung des Domainnamens »mp3.co.jp« erfolg-
      te rechtmäßig. Der Antrag der Firm MP3.com Inc. auf Übertragung des Domainnamens
      wurde vom Gericht zurückgewiesen. Die anders lautende JIPAC-Entscheidung wurde auf-
      gehoben.

5   Schutz von Betriebsgeheimnissen

50   Das Recht an Know-how wird in Japan anders beurteilt als (registrierbare) gewerbliche Schutzrechte wie Patente oder Marken.

51   Für den firmeninternen Know-how-Schutz (Schutz vor Know-how-Abfluss durch (ehemalige) Mitarbeiter) sind die Verpflichtungen aus Arbeitsverträgen und Betriebsvereinbarungen maßgeblich. Entsprechend sind für den Know-how-Schutz beim Technologietransfer zwischen verschiedenen Unternehmen vertragliche Vereinbarungen maßgeblich. Bei Vertragsbruch ist der Rechtsinhaber zu Unterlassung und Schadensersatz berechtigt. Außerhalb von vertraglichen Beziehungen können Handelsgeheimnisse unter dem allgemeinen Deliktsrecht geschützt werden (§ 709 JBGB; unerlaubte Handlungen). Da Handelsgeheimnisse als wirtschaftliches Interesse und nicht als Eigentum angesehen werden, gewähren die Gerichte Schadensersatz[104], aber keine Unterlassungsverfügungen[105].

52   Beispielsweise verweigerte das Obergericht Tokyo eine einstweilige Verfügung gegen einen Dritten wegen Diebstahl von Know-how[106]. In diesem Fall hatte der deutsche Kläger der US-amerikanischen Firma Waukesha nur für die USA und Kanada eine Lizenz unter seinem Know-how zu Herstellung und Verkauf ölgeschmierter Schiffspropellerschäfte erteilt. Waukesha und die japanische Firma Chuetsu gründeten später ein Joint-Venture (JV) in Japan, an dem Waukesha 45 % der Anteile hielt. Ohne Genehmigung durch die deutsche Firma produzierte und verkaufte das JV Produkte unter Benutzung des Know-how der deutschen Firma. Der Know-how-Eigentümer versuchte auf dem Klagewege, eine einstweilige Verfügung gegen das JV zu erwirken. Das Obergericht Tokyo erkannte wohl eine Verletzung des Know-how-Lizenzvertrages durch Waukesha Bearing Co. an, das beklagte Joint Venture war jedoch eine separate juristische Person, die keine Partei der Vereinbarung war.

53   Der Schutz von Know-how (im Folgenden auch »Betriebsgeheimnisse«, »Handelsgeheimnisse«) wurde in den letzten Jahren in materieller und pro-

---

104   »Colm«, Obergericht Osaka, 3. März 1983, *Hanrei Jihô* Nr. 1084 (1983), 122; »ICS«, Bezirksgericht Tokyo, 10. März 1987, *Hanrei Times* Nr. 650 (1988) 203; »Cestron«, Bezirksgericht Tokyo, 1.7.1988, *Hanrei Jihô* Nr. 1281 (1988) 129.

105   »Waukesha«, Obergericht Tokyo, 5.9.1966, *Kakyu Minshû* Nr. 17, 9/10, 769; »Dekorpapier«, Obergericht Tokyo, 17.12.1991, *GRUR Int.* 1993, 564–565.

106   »Deutsche Werft-Aktiengesellschaft vs. Waukesha Chuetsu Yûgengaisha«, Obergericht Tokyo, 5.9.1966; 464 *Hanrei Jihô* 34.

zessualer Hinsicht erheblich verbessert, insbesondere mit In-Kraft-Treten des revidierten JUWG am 15.6.1991 und der revidierten JZPO am 1.1.1998. Der Schutz von Know-how ist jetzt im JUWG verankert[107, 108].

§ 2(1)(iv)-(ix) JUWG regelt unlautere Wettbewerbshandlungen im Zusammen-   54
hang mit einem Handelsgeheimnis, das in § 2(4) JUWG als »Herstellungs-
oder Verkaufsmethode, oder andere technische oder gewerbliche Information
von wirtschaftlicher Bedeutung, die geheim gehalten wurde und nicht öffentlich bekannt ist« definiert ist.

Verboten sind dabei die unlautere Aneignung, Nutzung oder Bekannt-   55
machung von Betriebsgeheimnissen entweder durch den direkten Erwerber
oder nachfolgende Dritte, soweit diese nicht ihre Gutgläubigkeit nachweisen
können (§ 11 JUWG).

Unlauter ist die unbefugte Aneignung von Betriebsgeheimnissen[109] oder aber   56
deren Weitergabe entgegen einer ausdrücklichen oder stillschweigenden Verpflichtung zur Geheimhaltung[110]. Letztere Entscheidung geht jedenfalls für
Angestellte davon aus, dass auch nach Vertragsbeendigung eine Pflicht zur
Geheimhaltung besteht, selbst wenn dies nicht ausdrücklich so vereinbart
worden war.

Der Know-how-Inhaber kann Unterlassung und Schadensersatz (Verletzerge-   57
winn, angemessene Lizenzgebühr oder den eigenen Verlust) verlangen (§ 3(5)
JUWG). Außerdem stehen ihm Beweiserleichterungen im Hinblick auf die
Vorlage von Unterlagen und die Geltendmachung des Verletzergewinns zur
Verfügung.

5.1   Definition, Inhaberschaft   58

In § 2(4) JUWG ist Handelsgeheimnis wie folgt definiert: 59

»Handelsgeheimnis bedeutet eine Herstellungs- oder Verkaufsmethode oder irgendeine andere technische oder kommerzielle Information von wirtschaftlichem Wert, die geheim gehalten wird und der Öffentlichkeit nicht bekannt geworden ist.«

---

107 *The System of Unfair Competition Prevention in Japan,* von Christopher Heath, Kluwer Law International, 2001.
108 Vgl. Rahn, »Das Japanische am japanischen UWG«, *GRUR Int.* 1992, 363.
109 »Tôyô Rayon«, Bezirksgericht Kobe, 27.3.1981; 1012 *Hanrei Jihô* 35. Unbefugte Aneignung kann auch in der heimlichen Kopie liegen: Bezirksgericht Tokyo, 15.6.1984; 1126 *Hanrei Jihô* 3.
110 »ICS«, Bezirksgericht Tokyo, 10.3.1987; 1265 *Hanrei Jihô* 103.

60 Diese weite Definition des Handelsgeheimnissses umfasst praktisch sämtliche gewerblich relevanten Interna eines Unternehmens[111], einschließlich den Namen von Angestellten[112] oder Kunden[113] sowie auch prinzipiell eintragbare technische Geheimnisse[114]. Die Information muss geheim gehalten worden sein, wobei z. B. Maßnahmen zur sicheren Aufbewahrung ergriffen sein müssen[115]. Die Information ist dann nicht öffentlich zugänglich, wenn sie nur einer beschränkten Anzahl von Personen bekannt ist.

61 Zur Inhaberschaft an Know-how und der Vergütungspflicht von Arbeitgebern gibt es unterschiedliche Ansichten. Das Know-how kann wie bei einem urheberrechtlich schützbaren Arbeitsergebnis dem Auftraggeber (Arbeitgeber) gehören[116] (vgl. § 15 JUrhG). In einer anderen Entscheidung wurde dagegen der Arbeitgeber dazu verpflichtet, den Arbeitnehmer für die Benutzung des von diesem entwickelten Handelsgeheimnisses zu vergüten[117].

62 **5.2   Materiellrechtlicher Schutz von Know-how**

63 **5.2.1   Der Schutz von Know-how innerhalb eines Unternehmens**

64 Ein wichtiger Teil des Know-how-Schutzes betrifft den Schutz vor Know-how-Abfluss durch Arbeitnehmer. Geheimhaltungsverpflichtungen während und nach dem Ausscheiden aus dem Beschäftigungsverhältnis sollten die Wahrung von Handelsgeheimnissen sicherstellen[118].

65 In Japan sind unternehmensweite Arbeitsregelungen (*Shûgyô kisoku*) üblich, welche die Aktivitäten und Pflichten von Arbeitnehmern regeln. Diese beinhalten oft die Pflicht zur Bewahrung von Geheimnissen des Arbeitgebers. Diese Arbeitsregelungen, die im Allgemeinen als Bestandteil des Arbeitsvertrages angesehen werden, können jedoch zweideutig in Hinblick auf den Umfang der geschützten Information sein. Als Bestandteil eines Arbeitsvertrages ist unsicher, ob diese bei Beendigung des Arbeitsverhältnisses weiter gelten. Es kann daher sinnvoll sein, mit Arbeitnehmern, die mit Betriebsgeheimnissen in Berührung kommen, eine spezielle Geheimhaltungsvereinbarung abzuschließen, die auch das Problem der Beendigung des Arbeitsver-

---

111 Obergericht Osaka, 12.7.1973; 737 *Hanrei Jihô* 49.
112 Bezirksgericht Tokyo, 28.7.1975, 29/1–4 *Ge Minshû* 112.
113 »Toupet«, Bezirksgericht Osaka, 16.4.1996; 252 *Hanketsu Sokuhô* 11.
114 Obergericht Osaka, 24.12.1994; 1553 *Hanrei Jihô* 133.
115 Bezirksgericht Tokyo, 14.2.1980; 957 *Hanrei Jihô* 118.
116 »ICS«, Bezirksgericht Tokyo, 10.3.1987, 1265 *Hanrei Jihô* 103.
117 Bezirksgericht Tokyo, 23.12.1983; 15–3 *Mutaishû* 844.
118 Vgl. Christopher Heath, »Post-contractual secrecy obligations in Japan«, in *ZJapanR*, Heft 9 (2000), Seiten 201–207.

hältnisses regelt. Ein Vertrag, der einen Arbeitnehmer dazu verpflichtet, auch nach Beendigung des Arbeitsverhältnisses das Betriebsgeheimnis oder andere geschäftliche Dinge nicht zu offenbaren oder zu entwenden, ist unter bestimmten Voraussetzungen durchsetzbar.

Eine Pflicht zur nachvertraglichen Geheimhaltung kann bestehen, selbst wenn   66 zwischen den Parteien nicht ausdrücklich eine dahingehende Vereinbarung abgeschlossen wurde (»Schäumungsmethode«)[119]. Das Handelsgeheimnis betraf hier eine Schäumungsmethode für Polyolefin, die von der Muttergesellschaft des Klägers entwickelt wurde. Der Beklagte hatte in der Muttergesellschaft als Arbeitnehmer angefangen, war dann zur Klägerin transferiert worden, wo er zuletzt als Leiter der R&D-Abteilung tätig war. Während dieser Zeit wurde eine verbesserte Schäumungsmethode entwickelt, die nicht zum Patent angemeldet, sondern geheim gehalten wurde. Nach dem Ausscheiden gründete der Beklagte seine eigene Firma und verkaufte diese Schäumungstechnologie an eine chinesische Firma[120]. Das Bezirksgericht Osaka wies am 16.12.1991 die Klage auf Schadensersatz zurück. Das Obergericht Osaka hob das Urteil auf und gewährte Schadensersatz in Höhe von 52,8 Mio. Yen:

»1.   Der Kläger war der Einzige in Japan, der vom Schäumungsprozess wusste. Er hat diese Information ordnungsgemäß geheim gehalten. Das Know-how des Klägers ist daher dem Know-how-Schutz zugänglich.
2.   Obwohl der Beklagte zur Entwicklung der geheimen Technologie beigetragen hat, reicht seine Beteiligung nicht aus, um ihn zur Benutzung für eigene Zwecke zu berechtigen.
3.   Selbst bei Fehlen einer ausdrücklichen vertraglichen Vereinbarung war der Beklagte als Direktor dem Unternehmen zu gutem Management und Loyalität verpflichtet. Dies impliziert, dass er unberechtigt keine Betriebsgeheimnisse an externe Stellen weitergibt, selbst nicht nach Beendigung seines Arbeitsverhältnisses. Dies folgt aus der Pflicht des Beklagten, seinen früheren Arbeitgeber nicht zu schädigen.«

Die Entwendung von Handelsgeheimnissen und die Schadenshöhe kann   67 schwierig zu ermitteln sein[121]. Aufgrund des leichteren Nachweises werden daher häufig nachvertragliche Wettbewerbsverbote anstelle nachvertraglicher Geheimhaltungsvereinbarungen verwendet.

---

119 »Schäumungsmethode«, Obergericht Osaka, 26.12.1994; 1553 *Hanrei Jihô* 133 [1996].
120 Die Frage, inwieweit angestellte Entwickler eines Betriebsgeheimnisses zu dessen Nutzung befugt sein sollen, war vom Bezirksgericht Tokyo, 23.12.1983, 15/3 *Mutaishû* 844, in Anlehnung an die patentrechtlichen Vorschriften zur Arbeitnehmererfindung bejaht worden.
121 Bezirksgericht Nagoya, 29.9.1986, 1224 *Hanrei Jihô* 66: Es wurde kein Schadensersatz gewährt, da der Kläger nicht beweisen konnte, dass der Umsatz des Verletzers auch vom Inhaber des Handelsgeheimnisses erzielt worden wäre.

68 Das Wettbewerbsverbot muss ausdrücklich vereinbart sein. Aus einer Loyalitätspflicht[122] oder einer Geheimhaltungspflicht kann es nicht abgeleitet werden[123].

69 Eine ausdrücklich abgeschlossene nachvertragliche Geheimhaltungsverpflichtung kann nicht als vertraglich festgelegtes Wettbewerbsverbot nach dem Ausscheiden aus dem Unternehmen angesehen werden[124]. Als Handelsgeheimnis waren hier eine vom Kläger entwickelte Wasserreinigungsvorrichtung und eine Kundenliste bezeichnet. Die Beklagten waren drei ehemalige Angestellte sowie die von ihnen einen Monat nach dem Ausscheiden beim Kläger gegründete Firma. Die Beklagten handeln ebenfalls mit Wasserreinigungsvorrichtungen.

70 Das Gericht wies die Klage zurück. Die Entwendung einer Kundenliste war nicht genügend präzisiert, und sowohl Design und Struktur der Vorrichtung waren vom Kläger veröffentlicht worden. Obwohl der Kläger die Beklagten bei Beschäftigungsbeginn Geheimhaltungsverpflichtungen unterzeichnen ließ, in der sie zusagten, bei Verlassen des Unternehmens kein relevantes Material mitzunehmen, bedeute die bloße Verwendung und der Verkauf einer mit der Vorrichtung des Klägers ähnlichen Vorrichtung nicht notwendigerweise eine widerrechtliche Aneignung:

>»Sicherlich haben die Beklagten in der Vereinbarung zugesagt, Handelsgeheimnisse zu wahren und keine Handelsgeheimnisse an Dritte weiterzugeben, oder Dritte in die Lage zu versetzen, solche Handelsgeheimnisse nach Beendigung des bestehenden Arbeitsverhältnisses zu verwenden. Dies betraf jedoch nicht das während der Beschäftigung beim Arbeitgeber erworbene Wissen, sondern war beschränkt auf die von den Beklagten während des Arbeitsverhältnisses offenbarten Handelsgeheimnisse. Weil nicht bewiesen werden konnte, dass die Beklagten tatsächlich ordnungsgemäß gewahrte Handelsgeheimnisse verwendet haben, nachdem sie aufhörten, für den Kläger zu arbeiten, haben sie ihre vertraglichen Pflichten nicht verletzt. Der Kläger argumentierte, dass die Verpflichtungen als vertragliche Beschränkung interpretiert werden sollten. Die Verpflichtungen der Beklagten gegenüber dem Kläger betrafen jedoch ordnungsgemäß bewahrte Geheimnisse … es gibt keinen Beleg dafür, dass den Beklagten ein echtes Wettbewerbsverbot auferlegt wurde.«

71 In »Foseca Japan Ltd. vs. Okuno et al.«[125] wurde dem Know-how-Inhaber gegen zwei ehemalige Arbeitnehmer eine einstweilige Verfügung eines nachvertraglichen Wettbewerbsverbotes für eine Dauer von zwei Jahren ohne Ausgleichszahlungen[126] gewährt. Zwei besonders gut bezahlte ehemalige Mit-

---

122 Bezirksgericht Osaka, 5.12.1989, 1363 *Hanrei Jihô* 104.

123 »Wasserfilter«, Bezirksgericht Osaka, 16.9.1998, 1656 *Hanrei Jihô* 137.

124 »Wasserreinigungsvorrichtung«, Bezirksgericht Osaka, 10.9.1998, 1656 *Hanrei Jihô* 137 [1999]

125 »Nachvertragliches Wettbewerbsverbot«, Bezirksgericht Nara, 23.10.1970, 624 *Hanrei Jihô* 78.

126 In Bezirksgericht Tokyo, 25.12.1967, 520 *Hanrei Jihô* 61, wurde auf Weiterzahlung des halben Gehalts für die Dauer des Wettbewerbsverbots entschieden.

arbeiter in der Forschungs- und Entwicklungsabteilung des Klägers hatten jeweils eine Vereinbarung unterzeichnet, mit der sie sich verpflichteten, selbst nach Beendigung ihres Arbeitsverhältnisses niemandem Geheimnisse, von denen sie während ihrer Tätigkeit in der Firma Kenntnis erlangten, zu offenbaren und während zwei Jahren nicht direkt oder indirekt auf einem eng definierten Spezialgebiet des bisherigen Arbeitgebers für eine andere Firma zu arbeiten. Nach Beendigung ihres Arbeitsverhältnisses wurden die Beklagten jedoch Direktoren eines Konkurrenzunternehmens und benutzten das während ihrer vormaligen Beschäftigung erlangte Know-how.

Das Gericht entschied, dass die Beklagten für die vereinbarte Zeit von zwei 72 Jahren nicht auf dem Gebiet der Herstellung von Produkten arbeiten dürfen, die das Know-how des Klägers benutzen. Im Allgemeinen sei eine Vereinbarung als nichtig anzusehen, die es einem Arbeitnehmer untersagt, für ein Konkurrenzunternehmen zu arbeiten. Dies würde den Arbeitnehmer um seinen Lebensunterhalt bringen, die freie Wahl seiner Beschäftigung einschränken und zu einem nicht gerechtfertigten Monopol führen. Es sei jedoch rechtmäßig, einer besonders gut bezahlten Schlüsselperson die Verpflichtung aufzuerlegen, für eine begrenzte Zeit nicht in einer Konkurrenzfirma zu arbeiten, um dadurch das Know-how des Arbeitgebers zu schützen. Das Fehlen einer örtlichen Beschränkung dieser Verpflichtung könne zwar zur Nichtigkeit der Vereinbarung führen. Im vorliegenden Fall einer sehr speziellen Technologie, mit der sich der Arbeitgeber im ganzen Land beschäftigte, war das Fehlen einer solchen territorialen Beschränkung angemessen.

In zwei weiteren Fällen wurde ein vereinbartes Wettbewerbsverbot während 73 drei Jahren ohne geographische Beschränkung als nicht zu weit gehend angesehen[127].

Beschränkungen für ehemalige Teilzeitarbeitskräfte werden wohl nicht als 74 rechtmäßig angesehen[128]. Nicht zulässig ist es, bereits während der Dauer der Anstellung damit zu beginnen, ein eigenes Unternehmen aufzubauen[129], oder später aktiv ehemalige Mitarbeiter abzuwerben[130].

---

127 Bezirksgericht Tokyo, 17.4.1990, 1369 *Hanrei Jihô* 112; Bezirksgericht Osaka, 15.10.1991, 596 *Rôdô Hanrei* 21.
128 Bezirksgericht Osaka, 5.12.1989; 1363 *Hanrei Jihô* 104.
129 »Colm«, Obergericht Osaka, 3.3.1983; 1084 *Hanrei Jihô* 122.
130 »ICS«, Bezirksgericht Tokyo, 10.3.1987; 650 *Hanrei Times* 203. Anders, wenn sich mehrere Angestellte gemeinsam entschließen, ein neues Unternehmen zu gründen: »Fahrrad Kurier«, Obergericht Tokyo, 6.12.1995, 1996 *Chizai Kanri* 1617.

75 **5.2.2 Der Schutz von Know-how zwischen Unternehmen**

76 Der Transfer von Know-how zwischen Unternehmen ist von besonderer Bedeutung. Selbst wenn zwischen den Parteien eine Geheimhaltungsverpflichtung vorliegt, kann eine dritte Partei vom Inhalt des Know-how durch (1) unlautere Methoden oder durch (2) Offenbarung durch eine dritte Person, mit oder ohne Wissen, dass es sich hierbei um das geheime Eigentum (Know-how) eines anderen handelt, erfahren.

77 In Lizenz- und Joint-Venture-Verträgen wird sich eine ausdrückliche Regelung zur Geheimhaltung nach Vertragsbeendigung empfehlen. Kartellrechtlich sind solche nachvertraglichen Geheimhaltungsverpflichtungen zulässig[131].

78 Die Benutzung von Patientennamen, die ursprünglich durch die Mitarbeit mit einer importierenden Firma erhalten wurden, ist kein Bruch von Betriebsgeheimnissen der Firma[132].

79 Der Preis, den ein Großhändler von einem Wiederverkäufer (Retailer) verlangt, kann eine geschäftsbezogene Information und daher ein Handelsgeheimnis sein; wenn der Preis auf einem Vertrag beruht, gehört die Information jedoch nicht ausschließlich nur einer Partei[133].

---

131 Richtlinien der FTC über Patent- und Know-how Transferverträge vom Juli 1999, Teil 7b.
132 »Viagra-Patienten«, Bezirksgericht Tokyo, 27.12.2001: Kläger ist ein Unternehmen, das Viagra zu einer Zeit, als es noch nicht in Japan lizenziert war, für den persönlichen Verbrauch in Japan importierte. Sie verkaufte Viagra per Mailorder an Kunden, die zuvor durch den Beklagten, einen praktizierenden Arzt, ein Rezept erhalten hatten. Die Gewinne wurden geteilt. Selbst nach Abbruch der Beziehungen zwischen den Parteien schrieb der Beklagte weitere Rezepte für diejenigen Patienten aus, die er über den Kläger erhalten hatte. Der Kläger sah dies als ungesetzmäßige Verwendung seiner Betriebsgeheimnisse (Liste der Konsumenten) an. Das Gericht wies die Klage zurück, da der Arzt nur seine Patienten versorgte, deren Details er aufgrund gesetzlicher Vorschrift behalten und aufbewahren musste.
133 Bezirksgericht Tokyo, 5.2.2002; 16 *Law & Technology* 90 [2002]: Kläger ist ein großes pharmazeutisches Unternehmen, das seine Waren u.a. an den Beklagten, eine Drogeriekette, verkauft. Der Beklagte verkaufte einige dieser Waren mit der Angabe »verkauft zum Einkaufspreis«. Der Kläger argumentiert, dass dies die Weitergabe einer geheimen Information sei, da hiermit der Öffentlichkeit mitgeteilt werde, zu welchem Preis der Kläger seine Waren verkauft. Das Gericht entschied, dass die Information als solche ein Handelsgeheimnis darstellen könne, dass der Preis jedoch auf einem Vertrag basiere. Da ein Vertrag eine Vereinbarung zwischen zwei Seiten sei, gehört die Preisinformation nicht nur einer Partei, sondern beiden. Daher sei der Beklagte zur Benutzung dieser Information berechtigt gewesen. Obwohl es eine Verpflichtung zur Geheimhaltung dieser Information gab, kann die Veröffentlichung der Information nur als Vertragsverletzung, nicht aber als Verletzung eines Betriebsgeheimnisses unter § 2(1)(vii) JUWG angesehen werden.

5.3   Prozessualer Schutz von Know-how   80

Beweissicherung und Know-how-Schutz   81

Im Zusammenhang mit der Beweissicherung, beispielsweise bei Patentverlet- 82
zungsstreitigkeiten, stellt sich die Frage nach der Abgrenzung zwischen dem
Interesse des Patentinhabers nach Beweissicherung und dem Interesse des
mutmaßlichen Patentverletzers am Schutz seines geheimen Know-how.

Ein Antrag auf Sicherung von Beweismitteln kann bei Gericht vor oder 83
während des Verletzungsprozesses gestellt werden. § 343 JZPO bestimmt, dass
das Gericht auf Antrag eines Beteiligten die Sicherung von prozessrelevanten
Beweismitteln durchführen kann, falls das Gericht es aufgrund der gegebenen
Umstände für schwierig hält (oder in dem Umfang, in dem das Gericht es für
schwierig hält), die Beweismittel im Verletzungsverfahren ohne vorherige
Beweissicherung zu verwenden. Der im Gesetz verwendete Ausdruck »Untersuchung von Beweismitteln« umfasst die Befragung von Zeugen, Vorlegung
bzw. Untersuchung von Dokumenten und Gegenständen, Fabrikinspektionen
und Expertengutachten.

Es ist häufig fraglich, ob der Antragsteller das Gericht davon überzeugen 84
kann, dass die Umstände eine spätere Benutzung der fraglichen Beweismittel
erschweren würden, wenn die patentverletzenden Aktivitäten von ihrer Art
her im Allgemeinen kontinuierlich sind.

Besonders für die Durchsetzung von Verfahrenspatenten kann die Besichti- 85
gung der Fabrik eines mutmaßlichen Verletzers von Bedeutung sein. Hiergegen führt der mutmaßliche Verletzer zwar häufig an, dass geheimes Know-
how bzw. Handelsgeheimnisse durch die Besichtigung gefährdet würden, aber
diese sollen vor Gericht keine wirksame Verteidigung sein können, die Anordnung einer Firmeninspektion zu verhindern. Das einzig relevante Thema
für das Gericht ist, ob es genügend stichhaltige Beweismittel oder Anzeichen
für die Patentverletzung gibt. Wenn dies der Fall ist, ist eine Firmeninspektion
vernünftig und angemessen[134].

Das Bezirksgericht Osaka lehnte in einem Fall die Vermutung ab, dass der 86
Besitzer der beanspruchten Sache das patentierte Produkt benutzte, obwohl
dieser sich geweigert hatte, mit dem Gericht zusammenzuarbeiten[135]. Es liegt

---

134 »Sekisui Chemical Co., Ltd. vs. Yoshikawa Co., Ltd.«, Bezirksgericht Osaka, 26.4.1984, Fall
    Nr. Sho 52 Wa 3934: »Der Kläger in einem Patentverletzungsprozess kann Zugang zu dem
    mutmaßlich verletzenden Material haben, das von dem mutmaßlichen Verletzer kontrolliert
    wird, wenn der Kläger vernünftige Gründe vorlegt, um glaubhaft zu machen, dass das
    Material unter den Umfang des Patentrechts fällt.«
135 Bezirksgericht Osaka, 10.9.1971, 274 *Hanrei Times* 337.

im Ermessen des Gerichts, das Eingeständnis der Richtigkeit der relevanten Behauptung der anderen Partei anzunehmen. Dagegen scheint nach der jüngeren Rechtsprechung die Berufung auf den Schutz von Betriebsgeheimnissen kein rechtmäßiger Grund zu sein, die Vorlage von für die andere Partei relevanten Dokumenten zu verweigern[136].

87 Die prozessuale Praxis vor dem 1.1.1998 illustriert das Urteil des Bezirksgerichtes Tokyo vom 21.9.1991 im Fall »Herstellung von Blattkupfer II«. Hier entschied das Bezirksgericht, dass ein Ausschluss der Öffentlichkeit von Gerichtsverhandlungen über Betriebsgeheimnisse unzulässig ist[137]. Es wurde überdies festgestellt, dass die Verletzung von Know-how eines amerikanischen Unternehmens durch ein japanisches Unternehmen bei einem Schwerpunkt der Verletzungshandlungen in Japan nach japanischem Recht zu beurteilen ist. Hier hatte ein in den USA beklagtes japanisches Unternehmen in Japan auf Feststellung geklagt, dass der im US-amerikanischen Verfahren strittige Anspruch nicht bestehe. Streitig war in beiden Verfahren die Verwendung eines dem US-amerikanischen Unternehmen entwendeten Betriebsgeheimnisses durch einen Dritten. Um der negativen Feststellungsklage erfolgreich entgegentreten zu können, hätte das beklagte US-Unternehmen das fragliche Betriebsgeheimnis näher spezifizieren müssen[138]. Es hat dies nicht getan, weil seinem Antrag auf Ausschluss der Öffentlichkeit nicht stattgegeben worden war, nach japanischem Recht möglicherweise überhaupt nicht hätte

---

136 »Solvay Seiyaku vs. Kissei Yakuhin Kôgyô«; Obergericht Tokyo, 20.5.1997; vgl. Christopher Heath in *IPAsia* – March 1998, Seite 22; *IIC*, Vol. 30 (1999), Seite 452.

137 Vgl. *GRUR Int.* 1998, Seiten 63–67, sowie *Hanrei Times* Nr. 269 (1992), 280–285.

138 Zitat aus der Urteilsbegründung:
»Die Klägerin hatte beantragt festzustellen, dass die Beklagte bei der Geltendmachung einer unlauteren Handlung für deren Vorliegen zur Gänze beweispflichtig sei, wozu auch der Inhalt des verletzten Betriebsgeheimnisses gehöre. In diesem Fall sei daher zu beweisen, inwieweit die von der Klägerin erworbene Kupferwalztechnik das Betriebsgeheimnis der Beklagten betreffe.
Das Betriebsgeheimnis der Beklagten, die bis 1984 über die am weitesten entwickelte Technik auf diesem Gebiet verfügte, besteht im Wesentlichen aus einer Beschleunigungswalze. Außer der Beklagten ist diese Technik auch noch dem Management der Wartungsfirma bekannt. Für eine Beweisführung ist es erforderlich, genau anzugeben, was die Beklagte entwickelt hat und inwieweit sich die Technik der Beklagten von der anderer Firmen unterscheidet. Ein Ausschluss der Öffentlichkeit zum Zwecke einer solchen Beweisführung, wie die Bekl. ihn beantragt hat, ist nicht möglich. Den Beweis dafür, dass die Klägerin neben anderem auch das fragliche Betriebsgeheimnis von Danver (*einem früheren Mitarbeiter der Beklagten, K.H.*) erhalten hat, muss die Beklagte in einer öffentlichen Verhandlung führen. Dies hat sie trotz inzwischen sechsjähriger Rechtshängigkeit und zwei Jahre nach einem Zwischenurteil [welches den Ausschluss der Öffentlichkeit für nicht zulässig erklärt hatte] nach Überzeugung des Gerichtes nicht getan. Weil die Beklagte diesen Beweis nicht geführt hat, musste die Klage Erfolg haben.«

stattgegeben werden können[139]. Infolge dieses unterlassenen Beweisantritts entschied das Gericht, dass ein Anspruch des US-amerikanischen Unternehmens gegen das japanische Unternehmen nicht besteht. Auch beim Erfolg der Klage in den USA wäre bei dieser Sachlage eine Vollstreckung des US-Urteils in Japan nicht möglich gewesen.

In »Gould« wurde die Klage abgewiesen, weil der Kläger sich weigerte, in der Öffentlichkeit vor Gericht sein Handelsgeheimnis zu offenbaren[140].   88

Mit Wirkung ab 1.1.1998 wurde in die JZPO eine allgemeine Pflicht zur   89 Vorlage von relevanten Dokumente und Dingen eingeführt. Nur Dokumente in bestimmten beschränkten Kategorien unterlagen davor der Vorlegungspflicht. Umso wichtiger ist daher der prozessuale Know-how-Schutz. Die JZPO enthält allerdings keine Vorschriften in Hinblick auf die Möglichkeit nicht öffentlicher Gerichtsverhandlungen. Ein bloßer Ausschluss der Öffentlichkeit löst nicht sämtliche Probleme.

Neben der Anwesenheit der Öffentlichkeit im Verfahren selbst bestimmt   90 § 142 JZPO, dass die mündliche Verhandlung aufgezeichnet wird. Seit 1.1.1998 erlaubt es die JZPO dem Gericht, die Teile in den Gerichtsaufzeichnungen zu versiegeln, die sich mit Handelsgeheimnissen beschäftigen (§ 92 JZPO). Gemäß § 92 JZPO kann eine Partei eine Entscheidung[141] beantragen, den Zugang der Öffentlichkeit zu bestimmten Teilen der Gerichtsakten zu beschränken, falls bei deren Bekanntwerden ihre Interessen signifikant geschädigt würden. Wenn der Antrag auf Schutz gewährt wird, kann nur die gegnerische Partei um Einsichtnahme oder Kopien der besonderen Teile der Gerichtsakten nachsuchen, die von der Anordnung umfasst sind. Eine dritte Partei kann die Aufhebung einer solchen Entscheidung beantragen. Die JZPOalt sah dagegen vor, dass in der Regel jedermann alle Gerichtsakten einsehen konnte.[142] Eine interessierte Person konnte sogar Kopien dieser Aufzeichnungen erhalten, wenngleich unter eingeschränkten Umständen.

---

139 Artikel 82 der Japanischen Verfassung:
    (1) Verfahren sind öffentlich und Urteile öffentlich zu verkünden.
    (2) Durch einstimmigen Beschluss kann die Öffentlichkeit ausgeschlossen werden, wenn anderenfalls eine Gefahr für die öffentliche Moral oder die guten Sitten bestünde, aber Verfahren zu politischen Gesetzesverletzungen, Gesetzesverletzungen mit Beteiligung der Presse oder Fälle, in denen die Menschenrechte, wie sie in Kapitel III dieser Verfassung garantiert sind, in Frage gestellt sind, sollen immer öffentlich abgehalten werden.
140 Bezirksgericht Tokyo, 24.9.1991; 1429 *Hanrei Jihô* 80 [1992]
141 Der Ausdruck »Entscheidung« entspricht dem japanischen Begriff »*Kettei*«. »*Kettei*« kann ohne den Weg über eine formale Gerichtsverhandlung oder eine mündliche Verhandlung getroffen werden.
142 § 151(1) JZPOalt; § 91(1) JZPO: Jedermann kann beim Urkundsbeamten Einsicht in die Prozessakten beantragen, sofern das Gericht hierdurch nicht an der Aufbewahrung der Akten oder der Erfüllung von Pflichten gehindert wird.

91 Außerdem sind zwar die Gerichtsverhandlungen öffentlich, in der Praxis werden diese jedoch zum größten Teil in der Abgeschlossenheit eines Richterzimmers durchgeführt, um eine einverständliche Streitbeilegung zu erreichen (»*Benronken wakai*«, Verfahren zur Beilegung der Streitpunkte).

92 Wenn ein Dokument ausschließlich zur Verwendung für den Beklagten bestimmt war und nicht »aufgrund der Rechtsbeziehung zwischen der beweispflichtigen Partei und dem Besitzer der Dokumente erstellt worden war«, handelt es sich um ein Dokument zur eigenen Verwendung, für das es keine Verpflichtung zur Vorlage gibt[143].

93 In einem Verletzungsverfahren vor dem Bezirksgericht Osaka[144] weigerte sich das Ministerium für Gesundheit und Wohlfahrt (*Kôseishô*) aus Gründen des Geheimnisschutzes, bei ihm eingereichte Dokumente bei Gericht vorzulegen. Andererseits gewährte das Bezirksgericht Tokyo[145] dem Kläger den Antrag, Dokumente zu erhalten, die der Beklagte beim *Kôseishô* im Rahmen des Genehmigungsverfahrens für das mutmaßlich patentverletzende Produkt eingereicht hat. Dieser Antrag erfolgte unter einem Verfahren, das in § 23bis JAnwG vorgesehen ist[146].

---

143 Obergericht Sendai, 29.11.1956.

144 Bezirksgericht Osaka, 29.6.1995: Der Kläger klagte wegen Patentverletzung aus einem Patent betreffend eine Methode zur Bestimmung des Arzneimittels Kallikrein, diee für die Autorisierung des Qualitätsstandards dieses Arzneimittels notwendig war. Der Kläger forderte vom Beklagten die Vorlage von Beweismitteln zur Konfiguration der Messmethode, die dieser jedoch verweigerte, da es sich um ein Handelsgeheimnis handele. Das Gericht ersuchte daraufhin beim Ministerium für Gesundheit und Wohlfahrt eine Untersuchung in Hinblick auf die Autorisierungsmethode des Beklagten. Das Ministerium verweigerte dieses Ansinnen, weil es ein Geheimnis betreffe, das in Geschäftskreisen bekannt werden könnte. Da der Kläger für die Spezifizierung der Autorisierungsmethode des Beklagten die Beweislast hatte, wurde die Klage als unbegründet zurückgewiesen.

145 Vgl. *I.P. Japan* der »Shusaku Yamamoto Patent Law Offices«, Ausgabe 7, Frühjahr/Sommer 1998.

146 § 23bis JAnwG:
(1) Ein Rechtsanwalt kann in Zusammenhang mit jedem Fall, mit dem er beauftragt ist, bei einer Anwaltsvereinigung, der er angehört, beantragen, öffentliche Ämter oder öffentliche oder private Organisationen zu kontaktieren und Berichte über beliebige notwendige Angelegenheiten anzufordern. Jedoch kann die Anwaltsvereinigung einen ungeeigneten Antrag zurückweisen.
(2) Auf jeden geeigneten Antrag gemäß (1) kann die Anwaltsvereinigung von öffentlichen Ämtern oder öffentlichen oder privaten Organisationen die Berichterstattung über jegliche notwendige Angelegenheiten fordern.

6   Sklavische Nachahmung

Nachdem die 1:1-Übernahme eines (urheberrechtlich nicht schützbaren) Ta-   94
petenmusters in einer Entscheidung von 1991 als rechtswidriger Eingriff in die
Geschäftsinteressen angesehen worden war[147], führte man den Tatbestand der
sklavischen Nachahmung in das 1994 reformierte JUWG ein. Nach § 2(1)(iii)
JUWG ist die Benutzung von Waren, »welche die Warenform eines anderen
nachahmen«, innerhalb von drei Jahren ab Markteinführung verboten[148]. Unklar ist, ob das Inverkehrbringen im Inland oder im Ausland maßgeblich ist.

Sklavische Nachahmung erfordert »faktische Identität« der beiden verglichen-   95
nen Waren[149]. »Einfache Änderungen« sollen dabei nicht ins Gewicht fallen[150]. Der Schutzbereich wird allerdings enger gesehen als jener der verwechslungsfähigen Ähnlichkeit[151]. Rein funktionelle Gestaltungen sind nicht
schutzfähig[152], ebenso »gewöhnliche Warenformen«[153]. Ersatzteile (Waren,
die den gleichen technischen Effekt erzielen) sind ebenfalls dem Schutz vor
sklavischer Nachahmung nicht zugänglich[154].

---

147 »Dekorpapier«, Obergericht Tokyo, 17.12.1991, *IIC*, Vol. 25 (1994) Seite 805; *GRUR Int.*
1993, Seiten 564–565. »Wenn ein Unternehmen für Schutz und Verkauf von Waren verantwortlich ist, deren Wert durch ihr originales Design verstärkt wird, muss es als Verletzung
von Geschäftsinteressen angesehen werden, wenn eine dritte Partei identische Waren mit
nahezu identischem Design im selben geographischen Gebiet zu einem niedrigeren Preis
verkauft. Nach den Grundsätzen eines freien und lauteren Wettbewerbs muss eine solche
Handlung als ungesetzlich angesehen werden, weil das rechtlich schützenswerte Geschäfts-
interesse eines Dritten durch unlautere Mittel verletzt wird«.
148 Die gesetzliche Begründung spricht von der 1:1-Kopie, die im Japanischen als »Dead Copy«
bezeichnet wird.
149 »Toaster«, Bezirksgericht Osaka, 17.9.1998; 282 *Hanketsu Sokuhô* 17.
150 »Coat Hanger«, Bezirksgericht Nara, 8.12.1997; 294 *Hanketsu Sokuhô* 20.
151 »Drachenkopf«, Obergericht Tokyo, 26.2.1998; 1644 *Hanrei Jihô* 152.
152 »Lune Louran Paris«, Bezirksgericht Osaka, 26.11.1998; 284 *Hanketsu Sokuhô* 18.
153 »Bärchenanhänger«, Bezirksgericht Tokyo, 27.6.1997; 1610 *Hanrei Jihô* 112.
154 »Luftgewehr«, Bezirksgericht Tokyo, 25.2.1999; 287 *Hanketsu Sokuhô* 13: die Begründung
ist regelmäßig, dass eine funktionelle Formgestaltung »gewöhnlich« sei.

7   Schutz gegen Rufschädigung

96   a) Verleumdung

§ 2(1)(xi) JUWG verbietet das Verbreiten falscher Behauptungen, die dem geschäftlichen Ruf eines anderen im Rahmen eines Wettbewerbsverhältnisses abträglich sind. »Wettbewerbsverhältnis« wird weit ausgelegt und dient lediglich zur Abgrenzung von privaten und geschäftlichen Interessen[155]. Obgleich sich die Behauptungen auf Tatsachen beziehen müssen, genügt es, dass sie als solche verstanden werden[156]. Zur Anschwärzung gehören auch Fälle, in denen der Anschwärzende unter Vorspiegelung einer Verbindung zum Geschädigten den Kunden dazu bewegt, die eigenen Waren statt jene des Geschädigten zu kaufen[157]. Die Beweislast für die Unwahrheit der Behauptung liegt beim Geschädigten[158].

97   b) Unberechtigte Schutzrechtsverwarnungen

Wird bei unberechtigten Schutzrechtsverwarnungen die angebliche Verletzungshandlung Dritten mitgeteilt, gehen die Gerichte von unlauterer Rufschädigung aus, wenn keine Verletzung vorliegt[159]. Sollen mit der Schutzrechtsverwarnung Paralleleinfuhren verhindert werden[160], handelt es sich dabei auch

---

155 Bezirksgericht Osaka, 30.5.1980; 140 *Tokkyo To Kigyô* 72: Klage eines Subunternehmers, der in keinem Wettbewerbsverhältnis zu dem Beklagten stand.

156 »Kopie«, Bezirksgericht Osaka, 10.9.1974; 6–2 *Mutaishû* 217: Hier hatte ein Wettbewerber Produkte des Klägers als »Kopien« bezeichnet.

157 »Wasserreiniger«, Obergericht Tokyo, 19.7.1995; 243 *Hanketsu Sokuhô* 8: Der Beklagte hatte Kunden eigene Geräte geliefert, obwohl diese jene des Geschädigten bestellt hatten, und dies damit begründet, der Geschädigte sei Pleite gegangen. »Yamaha-Pianos«, Bezirksgericht Nagoya, 29.1.1993; 1482 *Hanrei Jihô* 148: Der Beklagte hatte feuerbeschädigte Klaviere von Yamaha aufgekauft und diese Kunden als neu dargestellt, nur um diese aufgrund der schlechten Qualität der Klaviere dazu zu bewegen, die eigenen zu kaufen.

158 »Follbell«, Bezirksgericht Osaka, 21.12.1982; 170 *Tokkyo To Kigyô* 40; vergleichende Werbung.

159 Bezirksgericht Osaka, 11.12.2001: Der beklagte Inhaber eines Gebrauchsmusterrechtes hatte eine einstweilige Unterlassung gegen den Kläger erwirkt. Nach deren Erhalt erlosch das Gebrauchsmusterrecht, da die Gebühren nicht bezahlt wurden. Dennoch fuhr der Beklagte damit fort, Kunden des Klägers über dessen mutmaßlich verletzende Handlungen zu unterrichten. Der Kläger klagte auf Schadensersatz. Das Gericht entschied, dass bis zum Erlöschen des Rechts alle Handlungen rechtmäßig waren, alle danach vorgenommenen Durchsetzungsmaßnahmen jedoch nicht, sodass der Beklagte zum Schadensersatz verpflichtet ist.

160 »Fred Perry Tokyo«, Bezirksgericht Tokyo, 25.10.2001, 15 *Law & Technology* 90 [2002].

um ein kartellrechtswidriges Verhalten, das von der JFTC verfolgt wird[161]. Bei missbräuchlichen Klagen aus dem Schutzrecht werden Ansprüche nur bei einem direkten Eingriff in den Geschäftsbetrieb des Wettbewerbers aufgrund unlauterer Motive zugestanden[162]. Kartellrechtswidrig ist die missbräuchliche Ausübung von Schutzrechten durch ein Kartell[163] und zum Zwecke der Verhinderung von Parallelimporten.

161 Richtlinien über die unberechtigte Verhinderung von Parallelimporten, in: Richtlinien über das Betriebssystem und dessen Handelsmethoden vom 11.6.1991, Teil III Kapitel 3, abgedruckt in: Jyori/Uesugi/Heath, *Das japanische Kartellrecht,* 2. Aufl. 1994.

162 »Parker«, Bezirksgericht Osaka, 27.2.1970, *IIC,* Vol. 2 (1971), 325.

163 »Pachinko-Automaten«, FTC, Entscheidung vom 20.6.1997; vgl. *ZJapanR,* Heft 4 (1997), Seiten 148–152 [1997].

8   Schutz gegen Irreführung

98   Schutz gegen irreführende Angaben bieten sowohl das JUWG, das JAMG, das JPrämienG sowie verschiedene Richtlinien der JFTC. Da das JUWG in Japan Verbänden und Vereinigungen keine Klagebefugnisse gibt und einzelne Unternehmer kaum einen Schaden nachweisen können, spielt die administrative Durchsetzung hier eine größere Rolle als die privatrechtliche.

99   Zu den irreführenden Angaben gehören Herkunftstäuschungen (Täuschungen über die betriebliche[164] oder geographische Herkunft). Täuschungen über die geographische Herkunft können durch das JMarkenG, das JUWG oder das JAMG/JPrämienG verhindert werden. Nach dem JMarkenG kann eine Marke nicht eingetragen werden, die in allgemeiner Weise auf deren Herkunft hinweist. Ebenfalls nicht eintragbar sind geographische Bezeichnungen, die irreführend sein können, z.B. weil die Waren/Dienstleistungen nicht von dort kommen[165].

Gegen die irreführende Benutzung von Waren oder Dienstleistungen können sich Wettbewerber auf § 2(1)(xii) JUWG berufen. Abgesehen von einigen strafrechtlich relevanten Fällen[166] gibt es hierzu wenig Rechtsprechung, weil ein Schaden des einzelnen Wettbewerbers kaum nachgewiesen werden kann[167].

§ 4 JPrämienG verbietet Irreführungen über die Eigenschaft der Sache. Die Vorschrift wird durch zwei Richtlinien der FTC über irreführende Herkunftsangaben[168] ergänzt. Verstöße ahndet die FTC im Regelfall durch informelle[169]

---

164   »Fushiman Kabushiki Kaisha vs. Kabushiki Kaisha Fushiman Valve«, Bezirksgericht Tokyo, 19. März 1969; vgl. *GRUR Int.* 1971, Seiten 517–518; *IIC*, Vol. 1 (1971), Seiten 109–112.

165   »Hollywood« (für kosmetische Produkte), Obergericht Tokyo, 29.6.1967; »Loreley« (für alkoholhaltige Getränke), JPA, 23.10.1991; *IIC*, Vol. 24 (1993), Seite 409.

166   »Englische Kleidung«, Obergericht Tokyo, 29.7.1974, 6–7 *Keihan Geppô* 814; »Belgische Diamanten«, Obergericht Tokyo, 23.5.1978, 10–4/5 *Keihan Geppô* 857.

167   »Haarspange«, Bezirksgericht Osaka, 26.9.1996; 1604 *Hanrei Jihô* 129; »LV Paris«, Bezirksgericht Tokyo, 23.12.1983; 519 *Hanrei Times* 259.

168   JFTC-Bekanntmachung Nr.34 sowie Ausführungsvorschriften der FTC, jeweils vom 16.10.1973.

169   Vgl. 501 *Kôsei Torihiki* 60 (1992). 1996 waren es elf Verwarnungen, 1997 sieben.

oder formelle Verwarnungen[170]. Auch Herkunftsverschleierungen fallen unter die Vorschriften[171].

Bei irreführenden Angaben zu sonstigen Eigenschaften der Sache kommen als   100
Anspruchsgrundlagen das JUWG und das JAMG/JPrämienG in Betracht.
Zum JUWG gibt es kaum Fälle[172]. Nach dem JPrämienG werden jährlich
etwa 500 informelle Verwarnungen zu irreführenden Angaben erlassen[173].

---

170 JFTC, 24.12.1987, 16 Entscheidungssammlung in Prämiensachen (KTIH) 51: ein größerer
    Posten Bekleidungsstücke aus Korea, der als »heimisches Erzeugnis« bezeichnet wurde.
    JFTC, 17. März 1990, 17 KTIH 27: angeblich in Frankreich hergestellte Kleidung.
171 JFTC, formelle Verwarnung, 5.8.1992, 19 KTIH 3: Entfernung der Etiketten über die
    Herkunft.
172 »Liner Beer«, OGH, 4.6.1965, 414 *Hanrei Jihô 29*: Hier klagten alle japanischen Bierher-
    steller gemeinsam gegen einen Wettbewerber, der ein alkoholisches Getränk als »Bier«
    bezeichnet hatte. »Honmirin«, Bezirksgericht Kyoto, 25.4.1990, 1375 *Hanrei Jihô* 127:
    irreführende Bezeichnung als echter »Sake«.
173 Zusammenstellung in 501 *Kôsei Torihiki* 58 (1992); 587 *Kôsei Torihiki* 17 (1999).

Abkürzungen

AIPPI Journal	Journal of the Japanese Group of AIPPI
ASTM	American Society for Testing and Materials
BlfPMZ	Blatt für Patente, Muster und Zeichen
BRAGO	Bundesgebührenordnung für Rechtsanwälte
CASRIP	Center for Advanced Studies in Intellectual Property (an der University of Washington, Seattle)
DIN	Deutsche Industrienorm
DPMA	Deutsches Patent- und Markenamt
EPA	Europäisches Patentamt
EPÜ	Europäisches Patentübereinkommen
GM	Gebrauchsmuster
GRUR	Gewerblicher Rechtsschutz und Urheberrecht, nationale Ausgabe
GRUR Int	Gewerblicher Rechtsschutz und Urheberrecht, internationale Ausgabe
IIC	International Review of Industrial Property and Copyright Law
JAMG	Japanisches Antimonopolgesetz
JAnwG	Japanisches Anwaltsgesetz
JAusfGeschmMG	Ausführungsbestimmungen zum japanischen Geschmacksmustergesetz
JAusfPatG	Ausführungsbestimmungen zum japanischen Patentgesetz
JBGB	Japanisches Bürgerliches Gesetzbuch
JEStG	Japanisches Einkommensteuergesetz
JFTC	Japanische Fair Trade Commission
JGebrMG	Japanisches Gebrauchsmustergesetz
JGebrMG alt	Ältere Fassung des japanischen Gebrauchsmustergesetzes
JGeschmMG	Japanisches Geschmacksmustergesetz
JGeschmMG alt	Ältere Fassung des japanischen Geschmacksmustergesetzes
JGerG	Japanisches Gerichtsgesetz
JGEV	Japanisches Gesetz über einstweilige Verfahren (*Minji Hozen Hô*, Civil Preservation Law)
JHGB	Japanisches Handelsgesetz
JIS	Japanese Industry Standard
JMarkenG	Japanisches Markengesetz

JMarkenG alt	Ältere Fassung des japanischen Markengesetzes
JGmbHG	Japanisches Gesetz zur Gesellschaft mit beschränkter Haftung (*Yûgenkaisha hô*)
JPA	Japanisches Patentamt (*Tokkyo Chô*)
JPatanwG	Japanisches Patentanwaltsgesetz
JPatG	Japanisches Patentgesetz
JPatG alt	Ältere Fassung des japanischen Patentgesetzes
JPNIC	Japan Network Information Center
JPrämienG	Japanisches Prämiengesetz
JSaatbeetG	Japanisches Saat- und Sämlingsgesetz (*Shubyōhô*)
JUWG	Japanisches Gesetz zum Schutz vor unlauterem Wettbewerb
JVerwBG	Japanisches Verwaltungsbeschwerdengesetz
JVerwGO	Japanische Verwaltungsgerichtsordnung
JZPO	Japanische Zivilprozessordnung
METI	Ministry of Economy, Trade and Industry (früher MITI)
MITI	Ministry of International Trade and Industry (frühere Bezeichnung des METI)
Mitteilungen	Mitteilungen der deutschen Patentanwälte
NIFTIC	Andere Bezeichnung für JPNIC
OGH	Oberster Gerichtshof von Japan
PCT	Patent Cooperation Treaty
PMMA	Protokoll zum Madrider Markenabkommen
PVÜ	Pariser Verbandsübereinkunft
Shimpan-Abteilung	Abteilung im JPA, die u.a. für Beschwerden gegen Prüferentscheidungen, Einsprüche und Nichtigkeitsanträge zuständig ist (engl. Bezeichnungen: »Trial Board«, »Appeal Board«).
Shimpan-Verfahren	Verfahren vor der *Shimpan*-Abteilung
UPOV	L'Union internationale pour la protection des obtentions végétales
ZJapanR	Zeitschrift für japanisches Recht, herausgegeben von der Deutsch-Japanischen Juristenvereinigung (DJJV)

Sachregister